यशपाल का

विप्लव-२

नवम्बर १९३८–फरवरी १९४०

यशपाल का विप्लव-२

नवम्बर १९३८-फरवरी १९४०

सम्पादन एवं समन्वय

आनन्द

भूमिका

मधुरेश

विप्लव कार्यालय, लखनऊ की ओर से

लोकभारती प्रकाशन

विप्लव कार्यालय, लखनऊ
की ओर

लोकभारती प्रकाशन
पहली मंजिल, दरबारी बिल्डिंग, महात्मा गाँधी मार्ग
प्रयागराज–211 001

वेबसाइट : www.lokbhartiprakashan.com
ईमेल : info@lokbhartiprakashan.com

शाखाएँ : १–बी, नेताजी सुभाष मार्ग, दरियागंज
नयी दिल्ली–110 002
अशोक राजपथ, साइंस कॉलेज के सामने
पटना–800 006 (बिहार)
36–ए, शेक्सपियर सरणी
कोलकाता–700 017

प्रथम संस्करण : 2021

आस्था प्रेस कन्वर्टर
प्रयागराज द्वारा मुद्रित

YASHPAL KA VIPLAV-II
by Yashpal

ISBN : 978-93-89742-48-0

मूल्य : ₹ 900

प्राक्कथन

''यशपाल का विप्लव : अग्रलेखों का संचयन'' के २०१४ में प्रकाशन के बाद उसी श्रृंखला में यह अगली तीन प्रस्तुतियाँ है। इन तीनों खण्डों में संपादकीयों तथा सम्पादकीय टिप्पणियों के साथ लेख, स्तम्भ तथा विविध लेखन है।

पाठकों के लिए ''विप्लव'' के प्रकाशन का इतिहास इन पुस्तकों में संकलित सामग्री को समझने में सहायक होगा। ''विप्लव' के पहले चरण का प्रकाशन नवम्बर १९३८ में आरम्भ हुआ था और अप्रैल १९४० तक चला था। अंग्रेज़ सरकार द्वारा बारह हज़ार रुपये की जमानत की मांग के बाद पत्रिका का नाम ''विप्लवी ट्रैक्ट'' कर दिया था जो जून १९४० से जून १९४१ तक प्रकाशित हुई थी। जून १९४१ में सोवियत संघ पर नाज़ी जर्मनी के आक्रमण के बाद प्रकाशन बंद हो गया था।

''विप्लव'' के पुन: प्रकाशन का इतिहास यह है : मार्च १९४७ से जुलाई १९४७, सितम्बर १९४७ से नवम्बर १९४८ तथा जनवरी १९४८ से अप्रैल १९४९ तक, जब भारतीय कम्युनिस्ट पार्टी द्वारा आयोजित देशव्यापी रेल हड़ताल के समय (कम्युनिस्ट पार्टी का सदस्य न होने पर भी) यशपाल को जेल में बन्द कर दिया गया था।

प्रकाशवती पाल ने अपने संस्मरण ''लाहौर से लखनऊ तक'' में लिखा है कि यशपाल प्राय: ''विप्लव'' और ''विप्लवी ट्रैक्ट'' के अंकों में भिन्न-भिन्न नामों से भी लेख लिखा करते थे। इन तीनों संकलनों में सामग्री का चयन निम्न निर्धारकों के आधार पर किया गया है। एक तो संपादकीय या वे लेख जिनके साथ लेखक के रूप में यशपाल का नाम रहता था। दूसरे वे स्तंभ जैसे **चक्कर क्लब, चाय की चुस्कियां, चिलम चक्कर, बेकार एण्ड कम्पनी** आदि जिन्हें वे **सेक्रेटरी** या **दुर्मुख** आदि उपनामों से लिखते

थे। तीसरे **विनिमय, समालोचना, टिप्पणियाँ** आदि शीर्षकों के अंतर्गत प्रकाशित सामग्री।

इसके अतिरिक्त 'विप्लव' और 'विप्लवी ट्रैक्ट' में बहुत से लेख ऐसे हैं जो भाषा, शैली और विचारों में साम्य होने के कारण संभवत: यशपाल ने लिखे थे परन्तु लेखक के बारे में निश्चित सूचना न होने के कारण इन संकलनों में सम्मिलित नहीं किए गए हैं। पहली श्रेणी में निम्न नामों से लिखे लेख हैं : एक मज़दूर, एक विद्यार्थी, एक शिक्षार्थी की नोट बुक, निजी संवाददाता, कोई एक, एच. हिस्टोरिकस, विप्लव कार्यालय, नकाबपोश, एक समाजवादी, एक जानकार, सनीचर, श्री मुँहफट जी आदि।

दूसरी श्रेणी में चन्द्र, जय, गोविन्द, राकेश, जयदेव, रमेश, सत्येन्द्र, गोपाल, सुधीर, भारत भूषण, आनन्द भूषण आदि हैं।

'विप्लव' और 'विप्लवी ट्रैक्ट' में प्रकाशित यशपाल की कहानियां उनके विभिन्न कहानी संग्रहों में तथा अप्रकाशित रचनाओं के संग्रह (मरणोपरान्त प्रकाशित) में संकलित हैं।

१९३८, १९३९, १९४० तथा १९४१ के अंकों में प्रकाशित ''चक्कर क्लब'' स्तंभ प्रस्तुत संकलनों में नहीं है क्योंकि वे अधिकांश में १९४२ में प्रकाशित ''चक्कर क्लब'' नाम की पुस्तक में सम्मिलित कर लिये गये थे। परन्तु १९४७-४८ में प्रकाशित 'चक्कर क्लब' स्तंभ सम्मिलित किया गया है।

''मार्क्सवाद की पाठशाला'' स्तंभ, जिसे यशपाल ''विचक्षण'' नाम से लिखा करते थे, १९४० में प्रकाशित ''मार्क्सवाद'' नाम की पुस्तक में सम्मिलित मान लिया गया है। ''मार्क्सवादी पाठशाला'' शीर्षक से कुछ स्तंभ १९४७-४८ में शंकर तथा नाचिकेता ने लिखे थे, शेष पर लेखक का नाम नहीं है।

'विप्लव' के पहले दो अंकों—नवम्बर १९३८ तथा दिसम्बर १९३८—में प्रकाशित सामग्री का विवरण नीचे दिया गया है जिससे पाठकों को विषयों और लेखकों की विभिन्नता और अनेकरूपता का कुछ अनुमान लग सके।

'विप्लव', 'विप्लवी ट्रैक्ट' तथा 'बागी' (उर्दू) के पुराने अंकों की फ़ाइलें प्रकाशवतीजी ने दुर्गा भाभी (दुर्गादेवी वोहरा) द्वारा लखनऊ में स्थापित शहीद स्मारक शोध संस्थान को दी थीं। संस्थान के सीमित सहयोग के कारण संभवत: कुछ सामग्री प्रस्तुत तीनों खण्डों में संकलित होने से रह गई हो।

यशपाल ने १९२१ से १९२६ के बीच बरेली से प्रकाशित "भ्रमर" मासिक, कानपुर से प्रकाशित "प्रताप" साप्ताहिक (सम्पादक: गणेशशंकर विद्यार्थी) तथा "प्रभा" मासिक (सम्पादक, बालकृष्ण शर्मा 'नवीन') में भी लिखा था। १९३८ में कानपुर से प्रकाशित "प्रताप" में साप्ताहिक स्तम्भ "गर तू बुरा न माने" भी लिखा था। यथासंभव प्रयत्न के बावजूद उपलब्ध न होने के कारण यह सामग्री भी प्रस्तुत तीनों खण्डों में संकलित न की जा सकी।

विप्लव (अंक १) नवम्बर १९३८

हे विप्लव (सम्पादकीय)—यशपाल; **अक्तूबर विप्लव ज़िदाबाद**—शिवसिंह; **कांग्रेस समाजवादी पार्टी**—आचार्य नरेन्द्र देव; **तरुण राग** (कविता)—हरिवंशराय 'बच्चन'; **चक्कर क्लब** (स्तम्भ)—सेक्रेटरी (यशपाल); **नीरस रसिक** (कहानी)—यशपाल; **चेकोस्लोवाकिया का बलिदान क्यों?**—डॉ. एस.पी. सिन्हा; **यूरोपीय जीवन का आकषर्ण**—वी.पी. सिन्हा; **हमारी गुलामी तुम्हें मुबारक**—प्रकाशवती पाल; **यू.पी. का औद्योगीकरण**—आचार्य जुगलकिशोर; **कांग्रेस का कार्यक्रम और स्वतन्त्रता**—शचीन्द्रनाथ सान्याल; **लखनऊ की हड़ताल**—एक मज़दूर; **आज़ाद का बमवाद**—सुखदेवराज; **सिंहावलोकन** (आपबीती)—यशपाल; **चाय की चुस्कियाँ**—दुर्मुख (यशपाल); **डकैती का लाइसेंस**—डॉ. नरसिंहदत्त शर्मा; **गरीब की दिवाली**—काशीराम; **विनिमय**—यशपाल।

विप्लव (अंक २) दिसम्बर १९३८

साम्राज्यविरोधी मोर्चा (सम्पादकीय) : कमाल, अहिंसात्मक लाठी, फ्रांको के सहायक खलीकुज़्ज़मा, क्या शान्ति सम्भव है?—यशपाल; **रूस क्या करे?**—एम.एन. राय; **क्रान्तिकारी आन्दोलन और गाँधीवाद** (श्री जोगेश चटर्जी का भाषण)—एक विद्यार्थी; **समाजवाद और गाँधीवाद का मौलिक भेद**—शफीक अहमद नकवी; **चक्कर क्लब**—सेक्रेटरी (यशपाल); **प्रगति** (कविता)—मुकुल; **काला कानून** (बम्बई की हड़ताल के सम्बन्ध में)—सन्तोष कुमार कपूर; **रूस का पंचायती राज क्या कर रहा है?**—डॉ. एस.पी. सिन्हा; **तूफान का दैत्य** (कहानी)—यशपाल; **इंशाअल्ला** (कहानी)—शफीक बानो; **हिन्दू-मुस्लिम समस्या**—ब्रजमोहन भटनागर;

गाँधीजी और उनकी अहिंसा—विचित्र नारायण शर्मा; **सिंहावलोकन** (आपबीती)—यशपाल; **स्त्रियों के खास हक**—आर.एस. दुबे—**आगे का क्रान्तिकारी आन्दोलन**—मन्मथनाथ गुप्त; **इस अधूरे स्वराज में कुछ अधूरों के मज़े**—डॉ. नरसिंह दत्त शर्मा; **चाय की चुस्कियाँ** (स्तम्भ)—दुर्मुख (यशपाल); **मार्क्सवाद की पाठशाला**—विचक्षण (यशपाल); विचक्षण (यशपाल); **मार्क्सवाद की पाठशाला**—**अपव्यय और अभाव** (शब्दचित्र)—मंगलामोहन; **विनिमय** (प्राप्त पत्र)—यशपाल; **समालोचना** (प्राप्त पुस्तकें)—यशपाल; **शेष टिप्पणियाँ**—यशपाल।

'विप्लव' की भूमिका और प्रकृति

मार्च १९३८ में जेल से रिहायी के समय यशपाल के लिए वह दुनिया पूरी तरह बदल चुकी थी, जिसे छोड़कर वे जेल गये थे। उनके अनेक महत्त्वपूर्ण क्रान्तिकारी साथी इससे पहले ही या तो मारे जा चुके थे या फिर फाँसी पर चढ़ा दिये गये थे। क्रान्तिकारी संगठन पूरी तरह से बिखर गया था। जो कुछ साथी बच रहे थे, वे अपने अस्तित्व के लिए संघर्ष कर रहे थे और गहरी अफरा-तफरी के उस माहौल में सुविधा और अपनी वर्तमान सोच के अनुसार जहाँ अवसर मिल रहा था, अपने को बचाने और जमाने की कोशिश में लगे थे। सर सिकन्दर हयात की सरकार ने पंजाब में यशपाल के प्रवेश पर पाबन्दी लगा दी थी। कुछ समय इलाज के लिए भवाली में रहकर वे लखनऊ आ गये। यहीं से उन्होंने रिहायी के आठ महीने बाद अपना पत्र 'विप्लव' निकाला। उसके पहले कुछ समय उन्होंने लखनऊ के ही 'कर्मयोगी' में नौकरी भी की। लेकिन कुल मिलाकर वह सिर्फ़ पौने दो माह ही निभ सकी।

'विप्लव' का प्रवेशांक नवम्बर '३८ में प्रकाशित हुआ। उसके सम्पादकीय में 'हे विप्लव' शीर्षक से लिखित टिप्पणी में उन्होंने लिखा, 'विप्लव मनुष्य और उसके समाज की जीवन-शक्ति का स्रोत है। मनुष्य समाज का विकास के मार्ग का एक पड़ाव पूरा कर दूसरे पड़ाव में क़दम रखना विप्लव है। आज हम एक पड़ाव का मार्ग तय कर क्लान्त श्रान्त और जर्जर हो आगे अपने मार्ग को बन्द पा कर रहे हैं। किन्तु जीवन की राह पर चले बिना गुज़ारा नहीं। न चलने का अर्थ है मृत्यु।'' अपनी जिस हताश मन:स्थिति का संकेत यशपाल ने इस टिप्पणी में दिया है, उसका सम्बन्ध वस्तुत: उस बदले हुए राजनीतिक माहौल से ही है जो २३ जनवरी सन् '३२ को उन्हें बन्दी बनाये जाते और २ मार्च '३८ को उनकी रिहाई के बीच पूरे देश में फैला था।

जगह-जगह बने कांग्रेसी मन्त्रिमण्डल सुविधा, अर्थ और अवसरवाद नीति का बहुत साफ संकेत दे रहे थे। किसान और मजदूर आन्दोलनों को दबाने में

वे जिन दमनकारी और निरंकुश नीतियों का सहारा ले रहे थे, उनमें और ब्रिटिश सरकार द्वारा अपनायी जानेवाली नीतियों में कहीं कोई बुनियादी अन्तर नहीं था। साम्राज्यवादी युद्ध के प्रति हमारा प्रतिरोध दिन-ब-दिन कमज़ोर पड़ता जा रहा था और द्वितीय विश्वयुद्ध की आशंकाएँ बढ़ने लगी थीं। इसी राजनीतिक परिदृश्य में 'विप्लव' की वास्तविक भूमिका को समझा जा सकता है। कांग्रेस से जनता का मोहभंग होने लगा था। पूँजीवादी-सामन्तवादी वर्ग-दृष्टि और वर्ग सहयोग की नीति खुलकर सामने आने लगी थी। यशपाल ने "विप्लव" के प्रवेशांक के मुख-पृष्ठ पर अपनी पत्रिका का लक्ष्य स्पष्ट करते हुए लिखा—

तुम करो शान्ति समता का प्रसार,
विप्लव! गा अपना अनल गान!

अब भगतसिंह और उनके क्रान्तिकारी साथियों के मूल दस्तावेज उपलब्ध हैं। उनका अध्ययन करने के पश्चात् यह स्पष्ट हो जाता है कि 'विप्लव' के द्वारा यशपाल एक वैसी ही दुनिया बनाने का सपना देख रहे थे। जिसमें जनता के लिए सामाजिक और आर्थिक न्याय हो; शान्ति और समता हो और वह वर्ग शोषण से युक्त हो। भगतसिंह अपने अन्तिम निष्कर्षों में किसानों, मजदूरों और दलित उत्पीड़ित वर्ग के उभरनेवाले संगठनों पर अपनी नज़र टिकाये थे। और अब, यशपाल 'विप्लव' द्वारा जो और जैसा समाज बनाना चाहते थे, उसमें जनता की व्यापक ज़िम्मेदारी और दिशा की एक विशिष्ट भूमिका थी। अपनी इसी उल्लिखित सम्पादकीय टिप्पणी के अन्त में यशपाल ने लिखा है, 'हे विप्लव की अग्नि! हे दलित और पीड़ित जनता के शक्ति-उद्‌गार! भारत के निशक्त और ठण्डे पड़े खून को गरम कर दे। भारत तेरी ओर आँखें लगाये प्रतीक्षा कर रहा है। उसे उत्पीड़न सामने से निकाल कर समता और शान्ति की समतल भूमि पर खड़ा कर उसके... मनुष्यत्व के विकास का मार्ग खोल दे।'

प्रवेशांक की इस टिप्पणी से 'विप्लव' का लक्ष्य बहुत-कुछ स्पष्ट हो जाता है। जिस समाज पर यशपाल की दृष्टि टिकी थी, वह हिंसा, युद्ध, शोषण और साम्प्रदायिक उन्माद से मुक्त समाज था। यह वस्तुतः वही छूटा और अधूरा पड़ा काम था जिसे 'हिन्दुस्तानी प्रजातन्त्र समाजवादी सेना' का क्रान्तिकारी संगठन कर रहा था और जिसके लिए उसके सदस्य कोई भी कुर्बानी देने के लिए तैयार थे। बदली हुई परिस्थितियों में दल के पुनर्गठन की सम्भावना अत्यन्त क्षीण थी। वह वस्तुतः अपनी ऐतिहासिक भूमिका पूरी कर चुका था।

अत: अब संगठन के इस लिए इस अधूरे काम को बुलेट की जगह बुलेटिन से पूरा करने का उद्देश्य सामने रखकर 'विप्लव' आरम्भ हुआ।

यशपाल और प्रकाशवती के लिए वे कठिन संघर्ष के दिन थे। ७ अगस्त सन् १९३६ को बरेली सेंट्रल जेल में हुए विवाह के बाद कायदे से वे पहली बार साथ थे लेकिन चारों ओर से अभावों और संघर्षों के बीच। इसी सबके बीच उन्हें अपनी गृहस्थी बनानी और चलानी थी, अख़बार निकालना था और सबसे अधिक एक लेखक के रूप में अपने को स्थापित करना था क्योंकि यशपाल ने इस थोड़े से समय में ही यह समझ लिया था कि इसके अलावा वे न कुछ और कर सकते हैं और न ही करना चाहिए। अब जीने और मरने के लिए उनके सामने सिर्फ यही एक मोर्चा था। प्रकाशवती भी थोड़ा बहुत लिखती-पढ़ती थीं। उन्होंने कराची से डेण्टिस्ट की परीक्षा पास कर कुछ समय डेण्टिस्ट्री क्लिनिक भी चलाया लेकिन नयी परिस्थितियों में अपने लिए जो क्षेत्र उन्होंने चुना वह 'विप्लव' के प्रचार-प्रसार और आन्तरिक व्यवस्था का क्षेत्र था। एक तरह से उसकी आर्थिक स्थिति भी उन्हीं के हिस्से थी। पत्रिका के लिए वे ही दोनों पीर-बावर्ची और भिश्ती-खर सब-कुछ थे। विज्ञापन, वितरण और बिक्री की सारी ज़िम्मेदारी एक तरह से प्रकाशवती की थी। रचनाओं, प्रेस और डिस्पैच की ज़िम्मेदारी यशपाल की थी। यही वह समय था जब प्रकाशवती ने संयुक्त प्रान्त, राजस्थान, बिहार आदि के प्राय: सभी प्रमुख नगरों में घूम-घूम कर 'विप्लव' के लिए वार्षिक सदस्य और स्थाई एजेंट बनाये। इस काल का कठोर और अनथक संघर्ष उन दोनों के लिए उस इस्पात की तरह है, जिसके नींव में भरे होने के कारण ही एक लेखक के रूप में यशपाल के लिए ऐसी भव्य, स्थाई और पुख्ता इमारत का निर्माण संभव हो सका। 'विप्लव' के सन्दर्भ में इन दोनों ने जिस दूरगामी योजना, बुद्धि और न कुछ से बहुत-कुछ कर लेने वाली संगठनक्षमता का परिचय दिया और जिस साहस के साथ उन्होंने अपनी सोच को असली जामा पहनाया, वस्तुत: वही उनके सामर्थ्य का साक्ष्य है—एक ऐसा साक्ष्य, जिसकी ओर अभी भी बहुत कम लोगों की दृष्टि गयी है। लेकिन मुक्तिबोध के मन में यशपाल दंपत्ति के इसी संघर्षपूर्ण दौर पर एक उपन्यास लिखने की इच्छा अकारण ही नहीं पैदा हुई थी। भले ही वे अपनी इस इच्छा पर कभी अमल न कर सके हों, लेकिन उससे ही इस संघर्ष के बीच से होकर ही लेखन के साथ प्रकाश की राह दिखी और बनी।

अपने क्रान्तिकारी जीवन के संस्मरण 'सिंहावलोकन' में यशपाल ने दल की परिवर्तित भूमिका की ओर स्पष्ट संकेत किया है। भगतसिंह के उपलब्ध

दस्तावेज और अनेक जीवनीकार आज इस तथ्य पर बल देते दिखायी देते हैं कि वे द्वन्द्वात्मक भौतिकवादी दर्शन से बहुत गहराई से प्रभावित थे और लेनिन की कार्यनीतियाँ और विचार दृष्टि का उन पर जबरदस्त प्रभाव था। इस तथ्य को सबसे पहले यशपाल ने ही उजागर किया। अत: कोई आश्चर्य नहीं होना चाहिए। 'विप्लव' का उद्देश्य मार्क्सवाद की दीक्षा के रूप में प्रस्तुत किया गया। कांग्रेस के वैचारिक अन्तर्विरोध खुलकर सामने आने लगे थे। उसका एक बहुत बड़ा वर्ग उसकी नीतियों से क्षुब्ध होकर समाजवाद की ओर आकृष्ट हो रहा था। यशपाल ने इन सबके लिए 'विप्लव' के रूप में एक खुला मंच दिया, जहां वे स्वतन्त्रतापूर्वक अपने मन को बात कह सकते थे। बहुत खुले मन से यशपाल ने मार्क्सवाद पर एक धारावाहिक बहस आयोजित की और उसमें अपने विरोधी विचारों के लेखकों को भी शामिल किया। बहस की पूर्णता की दृष्टि से उन्होंने अनेक लोगों को आमंत्रित किया और 'विप्लव' को विचारों का एक प्रतिनिधि मंच बनाने की कोशिश की। उनकी वैचारिक दृढ़ता उस कट्टरता और कठमुल्लेपन से मुक्त थी जो अपने को सही मानकर और सबको गलत मानता है। 'विप्लव' संपादक के रूप में यशपाल की पत्रिका होने पर भी वस्तुत: उन लेखकों की पत्रिका भी थी जो अनेक मुद्दों पर यशपाल से असहमत ही नहीं, उनके उग्र विरोधी भी थे।

यशपाल ने 'विप्लव' के प्रवेशांक में ही पं. विचित्र नारायण शर्मा, जो गाँधी आश्रम, मेरठ में मन्त्री थे, का लेख 'गाँधीवाद और समाजवाद का मौलिक भेद' प्रकाशित किया। उन्होंने इस लेख के सन्दर्भ में संपादकीय टिप्पणी दी, 'जहां तक समाज को अधिक सुखमय और सुन्दर बनाने का आदर्श है, दोनों में—गाँधीवाद और समाजवाद—में एक ही भावना काम करती है फिर दोनों में भेद क्यों?' अपना प्रश्न मोटे अक्षरों में देकर न सिर्फ उन्होंने शर्मा जी की मान्यता को प्रश्नांकित किया, उस पूरे लेख पर अपनी प्रतिक्रिया भी, अपने ढंग से व्यक्त कर दी। अन्त में अपनी इसी संपादकीय टिप्पणी में उन्होंने विस्तारपूर्वक शर्मा जी के विचारों की आलोचना की। आगे भी उन्होंने विस्तारपूर्वक दोनों ओर के मतों को नामांकित किया और 'विप्लव' के अगले अंकों में उन्हें प्रकाशित किया। इसी प्रकार उन्होंने वैद्य गुरुदत्त की अनेक विरोधी टिप्पणियाँ 'विप्लव' में प्रकाशित कीं और उन पर अपने विचार भी छापे। यशपाल ने जनता को वैचारिक रूप में दीक्षित करने का काम कितनी गंभीरता से किया, इसे 'विप्लव' के अंक देखकर ही जाना जा सकता है। रामविलास शर्मा ने 'विप्लव' की भूमिका को समझते हुए भी उसे स्वीकार नहीं किया। उस पर उसकी

दुराग्रहपूर्ण टिप्पणी थी कि जाने-अनजाने यशपाल उसी काम को आगे बढ़ा रहे थे जो हिन्दी पत्रकारिता के क्षेत्र में भारतेंदु हरिश्चन्द्र ने शुरू किया था। तब भी मैंने लिखा था और आज फिर दोहरा रहा हूँ कि यशपाल ने बहुत सचेत भाव से भारी जोखिम उठाकर इस काम को शुरू किया था और उसके परिणाम भी जल्दी ही सामने आए।

प्रवेशांक में प्रकाशित कुछ लेखों के शीर्षक ही 'विप्लव' के महत्त्व पर अपरोक्ष रूप से एक टिप्पणी हैं। कॉमरेड शिवसिंह का लेख 'अक्टूबर विप्लव जिंदाबाद', आचार्य नरेंद्र देव का 'कांग्रेस समाजवादी पार्टी', शफीक अहमद नकवी का 'स्वराज या फासिज्म?', डॉ. एस.पी. सिन्हा का 'चेकोस्लोवाकिया का बलिदान क्यों?', आचार्य जुगल किशोर का 'यू.पी. का औद्योगीकरण' जिसमें कांग्रेस सरकार के प्रयासों का मूल्यांकन किया गया है, शचीन्द्रनाथ सान्याल का 'कांग्रेस का कार्यक्रम और स्वतन्त्रता', सुखदेवराज का 'आजाद का बमवाद' आदि लेखों का उल्लेख इस प्रवेशांक की बानगी के लिए काफ़ी है। इनके साथ ही लखनऊ की हड़ताल पर कांग्रेस द्वारा जमींदारों की सुरक्षा के सवाल पर भी यशपाल ने लेख छापे। इसी अंक में यशपाल ने अपने क्रान्तिकारी जीवन के संस्मरण 'सिंहावलोकन' की शुरुआत की जिसका धारावाहिक प्रकाशन लम्बी अवधि तक जारी रहा। उनके एक अन्य स्तंभ 'चक्कर क्लब' के अतिरिक्त उनकी कहानी 'नीरस रसिक' भी इसी अंक में छपी जो बाद में उनके पहले कहानी संग्रह 'पिंजरे की उड़ान' में संकलित की गयी। प्रवेशांक में भले ही यशपाल की एक साथ कई चीजें हों, संभवत: और लोगों की सामग्री के अभाव में, लेकिन धीरे-धीरे यह अनुपात बदलता है। बाद के अंकों में यशपाल की अपनी रचनाएँ कम जगह लेती हैं और दूसरों की रचनाओं को अधिक स्थान दिया गया है। एक वैचारिक पत्रिका के रूप में 'विप्लव' की पहचान की दृष्टि से यशपाल इस ओर भी पर्याप्त सजग दिखायी देते हैं कि उसमें वैचारिक सामग्री को ही अधिक वरीयता दी जाए। 'विप्लव' के प्रकाशन की संपूर्ण अवधि में यशपाल की चन्द कहानियाँ ही उसमें छपीं। 'सिंहावलोकन', 'चक्कर-क्लब', 'मार्क्सवाद की पाठशाला', 'चाय की चुस्कियाँ' आदि स्तंभों और धारावाहिक सामग्री के अतिरिक्त यशपाल की संपादकीय टिप्पणियाँ ही 'विप्लव' का सबसे बड़ा आकर्षण थीं।

इस प्रवेशांक में कुल मिलाकर यशपाल की छ: टिप्पणियाँ हैं—'राजनैतिक कैदी और राजबन्दी', 'अग्रसर मोर्चा', 'सीमा प्रान्त के धावे और अहिंसा', 'गाँधीवाद और समाजवाद का मौलिक भेद', 'कांग्रेस और उसका कार्यक्रम'

और 'देशी राज्य।' यह कहना मात्र औपचारिक ही हो सकता है कि यह सारी सामग्री सही मायने में एक विशाल और सुनिर्दिष्ट पाठक-वर्ग के दीक्षित करने के लिए ही संजोई गयी थी—उस सामान्य जनता को दीक्षित करने को लिए ही जिससे यशपाल को आशा बंधी थी। इन टिप्पणियों में वे कांग्रेस की नीतियों की खुलकर आलोचना करते हैं। गाँधीवाद के अन्तर्विरोधों को भी वे रेखांकित करते हैं। जनता के मोहभंग को जैसे वे एक सुनिश्चित दिशा में मोड़ना चाहते हैं। आगे चलकर 'झूठा सच' का समर्पण और अन्त जैसे उन्होंने उन लोगों को ही सम्बोधित करके लिखे, जिनसे 'विप्लव' के माध्यम से उनकी लम्बी, गहरी ओर आत्मीय पहचान थी।

अगले अंकों में भी यशपाल देश और विश्व-राजनीति के सन्दर्भ में ऐसी ही गंभीर और बेबाक टिप्पणियाँ लिखते हैं। टर्की, स्पेन की घटनाओं से लेकर अहिंसा और शान्ति के सवालों पर गाँधीवादी समाधान की आलोचना के रूप में। इनके साथ ही 'कम्युनिज्म क्या है?' जैसी टिप्पणी भी उन्होंने लिखी। 'विप्लव' के दूसरे ही अंक में, दिसम्बर '३८ में, विचित्र नारायण शर्मा के लेख पर 'समाजवाद और गाँधीवाद का मौलिक भेद' शीर्षक से शफीक अहमद नकवी की लम्बी प्रतिक्रिया छपी। यह समाजवादी दृष्टि से लिखा गया उक्त लेख का उत्तर था। दोनों दृष्टिकोणों को समझकर अपने विवेक से चुनने की पाठक को पूरी छूट थी।

'विप्लव' के सहयोगी लेखकों की सूची पर्याप्त लम्बी और व्यापक है। इसमें यदि जैनेन्द्र कुमार, राहुल सांकृत्यायन, मन्मथनाथ गुप्त, बच्चन, रामविलास शर्मा, सत्यवती मलिक, स्वामी सहजानन्द सरस्वती, भदन्त आनन्द कौसल्यायन, विष्णु प्रभाकर, हाजरा बेगम आदि लेखक और विचारक शामिल थे तो दूसरी ओर अनेक क्रान्तिकारी साथी, ट्रेड यूनियनों एवं राजनीतिक संगठनों से जुड़े लोग भी इस सूची में थे। 'विप्लव' के बहुत से पाठक ही आगे चलकर उसके लेखक भी बने।

यशपाल ने 'विप्लव' के अनेक विशेषांक भी प्रकाशित किये। मार्च सन् '४० में उसके 'मार्क्स अंक' में बहादुरशाह ज़फर की एक 'होली' प्रकाशित की गयी—

हिन्द में कैसा फाग मचो री जोरा जोरी
गोलन के कुमकुम बनाये तोप की पिचकारी
सीने पर खाई दई मुख ऊपर ऐसी तक-तक मारी
शोर दुनिया में पड़ो री।

इस कविता के साथ संपादक की एक संक्षिप्त टिप्पणी भी छपी है, जिसमें ९५ वर्ष के एक वृद्ध व्यक्ति से किसी को यह कविता मिलने की बात कही गयी है। कविता की शैली से यह कथन असंभव नहीं जान पड़ता।

अगस्त '४० में 'विप्लव' का 'शोषित अंक' निकला जिसमें समाज के विभिन्न वर्गों के शोषण और उससे मुक्ति के उपायों से सम्बंधित लेख थे। इनके अतिरिक्त 'आजाद अंक' और 'अन्तर्राष्ट्रीय अंक' भी 'विप्लव' के महत्त्वपूर्ण और उल्लेखनीय विशेषांक थे। 'आजाद अंक' फरवरी '३९ में प्रकाशित हुआ था।

इसके मुखपृष्ठ पर ही यशपाल ने चन्द्रशेखर आजाद का यह उद्धरण दिया—'हम ब्रिटिश-भारत में गुलामी और जुल्म के खिलाफ जान देने को फिरते हैं, परन्तु रियासतों में जो जुल्म हो रहा है, ब्रिटिश-भारत का जुल्म इसके मुकाबले पासंग बराबर भी नहीं। कई दफे ख्याल आता है, ब्रिटिश-भारत को छोड़कर पहले इन रियासतों में ही काम किया जाए। सोचो तो, जो पशु इस जमाने में दस-दस, बीस-बीस स्त्रियों को अपने हरम में रखना अपना अधिकार समझता हो, वह प्रजा के प्रति क्या न्याय करेगा?' यही रियासतें और रजवाड़े ब्रिटिश सरकार के सबसे बड़े सुरक्षा-कवच थे। कांग्रेस की नीति इनके प्रति सहयोग और स्वीकार की थी। कांग्रेसी मंत्रिमंडलों के दौर से स्वाधीनता के बाद तक कांग्रेस उनकी सबसे बड़ी शरणस्थली थी। स्त्रियों के प्रति आजाद की चिंता और संवेदना में यशपाल की पहली संपादकीय टिप्पणी 'शेर और भालू' शीर्षक से है। इसमें यशपाल ब्रिटिश साम्राज्य को शेर के रूप में प्रस्तुत करते हुए देसी रियासतों को भालू बताते हैं। हम भालू के अत्याचार की शिकायत शेर से करना चाहते हैं और आशा करते हैं कि वह हमारी सहायता करेगा। फिर शेर का भालू के प्रति रुख स्पष्ट करने के लिए वे १६ दिसम्बर सन् '३८ को देसी राज्यों के सम्बन्ध में ब्रिटिश साम्राज्यवादी नीति को स्पष्ट करनेवाला भारत-मन्त्री का वक्तव्य उद्धृत करते हैं—'यदि देसी राज्यों के राजा लोग कोई वैधानिक सुधार करना चाहें तो सम्राट की सरकार उसमें कोई अड़चन न डालेगी, परन्तु सम्राट की सरकार वैधानिक सुधार करने के लिए देसी राज्यों पर कोई दबाव डालने के लिए तैयार नहीं।' फिर इस पर कटाक्ष करते हुए यशपाल टिप्पणी करते हैं, 'यह बात हमारे साम्राज्यवादी के शासकों के मुंह से जिन्होंने इंग्लैंड में वैधानिक शासन-सुधार करने के लिए अपने बादशाह चार्ल्स पहले का सर उतार लिया था, कितनी सुन्दर मालूम पड़ती है...।' इसी तरह 'मार्क्स अंक' में मार्क्स और मार्क्सवाद पर अनेक लेखों के

अतिरिक्त यशपाल की अपनी संपादकीय टिप्पणी भी थी—'मार्क्सवाद का सन्देश' शीर्षक से।

'विप्लव' का प्रकाशन नवम्बर '३८ में शुरू हुआ था। जैसी उसकी प्रकृति और जिसके आधार पर उसी एक सुनिश्चित पहचान बनी थी, उसे देखते ही उसका ब्रिटिश सरकार का कोपभाजन न होना ही आश्चर्य की बात होती। अनेक बाधाओं, चेतावनियों और जमानतों के साथ तथा 'विप्लवी ट्रैक्ट' नाम बदल कर वह जून '४१ तक निकलता रहा। बारह हजार रुपए ही जमानत मांगे जाने पर 'विप्लवी ट्रैक्ट' बन्द तो हुआ लेकिन 'विप्लवी ट्रैक्ट' के दिसम्बर '४० के अंक में संपादकीय टिप्पणियों के साथ 'अपने बाबत' शीर्षक से एक विज्ञप्ति भी प्रकाशित की गयी। इसमें यशपाल ने लिखा 'इस भय और आतंक के युग में भी 'विप्लवी ट्रेक्ट' जिस प्रकार राजनैतिक चेतना को जाग्रत रखने का प्रयत्न कर रहा है, यह आपके सामने हैं और इस प्रयत्न का मूल्य भी 'विप्लवी ट्रैक्ट' को कम नहीं चुकाना पड़ रहा। अनेक रियासतों में 'विप्लवी ट्रैक्ट' को हौवा समझा जाता है। कुछ रियासतों में रियासती सरकार के हुकुम बिना भी पुलिस 'विप्लवी ट्रैक्ट' पर रोक लगा देती है। 'फिर वे ब्रिटिश नौकरशाही द्वारा पत्रिका को लेकर लोगों को डराने-धमकाने और उसे पढ़ने या रखने वाले लोगों को राजनैतिक दृष्टि से संदिग्ध लोगों की सूची में डाल दिए जाने की धमकी के उल्लेख के बाद लिखते हैं, 'हम अपने पाठकों को यह बता देना चाहते हैं कि अभी तक 'विप्लवी ट्रैक्ट' की न तो कोई संख्या ही जब्त है और न इसके पढ़ने या रखने पर कोई रुकावट सरकार की ओर से लगायी गयी है। हम स्वयं इस बात का पूरा ध्यान रखते हैं कि राजनैतिक चेतना के प्रचार का कार्य हम अधिक से अधिक देर तक कर सकें और (इस) बात को ध्यान में रख पत्र को बन्द किये बिना जितना कर सकना संभव है उससे आगे नहीं बढ़ते।' फिर वे पाठकों को आश्वस्त करते हुए लिखते हैं, 'हम अपने पाठकों को यह बता देना चाहते हैं कि 'विप्लवी ट्रैक्ट' के विरुद्ध नौकरशाही के निचले दर्जे के लोगों की किसी प्रकार की धमकी में आना उचित नहीं। जिस दिन सरकार 'विप्लवी ट्रैक्ट' को गैरक़ानूनी करार दे देगी हम स्वयं ही पत्रिका का प्रकाशन कुछ समय के लिए स्थगित कर देंगे। जब तक 'ट्रैक्ट' प्रकाशित हो रहा है आप न केवल उसे निर्भय पढ़ और पढ़ा सकते हैं बल्कि उसका प्रचार करना भी आपका एक राजनैतिक कर्त्तव्य हैं। हमें याद रखना चाहिए कि राजनैतिक चेतना ही हमरी सबसे बड़ी शक्ति हैं।''

'विप्लव' ने भरसक जनता की इस शक्ति को जगाने और विकसित करने का काम किया। वह 'भारत के राष्ट्रीय आन्दोलन का अग्रसर मोर्चा' के रूप में शुरू हुआ और अपने समूचे जीवनकाल में वही बना रहा। बीच में लम्बे समय तक बन्द रहने के बाद मार्च सन् '४७ से उसका पुनर्प्रकाशन शुरू हुआ। भारतीय उपमहाद्वीप में राजनीतिक दृष्टि से यह बहुत जबरदस्त उथल-पुथल का दौर था। अपने इस दायित्व को समझ कर ही यशपाल ने कदाचित् गंभीर कठिनाइयों के बीच इसे निकालने की योजना बनायी। स्वाधीन भारत की कांग्रसी सरकार ने भी इसके प्रकाशन में कम दिक्कतें नहीं डालीं। दूसरी बार शुरू होकर वह अप्रैल '४९ तक चला। सन् '४९ में देशव्यापी रेल हड़ताल में यशपाल की गिरफ़्तारी के बाद वह हुआ—हमेशा के लिए।

आज इस बात पर खास तौर से ज़ोर दिए जाने की आवश्यकता है कि यशपाल की राजनैतिक टिप्पणियों की दृष्टि से 'विप्लव' एक ऐसा स्रोत है जिसका दोहन और उत्खनन किये बिना यशपाल पर शायद ही कोई काम ढंग से किया जा सके। यदि उन्हें एक जगह संकलित कर दिया जाए तो मेरे विचार से प्रेमचन्द के 'विविध प्रसंग' जैसे ही तीन खण्ड बनेंगे। 'विप्लव' के ये अंक एक राष्ट्रीय धरोहर हैं। यह बात अपनी जगह पूरी तरह सच है कि 'विप्लव' को जाने बिना यशपाल को भी पूरा तरह नहीं जाना जा सकता।

—मधुरेश

अनुक्रम

नवम्बर

१९३८

सिंहावलोकन

बर्नार्ड शॉ ने एक जगह लिखा है, 'Experience is the name that fools give to their mistakes.' (मूर्ख लोग अपनी ग़लतियों को अनुभव कहा करते हैं)। शॉ आजकल सफलता के शिखर पर बैठे हैं। उस ऊँचाई से जनसाधारण की ओर देखकर विडम्बना से वे जो चाहे कह सकते हैं—उन्हें वह सज जाता है। परन्तु अनुभव का, चाहे वह मूर्ख का ही क्यों न हो, कुछ मूल्य नहीं, यह बहुत लोग मानने को तैयार न होंगे। और फिर संसार में बुद्धिमान् कितने हैं? स्वयं अपने-आपको मनुष्य देख नहीं पाता, इसलिए जिन्हें वह देख पाता है, अधिकांश में उसे मूर्ख ही जँचते हैं। शॉ ऊपर की बात कहते समय निश्चय ही अपने-आपको देख नहीं पाये थे। आत्मचिन्तन के दर्पण के सम्मुख खड़े होकर ही यह शब्द उन्होंने कहे हों इस बात का कोई प्रमाण नहीं।

एक बहुत साधारण व्यक्ति के भी जीवन का विश्लेषण कर उसके अनुभवों को यदि कारण और कार्य की लड़ी में पिरो दिया जाये तो वह अवश्य ही मनन की वस्तु हो जायेंगे। एक मनुष्य के जीवन में कई ऐसे क्षण आते हैं जब वह महापुरुष का-सा आचरण कर जाता है और दूसरे समय वह बिलकुल हेय जान पड़ता है। समाज आख़िर व्यक्तियों का ही समुच्चय तो है। व्यक्ति की गूढ़ परीक्षा के बिना समाज और राष्ट्र की प्रवृत्ति को समझ लेना सम्भव नहीं हो सकता। प्राय: सभी मनुष्य किसी-न-किसी समय विचारवान् हो उठते हैं और अपनी सीमित बुद्धि के अनुसार दार्शनिक दृष्टि से अपने जीवन की परीक्षा करने लगते हैं। ऐसे समय उनका विश्लेषण उन महापण्डितों के विश्लेषण से कहीं अधिक उपयोगी हो सकता है जो संसार भर का साहित्य चाटकर बकवास करना ही अपना पेशा बना लेते हैं।

मनुष्य में आपबीती या आत्मकथा लिखने की इच्छा क्यों जाग उठती है? मैं समझता हूँ, यह इच्छा अधिकांश में उन्हीं व्यक्तियों के दिमाग़ में पैदा होती है जिन्हें परिस्थितियों के कारण साधारण से कुछ भिन्न ढंग का जीवन बिताना पड़ जाता है। चाहे वह समाज की नज़रों में चढ़ जाने के कारण हो या समाज द्वारा खेदकर बाहर निकाल दिये जाने के कारण।

कई मित्रों ने मुझसे अनेक बार आग्रह किया कि मैं अपनी कहानी लिखूँ। लाहौर १९२९ षड्यन्त्र केस, लाहौर १९३१ षड्यन्त्र के मामले, देहली षड्यन्त्र केस, लॉर्ड इरविन की गाड़ी के नीचे फटनेवाले बम, और कानपुर में पुलिस पर गोली चलाने के मामले में मेरा ज़िक्र हुआ। तीन साल तक फ़रार रहा—पीछे-पीछे पुलिस और आगे-आगे मैं देश भर में घूमते रहे। फिर इलाहाबाद गोलीकाण्ड में फँसकर चौदह वर्ष की क़ैद की सज़ा ले जेलख़ाने गया। ६ वर्ष तक अनेक जेलों का अन्न-जल खा-पीकर मैं अब छूट गया हूँ—इसलिए मेरी कहानी ज़रूर रोचक होगी। इस प्रकार के आग्रह और अनुरोध से मुझे कभी विशेष उत्साह नहीं होता। मैं सोचता हूँ, यदि यह सज्जन आश्चर्य घटनाओं और फन्देबाज़ी के ही क़िस्से सुनना चाहते हैं तो क्यों नहीं जासूसी नॉवेल, चन्द्रकान्ता और शार्लक होम्स की किताबें पढ़ लेते? मेरे सुख-दुःख को साधन बनाकर कोई विनोद करे, ऐसी परोपकारी वृत्ति मुझमें नहीं है।

लेकिन इधर भुवाली से लौट आने के बाद कुछ मिलने-जुलनेवालों से सामाजिक तथा राजनैतिक विषयों और कार्यक्रम पर बातचीत होते समय ऐसे कई प्रसंग आ पड़े कि पिछली बातों का ज़िक्र अनिवार्य हो गया। बहुत-से आदमियों से बातचीत करने पर मालूम हुआ कि वे क्रान्तिकारियों को केवल सुल्ताना डाकू या Robin Hood की तरह पटेबाज़ और मारते खाँ ही समझते हैं। कुछ क्रान्तिकारियों को स्वप्न में उठकर चल पड़नेवाले पागल समझे बैठे हैं। और कुछ उन्हें अलौकिक शक्तिसम्पन्न। यह सब देखकर कुछ तो अपनी और अपने साथियों की क़िस्मत पर और कुछ समझनेवालों की समझ पर तरस आता है।

एक बात और है। हम क्रान्तिकारी लोग जेलों और नज़र क़ैद से छूटने के बाद तिनकों की तरह बिखर गये हैं। आज क्रान्तिकारियों का कोई संगठन नहीं। यह कुछ अस्वाभाविक भी नहीं। क्रान्तिकारी लोग जिस आबोहवा और परिस्थिति में दल रूप से संगठित हुए थे वह बदल गयी है। नयी हवा के झोंके से उनका बिखर जाना कुछ आश्चर्य की बात नहीं। क्रान्ति शब्द इतना व्यापक है, उसमें इतना विस्तृत क्षेत्र आ जाता है कि उसे बहुत सुगठित रूप दे देना दुस्साध्य है। यदि आज हम जेल से छूटनेवाले क्रान्तिकारियों को ही लें तो विचारों और कार्यक्रम की दृष्टि से हम उन्हें एक ही जगह नहीं रख सकते। क्रान्ति स्वभाव से ही अस्थिर वस्तु है, उसमें विकास है और बहुत उग्र विकास। इसलिए यदि विचारों में विकास या परिवर्तन आने के साथ-साथ क्रान्तिकारियों के सिद्धान्तों और कार्यक्रम में भेद आ जाये तो आश्चर्य ही क्या? यदि क्रान्तिकारियों के इतिहास की विवेचना राजनैतिक दृष्टि से

की जाये तो इतिहास का यही पहलू सबसे अधिक महत्त्वपूर्ण होगा। मैं मुख्यत: इसी दृष्टि से यह चर्चा उठाना चाहता हूँ।

सन् १९३१ के जाड़े के दिन थे। श्री चन्द्रशेखर आज़ाद को शहीद हुए बहुत महीने गुज़र चुके थे। सामने उत्तरदायित्व और चारों ओर परिस्थितियों की कठिनाई थी। हमारा संगठन बिलकुल बिखर चुका था। उसे फिर से बाँधने का सवाल सामने था। उन्हीं दिनों देहरादून में एक सन्ध्या कुछ सोचकर मैं लिखने बैठ गया। आज से सात बरस पूर्व मेरी मनोवृत्ति कैसी थी यह फिर से याद करने के लिए, उस सन्ध्या की लिखी हुई पंक्तियाँ अक्षरश: यहाँ दे देता हूँ—

विराट् आयोजना

सूर्य क्षितिज के समीप पहुँच चुका है। आकाश घने काले मेघों से आकीर्ण है। पल-पल में वायु का एक-एक झोंका दिन के अन्तिम प्रकाश के चारों ओर निबिड़ घने मेघों को एकत्र करता चला जा रहा है। न जाने किस क्षण में प्रकाश की अन्तिम रश्मियों का अवसान हो जाये? सन्ध्या समय की इस चलाचली में, जल्दबाज़ी में प्रभात, मध्याह्न और सन्ध्या की कुछ स्मृतियाँ मैं काग़ज़ पर छोड़ जाना चाहता हूँ; जिससे पीछे आनेवालों के लिए वे पथिक के पदचिह्न की भाँति रह जायें। यह कहना कठिन है कि जिस मार्ग पर हमने यात्रा की है वही श्रेय है अथवा अन्य कोई दूसरा। परन्तु फिर भी अनेक दिशाओं में वह भी एक दिशा है और उसका कुछ परिचय मानव समाज के ज्ञान में होना सर्वथा निरर्थक न होगा। 'ज्ञान' कभी निरर्थक नहीं हो सकता।

आदर्श संसार में अनेक हैं। मनुष्य अपनी प्रवृत्ति और प्रकृति के अनुसार आदर्श-विशेष को चुन लेता है। जिस प्रवृत्ति और प्रकृति की प्रेरणा से हम इतने से मुट्ठी-भर लोग, इस मार्ग के इतने कटु और अप्रिय अनुभवों का ज्ञान पहले से रखते हुए भी इस मार्ग का अनुसरण करने से अपने-आपको न रोक सके, भविष्य में न जाने कितने और लोग भी इस प्रेरणा का दमन न कर सकेंगे, कुछ कहा नहीं जा सकता। किसी मार्ग के विषम और आपदाकीर्ण होने से ही तो वह निन्द्य और अग्राह्य नहीं कहा जा सकता। यूँ तो निवृत्ति और भगवद्-प्राप्ति का मार्ग भी सरल नहीं। आध्यात्मिक प्रसंग को छोड़ सांसारिकता की दृष्टि से देखने पर भी हमें दीख पड़ता है कि जो लोग सुख-दु:ख और हानि-लाभ का विचार छोड़ केवल न्यायालय के विचार से किसी मार्ग का अवलम्बन करते हैं उन्हें कभी संसार सुखी नहीं समझ सकता। परन्तु सर्वसाधारण सांसारिक लोगों की विवेचना और

कल्पना ही तो सुख-दु:ख की कसौटी नहीं। राजा शिवि जिस समय कपोत के बोझ के बराबर मांस अपनी जंघा से काटकर श्येन को दे रहे थे, उस समय के उनके सुख की कल्पना कर सकना क्या साधारण सांसारिक मनुष्य की मनोवृत्ति के लिए सम्भव है? क्या एक वेश्या, पति के शव को गोद में लेकर प्रज्वलित चिता पर चढ़ती हुई सती के मन की शान्ति का अनुभव कर सकती है? वस्तुत: सुख-दु:ख की कसौटी शरीर नहीं मन है।

हमारा देश इस समय एक परीक्षण की अवस्था में से गुज़र रहा है। उसका बनना। बिगड़ना उसकी वर्तमान पीढ़ी की कर्त्तव्यनिष्ठा और विवेक-बुद्धि पर निर्भर है। देश में उत्पन्न होने के नाते से, भारतीय समाज का एक अंग होने के नाते से, वैयक्तिक रूप से प्रत्येक भारतवासी का यह कर्त्तव्य है कि वह अपनी बुद्धि और सामर्थ्य के अनुसार देश के भले के लिए प्रयत्न करे। उद्देश्य एक होने पर भी प्रवृत्ति और प्रकृति के भेद से हमारे विचार और विवेचना में अन्तर होना स्वाभाविक है। सभी अवस्थाओं और देशों में इस प्रकार का अन्तर सदा से रहा है। इसीलिए राजनैतिक तथा सामाजिक क्षेत्र में सदा से ही भिन्न-भिन्न दलों का प्रादुर्भाव होता चला आया है। विचारों और धारणाओं में भेद होने के कारण ही किसी व्यक्ति या पक्ष को गर्हित मान बैठना अन्याय है। जिस किसी भी व्यक्ति का हृदय देश की अवस्था को देखकर पसीज उठता है और जो देश के लिए सामर्थ्यानुसार तन, मन अथवा धन में से कुछ भी निछावर करने को तैयार हैं उन्हें अपने विचार और शक्ति के अनुसार कार्य करने का अधिकार होना चाहिए। नि:स्वार्थ भाव से जो लोग देश के लिए कुछ भी करने का प्रयत्न करते हैं, उनसे कभी देश का अहित नहीं हो सकता। उनके यत्नों का परिणाम चाहे स्थूल रूप में हमारी आँखों के सामने कुछ भी न हो परन्तु उनकी भावना ही देश का कल्याण करेगी, उनका उदाहरण ही देश के हित के अनुकूल वातावरण पैदा करेगा।

समय थोड़ा है और भिन्न भिन्न सिद्धान्तों की दार्शनिक समीक्षा इस शीघ्रता में करनी सम्भव नहीं। अन्धकार हो जाने से पूर्व मैं यह कहानी सुना देना चाहता हूँ। तुम ठाली बैठे इसकी विवेचना करना, गुण-दोष निकालना और पथ-अपथ का भी निर्णय कर लेना। प्रकृति के नियमों और तथ्यों का विवेचन तुम विज्ञान की रसायनशाला में कर सकते हो। लोहे, ताँबे और मिट्‌टी को अनेक अवस्थाओं और परिवर्तनों में रखकर तुम उसके गुण और अवयवों का ज्ञान प्राप्त कर सकते हो परन्तु मनुष्य समाज में ऐसे परीक्षणों का अवसर तुम्हारे पास कहाँ है? मनुष्य-प्रकृति की जाँच के लिए तुम्हारे पास कोई रसायनशाला (Laboratory) नहीं। व्यक्ति और समाज का इतिहास ही मनुष्य-प्रकृति की प्रयोगशाला है। इसलिए इतिहास का

कोई भी अंश मनुष्य समाज के लिए निरर्थक नहीं। हमारे जीवन की सन्ध्या के इस झुटपुटे प्रकाश में जब कि हमारा दल नि:शक्त निष्प्राण हो रहा है, अकेले पंजाब में चालीस के क़रीब लोग जेल में बैठे अभियोग की प्रतीक्षा कर रहे हैं, दक्षिण बम्बई प्रेसीडेन्सी, देहली प्रान्त और पंजाब में जब हमारे काम का ढाँचा बिखर चुका है और जब कुछ एक इने-गिने सिंह-शावकों को छोड़कर क्रान्तिकारियों के नाम को कलंकित करनेवाले लोग अपनी चमड़ी की रक्षा के लिए दल के गुप्त भेदों को सरकार पर अवगत करते जा रहे हैं, जब कि प्रतिक्षण स्वयं हम शेष तीन-चार आदमियों के पकड़े जाने की आशंका बनी हुई है, उस समय देहली में असेम्बली बमकाण्ड के पश्चात् से लेकर आज तक का संक्षिप्त-सा वृत्तान्त लिख डालने का यत्न मैं करने लगा हूँ।''

यह थी मेरी मन की अवस्था उस समय!

चाय की चुस्कियाँ

दुर्मुख

कुछ लोगों के बारे में यह मशहूर है कि उन्हें अक़्ल दिन के बारह बजे से पहले नहीं आ सकती। ऐसे आदमी यदि सुबह चाय की दो-चार चुस्कियाँ ले लिया करें तो इस तोहमत से बच सकते हैं।

ख़ैर, आप यह तो भूले नहीं होंगे कि यू.पी. असेम्बली में एक दफ़े ज़मींदारों का अपमान हो गया था और उस पर बावेला भी कम नहीं मचा था। बात यह थी कि ज़मींदारों को लगान इकट्ठा करनेवाले (Rent Collectors) कहा गया उनकी और उपमा इक्केवाले से दे दी गयी।

ज़मींदारों की इस नाराज़गी पर कुछ लोगों को हैरत हुई, आख़िर इसमें बुरा मानने की बात क्या? आप यों न समझ सकेंगे—चाय की दो-चार चुस्कियाँ लीजिये और सुनिये—

इक्केवालों का हक़ होता है सिर्फ़ किराये के पैसे लेने का, मुसाफ़िर की जेब फाड़ लेने का नहीं। और लगान इकट्ठा करनेवाले का हक़ होता है केवल नियत लगान पर—सलामी, भेंट, नज़राने, मोटराने, हथियाने पर नहीं और न बेग़ार पर।

अगर इस तरह कोई आपकी या हमारी हक़तलफ़ी करे तो क्या बुरा मानने की वजह न होगी?

× × ×

मलिहाबाद में कथा की संगत लगी और 'गुरुनारायण' बोले—कांग्रेसी सरकार हुकूमत के नशे में पागल हो रही है और ज़मींदारों की बात सुनना नहीं चाहती।

कांग्रेसी सरकार का नशे में पागल हो जाना कोई ताज्जुब की बात नहीं। कांग्रेसी—सरकार सदा बहिष्कार की हामी रही। बोतल ताड़ी सभी का उसने विरोध किया अब अगर हुकूमत के दो ही घूँट में उसका दिमाग़—गुरु जी की नज़र में—फिर गया दिखायी देता हो तो अचरज क्या? पीना भी एक हुनर है और वह है ज़मींदारों की बपौती। ठीक उसी तरह जैसे—हुकूमत करना। भूखे पेट और नंगे बदन लोगों के प्रतिनिधि क्या हुकूमत करेंगे।

× × ×

ब्रिटिश इण्डिया एसोसिएशन के प्रधान हैं राजा साहब! पर अब वे दुबारा प्रधान बनने की ज़हमत सिर नहीं लेना चाहते। वजह है कि स्वास्थ्य ठीक नहीं। डॉक्टर कहते हैं आराम करो! कौन नहीं जानता राजाओं और ज़मींदारों की सेहत कड़ी मेहनत से सदा ख़राब रहती है। उन्हें आराम ज़रूर चाहिए। कुछ लोगों का ख़याल है—आलस्य से बीमारी हो तो परिश्रम करना चाहिए। यह नीम हकीमी है। आलस्य से अगर बीमारी हो तो उसका उपचार आलस्य से ही होना चाहिए, विष विष को मारता है।

× × ×

लड़का मिडिल में पहुँच गया था और मुहल्ले की लाइब्रेरी में आकर अख़बार पढ़ने लगा था। एक रोज़ अख़बार पढ़कर उसने बड़े भाई से पूछा, "भैया तुम हमसे कितने बड़े हो।"

—तीन साल।

—कुल! कुछ दिनों में हम तुमसे बढ़ जायेंगे। अब हमने कसरत शुरू कर दी है।

लड़के की बेवकूफ़ी से लोग हैरान रह गये। बड़े भाई ने कहा—अबे हम क्या और नहीं बढ़ेंगे? तू तो गधा है।

छोटे भाई ने कहा—सो कैसे? अख़बार में लिखा है कि जर्मनी कुछ बरस पहले से सैनिक तैयारी करके अंग्रेज़ों से बढ़ गया है पर अब अंग्रेज़ भी तैयारी करने लगे हैं और जल्दी सबसे बढ़ जायेंगे। तो क्या भैया अब जर्मनी तैयारी नहीं करेगा?

× × ×

जिन्ना साहब की यह धारणा है कि मुसलमान लोग स्वाभाविक तौर पर राजनैतिक और व्यावहारिक सूझ के होते हैं, हमारे ख़याल में यह बिलकुल ठीक है। इसका प्रमाण है लीग। लीग को सहूलियत यह है कि उसके मोर्चे अनेक हैं। एक मोर्चे से मौलाना 'बड़े भैया' फ़रमाते हैं:—

"सारा मुस्लिम जगत ब्रिटेन के ख़िलाफ़ हो जायेगा अगर पैलस्टाइन की माँग स्वीकार न की गयी।"

दूसरे मोर्चे से सर सिकन्दर हयात फ़रमाते हैं—हम सभी युद्धों में ब्रिटेन की जन और धन से पूरी सहायता करेंगे।

कहिये लीग मुसलमानों के हितों की रक्षक भी बनी रही और ब्रिटेन से दोस्ती भी क़ायम रही।

× × ×

उधर जिन्ना साहब ने असली इशारा कर दिया है—ब्रिटेन अपने दोस्तों को सदा निराश्रय छोड़ देता है।

ब्रिटेन को अगर पुरानी दोस्ती का ख़याल हो और भविष्य का भी कुछ ख़याल हो तो उसे समझ-बूझ लेना चाहिए।

× × ×

मुसलमानों में राजनैतिक और व्यावहारिक सूझ होने का एक ज़बरदस्त प्रमाण सिन्ध के मन्त्री अल्लाहबख़्श साहब ने भी पेश कर दिया है।

कहावत मशहूर है कि ऊँट जब तक पहाड़ के नीचे नहीं जाता अपने-आपको बहुत बड़ा समझता है। वही हाल जिन्ना साहब का हुआ। उनका ख़याल था, चकमा देने में उनका सानी हिन्दुस्तान में कोई नहीं। उन्होंने कांग्रेस और लीग दोनों की चर्ख़ी घुमा दी थी परन्तु अल्लामियाँ को यही मंजूर था कि अल्लाबख़्श उनकी भी चर्ख़ी घुमा दें।

जिन्ना साहब को गुस्सा भी आ गया, आख़िर गालियों पर उतर आये।

ख़ैर! उन्होंने अल्लाहबख़्श को दग़ाबाज़ कहकर गाली दी तो कौन ज़ुल्म हो गया?

उन्हें सारा हिन्दुस्तान गाली दे रहा है।

× × ×

लेकिन सवाल यह है, कि क्या अल्लाहबख़्श का क़सूर क़तई मुआफ़ी के नाक़ाबिल है? जिन्ना साहब कांग्रेस और गवर्नमेण्ट में मोल-तोल करते है। अल्लाहबख़्श ने उन्हीं से सबक ले, कांग्रेस और लीग में तोल भाव करना शुरू कर दिया।

× × ×

जो हो जिन्ना साहब का यह दावा अब साबित हो गया कि हिन्दुस्तान के मुसलमानों की एकमात्र प्रतिनिधि लीग ही है। हिन्दुस्तान के चार प्रान्तों में मुसलमानों की अधिक संख्या है इसमें से दो यानी ५०% में लीग का प्रभुत्व क़ायम हो जाना इस बात का काफ़ी प्रमाण है कि लीग मुसलमानों की १००% प्रतिनिधि है। तिस पर तुर्रा यह कि लीग असफल हुई भी तो सरहद और सिन्ध में जहाँ ९०% प्रतिशत मुसलमान हैं। दरअसल जिन्ना साहब पर मुस्लिम जनता का पूर्ण विश्वास है।

ग्यारह प्रान्तों में से नौ में कांग्रेस के मन्त्रिमण्डलों का प्रभुत्व होना भी जिन्ना साहब की इस बात को प्रमाणित कर देता है कि कांग्रेस दरअसल देश की प्रतिनिधि हरगिज़ नहीं है।

× × ×

—ग्यारह प्रान्तों के प्रधानमन्त्रियों में सबसे चतुर और राजनीतिज्ञ कौन है? यह प्रश्न प्रायः लोग पूछ बैठते हैं। हम कहते हैं यह पुरुषों की परस्पर तुलना करने का सिद्धान्त ही ग़लत है परन्तु फिर भी अगर आप सवाल का जवाब ज़रूर चाहते हैं तो सुनिये—सबसे योग्य, लायक़ और राजनीतिज्ञ प्रधानमन्त्री हैं हानरेबुल फ़ज़ल हक़ दी प्रीमियर! जिस दिन से आपने अपना प्रधानमन्त्री पद का ताज सिर पर रखा है, एक मिनट को भी वह सरक नहीं पाया। सदा सरक पड़ने के लिए उतारू रहता है और हक़ साहब हैं कि उसे गिरने नहीं देते। उनका यह मिनिस्टीरियल डान्स गरबा डान्स से कम मज़े का नहीं।

× × ×

—कांग्रेस यह फ़ैसला कर चुकी है कि संघ-शासन के प्रश्न पर कोई समझौता वह ब्रिटिश सरकार से न करेगी फिर भी ख़बर यह उड़ रही है कि १० नवम्बर को वाइसराय साहब महात्मा जी को निमन्त्रण दे रहे हैं।

—यह निमन्त्रण किस लिये?

—हो सकता है चाय पार्टी हो!

—पर महात्मा जी तो चाय पीते नहीं।

—चाय से परहेज़ ज़रूर करते हैं परन्तु राजनैतिक बातचीत से नहीं।

—लेकिन महात्मा जी कई दफ़े कह जो चुके हैं कि गोरी चमड़ी पर विश्वास नहीं रहा— [Lost Faith in White Justice] फिर समझौता कैसा?

—यह हो सकता है परन्तु अगर गोरों का दिल बदल जाये; यानी चेंज ऑफ़ हार्ट हो जाये?

—अलबत्ता तब हो सकता है, दुश्मनी गोरी चमड़ी से नहीं, उसके दिल से है। और वह हर वक़्त बदल सकता है; इसलिए महात्मा जी की पालिसी भी बदल सकती है।

× × ×

हिटलर राजनीतिज्ञ हो सकता है पर महापुरुष नहीं—अक़्सर हम सुना करते थे। परन्तु अब उसके महापुरुष होने का एक प्रमाण मिल गया है। हिटलर ने पिछले मास एक फ़रमान जारी कर दिया है कि उस पर कोई फूल न फेंके। लोक-सम्मान की अवहेलना करना आसान नहीं।

एक काइयाँ बोल उठे—लेकिन फूल फेंकने में फूलों के साथ और कुछ भी फेंका जा सकता है। लॉर्ड हार्डिंग पर चाँदनी चौक दिल्ली में फूल ही तो बरस रहे थे?

× × ×

महात्मा गाँधी ने पश्चिमोत्तर प्रान्त के निवासियों को उपदेश दिया है कि सीमा पार से आकर आक्रमण करनेवालों को प्रेम और अहिंसा से वश में करना चाहिए।

उसमें कई कठिनाइयाँ हैं—पहली तो यह कि वज़ीरी लोग कभी तो ख़बर देकर आते हैं और कभी बिना ख़बर दिये ही आ पहुँचते हैं। महात्मा जी को चाहिए कि सीमा प्रान्त की कांग्रेस-सरकार को यह सलाह दें कि सीमा पार के इलाक़े में यह डोंडी पिटवा दी जाये कि जब वज़ीरी भाइयों को आना हो तो पहले सूचना भिजवा दिया करें ताकि उन्हें आने पर घरों के दरवाज़े बन्द न मिलें। वे अक़सर बेवक़्त आते हैं, इसलिए उनके लिए भोजन तैयार रहे। और फिर उनका परिचय गृहस्थों की कन्याओं और वधुओं से करा दिया जाये।

सीमा पार से जो हमले होते हैं वे भूख के कारण होते हैं परन्तु उनका इलाज प्रेम और अहिंसा से अच्छी तरह हो सकता है?

× × ×

स्त्रियों का कहना है—उन्हें बराबरी के अधिकार नहीं दिये जाते। हम कहते हैं उन्हें इसी में फ़ायदा है। क्योंकि अधिकार का अर्थ होता है ज़िम्मेदारी।

इस रोज़-रोज़ की चख-चख से तंग आकर रूसवालों ने मर्द-औरत का झगड़ा ही मिटा दिया। स्त्री के नाम के आगे-पीछे पिता या पति के नाम के जोड़ने की ज़रूरत नहीं रही। नौकरी की दरख़्वास्त देते समय यह लिखना भी ज़रूरी नहीं रहा कि मर्द है या औरत। औरतें फुटबाल खेलें, पोलो खेलें और हवाई जहाज़ उड़ायें।

अब सवाल यह है कि अगर किसी घर में आग लग गयी या जहाज़ डूबने लगा, तो सूरमा मर्दों को यह कहना पड़ेगा या नहीं:—"महिलाएँ और बच्चे पहले बचाये जायें।" कह नहीं सकते कि भीड़-भड़क्के में अब भी वहाँ देवियों के लिए ख़ुद पीछे हटकर जगह छोड़ दी जाती है या नहीं। और वहाँ की देवियाँ अपनी निर्बलता का अभिमान कर सकती हैं या नहीं?

× × ×

परन्तु हिटलर रूस के ख़िलाफ़ चलने की क़सम खाये हैं। हमें डर यह है कि किसी दिन यह देखकर कि सोवियत रूस में लोग पैरों पर चलते हैं, हिटलर यही हुकुम न निकाल दे कि जर्मनी में नाज़ी लोग हाथों के बल चला करें। उसने स्त्रियों की इज़्ज़त एक दूसरी तरफ़ बढ़ा दी है। उसने फ़तवा दे दिया है कि स्त्रियाँ राष्ट्र के लिए सन्तति पैदा करने के लिए हैं। हमें विश्वास है कि हिटलर आवश्यकता पड़ने पर स्त्रियों का पोल्ट्री फ़ार्म खुलवा सकता है।

× × ×

मुसोलिनी भला अपने यार से पीछे क्यों रह जाते? इटली में बेकारी ज़ोर पकड़ रही है—नौजवान कोई नौकरी या पेशा ख़ाली नहीं पाते। पहला काम तो मुसोलिनी ने यह किया कि जर्मनी की तरह यहूदियों को खदेड़ दिया। पर इज़राइल के फ़ज़ल से मुसोलिनी के देश में यहूदियों की संख्या ही आटे में नमक के बराबर है। फिर किया क्या जाये—उसका उपाय यह किया गया, स्त्रियों को हुकुम मिला कि दफ़्तरों की नौकरी और पेशों में अब १० प्रतिशत से अधिक नहीं घुस सकतीं। वे करें क्या—इसकी भी व्यवस्था है। ऐसे-ऐसे कोमल कामों में, जिन्हें फ़ैसिस्ट पढ़े-लिखे नौज़वान करना अपने मर्दानगी के लिए तौहीन समझते हैं, स्त्रियों को खुली छुट्टी है। वे काम हैं, कीचड़ ढोना, खेतों में काम करना या ठेले घसीटना। यह है तरीक़ा स्त्रियों को बराबरी का दर्जा देने का।

◈

विनिमय

विप्लव कार्यालय में प्राप्त पत्रों के उत्तर

राजनैतिक क़ैदी और राजबन्दी

क्या कांग्रेसी प्रान्तों में अमल में लाया जानेवाला विधान उन प्रान्तों से भिन्न है जहाँ के राजनैतिक क़ैदी अभी तक पिंजरों में क़ैद हैं? क्या उन राजनैतिक क़ैदियों ने जो अभी तक नहीं छूटे, छूट जानेवाले क़ैदियों से भिन्न प्रकार के अपराध किये थे?

इन प्रश्नों का उत्तर, सर सिकन्दर और फ़ज़ल हक़ के मन्त्रिमण्डल तथा केन्द्रीय सरकार भी, 'हाँ' में नहीं दे सकती।

एक और प्रश्न है, जिन प्रान्तों में राजनैतिक क़ैदी छूट गये हैं, क्या वहाँ उन्होंने अराजकता और हिंसा की लहर चला दी है? क्या वहाँ प्रान्तीय का शासन कठिन हो गया है?

हम समझते हैं, इस प्रश्न का उत्तर भी राजनैतिक बन्दियों को न छोड़नेवाली सरकारें 'हाँ' में नहीं दे सकतीं।

फिर क्या कारण है कि बंगाल और पंजाब में राजनैतिक क़ैदी अभी तक अपने यौवन के दिन पिंजरे में बन्द हिंसक पशुओं की तरह बिता रहे हैं। इन प्रान्तों की जनता और असेम्बलियों में जनता के प्रतिनिधि कितनी दफ़े राजनैतिक क़ैदियों की रिहाई की माँग को उठा चुके हैं? जितनी दफ़े यह प्रश्न बंगाल और पंजाब की असेम्बलियों में उठा उतनी दफ़े दूसरा और कोई प्रश्न नहीं उठा। परन्तु फिर भी इन प्रान्तों की सरकार के कान पर जूँ नहीं रेंगती। फ़ज़ल हक़ साहब इस माँग को पूरा करने की ज़रूरत स्वीकार कर चुके हैं परन्तु पूरा करने का दिन नहीं आने में आता। पंजाब में जो राजनैतिक क़ैदी अभी तक हैं उनके साथ के अभियुक्त—उन्हीं अपराधों के अभियुक्त जो युक्तप्रान्त में पकड़े गये, जिन्हें युक्तप्रान्त की अदालतों ने दण्ड दिया—छूट चुके हैं परन्तु पंजाब के राजनैतिक क़ैदियों के छूटने का दिन नहीं आया। सर सिकन्दर हयात फ़रमाते हैं कि यदि उन्हें विश्वास हो जाये कि यह राजनैतिक क़ैदी फिर से उसी प्रकार के आन्दोलन में भाग न लेंगे तो वह उन्हें छोड़ सकते हैं? लेकिन सर सिकन्दर साहब को यह यक़ीन आये किस तरह?

क्या उनका अभिप्राय यह है कि यह राजनैतिक क़ैदी गिड़गिड़ाकर इस प्रकार की शर्तों पर हस्ताक्षर करें? इन पिंजरों में बन्द असहाय युवकों का यह अपमान

करके ही सर सिकन्दर साहब को सन्तोष होगा? अगर उनकी यही इच्छा है तो उनकी इच्छा पूर्ण होने का दिन अभी बहुत दूर है।

हम यह पूछते हैं यदि बदली हुई परिस्थितियों और राजनैतिक क़ैदियों की विवेक बुद्धि पर यू.पी., बिहार और बम्बई की सरकारें भरोसा कर सकती हैं तो बंगाल और पंजाब की सरकारें क्यों नहीं कर सकतीं?

क्या पंजाब और बंगाल के महाचतुर मन्त्री यह समझते हैं कि उन प्रान्तों में क़ैद के दिन काटनेवाले नौजवान सारे देश की सम्मति और राय के विरुद्ध छुरा और पिस्तौल ले टूट पड़ेंगे? क्या पंजाब और बंगाल के मन्त्री यह समझते हैं कि जनता की सम्मति और प्रवृत्ति का इन नौजवानों पर कुछ भी प्रभाव न पड़ेगा?

यदि यह मन्त्री ऐसा समझते हैं तो जनमत का घोर अपमान करते हैं। और सबसे बुरी बात यह है कि उन्हें स्वयं अपने ऊपर भरोसा नहीं। यह उन सब युवकों का अपमान तो है ही परन्तु साथ ही जनमत का और इन प्रान्तों की सरकार का भी अपमान है।

यह तो हुई पंजाब और बंगाल के राजनैतिक क़ैदियों की बात। परन्तु दिल्ली सरकार की ओर देखते हैं तो मुँह से शब्द निकलने लायक़ अवस्था भी नहीं रह जाती। दिल्ली जेल में इस समय तीन राजबन्दी मौज़ूद हैं जो आठ बरस से जेल काट रहे हैं। इनमें से दो तो स्वयं दिल्ली सरकार के ही बन्दी हैं और एक हैं अजमेर सरकार के। आज जब सभी पुराने राजबन्दी छूट चुके हैं जब बंगाल की सरकार ११०० राजबन्दियों को छोड़ चुकी है उस समय भी कमिश्नरों के यह प्रान्त इन तीन बन्दियों को पिंजरे में रखकर अपनी महत्ता अनुभव कर रहे हैं। यह विश्वास करना कठिन है कि बंगाल में ११०० राजबन्दियों की मुक्ति केन्द्रीय सरकार की अनुमति के बिना हो गयी होगी। फिर क्या वजह हो सकती है कि यह तीन राजबन्दी अभी तक उपेक्षित पड़े हैं। क्या इसकी वजह यही है कि इन लोगों ने अभी तक भूख हड़ताल कर महात्मा गाँधी को अपनी रिहाई की आवाज़ उठाने के लिए प्रेरित नहीं किया?

अग्रसर मोर्चा

आचार्य नरेन्द्रदेव जी ने अपने लेख में कहा है—"कांग्रेस मन्त्रिमण्डलों का काल साम्राज्यवाद के साथ भारतीय जनता के युद्ध में सन्धि का काल है। इस काल में हमें साम्राज्यशाही के साथ अन्तिम युद्ध में सफल मोर्चा लेने की विराट् तैयारी करनी चाहिए, अपने कांग्रेस मन्त्रिमण्डलों द्वारा की गयी सुविधाओं से लाभ उठाकर

हमें किसानों और मज़दूरों के संगठन को मज़बूत करना चाहिए, उन्हें अनिवार्य रूप से आनेवाली लड़ाई के लिए तैयार करना चाहिए।''

इस समय हम इसी सन्धिकाल से गुज़र रहे हैं। सन्धिकाल में जब सेनाओं की शक्ति का प्रवाह शत्रु के मोर्चा की ओर नहीं होता तो वह अनिवार्य रूप से अपने उद्गम स्थान पर ही फूट निकलती है, और अनेक छोटे-बड़े भेदों को लेकर कशमकश मचने लगती है। इस कशमकश को भी अनुभव कर रहे हैं। एक तरह से भविष्य में आनेवाले संग्राम के लिए यह लाभदायक भी है क्योंकि यही समय है जब हम अपनी सेना को ठोक-बजाकर देख सकते हैं और उसमें से उन अंशों को निकाल बाहर कर सकते हैं जो युद्ध के समय हमारी निर्बलता का कारण बन सकते हैं। परन्तु यह प्रकृति मामूली भेदों पर घातक फूट भी पैदा कर सकती है।

अब तक कांग्रेस में आधिपत्य रहा है गाँधीवाद का। गाँधीवाद जिस आदर्श को लेकर—नीति को नहीं—चला था वह जनता को कितनी प्रेरणा दे सकता है, यह हमने १९२०, १९३० और १९३२ के आन्दोलनों में देख लिया है। उस भावुकता की भयंकर बाढ़ के नीचे जनता का वह सहयोग नहीं था जिसके आधार पर राष्ट्र अपनी जान की बाज़ी खेल जाते हैं। नमक क़ानून तोड़ने में वीरता ज़रूर थी परन्तु उसमें जनता का वह स्वार्थ पूरा नहीं होता था जो लगान के प्रश्न पर होता है।

अपने अनुभव से हमने राष्ट्रीय आन्दोलन में राजनैतिक कार्यक्रम का आर्थिकता का पुट देने की आवश्यकता को ख़ूब समझ लिया है।

परन्तु आर्थिक कार्यक्रम को लेकर चलनेवाले या राष्ट्रीय कांग्रेस के उस अंश में भी, जो राजनैतिक क्रान्ति के साथ-साथ सामाजिक क्रान्ति भी चाहते हैं, इस सन्धिकाल में एक चख-चख चल पड़ी है। इस समय इन सामाजिक क्रान्ति के पोषक दलों को पहले की अपेक्षा बाहरी विरोध का सामना कम करना पड़ रहा है। राष्ट्रीय कांग्रेस के ब्रिटिश साम्राज्य के साथ अस्थायी सन्धि की अवस्था में होने के कारण इस समय साम्राज्यवादी शक्ति से तो प्रत्यक्ष में लोहा बज ही नहीं रहा और कांग्रेस ने भी लखनऊ सम्मेलन के बाद से समाजवादी क्रान्ति चाहनेवाले दलों के अपने कार्यक्रम को जनता की आर्थिक माँगों का रूप देकर अंशत: सामाजिक रूप दे दिया है इसलिए फ़िलहाल कांग्रेस से सैद्धान्तिक भिड़न्त का भी मौक़ा नहीं। फल यह हो रहा है कि आन्दोलन को उग्र रूप से चलाने के लिए कार्यक्रम में कौन-सा क़दम और किस प्रकार उठाया जाये इसी बात को लेकर झगड़ा चल रहा है।

कांग्रेस समाजवादी केवल कांग्रेस के दायरे के भीतर ही राजनैतिक और समाजवादी क्रान्ति के लिए अपना दल संगठित करना चाहते हैं। कम्युनिस्ट या वर्गवादी ऐसा दल कांग्रेस के भीतर-बाहर सब जगह संगठित करना चाहते हैं और कौ. राय के नेतृत्व में काम करनेवाला दल इस प्रयोजन के लिए किसी विशेष दल का अस्तित्व ज़रूरी नहीं समझता।

उद्देश्य और सिद्धान्त एक होने पर भी यह भेद है। इनमें भेदों की वजह से हमारी शक्ति आगे को न चलकर बीच-बीच में फूट पड़ती है। हमने यह भी देख लिया है इन सब भेदों के होते हुए भी जब क्रियात्मक समस्या आ पड़ती है, यह दल एक-दूसरे से अलग नहीं रह सकते। दिल्ली में अखिल भारतीय कांग्रेस की कार्यकारिणी कमेटी में नागरिक स्वतन्त्रता के प्रस्ताव पर ऐसी समस्या आ ही गयी थी। उस समय इन दलों को एक ही रुख़ अख़्तियार करना पड़ा। यही हाल कानपुर मज़दूर हड़तालों के समय भी हुआ। आज किसान बिल पर भी इनका रुख़ भिन्न-भिन्न नहीं हो सकता। यह तो हुआ समस्या के सामने खड़े हो जाने पर इनका रुख़, परन्तु पारस्परिक मतभेद की वजह से इतनी शक्ति इस समय नहीं कि नवीन क्षेत्रों में प्रवेश कर राष्ट्र को शीघ्र गति से आगे बढ़ानेवाली समस्याओं को खड़ा किया जा सके, और इसका कारण है यही परस्पर की चख-चख।

यह एकता बहुत ज़रूरी है। श्री आचार्य नरेन्द्रदेव जी एक दफ़े उसकी पुकार उठा चुके हैं और वह पुकार दब नहीं जानी चाहिए। 'विप्लव' इस कार्य में सहयोग देने के लिए सब तरह का उद्योग करेगा। आपस के सैद्धान्तिक भेदों को सुलझाने में या सम्मिलित कार्यक्रम बनाने की आवश्यकता को अनुभव कर हमें आगे बढ़ना चाहिए।

सीमा प्रान्त के धावे और अहिंसा

सभी प्रान्त में होनेवाले क़बीलों के धावों के विषय में लिखते हुए महात्मा जी ने जो राय दी है उसे समझ सकना आसान नहीं। महात्मा जी की राय है, यदि कांग्रेस मन्त्रिमण्डल इन धावों को रोक नहीं सकता तो उन्हें मन्त्रिपद छोड़ देना चाहिए।

जहाँ तक धावों का प्रश्न है, वे कांग्रेस मन्त्रिमण्डल स्थापित होने से पहले भी होते थे और अब भी होते हैं। यह भी ठीक है कि कांग्रेस के मन्त्रिपद ग्रहण करने के बाद से इधर धावे कुछ अधिक हुए हैं। परन्तु इसका उत्तरदायित्व कांग्रेस मन्त्रिमण्डल पर किस प्रकार हो सकता है, यह हम नहीं समझ सके। यह तो विश्वास किया नहीं जा सकता कि कांग्रेस मन्त्रिमण्डल इन धावों को निमन्त्रण दे रहा है। और यदि यह शंका की जाये कि कोई दल ऐसा है जो कांग्रेस मन्त्रिमण्डल

की मौज़ूदगी में धावे अधिक कराकर जनता में उसके प्रति अविश्वास फैलाना चाहता है तो उस दल की इच्छा के सामने सिर झुका देना बुद्धिमानी न होगी। यदि धावे अधिक होने से कांग्रेस के मन्त्रिमण्डल के सम्मान में कसर आती है तो उनका प्रबन्ध कर सकने में अपनी असमर्थता दिखा देना भी कांग्रेस मन्त्रिमण्डल के सम्मान को न बढ़ा देगा। धावों के बढ़ने का, हो सकता है कुछ विशेष कारण हो परन्तु साधारण अवस्था में भी यह धावे सदा एक ही चाल से नहीं होते रहते। वे कभी कम और कभी अधिक होते ही रहते हैं।

महात्मा जी ने इन धावों का कारण क़बीलों की आर्थिक अवस्था स्वीकार किया है और प्रेम और अहिंसा से इनका उपाय करने की सलाह दी है। हम यह ठीक-ठीक नहीं समझ सके कि आर्थिक दुरवस्था का उपाय प्रेम और अहिंसा से कैसे हो सकता है? क्या इसका अर्थ यह है कि जिस समय लुटेरे लोग धावा बोल दें सीमा प्रान्त के निवासी प्रेम से उनका स्वागत करें और उनकी आवश्यकताओं को पूर्ण करने की चेष्टा करें?

धावे सीमा के उस पार से होते हैं और सीमाप्रान्त के मन्त्रिमण्डल का अधिकार है केवल सीमा के इस पार। हम समझते हैं सीमा के इस पार का प्रबन्ध करने का अधिकार और उत्तरदायित्व अगर किसी पर है तो केवल केन्द्रीय सरकार और विदेशी विभाग को।

गाँधीवाद और समाजवाद का मौलिक भेद

श्री विचित्र नारायण जी ने अपने लेख में इस बात को स्वीकार किया है कि समाज को सुखमय और सुन्दर बनाना समाजवाद और गाँधीवाद दोनों का ही आदर्श है। परन्तु भेद फिर भी है। भेद है दोनों वादों के साधनों में बल्कि इससे अधिक भेद है दोनों वादों के सुख और सुन्दरता के आदर्श में। गाँधीवाद में व्यक्ति और परलोक के लिए व्यक्ति की साधना समाज के ऊपर है—परन्तु समाजवाद में समाज के अतिरिक्त व्यक्ति के लिए और कुछ नहीं। यह कहना कि समाजवाद की नीव हिंसा पर क़ायम होना ही भेद का कारण है, समाजवाद के साथ अन्याय है। समाजवाद हिंसा का प्रतिपादक नहीं। इसके विपरीत समाज में मौज़ूदा संगठन की वजह से समाज के मुख्य और उत्पादक अंग के शोषण के रूप में जो निरन्तर हिंसा चल रही है उस हिंसा का अन्त कर देना ही समाजवाद का उद्देश्य है। यदि गाँधीवाद केवल अहिंसा और सत्य का प्रचार है, चरित्रबल को बढ़ाने की चेष्टा है तो गाँधीवाद और समाजवाद में कोई भेद हो ही नहीं सकता। क्योंकि समाज के कल्याण के लिए व्यक्ति के समाज के लिए अधिक उपयोगी होने के लिए इन गुणों

का उसमें होना निहायत ज़रूरी है। समाजवाद का भेद है तो व्यक्तिवाद से। अर्थात् समाज का संगठन सम्पूर्ण समाज के हित की दृष्टि से न होकर व्यक्ति के हित की दृष्टि से हो। कुछ व्यक्तियों की इस प्रकार की स्थिति और अधिकार हों कि वे जनसाधारण से भिन्न हो जायें और इनका शोषण कर सकें। हमारे वर्तमान संगठन में यह बात है इससे कोई भी व्यक्ति इनकार नहीं कर सकता। यदि गाँधीवाद समाज में कुछ व्यक्तियों की मौज़ूदा स्थिति और अधिकार का समर्थन करता है तो समाजवाद का उससे भेद है! परन्तु वह भेद इसलिए नहीं कि समाजवाद समाज में अनैतिकता, प्रेम के स्थान पर—हिंसा और नैतिकता के स्थान में—अनाचार चाहता है या इन गुणों की परवाह नहीं करता। समाजवाद मनुष्य को पूर्ण नहीं मानता वह समाज को ही पूर्ण मानता है। मनुष्य की पूर्णता के लिए वह समाज की उन्नति चाहता है। परन्तु गाँधीवाद में मनुष्य ही प्रधान है क्योंकि मनुष्य का उद्देश्य इस संसार की पूर्णता नहीं बल्कि अपनी आत्मा की पूर्णता है जो यहाँ केवल मुसाफ़िरी करने आयी है। भेद यह है कि समाजवाद परिस्थितियों के अनुसार चलकर समाज का कल्याण चाहता है और गाँधीवाद एक पारलौकिक शक्ति से संकेत पाकर उसकी इच्छा पर निर्भर रहकर ही चलना चाहता है।

कांग्रेस और उसका कार्यक्रम

इस अंक में अन्यत्र श्री सान्याल जी ने एक लेख में कांग्रेस के कार्यक्रम की तथा कांग्रेस में मौज़ूद भिन्न-भिन्न दलों की स्थिति की सरसरी आलोचना की है। कांग्रेस के नेताओं के रवैये की तुलनात्मक आलोचना कर आप इस परिणाम पर पहुँचते हैं कि पण्डित नेहरू और सुभाष बाबू ने गाँधी जी की तरह अपना कोई निजी संगठन कांग्रेस में क़ायम नहीं किया इससे उनकी कार्यकुशलता और नीतिनिपुणता में सन्देह है।

कांग्रेस समाजवादी दल की सार्थकता को आप स्वीकार करने के लिए तैयार नहीं। आपको कांग्रेस समाजवादी दल तथा गाँधीवादी कांग्रेस दल के कार्यक्रम में, 'कोई विशेष अन्तर' दिखायी नहीं पड़ता। इसका कारण यह है कि कांग्रेस समाजवादी दल अपने ४-५ वर्ष के काम के बाद भी दो-चार भी ''क्रान्तिकारी मनोवृत्तिवाले घर-बार छोड़े हुए अनन्य कर्मा' पैदा नहीं कर सका। यदि घर-बार छोड़कर चलनेवाले नौजवान पैदा कर सकना ही कांग्रेस समाजवादी दल की सफलता की कसौटी होना चाहिए तो यह खोज करना पड़ेगा कि ऐसे आदमी उस दल में दरअसल हैं या नहीं। घर छोड़ देने का अर्थ किराये के मकान में रहना

है या फ़रार हो जाना हम ठीक नहीं समझ सके। श्री सान्याल इतना स्वीकार करते हैं कि कांग्रेस समाजवादी दल के कुछ नेताओं ने मार्क्सवाद का थोड़ा-बहुत प्रचार किया है। हो सकता है कांग्रेस समाजवादी दल इन सिद्धान्तों के प्रचार कर सकने में ही अपनी सफलता समझते हों। श्री सान्याल की परिस्थिति विवेचना के अनुसार इस समय देश का वातावरण क्रान्तिकारी भावनाओं से भरा हुआ है और उनका विश्वास है कि 'योग्य सरकार' के नेतृत्व में भारत को स्वाधीनता के एक नये रास्ते पर लाया जा सकता है। लेकिन उस नये रास्ते का कुछ भी संकेत आपने लेख में नहीं दिया।

इतना आप ज़रूर स्वीकार करते हैं कि कम्युनिस्ट पार्टी ही एक ऐसी संस्था है जो भारत के राजनैतिक क्षेत्र में क्रान्तिकारी कार्यक्रम को लेकर आगे बढ़ रही है। परन्तु कम्युनिस्ट पार्टी के कट्टरपन्थी होने के कारण मार्क्स के अन्ध अनुयायी होने के कारण उसमें मार्क्सवाद के गुण-दोष दोनों आ गये हैं यह आपका ख़याल है। हम समझते हैं मार्क्सवाद और कट्टरपन्थीपना दो विरोधी बातें हैं। यह भी श्री सान्याल स्वीकार करते हैं कि अपने अनुभवों से कम्युनिस्ट पार्टी ने अपनी नीति में परिवर्तन कर लिया है लेकिन फिर भी आपका ख़याल यह है कि वह एक ख़ास वाद की कट्टर और अन्ध अनुयायी है।

कॉमरेड राय के सम्बन्ध में आपने कुछ ख़ास अनजानी बातों पर प्रकाश डाला है। उन बातों की वास्तविकता के बारे में या तो कॉमरेड राय ही जानते हैं, अर्थात् उन्होंने तीसरी अन्तरराष्ट्रीय कम्युनिस्ट पार्टी के पास भरती की दरख़्वास्त भेजी है या नहीं या इसे सरकार का गुप्तचर विभाग जानता होगा। भारत में इस सम्बन्ध में प्रामाणिक बातें जानने का कोई सीधा मार्ग हो तो हम नहीं जानते। हाँ, श्री सान्याल कहते हैं तो ठीक ऐसा ही होगा—राय शायद ही इसे स्वीकार करें।

श्री सान्याल के विचार में राय दल और गाँधीवादी दल के मार्गों में कोई ऐसी बात नहीं जो उन लोगों का कार्यक्रम एक न होने दे। हम नहीं समझते कि राय भी ऐसा ही कहते हैं। सान्याल स्वयं कहते हैं कि राय मार्क्सवाद और क्रान्ति का प्रचार करते थे। यदि यह बात ठीक है तो उनका गाँधीवाद से ऐक्य कैसा ? कॉमरेड राय के मार्ग में सान्याल साहब को एक ही मुख्य कठिनाई दिखायी देती है—कि राय जैसा आदमी जो रूस, चीन, जर्मनी और फ्रान्स में मुख्य कार्यकर्त्ता के रूप में रहा हो अब वह पण्डित जवाहरलाल नेहरू, सुभाष बोस, जयप्रकाश नारायण आदि नेताओं की अधीनता में कैसे काम कर सकता है?

अन्त में श्री सान्याल कहते हैं—''मेरी समझ में स्वाधीनता के प्रश्न को अभी जनता के सामने ठीक रूप में रखा ही नहीं गया। इसी प्रश्न को अन्तिम रूप में एवं स्पष्ट रूप से जनता के सामने रखने की आवश्यकता है। और अन्य सब कार्यक्रम इसके अनुसार होना चाहिए।'' श्री सान्याल की इस राय से मतभेद किसी भी ऐसे व्यक्ति को नहीं हो सकता जो भारत की स्वाधीनता के प्रश्न को गम्भीरता से सोचता या मनन करता हो। जब तक यह प्रश्न उत्कट और स्पष्ट रूप में जनता के सामने न आयेगा और उसमें जनता का सहयोग न होगा कांग्रेस कभी सबल न हो सकेगी और न उसके सबल होने की कोई सार्थकता होगी। जनता के लिए यह जानना नितान्त आवश्यक है कि स्वाधीनता के जिस नारे के लिए उन्हें सर्वस्व त्याग करने के लिए तैयार रहना है उसमें उनका क्या स्थान है? वह स्वाधीनता उन्हें एक की ग़ुलामी से निकालकर दूसरे की ग़ुलामी में तो नहीं बाँध देती? यह स्वाधीनता उनकी पेट की आग को शान्त करने में भी सफल हो सकेगी या नहीं? अंग्रेज़ों के भारत छोड़कर चले जाने से ही तो आकाश से अन्न बरसने नहीं लगेगा? स्वराज्य अगर जनता का पेट भर सकता है या उन्हें स्वतन्त्र कर सकता है तो उसका क्या रूप होगा? कुछ लोग यह कहते हैं, यह प्रश्न बाद में हल किया जायेगा। वे शायद यह भूल जाते हैं कि साम्राज्यवाद भी जनता को यह समझाता है कि तुम्हारी भलाई साम्राज्य की छत्रच्छाया में ही है? गोरे डिप्टी की जगह काला डिप्टी आने से किसान मज़दूर की अवस्था में कुछ फ़र्क़ नहीं आता तो फिर गोरे लाट की जगह काला लाट आ जाने से ही क्या फ़र्क़ आ जायेगा? यह सवाल किसी भी साधारण बुद्धि के दिमाग़ में उठना स्वाभाविक है।

अन्त में हम श्री सान्याल का ध्यान इस ओर दिला देना चाहते हैं कि इस समय कांग्रेस में ऐसे विचारों का एक दल मौज़ूद है जो राष्ट्र की स्वाधीनता का अर्थ जनता के सामने स्पष्ट कर देना चाहता है। उनके विचारों के अनुसार राष्ट्र की स्वाधीनता का अर्थ है राष्ट्र के प्रत्येक व्यक्ति को अपने श्रम से उत्पन्न की हुई पैदावार पर पूर्ण अधिकार मिलना। इसके लिए वे कहते हैं कि ज़मीन पर किसानों का और मिलों पर मज़दूरों का अधिकार होना चाहिए और राष्ट्र की पैदावार और यात-आयात के बड़े-बड़े साधनों पर समाज का सम्मिलित अधिकार होना चाहिए ताकि मनुष्य द्वारा मनुष्य का शोषण जो कि सभी युगों और देशों में ग़ुलामी और पराधीनता का मूल कारण और प्रयोजन रहा है मिट जाय! हमें आशा है श्री सान्याल राष्ट्र की स्वाधीनता के इस अर्थ से सहमत होंगे और कांग्रेस में इस विचार को लेकर आगे बढ़नेवाले दल को सहयोग देंगे।

देसी राज्य

हरिपुरा में प्रस्ताव पास कर कांग्रेस के कर्णधारों ने रियासतों की प्रजा से कांग्रेस का नाम, उसकी प्रतिष्ठा और शक्ति का सहारा लेने का अधिकार छीन लिया था। बावज़ूद इसके जब मैसूर की प्रजा ने राष्ट्रीय भावना से प्रेरित होकर कांग्रेस के ही नाम और झण्डे को ऊँचा कर आन्दोलन खड़ा किया, गोलियों की बौछार सही और सत्याग्रह करने के लिए तत्पर हो उठे उन्हें कांग्रेस को न लथीड़ने की आज्ञा दी गयी। इसका परिणाम जो हुआ वह हमारे सामने है। सम्पूर्ण भारत में जागृति की लहर फैलने पर रियासतों की प्रजा का जो ब्रिटिश भारत की प्रजा की अपेक्षा कहीं अधिक दु:खी और दलित है अपनी मुक्ति के लिए न छटपटाना असम्भव ही था। वे छटपटाने लगे। शोषकों और दमनकारियों की परम्परागत रीति के अनुसार रियासतों ने उन पर ज़ुल्म ढाकर उनकी आज़ादी की उमंग को कुचल देना चाहा। जो कुछ मई में मैसूर में हुआ था वह आज अधिकांश रियासतों में हो रहा है।

कश्मीर में आज जो कुछ हो रहा है उसकी दबी हुई आह बड़ी कठिनाई से हम तक पहुँच पाती है। उस आह को रोकने के लिए न केवल ऊँचे पर्वत मार्ग में खड़े हैं बल्कि रियासत का सुराग़रसाँ विभाग, पंजाब गवर्नमेण्ट भी बीच में है। उड़ीसा के ढेंकानल में जो हो रहा है अगर कहीं ब्रिटिश भारत में होता तो तहलका मच जाता। राजकोट, भावनगर, बड़ौदा सभी जगह से दबी हई कसक की आवाज़ चली आ रही है। ट्रावनकोर में गोली की बौछार और लाठियों की मार खाकर भी आन्दोलन दब नहीं सका। हैदराबाद में सर्वथा शान्तिमय विरोध को अनेक लांछन लगाकर दबाने की चेष्टा की जा रही है।

रियासतें अपनी इस मुसीबत में, ब्रिटिश भारत की कल्पना में कठिनता से आ सकनेवाले दमन को सहकर भी दृढ़ता से आगे बढ़ रही हैं। परन्तु क्या ब्रिटिश भारत का उनके प्रति कोई कर्त्तव्य नहीं? क्या उन्होंने अपनी दृढ़ता से अखिल राष्ट्रीय आन्दोलन में सम्मिलित होकर उसकी सहायता और सहयोग पाने का अधिकार नहीं पा लिया?

जब फ़ेडरेशन को हमें उलटे या सीधे स्वीकार करना ही है तो क्या यही उचित नहीं कि उससे पहले रियासतों की प्रजा को अधिक सजग और सतर्क बनाने का काम राष्ट्रीय कांग्रेस अपने हाथ में ले। फ़ेडरेशन के रूप में जो बेड़ी ब्रिटिश साम्राज्य हमारे पैर में पहनाना चाहता है उसे काटने का यही उपयुक्त समय और उपाय है।

◈

दिसम्बर
१९३८

चाय की चुस्कियाँ

दुर्मुख

पिछले दिनों यू.पी. की असेम्बली में ज़मींदारों की उदारता पर बहस होती रही। ज़मींदारों ने बहुत दफ़े बहुत ज़ोर से कहा कि हम बहुत उदार हैं, हमने पब्लिक की भलाई के लिए बहुत-कुछ किया है। परन्तु ज़िद बुरी चीज़ होती है, जो नहीं मानना चाहता उसे कौन मना सकता है।

ज़मींदारों की उदारता के कुछ सुबूत ऐसे हैं जिनके बारे में शक किया ही नहीं जा सकता। मिसाल के तौर पर जब कांग्रेस ने पहले-पहल केन्द्रीय असेम्बली में स्वराज्य पार्टी बनायी, उस समय अवध के एक देशभक्त ज़मींदार इलेक्शन लड़ने के लिए खड़े हुए। लड़ाई के लिए पाँच मोटर ख़रीदे गये। इसके लिए ३०-३२ हज़ार रुपये की ज़रूरत थी इसलिए किसी एक आदमी पर बोझ न डालकर राजा साहब ने ज़मींदारों की रिआया पर सवा-सवा रुपया टैक्स मोटराने का लगान के साथ लगा दिया। ताकि रियासत का नाम भी रोशन हो, कांग्रेस का उम्मीदवार भी न हारे। कांग्रेस के साथ इनकी की गयी भलाइयों को भुलाकर यदि कांग्रेस ज़मींदारी का ख़ात्मा करने के लिए तैयार हो जाये तो फिर एहसान फ़रामोशी की हद ढूँढ़ने और जगह न जाना होगा।

× × ×

ऊँट के गले में तरबूज़ फँस गया था। ऊँट के गले पर कपड़ा लपेट हक़ीम साहब ने उसे पत्थरों की चोट से ठीक कर दिया। उसे देख लायक़ चेले ने एक बुढ़िया के घेंघे का इलाज भी ऊँट के नुस्ख़े पर करना चाहा। वही मिसाल कांग्रेस के गरम दलवाले पेश करना चाहते हैं। ज़मींदारों की उदारता के बारे में अगर कोई शक करे तो सिवाय सिर धुन के रह जाने के और क्या चारा है।

अच्छा बताइये लाट साहब को पार्टी देने, बड़े लाट साहब के शिकार खेलने का इन्तज़ाम कौन करता रहा है?

अच्छा बताइये इस उजड़े कँगले झोंपड़ों के देश में अगर कहीं महल-अटारियाँ दिखायी पड़ जाती हैं तो वह किसकी बदौलत?

अच्छा बताइये यह बड़ी अंग्रेज़ी कम्पनियाँ जो कमाई कर रही हैं किसकी बदौलत?

अच्छा बताइये लखनऊ की रण्डियाँ जो बँगलों में रहती हैं, टेलीफ़ोन लगवाती हैं, मोटरें दौड़ाती हैं सो किसकी बदौलत?

× × ×

ख़ुदा की हस्ती को न मानने से आदमी कितनी ग़ल्तियाँ कर सकता है? इसका अन्दाज़ा लगाना मुश्किल है।

देखिये, एक बड़ा पेचीदा सवाल है। मुस्लिम लीग पूँजीवाद के ख़िलाफ़ है लेकिन ज़मींदारी के हक़ में है। अगर आप इसका कारण जानना चाहें तो आपको जवाब मिलेगा—इस्लाम पूँजीवाद के ख़िलाफ़ है लेकिन ज़मींदारी के हक़ में है। शायद आपको यह बात समझने में कुछ दिक़्क़त महसूस हो। लेकिन उसमें दिक़्क़त की बात कोई नहीं है।

हुकूमत कुछ ऐसी बुरी चीज़ है कि इससे आदमी का दिल सख़्त हो ही जाता है। मुस्लिम लीग की बहुत वाजिब माँग थी कि रमज़ान शरीफ़ में असेम्बली बन्द रहनी चाहिए लेकिन कांग्रेस मिनिस्ट्री ने एक न सुनी।

हम समझते हैं, किसी के धार्मिक अधिकारों पर ज़ोर-ज़बरदस्ती कभी नहीं होनी चाहिए और असेम्बली रमज़ान शरीफ़ में और हर जुम्मे को बन्द रहनी चाहिए। इसके अलावा दुर्गापूजा पर पन्द्रह दिन, नवरात्र में नौ दिन, होली पर दस दिन, क्रिसमस में दस दिन, प्रति मंगलवार को, प्रति एकादशी को भी बन्द रहना चाहिए ताकि सब भारतवासी अपने धार्मिक कृत्य पूरे कर सकें।

× × ×

कुछ लोगों की समझ में यह नहीं आता कि प्रान्तीय शासन तो कांग्रेस ने स्वीकार कर लिया, अब संघ-शासन के लिए इतनी नाराज़गी क्यों है?

फिर कई लोगों को ऐसे आसार दिखायी पड़ रहे हैं कि संघ-शासन को भी कांग्रेस स्वीकार कर लेगी।

यह सब होते हुए भी संघ-शासन के नाम पर राष्ट्रपति इतनी फुंकार क्यों कर रहे हैं?

कुछ लोगों का यह ख़याल है कि नीतिवान् को चाहिए कि काटना न भी हो तो भी फुफकारते ज़रूर रहना चाहिए। इससे रोब बना रहता है।

× × ×

आज यू.पी. के ज़मींदार लगान बिल पर सत्याग्रह की धमकी भी दे रहे हैं और सुलह सफ़ाई से समझौते की बात कर रहे हैं।

यह गुण आपने एक और जानवर में भी देखा होगा। उसी जानवर को एक दिन हमने देखा कि आँगन के दरवाज़े में खड़ा गुर्रा-गुर्राकर पंजों से ज़मीन खोंच रहा था। और साथ-ही-साथ भौंकते भी जाता था। यह दुहरी नीति देख उससे पूछा,—"जी, खोंचते क्यों हो?"

बोला—"लड़ेंगे।"

पूछा—"भौंकते क्यों हो?"

बोला—"डर लगता है।"

× × ×

आप अमेरिका से यह पुकार उठती सुनते हैं कि जापान अत्याचारी है, चीन को निगले जा रहा है, उसे रोकना चाहिए।

परन्तु यदि आप अमेरिका के व्यापार का हिसाब देखें तो मालूम होगा कि चीन में जापान जितना गोला-बारूद ख़र्च कर रहा है उसका ५४% अमेरिका से ही ख़रीदा जा रहा है।

शायद, आप कहेंगे कि इन दोनों बातों का मेल कैसे बैठता है? मेल बैठता है परन्तु समझ का फ़र्क़ है।

देखिये जापान को गोला-बारूद बेचकर तो अमेरिका अपना संसार बनाता है और निर्बल के प्रति सहानुभूति प्रकट कर वह अपना परलोक सुधारता है।

× × ×

बम्बई के मज़दूर बिल पर इतना बावेला मचा कि हद हो गयी। लाठी चली, गोली चली—सब-कुछ हो चुकने के बाद पटेल साहब ने फ़ैसला दिया, यह कुछ फ़ितनों की शरारत थी मज़दूरों का तो फ़ायदा इस बिल से ही है?

लेकिन जिन्हें शरारत करनी है वे भला बाज़ आ सकते हैं? पटेल साहब को जवाब दिया गया—अगर ऐसी ही बात है तो क्यों नहीं बिल पर मज़दूरों की राय ले ली जाये।

यह भी कोई जवाब में जवाब है? कांग्रेस कहा करती थी। देश अंग्रेज़ी हुकूमत

नहीं चाहता और सरकार कहा करती थी यह सब शरारत कुछ बेकारों की है, प्रजा अंग्रेज़ी राज में सुखी है। उस समय यदि कहा जाता प्रजा की राय ली जाये तो सरकार भला क्या जवाब दे सकती थी?

× × ×

यू.पी. की कांग्रेसी सरकार लगान बिल को धकेले चली जा रही है और ज़मींदार परेशान हैं। उनका कहना है कि इस बिल से बेचारे उन बेघर-बार के किसानों को क्या मिलेगा? जिनके पास कुछ नहीं जो केवल खेतों में मज़दूरी करके ही पेट पालते हैं। छोटे-मोटे किसान ज़मीन के मालिक बन जायेंगे तो इन ग़रीबों पर और भी ज़ुल्म करेंगे।

एक कोने से सलाह मिली है कि अगर ज़मींदार लोग अपनी लम्बी-लम्बी ज़मींदारियाँ बिल पास हो सकने से पहले ही इन बेज़मीन मज़दूरों में बाँट दें तो कांग्रेस सरकार छककर रह जाये?

'पूँजी' कहते हैं रुपये को और रुपया बनाया हुआ है शैतान का इसलिए उसे अपने पास जमा करके रखना मुनासिब नहीं। ज़मींदारी कहते हैं ज़मीन पर क़ब्ज़ा कर लेने को। ज़मीन बनायी है ख़ुदा ने। इसलिए उस पर क़ब्ज़ा कर लेने से ख़ुदा ख़ुश होता है।

× × ×

मुस्लिम लीग चाहती है इन्साफ़। इसलिए उसने असेम्बली में लगान क़ानून के ख़िलाफ़ एक माकूल दलील पेश की कि इस क़ानून से मुसलमानों को ज़्यादा नुक़सान होगा। वज़ीरे माल ने उँगलियों पर गिन-गिनकर बताना शुरू कर दिया कि तुम्हारी दलील ठीक नहीं। यह बनियों की तरह गिनना और जोड़ना ज़मींदारों की शान के ख़िलाफ़ है। ख़ैर, वज़ीरे माल की चाल चल गयी, लेकिन हमारे पास एक और दरख़्वास्त आयी है।

दरख़्वास्त आयी है कि ताज़ीरात हिन्द में से दफ़ा ३७९, ३९५, ३६७ सब मनसूख़ हो जानी चाहिए। वजह यह कि इन दफ़ाओं के मुताबिक़ चोरी, डाके और राहज़नी में जितनी सज़ा ज़रायम-पेशा जमात के लोगों को मिलती है उतनी और किसी को नहीं। यह सरासर बेइन्साफ़ी है। वज़ीरे इन्साफ़ उँगलियों पर गिन-गिनकर भी इस शिकायत को झूठा साबित नहीं कर सकते। हमें उम्मीद है, मुस्लिम लीग और ज़मींदार ज़रायम पेशा लीग के साथ साँझा मोर्चा बनाकर लड़ने के लिए तैयार हो जायेंगे।

× × ×

एक साहब ने ख़त लिखकर सलाह दी है कि मुस्लिम लीग पर लगातार ज़ुल्म हो रहे हैं और कुछ दिन से ख़ास वजह से जिन्ना साहब भी चुप हो गये हैं। इसलिए मुस्लिम लीग की हालत देखते हुए उसे 'मासूम लीग' का नाम दे दिया जाये।

× × ×

कुछ लोगों का ख़याल है, लखनऊ की क़िस्मत अच्छी नहीं, वह गिरती चली जा रही है। नवाब वाजिदअलीशाह के ज़माने में उसकी शान थी। अंग्रेज़ आये तो वह शान न रही। सर हरकोर्ट बटलर ने लखनऊ को कुछ रौनक़ बख़्शी थी लेकिन उधर से यह कांग्रेस मिनिस्ट्री आ मरी। भला खद्दर का धोती कुर्ता पहननेवाले लखनऊ की शान क्या बढ़ायेंगे।

लेकिन यह ख़याल ग़लत है। यह बात ख़ुद लखनऊ में कुछ दिन रहे बिना आपको मालूम नहीं हो सकती। ख़ैर, अगर आप कुछ दिन लखनऊ में रहे हैं, तो आपको ज़रूर मालूम हो गया होगा कि लखनऊ में दो सौ क़दम तक के लिए भी एक्के और ताँगे किराये पर किये जाते हैं। मसलन हीवेट रोड या क़ैसर बाग़ से भी अमीनाबाद जानेवालों के लिए भी एक्केवाले पुकार लगाते हैं।

बाहर से एक आये सज्जन हीवेट रोड पर से अमीनाबाद की तरफ़ तशरीफ़ ले जा रहे थे। इक्केवाले ने शराफ़त से पूछा, "अमीनाबाद चलियेगा साहब?"

साहब बिगड़ उठे। बोले—यह कमबख़्त क्या हमसे मज़ाक करता है? क्या यह हमें परदेशी जानकर ठगना चाहता है? या हमें अपाहिज समझता है? क्या हम दो सौ क़दम भी नहीं चल सकते? क्या कोई दो सौ क़दम के लिए भी इक्का किराये पर करता है? क्या अब भी वाजिदअली का ज़माना है?'

इक्केवाले ने कहा—"हुज़ूर, जो भागवान हैं, बड़े आदमी हैं, वे क्यों नहीं करते।"

हम भी हैरान थे पर शहर के एक वाक़िफ़ मौज़ूद थे। उन्होंने तसल्ली देकर बताया, साहब, हर किसी की ज़रूरत अलग-अलग है। जो शरीफ़ हैं, खद्दर की सफ़ेद पोशाक पहनते हैं, जिनकी धोती पैर की उँगलियों को चूमती चलती हैं, जो पैरों में सिवा चप्पल के और कुछ नहीं पहनते, वे क्या करें। सड़क पर दस क़दम चलने से तो धोती की आब चली जाती है। ऐसे लोगों के लिए तो हर दस क़दम पर इक्के की ज़रूरत है ही।

× × ×

एक अर्थशास्त्रज्ञ ने हिसाब लगाकर बताया है कि कांग्रेस मिनिस्ट्री के क़ायम होने से लखनऊ के व्यापार को धक्का नहीं पहुँचा। जितनी कमी मिल का कपड़ा

बेचनेवालों, दर्ज़ियों और जूता बेचनेवालों की आमदनी में हुई है, उससे अधिक आमदनी खद्दर, चप्पल और लाण्ड्रीवालों को हो गयी है।

समालोचना

(जो प्रकाशक या लेखक 'विप्लव' में समालोचनार्थ पुस्तकें भेजना चाहें उन्हें पुस्तक की दो प्रतियाँ भेजनी चाहिए। समालोचना पुस्तक प्राप्त होने से दो मास के भीतर करने की चेष्टा की जायेगी।)

निशा निमन्त्रण : लेखक; श्रीयुत् बच्चन, प्रकाशक : सुषमा निकुंज, इलाहाबाद। मूल्य अजिल्द १ रु., सजिल्द १.२५ रु.।

आज बच्चन हिन्दी कविता के क्षेत्र में एक चैलेंज की तरह खड़े हैं। हिन्दी में उनका स्थान रहस्यवाद और वास्तविकता के बीच की कड़ी का है। वास्तविकता की नींव पर बच्चन अपनी प्रसादमय कविता का प्रासाद खड़ा करते हैं जिसकी अट्टालिकाएँ कल्पना के लोक में पहुँच, स्पर्श की वस्तु न रहकर केवल अनुभूतिगम्य हो जाती हैं। इस स्थूल रोटी-पानी के संसार में कवि एक ऐसे मानसिक सुख की सृष्टि करता है जिससे पेट पूर्ति न होकर भी उसकी उपयोगिता से इनकार नहीं किया जा सकता। बच्चन जी की नयी पुस्तक 'निशा निमन्त्रण' अपनी इस विशेषता के क्षेत्र में ऊँचा स्थान रखती है।

क्षितिज पर सूर्य पहुँच जाने के समय बच्चन जी मन के कल्पित साथी को अपने नीरव एकान्त में—झंझावत के उथल-पुथल में आमन्त्रित करना शुरू करते हैं। "दिन जल्दी-जल्दी ढलता है—साथी, अन्त दिवस का आया—साथी, साँझ लगी अब होने—शान्ति स्वर्णिम रज से सुन्दर सन्ध्या सिन्दूर लुटाती है। और फिर, बीत चली सन्ध्या की वेला—चल बसी सन्ध्या गगन से अन्धकार बढ़ता जाता है—तुम तूफ़ान समझ पाओगे, प्रबल झंझावत साथी। इसी प्रकार एक-एक गीत में आप गूढ़ निशा में बढ़ते जाते हैं और उन्नीसवें राग में आ सोने पहले गा लें।

मध्य रात्रि के नीरव एकान्त में बच्चन कहते हैं—

साथी, कवि नयनों का पानी—
चढ़ जाये मन्दिर प्रतिमा पर, या मसजिद की गागर भर,
या धोये वह रक्त सना है जिससे जग का आहत प्राणी?
साथी, कवि नयनों का पानी।

रात्रि के अवसान के समय बच्चन गा उठते हैं—

जाओ कल्पित साथी मन के!
जाओ जग में भुज फैलाये, जिसमें सारा विश्व समाये,
साथी बनो जगत् में जाकर मुझसे अगणित दुखियाजन के!
जाओ कल्पित साथी मन के!

मानो दिन के प्रकाश में तीखी निगाहें पड़ने से पहले ही वे अदृश्य हो जाना चाहते हैं।

भारतीय कला-कौशल : लेखक श्री.डी.बी. बरवे, बी.ए., बिज़नेस मैनेजर, यू.पी. आर्ट्स एण्ड क्राफ्ट्स एम्पोरियम, लखनऊ, मू. आठ आना।

विदेशी व्यापार द्वारा भारत के शरीर से प्राण चूसे चले जा रहे हैं, यह तो हम नित्य सुनते हैं और इसका उपाय बताया जाता है भारत के उद्योग-धन्धों की उन्नति। परन्तु जब हम मुक़ाबला देखते हैं चर्ख़े और पचास तकलोंवाली कातने की मशीन में, जो चर्ख़े से हज़ारों गुना अधिक काम कर सकती है तो हम चुप हो जाते हैं। कह देते हैं, भारत और यूरोप का मुक़ाबला नहीं।

श्री बरवे ने अपनी पुस्तक भारतीय कला-कौशल में वह क्षेत्र दिखाया है जहाँ पचास हज़ार घोड़ों की ताक़त का दख़ल हो ही नहीं सकता, जहाँ मनुष्य की सूक्ष्म अँगुलियाँ ही विजय पाती हैं। भारत के पिछड़े हुए गाँवों और नगरों में कहाँ-कहाँ, और क्या-क्या, ऐसे सामान तैयार होते हैं जो भारत की पेट की ज्वाला से मन्ददृष्टि जनता की नज़रों में कुछ भी न जँचकर भरपेट भोजन कर अँगड़ाइयाँ लेनेवाले विदेशियों की दृष्टि में जवाहरात का मोल रखती हैं। यह सब बातें केवल कल्पना के आधार पर लालबुझक्कड़ी ढंग से बक दी गयी हों, सो बात नहीं। लेखक ने वास्तविक उदाहरण और अपने निजी अनुभवों के आधार पर यह पुस्तक लिखी है। एक-एक वस्तु का विवरण देकर भारत में उसके तैयार होने का स्थान, और यूरोप में उसके लिए खपत की सम्भावनाओं तक का ज़िक्र कर दिया है। पुस्तक सर्वसाधारण जनता के मनोविनोद की चीज़ नहीं परन्तु व्यापारियों और उन नवयुवकों के लिए जो बेकार हैं, परन्तु जिनके दिल में साहस है और नौकरी की ग़ुलामी में न फँसकर जो संसार के व्यापार में अपना अस्तित्व बनाने के साथ-साथ भारत के अबोध कारीगरों का भी कुछ भला करना चाहते हैं, यह पुस्तक बहुत काम की ही नहीं बल्कि पथदर्शक (Guide) का काम करेगी। पुस्तक में इतने गुण होने पर भी भाषा मँजी हुई नहीं है।

◈

टिप्पणियाँ

गाँधी जी और उनकी अहिंसा

श्री विचित्रनारायण जी शर्मा ने अपने लेख 'गाँधी जी और उनकी अहिंसा' शीर्षक लेख में कांग्रेस के कार्यक्रम में अहिंसा का उद्देश्य रूप से समर्थन करते हुए उन लोगों को समझाने का बहुत प्रयत्न किया है जो अहिंसा को कांग्रेस के कार्यक्रम में केवल नीति के रूप में रखना चाहते हैं, लक्ष्य के रूप में नहीं। शर्मा जी की राय में भारत के सामने अपनी स्वतन्त्रता प्राप्त करने का ही उद्देश्य नहीं, बल्कि उसे संसार को अपना दिव्य सन्देश भी पहुँचाना है। यह सब ठीक हो सकता है, परन्तु हमारा वर्तमान आन्दोलन राजनैतिक है और उसमें दिव्य सन्देश को संसार तक पहुँचाने की गुंजाइश कहाँ तक है, यह प्रश्न विवादास्पद हो सकता है? इस विवाद में शायद हम लोग फँस जाते, यदि शर्मा जी अपने लेख में एक लाइन जोड़ना भूल जाते। आपकी नयी लाइन बहुत स्पष्ट है। आप लिखते हैं—

"...जल, थल और नभ सेना पर ही राष्ट्र की रक्षा निर्भर है।"

शर्मा जी की अन्तरात्मा अहिंसा के दृढ़व्रत और लादे हुए दिव्य आदर्श के नीचे से बोल ही उठी कि, राष्ट्र की सत्ता जल, थल और नभ सेना पर ही निर्भर है। हमें पूर्ण विश्वास है कि यह जल, थल और नभ सेनाएँ केवल अहिंसात्मक और सत्याग्रही ही नहीं होंगी।

लेकिन अहिंसा को छोड़ कांग्रेस के कार्यक्रम में हिंसा को स्थान दिया नहीं जा सकता तो फिर उसे नीति के रूप में ही क्यों न स्वीकार कर लिया जाये।

आगे का क्रान्तिकारी आन्दोलन

श्री मन्मथनाथ गुप्त ने अपने लेख 'आगे का क्रान्तिकारी आन्दोलन' में सशस्त्र क्रान्ति के आयोजन में भाग लेनेवाले दलों के कार्यक्रम और विकास की अलोचना करते हुए लिखा है—हिसप्रस (हिन्दुस्तान समाजवादी प्रजातन्त्र सेना) का ध्येय तो जन आन्दोलन हो चुका था परन्तु ध्येय में विकास होने के साथ साधनों में विकास न हो सका। क्यों? इस प्रश्न का उत्तर उन्होंने दिया है—"यह एक अत्यन्त गहन ऐतिहासिक प्रश्न है। यहाँ पर इतना ही कहकर हम आगे बढ़ जायेंगे कि जिस वर्ग अर्थात् मध्यवित्त श्रेणी के हाथ में यह आन्दोलन था, वह और किसी उपाय की परिकल्पना ही नहीं कर सकता, न अन्य कोई उपाय उसके हितों में अच्छे साबित हो सकते थे।"

हम गुप्त जी से इतना ही कहेंगे कि आपके सामने यह प्रश्न निस्सन्देह बहुत गहन है, क्योंकि जिस थोड़े-से समय के लिए हिसप्रस मैदान में आया था उस समय की बात आपको मालूम नहीं। श्री चन्द्रशेखर आज़ाद की जीवनी लिखने की चेष्टा कर जिन कारणों से आप असफल रहे हैं उन्हीं कारणों से आप इस प्रश्न का भी उत्तर नहीं दे सकते।

शेष रहा, आन्दोलन में भाग लेनेवालों के किसी ख़ास वर्ग से सम्बन्ध होने का और उनके अपने हितों का? यहाँ फिर वही बात दुहरानी पड़ती है कि आप नहीं जानते कि वे कौन लोग थे और किस-किस वर्ग से आकर इकट्ठे हुए थे और न उनका प्रयत्न किनके हितों को प्राप्त था! और यदि किसी ख़ास वर्ग के माता-पिता के यहाँ किसी आन्दोलन के कुछ कार्यकर्त्ताओं के जन्म ले लेने से ही उस आन्दोलन की विचारधारा और साधन निश्चित हो जाते हैं तो गुप्त साहब को यह मालूम होना चाहिए कि लेनिन एक वकील के लड़के थे और यूनिवर्सिटी के विद्यार्थी थे।

उपायहीन श्रेणी के आन्दोलन में मध्यवित्त श्रेणी में पैदा हुए श्रेणी-संस्कार से युक्त (declassed) लोगों का कौन स्थान है, यह गुप्त जी को रूस की क्रान्ति का इतिहास पढ़कर जानने की चेष्टा करनी चाहिए।

सिंहावलोकन

आपबीती

जहाँ किसी सज्जन से परिचय हुआ और उन्होंने यह सुन पाया कि मैं क्रान्तिकारी के नाम से पुकारा जाता हूँ, इसी अपराध में जेल भेजा गया और अमुक-अमुक अभियोग सरकार ने मुझ पर लगाये थे, कौतूहल की एक चमक उनकी आँखों में दौड़ गयी। आश्चर्य से मुँह की ओर देखकर कुछ क्षण चुप रह जाते हैं और फिर सवाल करते हैं।

इस सवाल से ही मैं इन सज्जनों की बुद्धि और राजनैतिक विकास का अन्दाज़ा लगा लेता हूँ। कुछ लोग तो पहला प्रश्न यही कर बैठते हैं कि आप लोगों को यह बम, पिस्तौल और रुपया कहाँ से मिल जाता था? इस प्रश्न का क्या उत्तर दिया जा सकता है? यह कहना तो उचित नहीं जान पड़ता कि ऐसे मूर्खतापूर्ण प्रश्न का क्या उत्तर दूँ? इसलिए घुमा-फिराकर इन लोगों का समाधान करना पड़ता है।

कुछ लोग इससे भी बेढब सवाल पूछ बैठते हैं : क्या आप लोगों का संगठन अब भी कायम है?

केवल वही सज्जन जो देश की स्थिति की ओर आँख उठाने की तक़लीफ़ कभी गवारा नहीं करते और न अपनी समझ का इस्तेमाल करना चाहते हैं, ऐसे प्रश्न पूछ सकते हैं। ऐसे दिव्यचक्षुओं को भी उत्तर देने से कोई लाभ नहीं।

तीसरा प्रश्न प्राय: सामने आता है—आप लोगों की प्रवृत्ति इस प्रकार के कार्यक्रम की ओर कैसे हुई?

कहने को तो मैं दो शब्दों में कह सकता हूँ कि जैसे आपकी प्रवृत्ति कांग्रेस आन्दोलन में भाग लेने की होती है या पेट भरने के अतिरिक्त किसी दूसरे काम में हो जाती है, वैसे ही हम लोगों की प्रवृत्ति उधर हो गयी। हाँ, वह ज़रा उग्र ज़रूर थी। लेकिन इस उत्तर से, कितनों का समाधान होगा? और कौतूहल तो किसी का भी पूर्ण नहीं होगा।

यह प्रश्न इतनी अधिक दफ़े पूछा गया कि मैं स्वयं इसे सोचने लगा। सोचकर देखता हूँ कि इस प्रश्न का उत्तर दो शब्दों में नहीं दिया जा सकता।

जहाँ तक याद पड़ता है सबसे पहले यह प्रश्न मुझसे एक बहुत ही ज़िम्मेदार व्यक्ति ने पूछा था। नाम बता देने में भी कुछ हरज नहीं। आप थे मि. हॉलैण्ड्स, यू.पी. के इन्स्पेक्टर जनरल पुलिस।

जिस समय उन्होंने यह प्रश्न मुझसे पूछा था, मैं कुछ तैश और गुस्से की हालत में था। स्थिति भी कुछ ऐसी ही थी। प्रात: सूर्योदय से कुछ पूर्व ६ बजे (२३ जनवरी, १९३२) कुछ गोली चलने के बाद मुझे गिरफ़्तार कर मि. पिल्डिच कैनिंग रोड पुलिस स्टेशन (इलाहाबाद) में पहुँचाकर चले गये। उनके चले जाने के प्राय: ४५ मिनट या एक घण्टे के बाद दो अंग्रेज़ सज्जन मुझसे हवालात में भेंट करने आये।

इनमें से जो अधिक रोबीले थे, "उन्हीं ने आगे बढ़कर कहा—At last we have got you! आख़िर हमने तुम्हें पकड़ ही लिया!"

सम्बोधन कुछ सहानुभूतिपूर्ण नहीं था। हो सकता है इसका भी कुछ प्रभाव, जो उत्तर मैंने दिया उस पर पड़ा हो।

पहले से मेरा परिचय इन सज्जन से न रहने के कारण मैंने पूछा—"May l. know to whom l have the honour to speak? क्या मैं यह जान सकता हूँ कि मुझे किनसे बात करने का सौभाग्य प्राप्त हुआ है?"

बहुत विस्मय से साहब बोले, "आप हमें नहीं पहचानते? कई दफ़े हमारी खोपड़ी उड़ा देने के लिए हमारे बँगले का चक्कर आप लगाते रहे होंगे?"

साहब के इस दम्भ से विस्मय हुआ और कुछ हँसी भी आयी। मैंने कहा— "हो सकता है, इस आशंका से बहुत रातें आपकी अनिद्रा में गुज़री हों, या इस विचार से आपने आत्मगौरव अनुभव किया हो, परन्तु मेरा दुर्भाग्य यह है कि मैं आपको पहचान नहीं सका!"

अब साहब कुछ ठण्डे पड़े, बोले—"मेरा नाम हॉलैण्ड्स है, मैं यू.पी. पुलिस का इन्स्पेक्टर जनरल हूँ।" अपने साथी की ओर संकेत कर उन्होंने कहा, 'यह मिस्टर शा हैं, यू.पी. पुलिस के जासूसी विभाग के डिप्टी इन्स्पेक्टर जनरल।"

ऐसे महापुरुषों के दर्शन का अवसर पाकर मैंने सज्जनोचित ढंग से अपने भाग्य को सराहा। मि. हॉलैण्ड्स ने छूटते ही सवाल किया, "आपने इस मार्ग को क्यों पकड़ा?" मैंने उत्तर दिया, "क्योंकि और कोई मार्ग था ही नहीं, और किसी तरीक़े से आप लोग सुनते ही नहीं।"

साहब ने सहनशीलता से फिर पूछा,—"क्या मतलब?"

मैंने कहा, "मतलब तो इसका आप समझ सकते, अगर आपको इस देश की वास्तविक स्थिति का कुछ ज्ञान होता। किस प्रकार ९५ प्रति सैकड़ा आदमी भूखे-नंगे रह-रहकर निर्जीव और निरुत्साह हो रहे हैं। क्या आप समझते हैं, आपके शासन में जनता सुखी और सन्तुष्ट है? उसी असन्तोष को प्रकट कर जनता को सचेत करने के लिए हमें यह सब-कुछ करना पड़ता है।"

मि. हॉलैण्ड्स ने स्वीकार किया कि भारत की जनता प्राय: असन्तुष्ट और दु:खी है, दुरवस्था में है परन्तु इसका उपाय बताया उन्होंने गाँधी जी का आन्दोलन।

मैंने उत्तर दिया, "गाँधी जी के आन्दोलन की आप परवाह ही क्या करते हैं?" उसी समय ख़याल आया, मैंने पूछा—"यदि गाँधी जी के सत्याग्रह आन्दोलन को आप उचित समझते हैं तो उन पर आप लाठी चार्ज क्यों करते हैं और गोली क्यों चलाते हैं?"

इस समय मैं इस प्रसंग की कहानी नहीं सुना रहा हूँ। यह ज़िक्र केवल यही दिखाने के लिए किया कि, क्रान्तिकारियों को जोख़िम के मार्ग की ओर कौन प्रवृत्ति खींच ले जाती है, यह प्रश्न कितने मस्तिष्कों में उठाया है!

स्थूल रूप से कहा जा सकता है कि राष्ट्रीय अपमान, भूल से सिसकती देश की जनता की आँखें और उनका करुण क्रन्दन, यही सब देश के नवयुवकों को प्राणों की बाजी लगा देने के लिए विवश कर देता है। उत्तर भारत की अन्तिम

क्रान्तिकारी आयोजना अर्थात् १९२९ का लाहौर षड्यन्त्र, १९३० का लाहौर षड्यन्त्र, देहली षड्यन्त्र, और बाद में भिन्न-भिन्न छोटे-मोटे षड्यन्त्र जिनका अन्त युक्तप्रान्त में देहरादून कानपुर षड्यन्त्र के मामले से हुआ, एक ही लहर के भिन्न-भिन्न रूप थे। यह लहर उठी कहाँ से और किस प्रकार?

कहने को तो इसका आरम्भ हुआ असिस्टेण्ट सुपरिण्टेण्डेण्ट साण्डर्स की हत्या से और साण्डर्स की हत्या का कारण था साइमन कमीशन के लाहौर आने पर स्वर्गीय लाला लाजपत राय पर आक्रमण के रूप में राष्ट्र का अपमान।

जिन नवयुवकों ने लाला लाजपतराय जी पर नौकरशाही द्वारा किये गये आक्रमण का प्रतिकार करने में अपने प्राणों की बाजी लगा दी, वे लाला जी द्वारा संस्थापित लाहौर नेशनल कॉलेज़ के विद्यार्थी होते हुए भी लाला जी से विशेष अनुरक्त नहीं थे। सन् १९२६ में जब लाला जी ने चाहे किन्हीं कारणों से ही असेम्बली में नेशनल स्वराज्य पार्टी बनाकर अपनी शक्ति कांग्रेस की अपेक्षा हिन्दू संगठन की ओर लगानी शुरू कर दी, यह लोग लाला जी से विरक्त हो उठे थे। "लाला-नेहरू" विवाद में इन लोगों की सहानुभूति स्वर्गीय मोतीलाल नेहरू के प्रति ही अधिक थी। फिर भी लाला जी देश के बहुत ही प्रतिष्ठित नेता थे और उन पर जो वार हुआ वह वार देश के सिर पर था। उस समय पारस्परिक दल भेद को महत्त्व देने का समय नहीं था।

यह सब ठीक है, परन्तु लाला जी के रूप में देश का अपमान हो जाने के कारण किसी मन्त्र के बल से पंजाब और युक्तप्रान्त में क्रान्तिकारी दल सहसा उठ खड़ा हुआ, यह बात कोई मनुष्य जिसकी खोपड़ी में विचारशक्ति है, मान नहीं सकता। साण्डर्स की हत्या का अभियोग लगाया गया था चन्द्रशेखर आज़ाद, भगतसिंह, राजगुरु और सुखदेव पर। सरकारी गवाहियों ने यह भी प्रमाणित कर दिया था कि इस हत्या के पीछे एक पूरे दल की आयोजना थी। यह विश्वास कर लेना कि लाला जी पर किये गये आक्रमण के एक ही मास के अन्दर महाराष्ट्र, युक्तप्रांत और पंजाब के राष्ट्राभिमानी नवयुवक किसी चुम्बक की शक्ति से एक होकर प्रकट हो गये, विश्वास करने लायक़ बात नहीं।

हम प्राय: कार्य-कारण की विवेचना करते समय परिस्थितियों को भूल जाते हैं। भारत में क्रान्तिकारी आन्दोलन उठा, उसके क्या कारण हो सकते हैं? यह सोचते समय हम यह भी सोच सकते हैं कि भारत के बाहर अन्य देशों में भी तो क्रान्तिकारी आन्दोलन उठ चुके हैं आख़िर उनके भी तो कुछ कारण होंगे।

क्रान्ति के कारण जो और देशों में रहे हैं वही भारत में भी हैं। जब जल की धारा के मार्ग में रुकावट आकर खड़ी हो जाती है तो जल उसे परे फेंक देने की

चेष्टा करता ही है। इस प्रकार जब राष्ट्र की गति और विकास के मार्ग में आकर उसकी ग़ुलामी के रूप में चाहे वह विदेशी राष्ट्र की ग़ुलामी हो या राष्ट्र के भीतर की श्रेणियों की ग़ुलामी हो, रुकावट खड़ी हो जाती है तो राष्ट्र के जीवन और प्राणी की शक्ति उसका विरोध किये बिना नहीं रह सकती। भारत में भी वही हो रहा है।

इस स्थूल विवेचना के परिणामस्वरूप हमें यही उत्तर मिलता है कि देश की आर्त्त दशा और राष्ट्रीय अपमान से व्याकुल हो नौजवान अपने-आपको निछावर करने के लिए चल पड़े।

यह उत्तर ठीक है परन्तु पूर्ण नहीं। देश की आर्त्त दशा और राष्ट्र के अपमान को क्या केवल यही युवक देख सकते थे? दूसरों की आँखों से क्या वह छिपा था? फिर क्यों कुछ खास युवकों पर ही उसका प्रभाव पड़ा? यहाँ हम इस प्रश्न को दो अंगों में विभक्त कर सकते हैं। पहला प्रश्न तो यह हो सकता है कि क्रान्तिकारी दल की उत्पत्ति के क्या कारण थे और दूसरा यह कि कुछ व्यक्तियों की मनोवृत्ति के क्या कारण थे? पहले प्रश्न का उत्तर तो हम देश और समाज की दशा की ओर संकेत कर दे सकते हैं परन्तु दूसरे प्रश्न का उत्तर देते समय व्यक्तियों की विशेष परिस्थितियों को आँख से ओझल कर हम इस प्रश्न का उत्तर नहीं दे सकते।

इस प्रश्न का उत्तर देते समय हिसप्रस (H.S.R.A.) हिन्दुस्तान साम्यवादी प्रजातन्त्र सेना में सम्मिलित होनेवाले व्यक्तियों के चारों ओर की परिस्थितियों के अलावा हमें उनकी वैयक्तिक प्रवृत्तियों की ओर भी ध्यान देना होगा। क्यों? इसका भी कारण स्पष्ट है। अठारह-उन्नीस बरस पहले अर्थात् सन् १९१९ और १९२० के आन्दोलन की बात कीजिये। एक ज़बरदस्त लहर-सी आयी थी। और सारा देश क्षुब्ध सागर की भाँति हिलोरें ले उठा था। उस आन्दोलन का मुख्य रूप था असहयोग! भारत की ३५ करोड़ जनता में से कितनों ने उस आन्दोलन के प्रति सहानुभूति प्रकट करने का साहस किया और उनमें से कितनों ने वास्तव में असहयोग किया? हम लोग उस समय स्कूलों के विद्यार्थी थे। स्कूलों और कॉलेजों में सैकड़ों ही विद्यार्थियों ने असहयोग किया परन्तु उस असहयोग में कितने स्थिर रहे? आरम्भ में लाहौर के नेशनल कॉलेज में बहुत बड़ी सख्या में विद्यार्थी भरती हुए परन्तु कुछ ही वर्षों में छाँटकर कॉलेज समाप्त हो गया। नेशनल कॉलेज़ में भरती होनेवाले इन विद्यार्थियों में कितने हमारे दल में सम्मिलित हुए और फिर कितने अन्त तक बने रहे) ऊपर प्रकृति का ज़िक्र कर आया हूँ। प्रवृत्ति से मेरा अभिप्राय: ईश्वरीय प्रेरणा नहीं। मैं समझता हूँ मनुष्य की प्रवृत्ति भी परिस्थितियों से ही उत्पन्न होती है। यह परिस्थितियाँ नितान्त वैयक्तिक हो सकती हैं, माता-पिता

की परिस्थिति का प्रभाव भी मनुष्य पर पड़कर उसमें एक विशेष प्रकार का स्वभाव या प्रवृत्ति उत्पन्न कर दे सकता है।

भगतसिंह, सुखदेव और मैं कॉलेज में सहपाठी थे। भगवतीचरण हम लोगों से दो वर्ष ऊपर थे। सहपाठी ही नहीं, हम लोगों में विशेष आन्तरिकता थी—इस आन्तरिकता का भी कुछ कारण होगा ही। इसलिए मैं इन लोगों की परिस्थितियों को कुछ-कुछ जानने का भी दावा कर सकता हूँ। मेरा विश्वास है कि हम सब लोगों की परिस्थितियों में कुछ विशेष बात ज़रूर थी। यूँ तो किन्हीं दो आदमियों की परिस्थितियाँ बिलकुल एक जैसी नहीं होतीं। मैं जब विशेष बात कर रहा हूँ—तो इसका मतलब है कुछ अधिक विशेष बात!

सान्याल दादा ने 'बन्दीजीवन' में इस प्रश्न की चर्चा की है। और ज़रा मज़े में आकर कह गये हैं कि उनके विचार में क्रान्तिकारियों के दिमाग़ में किसी हद तक पागलपन की झलक रहती है। कुछ क्रान्तिकारियों ने इस सहज और निरीह परिहास से कुछ अपमान अनुभव किया है। परन्तु उसमें बुरा मानने की बात मुझे मालूम नहीं होती। हम लोगों में से अपने काम के आरम्भिक समय में जब कोई व्यक्ति, दल के काम में दिन-रात बरबाद होना छोड़कर, घर-बार और जीविका की ओर ध्यान देने लगता था तो परिहास में यही कहा करते थे, अमुक व्यक्ति को सुबुद्धि आ गयी।

Common Sense अर्थात् साधारण समझ का अर्थ है, साधारण मनुष्यों की समझ। इनकी समझ में क्रान्तिकारियों का आचरण और व्यवहार असाधारण जँचता है तो ज़रूर वह साधारण समझ के दर्जे से या तो ऊपर है या नीचे। यदि कोई क्रान्तिकारियों को आकाशगामी, अलौकिक शक्तिसम्पन्न व्यक्ति कहे तो मुझे एतराज़ नहीं—हाँ, ज़रा झेंप ज़रूर मालूम होती है—और यदि पागल कहे तो भी कुछ आपत्ति नहीं। मैं यह अनुभव करता हूँ कि आकृति और रूप-रंग में बिलकुल दूसरे मनुष्यों के-से होकर भी क्रान्तिकारी कुछ असाधारण ज़रूर होते हैं। उनका असाधारण आचरण ही इस बात का प्रमाण है।

मैं चाहता हूँ कि जिन क्रान्तिकारियों से मेरा गूढ़ परिचय और सम्बन्ध रहा है, उनमें से एक-एक को लेकर एक सीमा तक उनकी विवेचना करूँ। पहले भगतसिंह को ही लेता हूँ। ◈

जनवरी

१९३९

सम्पादकीय

"कांग्रेस के बढ़ते हुए प्रभाव, रियासतों की जनता में बढ़ती हुई जागृति और रियासती शासकों के दमन को देखकर हम यह सोचते हैं कि कांग्रेस बहुत देर तक रियासतों के मामलों में हस्तक्षेप किये बिना नहीं रह सकती।"

"रियासतों की जनता पर होते हुए अत्याचार को कांग्रेसी प्रान्तों के मन्त्री किस प्रकार चुपचाप देख सकते हैं?"

–महात्मा गाँधी के संकेत

कांग्रेस के चेम्बरलेन!

कहावत है कि 'सरकार से ग़लती नहीं हो सकती! अगर हो भी जाये, तो किसमें ताक़त है जो सरकार से ग़लती मनवा ले?' हमारी ब्रिटिश सरकार ने कभी ग़लती नहीं की। अब हमारी कांग्रेस सरकार की बारी है, वह भला ग़लती कैसे कर सकती है? हम प्रान्त की सरकार की बात नहीं कह रहे, हम कांग्रेस की केन्द्रीय सरकार की बात कह रहे हैं, जिसने हाई कमाण्ड का ख़िताब कमा लिया है। १४ दिसम्बर को वर्धा में कांग्रेस की वर्किंग कमेटी की बैठक हुई। रियासतों के सवाल पर प्रस्ताव पास हुआ कि कांग्रेस को अधिकार है कि देशी रियासतों की प्रजा के प्रतिनिधि–शासन और नागरिक स्वतन्त्रता की माँग में उनका सहयोग दे और उनकी अगुआई करे; परन्तु हरिपुरा में निश्चित की गयी नीति बहुत सफल हुई है, इसलिए कांग्रेस का संगठित रूप से देशी राज्यों के भीतरी मामलों में दख़ल न देना ही उचित है।

कांग्रेस के प्रस्ताव में यह स्वीकार कर लिया गया कि देशी रियासतों की प्रजा की प्रतिनिधि–शासन और नागरिक स्वतन्त्रता की माँग उचित है, इसके लिए उन्हें आन्दोलन करने का अधिकार है। यह भी स्वीकार कर लिया गया कि देशी राज्यों के बहुत–से शासक अनुचित रूप से ब्रिटिश–भारत की सरकार की सहायता ले इन माँगों और आन्दोलनों को कुचलने का यत्न कर अन्याय कर रहे हैं; परन्तु साथ ही यह भी कह दिया गया कि देशी राज्यों के भीतरी मामलों में कांग्रेस की हस्तक्षेप न करने की नीति ही उचित है, पंचो! पर्नाला रहा वहीं पर।

कांग्रेस की इस देशी राज्यों के भीतरी मामलों में हस्तक्षेप न करने की नीति की बुद्धिमानी किस बात से प्रमाणित हो गयी, यह हम नहीं समझ सके।

संघ-शासन की परछाईं आती देखकर हम छटपटाने लगते हैं; परन्तु संघ-शासन में दोष ही क्या हैं? यही न कि संघ-शासन की बेड़ियाँ हमारी चाल को रोक देंगी! उन बेड़ियों में सबसे बड़ी बेड़ी हैं ये निरकुंश रियासतें, जो सदा से भारत में ब्रिटिश साम्राज्य को मज़बूत बनाने में महराबों का काम देती आयी हैं। ये रियासतें जब इस देश में मौज़ूद हैं, तब हम कब तक इनसे परहेज़ कर सकेंगे? जिस पूर्ण स्वतन्त्र भारत का स्वप्न हम देखते रहते हैं, उस भारत में क्या ये रियासतें न होंगी? क्या ये रियासतें भारत का टुकड़ा नहीं? क्या भारत की स्वतन्त्रता के लिए इन रियासतों की स्वतन्त्रता आवश्यक नहीं? एक दिन तो हमें रियासतों और ब्रिटिश-भारत को मिलाकर एक करना ही है, तो क्या उससे पहले इन रियासतों को ब्रिटिश-भारत के दर्जे तक ले आना ज़रूरी नहीं? इन बातों से तो इनकार किसी को नहीं; परन्तु नीति के तौर पर अभी कांग्रेस का देशी रियासतों के भीतरी मामलों का हाथ में लेना उचित नहीं समझा जाता। शायद इसलिए कि ऐसा करने से कांग्रेस को ब्रिटिश सरकार के साथ मोर्चे पर अड़ जाना पड़ेगा? लेकिन वह दिन तो आयेगा ही। उस दिन को दूर रखने के लिए यदि कांग्रेस के चेम्बरलेन देशी रियासतों को आस्ट्रिया और चेकोस्लोवाकिया की तरह निस्सहाय छोड़ देंगे, तो बहुत जल्दी ही उन्हें चेम्बरलेन की-सी ही हालत में आ जाना पड़ेगा। देश रियासतों के मामले में कांग्रेस अपनी शक्ति को ख़र्च न कर शायद संघ-शासन से मोर्चा लेने के लिए ही बचा रखना चाहती है। हमें इस नीति में बहुत बुद्धिमानी नहीं दिखायी देती।

यह कहने के बजाय की कांग्रेस को देशी राज्यों में प्रतिनिधि-शासन और नागरिक स्वतन्त्रता के आन्दोलन में सहायता और अगुआई करने का हक़ है, हमें यह निश्चय करना चाहिए कि देशी राज्यों में प्रतिनिधि-शासन और नागरिक स्वतन्त्रता क़ायम करना कांग्रेस का उद्देश्य है। कांग्रेस यदि संघ-शासन के वर्तमान रूप का विरोध सफलता से कर सकती है, तो रियासतों की प्रजा के सहयोग से ही। यदि हम इस समय जबकि कांग्रेस के हाथ में शक्ति है, देशी रियासतों की प्रजा को कांग्रेस का अंग नहीं बनाते, तो संघ-शासन के सिर पर लाद दिये जाने पर यह काम हमारे लिये कई गुना मुश्किल हो जायेगा।

संघ-शासन को यदि कांग्रेस स्वीकार कर लेती है, तो संघ-शासन की शर्तों और क़ायदों के अनुसार कांग्रेस के लिए अपने मन्त्रियों द्वारा रियासतों के भीतरी मामलों में दख़ल देना सम्भव न रह जायेगा। और यदि कांग्रेस संघ-शासन को स्वीकार नहीं करती, तो उसे बजाय देशी राज्यों की फ़िक्र करने के ब्रिटिश सरकार

से अपनी ही लड़ाई लड़नी पड़ेगी। और इस लड़ाई में देशी राज्यों की प्रजा से—जो कि इस देश का एक-तिहाई भाग है—किसी प्रकार की सहायता की आशा करना सिवाय मूर्खता के और कुछ न होगा।

देसी रियासतों के मामलों में दख़ल न देने के लिए दुहाई दी जाती है। उन्हें स्वावलम्बी और आत्मनिर्भर बनाने की यह दलील कितनी ठोस है, यह देखने के लिए हमें यह न भूल जाना चाहिए कि सत्याग्रह के समय जगह-जगह सरकार से मोर्चा लग जाने पर हमने केवल उसी जगह की जन-शक्ति पर ही भरोसा नहीं किया था, जहाँ से भी सम्भव हो सका, अपने मोर्चे को मज़बूत करने के लिए हमें शक्ति पहुँचानी पड़ी और यही हमारी सफलता का रहस्य था।

यदि वास्तव में हमें स्वतन्त्रता की ओर क़दम बढ़ाना है, तो यही मौक़ा है, वर्ना चेम्बरलेन बनकर हम ख़ुद अपनी ही नज़रों में बेवक़ूफ़ बनेंगे।

गवर्नर साहब की सीख!

देश में कल-कारख़ानों के बढ़ने और मज़दूरों की संख्या लाखों तक पहुँच जाने से हमारे देश के आर्थिक संगठन में मज़दूरों का एक ख़ास स्थान हो गया है। यों तो भारत का अपना धन्धा अब तक खेती रहा है, उद्योग-धन्धे यहाँ बहुत पिछड़े रहे हैं और मज़दूरों के सवाल की ओर ध्यान देने की ख़ास ज़रूरत इस देश में नहीं जान पड़ी; परन्तु इधर कुछ वर्षों से हालत बड़ी तेज़ी से बदल रही है। उद्योग-धन्धों के बिना देश का भूख से निस्तार नहीं और उद्योग-धन्धों के बढ़ने का मतलब है मज़दूरों की संख्या बढ़ना। मज़दूरों की संख्या बढ़ने के साथ ही मज़दूरों की समस्याएँ भी बढ़ेंगी। आज हमारे देश में इन मज़दूर-समस्याओं की फ़िक्र किसे नहीं? दिल्ली में तख़्तनशीन वाइसराय, वर्धा की कुटी में महात्मा गाँधी और बड़े-बड़े महलों में रहनेवाले मिल-मालिकों से लेकर चीथड़ों में लिपटे हुए मज़दूर तक इस समस्या से परेशान हैं। लेकिन यह समस्या सुलझे, तो कैसे?

समस्या को सुलझाने की फ़िक्र करने से पहले यह देखना होगा कि इस समस्या की जड़ कहाँ है? मोटी नज़र से यही मालूम होता है कि मज़दूर माँग-पर-माँग पेश करते जाते हैं और मिल-मालिक या पूँजीवादी इन माँगों को पूरा करने को तैयार नहीं या पूरा कर नहीं पाते। इसलिए कशमकश या संघर्ष पैदा होता है। परिणाम में हड़तालें होती हैं, मज़दूर धरने देते हैं, पूँजीवादी या मिल-मालिक पुलिस बुलवा भेजते हैं, ख़ूब हो-हल्ला या बावेला मच जाता है। कुछ देर के लिए कल-कारख़ाने या उद्योग-धन्धे बन्द हो जाते हैं। सामान पैदा नहीं होता, मिल-मालिकों को नुक़सान होता है, मज़दूरों की मज़दूरी मारी जाती, व्यापार को धक्का लगता है। कुछ

लोगों का ख़याल है, इस सबका कारण है कुछ शरारती लोगों की करतूत, जो मज़दूरों को भड़काकर फ़साद बरपा कर देते हैं और क्रान्ति मचाने के लिए मज़दूरों को बहकाकर नचाते फिरते हैं।

कानपुर में उत्तर भारतीय व्यापार-संघ (The Upper India Chamber of Commerce) की पचासवीं वर्षगाँठ की जुबली पर यू.पी. के गवर्नर साहब ने जो भाषण दिया है, उससे और व्यापार-संघ के सभापति मिस्टर हार्समैन के दावत के समय दिये गये भाषण से इसी प्रकार के विचारों की गन्ध आती है।

इसमें सन्देह नहीं कि पिछले पचास वर्षों में युक्तप्रान्त में और विशेषकर कानपुर में उद्योग-धन्धों में काफ़ी उन्नति हुई है। इस उन्नति में उत्तर भारतीय व्यापार-संघ का भी काफ़ी हाथ रहा है। गवर्नर साहब ने व्यापार-संघ को इस काम के लिए बधाई दी है; परन्तु गवर्नर साहब को इस मौक़े पर उद्योग-धन्धों की उन्नति में पूँजी के साथ-साथ मेहनत के हिस्से या मज़दूरों के हिस्से का ज़िक्र करने का ख़याल न रहा। उद्योग-धन्धे या हमारे वर्तमान समाज में किसी भी क़िस्म की पैदावार आज दिन पूँजी और मेहनत दोनों के मेल के बिना चल नहीं सकती। लेकिन बदक़िस्मती से हम लोग पूँजी की शक्ति और महत्त्व को ही देख पाते हैं, उसमें मज़दूरी के हिस्से को भूल जाते हैं। शायद इसका कारण यह है कि हमारे देश में मज़दूरी इतनी सस्ती है कि उसकी फ़िक्र और क़द्र करने की ज़रूरत ही नहीं पड़ती। जो भी हो, इस बात से तो इनकार किया नहीं जा सकता कि अरबों रुपये की पूँजी पड़ी रहेगी, जब तक उस पूँजी के साथ मेहनत का सहयोग न होगा, उससे कुछ फल नहीं निकल सकता।

आज दिन मालिकों और मज़दूरों का झगड़ा दरअसल पूँजी और मेहनत का ही झगड़ा है। कल-कारख़ानों से पैदावार करने के लिए एक ओर से पूँजी आती है और दूसरी ओर से मज़दूरों की मेहनत। इसके फल में सामान की शक्ल में पैदावार सामने आ जाती है। अब इस पैदावार में पूँजी को या पूँजी के मालिक को कितना हिस्सा मिले और मज़दूर को कितना, इसी पर झगड़ा आ खड़ा होता है। पूँजीवादी कोशिश करता है कि मज़दूर को कम-से-कम मज़दूरी देकर काम कराया जाये। इस कम-से-कम मज़दूरी की कोई हद क़ुदरत की तरफ़ से निश्चित नहीं। बेकारों की काफ़ी संख्या इस देश में मौज़ूद है। इसलिए अगर एक मज़दूर भरपेट रोटी के पैसे लेकर काम करना चाहता है, तो दूसरा मज़दूर जो दो दिन भूख का कड़ाका खा चुका है, आधा पेट रोटी के पैसे लेकर ही काम करने के लिए तैयार हो जाता है और तीसरा मज़दूर, जिसकी बेकारी के कारण उसके बच्चे और उसके बच्चों की माँ भूखे मर रहे

हैं, कुछ और भी कम लेकर काम करने को तैयार रहता है। हम जो कह रहे हैं, वह केवल कल्पना की बात नहीं है। पिछले वर्षों में आहिस्ता-आहिस्ता घटती गयी मज़दूरी इस बात का प्रमाण है।

मज़दूरों ने अपनी इस गिरती हालत की तरफ़ ध्यान दिया या कुछ लोगों ने उनका ध्यान उनकी इस हालत की तरफ़ दिलाया। उन्होंने अनुभव किया कि अगर उन्हें अपनी जान बचानी है, तो यह हालत बदलनी चाहिए। एक अकेला मज़दूर कुछ कर नहीं सकता। अगर वह भूखा रहकर काम नहीं करना चाहता, तो सिवाय भूखे मर जाने के उसके पास कोई चारा नहीं। क्योंकि उसकी जगह दूसरे बीसियों मज़दूर उसी हालत में या उससे भी गिरी हुई हालत में काम करने को तैयार हैं। अगर मज़दूर इस संकट से अपना निस्तार चाहते हैं, तो उन्हें एक साथ मिलकर इस हालत को सुधारने का प्रयत्न करना होगा। मज़दूरों में इस भावना का पैदा होकर अमल में आ जाना ही मज़दूर-संगठन है, और इस भावना को किसानों में पैदा कर अमल में आ जाना किसान-संगठन। इन संगठनों का फल ही आज दिन हमें परेशान करनेवाली समस्याएँ हैं।

मनुष्य होकर यह कह देना कि मज़दूरों की अवस्था में सुधार न हो, बड़ा मुश्किल है। सुधार हो, यह तो सभी मानने को तैयार हैं; पर सुधार कितना हो और कैसा हो, इसी बात पर घोर मतभेद पैदा हो जाता है। और सबसे बड़ी कठिनाई तभी पैदा होती है, जब मज़दूरों की हालत सुधारने के लिए पैदावार को इस प्रकार बाँटने की ज़रूरत पड़ती है कि मज़दूर को कुछ अधिक मिले। मज़दूर को अधिक मिलने का मतलब होता है कि पूँजीपति के पलड़े में से कुछ चुटकी निकाली जाये। यह पूँजीपति को सहन नहीं।

आख़िर हो क्या? इस बात से तो कोई भी इनकार नहीं करता कि उद्योग-धन्धे से ही मालिक और मज़दूरों का पेट भरा जाता है। इस बात से भी कोई इनकार नहीं कर सकता कि ये उद्योग-धन्धे मिल-मालिकों को हज़ारों रुपये मासिक ख़र्च करने के लिए दे सकते हैं एवं उनके लिए आलीशान महल और मोटरों की क़तारें तैयार करते हैं। इसके अलावा आगे और कल-कारख़ाने खोलने के लिए लाखों रुपये भी पैदा कर देते हैं। दूसरी ओर ये ही उद्योग-धन्धे मज़दूर के परिवार भर को केवल ११ १/२ रु., दे सकते हैं। उसके घर में खटिया डालने भर की जगह में चार-छह जीव रहते हैं और मालिक के एक सिगार की क़ीमत भर में उसे महीना भर पेट पालना पड़ता है। ये उद्योग-धन्धे मज़दूर को बीमार कर देते हैं; परन्तु इलाज के लिए पैसे नहीं दे सकते।

और जब मज़दूर पुकारते हैं कि अब सहा नहीं जाता, तो मालिक सीख देते हैं और मालिकों के सरताज मालिक गवर्नर भी।

सुधार चाहिए ज़रूर परन्तु वे लोग जो मज़दूरों की इस भावना को लेकर सुधार के लिए नहीं, परन्तु एक-दूसरे ही उद्देश्य के लिए अर्थात् समाज के मौज़ूदा आर्थिक संगठन को तोड़-फोड़ डालने के लिए काम करते हैं, तो वे अपराध कर रहे हैं। यदि मज़दूरों के नेता कहलानेवाले ये लोग केवल मज़दूरों की अवस्था में सुधार न कर एक दूसरा ही उद्देश्य पूरा करना चाहते हैं अर्थात् समाज में क्रान्ति लाना चाहते हैं, तो हमें कहना पड़ेगा कि हमारा भविष्य अन्धकारमय है।

हम पूछते हैं, मज़दूरों या किसानों की अवस्था में सुधार का मतलब क्या है? समाज के मौज़ूदा संगठन को तोड़-फोड़ डालने का मतलब क्या है? और समाज में क्रान्ति कर देने का मतलब क्या है?

यदि समाज के मौज़ूदा संगठन का मतलब है उद्योग-धन्धों से होनेवाली पैदावार पर पूँजीपतियों का अधिकार, तो इसका मतलब इस पैदावार का पूँजीपतियों की इच्छा के अनुसार बाँटा जाना भी है और पूँजीवादी इसे उसी ढंग से बाँटेंगे जिस ढंग से अब तक बाँटते आये हैं। इस दशा में मज़दूरों की अवस्था में सन्तोषजनक सुधार हो सकना सम्भव नहीं। यदि सुधार हमें करना है, तो इस ढंग को बदलना ही पड़ेगा। आप चाहे इसे समाज के संगठन को तोड़-फोड़ डालने का भयंकर नाम दें, चाहे इसे समाज में समता और व्यवस्था क़ायम करने और सुधार का। समाज के ढंग में जिस परिवर्तन से मज़दूरों और किसानों की अवस्था में सुधार हो सकता है, उसे यदि विप्लव और क्रान्ति कहकर उससे हम परहेज़ करते रहेंगे, या उससे डरते रहेंगे, तो हमारी सुधारों की सद्भावनाओं के बावज़ूद भी मज़दूरों और किसानों की अवस्था में, प्रजा की उस बहुत बड़ी संख्या की अवस्था में, सुधार और उनमें सन्तोष नहीं हो सकता, जो इस समय पीड़ा से तड़प रही है।

प्रजा अर्थात् मज़दूरों और किसानों की अवस्था में यदि सन्तोषजनक सुधार बिना गहरा परिवर्तन लाये नहीं हो सकता और उस परिवर्तन को क्रान्ति और विप्लव के सिवाय और कुछ नाम दिया ही नहीं जा सकता, तो हमें मजबूर होकर विप्लव और क्रान्ति के लिए ही तैयार होना पड़ेगा। हम उससे बच ही नहीं सकते। परन्तु विप्लव और क्रान्ति का अर्थ जैसा कि मिल-मालिक और उनके मालिक समझते हैं, मिलों की खिड़कियाँ तोड़ना और ईंटें बरसाना नहीं है। विप्लव का अर्थ बहुत सीधा है। इसका अर्थ है समाज के आर्थिक संगठन

को—जो समाज की उस अवस्था में क़ायम हुआ था, जबकि समाज का आर्थिक विकास नहीं हुआ था और जो बच्चे के उस कुर्ते की तरह है जो उसके लिए छह महीने की उम्र में सिलवाया गया था, अब समाज का आर्थिक विकास हो जाने पर—बदले दिया जाये, फैला दिया जाये और बढ़ा दिया जाये। उस कुर्ते का जिसमें जवान हो जाने पर बच्चे का सर भी नहीं समा सकता, फाड़कर उसकी जगह बड़ा कुर्ता सी दिया जाये।

मज़दूरों के कुछ ख़ुद बने हुए नेता अड़सठ लाख मज़दूरों को बरगलाकर उन्हें उनके नाश की ओर ले जा रहे हैं, यह बात आसानी से दिमाग़ में नहीं आ सकती। अगर देखा जाये, तो प्रजा को बरगलाने या प्रजा को समझा-बुझाकर किसी ख़ास रास्ते पर ले जाने के जितने साधन हैं, वे सब पूँजीपति लोगों के हाथ में हैं। हज़ारों-लाखों की तादाद में अख़बारों को छाप सकनेवाले प्रेस, बढ़िया लच्छेदार भाषा में व्याख्यान देनेवाले लेक्चरार ये सब पूँजीपतियों के इशारे पर नाचते हैं। अगर इसके बावज़ूद भी मज़दूरों और किसानों के संगठन किन्हीं समस्याओं को लेकर व्याकुल हो रहे हैं, तो उन समस्याओं को सिर्फ़ ख़याल और बहक समझकर टाल नहीं दिया जा सकता और न मज़दूरों और किसानों की इस भावना की अगुआई करनेवालों को बहकानेवाले कहकर ही बात को टाला जा सकता है। इसके सिवा हम मिल-मालिकों को दया-धर्म का उपदेश देकर भी परिस्थिति को सदा के लिए शान्त नहीं कर सकते। अशान्ति का कारण तो बढ़ता ही जा रहा है, पूँजी खिंच-खिंचकर गिने-चुने हाथों में इकट्ठी होती जा रही है और मज़दूरों की संख्या बढ़ती ही जा रही है। गवर्नर साहब ने मिल-मालिकों को सलाह दी है, मज़दूरों के संगठन को अपने हाथों में रखने की। गवर्नर साहब के यह सलाह देने से पहले मिल-मालिक ऐसा न करते हों सो बात नहीं, वे ऐसा करते रहे हैं और संसार भर के मिल-मालिक यह यत्न करते रहे हैं। परन्तु यह यत्न सफल नहीं हो सकता। कुछ देर के लिए चाहे सफल हो जाये, परन्तु सदा के लिए सफल नहीं हो सकता। इसका कारण है हितों का विरोध। मिल-मालिक और मज़दूर दोनों ही पैदावार में अपना-अपना हिस्सा बढ़ाने का यत्न करेंगे, तो उनमें विरोध होगा ही। यदि विरोध मिटाने और शान्ति क़ायम करने का कोई उपाय है, तो यह कि विरोध की जड़ यानी हितों का विरोध ही मिट जाये। समाज में जो पैदावार सम्मिलित ढंग से शामिल होकर की जाती है, उसका फ़ायदा किसी एक के ही पेट में न जाकर पैदावार करनेवालों में सम्मिलित रूप से बाँट दिया जाये। यदि इसे क्रान्ति या विप्लव का ही नाम आप देना चाहते हैं, तो लाचारी है।

जादू वह, जो सर चढ़कर बोले!

मनुष्य के स्वभाव में प्राय: यह कमज़ोरी रहती है कि विरोधी के सामने अपनी भूल या कमज़ोरी मंजूर नहीं करता, लेकिन अपने घर में या अपने आँचल में मुँह छिपाकर अपनी भूल या ग़लती मान लेने में लज्जा अनुभव नहीं होती। १३ दिसम्बर, ३८ के दिन दरभंगा में ज़मींदारों की कान्फ्रेन्स में, जहाँ केवल ज़मींदार ही मौज़ूद थे, अपने दिल की बातें साफ़-साफ़ कहकर महाराजकुमार विजयानगरम ने ज़मींदारों और ज़मींदारी-प्रथा के विरोधियों दोनों का ही भला किया है। आपने पहली बात तो यह स्वीकार की कि किसानों को ज़मींदारों पर विश्वास नहीं। दूसरी बात यह स्पष्ट कर दी कि अपनी स्थिति बनाये रखने के लिए ज़मींदार प्रान्तों की असेम्बलियों पर अधिकार कर लेना ज़रूरी समझते हैं। असेम्बलियों पर अधिकार कर लेने का उपाय है, किसानों को अपने पक्ष में कर लेना। किसानों को अपने पक्ष में कर लेने और ज़मींदारों पर किसानों का विश्वास जमाने के लिए उन्होंने ज़मींदारों को सलाह दी है कि वे लोग किसानों के प्रति न केवल उदारता का व्यवहार करें बल्कि इससे भी आगे बढ़ें। कांग्रेस के मन्त्रिमण्डल किसानों को जितने अधिकार दे रहे हैं, ज़मींदार किसानों को उससे भी अधिक अधिकार स्वयं दे दें और किसानों के विश्वासपात्र बन असेम्बलियों पर क़ब्ज़ा कर शासन की बागडोर अपने हाथ में लेकर अपनी स्थिति को मज़बूत करें तथा अपनी हैसियत क़ायम रखने की कोशिश करें। यह नसीहत मोटी नज़र से देखने में बुद्धिमानी जान पड़ती है, परन्तु ज़रा ध्यान देने से ही इसकी तह में झुँझलाहट और बौखलाहट दिखायी दे जाती है। यदि ज़मींदारों के हितों को धक्का पहुँचाये बिना किसानों को अधिकार दिये जा सकते, तो शायद महाराजकुमार साहब की बात ठीक हो सकती थी; परन्तु दुर्भाग्य से बात ऐसी नहीं। अधिकार, जिनके विषय में इस समय सब उलझनें पैदा हो रही हैं, बदक़िस्मती से या तो वे किसानों को ही दिये जा सकते हैं या ज़मींदारों को। यदि ज़मींदार अपने स्वार्थों से अन्धे न होकर किसानों को उनके वे उचित अधिकार देने के लिए तैयार हो सकते जिन्हें कांग्रेस किसानों को देना चाहती है, तो ज़मींदारों और कांग्रेस में विरोध-भावना उठने का कोई कारण ही नहीं हो सकता था। थोड़ी देर के लिए यदि हम यह मान भी लें कि ज़मींदार नीति के तौर पर ऐसा करने के लिए तैयार हो सकते हैं, तो हम समझते हैं, वह दिन बहुत मुबारक होगा जब ज़मींदार ऐसा करने के लिए तैयार हो जायेंगे। ज़मींदारों के इतने नीति-निपुण हो जाने की कल्पना करते समय हमें अपनी कल्पना को ज़रा और बढ़ाना पड़ेगा। हमें यह देखना होगा कि जब ज़मींदार उदारतापूर्वक किसानों के जायज़ अधिकार उन्हें सौंप देंगे, तो किसानों का उस समय क्या रुख़ होगा?

अपनी बुद्धि पर किसी क़िस्म का बोझ डाले बिना ही हम समझ सकते हैं कि अपने प्रयत्नों में इतनी सफलता पा लेने पर किसानों के लिए उचित यही होगा कि इन प्राप्त किये अधिकारों की रक्षा के लिए और उन्हें आगे बढ़ाने के लिए वे असेम्बली की कुर्सियों पर उन ज़मींदारों को, जिनके 'माँ-बाप' के ढोंग का लबादा फट चुका है, बैठाकर तमाशा देखने की अपेक्षा शासन की बागडोर अपने प्रतिनिधियों द्वारा स्वयं अपने ही हाथों में रखें।

हम नहीं समझते कि महाराजकुमार विजयानगरम ज़रूरत से ज़्यादा भोले हैं और इतनी मोटी बात भी नहीं समझते! इसीलिए उन्होंने आगे चलकर अपने भाइयों को अन्तिम सलाह दे दी है कि जितने सुधार की वास्तव में ज़रूरत है, उतना सुधार हम कर नहीं सकते— I do not think we can reform to the extent really required. इसलिए आन्दोलन इस बात का उठाया जाये कि सरकार हमें हर्ज़ाना देकर हमारी ज़मींदारियाँ ले ले।

महाराजकुमार साहब की यह बात भी उनकी पहली बात की तरह भोलेपन से भरी हुई है। आख़िर हर्ज़ाना किस बात का? क्या हर्ज़ाना आप इसी बात के लिए चाहते हैं कि एक अरसे तक आप ग़रीब-मासूम किसानों के अधिकारों को अनुचित रूप से दबाये रहे हैं?

क्या महाराजकुमार विजयानगरम की ये सच्ची और सीधी बातें यू.पी. असेम्बली की ज़मींदार पार्टी के कानों तक पहुँच सकेंगी, जो इन 'आवश्यक सुधारों' को अन्याय और अत्याचार बताकर बावेला मचाये हुए हैं?

भारतीयकरण

१४ दिसम्बर, ३८ को रॉयल एम्पायर और रॉयल अफ्रीकन समितियों की सभा में व्याख्यान देते समय लॉर्ड हेली ने भारत में अपने लम्बे अनुभव के आधार पर ब्रिटिश सरकार की कुछ भूलों का ज़िक्र किया है।

एक मुख्य भूल ब्रिटिश सरकार की लॉर्ड हेली ने स्वीकार की है, भारत में सरकारी नौकरियों को भारतवासियों के हाथ में देने में देर करना। उनका विचार है कि यदि पचास वर्ष पहले ही सरकारी नौकरियाँ भारतीयों को अधिक संख्या में देनी आरम्भ कर दी जातीं, तो इन नये शासन-सुधारों के अमल में लाने में सुगमता रहती और ये सुधार उस अवस्था में भारत और ब्रिटेन दोनों के ही हक़ में अधिक लाभदायक प्रमाणित होते।

भारतीयकरण की माँग कई वर्षों से बहुत ज़ोर पकड़ रही है। हेली साहब से भी इस माँग का समर्थन पाकर राष्ट्रीय विचार के लोगों को ज़रूर कुछ तसल्ली हुई

होगी। लेकिन इस भारतीयकरण में सिवाय 'नामकरण' के और क्या है, हमारी समझ में नहीं आ सका।

अनुभव से अधिक कोई दूसरी वस्तु हमें कुछ सिखा नहीं सकती। सरकारी नौकरी की कुर्सियों पर काफ़ी संख्या में हमने भारतीयों को बैठे देखा है; परन्तु उससे लाभ? सिवाय इसके कि उनमें से कुछ विलायती पोशाक के बजाय देशी पोशाक पहने हों, कुछ परिवारों को सरकार कहलाने का गौरव प्राप्त हो गया हो, और कुछ लाभ नहीं हुआ। जब तक वह मशीन, जिसके कि सरकारी नौकर पुर्ज़े हैं, नहीं बदल जाती, सरकारी नौकरों की चमड़ी के रंग और उनकी पोशाक के ढंग से कुछ बनता-बिगड़ता नहीं। ज़रूरत इस बात की नहीं कि सफ़ेद चमड़ी की जगह काली चमड़ी नज़र आने लगे। ज़रूरत है इस बात की कि जिस नीति पर ये सरकारी नौकर चलते हैं, वह बदल जाये। वह नीति सर्वसाधारण किसान और मज़दूरों के हित की दृष्टि से निश्चित हो, बल्कि स्वयं उन्हीं के द्वारा निश्चित हो। सरकारी नौकरी में भारतीयों का अधिक-से-अधिक संख्या में भरती होने का एक और भी मतलब है। इसका मतलब है एक ऐसी बड़ी श्रेणी का तैयार हो जाना, जिसकी रोटी भारत में ब्रिटिश सरकार के अस्तित्व पर निर्भर हो जाये। ब्रिटिश कुटिल नीति की दृष्टि से यह चाल बहुत माकूल हो सकती है; भारत के सर्वसाधारण के हित की दृष्टि से इसका विशेष मूल्य नहीं। जिस उसूल पर जिस उद्देश्य से मशीन चल रही है, उसे सुधारने में अपनी शक्ति न लगाकर उसके पुर्ज़ों पर दूसरे रंग का रोग़न पोतने की चेष्टा कर सन्तुष्ट होना बुद्धिमानी नहीं।

हैदराबाद

यद्यपि हम रियासती प्रजा को उसकी जागृति और अपने अधिकारों को प्राप्त करने के आन्दोलन पर डटे रहने के लिए बधाई देकर सन्तुष्ट हो गये हैं, फिर भी हम उस समय की प्रतीक्षा में हैं, जब रियासतों के मामलों में दख़ल दिये बिना चारा न रहेगा। रियासती शासन अपनी प्रजा में पैदा हो गयी जागृति की भावना को कुचलने और उस पुकार को रियासतों के बाहर न पहुँचने देने के प्रयत्न में लगे हुए हैं। अपने सत्याग्रह-आन्दोलन के समय पुलिस के जिन अत्याचारों को हम अमानुषिक और पाशविक कहकर उनका विरोध किया करते थे, रियासत की प्रजा पर होनेवाले अत्याचारों के मुक़ाबले में वे फ़ीके पड़ रहे हैं और हैदराबाद का देशी राज्य देशी राज्यों का सरताज होने के नाते इस विषय में सबसे आगे है। सत्य और अहिंसा की शक्ति सिद्धान्तरूप से कभी दब नहीं सकती; परन्तु प्रत्यक्ष उदाहरणों को भी आँखों से ओझल नहीं किया जा सकता। असाधारण मनुष्यों और महापुरुषों

की बात दूसरी है, संसार का क्रम साधारण जनता को लेकर ही चलता है। हमने ब्रिटिश-भारत में दमन और अत्याचार के आगे जनता के साहस और दृढ़ता को दबते देखा है। जहाँ मनुष्य का शरीर कुचला जाता है, वहाँ शरीर में उत्पन्न होनेवाली भावनाएँ कहाँ तक ठहर सकेंगी? और फिर हमें यह नहीं भूल जाना चाहिए कि रियासतों का दमन और अत्याचार ब्रिटिश-भारत के दमन और अत्याचार की अपेक्षा कहीं अधिक निरंकुश और निस्संकोच है। वहाँ उचित और अनुचित, मुनासिब और ग़ैरमुनासिब का सवाल पैदा नहीं होता। वहाँ दलील, वकील और अपील की न क़द्र है, न पहुँच। वहाँ अपील और दरख़्वास्त तक क़ुसूर और गुनाह है।

हैदराबाद में जो कुछ हो रहा है, उसकी ख़बर तक बाहर पहुँचना मुश्किल है। हैदराबाद की वह हुकूमत जो अख़बारों और ख़बर भेजनेवाली एजेन्सियों का गला अपने ख़ूनी पंजे से दबोचकर ज़ुबान बन्द कर देती है, ख़बर भेजनवोली कुछ एजेन्सियों पर बेतरह मेहरबान है, उन्हें न सिर्फ़ ख़बर भेजने की खुली छुट्टी है बल्कि मनों चाँदी से उनकी पूजा की जाती है। जनता तक जो ख़बरें हैदराबाद की पहुँचती हैं, वे इसी एजेन्सी की मार्फ़त। ये ख़बरें कहाँ तक विश्वास के योग्य हैं, यह सुझाने की ज़रूरत नहीं।

'पायनिअर' ने एक मुक़द्दमे का हवाला देकर हैदराबाद के सत्याग्रहियों पर यह लांछन लगाया था कि किराये पर ख़रीदे हुए शहीद हैं। 'पायनिअर' की इस ख़बर में कितनी सचाई है, यह जान लेना कठिन नहीं, जब हम जानते हैं कि किस एजेन्सी ने 'पायनिअर' तक यह ख़बर पहुँचायी है। और बातों के अतिरिक्त हमें यह भी न भूल जाना चाहिए कि हैदराबाद में सत्याग्रहियों पर डण्डे का प्रयोग रियासती ढंग से होता है। हैदराबाद की अवस्था का चित्र आँखों के सामने खींच सकने के लिए मामूली तौर पर इतना कह देना ही काफ़ी होगा कि वहाँ वन्देमातरम्, खद्दर और महात्मा गाँधी के चित्र तक पर रोक है, सरकार इन्हें बग़ावत समझती है।

और तिस पर वह पुरानी चाल कि राजनैतिक जागृति और आन्दोलन को साम्प्रदायिकता का विष बताकर बदनाम करने की चेष्टा करना। पहली बात तो यह है कि हैदराबाद का यह आन्दोलन किसी सम्प्रदाय विशेष के अधिकारों के लिए नहीं। हैदराबाद में मुसलमानों की संख्या जितनी प्रतिशत है, उससे कहीं अधिक संख्या में वे इस आन्दोलन में योग दे रहे हैं। आन्दोलन में यदि शासन में मुसलमानों के प्राधान्य का विरोध किया जाता है, तो वह उचित है। ठीक उसी तरह उचित है जिस तरह कश्मीर में हिन्दुओं की संख्या बहुत कम होते हुए

वहाँ शासन में कश्मीरी पण्डितों के प्राधान्य का विरोध करना उचित है। इस प्रकार के आन्दोलन को साम्प्रदायिकता का नाम देना मक्कारी है! यह आन्दोलन नागरिकता और समानता के अधिकार की माँग है। हम समझते हैं, हमारी जनता के राजनैतिक नेता सोच-विचार के गहरे सागर में डुबकी लगाकर रियासतों की जनता को इस समय मार्ग दिखाने और उचित सहायता की आवश्यकता के महत्त्व को समझेंगे। उनके निश्चय इतना अधिक समय न लेंगे कि रियासती जनता की शक्ति दमनकारियों के अत्याचारों से परास्त होकर समाप्त हो जाये!

चाय की चुस्कियाँ

दुर्मुख

हमने कहा—इटली में एक आराम है कि घर में ग़मी हो जाने पर रोनेवाले किराये के मिल जाते हैं। कुनबेवालों को ज़हमत नहीं उठानी पड़ती और ग़म पूरे ठाट से हो जाता है। एक सुननेवाले बिगड़ उठे—इस वाहियाती से क्या फ़ायदा? ऐसी सभ्यता हमें नहीं चाहिए, यह इटली को ही मुबारक रहे। चुप रह जाना पड़ा।

लेकिन हम देखते हैं हमारे अपने देश में, हमारी सभ्यता में हालाँकि रोनेवाले किराये पर नहीं लिये जाते, मगर ख़ुशी मनानेवाले ज़रूर किराये पर मिल जाते हैं। बल्कि अपनी ख़ुशी दूसरों पर ज़बरदस्ती लादी जाती है, उससे उन्हें परेशान किया जाता है।

अभी उस रोज़ हमारे मुहल्ले में एक बड़े आदमी यानी बहुत पैसेवाले आदमी के घर शादी थी। अब सुनिये, उसी शादी की बला में क्या हुआ?

पहले तो शामियाने और क़नातें खड़ी करके गली के रास्ते बन्द कर दिये गये। फिर सुबह ढोल-धमक्कड़ और नफ़ीरीवाले की चिल्ल-पों शुरू हो गयी। अगर बदक़िस्मती से पड़ोस में किसी की तबीयत ख़राब है तो उसका बुख़ार चार डिगरी और ज़रूर बढ़ सकता है। फिर आयी बरात। उसमें तीस-चालीस मज़दूर हनुमान की सेना के-से कपड़े पहने लाल, पीले, ऊदे झण्डे उठाये चल रहे हैं। उसके बाद चार पार्टियाँ बाजेवालों की हैं जिनके फेफड़े बाजों को फूँकते-फूँकते थक गये हैं, आँखें बाहर को आ रही हैं, माथे की नसें फूल गयी हैं और चेहरा लाल हो गया

है। फिर शहर के जितने भी भले आदमी अपने काम के लिए मोटर या बग्घी रखे हुए हैं और बदक़िस्मती से उन हज़रत के वाक़िफ़ हैं, उनको ४-५ घण्टे के लिए अपनी गाड़ी ज़रूर उधार दें। यह झण्डों, ऊँटों और हाथियों, मोटरों, बग्घियों का सिलसिला सारे शहर में से गुज़रना चाहिए ताकि आने-जानेवालों के रास्ते में उलझन पैदा हो और राह चलतों की मुसीबत आ जाये?

हम कहते हैं —जनाब! आपके लड़के की शादी है तो कौन नयी बात है? इस सैंतीस करोड़ की आबादी के मुल्क में क्या आपके लाल के सिवा और किसी की शादी नहीं हुई? आपको ख़ुशी है, मुबारक हो। अपने घर में मनाइये। शहर-भर को परेशान क्यों करते हैं? दुवन्नी चवन्नी देकर दूसरों को किराये पर लेकर अपनी ख़ुशी के हंगामे में शामिल होने के लिए मजबूर क्यों करते हैं?

× × ×

हर एक चीज़ का मौसम होता है और उस मौसम में अगर आपने वह चीज़ न चलायी तो आप ज़मानासाज़ नहीं कहला सकते। आजकल के राजनैतिक मौसम में दौरदौरा है इन्क़लाब-ज़िन्दाबाद का। अगर आगे बढ़ना चाहते हैं तो कहिये— इन्क़लाब-ज़िन्दाबाद! अगर आप खड़े रहना चाहते हैं तो कहिये इन्क़लाब-ज़िन्दाबाद और अगर आप लौट चलना चाहते हैं तो और भी ज़ोर से पुकारिये इन्क़लाब-ज़िन्दाबाद!

इन्क़लाब-ज़िन्दाबाद कहने और कहलाने का हक़ किसी का पेटेण्ट नहीं, यही अच्छा है। वर्ना अदालतों को और तरफ़ ध्यान देना मुश्किल हो जाता। आपने और इन्क़लाब- ज़िन्दाबाद सुने होंगे लेकिन अब नया इन्क़लाब-ज़िन्दाबाद निकला है जिसके साथ 'राजा महमूदाबाद ज़िन्दाबाद' चलता है। राजा साहब से बड़ा इन्कलाबी और कौन होगा?

× × ×

सर आग़ा खाँ के नाम के साथ हिज़ हाइनेस हमें कुछ अच्छा नहीं जँचता। उनके लिए ज़्यादा मौज़ूँ हिज़ होलीनेस ही हो सकता था। ख़ैर, फिर भी वे हिज़ हाइनेस हैं। बेताज बादशाह सुने जाते हैं तो बेमुल्क बादशाह क्यों न हों। जो लोग नवाब बेमुल्क कहकर हँस देते हैं, वे पागल हैं।

हाँ, हिज़ हाइनेस आग़ा खाँ फिर भारत लौट आये हैं। अब की वे जितने दिन यहाँ रहेंगे, हिन्दू-मुस्लिम एकता के लिए प्रयत्न करते रहेंगे। हिज़ हाइनेस का इस समय भारत आना ज़रूरी है, क्योंकि हिन्दू-मुस्लिम तनाव इस समय ढीला पड़ चला है।

हिज़ हाइनेस एक समय टर्की की हालत से दु:खी होकर उसका भला करने के लिए वहाँ पहुँचे थे, परन्तु टर्की ने कहा—बेटा, तुम्हारी यहाँ ज़रूरत नहीं, तुमने भारत में काफ़ी भला किया है, वहीं तुम्हारी ज़रूरत है।

ख़ैर! वक़्तन-बेवक़्तन आग़ा ख़ाँ भारत आकर उसकी नब्ज़ देख जाते हैं। इसी ज़रूरी काम के लिए वे फिर आये हैं।

कुछ आदमियों का ख़याल है हिज़ हाइनेस यूरोप में रेस वग़ैरह शुरू होने से पहले अक़सर फ़ुरसत मिलने पर उधर की तैयारी के लिए यहाँ आते हैं।

और हिज़ हाइनेस इतने कठोर भी नहीं हो जा सकते कि भारत के धर्मप्राण लोगों को अपने दर्शन न दें। वे आते हैं, यहाँ 'दर्शन देने के लिए' और यूरोप जाते हैं 'दर्शन लेने के लिए।' कुछ लोग कहते हैं नहीं, भारत वे आते हैं 'रुपया लेने के लिए यूरोप जाते हैं 'रुपया देने के लिए।'

आख़िर, इसमें बुरी बात क्या है? यहाँ दर्शन देते हैं, दाम लेते हैं, वहाँ, 'दर्शन लेते हैं दाम देते हैं।'।

× × ×

ब्रिटिश-साम्राज्य जिसकी छत्रच्छाया में कभी सूर्य अस्त नहीं हो पाता। वज़ीरिस्तान की समस्या को हल नहीं कर सकता, ऐसा जो लोग समझते हैं वे बिना सींग के पशु हैं। वज़ीरिस्तान जैसा है, वैसा ही रहना चाहिए उसका एक ख़ास कारण है।

राजा, महाराजा, नवाब और जागीरदार रखे रखते हैं सो किसलिए? इन रखों में से जानवर आकर प्रजा के खेत ख़राब कर जायें या प्रजा को फाड़कर खा जायें परन्तु उन्हें मारना क़ानून के ख़िलाफ़ है। वजह यह है कि फिर महाराज शिकार कहाँ खेलेंगे? इसलिए वज़ीरिस्तान बना ही रहना चाहिए।

× × ×

मूँछ ऊपर रहे या नीचे यह सवाल मामूली नहीं! सुनते हैं कि एक दफ़े पठान और बनिये में इसी बात पर झगड़ा उठ खड़ा हुआ था। पठान मूँछ खड़ी रखने के लिये घर को फूँक आये थे। वही सवाल अंग्रेज़ों के सामने आ पहुँचा। मंचूरिया, एबीसीनिया, आस्ट्रिया, चेकोस्लोवाकिया सब जगह मूँछ नीची करते-करते आख़िर उन्हें याद आया कि हिन्दुस्तान के सन् '५७ के ग़दर को ही लेकर मूँछ ऐंठी जाये।

लखनऊ के धावे की फ़िल्म बनानी शुरू की गयी कि अंग्रेज़ बच्चों की रगों में ज़रा तेज़ी आये! पर सेमुअल होर साहब ने यहाँ भी होंठों पर उँगली रख दी। न! बिगड़ खड़े होंगे, बड़ी मुश्किल से बहलाया है।

जनाब इसी को कहते हैं ज़मानासाज़ी। ताल-सुर देखकर न गाये तो गधा कहलाये। वह लाहौर में लारेन्स का बुत जिसके लिए इतना झगड़ा हुआ और जो ललकारकर कह रहा था, "क़लम की हुकूमत मानोगे या तलवार की?" आज कह रहा है—मैंने हिन्द की ख़िदमत क़लम से की और तलवार से भी! कहनेवाले कहते हैं—ब्रिटिश साम्राज्य की गर्दन में इतनी लोच न होती तो वह कभी की टूट गयी होती।

× × ×

साहब असेम्बली के मेम्बर हैं, कोई कुली, मज़दूर या क्लर्क नहीं। दिसम्बर का महीना, सर्दियों के दिन, भला कोई शरीफ़ आदमी दस ही बजे किस तरह तैयार होकर असेम्बली पहुँच जाये। पाँच करोड़ आदमियों की क़िस्मत का फ़ैसला जिसे करना हो वह ज़िम्मेदार आदमी भला ऐसा उतावलापन कैसे कर सकता है?

और फिर यह भी कोई तहज़ीब है या शराफ़त है कि दिन चढ़ते ही उठे और मज़दूरी की फ़िक्र सवार! बड़े आदमियों का क़ायदा है कि १०-११ बजे उठें और तीन-चार बजे तक काम-काज के लिए तैयार हो सकें। असेम्बली के स्पीकर हैं कि इसी बात से नाराज़ हो रहे हैं कि एक हफ़्ते में ही दो दिन असेम्बली का कोरम पूरा नहीं हुआ। इसमें अगर कुसूर किसी का है तो असेम्बली का जो सुबह तड़के दस बजे शुरू हो जाती है।

× × ×

२,३३,००,००० रुपये, २९१ आदमी खेत और ८५१ ज़ख़्मी—यह है कमाई सीमान्त पर ब्रिटिश साम्राज्य की सुशिक्षित सेना की। इतने समय में कितने ही आदमियों को वज़ीरी पकड़ ले गये; कितनों को गोली मार गये; कितने मकान जला गये, और कितना धन लूट ले गये वह सवाल दूसरा है।

जो यह समझते हैं कि यह सब रुपया और यह जानें फ़ज़ूल गयीं उनकी अक़्ल की कमी है। इसके भी फ़ायदे हैं सुनिये—(१) ब्रिटिश साम्राज्य की बड़ी-बड़ी पलटनों, तोपख़ानों को प्रैक्टिस का मौक़ा लगा नहीं तो जाम हो जाते। (२) बीस बरस से ख़रीदकर रखा हुआ गोली, गट्ठा और बारूद पड़ा-पड़ा सड़ने से बचा। (३) ब्रिटिश सरकार को यह कहने का मौक़ा रहा कि अगर हम चले जायें तो मुहम्मद ग़ौरी और नादिरशाह आकर तुम्हें लूट ले जायेंगे।

× × ×

लोग अपने आनन्द और शौक को ही किराये पर मनवाते हों सो बात नहीं, धर्म भी किराये पर अर्जन कर लिया जाता है। रुपया-सवा रुपया देकर आप अपने

कल्याण के लिए जाप करवा सकते हैं, पूजा करवा सकते हैं और जन्नत में अपनी सीट रिज़र्व कराने के लिए रोज़ा रखवा सकते हैं। भगवान् के सेक्रेटरियेट में हिसाब पूरा और दुरुस्त रहता है। रजिस्टर में बाक़ायदा यह दर्ज हो जाता है कि पूजा जाप अमुक ने किया अमुक देवता के लेखे किया और ख़र्च दिया अमुक महाजन ने।

और यों जो धर्म किराये पर कमाया जाता है वह किराये पर मज़दूर रखकर कराये जानेवाले काम की ही तरह बहुत बड़े पैमाने पर होता है, जैसे मिल या कारख़ाने में।

फ़र्ज़ कीजिये, आपने मन्दिर बनवा दिया। अब वहाँ एक आदमी नहीं, सैकड़ों आदमी आने लगे, घण्टा घड़ियाल मुफ़्त के हैं, बिना किसी ताल्लुक़ के काँसा पीतल पीटकर भगवान् को ख़ुश किया जा सकता है और मुहल्ले क्या शहर-भर को ख़बर की जा सकती है कि भगवान् की पूजा हो रही है।

और अगर आप कभी ऐसे धर्मसमाज में पहुँच जाइये तो एक विचित्र दृश्य देखने को मिलेगा। भगवान् देखते या सुनते हैं इस बात का निश्चय बहुत कम पूजकों को रहता है। परन्तु भगवान् की आकृति के मनुष्य तो ज़रूर देखते और सुनते हैं। इसलिए यदि समाज अधिक है तो घण्टा ज़ोर से बजेगा, धूप अधिक जलेगा। और भक्ति का जो नया फ़ैशन अब चला है जिसे भक्त लोग संकीर्तन कहते हैं—यानी खड़ताल बजा-बजाकर हरेकृष्णा, हरेकृष्णा, हारेकृष्ण, हारेकृष्णा ख़ूब ऊँचे स्वर में अलापना या चिल्लाना। और फिर ज्यों-ज्यों दर्शकों की संख्या बढ़ती जाती है, त्यों-त्यों कीर्त्तन करनेवाले के हाथ-पैर की गति और भावभंगी भी बढ़ती जाती है। यहाँ तक कि कीर्त्तन करनेवाले को अपने शरीर की सुध भी नहीं रहती। परन्तु दर्शकों के न होने पर या कम होने पर भक्ति का विभ्राट इतना भयंकर नहीं होता। यह देखकर शंका होने लगती है कि यह भक्ति भगवान् के प्रति है या दर्शकों के?

× × ×

भविष्यवक्ताओं ने हज़ारों बरस पहले जान लिया था कि ईसा की बीसवीं सदी में सत्य और न्याय का एक रक्षक संसार में भेजने की ज़रूरत पड़ेगी। इसीलिए संसार के प्रोग्राम में एक मेंहदी, एक कलंकी अवतार का आना या भगवान् ईसा का दुबारा जन्म लेना इस सदी में निश्चित कर दिया गया था।

वह शान्ति के अवतार जन्म ले चुके हैं और लोग उन्हें ढूँढ़ निकालने में परेशान हैं, ढूँढ़ नहीं पाते। मसल मशहूर है कि चिराग़ तले अँधेरा रहता है। इसीलिए लोग शान्ति के इस अवतार को पहचान नहीं पाये।

ईसा ने कहा था, एक गाल पर तमाचा लगने पर दूसरा गाल आगे कर देना चाहिए। इस काल के ईसा चेम्बरलेन एक गाल नोच लिये जाने पर दूसरा आगे करने को तैयार रहते हैं ज़रूर, पर अपना नहीं दूसरे का! हिटलर हट, हट करते हैं, मुसोलिनी मसल डालने की धमकी देते हैं पर चेम्बरलेन कहते हैं—चूम लूँ।

× × ×

जब ख़ान न रहे तब ख्वाजा ही सही। हाथ से हुकूमत गयी तो शहादत ही सही। राजा महमूदाबाद को भी दिलेरी दिखाने की सूझी। प्लैटफ़ार्म से जिहाद का ऐलान कर दिया! लेकिन बुरा हो उस रिपोर्टर का जिसने उस जिहाद के ऐलान की रिपोर्ट सरकार के यहाँ भेज दी!

सामने दिखायी देने लगी जेल! राजा और जेल जाये! एक ही उपाय था—कह दिया जाये हमने ऐसा कहा ही नहीं। ख़ैर! बला टली पर शरीफ़ आदमियों का तरीक़ा है कि इनकार कर देने का या ख़ुद कही बात की ज़िम्मेदारी लेने से इनकार कर देने का मतलब समझा जाता है मुआफ़ी माँग लेना।

× × ×

प्राइमरी मदरसों में पढ़ाया जाता है, ब्रिटिश सरकार के अमल में शेर और बकरी एक घाट पानी पीते हैं।

इस प्रान्त के लाट साहब को ब्रिटिश सरकार के इस न्याय को क़ायम रखने का बहुत ख़याल है। बकरी को अगर शेर के साथ घाट पर पानी नहीं पीना पड़ेगा तो शेर बेचारा करेगा क्या? इसीलिए कानपुर में लाट साहब ने मिल-मालिकों को सलाह दी है कि मज़दूरों का संगठन उन्हें ख़ुद करना चाहिए।

सिंहावलोकन

आपबीती

'विप्लव' के दिसम्बर-अंक में मैंने लिखा था कि क्रान्तिकारी दल के कुछ व्यक्तियों को—जिनसे मेरा गूढ़ परिचय रहा है—लेकर उनकी व्यक्तिगत परिस्थितियों पर विचार करना चाहता हूँ ताकि यह देखा जा सके कि उनके जीवन अपने पास-

पड़ोस के सर्वसाधारण से भिन्न क्यों हो गये। इस प्रश्न का एक उत्तर यह भी हो सकता है कि भगवान् की ऐसी ही इच्छा थी। इस उत्तर से जनता के एक बहुत बड़े अंश का समाधान हो सकता है ज़रूर, परन्तु उन लोगों का समाधान नहीं हो सकता जिनका समाधान करना ज़रूरी है। भगवान् का अस्तित्व मान लेने पर भी यह उत्तर पर्याप्त नहीं हो सकता वज़ह यह कि भगवान् स्वयं किसी बात का उत्तर देते नहीं, उनकी इच्छा के स्थूल कारण ढूँढ़ निकालने की ज़िम्मेदारी भी मनुष्य को ही अपने कंधों पर ले लेनी पड़ी है। जिस श्रेणी के मनुष्यों का समाधान 'भगवान् की इच्छा कह देने पर हो सकता है, उन लोगों के दिमाग़ में कार्य-कारण की परम्परा ढूँढ़ने का ख़याल उठना ही फ़ज़ूल है। यह बात लिखते समय एक समय दिये गये ऐसे उत्तर की मुझे याद आ गयी।

गिरफ़्तार हो जाने के बाद मुझे १४ बरस की क़ैद की सज़ा दे दी गयी और इलाहाबाद के नैनी सेण्ट्रल जेल में मैं बन्द कर दिया गया। क्रान्तिकारी क़ैदियों को दूसरे कैदियों से अलग रखा जाता है ताकि वे बग़ावत का विष जेल खाने में न फैला दें। मुझे क्रान्तिकारी कैदियों से भी अलग रखा गया, और रखा गया यूरोपियन बैरेक में—जहाँ पल्टन के गोरे या अधगोरे अपराधी कैद थे। अधिकारियों का अभिप्राय मुझे यहीं रखने में स्पष्ट था। मेरे थूकने और छींकने तक की भी ख़बर जेलर और सुपरिण्टेण्डेण्ट तक पहुँचती रहती थी। कुछ दिन बीतने पर आपस की घृणा कुछ कम हो गयी। मैं इन सफ़ेद रंग के बेवकूफ़ों से बात-चीत करने लगा। सज़ा पाकर जेल आने के बाद शुरू-शुरू में महीना-पन्द्रह दिन के लिए अपराधियों में धार्मिक वृत्ति जाग उठती हैं। इसलिए कुछ गोरे जेल में आकर बाइबिल पढ़ने लगते हैं।

एक दिन मुझे एक पुस्तक पढ़ते देख एक गोरे ने पूछा, मैं क्या पढ़ रहा हूँ। किताब का नाम बताने पर उसने विस्मय से कहा, मेरा ख़याल था, तुम बाइबिल पढ़ रहे हो। इन फ़ज़ूल किताबों के पढ़ने से क्या लाभ? हमको इस आपदा से केवल वही भगवान् का एकलौता बेटा क्राइस्ट बचा सकता है। तुम बाइबिल पढ़ा करो। स्टूल पर बैठ उसने कुछ देर क्राइस्ट की मार्फत भगवान् की कृपा मिलने का आश्वासन मुझे दिलाया। उसने जेल से छूटने का एक चमत्कार-पूर्ण उपाय भी बताया कि यदि मैं एक आसन से बैठकर बिना ध्यान बँटे एक साँस में बाइबिल पढ़ डालूँ और जीवन को पुण्य कार्यों में लगाने का दृढ़ निश्चय कर लूँ, तो बहुत जल्द जेल से छूट सकता हूँ।

उसकी बात आन्तरिकता से सुन मैंने कहा, जेल से छूटने के लिए ही नहीं, जीवन को सफल बनाने के लिए भी बाइबिल पढ़ना ज़रूरी है। एक दफ़े मैंने बाइबिल पढ़ना शुरू कर भी दिया था, पर एक ख़याल आ जाने से वह बीच में

रह गयी। ख़याल भी—मैंने कहा कुछ बेढंगा-सा है, पर मैं एक दिन यह सोचने लगा कि आज यदि कोई धर्म की शपथ खाकर कहे कि हमारे गाँव में एक कुमारी के गर्भ से सन्तान पैदा हुई है, तो मैं इसे कभी नहीं मान सकता। मैं कहूँगा, सब दुनिया कहेगी कि यह झूठ है, प्रकृति के नियम के विरुद्ध है। परन्तु बाइबिल की यह बात हमें स्वीकार करनी ही पड़ती है। सोचने की बात यह है कि क्या प्रकृति के नियम अदलते-बदलते रहते हैं? इस ढंग से तो हमें हिन्दुओं और मुसलमानों के धर्म ग्रन्थों की प्रकृति विरुद्ध बातें भी अस्वीकार करने का कोई अधिकार नहीं।

मेरी बात सुन कुछ देर तक सिर पर हाथ फेरकर साहिब सोचते रहे। फिर बोले—हाँ, यह बात तो ज़रूर है। मैं इस मंगलवार को पादरी साहिब से पछूँगा।

हर मंगलवार को छावनी से पादरी साहिब गोरे क़ैदियों को धर्मोपदेश देने के लिए आते थे। धर्मोपदेश समाप्त होने पर कुछ शंका समाधान भी होता था! उस गोरे ने कह ही तो दिया—मैं एक सवाल पूछना चाहता हूँ और कुमारी के गर्भ से पुत्र उत्पन्न होने के सम्बन्ध में अपनी शंका प्रकट कर दी।

पादरी साहिब के सन्तुष्ट चेहरे पर मुस्कराहट की हलकी-सी छाया दौड़ गयी। आकाश की ओर संकेत कर वे बोले—तुम विश्वास करते हो भगवान् हैं?

गोरे ने सिर हिलाकर हामी भरी।

पादरी साहिब बोले, तुम विश्वास करते हो भगवान् सर्वशक्तिमान हैं, उनकी इच्छा से सब-कुछ हो सकता है?

गोरे ने फिर सिर हिलाकर हामी भरी!

अब ज़रा और मुस्कराकर पादरी साहिब ने कहा, तो तुम्हें यह भी मानना पड़ेगा कि उस भगवान् की इच्छा से कुमारी के गर्भ से भी सन्तान हो सकती है।

गोरे ने फिर सिर हिलाकर हामी भारी।

गम्भीर मुद्रा से पादरी साहिब बोले—अब भी तुम्हें पवित्र कुमारी मेरी के गर्भ से पवित्र ईसा का जन्म होने में सन्देह है?

गोरे ने ज़ोर से सिर हिलाकर कहा—हरगिज नहीं।

सो भगवान् की इच्छा को निर्णायक मान लेने पर तो हमें कार्य-कारण ढूँढ़ने और प्रश्न करने का अधिकार ही नहीं रह जाता।

भगवान् की इच्छा के अतिरिक्त एक और उसी क़िस्म की चीज़ इस प्रकार की विवेचना के मार्ग में आ खड़ी होती है। यह है—विश्व आत्मा! कुछ लोग दिव्य आत्मा या पूर्ण ब्रह्म के व्यक्ति के भीतर आये दिव्य अंश की शक्ति में विश्वास कर

समाज में चलनेवाली धाराओं का श्रेय इन्हीं आत्माओं को देते हैं। उनका कहना है, रक्त, माँस और हड्डी सभी मनुष्यों में एक जैसी होकर उनके एक ही वातावरण में रहने पर भी जो कुछ मनुष्य बहुत ऊँचे और कुछ नीचे गिर जाते हैं, इसका कारण यह मनुष्यरूपी शरीर में मौज़ूद ब्रह्म, आत्मा या अनश्वर पदार्थ ही है। यदि हम उस अनश्वर पदार्थ की प्रधानता–मान लें, तो परिस्थितियाँ अवश्य गौण हो जाती हैं। मुख्य सन्देश वाहक आत्मा ही हो जाती है। जीवन, समाज और संसार का क्रम मनुष्य और परिस्थितियों से उत्पन्न मनुष्य की प्रवृत्तियों के हाथ से निकलकर एक अनादि, सर्वान्तर्यामी, अलौकिक और अभौतिक शक्ति के हाथ में चला जाता है जिसे अपने–अपने अभ्यास के अनुसार भगवान्, आत्मिक शक्ति Spiritual power दैवेच्छा जो चाहे कहा जा सकता है।

आपबीती और अपने साथियों की कहानी में वैयक्तिक रूप से उनकी परिस्थितियों के विश्लेषण में भगवान् की इच्छा और आत्मा का प्रसंग ले बैठने से रस भंग हो रहा है सही, पर यह एक हद तक ज़रूरी है। समाज और राष्ट्र के जीवन में एक व्यक्ति का कुछ काम एक हलचल पैदा कर देता है। ऐसा भी कहा जाता है कि व्यक्तियों के आचरण समाज और राष्ट्र के जीवन का मार्ग बदल देते हैं, परन्तु इन व्यक्तियों के पीछे कौन अदृश्य शक्ति रहती है? यह एक बहुत समीचीन प्रश्न है। ऐसा करने का श्रेय किसी दैवी शक्ति को है या समाज ही अपनी परिस्थितियों से यह सब–कुछ करता है। किसी एक व्यक्ति का विशेष चरित्र समाज के भीतर की परिस्थितियों से उठनेवाली गति का प्रकट रूपमात्र है। तर्क की गुत्थियों को सुलझाने का यह शायद उपयुक्त स्थान न होगा। ज़रूरत भी नहीं। हमारे सामने जो चरित्र है, हम उन्हीं को मनुष्य समाज की रसायनशाला की परीक्षण–नली test-tube इतिहास में डालकर उनका मामूली–सा विश्लेषण कर लेंगे।

पहले जो नीति के पण्डित और पराक्रमी योद्धा गुज़र गये, उनको जाने दीजिये। जिस युग की बात मैं यहाँ कहने जा रहा हूँ, या जिस युग से मेरा सम्बन्ध रहा है, उसी की बात कहूँगा। सन् १९२९ के आरम्भ से लेकर जो क्रान्तिकारी आन्दोलन हुआ, उसमें भगतसिंह का एक विशिष्ट स्थान रहा है—और घटना–क्रम से मुझे भगतसिंह के बहुत समीप रहने का अवसर मिला, जो उस समय एक अच्छा मज़ाक़ मालूम पड़ता था परन्तु आज गौरव की बात हो उठी है।

भगतसिंह का स्थान पूरे तौर पर इतिहास के चित्रपट पर हो गया है और उसके साथ ही रहस्यमय गाथाओं ने भी भगतसिंह को लपेट लिया है। लोगों के मुँह से कहानियाँ सुनकर विस्मय होता है कि अभी दस साल पहले जो भगतसिंह एक साधारण छोकरा था आज रहस्या गाथा का नायक हो उठा है।

एक दफे जेल में कांग्रेस के एक खूब ज़िम्मेदार व्यक्ति के साथ रहने का अवसर मिला। उन्होंने दूसरों से सुनी भगतसिंह की एक कहानी की सचाई का प्रमाण चाहने के लिए मुझे वह सुना ही तो डाली। कहानी यह है—"सरदार, भगतसिंह जी और बटुकेश्वरदत्त जी जब विलायत से लौट रहे थे, जहाज़ पर कुछ अंग्रेज़ों ने भारत की शान के विरुद्ध कुछ शब्द कहे। भगतसिंह जी ने और दत्तजी ने उन लोगों को कान से उठाकर समुद्र में छोड़ दिया।"

आप जानना चाहते थे, आया यह बात सच है? मैं इस प्रश्न को सुनकर ही चकित रह गया। भगतसिंह को फाँसी लगे उस समय शायद तीन साल नहीं गुज़रे होंगे। और इसी बीच में पौराणिक गाथाएँ बुन डाली गयी। सोचिये, कान से उठाकर पानी में आप कुत्ते के पिल्ले से बड़े और किस जानवर को डाल दे सकते हैं? यह कहानी सुनकर विश्वास कर लेनेवालों के ख्याल में भगतसिंह के शरीर में दो-चार हाथी की शक्ति तो होगी ही? फिर दो चार हज़ार पाँच हजार वर्ष पहले के भीम और अर्जुन में यदि दस हाथियों के बल की कल्पना की जाती है तो कौन जुल्म। भगतसिंह के विलायत जाने की बात में कितना सत्य है यह क्या कहूँ? सोलह सत्रह बरस की आयु से फाँसी लगने प्राय चौबीस पच्चीस वर्ष की आयु तक तो वह कभी विलायत गया नहीं। भगतसिंह के वंश भर में सिवाय चचा अजीतसिंह के जो फ़रार हो विलायत के देश देश में घूमते फिरे, उस वंश के दादा परदादा तक विलायत नहीं गये।

इन्हीं कांग्रेसी सज्जन ने यह भी बताया कि नौजवानों को कष्टसहन से न डरने की मिसाल देने के लिए वे स्वयं लेक्चर देते फिरते थे कि भगतसिंह से अपना अपराध कबुलवाने के लिए पुलिस ने हथौड़ियों से उनके पुर्जे-पुर्जे को कूटा और ज़ख्मों पर नीला थोथा रख दिया लेकिन उन्होंने उफ तक नहीं की। ऐसी बातें सुनकर अब सिवाय हँस देने के और क्या कर सकता हूँ।

यहाँ लिखने तो आपबीती बैठा हूँ, सो अपने बारे में भी फ़रारी के तीन साल की एक कहानी कह दूँ जो मुझे अपने भाई और माता से ही सुनने को मिली है।

जेल से छूटने पर मालूम हुआ कि मैं फ़रारी के समय अपने गाँव-काँगड़े - के पहाड़ी इलाक़ों में भी घूमता-फिरता था। एक रोज़ एक लारीवाले को अपना वास्तविक परिचय देकर मैंने अपने गाँव तक पहुँचा देने के लिए कहा। अनिच्छा ज़ाहिर करने पर मैंने उसकी छाती पर पिस्तौल रख दिया। मजबूरन उसे लारी में मुझे गाँव तक ले जाना पड़ा। गाँव के सिरे पर पहुँचकर ड्राइवर ने पीछे घूमकर जो देखा तो वहाँ एक विकराल रूप मनुष्य बैठा था जिसके गाजर जैसे लम्बे-लम्बे

दाँत थे और बड़ के वृक्ष जैसी जटाएँ। ड्राइवर बेहोश हो गया। घण्टे भर बाद होश आने पर ड्राइवर ने देखा—इनाम का सौ रुपया लारी की सीट पर रखा हुआ है और मैं नदारद। पुलिस के हाथों पकड़े जाकर अदृश्य हो जाने की तो अनेकों फटनाएँ हैं। यहाँ तक कि फ़रारी की अवस्था में तीन-चार बेर स्वयं अख़बार में अपनी फ़रारी का समाचार पढ़ने का भी सौभाग्य प्राप्त हुआ।

ऐसी बातें केवल अनजान लोगों में ही फैलती हों, सो बात नहीं। कुछ समझदार लोग पुस्तकों तक में ऐसी अनुत्तरदायित्वपूर्ण बातें लिख जाते हैं। अभिप्राय कुछ बुरा न होने पर भी उत्साह की अधिकता से ऐसी बातें लिखी जाती हैं। उदाहरण के तौर पर अभी हाल में एक पुस्तक भगतसिंह की जीवनी के सम्बन्ध में प्रकाशित हुई है। इसमें भगतसिंह और श्री भगवतीचरण के बारे में लिखा गया है कि वे दोनों लखपती घरानों को सन्तानें थीं। लखपतियों के प्रति श्रद्धा का संस्कार पीढ़ियों से हमारे मन में बैठा हुआ है, अज्ञात रूप से उसी से विवश होकर ऐसी बातें लिखी जाती हैं। जिन भगतसिंह और भगवतीचरण को मैं जानता हूँ, जिनका सम्बन्ध लाहौर षड्यन्त्र से था उनमें से लखपती कोई न था। हाँ, अच्छे खाते-पीते मध्यम श्रेणी के पंजाबी परिवार से थे। पंजाब की मध्यम श्रेणी युक्तप्रान्त की मध्यम श्रेणी की अपेक्षा कुछ अधिक खुशहाल है हालाँकि उन्हें मालिक और हुज़ूर नहीं कहा जाता।

पहले के क्रान्तिकारियों में भक्तिभावना रहती थी इसलिए उनमें गुरु नामक जीव का भी प्राधान्य, रहता था। हम लोगों में न गुरु का स्थान था और माहात्म्य! कॉलेज के विद्यार्थी थे इसलिए जो भी प्रोफ़ेसर हमारे विचारों को माँजने में सहायक हुए हों हमारे पथप्रदर्शक कहलाने के अधिकारी हो सकते हैं। स्वयं हम लोगों में से जिसमें उत्साह की जितनी अधिकता थी वह उतना ही अग्रिणी था। भगवतीचरण उत्साह में किसी से कम न होकर एक तो आयु में हम लोगों से तीन चार बरस अधिक थे और फिर उन्हें खुफ़िया पुलिस का ख़िताब मिल गया था इसलिए उन्हें हम लोगों के गुट्ट में घुस जाने के लिए विशेष योग्यता और त्याग का परिचय देना पड़ा। आरम्भ में भगतसिंह ही उग्र था बाद में एक समय सुखदेव से बढ़कर लोगों को कोई न जँचता था। समय आने पर भगवतीचरण ने जो किया शायद उसकी भी मिसाल न मिलेगी। मुझे वे दिन याद हैं जब दिल में कसक हो उठती थी और गपबाज़ी में स्कीमें छाँटने से बाज़ नहीं आता था। परन्तु एकदम से कूद पड़ने के लिए तैयार न था। फिर वह दिन भी आया जब बाहर की रिपोर्टें सुन-सुन जेल में बन्द भगतसिंह समझने लगा कि मैं परिस्थिति की ओर उचित ध्यान न दे अनुचित रूप से उग्र हो गया हूँ। भगतसिंह और सुखदेव एक समय साहित्यिक कहकर मेरी खिल्ली उड़ाया करते थे परन्तु सन् '३० में ही भगतसिंह यह सन्देशा भेजा करता

था, कि उसे कहो कुछ दिन बैठकर कहानियाँ लिखे। मैं समझता हूँ इस सबका कारण है परिस्थिति।

आख़िर भगतसिंह के हृदय में क्रान्ति की भावना इतनी उग्र क्यों थी? यहाँ क्रान्ति की भावना और शूरवीरता को अलग-अलग समझकर बात कर रहा हूँ। क्यों वह सबसे अधिक बेचैन जान पड़ता था? मैं समझता हूँ इसके कारण खोज निकाले जा सकते हैं।

भगतसिंह के जन्म से पूर्व ही उसका परिवार राजनैतिक क्रान्ति की भावना से स्पन्दित हो रहा था। उसके पिता सरदार किशनसिंह जी और चचा श्री अजीतसिंह जी लाला लाजपतराय और श्री अम्बाप्रसाद सूफी के प्रभाव से उस समय के सबसे उग्र क्रान्तिकारियों में थे। इस परिवार की राजनैतिक क्रान्ति की भावना मंच पर खड़े होकर तालियों और जयजयकार के बीच फूलों के हार पहनने की नहीं थी। वह समय दूसरा था। उस समय वाह-वाह का तो क्या सहानुभूति या सान्त्वना का शब्द सुन पाना भी इनके लिए कठिन था।

मेरे एक बहुत ही निकट के सम्बन्धी इस परिवार से आर्यसमाज की हलचल से परिचित हो गये थे। जब सन् १९०५ के लगभग सरदार अजीतसिंह फ़रार होकर पुलिस से भागे-भागे फिर रहे थे उस समय यह सम्बन्धी युक्तप्रान्त की तराई के काशीपुर नामक स्थान में व्यापार के सिलसिले में रहते थे। अजीतसिंह शायद इस स्थान को निरापद समझ कुछ दिन शरण पाने के लिए इनके पास पहुँचे। मित्र भयंकर संकट में पड़ गये। किसी समय युवकमण्डली में बैठकर उत्साह की उमंग में मुख से निकले देशभक्ति के उद्‌गार पत्नी और बालबच्चों के फेर में भूल चुके थे। पर मनुष्यता बाक़ी थी। अजीतसिंह रात के समय पहुँचे थे शायद भूखे भी थे। इसलिए उसी समय खाना तैयार किया गया और खाना खिलाकर जाड़े की रात में सर्दी से न मर जाने के लिए कम्बल देकर उन्हें रातोरात बिदा कर दिया गया। बीस बाईस वर्ष बाद फ़रारी की हालत में हम लोगों को भी ऐसे अनुभव हुए परन्तु राजनैतिक जागृति हो जाने के कारण लोग इतने भयभीत न होते थे। इनसे कम जीवट के लोग भी हम लोगों को आश्रय दे देते थे। हमारे यही सम्बन्धी सन् १९२०-१९२१ के आन्दोलन में इतने निर्भीक हो गये कि विदेशी कपड़े जला जुलूस में हिस्सा ले जेल जाने के लिए तैयार थे। मैंने कई दिन उन्हें सुबह जल्दी से नहा धोकर कपड़े बदल अपनी गिरफ़्तारी के लिए पुलिस की प्रतीक्षा में बैठे रहते देखा है।

भगतसिंह के मस्तिष्क में क्रान्तिकारी धारणा का सूत्र खोजने की चेष्टा में हम जा पहुँचेंगे पंजाब के वातावरण के विश्लेषण पर। पंजाब के वातावरण में बंगाल

से ही क्रान्ति की चिनगारियाँ पहुँची हों सो बात ग़लत है। हाँ, सन् चौदह में जो क्रान्तिकारी संगठन हुआ उसका नेतृत्व पंजाब में यू.पी. के वे बसे हुए बंगाली ही कर रहे थे। पंजाब का वातावरण एक हद तक बंगाल में जीवन के चिह्न प्रकट होने से पहले ही क्रान्ति की भावना से बोझल हो रहा था। इसके दो कारण थे। एक तो अभी हाल में विफल हुए कूका विद्रोह की भावना और दूसरा आर्यसमाज का प्रचार। कूका विद्रोह स्पष्टरूप से राजनैतिक आन्दोलन था हालाँकि उसका क्षेत्र साम्प्रदायिक था। आर्यसमाज का आन्दोलन सुधार का उद्देश्य लेकर उठा था परन्तु सुधार और जागृति एक ही भावना को व्यक्त करनेवाले दो शब्द हैं। ग़ुलामी की अवस्था में सुधार का प्रयत्न राजनैतिक शक्ति से टकराये बिना नहीं रह सकता। पंजाब के अकाली आन्दोलन में और क्या हुआ?

पंजाब में असन्तुष्ट सिक्ख और सुधारवादी आर्यसमाजी प्रान्त के लिए उर्वरा क्षेत्र रहे हैं। लेकिन ज्यों ही पंजाब में आर्यसमाज सुधार के आन्दोलन से बढ़कर साम्प्रदायिकता के क्षेत्र में पहुँच गया उसकी क्रान्तिकारी भावना मर गयी। भगतसिंह का परिवार एक तो वंशानुक्रम से सिक्ख था और तिस पर आर्यसमाजी।

भगतसिंह की फोटो आज घर-घर है और उनके सिर पर बाल नहीं है। कुछ लोग समझते हैं वे राजपूत थे इसीलिए उनके नाम के आगे 'सिंह' शब्द लगा हुआ है। वे थे तो सिक्ख ही। पर ज़रा विचित्र किस्म के सिक्ख। बहुत से फोटो भगतसिंह के ऐसे भी मिल सकते हैं जिनमें सिर पर केश हैं। इससे कोई भी जान सकता है कि उनके सिर केश थे तो ज़रूर लेकिन फ़रारी की हालत में वे उन्होंने कटा दिये होंगे। इसमें कुछ सत्य ज़रूर है परन्तु यह नहीं कहा जा सकता कि गिरफ़्तार होने के भाव से ही, रूप बदल लेने के लिए ही उन्होंने केश कटवा दिये। भगतसिंह का जो फ़ोटो श्रीदत्त के साथ मिलता है वह असेम्बली में बम फेंकने से पहले ही लिया गया था। और उससे पहले साण्डर्स को गोली मारने के समय भी उनके सिर पर केश न थे। मेरे खयाल में पहले लाहौर केस के फरार जमागोपाल ने अपने बयान में शायद इस बात का ज़िक्र भी किया था। मतलब यह कि सिक्ख कुल में जन्म होने पर भी केशों के प्रति उनकी श्रद्धा न थी। लाहौर केस का नाटक देखने के लिए व्यक्तियों को अदालत जाने का अवसर मिला है उन्हें भगतसिंह का धुआँधार सिगरेट पीना न भूला होगा। इस सिगरेट पीने में भी एक राज़ था। बाईस तेइस वर्ष की आयु तक सिगरेट न पीकर भगतसिंह ने जो अचानक सिगरेट पीना शुरू कर दिया उसमें सिगरेट के शौक़ की अपेक्षा सिक्ख कुल की रूढ़ियों के प्रति विद्रोह की मात्रा ही अधिक थी।

फरवरी १९३९

आज़ाद अंक

"हम ब्रिटिश-भारत में ग़ुलामी और ज़ुल्म के ख़िलाफ़ जान देने को फिरते हैं, परन्तु रियासतों में जो ज़ुल्म हो रहा है, ब्रिटिश-भारत का ज़ुल्म इसके मुक़ाबले में पासंग-बराबर भी नहीं। कई दफ़े ख़याल आता है, ब्रिटिश-भारत को छोड़कर पहले इन रियासतों में ही काम किया जाये! सोचो तो, जो पशु इस ज़माने में दस-दस, बीस-बीस स्त्रियों को अपने हरम में रखना अपना अधिकार समझता हो, वह प्रजा के प्रति क्या न्याय करेगा?"

–चन्द्रशेखर 'आज़ाद'

सम्पादकीय टिप्पणियाँ

शेर और भालू

हमारे देश का वह एक-तिहाई भाग, जो कहने को तो देसी राज्य है, परन्तु जहाँ का दमन कहावत के रूप में प्रसिद्ध है, आज हमारे देश को विदेशी ग़ुलामी की ज़ंजीरों में बाँध रखने के लिए खूँटों का काम दे रहा है। १९३५ के शासन-विधान का वह भाग, जो केवल ब्रिटिश-भारत के प्रान्तों में लागू होने के लिए बनाया गया था, जैसे-तैसे हमने स्वीकार कर लिया है और उसके तंग दायरे में जितना भी आगे बढ़ सकने की सम्भावना है, हम बढ़ने का प्रयत्न कर रहे हैं। परन्तु सुधार के उस अंग को, जिसके द्वारा हमारे देसी राज्यों का बोझल पत्थर हमारे गले में बाँधकर ब्रिटेन की साम्राज्यशाही हमें हमेशा के लिए ग़ुलामी के दलदल में ग़र्क़ कर देना चाहती है, देखकर हम क़तरा रहे हैं। इस भालू से हम बचना चाहते हैं, परन्तु सम्राट् के प्रतिनिधि 'कम्बल' बताकर हमें इसके पंजों में दे देना चाहते हैं।

इस भालू के खूँख़्वार पंजों की वजह से ही यह संघ-शासन हमारे लिये भय का कारण हो रहा है। इसके कारनामे हमें जयपुर, राजकोट, ट्रावनकोर, मैसूर, हैदराबाद, कश्मीर और उड़ीसा की रियासतों में स्पष्ट दिखायी दे रहे हैं। आज इसी भालू की शक्ति और निरंकुशता को क़ायम रखने के लिए उड़ीसा के कांग्रेसी मन्त्रिमण्डल को ब्रिटिश-साम्राज्यवाद का शेर दबोच रहा है।

हम इस भालू के अत्याचार की शिकायत शेर से करना चाहते हैं, और आशा करते हैं कि वह हमारी सहायता करेगा। शेर का इस भालू के प्रति क्या रुख़ है, यह भी देख लीजिये। १६ दिसम्बर, ३८ को देसी राज्यों के सम्बन्ध में ब्रिटिश साम्राज्यशाही की नीति प्रकट करते हुए भारत-मन्त्री ने कहा था—

"यदि देसी राज्यों में राजा लोग कोई वैधानिक सुधार करना चाहें, तो सम्राट् की सरकार उसमें कोई अड़चन न डालेगी; परन्तु सम्राट् की सरकार वैधानिक सुधार करने के लिए देसी राज्यों पर कोई दबाव डालने के लिए तैयार नहीं।" यह बात हमारे साम्राज्यशाही के शासकों के मुँह से, जिन्होंने इंग्लैण्ड में वैधानिक शासन-सुधार करने के लिए अपने बादशाह चॉर्ल्स पहले का सर उतार लिया था, कितनी सुन्दर मालूम पड़ती है।

इसके आगे भारत-मन्त्री फ़रमाते हैं—"सम्राट् की सरकार का यह कर्त्तव्य है कि देसी राज्यों की प्रजा में अगर विरोध या विद्रोह की आग भड़के, तो उसे दबाने में वह इन राज्यों की मदद करे। और यदि प्रजा को कोई वैधानिक शिकायत हो, तो उसे दूर करने के लिए देसी राज्यों की सरकारों को सलाह दे और उनकी सहायता करे।"

इसके अलावा बटलर-कमेटी की रिपोर्ट के ५०वें पैरे के अनुसार ब्रिटेन के सम्राट् की देसी राज्यों के साथ यह प्रतिज्ञा है कि वह उनके अधिकारों, उनके साथ की गयी रिआयतों, और उनकी शान की रक्षा करेंगे। इन देसी राज्यों को मिटाकर यदि वहाँ किसी दूसरे प्रकार की सरकार क़ायम करने की माँग प्रजा करे, चाहे वह वैधानिक ही क्यों न हो, तो सम्राट् की सरकार इन देसी राज्यों की सरकार की ही मदद करेगी।

देसी राज्यों के प्रति देसी राज्यों की प्रजा के विरुद्ध ब्रिटिश सरकार के वायदों को पूरा करने के लिए भारत-सरकार के हाथ में सन् १९३४ का देसी राज्यों की रक्षा का क़ानून (Indian States Protection Act) है। इस क़ानून की भूमिका में यू.पी. के वर्तमान गवर्नर सर हेरी हेग फ़रमाते हैं—"चाहे देसी राज्यों में इस तरह का शर्मनाक और नाक़ाबिल-बरदाश्त बदइन्तज़ाम हो कि उसमें बाहर से दख़ल दिया जाना मुनासिब और ज़रूरी हो...लेकिन इन हालात में भी हम ब्रिटिश-भारत की ग़ैर ज़िम्मेदार प्रजा को देसी राज्यों के मामले में दस्तन्दाज़ी नहीं करने दे सकते!"

इतना देख लेने के बाद यह समझ लेना कुछ मुश्किल नहीं कि लॉर्ड लिनलिथगो किस सद्भावना से व्याकुल होकर ब्रिटिश-भारत की प्रजा को

देसी राज्यों के भालू के साथ संघ-शासन के पिंजरे में बन्द कर देना चाहते हैं?

आज कश्मीर से लेकर भारत के दक्षिणी कोने की सीमा तक सभी देसी राज्यों में पीड़ित प्रजा छटपटा रही है। देसी रियासतों का ज़ुल्म साम्राज्यशाही-शक्ति की मदद अपनी पीठ पर लेकर उन्हें कुचल डालना चाहता है। अगर हम अपनी आँखें बन्द नहीं किये बैठे हैं, तो हम देख सकते हैं कि स्वतन्त्रता की आशा से आगे बढ़ती हुई भारत की प्रजा को ब्रिटिश-साम्राज्य की सरकार किन शक्तियों की सहायता से ग़ुलामी में बाँध रखना चाहती है। इस समय भारत की सम्पूर्ण प्रजा, चाहे वह ब्रिटिश-भारत के शासन में हो या देसी-राज्यों के शासन में, एक ओर है और दूसरी ओर है, साम्राज्यशाही और साम्राज्यशाही की सहायक शक्तियाँ। भारत की स्वतन्त्रता की लड़ाई आज इन दोनों शक्तियों के बीच में है। हमारी राष्ट्रीय संस्था कांग्रेस के सामने आज सबसे अहम् मोर्चा है, देसी राज्यों की प्रजा को उत्पीड़न की चक्की से निकालना। नहीं तो यह चक्की हमें भी पीस डालेगी और बहुत बुरी तरह से पीस डालेगी। हमारे राष्ट्रीय नेता यथाशक्ति इस ओर से आँख बन्द किये रहने की कोशिश करके भी आज इसे स्वीकार करने के लिए मजबूर हो गये हैं।

आज हम वैधानिक सभा कान्स्टीट्यूएण्ट असेम्बली की माँग पेश कर रहे हैं। इस अवस्था में यही सबसे उपयुक्त माँग है। परन्तु हमारी इस वैधानिक सभा में हमारी रियासतों की प्रजा का भी प्रतिनिधित्व होना चाहिए। ब्रिटिश-भारत और देसी-भारत का क्या सम्बन्ध होगा? इसका निर्णय इन दोनों के शत्रु साम्राज्यवाद के हाथों न होकर स्वयं हमारे ही हाथों होना चाहिए।

यदि हमारी राजनैतिक परिस्थिति की वजह से हमारे लिये यह सम्भव नहीं, तो अपने लिये विधान का ढाँचा तैयार करते समय हमें देसी राज्यों के प्रश्न को भूल नहीं जाना चाहिए। और जब तक वैधानिक सभा की माँग केवल माँग ही है, तब तक हमारे राष्ट्रीय आन्दोलन की शक्ति विशेष रूप से इसी प्रश्न पर लगनी चाहिए। हमारे राजनैतिक आन्दोलनों के पिछले कई वर्षों का अनुभव हमें बताता है कि जिस समय राजनैतिक मोर्चे पर भारत की प्रजा हल्ला बोलती है, उनके कैम्पों में साम्प्रदायिकता की आग लगाकर उन्हें पीछे हटने के लिए मजबूर कर दिया जाता है। आज जब हम देसी राज्यों के अत्याचार और शोषण के विरुद्ध संग्राम करने जा रहे हैं, तो हिन्दू-राज और इस्लामी हुकूमत का सवाल पैदा किया जा रहा है। रियासतों की हुकूमत न इस्लामी हुकूमत है न हिन्दू-राज, वह है शैतानी हुकूमत! यह झगड़ा एक तरफ़ सभी अत्याचारियों और शोषकों तथा दूसरी ओर दलितों और पीड़ितों में है! इस आन्दोलन का नेतृत्व हिन्दू-सभा और मुस्लिम लीग जैसे

साम्प्रदायिक संगठनों के हाथ में न होना चाहिए और न इन आन्दोलनों में साम्प्रदायिक रंग के नारों का लगाना ही उचित है। ऐसा करना देसी राज्यों की हमारी दलित और पीड़ित प्रजा के साथ विश्वासघात करना होगा!

भालू ने पंजा फैला दिया

देसी राज्यों की प्रजा ज़िन्दा रहने का हक़ चाहती है, उसके लिए वह छटपटा रही है और पुकार मचा रही है। हमारे राजे, महाराजे और नवाब जो प्रजा के पालक और पिता होने का दम भरते आये हैं, प्रजा की इस छटपटाहट और पुकार को अपने-अपने हक़ों की हक़तलफी समझते हैं। इन राजाओं, महाराजाओं और नवाबों ने प्रजा के शरीर में से ख़ून का एक-एक बूँद चूस लिया है। वह अब ग्रीष्म के सूखे जंगलों की तरह ख़ुश्क हो चुकी है। इस हालत में जागृति और विद्रोह की जो आग इन रियासतों में भड़क उठी है, उसे अगर कोई चीज़ बुझा सकती है, तो केवल आत्मनिर्णय को अधिकारों और मनुष्य के जीवित रहने के लिए ज़रूरी स्वतन्त्रता की वर्षा। हमारी देसी रियासतों के इन्द्रदेव, ये महाराजा लोग यह बारिश बरसाने के लिए राजी नहीं—जान रहते तक न बरसायेंगे। वे सब-कुछ करने के लिए तैयार हैं, पर प्रजा को उनके हक़ न देंगे—जब तक जान बाक़ी है, न देंगे।

अपने इन अधिकारों की रक्षा के लिए राजा, महाराजा और नवाब क्या करने जा रहे हैं, यह भी सुन लीजिये। उनका कहना है कि ''हमारे बुज़ुर्गों ने ताक़त, क़ुर्बानी और तलवार के ज़ोर से जीता है, हम अपनी ज़मीन और ताक़त एक इंच भी छोड़ने के लिए तैयार नहीं हैं। इस समय हमारी ज़िन्दगी और मौत का सवाल पेश है। हमें बहुत सावधानी से एक साथ मिलकर क़दम बढ़ाना है। किसी की सहायता की आशा न कर, हमें आपस की सहायता पर ही भरोसा कर देसी राज्यों की प्रजा, प्रजामण्डलों और रियासतों के दूसरे संगठनों के राजनैतिक कार्यक्रम को कुचल देना है। इस काम में हमें छोटी रियासतों की सहायता करने के लिए निजी राजनैतिक फ़ण्ड इकट्ठे करने होंगे। हमें अपनी सख़्ती हुकूमत और निरंकुशता को हर तरह क़ायम रखना है।'' राजपूताने की एक मुख्य रियासत के एक महाराज ने सेण्ट्रल इण्डिया की एक रियासत के राजा को यह पत्र भेजा है।

अभी हाल में देसी राज्यों के महाराजाओं और दीवानों ने मिलकर देसी राज्यों की प्रजा को कुचल डालने के लिए जो कार्यक्रम बम्बई में तैयार किया है, उसका विवरण यों है—

(१) देसी राज्यों में राजनैतिक आन्दोलनों को कुचल डालने के लिए ख़ास हुक्म और ख़ास क़ानून जारी किये जायें।

(२) प्रजा के प्रति देसी राज्यों की हुकूमत किसी तरह की जवाबदेही मंजूर करने के लिए तैयार नहीं, और न इस ढंग का कोई सुधार ही मंजूर किया जा सकता है।

(३) जो छोटी रियासतें अपनी प्रजा की माँगों को नहीं कुचल सकतीं, उनकी हर तरह से सहायता की जाये।

(४) प्रजा-मण्डलों को कुचल दिया जाये और प्रजा-मण्डलों के अधिकारियों को मजबूर किया जाये कि अधिकार न माँगकर केवल मामूली सुधारों की माँग पेश करें।

(५) जो लोग देसी राज्यों के आन्दोलनों में सहायता कर रहे हैं, उन्हें विदेशी क़रार देकर बाहर निकाल दिया जाये और जो लोग ख़रीदे जा सकते हैं, उन्हें कुछ नौकरियाँ दे दी जायें। मध्यम श्रेणी के जो लोग इन आन्दोलनों में भाग ले रहे हैं, उन्हें कुछ अधिकार देकर चुप कर दिया जाये।

(६) यदि रियासतों में ऐसे राजनैतिक आन्दोलन दूसरी चालों से नहीं दबते, तो उनमें रुपया देकर अपने आदमी भेजकर फिरक़ावाराना झगड़ा खड़ा कर दिया जाये, और फिर क़ानूनन आन्दोलन को दबा दिया जाये।

यह कार्यक्रम देसी राज्यों की पिछली परिषद् के समय तैयार किया गया था। परन्तु अभी हाल में इसे सुधारकर सब तजवीज़ें तैयार की गयी हैं। इस स्कीम के तैयार करने की ज़रूरत ख़ास तौर पर इसलिए महसूस हुई, क्योंकि अधिक प्रान्तों में कांग्रेस-सरकार हो जाने से ब्रिटिश-भारत से रियासतों की प्रजा को दबा देने के लिए काफ़ी सहायता नहीं मिल रही है। दक्षिण-भारत और राजपूताना की रियासतों ने इस काम के लिए एक फ़ण्ड तैयार कर लिया है और राजपूताने के एक महाराज इस काम के लिए दौरा आरम्भ करनेवाले हैं।

२९ जनवरी को बारदोली से महात्मा जी का जो वक्तव्य निकला है, उससे यह स्पष्ट ज़ाहिर है कि ब्रिटिश सरकार देसी राज्यों की प्रजा को कुचल डालने के लिए जिस तरह दस्तन्दाज़ी शुरू कर रही है, ब्रिटिश-भारत की प्रजा का बैठकर मुँह ताकते रहना सम्भव नहीं।

देसी राज्यों की प्रजा को कुचल डालने के लिए जो प्रोग्राम महाराजाओं और दीवानों ने तैयार किया है, उसे देखकर भी यदि हमारे साम्प्रदायिक नेता उसमें साम्प्रदायिकता घुसेड़ने से बाज़ न आये, तो समझना होगा कि वे जान-बूझकर न्याय और मनुष्यता के शत्रुओं की सहायता कर रहे हैं। देसी राज्यों के भालू ने अपना पंजा फैला दिया है, अब भी सावधान न होने का मतलब है, स्वयं मरने के लिए तैयार हो जाना।

मुबारक ताना!

युक्तप्रान्तीय असेम्बली में ५ जनवरी, ३९ के दिन मिस्टर महमूदहुसेन ख़ाँ ने कांग्रेस-सरकार से एक टेढ़ा सवाल पूछ डाला। आपने पूछा—"असेम्बली की इमारत पर किसका नियन्त्रण है?"

जवाब मिला—"नियन्त्रण चीफ़ सेक्रेटरी का है" परन्तु—"चीफ़ सेक्रेटरी प्रधानमन्त्री के मातहत हैं।" दलील का यह फन्दा डालने के बाद, मिस्टर महमूदहुसेन ख़ाँ ने सवाल किया—"तो फिर यह ब्रिटिश-झण्डा असेम्बली की इमारत पर किसके हुक्म से फहराता है?"

इस तीखी चोट का जवाब प्रधानमन्त्री के पास सिवा इसके और क्या हो सकता था कि, "यह रिवाज चला आ रहा है?"

देश का झण्डा देश की आन का चिह्न है और विदेशी झण्डा अपमान का। यह मानकर कि कांग्रेसी सरकारों को देश की आन का ख़याल नहीं था वे झण्डे के महत्त्व को समझ नहीं सकते, हम कांग्रेस और कांग्रेस-मन्त्रिमण्डलों का व्यर्थ अपमान नहीं करना चाहते। कांग्रेस ने अपने झण्डे के लिए जो कुछ किया, वह किसी से छिपा नहीं। यदि कांग्रेसी-मन्त्रिमण्डल आज भी कांग्रेस के झण्डे को भारत में राज-चिह्न के रूप में फहरा नहीं सकते, तो कांग्रेस उसकी उपेक्षा नहीं कर सकती। राष्ट्रीयता का अभिमान रखनेवाले हिन्दुस्तानियों की आँखों में हमारे देश में विदेशी झण्डे का फहराना आँख में गड़े बिना नहीं रह सकता। परन्तु बेबसी को बेबसी समझकर ही याद रखना चाहिए, तभी एक दिन उसका उपाय हम कर सकेंगे। 'प्रथा' कहकर उसके आगे सर झुका देने से नहीं।

यह टेढ़ा सवाल पूछकर कांग्रेसी-सरकार को खोंचा लगाकर मुस्करा देनेवाले लोगों से हम कहना चाहते हैं कि यदि विदेशी झण्डे के प्रान्त की क़ानूनी सभा की इमारत पर फहराने से आपकी क़ौम की या प्रान्त की बेइज़्ज़ती जान पड़ती है, तो हम आपकी क़ौमी ग़ैरत के आगे सर झुकाते हैं और बहुत विनय से यह सवाल पूछते हैं कि कांग्रेस यदि इस झण्डे को उतारने की ज़िम्मेदारी अपने सर ले, उसके लिए जो कुछ भी करना ज़रूरी हो, उसे सहने को तैयार हो और इस झण्डे को उतार फेंके, तो इस झण्डे की जगह आप किस झण्डे को देंगे?

क्या इस झण्डे की जगह आप कांग्रेस के झण्डे को, जो पिछले बीस साल से क़ौमी-झण्डा बनकर देश के राष्ट्रीय युद्ध में आगे-आगे चल रहा है, देश का झण्डा मानकर देना मंजूर करेंगे? यदि आपकी तरफ़ से इतनी तसल्ली मिल जाये, तो क़ुरबानियाँ करने और मुसीबतें सहने का ज़िम्मा कांग्रेस ले सकती है। और अगर

आपको कांग्रेस के झण्डे के यूनियन जैक की जगह फहराये जाने पर उसके साथ ही लीग के झण्डे को फहराने का मज़ाक पेश करना है, तो रहने दीजिये इसी कलंक को। आपस में ख़ून बहाकर उस झण्डे की नींव को मज़बूत करने से यह कहीं अच्छा है कि वह जैसा है, वैसा ही, उतना ही बना रहे और हम उस दिन की प्रतीक्षा करते रहें, जब आपको समझ आ जायेगी या फिर आपको समझ न आकर उस जनता को काफ़ी समझ आ जायेगी, जिस पर आपका जादू गाहे-ब-गाहे चल जाता है। म्युनिसिपलिटियों और डिस्ट्रिक्ट बोर्डों की इमारतों पर कांग्रेस के झण्डे फहराये जाने पर लीगियों ने जो तूफ़ान उठाया, वह किसी से छिपा नहीं। यह भी किसी से छिपा नहीं कि लीग की आँखों में कम-से-कम इस समय तक यूनियन जैक की अपेक्षा कांग्रेस का तिरंगा ही अधिक खटकता है। ख़ैर, मुबारक है वह दिन कि आपने क़ौमी ग़ैरत का दम भरा, चाहे वह कांग्रेस पर ताना कसने के लिए ही।

कांग्रेस में प्रतिनिधित्व का ख़ून

ब्रिटिश सरकार हिन्दुस्तानियों की प्रतिनिधि होने का दावा करती रही है और कर रही है। भारत का राष्ट्रीय आन्दोलन शक्ति-भर इसका विरोध करता रहा और कर रहा है। परन्तु तमाशा यह है कि स्वयं भारत के राष्ट्रीय आन्दोलन, कांग्रेस में भी इसी ढंग का एक अजीब प्रतिनिधित्व चल रहा है। कांग्रेस एक प्रजातन्त्र संस्था होने का दावा करती है। इसलिए प्रान्तीय कांग्रेस कमेटियों में ज़िले-ज़िले के प्रतिनिधियों का होना आवश्यक है, जो उस ज़िले का या इलाक़े की जनता का प्रतिनिधित्व कांग्रेस में कर सके। परन्तु यह प्रतिनिधित्व एक अजीब ढंग से हो रहा है। साधारण समझ की बात है कि किसी भी इलाक़े का प्रतिनिधि उसी इलाक़े का व्यक्ति होना चाहिए, परन्तु कांग्रेस में ऐसे बहुत-से महत्त्वाकांक्षी महापुरुष या व्यक्ति हैं, जिनका अपने इलाक़े में कोई महत्त्व नहीं, परन्तु प्रतिनिधि बनने की लालसा को रोकना भी उनके लिए सम्भव नहीं। उन्हें प्रान्तीय कांग्रेस कमेटी में ज़रूर ही जाना है। अपने इलाक़े के प्रतिनिधि होकर नहीं जा सकते, तो किसी दूसरे इलाक़े पर ही, जहाँ लीडरों की बहुतायत नहीं, अपने प्रतिनिधित्व का बोझ लादने में उन्हें संकोच न होगा। प्रान्तीय कांग्रेस कमेटियों के इस बेतुके प्रतिनिधित्व में मिरज़ापुर में रहनेवाला व्यक्ति अलमोड़े का और ग़ाज़ियाबाद में रहनेवाला व्यक्ति गोरखपुर का प्रतिनिधित्व कर सकता है। लखनऊ, इलाहाबाद, कानपुर-जैसे बड़े-बड़े शहरों में रहनेवाले अनेक प्रभावशाली व्यक्तियों का प्रतिनिधित्व यू.पी. प्रान्तीय कांग्रेस कमेटियों में इसी प्रकार चलता है।

अब सवाल यह उठता है कि यदि यू.पी. प्रान्तीय कांग्रेस कमेटी को किसी महत्त्वपूर्ण समस्या पर विचार करना है। उदाहरण के लिए यही समझ लीजिये कि प्रान्त में किन्हीं कारणों से लगानबन्दी का प्रश्न उठ खड़ा होता है, उस समय यह लखनऊ और कानपुर के बाज़ारों में दिन बितानेवाले देश के प्रतिनिधि किस हद तक रेलवे स्टेशनों से बीसों मील दूर रहनेवाले किसानों की अवस्था, सामर्थ्य और दृष्टिकोण को ठीक-ठीक रूप में प्रान्तीय कांग्रेस कमेटी के सामने, जिस प्रान्तभर की वास्तविक अवस्था का ख़याल कर किसी कार्यक्रम को अपनाना है, पेश कर सकेंगे? एक व्यक्ति चतुर राजनीतिज्ञ होने से ही उन लोगों की अवस्था और दृष्टिकोण का प्रतिनिधित्व करने के योग्य नहीं हो जा सकता, जिनके जीवन से उसका परिचय केवल छह-घण्टे या एक दिन का है। ऐसे भी बहुत-से प्रान्तीय कांग्रेस कमेटियों में जाने की क़सम खाये हुए बहादुर मौज़ूद हैं, जो सात-सात इलाक़ों में प्रान्तीय कांग्रेस की मेम्बरी के लिए खड़े होते हैं। हम ऐसे शेरदिल व्यक्तियों की हिम्मत के बलिहारी हैं, जो किसी स्थान के स्थानीय कार्यकर्त्ताओं की अपेक्षा अपने-आपको उस इलाक़े के प्रतिनिधित्व के अधिक योग्य समझते हैं। हम इसे सिवा खुली धाँधलीबाज़ी के और कोई नाम नहीं दे सकते!

हम समझते हैं, कांग्रेस के विधान में नियम के अनुसार केवल स्थानीय कार्यकर्त्ताओं की ही किसी इलाक़े का प्रतिनिधित्व करने का अधिकार होना चाहिए। इसके लिए दस मील, बीस मील या पचास मील की सीमा होनी चाहिए। या ज़िले की ही हद हो। यों प्रान्त के एक कोने से खड़े होकर प्रान्त के दूसरे कोने के प्रतिनिधित्व का दम भरना, प्रतिनिधित्व के ख़ून के अलावा और क्या कहा जा सकता है?

विचार-स्वतन्त्रता ज़िन्दाबाद!

कांग्रेस जिस प्रजातन्त्र, आम जनता के जिस राज के लिए लड़ रही है, उसका एक उदाहरण हमारे सामने इस वर्ष के लिए कांग्रेस का प्रधान चुने जाने के सवाल पर आ गया। कांग्रेस ध्येय और उद्देश्य को प्रधानता देकर चल रही है या 'गुरुडम' और 'वैयक्तिक शासन' ने उसमें जगह कर ली है, यह सवाल भी आज हमारे सामने आकर उपस्थित हो गया। कांग्रेस का प्रधान किसी कर्त्तव्य को निबाहने के लिए चुना जाता है या केवल फूलों के हार पहनाकर जुलूस निकालने और अभिनन्दन-पत्र पेश करने के लिए ही चुना जाता है? यह सवाल भी आज हमारे सामने है।

बाहर और देश के भीतर की परिस्थितियों के बदलने के साथ देश की ज़रूरतों को ध्यान में रखकर, हम कांग्रेस की नीति निश्चित करते हैं और कांग्रेस वास्तव में देश या देश में बसनेवाली जनता की कठिनाइयों के विरुद्ध लड़ने के लिए संस्था है; या वह केवल रोमन कैथोलिक सम्प्रदाय की तरह एक सरकार है, जिसका राज्य किसी देश पर नहीं, पर वह केवल जनता के दिमाग़ और भावों पर राज कर अपना एक आडम्बर खड़ा रखना चाहती है?

यदि कांग्रेस वास्तव में कोई एक ठोस संस्था है, तो उसके नेताओं का चुनाव महज़ एक रस्म की अदायगी न होना चाहिए। बारी-बारी से शहीदों की पूजा कर उनकी जय- जयकार करने के लिए ही कांग्रेस के प्रधान का पद नहीं होना चाहिए। और न सम्पूर्ण देश की राय जानने की परवाह किये बिना कांग्रेस की कार्यकारिणी के कुछ मेम्बरों को कांग्रेस का प्रधान कौन होगा, इस बात का निर्णय कर देना चाहिए। आगामी वर्ष के लिए कांग्रेस का प्रधान 'क्ष' होगा या 'त्र', यह सवाल हमारे लिए कोई मूल्य नहीं रखता। सवाल यह है कि आगामी वर्ष में कांग्रेस के सामने क्या कार्यक्रम और नीति रहेगी? यह निश्चय कर लेने के बाद ही यह सवाल उठता है कि उस नीति का नेतृत्व करने के लिए कौन व्यक्ति सबसे अधिक उपयुक्त होगा। इसी बात को हम दूसरे शब्दों में यों कह सकते हैं कि प्रधान चुनकर कांग्रेस अपने आगामी वर्ष के कार्यक्रम के झुकाव का इशारा दे देती है।

आज इस बात से इनकार करने की गुंजाइश नहीं कि कांग्रेस में दो विचार धाराएँ स्पष्ट झलक रही हैं। एक विचारधारा है, जो केवल भारत में यूनियन जैक को हटाकर तिरंगा झण्डा फहराकर सन्तुष्ट हो जाना चाहती है दूसरी विचारधारा है, जो इस देश की जनता की अवस्था में आमूल परिवर्तन चाहती है, जिसे दूसरे शब्दों में हम सामाजिक क्रान्ति कह सकते हैं। पुराने क़ायदे के अनुसार इन्हें दाहिनी और बायीं विचारधारा के नाम दिये जाते हैं। दाहिने पक्ष के लोग सदा ही परिवर्तन के ख़िलाफ़ रहे हैं और जहाँ परिवर्तन के बिना निर्वाह नहीं, वहीं वे कम-से-कम परिवर्तन के पक्ष में रहते हैं। सुलह-समझौते की गुंजाइश नज़र आते ही वे उसकी ओर लपके बिना नहीं रह सकते। आज कांग्रेस में 'दाहिने' और 'बायें' पक्षों के भेद का सवाल उठ रहा है फ़ेडरेशन और संघ-शासन पर।

इस समय कांग्रेस की बागडोर है 'दाहिने पक्ष' के हाथ में; परन्तु देश की परिस्थिति जनता के भावों को 'बायें पक्ष' की ओर कर रही है। 'दाहिने पक्ष' के लोग इन हालात को ख़ूब समझते हैं और इसके लिए वे अपनी शक्ति-भर उपाय भी कर रहे हैं। मौक़े-बे-मौक़े सरदार पटेल की खिसियाहट इस बात को ज़ाहिर भी कर देती है। अभी पिछले दिनों अनुशासन के नाम पर बायें पक्ष के कांग्रेस

कार्यकर्त्ताओं को गर्दनिया दे-देकर बाहर निकाल दिया गया। यह सब किया गया, अहिंसा के नाम पर। हम इस बात से इनकार नहीं कर सकते कि जनता में 'नाम' का बहुत प्रभाव है। 'नाम' के प्रभाव में आकर जनता बाज़ वक़्त अपने हितों को भी भूल जाती है। गाँधी जी के नाम का प्रभाव कुछ ऐसा ही है। कांग्रेस के 'दाहिने पक्ष' के हाथ में गाँधी जी के नाम का यह हथियार मौज़ूद है। जैसे अब तक इस हथियार का इस्तेमाल किया गया, उसी तरह अब कांग्रेस के प्रधान के चुनाव पर भी किया जा रहा था। परन्तु हमें यह नहीं भूल जाना चाहिए कि इस समय सवाल देश की स्वतन्त्रता का है। और उसका दारोमदार है, संघ-शासन को स्वीकार कर लेने या न कर लेने पर! हमारे मठाधीश कहते हैं कि प्रधान के चुनाव से इस प्रश्न का कुछ सम्बन्ध नहीं। प्रधान कौन होगा, इससे हमारे कार्यक्रम और नीति पर कोई प्रभाव नहीं पड़ेगा। शोभा और सज्जनता के नाम पर वे सर्वसम्मति से ही प्रधान का चुनाव चाहते थे, परन्तु प्रधान चुना जाता वही, जिसे वे चाहते।

भलमनसाहत और सौजन्य का सारा पाठ पढ़ा देने के बाद भी हमारे नेताओं ने संघ-शासन की समस्या को पीछे छोड़ देने की आश्चर्यजनक चालाकी दिखलायी है। इस महत्त्वपूर्ण प्रश्न की ऐसी उपेक्षा अच्छा लक्षण नहीं है।

जिस शान व शौक़त के साथ कार्यकारिणी के सदस्यों ने राष्ट्रपति के निर्वाचन के सिलसिले में अपना वक्तव्य निकाल दिया था, उससे तानाशाही की बू साफ़ आ रही है। इस वक्तव्य से साफ़ ज़ाहिर है कि देश के निर्णय की अपेक्षा कार्यकारिणी के सदस्यों का निर्णय ही अधिक महत्त्व रखता था। हम जानते हैं कि आजकल कांग्रेस की यही हालत है। मगर कांग्रेस प्रजातन्त्रवादी संस्था होने का जो दावा करती है, उससे यह मनोवृत्ति मेल नहीं खाती। इसे हम तानाशाही प्रजातन्त्र अलबत्ता मान सकते हैं। शायद इस धींगा-धींगी को भी प्रजातन्त्र कहा जा सकता है?

हिटलर और मुसोलिनी भी अपने-आपको अपने देश की जनता का प्रतिनिधि समझते हैं। उनकी दृष्टि में उनकी तनाशाही प्रजातन्त्र के उद्‌देश्यों को बहुत अच्छी तरह पूरा कर रही है। हमारे कांग्रेस के कुछ प्रतिनिधि भी उसी ज़हनीयत के हैं और उनमें से एक हैं श्री पट्टाभिसीतारमैया। आपने प्रान्तीय कांग्रेस के प्रधान की हैसियत से अपनी क़लम की एक घसीट से कांग्रेस के पैंतीस हज़ार मेम्बरों को वोट देने के अधिकार से वंचित कर दिया था और आपके इस फ़ैसले को आल इण्डिया कांग्रेस कमेटी ने अनुचित ठहराया था। उन्हें कांग्रेस का प्रधान चुने बिना तानाशाही प्रजातन्त्र के पूरे गुण कांग्रेस में कैसे आ सकते थे? यहा ग़नीमत है कि भारत ने 'गुरुडम' की दासता को छोड़ इस दफ़े अपनी विचार-स्वतन्त्रता का परिचय दे दिया।

आज़ाद की विचारधारा

विप्लव का यह अंक कॉमरेड चन्द्रशेखर 'आज़ाद' की स्मृति में उनकी आठवीं बरसी के मौक़े पर 'आज़ाद-अंक' के नाम से निकल रहा है। कॉमरेड आज़ाद के सम्बन्ध में यह लेख उनके उन सहयोगियों द्वारा लिखे गये हैं, जिन्होंने अपने क्रान्तिकारी जीवन के किसी भाग में उनके साथ कन्धे-से-कन्धा भिड़ाकर काम किया है। लेखों का विषय जीवन की घटनाएँ कम और राजनैतिक दृष्टिकोण अधिक रहा है। इतने मुँह से एक विषय में इतनी गवाहियाँ सुनकर आज़ाद के सम्बन्ध में उत्सुकता रखनेवाले पाठकों को अपने विचार क़ायम करने के लिए काफ़ी मसाला मिल जायेगा।

आज़ाद के जीवन की घटनाओं के सम्बन्ध में कोई मतभेद नहीं, विवाद है उनके राजनैतिक सिद्धान्तों के बारे में। ऐसा होना भी उचित ही है, क्योंकि आज़ाद के विचारों का अर्थ है, हिन्दुस्तानी प्रजातन्त्र समाजवादी सेना के विचार। इस विवाद का आरम्भ हुआ है, पण्डित जवाहरलाल जी की पुस्तक के पृष्ठ ३१६ से, जहाँ उन्होंने आज़ाद से अपनी मुलाक़ात का ज़िक्र किया है। पण्डित जी ने लिखा है कि उनके विचार में क्रान्तिकारी नवयुवक अक़सर फ़ैसिस्ट मनोवृत्ति के थे। कॉमरेड मन्मथ गुप्त ने इस बात का प्रतिवाद किया और इस ज़ोर से किया कि उसमें कुछ अतिशयोक्ति हो गयी, और इसके उत्तर में कॉमरेड सुखदेवराज ने जो कुछ लिखा, वह भी उतने ही ज़ोर से लिखा। विवाद चल गया। अगर तटस्थ होकर ज़रा बारीक़ी से देखा जाये, तो मालूम होगा कि पण्डित नेहरू, कॉमरेड गुप्त और कॉमरेड सुखदेवराज जो कह रहे हैं, उसमें भेद अधिक नहीं। जिन अर्थों में 'फ़ैसिस्ट' शब्द का व्यवहार आजकल हो रहा है, वह एक क्रान्तिकारी की दृष्टि में अवश्य निन्दात्मक है और इसे भारत के क्रान्तिकारी सहन नहीं कर सकते। कॉमरेड गुप्त ने मि. कोल की पुस्तक से फ़ैसिज़्म के जो नौ लक्षण लिखे हैं, उन्हें सामने रख पण्डित नेहरू भी क्रान्तिकारियों को फ़ैसिस्ट नहीं कहेंगे। जिन दिनों के अनुभव से, अर्थात् सन् '३२ तक के अनुभव से, पण्डित नेहरू ने हम लोगों को फ़ैसिस्ट बताया था, उन दिनों फ़ैसिज़्म का अर्थ था, उग्र राष्ट्रीयता। हम लोग उग्र रूप से राष्ट्रवादी थे और आज भी हैं, क्योंकि हमारी राष्ट्रीय पराधीनता हमें सोशलिज़्म या कम्युनिज़्म को इस देश में सफल नहीं बनाने देगी। परन्तु फ़ैसिज़्म का जहाँ तक सम्बन्ध राष्ट्रीय रूप से पूँजीवाद को उग्र बना देने से है, हम न उस समय फ़ैसिस्ट थे, न आज हैं।

जिन शब्दों में कॉमरेड गुप्त ने आज़ाद को कम्युनिस्ट लिखा है, उससे काकोरी के ज़माने के आज़ाद के साथियों की अपेक्षा अधिक गर्व कॉमरेड सुखदेवराज को ही हो सकता था, परन्तु उसमें अतिशयोक्ति हो जाती।

कॉमरेड सुखदेवराज का यह कहना कि हि.स.प्र.से. के पुराने सदस्यों को इकट्ठा कर कोई एक प्रोग्राम नहीं बन सकता, ठीक नहीं। उनका यह कहना भी ठीक नहीं कि हि.स.प्र.से. को आज इकट्ठा करने से ''उपनिषदों के श्लोकों से लेकर 'कामिण्टर्न' के आख़िरी रिज़ोल्यूशन तक सब प्रोग्राम सामने आ जायेंगे।'' यही बात अगर वह इस समय छूटे हुए सभी क्रान्तिकारियों के बारे में कहते, तो शायद ठीक हो जाती।

आज दिन जितने क्रान्तिकारी जेलों से छूट आये हैं, उन्हें हम उनके पुराने विचारों की दृष्टि से कई दलों में बाँट सकते हैं। १९०५ के क्रान्तिकारियों का आदर्श एक सीमा तक 'आनन्द-मठ' का आदर्श था, जिसमें भारत के प्राचीन ऋषियों के आदर्श पर हिन्दू-राज क़ायम करने की कल्पना काम करती थी। वे लोग गले में गीता लटकाकर राधा के लाल चरणों में जीवन उत्सर्ग कर देते थे, और योगाभ्यास से शक्ति-संचय करते थे। १९१४-१५ के क्रान्तिकारी इससे ऊपर उठ चुके थे। धार्मिक या साम्प्रदायिक भावना इस समय तक मौज़ूद थी, परन्तु राजनैतिक भावना अधिक सजग थी। इसके बाद काकोरी-दल आता है। काकोरी-दल का राजनैतिक विकास पहले के सभी दलों से अधिक है। वे साम्प्रदायिकता की परवाह नहीं करते थे, परन्तु इसके विरुद्ध जिहाद भी नहीं करते थे। फाँसी की कोठरी में हम उन्हें सत्यार्थप्रकाश, गीता और कुरान से शान्ति लाभ करते पाते हैं। इसके बाद जो दल आता है, उसकी दार्शनिक धारणा बिलकुल बदल जाती है। इस दल के लोग आध्यात्मिकता को एक नशा समझने लगते हैं, उपनिषद, वेद, कुरान पर इनकी आस्था नहीं। यह दल था हि.स.प्र.से.। १९२९ में इस दल के प्रमुख व्यक्ति आज़ाद को छोड़कर जेल चले जाते हैं या फाँसी पा जाते हैं। इस दल का सूत्र पकड़कर जो दल फिर से आज़ाद के चारों ओर संगठित होता है, उसकी विचारधारा और आगे बढ़ती है। इस विचारधारा के आगे बढ़ने का कारण है चारों ओर की परिस्थितियाँ। जेलों की चारदिवारियों के भीतर बन्द क्रान्तिकारियों के विचारों का विकास भी जारी रहता है। १९३२ में जनता के जागृत हो जाने पर क्रान्तिकारी-आन्दोलन मिट-सा जाता है और आज १९३९ में हम सभी क्रान्तिकारियों को समाजवादी विचारधारा का पाते हैं। इसमें कुछ एक को छोड़ा जा सकता है, और विचार स्वतन्त्रता में ऐसा होना स्वाभाविक भी है।

आज़ाद की विचारधारा आज हम लोगों की विकसित विचारधारा का उठता हुआ अंकुर था, या कहिये पुरानी चली आयी विचारधारा में एक परिवर्तन-काल था।

लखनऊ के तीन गरम दिन!

२२ जनवरी के दिन प्रान्तभर में हैदराबाद-दिवस मनाया गया। २६ जनवरी को स्वतन्त्रता-दिवस की धूम रही और २७ को लखनऊ में मौ. ज़फ़रअली साहब का स्वागत मुस्लिम-लीग ने किया। ये तीनों दिन लखनऊ ने रोंगटे खड़े कर चौकन्नी आँखों से गुज़ारे। इन तीनों दिन बहुत बड़े जुलूस निकले और निकले बरछों, फरसों और भालों को चमकाते हुए। हिन्दुओं का जुलूस निकला, तो भय से मुसलमानों ने दुकानें बन्द कर लीं और मुसलमानों का जुलूस निकला, तो हिन्दुओं ने। इन सशस्त्र जुलूसों के आगे दस-पाँच पुलिस के सिपाही हाथों में लाठियाँ लिये चल रहे थे और पीछे दस-पन्द्रह घुड़सवार और दस-पन्द्रह साइकिल सवार। हज़ारों के इन जुलूसों में कहीं-कहीं पुलिस के सिपाही की लाल पगड़ी पुलावों में बिरयानी के छिटके की तरह दिखायी पड़ जाती थी।

ग़नीमत रही, दंगा नहीं हुआ। अगर हो जाता, तो यह पुलिस क्या कर लेती? साम्प्रदायिक उत्तेजना से पागल जनता के इस समुद्र के बिगड़ उठने पर यह पुलिस क्या कर सकती थी? हमारे बहुत चतुर और सैण्डहर्स्ट में तालीम पाये हुए पुलिस अफ़सरों की यह अक़्लमन्दी हमें हैरान कर देती है। लेकिन अच्छा ही हुआ कि सभी सशक्त थे। दंगा जो नहीं हुआ, इसके लिए पुलिस का प्रबन्ध नहीं, लोगों के मन पर एक-दूसरे की तैयारी का छाया हुआ आतंक था।

कहीं अच्छा होता, अगर पुलिस की लाल पगड़ी को भीड़ में यों न छिटकाकर, दस-दस घुड़सवार जुलूस में थोड़े-थोड़े अन्तर पर बाँट दिये जाते। इससे जुलूस की शोभा भी बढ़ जाती और दंगा होने पर भीड़ को क़ाबू करना भी आसान रहता।

चाय की चुस्कियाँ

दुर्मुख

पण्डित नेहरू दाहिने हैं या बायें? अर्थात् पण्डित नेहरू सोशलिस्ट हैं या गाँधीआइट?

एक समय था, जब देश में सोशलिस्ट कम थे। पण्डित जी छाती ठोककर अपने-आपको सोशलिस्ट कहते थे। परन्तु ज्यों-ज्यों सोशलिस्टों की तादाद बढ़ने

लगी, उनका ज़ोर बढ़ने लगा, पण्डित जी के फ़ैसले सोशलिस्टों के ख़िलाफ़ होने लगे। पण्डित जी ने अपनी कहानी में लिखा है कि उन्हें मुसीबतों से डर नहीं लगता, स्वभाव से ही वे विद्रोही हैं। मालूम होता है, एक समय जब सोशलिस्ट निस्सहाय थे, पण्डित जी. ने उन पर दया कर, उनकी रक्षा के लिए छाती बढ़ा दी थी; परन्तु आज उनकी हिम्मत इतनी बढ़ गयी है कि वे राष्ट्रपति की गद्‌दी की उम्मीदवारी करने लग गये हैं। इसलिए पण्डित जी ने उन्हें ठीक वक़्त पर एक थप्पड़ जमा दिया।

मालूम होता है, पण्डित जी की राजनीति सिद्धान्तों पर नहीं, वीरता पर चलती है।

× × ×

फ़ेडरेशन के बारे में अब किसी क़िस्म का सन्देह बाक़ी नहीं रह जाना चाहिए, क्योंकि कांग्रेस के चोबदार श्री सत्यमूर्ति ने स्पष्ट शब्दों में कह दिया है कि "फ़ेडरेशन उस समय तक स्वीकार नहीं किया जा सकता, जब तक कि वह प्रान्तीय शासन की तरह उपयोगी न हो जाय।"

हकीम लिनलिथगो कहते हैं कि "बेटा! प्रान्तीय शासन आँवला था, जो खाने के बाद कुछ मीठा लगा। फ़ेडरेशन हरड़ है, जिसे खाकर तबीयत हरी हो जायेगी।"

× × ×

शहर और देहात ! शहर और देहात का सम्बन्ध है, मालिक और मज़दूर का। मालिक और मज़दूर का सम्बन्ध बहुत टेढ़ा है। मालिक का दुनिया में अपना कुछ नहीं। वह केवल मज़दूर की भलाई के लिए कारोबार चलाता है। किसी तरह बेचारे सैकड़ों मज़दूरों का पेट भरे! और परिणाम यह होता है कि परोपकार की इस वृत्ति के कारण मालिक को फ़ायदा होता है, उसका तोंद बढ़ जाता है। और मज़दूर ? मज़दूर समझता है कि मालिक पर भगवान् की कृपा है, उसे मालिक की सेवा करनी है, अगर उसका भी पेट भर जाय, तो भला!

वही बात शहर और देहात में है। शहर देहात से कहता है, फलानी चीज़ की ज़रूरत है, पैदा करो और बनाओ, और देखो, हम यहाँ बैठकर तुम्हारा इन्तज़ाम करेंगे, तुम्हारी रक्षा करेंगे। तुम्हारा इन्तज़ाम करने के लिए यहाँ बढ़िया सड़क चाहिए—लगान दो। यहाँ बिजली की रोशनी चाहिए—लगान दो। तुम्हारे लिये क़ायदे-क़ानून बनाने के लिए असेम्बली हाल बनाना है—रुपया दो! यहाँ बाग़ चाहिए, पार्क चाहिए—रुपया, रुपया!!

लेकिन अब कांग्रेस की सरकार है, प्रजा के प्रतिनिधियों की सरकार है। गाँव को अब लूटा नहीं जायेगा, शहरों को अपने काम अपने ऊपर टैक्स लगाकर चलाने पड़ेंगे। देहात ख़ुश हो गया। शोषक सरकार दूर हुई।

कांग्रेस राज ने देहात से कहा—देखो, शोषक सरकार ने तुम्हारा ख़ून पी लिया, हम उसे बन्द करते हैं। हम शोषक नहीं, हम तो तुम्हारे सेवक हैं। हमें एक चीज़ दो, सिर्फ़ एक चीज़! वह भी तुम्हारी ही सेवा करने के लिए हम चाहते हैं। हमें वोट दो! बस वोट तुम्हारे पास है, हमें वोट दो! लेकिन शहर में बैठकर हम तुम्हारा उद्धार करेंगे। स्वराज्य तुम्हें ले देंगे। तुम अपनी हालत क्या समझो? तुम्हें इतनी अक़्ल ही कहाँ? और तुम्हें अक़्ल की ज़रूरत भी क्या? तुम सोचने-समझने की तक़लीफ़ ही क्यों करो? यह काम हमारा है। आँखों पर पट्टी बाँध लो और कह दो—"हमारे भाग्य-विधाता शहरवाले!"

आख़िर उपाय क्या? व्यापार होता किसलिए है ? जिसे जिसकी ज़रूरत हो, वह लेता है; जो चीज़ फालतू हो, वह देता है। शहरों में लीडर ज़्यादा हैं। शहर देहात को लीडर देता है। देहात के पास वोट ज़्यादा हैं, उसे शहरवालों को वोट देना चाहिए। जो लीडर शहर में वोट न पा सकें, उन्हें वोट देकर प्रान्तीय कांग्रेस और असेम्बली का मेम्बर बनाना चाहिए।

× × ×

हिन्दुस्तान का 'क़ौमी गाना' आख़िर क्या हो? झण्डा और क़ौमी गाना, ये दो बड़े झगड़े की चीज़ें हैं 'वन्दे मातरम्' एक तो समझ में नहीं आता और फिर उसमें हिन्दू-धर्म है। 'विश्व-विजयी तिरंगा प्यारा' इसमें केवल तिरंगा प्यारा ही समझ में आता है। आख़िर समझौता किस बात पर हो? चीज़ ऐसी होनी चाहिए, जो सबके समझ में आ जाये।

शर्त बहुत माकूल है, पर है बड़ी मुश्किल! एक साहब पूछते हैं, दुर्गापाठ जितने आदमी करते हैं, उसमें से कितने उसका अर्थ समझते हैं, और इसके साथ ही नमाज़ जितने आदमी पढ़ते हैं, उसमें से कितने आदमी उसका मतलब समझते हैं?

× × ×

एक साहब का सवाल है कि ज़मीन को 'ज़मीन' और दरख़्त को पेड़ क्यों कहा जाता है? इसे कितने आदमी जानते हैं? अच्छा टोपी का अर्थ क्या है?

—सर पर रखने की चीज़।

इस तरह 'वन्दे मातरम्' का भी अर्थ है—"ऐ मुल्क, मैं तेरा हूँ, तू मेरा है...।"

क़ाबुल में ईद के दिन बड़ी मसजिद में जब बैण्ड बजता है, तो कौन–सा सुर बजता है, यह बहुत कम आदमी जानते होंगे। और अगर बताया जाये, तो अक़सर लोगों को एतबार न आयेगा।

लेकिन बात सच है, इसलिए कह देने में हर्ज़ नहीं। सुनिये। काबुल में ईद के दिन बड़ी मसजिद में मातम का बाजा बजता है। क्यों? मातम मनाने के लिए नहीं ख़ुशी मनाने के लिए, और उससे सब ख़ुश ही होते हैं, उसका अर्थ कोई नहीं पूछने जाता।

मातम का बाजा क्यों बजता है? सुनिये—अमीर हबीबुल्ला जब हिन्दुस्तान में आये थे, तो उनका रावलपिण्डी में सरकार की तरफ़ से फ़ौजी स्वागत किया गया था। अमीर के स्वागत में अफ़गानों का क़ौमी बाजा (National Anthem) बजाना ज़रूरी था। लेकिन अफ़गानों के क़ौमी बाजे की धुन कोई जानता न था। फ़ौज के बड़े साहब कमिश्नर के पास दौड़े गये। पर कमिश्नर यह भी नहीं जानते थे कि अफ़गानिस्तान में कोई क़ौमी बाजा है भी या नहीं। बोले—"बजा दो, कुछ ही बजा दो। अमीर को मालूम भी न पड़ेगा, तुम क्या बजा रहे हो।"

उन दिनों पलटन का बैण्ड मातमी बाजे का अभ्यास कर रहा था। वही सबसे अधिक रवाँ था। वही बजा दिया गया। अमीर को पसन्द भी ख़ूब आया। क़ाबुल लौटे, तो वही बाजा सीखने के लिए अपने आदमी भेज दिये। वही अफ़गानिस्तान का क़ौमी बाजा हो गया। मतलब उसका क्या है? यह खोजने की ज़रूरत नहीं पड़ी। लेकिन हिन्दुस्तान के लिए क़ौमी गाना मुक़र्रर करने के लिए 'लुग़त' और 'कोश' देखकर अर्थ निकालने की ज़रूरत पड़ती है। उसमें संस्कृति और कल्चर का सवाल भी पेश आता है।

× × ×

लीग और कांग्रेस में ज़बरदस्त तनातनी है। परन्तु यह हमें अभी तक समझ में नहीं आया कि तनातनी की बुनियाद क्या है? हिन्दुस्तान के लिए आज़ादी दोनों ही चाहते हैं, लेकिन झगड़ा फिर भी है। अब तक समझे हुए थे कि लीग इस्लाम और मुस्लिम हक़ों की हिफ़ाज़त के लिए लड़ रही है। लेकिन मिस्टर फ़ारूक़ ने यह शक भी दूर कर दिया। उनका कहना है कि वे इस्लामी राज ज़रूर क़ायम करना चाहते हैं, परन्तु इस इस्लामी राज में मज़हब को बिलकुल दख़ल न होगा। हाँ, यह राज होगा, इस्लाम के उसूलों के मुताबिक़! ख़ैर, यह बात साफ़ हो गयी कि इस्लाम के उसूलों को मज़हब से कोई ताल्लुक़ नहीं।

मि. फ़ारूक़ को झगड़ा है, तो कम्युनिज़्म और सोशलिज़्म से, क्योंकि वह विदेशी उसूल है। वह हिन्दुस्तान में सिर्फ़ हिन्दुस्तानी कल्चर के लिए जगह चाहते

हैं। अब तक लीग इस्लामी कल्चर की हिफ़ाज़त करने की कोशिश कर रही थी, उन्हें शिकायत थी कि हिन्दू कल्चर इस्लामी कल्चर को दबाये जा रही है। पर जब मालूम हुआ कि लीग को शिकायत है, तो कम्युनिज़्म और सोशलिज़्म से। इस्लामी कल्चर को अब तक लोग अरबी और फ़ारसी कल्चर समझते थे, पर अब मालूम हुआ कि वह हिन्दुस्तानी कल्चर है।

समालोचना

('विप्लव' में समालोचनार्थ भेजी जानेवाली पुस्तकों की नियमानुसार दो प्रतियाँ आनी चाहिए। एक प्रति आने से केवल प्राप्ति-स्वीकृति ही दी जा सकेगी। समालोचना के सम्बन्ध में किसी प्रकार की प्रत्यालोचना या विवाद भी न हो सकेगा। सं.)

समाजवाद : लेखक, आचार्य नरेन्द्रदेव जी, प्रकाशक, संघर्ष-कार्यालय, लखनऊ। मूल्य दो आना।

समाजवादी साहित्य-माला की यह पहली पुस्तक है। और इसी के अनुकूल यह छोटी-सी पुस्तक समाजवाद का अध्ययन करने के लिए एक अच्छी भूमिका है। केवल ६८ पृष्ठ में समाजवाद क्या है उसका विकास कैसे हुआ और उसका कार्यक्रम क्या है? इन प्रश्नों की जितनी तुलनात्मक विवेचना हो सकती थी, इस पुस्तक में मौज़ूद है। सिद्धान्तों की विवेचना-जैसे कठिन विषय को जैसी भाषा में लिखा जा सकता है, वैसी ही पुस्तक की भाषा है, उसे सरल नहीं कहा जा सकता। पुस्तक आचार्य जी के तीन व्याख्यानों का संग्रह है। लिखने बैठकर जैसे भाषा को गढ़-गढ़कर तैयार किया जा सकता है, वैसी सुविधा बोलते समय नहीं रहती और फिर ये व्याख्यान सर्वसाधारण के सम्मुख नहीं, बल्कि सुशिक्षित जनता के सामने दिये गये थे।

भारतीय आतंकवाद का इतिहास : लेखक, आचार्य चन्द्रशेखर शास्त्री। मिलने का पता—ऐण्डमन साहित्य-मन्दिर, लाटूश रोड, कानपुर। मूल्य ५)

भारत के क्रान्तिकारी चिल्ला-चिल्लाकर कह रहे हैं कि हम आतंकवादी नहीं थे, परन्तु आचार्य जी ने ६०० सफ़े की पुस्तक लिखकर फ़ैसला दे ही दिया कि वह सब आतंकवाद था। पुस्तक के अधिकांश वर्णन प्राय: मुख़बिरों के बयानों के आधार पर हैं। लेखक का कहना है कि भारतीय आतंकवादियों के पास कोई

दर्शनशास्त्र या फ़िलॉसफ़ी नहीं थी। मज़ा यह है कि यह बात बहुत रिसर्च (खोज) के बाद कही गयी है। जो लोग भारत में सशस्त्र क्रान्ति की विचारधारा से परिचित हैं, वे जानते हैं कि भारत के क्रान्तिकारी या आतंकवादियों के सामने सदा एक-न-एक विचारधारा रही है। यह दूसरी बात है कि वह बदलती रही। यह मोटी बात है कि बिना निश्चित विचारों के बलिदान की आग नहीं जला करती। क्रान्तिकारिता के बड़े-से-बड़े समालोचक भी इस बात को स्वीकार करते आये हैं। पुस्तक के पृष्ठ ४०५ पर लिखा है कि "अल्फ्रेड पार्क में, जिस समय चन्द्रशेखर आज़ाद शहीद हुए, उनके साथ एक साथी था और वह भाग निकला।" इस साथी का नाम आचार्य जी ने सुखदेवराज लिखा है, और बताया है कि वह द्वितीय लाहौर-षड्यन्त्र-केस के फ़रार थे। सुखदेवराज इस मामले में गिरफ़्तार हो चुके हैं। उनकी पहचान के लिए पुलिस परेड भी करवा चुकी है, लेकिन घटना के समय मौज़ूद किसी व्यक्ति ने उन्हें नहीं पहचाना। वह उस मामले में छोड़ दिये गये। यह बात पुस्तक में लिख देने की ज़िम्मेदारी शायद लेखक ने नहीं समझी। अनेक दूसरी घटनाओं का ज़िक्र करने की विशेष ज़रूरत नहीं जान पड़ती।

हमारा भोजन : लेखक, डॉ. के. आर. दिलकश, एन डी। प्रकाशक, यू.पी. नेचर क्योर एसोसिएशन, १९, हीवेट रोड, लखनऊ। मूल्य, छह आना, पृष्ठ-संख्या ५२

हमारे देश का स्वास्थ्य इस समय चिन्ता का विषय है। जनता का बहुत बड़ा भाग उचित मात्रा में और ठीक प्रकार का भोजन न मिलने के कारण अपना स्वास्थ्य खो बैठा है। इसके लिए देश की आर्थिक परिस्थितियाँ ज़िम्मेदार हैं, परन्तु उनसे अधिक ख़राब स्वास्थ्य है उन लोगों का, जिन्हें उचित भोजन मिल सकने के सभी साधन प्राप्त हैं। इनका स्वास्थ्य ख़राब होने की ज़िम्मेदारी यदि किसी पर है, तो इन्हीं लोगों पर। या कहिये, इन लोगों के भोजन-सम्बन्धी अज्ञान पर। इस पुस्तक में डॉ. दिलकश ने इसी आवश्यक विषय पर प्रकाश डाला है। बे-मेल चीज़ें चाहे वे कितनी ही मूल्यवान् हों, खा लेने से कुछ लाभ नहीं, उलटे नुक़सान ही करती हैं। इस प्रकार के विषय का स्कूल के विद्यार्थियों की पुस्तकों में दिया जाना बहुत लाभदायक हो सकता है। सरकार के स्वास्थ्य-विभाग को इस प्रकार के स्वास्थ्य-सम्बन्धी ज्ञान को फैलाने की चेष्टा करनी चाहिए।—र.अ.

आँखों देखा : लेखक, श्री मंगलामोहन। प्रकाशक, लेफ़्टिविंग क्लब, लखनऊ। मूल्य आठ आना।

पुस्तक कहानियों का संग्रह है। कहानियाँ रोचक तो हैं, परन्तु पुराने ढर्रे की प्रणय-कहानियाँ नहीं हैं। नित्य जीवन में दिखायी पड़नेवाली सामाजिक अवस्था के प्रति विरोध की एक भावना इन कहानियों की तह में उसाँसें ले रही हैं।

पूँजीवाद, साम्राज्यवाद, फ़ैसिस्टवाद, श्रेणी-संघर्ष : सम्पादक. क. नं. रामन्ना शास्त्री। प्रकाशक, सोशलिस्ट लिटरेचर पब्लिशिंग कम्पनी, आगरा, मूल्य चार आना।

पुस्तक के नाम में जो चार शीर्षक एक साथ दिये गये हैं, ये क्रमशः चार व्याख्यान हैं, जो नवम्बर, १९३६ में इलाहाबाद कांग्रेस समाजवादी दल द्वारा आयोजित समाजवादी व्याख्यान-माला के दौरान में डॉ. जेड. ए. अहमद, डॉ. के. एम. अशरफ़ और डॉ. राममनोहर लोहिया ने दिये थे। व्याख्यानों का दृष्टिकोण वैज्ञानिक है और वे पढ़ने योग्य हैं। 'आज' में इन व्याख्यानों के प्रकाशित होने पर इनकी काफ़ी क़द्र हुई थी।

स्वदेशी बीमा कं. लि. आगरा की रिपोर्ट : स्वदेशी बीमा-कम्पनी, आगरा ने अपने ७ अप्रैल, १९३८ तक के कारोबार की रिपोर्ट प्रकाशित की है। कम्पनी को एक वर्ष में २८,१९९ की बचत हुई है, जिसे कम्पनी ने अपने बोनस-पालिसी-होल्डरों में तक़सीम कर देने का निश्चय किया है। पिछले कई वर्षों में व्यापार की अवस्था में बहुत मन्दी रही है। इस अवस्था में भी कम्पनी ६ रु. प्रति सैकड़ा का डिविडेण्ड बाँट रही है। यह बधाई देने योग्य सफलता है। घातक-दुर्घटना-विभाग में किये गये बीमे पर ३ रु. प्रति सैकड़ा जो डिविडेण्ड दिया जायेगा, वह इससे अलग है। कम्पनी ने अपने प्रबन्ध के ख़र्च ४८.३ प्रतिशत से घटाकर १८.९ प्रतिशत कर दिया है। इससे कम्पनी को भविष्य में और अधिक लाभ होने की आशा रहेगी।

सिंहावलोकन

आज़ाद अंक

समाज व्यक्ति को बनाता है, या व्यक्ति समाज को? यह प्रश्न लेकर दार्शनिकता का दम भरनेवाले बहुत माथापच्ची किया करते हैं। ज्यों-ज्यों दिन, महीने, बरस, शताब्दियाँ और युग बीतते जाते हैं, स्मृति और इतिहास को

दूरबीन से देखने पर भी सुदूर भूत की मूर्तियाँ बिलकुल स्पष्ट नहीं दिखायी दे पातीं। श्रद्धा–भक्ति घृणा–भय के धुन्ध के बीच से देखे जाने पर वह ऐतिहासिक व्यक्तित्व, पौराणिक गाथा और इतिहास के धुन्ध में लिपटकर बिलकुल अस्पष्ट हो जाते हैं। उनमें और आज दिन के मनुष्य में कोई समानता या सादृश्य शेष नहीं रह जाता। समय बीतने के साथ भगवान् राम और कृष्ण का रंग नीला हो गया, रावण और कुम्भकर्ण बीसियों गज़ लम्बे हो गये। हनुमान पहाड़ उठा, समुद्र फाँद गये। भीम के शरीर में दस हज़ार हाथी का बल हो गया और अर्जुन के तीर पाताल फोड़कर जल निकालने लगे। मुहम्मद और ईसा की आवाज़ में, 'कुम' कह देने से मरे लोग ज़िन्दा होने लगे। शिवाजी, प्रताप और गुरु गोविन्द अभी उतने पुराने नहीं हुए, परन्तु इतने समय में ही पौराणिक आख्यायिका के अधिकारी बन गये हैं। आज सैकड़ों हज़ारों वर्ष के अन्तर से देखकर ऐसा जान पड़ता है कि यह सब महापुरुष मनुष्य–समाज को कुम्हार के चक्कर पर रखकर गढ़ गये हैं। जैसे कुम्हार की मिट्टी उसके हाथ का खिलौना होती है, कुम्हार उससे बिलकुल स्वतन्त्र होता है। उसी प्रकार यह दिव्यात्मा समाज के रक्षक और निर्माता थे, समाज उनके हाथ का गेंद। ऐसा हो क्यों न? हम समाज में रहते हैं, स्वयं समाज का अंग है, क्या हम ऐसे दिव्य–अलौकिक काम कर सकते हैं, जो इस प्रकार के चमत्कारों को करनेवालों की सृष्टि कर सकें? इस प्रकार का तर्क जब मनुष्य के दिमाग़ में बैठ जाता है, तब सिवाय यह मान लेने के कि एक परिपूर्ण भगवान् हैं, जो कहीं अज्ञातलोक में रहते हैं और कभी–कभी मनुष्य का तन धारणकर, मनुष्य–समाज में आ, अमानुषिक कार्य कर जाते हैं, और कोई चारा नहीं रह जाता। यह धुँधला और बिगड़ा हुआ इतिहास हमें पागल बना, हमारी आँखें बन्दकर हमें एक भगवान् के चरणों में ढकेल देता है। हम यह सोच ही नहीं सकते कि हम जिस समाज के अंग हैं, दरअसल वही सब–कुछ है। उसकी परिस्थितियाँ और उसकी आवश्यकताएँ ही महापुरुषों और भगवान् को पैदा कर देती हैं। हम यह भूल जाते हैं कि देश और समाज की हालतें और ज़रूरतें ही राम, कृष्ण, बुद्ध, मसीह, मुहम्मद, हेनरी, नेपोलियन, बिस्मार्क, कार्ल मार्क्स, लेनिन, गाँधी, आज़ाद और भगत को पैदा करने के लिए ज़िम्मेदार हैं। पर एक बात माननी ही पड़ेगी। समाज की आवश्यकताओं और परिस्थितियों के कारण ही ऐसे विशिष्ट व्यक्तियों के पैदा होने पर भी वे सर्वसाधारण से कुछ भिन्न ज़रूर होते हैं, और उनकी इस भिन्नता का कारण भी सुविधा होने और खोज लगा सकने पर ढूँढ़ निकालना कठिन नहीं होता। इस प्रकार के विशिष्ट व्यक्तियों के चरित्र का मनन करना, समाज की गति के मार्ग में उनके भाग की चर्चा करना, एक तरह से बहुत

ज़रूरी होता है, क्योंकि ऐसे व्यक्ति समाज के इतिहास की कड़ियों की तरह होते हैं। चन्द्रशेखर आज़ाद भी ऐसे ही एक व्यक्ति थे।

इस बहुत बड़े देश में अभी कुछ दिन पहले तक कितने आदमी राजनैतिक दृष्टि से सचेत थे और फिर उनमें से कितने व्यक्ति, राजनैतिक उद्देश्य को सामने रखकर, छोटा-सा दल बना, प्राणों को हथेली पर रख इस देश को बन्धनों में बाँध रखनेवाली शक्ति से जो लोग माथा टकरा रहे थे, जिनकी बात कहना और सुनना सरकार की दृष्टि में अपराध था, उस हिन्दुस्तानी समाजवादी प्रजातन्त्र संघ को जानते? इस हिन्दुस्तानी समाजवादी प्रजातन्त्र संघ के केन्द्र थे, चन्द्रशेखर आज़ाद। इस बड़े देश के बड़े इतिहास में भी इस बहुत छोटे-से दल के इस एक व्यक्ति का एक स्थान है, और यदि एक अच्छे आतशी शीशे (Magnifying Glass) से इतिहास के इस बिन्दु 'आज़ाद' को देखा जाये, तो उसमें कितनी विस्तृत सम्भावनाएँ छिपी मिलेंगी।

आज़ाद जीवन में कितनी सफलता प्राप्त कर सके? रिवाल्वर हाथ में लिये किंवाड़ों और कोनों की आड़ में छिप-छिपकर, जिसके साम्राज्य में सूर्य अस्त नहीं हो सकता, उस शक्ति से लोहा लेने की कोशिश में जिस व्यक्ति ने जान दे दी हो, और उस हालत में जब कि देश की परिस्थितियाँ उसकी सहायक न हों, उसकी सफलता का लेखा लगाने बैठना; उसका ही नहीं, न्याय और भलमनसाहत का अपमान करना है। परन्तु मैं कहूँगा, वह सफल ही हुआ, असफल नहीं रहा। जिस विरोध और दासता के प्रति विद्रोह की भावना को प्रकट करने के लिए उसने अपना सर जल्लाद के काठ पर रख दिया था, उससे कोई शक्ति उसे हटा नहीं सकी! उसने अपना सर दे ही दिया। यह उसकी सफलता का स्थूल और बाह्य रूप है। जिस आन्दोलन के लिए आज़ाद ने अपना जीवन अर्पण किया था, उसका परिणाम सिवाय इसके और कुछ हो ही नहीं सकता था। आज आजाद के प्रति श्रद्धांजलि अर्पण करने का अभिप्राय फिर बम और रिवाल्वर लेकर अँधेरी रात में चक्कर लगाना नहीं। उसका समय गया। हम अर्जुन की बाणविधा की तारीफ़ करते हैं। खौलते तेल में परछाईं देखकर वह मछली की आँख में तीर मार सकता था। परन्तु इसका मतलब यह नहीं कि आज टैंक और हवाई जहाजों से देश पर आक्रमण होने पर हम तीर-कमान लेकर शत्रु का मुक़ाबला करने चलें। समय के साथ परिस्थितियाँ और परिस्थितियों के साथ साधन बदल जाते हैं। परन्तु इसका मतलब यह नहीं कि हम मनुष्य की उस भावना की क़द्र न करें, जिसके बिना सब साधन निरर्थक हो जाते हैं।

देश की जैसी हालत है, सदियों से हमारे रोम-रोम में व्याप्त होनेवाली ग़ुलामी ने जिस प्रकार हमें कायर बना दिया है, उस हालत में भी जो वीरता आज़ाद ने दिखायी और सब-कुछ एक तरफ़ छोड़कर, यह वीरता ही हमारे अभिमान की वस्तु है। अपनी जिस प्रेरणा से उसने अनेक युवकों में अपने ही समान वीरता फूँक दी थी, जिसके उदाहरण भाई भगवतीचरण और शालग्राम ने हँसते-हँसते मृत्यु के अभिनय में अपना भाग पूरा कर दिखाया, उसका श्रेय एक अंश में हम इस दल के सेनापति को दिये बिना रह नहीं सकते। आज हम ज़रूर अहिंसात्मक आन्दोलन का समर्थन करते हैं। परन्तु स्वयं महात्मा जी के ही शब्दों में इस अहिंसात्मक आन्दोलन की नींव कायरता पर नहीं जम सकती। हमारा राष्ट्रीय आन्दोलन सशस्त्र हो या निरस्त्र, देश को जीवित रखने के लिए आपत्तियों को गले लगाकर सम्मान से सर ऊँचा रखने की भावना की ज़रूरत हमारे राष्ट्र के उत्थान के लिए हर हालत में है ही। अहिंसा-संग्राम के बड़े-से-बड़े कमाण्डर भी इस बात से इनकार नहीं कर सकते। और न थे इस बात से इनकार कर सकते हैं कि आज़ाद ने हमारा इस गिरी हुई हालत में साहस, निर्भयता और बलिदान का जो आदर्श पेश किया है, वह हमारे राष्ट्रीय आन्दोलन में मार्ग दिखानेवाले स्तम्भ की तरह खड़ा है। परन्तु केवल वीरता और मर मिटने की व्याकुलता तक में ही आज़ाद के जीवन-नाटक को परिमित नहीं कर दिया जा सकता।

आज आज़ाद का नाम लेकर बहुत-से विवाद चल रहे हैं। जब ऐसे व्यक्ति आज़ाद के सम्बन्ध में कलम चलायेंगे, जिन्हें आज़ाद के जीवन के उस भाग का परिचय नहीं, जिसने चन्द्रशेखर आज़ाद को हमारे अभिमान की वस्तु बना दिया, तब ऐसा होगा ही। जिस रूप में आज कम्युनिस्ट शब्द व्यवहार में लाया जाता है, ठीक उसी अर्थ में आज़ाद ज़रूर कम्युनिस्ट नहीं थे। आज़ाद क्या, हममें से कोई भी उन अर्थों में कम्युनिस्ट नहीं था और न हम लोग हो ही सकते थे। आज़ाद सन् '३१ के फरवरी मास की २७ तारीख़ को शहीद हुए थे और उसी के कुछ दिन बाद मुझे बम्बई में कुछ हिन्दुस्तानी और यूरोपियन कम्युनिस्ट नेताओं से बातचीत करने का अवसर मिला था। सिद्धान्त-रूप से उनकी बात से सहमत होकर भी मैं उनके कार्यक्रम को अपनाने के लिए तैयार नहीं हुआ और कम्युनिस्ट हमारे कार्यक्रम को ग़लत समझते थे। हम लोग अपने आपको सोशलिस्ट समझते थे, और देश में पूँजीवाद के आधिक्य और साम्राज्यवाद में एक अटूट सम्बन्ध समझते थे। इसीलिए भगतसिंह वगैरह ने सन् १९२७-२८ में काकोरी षड्यन्त्र के ज़माने के क्रान्तिकारी दल का नाम हिन्दुस्तानी प्रजातन्त्र सेना से बदलकर हिन्दुस्तानी समाजवादी प्रजातन्त्र संघ रखा था। आज़ाद इस दल के कमाण्डर इन-चीफ़ थे।

माना कि आज़ाद अँगरेज़ी नहीं जानते थे; परन्तु आज़ाद मिट्टी के माधो नहीं थे। समाजवाद का अर्थ समझे बिना न तो वे इस दल का नाम बदलने में सहमत होते और न उसकी कमाण्डरी की जिम्मेवारी ही लेने को तैयार होते। आज़ाद के जीवन का क्षेत्र सिद्धान्तों की बारीक आलोचना नहीं था। अगर ऐसा होता, तो पण्डित जवाहरलाल जी को उनके साथ बातचीत करने पर आज़ाद के फ़ासिस्ट होने का सन्देह न होता। पण्डित जवाहरलाल जी को आज़ाद के फ़ैसिस्ट होने का शक हुआ, इसमें आज़ाद का कसूर यह था कि जिस क्षेत्र में उनकी गति नहीं थी, उसी में उनकी परीक्षा ली गयी। बहस करना आज़ाद का काम नहीं था। वह थे केवल कर्मठ—प्रैक्टिकल आदमी। पं. नेहरू ठहरे बैरिस्टर—वे उन्हें बहस में घसीट ले गये। उन्होंने आज़ाद को मार्क्सिस्ट सिद्धान्तों में पटु नहीं पाया, तो हैरानी की कोई बात नहीं। आज ऐसे आदमी मौज़ूद हैं, जो पं. नेहरू को ही फ़ैसिस्ट समझते और कहते हैं।

यह बात ठीक नहीं कि आज़ाद के राजनीतिक विचार कुछ नहीं थे। मैं अपने अनुभव से दावे के साथ कह सकता हूँ कि हिन्दुस्तानी प्रजातन्त्र सेना में जो लोग बिलकुल मज़दूर-श्रेणी से भी आये थे, वे भी बहुत जल्दी एक सुनिश्चित समाजवादी विचारधारा के पोषक बन गये थे। इसके बिना उनका दल में गुज़ारा ही नहीं था। जो आदमी एक श्रेणी द्वारा दूसरी श्रेणी के शोषण का विरोध करता है और ईश्वरीय शक्ति के मिथ्या भ्रम को छोड़ संसार के बनने-बिगड़ने में भौतिक, सामाजिक और आर्थिक परिस्थितियों को प्रधान मानता है, गुज़ारे लायक समाजवादी ज़रूर है। आज़ाद इसी प्रकार के समाजवादी थे। मार्क्स की सरप्लस वैल्यू थ्योरी अतिरिक्त मूल्य के सिद्धान्त और डायलैक्टि कमैटिरियलिज़्म—द्वन्द्वात्मक भौतिकवाद—पर न उन्होंने कभी बहस की न उन्हें करने का मौक़ा था। इतनी फ़ुर्सत ही किसे थी? और फिर आज़ाद को, जिसने एक संस्कृत-पाठशाला में अक्षर अभ्यास करने के बाद कूदकर काशी विद्यापीठ के स्कूल की कक्षाओं में कुछ दिन बिताये और उसके बाद कमर में रिवाल्वर घोंप प्रतिक्षण शत्रु का मुकाबला करने की ही ज़िक्र की! आज़ाद के छोटे-से जीवन में कभी स्कूली विद्या में सर खपाने की फ़ुर्सत के लिए समय आया ही नहीं। चौदह-पन्द्रह वर्ष की आयु में वे विद्याभ्यास के लिए फ़ुर्सत न पा सत्याग्रह-आन्दोलन में बेतों की सज़ा पा रहे थे। यह है सन् '२०-२१ की बात, इसके बाद सन् '२४ में हम उन्हें काकोरी षड्यन्त्र में फँसा पाते हैं। आज़ाद के दिमाग़ में विद्रोह की जैसी प्रचण्ड आग जल रही थी, उसमें विद्याभ्यास हो ही नहीं सकता था। और अगर उन्हें पुस्तकों का पण्डित बनाना था, तो यह 'आज़ाद' नहीं बन सकते थे। भगतसिंह को ही लीजिये—स्कूल छोड़

दिया और अकाली सज गये। फिर कुछ ख़्याल आया, नेशनल कॉलेज में आ भरती हुए। हम लोग अर्थशास्त्र और राजनीति की पुस्तकें पढ़ रहे थे कि वह सेकण्ड-ईयर से लापता हो कानपुर में पुराने क्रान्तिकारियों से आ मिले। उस समय मेरे लिये क्रान्ति का क्षेत्र था; कापी में उद्‌गारपूर्ण लेख लिख लेना और कुछ लड़कों से भारत की पराधीनता के कारणों की चर्चा कर लेना।

सवाल यह है कि फ़रारी में आज़ाद अध्ययन करते या जान बचाकर किसी तरह पार्टी का पुन: संगठन? फ़रारी के दिन आज़ाद ने किन-किन हालतों में बिताये, इसकी कुछ झलक उन्हीं के शब्दों में देता हूँ, जिससे उनकी प्रकृति और विचार-धारा के रुख़ का कुछ आभास मिलेगा—

"काकोरी की डकैती के बाद जब लोग गिरफ़्तार होने लगे। मैं बनारस से चलता बना। रामप्रसाद, शचीन सान्याल, रोशनसिंह, लहरी वग़ैरह सब जेल में थे। कई दफ़े उन्हें छुड़ा लाने के मनसूबे बाँधे गये, तैयारियाँ की गयीं। जब काकोरी में चार आदमियों को फाँसी हो गयी, तो मैं पागल हो गया—दिमाग़ में ख़ून चढ़ गया। मेरे पास उस समय केवल एक टोपीदार बन्दूक थी। मैंने कई दफ़े, सोचा, इसे विस्तर में बाँधकर लखनऊ चला जाऊँ और तसद्‌दुक हुसेन—ख़ानबहादुर तसद्‌दुक हुसेन पुलिस की ओर से काकोरी के इन्चार्ज थे—को ठण्डा कर दूँ। परन्तु लोगों ने मुझे बहुत समझाया, हाथ पकड़कर रोक लिया—इससे फ़ायदा? मैं समझता था, उनका कहना ठीक है। इसमें कुछ बन नहीं सकता, परन्तु मैं और करता क्या?

...जब यू.पी. में गुज़ारा न देखा, बम्बई चला गया। वहाँ जहाज़ के गोदाम में माल ढोया करता था। भूख लगती, तो गोदाम से दूध का डिब्बा लिया, छेद किया और पी लिया। नौ आने रोज़ मिलते थे। रोज़ चार आने देकर दो दफ़े सिनेमा देखकर रात के बारह बजाये और फिर सुनसान हो जाने पर गोदाम के फ़र्श पर जा लेटे। जब यू.पी. में मामला कुछ शान्त हुआ, लोगों से मिलने की फ़िक्र में इधर आये।"

ऐसी अवस्था में सिद्धान्तों की गुत्थियाँ सुलझाने की फुर्सत कहाँ थी? परन्तु आज़ाद के विचारों में अद्‌भुत विकास हुआ। यह विकास आज़ाद में ही नहीं हुआ, देश भर में हुआ। आज़ाद को हम हाँड़ी के एक चावल की भाँति परख सकते हैं। एक समय वे मट्‌टी के महादेव बने घण्टों पूजा किया करते थे, यह उन्होंने मुझे स्वयं बताया था। क्रान्तिकारी दल में शामिल होने तक वे इस कुसंस्कार से छूट चुके थे। लेकिन कुछ साम्प्रदायिक संस्कार दल में आने के बहुत दिन बाद दूर हुए। जैसा कि उनके प्रचलित फ़ोटो से ही मालूम हो जाता है, जनेऊ पुष्ट कन्धों की शोभा बढ़ा

रहा है। लेकिन जिस दो बरस से अधिक समय में मेरा और उनका अत्यन्त निकट साथ रहा, ऐसा कोई संस्कार बाक़ी न था। इसके प्रमाणस्वरूप मुझे उनकी एक बात याद है।

एक दिन एक व्यक्ति से नाराज़ होने पर, उसके सम्बन्ध में उन्होंने कहा था— "उस साले का कोई विश्वास नहीं बनता है, सोशलिस्ट और घर में छिप-छिपकर घण्टी बजाता है।"

आज़ाद का यह पूजा और आतों के प्रति विद्रोह कुछ अर्थ रखता है। एक समय था कि भारत के क्रान्तिकारी गीता को गले में लटकाकर फाँसी के तख़्ते पर चढ़ने की महत्त्वाकांक्षा किया करते थे। आपत्ति धर्म समझकर ज़रूरत पड़ने पर मुसलमान के ढाबे से गोश्त-रोटी तो खा लेते थे, परन्तु बाद में पतितपावनी गंगा की शीतल धारा में स्नान कर पाप-मोचन कर लिया करते थे। हिन्दुत्व के प्रति इस साम्प्रदायिक आस्था का ही चिह्न आज़ाद के फ़ोटो में यज्ञोपवीत है। हिन्दुस्तानी समाजवादी प्रजातन्त्र सेना के मेम्बरों में इस प्रकार की साम्प्रदायिक आस्था के लिए स्थान न पा हम लोग इसे रूढ़िवाद ही समझते थे और समझते हैं। हम लोगों में एक भी ऐसा नहीं था, जो आध्यात्मिक शक्ति में विश्वास रखता हो। हम लोग अध्यात्मवाद को पुराने सामाजिक संगठन की एक बुनियाद-मात्र समझते हैं और संगठन के बदलने के लिए इस बुनियाद को उखाड़ देना भी ज़रूरी समझते थे।

पुराने रूढ़िवाद के प्रसंग में एक बात और याद आ गयी। सन् अट्ठाईस के चढ़ते जाड़े की बात है, दल के कुछ लोग आगरे में एक मकान लेकर रहा करते थे। और खाली समय होने पर, उषा की लाली में, सूर्य की प्रचण्ड किरणों में, सन्ध्या की आती अँधियारी में, पूर्णिमा की ज्योत्स्ना में और अमावस्या के घटाटोप में ताज की कला, सौन्दर्य और भावपूर्ण छाया में समय बिताया करते थे। सौन्दर्य-पूजा के आवेश में दल के एक भले आदमी ने एक लावण्यमयी की छवि लगा कैलेण्डर लाकर दल के मकान की दीवार पर लटका दिया।

भले आदमी जब बाहर से लौटे, तो कैलेण्डर को फटा हुआ और एक कोने में पड़ा पाया। बहुत बिगड़े। हमारा कैलेण्डर क्या हुआ?

एक-दूसरे सज्जन जो चुटकी लेने में बहुत उस्ताद थे, इशारा कर बोले— "पड़ा तो है।"

कैलेण्डर लानेवाले तैश में बोले—"इसे फाड़ा किसने?"

चुटकी लेनेवाले, सज्जन निहायत संजीदगी से चुप रहे।

पर ललकार सुनकर आज़ाद कैसे चुप रह सकते थे, बोले—"हमने फाड़ा है।"

"आख़िर क्या ज़रूरत थी फाड़ने की? हम उसे लाये थे।"

आज़ाद ने तड़पकर कहा—"आख़िर उसे यहाँ लटकाने का मतलब?"

"क्यों? उसमें सौन्दर्य था!"

आज़ाद ने बिगड़कर कहा—"सौन्दर्य से हमें मतलब है?"

तिलमिलाकर भले आदमी बोले—"तो ताज को ही तोड़कर फेंक दो।"

आज़ाद ने इस दलील से पराजय स्वीकार नहीं की। उत्तर दिया—"हाँ, हमारा बस चलेगा, तो तोड़ देंगे।"

परन्तु २९-३० में आज़ाद का वह रुख़ नहीं था। ब्रह्मचर्य का वह दृष्टिकोण, जिसमें जीवन को पाप समझा जाता है, आज़ाद का नहीं रहा था।

कानपुर में गप लड़ाते समय कहा करते थे—"मैं सोचता हूँ, अगर मैं ब्याह करूँ भी तो किससे करूँ? मेरी तबीयत के लायक़ लड़की मिल ही नहीं सकती, कम-से-कम हिन्दुस्तान में नहीं मिल सकती। इसी को देखो—प्रकाश पाल की ओर संकेत कर—यह टुइयाँ किस लायक है। यह राइफ़ल को उठाकर एक मील भी नहीं चल सकती। 'दीदी' ही को देखो! इन लोगों का शरीर क्या है। हाँ, भाभी कुछ हैं, पर वह भी कुछ नहीं। मुझे तो ऐसी चाहिए कि राइफ़ल एक कन्धे पर और दूसरे पर कारतूसों की बोरी लादकर पहाड़-पहाड़ घूमती फिरे। बस, इसी तरह लड़ते-लड़ते मर जाय। ऐसी तो मिल सकती है फ्रण्टियर में।"

जब प्रसंग आ ही पड़ा है, तो आज़ाद के स्वभाव के सम्बन्ध में एक-दो बात कह देना अनुचित न होगा। आज़ाद बुद्धिमान् ज़रूर थे, परन्तु चालाक नहीं थे। और दिल, जो कहने को पत्थर का था; ज़रूरत से ज़्यादा नाजुक था। मतलब यह कि धोखा उन्हें आसानी से दिया जा सकता था। स्वयं स्वभाव में छल न होने के कारण दूसरे के छल को ताड़ भी न सकते थे। क्रोध इतना आता था कि आँखें ख़ून की तरह लाल हो जाती थीं, परन्तु उस समय ज़बान और हाथ काबू में रहते थे। मतलब यह कि संस्कृति और संयम आज़ाद में ख़ूब भरे थे। आज़ाद गप लड़ाने के ख़ूब शौक़ीन थे, परन्तु तरीफ़ यह कि गप की बहक में आकर जो नहीं कहना है, वह कभी न कह जायँगे।

आज़ाद का गुस्सा मैंने कई दफ़े देखा है, बल्कि दो-तीन दफ़े तो वे मुझ पर ही बिगड़े। सन् '३० की बात है, कुछ सामान और पिस्तौलों का हिसाब, जो कि मेरे चार्ज में था, मैंने आज़ाद को दिया। एक पिस्तौल के लिए बता दिया कि अमुक

आदमी को ज़रूरत थी, इसलिए दी गयी। एक महीने के बाद फिर मिलने पर आज़ाद ने मुझसे कहा—"पिस्तौलों का हिसाब तुमने दिया, वह ठीक नहीं। उस आदमी के पास तो कोई पिस्तौल नहीं।"

मेरे ज़ोर देने पर कि मैंने ज़रूर 'उसे' एक पिस्तौल दिया है, आज़ाद, बहुत बिगड़े। अँधेरा था और नदी का किनारा। मुझे उस समय तक मालूम नहीं था कि आज़ाद के दिल में मेरे प्रति कुछ दोस्तों ने सन्देह पैदा कर दिया है।

उन्होंने गुस्से में बहुत ज़ोर से डाँटकर कहा—"यह झूठ है।" मेरे शरीर में बिजली-सी कौंध गयी। उसी तरह गुस्से में जवाब दिया—"ख़बरदार!"

ऐसी बात सुनने की आज़ाद को आशा न थी। उनका स्वर बदल गया। चौंक-कर बोले—"इसका मतलब!" मैं आपे से बाहर हो रहा था। बोला—"इसका मतलब यह है, जो दूसरे को झूठा समझता है, ख़ुद झूठा...।"

कुछ देर घूरकर मेरी ओर देखते रहकर एक दीर्घ निःश्वास छोड़ उन्होंने कहा—"अच्छा!" और वे चले गये।

उस रोज़ मैंने यह समझा कि मेरा और आज़ाद का साइन्स अब जीवन में समाप्त हो गया।

कुछ दिन बाद आज़ाद का सन्देश फिर उसी जगह मिलने के लिए मिला। इच्छा न होने पर भी आज़ाद की बात टालना उचित न समझकर गया।

बहुत शान्त स्वर में उन्होंने कहा—"मुझे वह ख़बर ग़लत मिली थी, एक नहीं, दो जगह से एक-सी ही ख़बर मिली थी। लेकिन अब पता मिला है कि वह पिस्तौल 'उसी' आदमी के पास है!

इतनी बात मुझसे कहे बिना आज़ाद का कोई काम नहीं अटकता था। पर उन्होंने इतना कह देना ज़रूरी समझा।

गुप्त सोसाइटी में प्रत्येक बात गुप्त रखने से ग़लतफ़हमी के लिए बहुत गुंजाइश रहती है। एक दफ़े कुछ सज्जनों ने आज़ाद के कान मेरे विरुद्ध इतने भर दिये कि एक छोटी-सी पंचायत कर मुझे गोली मार देने का निश्चय कर लिया गया। मेरे विरुद्ध जो अपराध लगाये गये, उनकी सफ़ाई देने का मुझे कोई अवसर नहीं दिया गया। यह मैं नहीं कह सकता कि इस विषय में पंचायत के मेम्बरों में कुछ मतभेद था, या यह निर्णय सर्वसम्मति से किया गया। परन्तु निर्णय में भाग लेनेवाले एक व्यक्ति ने ही मुझे इस बात की सूचना दे दी। उस व्यक्ति का कहना था—यह निर्णय उचित नहीं, परन्तु निर्णय का विरोध कर हल में भेद डालना भी ठीक नहीं। इसलिए अच्छा यही है कि मैं इस निर्णय से परिचित हो जाऊँ।

यह व्यक्ति इस निर्णय या अन्याय की ज़िम्मेदारी अपने ऊपर नहीं लेना चाहते थे। यह अजीब बात–सुनकर मैंने आज़ाद से मिलकर सफ़ाई देने की इच्छा प्रकट की परन्तु उन्होंने इसे उचित नहीं समझा।

उनके निर्णय को मानने के अतिरिक्त मेरे पास चारा नहीं था। वजह यह कि अगर मैं आज़ाद के पास उस समय जा पहुँचता, तो यह भेद खोल देने के अपराध में उनकी ही जान पर आ बनती।

उस समय मेरी हालत कैसी होगी? इसे शब्दों की अपेक्षा कल्पना से ही अधिक अच्छी तरह समझा जा सकता है। एक ओर तो पुलिस लाहौर के प्रथम षड्यन्त्र के मामले और लॉर्ड इरविन की स्पेशल के नीचे फटनेवाले बम के मामले में मेरी तलाश कर रही थी और दूसरी ओर पार्टी के मेम्बर मुझे गोली से उड़ा देने की फ़िक्र में थे। यह भी मैं समझ सकता था कि पार्टी के मेम्बर अपने इस निर्णय को पूरा करने में देर न करेंगे, क्योंकि पार्टी के भेदों से मैं काफ़ी परिचित था। ख़ैर, मैं छह सौ मील का सफ़र तय कर पंजाब पहुँचा। मृत्युदण्ड की ख़बर पाते ही मैंने अन्दाज़ा लगा लिया था कि कौन–कौन व्यक्ति मुझे ईमानदारी से या ग़लती से अपराधी साबित करने की कोशिश कर रहे थे। पंजाब पहुँचने का अभिप्राय था— 'ज़बान' से नहीं, अपने काम से अपने प्रति उठे शकों को दूर कर देना। वहाँ जाकर मैंने देखा कि जिन व्यक्तियों के सहयोग के सहारे मैं कुछ कर धर सकता था, वे मुझसे सशंकित थे। एक दिन सन्ध्या समय किसी जगह जाने की बात थी। परन्तु मेरे उस स्थान के लिए चल पड़ने से पूर्व ही मुझे एक ज़िम्मेदार व्यक्ति ने वहाँ जाने से रोका। कारण पूछने पर बताया कि वहाँ मुझे गोली मार देने के लिए ही बुलाया गया है। यह देखकर कि अब सफ़ाई देने की कोई गुंजाइश नहीं रह गयी है, मैं उनके साथ उस स्थान पर जाने के लिए तैयार हो गया।

इस बात को हुए आज लगभग आठ बरस बीत गये हैं। बहुत–कुछ सोच–विचार परिस्थिति पर मैंने किया होगा, परन्तु आज उसकी तफ़सील देना कठिन है। पर एक बात मुख्य रूप से मन में थी। हरदम मन में यह ख़्याल आता था कि यदि कहीं बेखबरी में मैं अपने ही आदमियों की गोली से मारा गया, तो सदा के लिए कलंक का धब्बा मेरे सर हो जायेगा। उस समय एक पत्र खूब लम्बा–चौड़ा लिखकर मैंने दल के एक विश्वासपात्र आदमी के यहाँ रख दिया, ताकि मेरे मर जाने के बाद वह पत्र मेरी सफ़ाई दे सके। मुझे दल के एक पुराने सदस्य से एक ऐसी ही वारदात सुनने को मिली थी। सन् '१५–'१६ के लगभग इसी प्रकार सन्देह में या अपराध प्रमाणित होने पर एक व्यक्ति को गोली से उड़ा दिया गया था। जो होना था, वह तो हो चुका। अब न शिकायत का मौक़ा है, न उससे लाभ। असल

में दोष भी किसी को नहीं दिया जा सकता। ऐसे ही एक समय हम लोगों के मन में भाई भगवतीचरण के ख़ुफ़िया-पुलिस से मिले रहने की बाबत सन्देह डाल दिया गया था और हम लोग उन्हें गोली से उड़ा देने की फ़िक्र में रहते थे। उन्हें भी सफ़ाई देने का कोई मौक़ा नहीं दिया गया था। गुप्त क्रान्तिकारी आन्दोलन में सन्देह पैदा हो जाने के मौक़े तो बहुत रहते हैं, परन्तु सफ़ाई देने के बहुत कम। इसके लिए अगर दोष दिया जा सकता है, तो केवल परिस्थिति को।

ख़ैर! शिकारी चतुर थे, तो शिकार भी कम खेला हुआ न था! यों बेजुबान हो गोली से मारा जाना मुझे मंजूर नहीं था। जो लोग मुझे गोली मार देने के लिए तैनात किये गये थे, उनसे भी मैं मिलता था। परन्तु ऐसी ही परिस्थिति में कि वे गोली मारने का साहस न कर सकें। मुझे आज़ाद के अमुक स्थान पर होने का पता मिल गया। मैं वहीं जा पहुँचा। पर अकेले मैं नहीं, एक आदमी के साथ। आज़ाद बहुत बिगड़े कि आदमी को साथ लेकर क्यों आया? पर करता क्या?

दल के निर्णय की सूचना यों गुप्त रूप से मुझे दे दी जाने के कारण उन्हें बहुत क्रोध आया और दिल को चोट भी कम न लगी। आज़ाद का कहना था, और उनका कहना बिलकुल ठीक था कि यदि मेरी मृत्यु का निर्णय अनुचित था, तो दल के सदस्यों को इसका विरोध काउन्सिल में करना चाहिए था। दल के नियम के विरुद्ध अभियुक्त व्यक्ति से दल का भेद कहना, दल के प्रति विश्वासघात था।

इस घटना से आज़ाद के दिल को बहुत चोट लगी। जहाँ तक मैं जानता हूँ और किसी घटना से आज़ाद को इतनी चोट नहीं लगी। उन्होंने दल समाप्त कर देने का निश्चय कर लिया। आज़ाद का कहना था कि अब मैं किसी पर विश्वास नहीं कर सकता। सुशीला दीदी ने आज़ाद को बहुत समझाया, उन्होंने मेरा ही ज़िक्र कर कहा—"देखो, जब इसे यह मालूम हो गया था कि गोली मारकर मार दिया जाऊँगा। इसके मन में प्रतिहिंसा का विचार उठ सकता था। यह चाहता, तो पुलिस के सामने आसानी से सब भेद खोल दे सकता था। परन्तु वैसा न कर, वह तुम्हारे ही पास आया। इस तरह के एक नहीं, कई आदमी जब मौज़ूद हैं, तब हम लोगों का निराश होना उचित नहीं।" इस चर्चा को मैं यहीं छोड़ता हूँ। 'आपबीती में' प्रसंग आने पर इसकी बात कहूँगा। परन्तु आज़ाद न माने, उन्होंने कम-से-कम उस समय दल को दो हिस्सों में बाँट दिया। एक का उत्तरदायित्व मेरे सर पड़ा।

कैलाशपति ३० अक्टूबर को गिरफ़्तार हो गया था। उसके कुछ दिन बाद ही कानपुर में आज़ाद और हम फिर एक साथ रहने लगे।

परिस्थिति को पहचानकर चलने की योग्यता या उत्तरदायित्व का बोझ आज़ाद खूब समझते थे। यह भी एक घटना का उदाहरण देकर ही बताता हूँ।

हम लोगों ने एक बहुत ही साहसपूर्ण काम का आयोजन किया था। जिसमें दो-चार आदमी हम लोगों के भी और कई एक दूसरी तरफ के ज़रूर खेत रहते। ख़ैर, हम लोग आक्रमण के लिए तैयार थे। प्रबन्ध, यों था कि एक व्यक्ति कोई संकेत देगा और आज़ाद के आज्ञा देने पर मैं आक्रमण आरम्भ कर दूँगा। उधर से संकेत नहीं मिल रहा था और समय निकला जा रहा था। आज़ाद बहुत ध्यान से उस जगह की ओर देख रहे थे और पूछते जाते थे—क्यों हूँ, क्यों? हूँ, मैं और दूसरे साथी ज़ंजीर में बँधे हुए ताज़ी कुत्तों की तरह छटपटा रहे थे।

आज़ाद ने वार कर देने का हुक्म न दिया। समय टल गया। उस समय ऐसा मालूम हुआ कि किया-कराया सब मिट्टी हो गया। परन्तु कुछ क्षण बाद जब दिमाग़ ज़रा ठण्डा हुआ; समझ में आ गया कि उस समय राजपूती शान में आक्रमण कर देने से सिवा अपने सभी आदमियों के मर जाने के और कुछ हाथ नहीं आ सकता था। जिस आज़ाद को साधारणत: केवल पिस्तौल का ही धनी समझा जाता था, लड़ाई के मैदान के दाँव-पेच की भी उनमें ख़ूबी थी।

अल्फ्रेड पार्क में आज़ाद घिर गये और वहीं वह शहीद हुए। परन्तु इस अन्तिम समय में भी, सब ओर से गोलियों की बौछार पड़ने पर भी, वे औसान न भूले। एक व्यक्ति, जिसके बयान में शक करने की गुंजाइश नहीं और जिससे अधिक उस समय की हालत को जानने का दावा दूसरा आदमी नहीं कर सकता, उसका कहना है कि अल्फ्रेड पार्क में उस स्थान पर जहाँ आज़ाद और उनके साथी बैठे थे, एक कार आकर रुकी, जिस पर पुलिस अफ़सर थे। रुकते ही उन लोगों ने आकर बिना किसी प्रकार की चेतावनी दिये—हैण्ड्स अप कहे बिना—आज़ाद पर गोली चला दी। गोली आज़ाद की जाँघ में लगी। ज़ख्मी होकर भी वह उठे और एक वृक्ष की आड़ में खड़े होकर आक्रमण करनेवालों पर वार करने लगे। इस लड़ाई में आज़ाद पर वार करनेवाले अनेक थे। उनके पिस्तौल में गोलियाँ ख़त्म हो जाने पर, वे उसे फिर-फिर भरकर गोलियों का जवाब दे रहे थे। उनके साथी पिस्तौल ख़ाली हो जाने पर अवसर देख निकल भागे। आज़ाद के कई गोलियाँ लगीं और उन्होंने भी सुपरिण्टेण्डेण्ट, नौट बाबर की बाँह और ठाकुर विश्वेश्वरसिंह के जबड़े को ज़ख्मी कर दिया।

आज़ाद इस लड़ाई में खेत रहे और उम्मीद भी क्या की जा सकती? आज़ाद ने एक नहीं बीसियों दफ़े हम लोगों से कहा होगा कि गिरफ़्तार वह नहीं होंगे। यह 'बँदरिया का नाच' नाचना हमें मंज़ूर नहीं, वे कहा करते थे। बँदरिया के नाच का अर्थ उनकी भाषा में था—अदालत में पेश होना। दायीं कनपटी पर पिस्तौल रखकर, वे कहा करते थे—"पकड़े जाने से पहले, मैं यों समाप्त हो जाऊँगा।"

आज़ाद की मृत्यु के पश्चात् पुलिस ने ख़म ठोंक-ठोंककर कहा कि आज़ाद पुलिस की गोली का शिकार हो गया। परन्तु जो लोग आज़ाद के, गोलियों से छलनी हो गये शरीर के, अल्फ्रेड पार्क से हटाये जाने से पहले वहाँ पहुँच गये थे, जिन्होंने आज़ाद के लहूलुहान शव को देखा है, उनका कहना है कि आज़ाद की कनपटी पर गोली का घाव था। इस घाव की शाबाशी पुलिस अपने सर लेना चाहती है। उनका कहना है कि अगर पिस्तौल कनपटी पर रखकर मारी जाती, तो आसपास के बाल और खाल जल जाती। दलील के तौर पर यह बात ठीक है, परन्तु अगर पिस्तौल का मुँह कनपटी से ३-१० इंच के अन्तर पर रहा हो, तो बाले और खाल के जलने की कोई सम्भावना नहीं हो सकती। मेरी धारणा तो यह है कि आज़ाद ने ज़ख़्मी होकर गिरफ़्तार होने के बजाय, स्वयं अपने हाथों अपना अन्त कर लिया। गोली की आवाज़ सुनकर सड़क पर से इकट्ठे हो गये लोगों का कहना है कि आज़ाद ललकार-ललकारकर कह रहे थे—"देसी पुलिस क्यों लाये हो? गोरी पुलिस लाओ।"

अन्तिम समय तक एक क्षण के लिए भी घबराहट उनके दिमाग़ में नहीं आयी।

आज़ाद के शरीर और स्वास्थ्य का परिचय तो एक बहुत छोटी-सी घटना से दिया जा सकता है। एक दफ़े रुपये की ज़रूरत होने पर एक सेठ साहब के यहाँ ज़बरदस्ती रुपया लेने आज़ाद गये। दो-तीन क्रान्तिकारी और भी साथ में। सेठ साहब से बिलकुल चुप रहने के लिए कह दिया गया। परन्तु सेठ साहब के मुँह से चीख़ निकल ही गयी। इतने से अपराध के लिए उन पर गोली चलाना उचित न था। आज़ाद ने एक थप्पड़ धर दिया। सेठ जी सुन्न हो गये। दूसरे दिन सुबह सुना कि सेठ जी चलते बने। बहुत सम्भव है, सेठ जी का दिल बैठ गया हो, यानी हार्ट फ़ेल हो गया हो। लेकिन मज़ाक़ के लिए यह भी कह दूँ कि एक डकैती में आज़ाद के हाथ से एक औरत ने ही पिस्तौल छीन ली और वह ताकते रह गये। इस बात को वह अक्सर मज़ाक़ में सुनाते रहते थे।

यह बात कुछ असंगत-सी मालूम पड़ती है कि आज़ाद अँगरेज़ी नहीं जानते थे, पुस्तकें पढ़ने का उन्हें शौक़ नहीं था, मैंने उन्हें कभी पुस्तक पढ़ते नहीं देखा। तो फिर विचारों में विकास कैसे हुआ? आज़ाद ख़ुद नहीं पढ़ते थे, अँगरेज़ी नहीं जानते थे। परन्तु लेनिन के लेखों का एक पूर्ण संग्रह मैंने उनके पास देखा था, जिसे कई दफ़े मैं भी पढ़ने लगता। और दल के दूसरे लोग भी पढ़ते थे। किसी बहुत अच्छी किताब की चर्चा सुनते ही, वे उसे खरीद लेने को तैयार हो जाते थे। इस बात का उन्हें बहुत ख़्याल रहता था कि दल के लोग सिद्धान्तों तथा तत्सम्बन्धी पुस्तकें पढ़ते रहा करें और वह उन पुस्तकों के विषय में चर्चा भी करते रहते थे।

स्वयं पढ़ने का तो यह हाल था कि अगर कोई आदमी पास बैठा हो, तो वे हिन्दी का अख़बार भी स्वयं नहीं पढ़ते थे। जहाँ तक याद पड़ता है, केवल एक दफ़े मैंने उनके हाथ की लिखी कुछ लाइनें देखी थीं और वे अक्षर बहुत धीरे-धीरे लिखे हुए थे, जैसे क़लम से लिखे जाते हैं। परन्तु थे वे अक्षर बहुत ही सुघड़।

इस स्कूली विद्या के ज़माने और अँगरेज़ी के प्राधान्य में जो आदमी अँगरेज़ी न जानता हो, उसके प्रति हमारी वितृष्णा होने लगती है। इसका कारण सीधा है। आज दिन हमारी मध्यम श्रेणी की महत्त्वाकांक्षा का आदर्श है, सरकार या साहब के दफ़्तर में क्लर्की की कुर्सी पर बैठकर ऊँघना और इसके लिए इसी विद्या की ज़रूरत है। इसलिए हम इसकी क़द्र क्यों न करें? परन्तु हम यह भूल जाते हैं कि मसीह, मुहम्मद को जाने दीजिये, हमारे अकबर, हैदरअली, शिवाजी और राजा रणजीतसिंह में से कोई भी अक्षर विद्या से परिचित नहीं था। फिर भी इनमें से किसी के भी चातुर्य और राजनीति-ज्ञान के बारे में शक करने का साहस बड़े-से-बड़े क़लमबाज़ को भी नहीं हो सकता।

बिना किसी दिन चाणक्य का अर्थशास्त्र, सुकरात की नीति और ऑक्सफ़ोर्ड यूनिवर्सिटी प्रेस की किताबें पढ़े ही अपनी परिस्थितियों से इन लोगों ने राज्य क़ायम करने और राज चलाने की लियाकत हासिल कर ली थी। इसी प्रकार आज़ाद ने भी अपने सीमित क्षेत्र में सेना-संचालन, प्रबन्ध और अपने उद्देश्य और ध्येय को समझने लायक क़ाबिलियत हासिल कर ली थी। कुछ दिन तक आज़ाद ने मोटर की मरम्मत करने तथा मोटर चलाने का भी काम सीखा था। इसी सिलसिले में उनकी बाँह में चोट आ गयी थी और उन्हें बरबस बाँह में पट्टी बाँधकर काफ़ी दिन के लिए खाट पर लेटना पड़ गया था। उस समय समीप कोई आदमी बातचीत करके दिल बहलाने को नहीं था। रियासतों की परिस्थिति के सम्बन्ध में एक किताब उस समय उनके हाथ लग गयी और उसे उन्होंने पढ़ डाला। इस पुस्तक का आज़ाद के मन पर बहुत गहरा प्रभाव पड़ा। रियासतों का ज़िक्र चलने पर वह बहुत बेचैन हो जाया करते थे। वह कहा करते थे—हम ब्रिटिश-भारत में ग़ुलामी और ज़ुल्म के ख़िलाफ़ जान देने को फिरते हैं, परन्तु रियासतों में जो ज़ुल्म हो रहा है, ब्रिटिश-भारत का ज़ुल्म इसके मुक़ाबले में पासंग भी नहीं। कई दफ़े ख़याल आता है, ब्रिटिश भारत को छोड़कर पहले इन रियासतों में ही काम किया जाये! सोचो तो, जो पशु इस ज़माने में दस-दस, बीस-बीस स्त्रियों को अपने हरम में रखना अपना अधिकार समझता हो, वह प्रजा के प्रति क्या न्याय करेगा! हम लोग अत्याचार, वीभत्सता के वर्णन से भरी पुस्तकें पढ़ते हैं और जिस पुस्तक में जितना अधिक रोमांचकारी वर्णन हो, उसकी उतनी ही प्रशंसा होती है और उतनी ही अधिक खपत

भी। ऐसी पुस्तकों का एक प्रयोजन मनोविनोद भी समझा जाता है, बल्कि यही प्रयोजन मुख्य रहता है। पुस्तकें पढ़ना एक प्रकार का व्यसन है, हालाँकि यह व्यसन बुरा नहीं। यदि किसी पुस्तक को पढ़कर उसमें पढ़ी गयी सभी बातों का उपयोग करना हो, तो जीवन में चार-पाँच पुस्तकों से अधिक पढ़ने की गुंजाइश न होगी। आज़ाद का दृष्टिकोण इसी प्रकार का था। आज़ाद यदि दूसरे लोगों की भाँति पाँच-छह पुस्तक महीने में चाट जाना शुरू कर देते, तो उनका यह दृष्टिकोण क़ायम नहीं रह सकता था।

आज़ाद से मार्क्सिज़्म की व्याख्या की आशा करना परिस्थितियों को देखकर उचित नहीं। घोर संघर्ष के ज़माने में उनका राजनैतिक जन्म हुआ और उसी घोर संघर्ष के परिमिति से समय में सदा काम की भीड़ में व्यस्त रहकर वह समाप्त भी हो गये। और फिर समाज के विस्तृत कारखाने में कितने ही प्रकार के काम हैं, जिनके लिए भिन्न-भिन्न प्रकार के ही आदमी उपयुक्त हो सकते हैं। मार्क्स को अगर एक पल्टन का नायक बनकर युद्ध के मोर्चे में जाना पड़ता, तो 'कैपिटल' लिखकर समाजवाद की नींव खड़ी करने का काम किसी दूसरे ही आदमी के कन्धों पर पड़ता। और मार्क्स उस मैदान में मनुष्य-समाज का वह उपकार न कर सकता, जो उसने भूखे रह-रहकर ब्रिटिश म्यूज़ियम की लाइब्रेरी की कुर्सियों पर मूर्च्छित हो-होकर भी 'कैपिटल' लिखकर कर दिया। मार्क्स की लिखायी इतनी ख़राब थी कि उसे पेट भरने के लिए दफ़्तर में कहीं नौकरी नहीं मिल सकती थी। नेपोलियन के लिए अगर कहा जाये कि उसने कोई अच्छा ग्रन्थ नहीं लिखा, इसलिए वह अच्छा सेनानायक नहीं था, तो यह बुद्धिमानी का परिचय नहीं समझा जायेगा और यह साबित करने की कोशिश करनी भी कि नेपोलियन लैटिन व्याकरण का पण्डित था, अक्लमन्दी न होगी। आज़ाद को परिस्थितियों ने जिस मैदान में लाकर रख दिया, उस मैदान की परीक्षा में वह ख़ूब पूरा उतरा, इसमें शक नहीं। आज़ाद विचारक नहीं, सेनापति था। जिन विचारों या उद्‌देश्यों को लेकर हिन्दुस्तानी समाजवादी प्रजातन्त्र सेना ने जान जोखिम का मार्ग चुना था, उस कार्यक्रम को पूरा करने के लिए आज़ाद ने कोई कसर न छोड़ी। उसका काम विचारों का विश्लेषण नहीं था। विचारों को लेकर चलनेवाले सैनिकों का संचालन करना था। एक बात यहाँ याद आ गयी। रूस में १९१७ की क्रान्ति के बाद, जिस समय ज़ोर के पक्षपाती और विदेशी शक्तियाँ सोवियत-सरकार से युद्ध ठाने हुए थीं। जिन सेनापतियों ने रूस की लाल सेना का संचालन कर रूस को संकट से बचाया, उन्हीं की बात है। एक दिन एक सेना के सिपाहियों ने भूख से तंग आकर कुछ किसानों को लूट लिया। किसानों ने सेनापति को फटकार बतायी। सेनापति ने जवाब दिया—"सिपाहियों ने

जो किया, बुरा किया, पर हम तुम्हारे लिये लड़ रहे हैं, अपने प्राण दे रहे हैं, तुम्हें हमारा पेट भरना चाहिए। जो तुम खाते हो, हमें भी खिलाओ। तुम भूखे रहोगे, तो हम भी भूखे रहेंगे।''

किसानों ने कहा—''हम तुम्हारा पेट क्यों भरें; तुम न जाने किस पार्टी के लोग हो?''

सेनापति ने उत्तर दिया—''हम समाजवादी हैं।''

एक किसान अख़बार पढ़नेवाला था। उसने पूछा—''समाजवादी भी कई दलों के हैं। कोई पहले अन्तरराष्ट्रीय को मानते हैं, कोई दूसरे को, कोई तीसरे को। तुम किन सिद्धान्तों को मानते हो?''

सेनापति घबरा गया। कुछ उत्तर न पा उसने पूछा—''कुदा लेनिन'' (लेनिन क्या मानता है?)

उत्तर मिला—''लेनिन तो तीसरे अन्तरराष्ट्रीय के निर्णय को मानते हैं।''

सेनापति ने छाती पर हाथ रखकर कहा—''या तोज़ेताम'' (मैं भी उसी को मानता हूँ)।

और यही सेनापति थे, जिन्होंने रूस में मौज़ूदा समाजवादी प्रजातन्त्र शासन-प्रणाली को विदेशी आक्रमणों से बचाकर सुरक्षित अवस्था में टिकाया।

उन वादों और सिद्धान्तों की उलझन में आज़ाद को फँसाने की ज़रूरत नहीं, जो आज़ाद के समय इस देश में पनप भी न पाये थे। यदि कल को फ़ैसिस्ट लोग पं. जवाहरलाल की गवाही पर अपने आपको आज़ाद का अनुयायी बताने लगे, तो हम क्या कह सकेंगे? हमारे आधुनिक इतिहास में आज़ाद मध्याह्न के प्रचण्ड सूर्य में प्रज्वलित नग्न शिला के समान खड़ा है। वह उस स्थान का संकेत है, जहाँ से भारत के क्रान्तिकारियों ने केवल राष्ट्रीय स्वतन्त्रता के ध्येय को छोड़ समाज में श्रेणी शोषण के विरुद्ध भी जिहाद की आवाज़ उठायी। आज़ाद की अनुमति से, हिन्दुस्तानी समाजवादी प्रजातन्त्र सेना के प्रतिनिधि के रूप में, सबसे पहले भगतसिंह ने उस जिहाद की स्पष्ट शब्दों में घोषणा की। यदि आज इस देश में क्रान्ति का कोई मोर्चा है, तो वह है, श्रेणी-शोषण का अन्त कर, जिसको कि विराट् रूप हमारे देश के रक्त को चूसनेवाला साम्राज्यवाद है, वास्तविक प्रजातन्त्र शासन कायम करना। आज़ाद ने अपनी जान इसी के लिए दी। आतंकवाद के लिए नहीं। आज़ाद आतंकवाद का समर्थक नहीं था। आज़ाद के शहीद होने से कुछ दिन पूर्व जब कांग्रेस और सरकार में समझौते की बात चल रही थी, हम लोग इसी समस्या पर विचार किया करते थे। बजाय यह सोचने के कि किस अफ़सर का सर गोली

से उड़ाया जाये, हम यही सोचा करते थे कि सार्वजनिक जागृति किस प्रकार हो सकती है, और हम लोगों के लिए उसमें कहाँ स्थान है? इतना स्वीकार अवश्य करूँगा कि उस समय तक इन सबके लिए हम केवल नि:शस्त्र क्रान्ति का व्रत नहीं ले चुके थे। आज़ाद के शहीद हो जाने के बाद भी एक दो जगह यू.पी. या पंजाब में रिवालबरों ने आग ज़रूर उगली, परन्तु वही दल का मुख्य कार्यक्रम न था। आज जो कुछ करने की ज़रूरत है—अर्थात् सर्वसाधारण में राजनैतिक चेतनता और शोषित श्रेणियों में जाग्रति फैलाकर संगठित करने की—उसी के लिए हम उस समय छटपटाने लगे थे। आज़ाद हमारे इस नवीन विकसित आन्दोलन का अंकुर मात्र था, परन्तु वृक्ष तैयार होने से पूर्व अंकुर ही जमता है।

समाजवाद में ईश्वर को स्थान नहीं

समाजवादी के लिए अध्यात्मवादी होना सम्भव नहीं

साइन्स द्वारा जितनी बातें प्रमाणित हो गयी हैं, उन्हें ईश्वरवादी या अध्यात्मवादी स्वीकार कर लेते हैं, परन्तु इसके साथ ही वे ईश्वर में भी विश्वास बनाये रखना चाहते हैं। विप्लव के पिछले मास के अंक में भाई विचित्रनारायण जी ने 'वैज्ञानिक अध्यात्मवाद' शीर्षक लेख लिखकर उससे पूर्व के अंक में इसी विषय पर लिखे भाई नक़बी के लेख की समालोचना करते हुए लिखा है—"हम कट्टर मार्क्सवादियों से पूछते हैं, इस हमारे अध्यात्म में कौन-सी बात विज्ञान-विरुद्ध या मार्क्सवाद के वास्तविक अर्थों और अभिप्रायों के विपरीत है? और हमारा ईश्वर और अध्यात्म किस जगह दक़ियानूसी या अयथार्थ हो जाता है?"

इसके साथ ही भाई विचित्रनारायण जी ने अपने लेख के अन्त में लिखा है कि, "संसार के जिस नियम को आप केवल भौतिक नियम समझते हैं, उसे हम ईश्वरीय नियम समझते हैं।"

समाजवाद के दर्शन में दरअसल ईश्वर या किसी ऐसी शक्ति के प्रति विश्वास के लिए, जो संसार के क्रम से अलग रहकर संसार का नियन्त्रण करती है, कोई स्थान नहीं हो सकता। हमारा समाज आज जिस अवस्था में है, इस अवस्था तक पहुँचने में उसे कितनी ही अवस्थाओं और सभ्यताओं में से होकर गुज़रना पड़ा है, और उन सब अवस्थाओं और सभ्यताओं में उचित और अनुचित, न्याय और अन्याय जाँचने के लिए एक विचार-धारा रहती आयी है। यह विचारधारा जिस प्रकार की सामाजिक अवस्थाओं में उत्पन्न होती आयी है, उसी प्रकार की सामाजिक अवस्थाओं को मज़बूत बनाने और क़ायम करने का काम भी देती आयी है। आज

हम समाज के संगठन को बदल देना चाहते हैं। इसके लिए हमारे दिमाग़ का पुराने साँचे के बन्धनों से निकलकर आज़ाद होना ज़रूरी है। इस समाज में उचित-अनुचित और न्याय-अन्याय की कसौटी पहले की विचारधाराओं से दूसरे ढंग की होगी।

समाजवाद में ईश्वर को स्थान क्यों नहीं, इसका पहला कारण तो यह है कि साइन्स की पहुँच जहाँ तक है, वहाँ तक हमें ईश्वर और आत्मा कहीं दिखायी नहीं देता। यह संसार, जिसकी वर्तमानता से हम इनकार नहीं कर सकते, जिस शक्ति द्वारा रचा गया है, उसे 'ईश्वर' कहकर उस पर ज़बरदस्ती विश्वास करने के लिए मनुष्य की बुद्धि को मजबूर करना मनुष्य की बुद्धि के साथ अन्याय है। संसार या सृष्टि जिस क्रम से रची जाती है, उसे साइन्स खोज चुकी है, उसमें ईश्वर कहीं मौज़ूद नहीं, और ईश्वर के न मिल सकने से संसार गड़बड़ाकर गिर पड़ा हो, सो बात भी नहीं। वायु के ठीक ढंग से बहते रहने और जल के भाफ़ बनकर बरसते रहने या दिन-रात के क़ायदे से आते-जाते रहने के लिए कोई भी वैज्ञानिक या ईश्वरवादी, ईश्वर या आत्मा की आवश्यकता अनुभव नहीं करता। ईश्वर की आवश्यकता होती है, समाज में व्यवस्था क़ायम रखने के लिए मनुष्यों को एक ख़ास ढंग से जीवन व्यतीत करने को मजबूर करने के लिए।

ईश्वरवादियों या अध्यात्मवादियों का यह ईश्वर या शक्ति कोई ठोस अनुभव-गम्य वस्तु नहीं, वह है केवल एक भावना। इस भावना का उद्देश्य है, उस शक्ति को सर्वज्ञ और सर्वशक्तिमान् मानकर कुछ ख़ास नियमों के अनुसार चलते जाना तथा सृष्टि, संसार या समाज को उसी शक्ति की बुद्धि या विधान के अनुसार रचा हुआ मानना। हिन्दू समाज में इसके साथ ही कर्मफल के विश्वास की भी एक बड़ी भारी दिमाग़ी ग़ुलामी मौज़ूद है।

समाजवादी के लिए, जो समाज की व्यवस्था को बदल देना चाहता है, यह मान लेना असम्भव है कि हमारा समाज मनुष्य से बड़ी किसी ऐसी शक्ति का रचा हुआ है, जो ग़लती नहीं कर सकती, और उसमें सब लोग अपने-अपने कर्मों के अनुसार ऊँच-नीच या शोषक और शोषित हैं। एक बार यह विश्वास कर लेने पर कि हमारा यह समाज एक सर्वज्ञ और कभी ग़लती न करनेवाली शक्ति का बनाया हुआ है, हमारे दिमाग़ पर ताला और हाथों पर हथकड़ियाँ लग जाती हैं।

ईश्वर में विश्वास होने का अर्थ है, मनुष्य से बड़ी एक शक्ति के न्याय या विधान में विश्वास होना। ऐसा विश्वास हो जाने और यह मान लेने पर कि उसी शक्ति की इच्छा से यह सब-कुछ हो रहा है, हमारी उन्नति और परिवर्तन की सब कोशिशों का कोई मतलब नहीं रह जाता। ईश्वर के विश्वास का दूसरा अंग है

आत्मा में विश्वास, अर्थात् यह विश्वास कि हमारा जीव कभी नहीं मरता। इस जन्म में मनुष्य कर्म करता है, तो उस जन्म में वह कर्म का फल भोगता है। इस जन्म में हमें धर्म के अनुसार काम करते चले जाना चाहिए, हमारी अवस्था उस न्याय करनेवाली शक्ति के न्याय से स्वयं सुधर जायेगी।

कर्मफल का सिद्धान्त या ईश्वर के सिद्धान्त के अनुसार ही महात्मा गाँधी राम-राज्य का स्वप्न देखते हैं, वह ज़मींदार और रिआया तथा मालिकों और मज़दूरों में पिता-पुत्र का सम्बन्ध देखना चाहते हैं। महात्मा जी ही नहीं, कोई भी व्यक्ति, जो यह विश्वास रखता है कि अपने पिछले जन्म की तपस्या के कारण ही ये ज़मींदार और पूँजीपति आज समाज के शासन की गद्दियों पर बैठे हुए हैं और किसान-मज़दूर पिछले जन्म के पाप के कारण ही दासता कर रहे हैं, कभी दृढ़ विश्वास और साहस से क्रान्ति की चेष्टा नहीं कर सकता।

समाज की आज दिन की व्यवस्था और अवस्था को असन्तोषजनक समझ उसे विप्लव द्वारा पलटकर मानुषी बुद्धि के बल से आदर्श समाज बना सकने का साहस प्राप्त करने के लिए यह समझ और जान लेना बहुत ज़रूरी है कि हमारा समाज परिस्थितियों के अनुसार मनुष्य द्वारा ही बनाया गया था, और आज परिस्थितियाँ बदल जाने पर हम उसे फिर बदल सकते हैं। कोई शक्ति मनुष्य या उसकी परिस्थितियों के दायरे के बाहर बैठी हुई तार खींचकर उसमें अदल-बदल नहीं कर सकती।

अपने भीतर जड़ पदार्थों से भिन्न सोचने-विचारने और बोलने-चालने की शक्ति देखकर हमें अपने में एक ऐसी वस्तु के मौज़ूद होने का विश्वास होने लगता है, जो इस शरीर की मालिक है। इसे हम लोग 'आत्मा' कहकर पुकारते हैं।

हमारा अध्यात्मवाद, पुराना धर्म और गाँधीवाद इसी 'आत्मा' को बड़ी भारी शक्ति कहते और समझते हैं तथा शरीर की अपेक्षा उसकी उन्नति करना अपना परम कर्त्तव्य समझते हैं। हमसे कहा जाता है, शरीर नष्ट हो जायेगा, संसार धरा रह जायेगा, परन्तु यह आत्मा अमर है, इसी की चिन्ता करो। किन्तु इस अमर आत्मा का अस्तित्व हमें शरीर से भिन्न कहीं नहीं मिलता। शरीर की शक्ति के समाप्त हो जाने या घटते-बढ़ते रहने पर हम मनुष्य की शक्ति को घटते-बढ़ते देखते हैं। उस अमर निर्लेप आत्मा का, जो मनुष्य-मात्र में एक समान है, हमें कहीं अस्तित्व नहीं मिलता। हब्शियों या असभ्य लोगों में आत्मा की पुकार हमें नहीं सुनायी देती है। हाँ, एक पुकार ज़रूर सुनायी देती है और वह है विश्वास की पुकार या विश्वास की शक्ति।

विश्वास की पुकार या विश्वास की शक्ति मनुष्य के दिमाग़ में ही पैद होती है। उसे मनुष्य की शिक्षा-दीक्षा और उसके चारों ओर की परिस्थितियाँ ही पैदा करती हैं। इनके सिवा न विश्वास कुछ है और न विश्वास की शक्ति ही कोई चीज़।

एक बहुत पुराना सवाल है, जो ईश्वरवादी या अध्यात्मवादी किया करते हैं कि जड़ प्रकृति से बने इस मनुष्य में चेतनता कहाँ से आ जाती है? साइन्स इस प्रश्न का उत्तर देती है। चेतनता, जिसे हम आत्मा ही कह दें तो कोई हर्ज न होगा, प्रकृति का एक गुण है, जिसका आहिस्ता-आहिस्ता विकास होता है। वह बढ़ती और घटती भी है। जो लोग यह विश्वास करते हैं कि भगवान् ने मनुष्य को पंचभूत लेकर बनाया और उसमें जीव और आत्मा फूँक दी, उनसे तो इस छोटे-से लेख में जिरह नहीं की जा सकती; लेकिन जो लोग विज्ञान के सिद्धान्तों को मानते हैं—जैसा कि भाई विचित्रनारायण जी का दावा है—कि मनुष्य का प्रकृति से आहिस्ता-आहिस्ता विकास हुआ है। वे जानते हैं कि मनुष्य का विकास ऐसे प्राणियों से हुआ है, जिनमें चेतनता की मात्रा बहुत कम थी। वे न सोच सकते थे, न विश्वास कर सकते थे, न हिल-जुल सकते थे। शरीर के दूसरे अंगों के विकास के साथ-साथ मनुष्य में सोचने की मशीन या दिमाग़ नाम का अंग भी बना और आहिस्ता-आहिस्ता वह इस अवस्था को पहुँच गया। या कहिये, आत्मा का भी विकास हुआ। यदि विज्ञान के अनुसार आत्मा का भी विकास आप मानने को तैयार हैं, तो सिद्धान्त-रूप से आपको यह भी मान लेना पड़ेगा कि आत्मा एक दिन नहीं था और उसका अन्त भी हो जा सकता है। फिर ऐसी वस्तु को आप अमर कैसे कह सकते हैं? और उसकी पुकार को कभी ग़लत न होनेवाली पुकार या कभी नाकामयाब न होनेवाली शक्ति कैसे कह सकते हैं? इसीलिए परिस्थितियों के अनुसार बदलते रहनेवाली इस आत्मा और परमात्मा की शक्ति में और उसके फ़ैसले में विज्ञान के अनुसार चलनेवाले समाजवादी विश्वास नहीं कर सकते।

गाँधीवाद या आध्यात्मिकता की सबसे बड़ी दलील है, भलाई के लिए भलाई करना या जिसे मोटे शब्दों में कहा जाता है, नैतिकता के लिए नैतिकता का पालन करना। गाँधीवाद या अध्यात्मवाद के अनुसार नैतिकता के सिद्धान्त कभी बदलते नहीं। परन्तु जो आदमी 'विकास' या मनुष्य और समाज के उन्नति करते जाने और बदलते रहने के सिद्धान्त में विश्वास रखता है, वह ऐसी गुरुडम-भरी बात नहीं मान सकता। नैतिकता या भलाई अवस्थाओं के अनुसार बदलती रहती है। राजा के प्रति विद्रोह करना या राजाज्ञा का पालन न करना धर्मशास्त्र के अनुकूल महापाप है, परन्तु देश में ऐसी भी अवस्था आ सकती है, जब यही 'पुण्य' समझा जाये। जिसे आप एक समय पुण्य समझते हैं, वह कल 'हिंसा' समझा जा सकता है। जिसे

आज आपका धार्मिक विश्वास 'छल' कहता है, कल आप उसे 'चतुरता' कह सकते हैं। जिसे आज आप 'त्याग' और 'तपस्या' कह रहे हैं, कल वही 'हठधर्म' समझा जा सकता है। अगर आज राजकोट रियासत का एक चौकीदार ठाकुर साहब का नमक खाकर यह समझे कि यह उसकी आत्मा की पुकार या नैतिकता का दावा है कि सत्याग्रहियों पर लाठी बरसाये या सत्याग्रही स्त्रियों का अपमान करे, तो आपको उसकी नैतिकता या आत्मा की आवाज़ में ज़रूर भयंकर दोष दिखायी देगा। परन्तु वह चौकीदार कहता है, मैंने धर्मशास्त्रों में सुना है कि अपने पुण्य-प्रताप और भगवान् के न्याय से ठाकुर साहब प्रजा का शासन करने के लिए पैदा हुए हैं। भगवान् ने जितनी बुद्धि उन्हें दी है, उतनी सत्याग्रहियों को नहीं दी। मैं उनकी आज्ञा का पालन कर अपनी आत्मा की पुकार, ईश्वर की आज्ञा और नैतिकता का पालन कर रहा हूँ, तो आपके पास क्या उत्तर है? भाई विचित्रनारायण जी शायद भूले नहीं होंगे कि पेशावर में निहत्थी जनता पर गोली चलाने का हुक्म मिलने पर जब गढ़वाली पल्टन ने अपनी आत्मा की पुकार सुन या नैतिकता का विचार कर गोली चलाने से इनकार कर दिया था, महात्मा गाँधी ने उनकी निन्दा की थी। महात्मा जी के विचार में उस समय अहिंसा का पालन कर या आत्मा की आवाज़ सुन-गढ़वाली सैनिकों ने भूल और पाप किया था, शायद इसीलिए गढ़वालियों में से अब तक जेल में मौज़ूद हवलदार चन्द्रसिंह की रिहाई के लिए कोई आवाज़ नहीं उठाते।

नैतिकता है क्या? नैतिकता वे विश्वास हैं, जो हमारे मन में बैठ गये हैं। परिस्थितियाँ बदलने पर इनका बदलना ज़रूरी है। परिस्थितियाँ बदलती हैं, इसमें शक नहीं, इसलिए नैतिकता भी बदलती है। नैतिकता पर लगी हुई मोहर है ईश्वर का हुक्म। लेकिन समाजवादी चूँकि नैतिकता की परीक्षा अपनी बुद्धि से करना अपना अधिकार समझते हैं, इसलिए वे इस मोहर को और इसे लगानेवाली शक्ति (ईश्वर) को मानने से इनकार करते हैं।

हम यह नहीं कहते कि ईश्वर नहीं है। ईश्वर नहीं है, कहने का अर्थ तो यह है कि कोई एक वस्तु ईश्वर है, उसे हम जानते हैं, और कहते हैं कि वह नहीं है। हम तो जान नहीं सकते कि ईश्वर क्या है। हाँ, जिसे ईश्वरवादी 'ईश्वर' कहते हैं, वैसी कोई चीज़ नहीं है, यह हम कह सकते हैं।

◈

मार्च

१९३९

सम्पादकीय टिप्पणियाँ

अछूत सुभाष

ब्रिटिश सरकार फ़ेडरेशन के काठ में हमें कस देने की धमकी दे रही है। ब्रिटिश सरकार के बल पर देसी रियासतें अपने शोषण का हक़ क़ायम रखने के लिए रियासती प्रजा का दमन कर रही हैं, उनकी मनुष्यता के अधिकारों की माँग को कुचल देने का यत्न कर रही हैं और हमारे राष्ट्रीय आन्दोलन के नेता इस समय हमारी राष्ट्रीय सेना कांग्रेस को लड़ाई के मोर्चे पर खड़ा कर इन आक्षेपों और सफ़ाइयों की बारीक़ियों में उलझ रहे हैं। उनका ध्यान इस समय शत्रु के वार की तरफ़ न होकर इस बात की ओर है कि सेनापति का चुनाव किस आधार पर हो ? हम अमुक व्यक्ति के साथ सहयोग कर सकते हैं या नहीं? वर्तमान प्रधान का सक्रिय विरोध किया जाये या उसे निस्सहाय छोड़कर मार दिया जाये।

इस बात को छिपाने की अब गुंजाइश नहीं कि सुभाष बाबू के प्रधान चुने जाने से उन लोगों ने अपनी ज़बरदस्त हेठी समझी है, जो अब तक कांग्रेस की बागडोर अपने हाथ में सँभाले चले आये हैं। महात्मा जी ने इसे अपनी निजी पराजय स्वीकार कर अपनी विशालहृदयता का परिचय दे दिया, परन्तु गाँधी जी के चरणचिह्नों पर चलने का अभिमान करनेवालों के लिए इतनी उदारता दिखा सकना सम्भव न हुआ। पहला आक्षेप सुभाष बाबू पर यह लगाया गया कि उन्होंने फ़ेडरेशन का तूमार खड़ा कर लोगों को पागल बना उनके वोट अपनी ओर खींचने की कोशिश की। दूसरा आक्षेप उन पर यह लगाया गया कि उन्होंने वर्किंग कमेटी के मेम्बरों पर फ़ेडरेशन को स्वीकार करने के झूठे आक्षेप लगाये। कांग्रेस की वर्किंग कमेटी का काम बहुत महत्त्वपूर्ण है। वह हमारी सेना के प्रधान की सहायक और सलाह देनेवाली कमेटी है। उसे न केवल अपनी सेना के लिए कार्यक्रम तय करना पड़ता है, बल्कि हमारे शत्रु ब्रिटिश–साम्राज्यवाद से मोल–तोल, भाव–भत्ता भी करना पड़ता है, दाँव–पेच भी सोचने पड़ते हैं। ऐसी परिस्थिति में यदि कांग्रेस की वर्किंग कमेटी ने साम्राज्य की सरकार के साथ इस विषय में कोई बातचीत की हो, तो उसमें आश्चर्य की कोई

बात नहीं। सुभाष बाबू ने जो बातें इस सम्बन्ध में कहीं थीं, उनका कोई माकूल उत्तर वर्किंग कमेटी ने नहीं दिया। हाँ, उनकी बातों को केवल निराधार बताकर टाल दिया गया।

जो लोग गम्भीर राजनीति को समझने का दावा करते हैं, वे सुभाष बाबू पर डिसिप्लिन तोड़ने का अपराध लगा रहे हैं। हम मानते हैं, डिसिप्लिन बड़ी ज़रूरी चीज़ है, परन्तु जब एक व्यक्ति डिसिप्लिन के बन्धन में अपने उद्देश्य का गला घुटता देखे, तो क्या करे? नैतिकता के लिए नैतिकता का पालन करनेवाले और आत्मा की पुकार सुननेवालों से हम पूछते हैं, ऐसे समय डिसिप्लिन को मानना क्या अपने उद्देश्य के प्रति विश्वासघात करना नहीं?

सुभाष बाबू ने जो कुछ किया, उसके लिए हमारे राजनैतिक महारथी उन्हें क्षमा करने के लिए तैयार नहीं। वे उन्हें 'अछूत' बताकर उनसे दूर हो गये उत्तरदायित्व के भारी जुए को वे सुभाष बाबू के साथ अपने कन्धे पर लेकर चलने के लिए तैयार नहीं। लेकिन इससे सुभाष बाबू को घबराने की कोई ज़रूरत नहीं! सुभाष बाबू यह ख़ूब जानते हैं, आज देश ने उन पर जो अपना विश्वास प्रकट किया है, वह उनके महात्मा या अवतार होने के कारण नहीं, वह है एक ख़ास कार्यक्रम के लिए।

आज मौक़ा है हमारे देश के सामने यह दिखा देने का कि हमारा राष्ट्रीय आन्दोलन कुछ जादूगरों की फूँक से पैदा हुआ खेल नहीं है। देश में राजनैतिक विचारों की उन्नति होने से यदि हमारे सामने अलग-अलग कार्यक्रम आते हैं, तो घबराने की बात नहीं। और हमारा यह सौभाग्य है कि इस समय हमारे सामने लड़ाई का ऐसा महत्त्वपूर्ण मोर्चा मौज़ूद है, जिसमें सहयोग देने के लिए हमारे राइटिस्ट और लेफ़्टिस्ट दोनों ही मजबूर हैं। हमें कांग्रेस के उस दल से, जिसके प्रतिनिधि कांग्रेस की वर्किंग कमेटी के सदस्यों ने इस समय वर्किंग कमेटी से इस्तीफ़े दे दिये हैं, पूरी आशा है कि वे देशी रियासतों और फ़ेडरेशन —जैसा कि उसे ब्रिटिश-साम्राज्यवादी सरकार ने गढ़कर तैयार किया है—के विरुद्ध अपनी पूरी शक्ति लगाकर सुभाष बाबू द्वारा पेश किये गये कार्यक्रम को सफल बनायेंगे। कांग्रेस के राइटिस्ट कहलानेवाले दल को कांग्रेस के उग्रदल से यदि कोई भय है, तो शायद यही कि उग्रवादी कांग्रेस को शायद हिंसा की नीति पर ले जाने का यत्न करेंगे। हमें पूर्ण विश्वास है कि उग्रदल के लोग अहिंसा को चाहे त्रिकाल धर्म रूप में स्वीकार न कर सकें, परन्तु कांग्रेस की नीति के रूप में अहिंसा और शान्तिमय उपायों को वें नहीं छोड़ सकते। इस अवस्था में कांग्रेस में फूट पड़ने की कोई वजह हमें दिखायी नहीं देती और हमें विश्वास है कि अहिंसावादी राजनैतिक महारथी कार्यक्रम में भेद पैदा न होने पर सुभाष बाबू को ख़्वामख़्वाह अछूत बनाकर न छोड़ देंगे।

बेक़ुसूर क़ैदी

तीन राजबन्दी, जिन्हें सरकार की अदालतों ने क़ुसूरवार साबित नहीं किया है, देहली जेल में इस समय क़ैद की सज़ा भुगत रहे हैं। बिना यह जाने कि कौन और क्या जुर्म इन लोगों पर लगाया गया है, ये लोग छह साल जेल में काट चुके हैं। जेल के भीतर बन्द रहते हुए जिन उपायों से सम्भव था, इन्होंने सरकार और जनता के नेताओं का ध्यान इस बिना क़ुसूर की और कभी न ख़त्म होनेवाली सज़ा की ओर दिलाया, परन्तु सब बेसूद हुआ।

कोई भी उपाय न देखकर इन क़ैदियों ने भूख–हड़ताल का आश्रय लिया है। क़ैदियों के भूख–हड़ताल करने पर सरकार उनकी कोई भी बात सुनने के लिए या उनकी किसी भी माँग पर ग़ौर करने के लिए तैयार नहीं होगी, यह बात देहली जेल में बन्द तीनों राजनैतिक बन्दी भी ख़ूब जानते हैं। तिस पर भी उन्हें भूख–हड़ताल करनी पड़ी।

क़ैदियों के भूख–हड़ताल करने पर अक़सर उनकी ओर सहानुभूति अनुभव न कर सरकार और जनता के नेता उनसे एक प्रकार की चिढ़ अनुभव करने लगते हैं। यह बात वह क़ैदी न जानते हों, सो बात नहीं; परन्तु फिर भी उन्हें भूख–हड़ताल करनी पड़ी। यह बात देखकर इस बात का अन्दाज़ा आसानी से लगाया जा सकता है कि कितनी गहरी निराशा की अवस्था में, किस प्रकार अपने बन्दी–जीवन के बोझ से तंग आकर इन लोगों ने अपने भारस्वरूप जीवन को अन्त कर देने की बात सोची होगी।

सरकार का कहना है कि सरकार उन्हें कुछ शर्तों पर छोड़ सकती थी और इन बन्दियों ने उन शर्तों को अस्वीकार कर दिया। हमारी समझ में नहीं आया कि सरकार जिन लोगों को अपनी अदालतों में अपराधी साबित नहीं कर सकी, उन पर किस न्याय से कुछ कल्पित कामों को न करने की पाबन्दियाँ लगाकर उनका अपमान करना ज़रूरी समझती है? और फिर उस अवस्था में जब कि अदालतों से सज़ा पाये क्रान्तिकारी क़ैदी बिना किसी शर्त के स्वतन्त्र होकर साधारण नागरिकों–सा जीवन व्यतीत कर रहे हैं?

हिन्दू और मुसलमान रियासतें

दो लड़कों या आदमियों का किसी बात पर आपस में झगड़ पड़ना मामूली बात है। परन्तु यदि इन दोनों में बदक़िस्मती से एक हिन्दू और दूसरा मुसलमान हुआ, तो इस मामूली झगड़े के साम्प्रदायिक रूप ले लेने की आशंका पैदा हो जाती है।

इस समय रियासतों की प्रजा रियासती हुकूमत के दमन के ख़िलाफ़ आन्दोलन कर रही है। यदि बदक़िस्मती से रियासत की प्रजा अधिकांश मुसलमान है और राजा हिन्दू है, या प्रजा हिन्दू है और राजा मुसलमान है, तो उसमें भी साम्प्रदायिकता का सवाल उठ खड़ा हुआ है। कोई हिन्दू यह कहने का साहस नहीं कर सकता कि हिन्दू राजा को मुसलमान प्रजा पर ज़ुल्म करने का अधिकार होना चाहिए, न कोई मुसलमान यह कहने का साहस कर सकता है कि मुसलमान नवाब या निज़ाम को हिन्दू प्रजा पर ज़ुल्म करने का अधिकार होना चाहिए। लेकिन फिर भी मुसलिम-लीग और हिन्दू-महासभा के प्लेटफ़ार्मों से हिन्दू और मुसलमान रियासतों की रक्षा का सवाल उठाया जा रहा है। इस सवाल को शुरू करनेवालों की नीयत पर शक करने के लिए काफ़ी गुंजाइश है। हमारे देश में प्रजा के आन्दोलनों को बरबाद करने के लिए, उनकी शक्ति को बिखेर देने के लिए प्राय: साम्प्रदायिक रूप देकर उन्हें आपस में भिड़ाकर कई दफ़े नष्ट कर दिया जा चुका है। वही बात आज फिर की जा रही है। यह भी हमें नहीं भूल जाना चाहिए कि रियासतों में प्रजा के आन्दोलनों को दबा देने के लिए राजाओं और नवाबों ने जो उपाय निश्चित किये हैं, उनमें साम्प्रदायिक द्वेष को भड़काने की कोशिश करना भी एक है।

बदक़िस्मती यह है कि एक काफ़ी बड़ी संख्या में हिन्दू और मुसलमान रियासतों के आन्दोलन को दरअसल साम्प्रदायिक दृष्टिकोण से देखने लग गये हैं। और उसका कारण है, हिन्दुओं के मन में मुसलमानी-राज और मुसलमानों के मन में हिन्दू-राज स्थापित हो जाने का भय! जो अंग्रेज़ी-राज हमें पीसे डाल रहा है, उसे भूलकर हम हिन्दू-राज और मुस्लिम-राज की ख़ामख़याली के डर में मर रहे हैं। महात्मा गाँधी ने इस बात को स्पष्ट कर दिया है कि रियासतें दरअसल न मुसलमान हैं न हिन्दू। वे दरअसल देश के भिन्न-भिन्न भाग में ब्रिटिश सरकार की हुकूमत के सहारे प्रजा का ख़ून चूसनेवाले स्वेच्छाचारी शासक हैं।

हैदराबाद में इस प्रश्न ने दरअसल टेढ़ी परिस्थिति पैदा कर दी है। रियासत के ज़ुल्मों से तंग आकर रियासत कांग्रेस ने प्रजातन्त्र और नागरिक अधिकारों के लिए सत्याग्रह जारी किया। इस आन्दोलन में हिन्दू और मुसलमान दोनों शामिल थे। मुसलमान कम थे, परन्तु हैदराबाद रियासत में मुसलमानों की जितनी संख्या है, उसके हिसाब से उनकी संख्या काफ़ी अधिक थी। इसी समय पटने में लीग का अधिवेशन हुआ। लीग ने कांग्रेस को मुसलिम रियासतों को न छोड़ने की धमकी दे दी! रियासत-कांग्रेस के यह आन्दोलन आरम्भ करने के कुछ ही दिन बाद हैदराबाद में आर्यसमाज की ओर से धार्मिक या साम्प्रदायिक अधिकारों के लिए सत्याग्रह शुरू कर दिया गया। आर्यसमाज के इस सत्याग्रह से हैदराबाद के

सत्याग्रह की रंगत साम्प्रदायिक होने लगी, हालाँकि दोनों आन्दोलन बिलकुल अलग-अलग थे। ऐसे समय जब प्रजातन्त्र और नागरिक अधिकारों के लिए सत्याग्रह चल रहा था, आर्यसमाज ने इस आन्दोलन को सहायता न देकर अलग आन्दोलन चलाकर बड़ी ग़लती की। मुसलिम लीग या दूसरे ऐसे आदमियों की, जो रियासती आन्दोलन को साम्प्रदायिक रंग दे देना चाहते थे, ख़ूब सहायता की। कांग्रेस को अपना आन्दोलन बन्द कर देना पड़ा। हैदराबाद का आन्दोलन प्रजा का आन्दोलन न होकर साम्प्रदायिक आन्दोलन हो गया। और मज़ा यह कि आर्यसमाज और हिन्दू कांग्रेस पर यह लांछन लगा रहे हैं कि कांग्रेस मुसलमानी रियासत का लिहाज़ कर रही है। मुसलमान रियासत में आन्दोलन न चलाकर केवल हिन्दू-रियासतों को बरबाद कर रही है।

उनका कहना है कि हिन्दू-रियासतों के मिट जाने पर जब एक इतनी बड़ी मुसलिम रियासत देश में बच जायेगी, तो ज़रूर इस देश में मुसलमानों का राज़ क़ायम हो जाने की सम्भावना हो जायेगी। अब इस परिस्थिति का हल क्या हो सकता है?

पहली बात तो यह है कि रियासत-कांग्रेस हैदराबाद में जिस प्रजातन्त्र और नागरिक अधिकारों के लिए आन्दोलन कर रही थी, क्या उससे आर्यसमाजियों के धार्मिक अधिकार नहीं मिल सकते थे? और अब यदि हिन्दू और आर्यसमाजी हैदराबाद में कांग्रेस द्वारा सम्पूर्ण देश की शक्ति से आन्दोलन चलाना चाहते हैं, तो अपने आन्दोलन को बन्द किस तरह करें? इस समय आर्यसमाज के कितने ही सत्याग्रही हैदराबाद की जेलों में मौज़ूद हैं, उनका क्या हो?

क्या आर्यसमाज के लिए आन्दोलन को कांग्रेस के हाथ में इस शर्त पर सौंप देना सम्भव नहीं कि आर्यसमाजी आन्दोलन में पूरा योग देंगे, आन्दोलन पूर्ण प्रजातन्त्र अधिकरों के लिए चलाया जाय और प्रजा की माँगों में एक माँग यह भी हो कि जो लोग अपने साम्प्रदायिक अधिकारों के लिए सत्याग्रह कर जेल गये हैं, वे जेल से बरी कर दिये जायें?

क़ौमी नासूर

कुछ दिन तक चेतनता और उत्साह की शक्ति इकट्ठी होती है, हमारी क़ौम की नसों में ख़ून बहने लगता है। हम आगे बढ़ने, आज़ाद होने, जनता को सैकड़ों क़िस्म की ग़ुलामी में बाँध रखनेवाली ज़ंजीरों को तोड़ देने की बात सोचने लगते हैं कि फिर वह क़ौमी नासूर फूट निकलता है। हमारी शक्ति का इकट्ठा हुआ ख़ून बह जाता है, हम निस्सहाय हो आँखें झपकने लगते हैं। हमारे चेहरे पर मक्खियाँ

भिनकने लगती हैं, और हमारे भीतर और बाहर के दुश्मन मुँह बिचकाकर हँसते हैं—ये लोग स्वराज लेंगे, ये लोग शोषण को समाप्त कर जनता, किसानों और मज़दूरों का राज क़ायम करेंगे?

७ फरवरी की शाम को यह नासूर कानपुर में खुजलाया था, आज १९ तरीख़ हो गयी है, परन्तु युक्तप्रान्त के सबसे बड़े व्यापारी नगर के चेहरे पर आज भी हवाइयाँ उड़ रही हैं, एक दहशत का आलम है। हम पूछते हैं—ख़तरा या डर किसका है?

ख़ुद अपने आपका। शहरवालों को शहरवालों का ही भरोसा नहीं, और फिर भी उन्हें रहना एकसाथ है, मरना एकसाथ है।

अब यह देखिये, दंगा हुआ कैसे?

७ फरवरी की शाम को बाँसमण्डी की मसज़िद के पास बाजा बजाने पर एतराज़ किया गया। सरकारी हुक्म हुआ कि बारात रोक दो। आठ दिन बाद फिर बारात बाजा बजाकर ही निकाली गयी। आठ दिन इस बात के लिए दिये गये कि परस्पर ख़ूब तनातनी बढ़े, इस मामले को लेकर ज़हर फैले।

११ फरवरी को असली दंगा शुरू हुआ मेस्टन रोड पर। कहा जाता है, हिन्दुओं की बारात मुसलमानों ने रोककर ज़्यादती की और बारात लूट लीं। मेस्टन रोड पर जिस जगह बारात रोकने की बात कही जाती है, वहाँ बारात रोकने का क़िस्सा यह है—आमने-सामने से दो बारातें हिन्दुओं और मुसलमानों की जा रही थीं। ज़रूरी है, बाजा दोनों के साथ रहा होगा।

बारात को रोका था पुलिस ने, इस ख़्याल से कि दिनों बारातें भिड़ न जायें। ख़ैर बारातें अमन से गुज़र गयीं। जिस जगह हिन्दू बारात पर हमला होने की बात की जाती है, उस जगह देखिये, तो मालूम होगा कि वहाँ दुकानें लूटी गयी हैं मुसलमानों की। इनमें से एक दुकान थी। ट्रंकों की और दूसरी जूते की। इसके बाद फिर जहाँ (गली ठठेरा) बारात पर हमला होता है, वहाँ तक पुलिस को बारात की हिफ़ाज़त करने का कोई ख़्याल न आया। हमले के समय जो लोग मौज़ूद थे, उनका कहना है कि बारात पर हमला करनेवाले लठबन्दों की संख्या नौ-दस के क़रीब थी।

नौ-दस लठबन्द जिस काम को करने के लिए निकलेंगे, उसकी ज़िम्मेदारी जनता पर न डालकर एक छँटे हुए गिरोह पर डालना ही ठीक होगा।

यहाँ एक बात कह देना मुनासिब है। कानपुर के कलेक्टर के ये शब्द हैं कि कानपुर का यह दंगा पहले दंगे की तरह जनता का दंगा नहीं, गुण्डों का ही दंगा

है। क्या हम यह पूछ सकते हैं कि इन गुण्डों पर नज़र रखने की ज़िम्मेवारी किस पर थी, जबकि ७ तारीख़ से ही शहर में सनसनी फैल रही थी? जो एहतियात ११ तारीख़ के बाद ली गयी, क्या वह ७ तारीख़ से ही नहीं ली जा सकती थी? क्या हिन्दू-मुस्लिम नारे लगाने की मनाही ख़ून बह जाने से पहले ही नहीं की जा सकती थी? और क्या अभी इन नारों के फिर से लगाने की इजाज़त देने की ज़रूरत है?

आज सच वह है, जो अदालत में साबित हो जाये और अदालत में क्या कुछ और कैसे साबित हो जाता है, यह उन लोगों से छिपा नहीं, जिन्हें अदालत से कभी कुछ भी वास्ता पड़ चुका है। मतलब यह कि सच उन लोगों के भय से खुले-आम नहीं कहा जा सकता, जिनका ज़ोर अदालत में क़ायम है। लेकिन जनता यह ख़ूब जानती है कि बहुत-से ऐसे प्रभावशाली महान् आत्मा मौज़ूद हैं, जो अपना हित इस प्रकार के दंगे कराकर जनता और इस समय मौज़ूद जनता की सरकार की शक्ति को कमज़ोर कर देने में ही समझते हैं।

ख़बर यह है कि इस दंगे के लिए प्रबन्ध तो किया गया था बकरीद के मौक़े पर। कानपुर के कुछ बहुत ही भले कहलानेवाले और कुछ पेशेवर गुण्डों की एक सभा हुई थी। इस सभा में दंगा कराने के ख़र्च की ज़िम्मेवारी भले आदमियों ने ली थी। फ़ी गुण्डा २५) पेशगी इनाम दे देने के लिए और बाद में गिरफ़्तार हो जाने पर मुक़द्दमे का सब ख़र्च देने के लिए वे तैयार थे। गुण्डों ने चाहा कि ये सब बातें लिख दी जायें! भले आदमी तैयार थे, परन्तु उस काग़ज़ को वे अपने ही पास रखना चाहते थे। एक गुण्डे ने कहा, नहीं ऐसे काग़ज़ की एक-एक प्रति सभी के पास रहनी चाहिए। इस पर कुछ फ़ैसला उस समय न हो सका! ख़ैर, दंगा उस समय न हुआ, तो बाद में हो गया! रुपये की ताक़त को कौन पा सकता है?

अगर दंगे के बाद कानपुर की अवस्था को देखें, तो बहुत-कुछ हमारी समझ में आ जायेगा। दंगे से पहले लाख यत्न कर लेने पर भी मुस्लिम-लीग और हिन्दू-सभा का सिक्का कानपुर में नहीं जम पाया था, परन्तु आज बाज़ार खुलने का सवाल उठता है, तो मुसलमानों का उत्तर है कि प्राविन्शल लीग से पूछिये और दूसरी ओर एक हिन्दू-संघ भी क़ायम हो गया है। इस लीग और संघ में प्राधान्य किन लोगों का है, यह बात कोई भी जान सकता है।

सवाल यह है कि जनता के ख़ून से पलनेवाले भलेमानस क्या हमारे क़ौम के इस साम्प्रदायिक नासूर को कभी अच्छा होने देंगे?

युद्ध या क्रान्ति?

यूरोप के महायुद्ध में साम्राज्य को बढ़ाने की कोशिशों का मज़ा चख लेने के बाद १९२० में इंगलैण्ड और फ्रान्स ने भविष्य में युद्ध की भयंकर व्याधि से बचने के लिए राष्ट्र-संघ की स्थापना की थी। इस संघ का मूल उद्देश्य बताया गया था, युद्ध का सदा के लिए अन्त कर देना और शान्ति को चिरस्थायी करना। यूरोप और एशिया के सभी देश इसमें शामिल हुए और शान्ति क़ायम रखने के लिए, या स्थिति को जैसी-की-तैसी क़ायम रखने के लिए, सब देशों ने मिलकर ज़्यादती करनेवाले देश का मुक़ाबला करने का निश्चय किया।

सबसे पहला मौक़ा इस राष्ट्र-संघ की असलियत को आज़माने का उस समय आया, जब जापान ने मंचूरिया को हड़पकर अपनी शक्ति को बढ़ाने की कोशिश की। उस समय इंगलैण्ड और फ्रान्स ने मुँह से कुछ बक-झककर भी जापान के रास्ते में रुकावट डालना उचित नहीं समझा। उनका ख़याल था, जापान के ताक़तवर हो जाने से उसके पड़ोसी रूस को दबाने में सहायता मिलेगी। उस समय न्याय का पक्ष लेने और अपनी प्रतिज्ञाओं को पूरा करने की जगह पूँजीवादी देशों ने जापान को बढ़ावा और मज़दूरों और किसानों की सरकार के देश रूस को दबाने में ही अक़्लमन्दी समझी। राष्ट्र-संघ की प्रतिज्ञाएँ और उद्देश्य रखे रह गये।

उसके बाद दूसरा बड़ा मौक़ा आया, जब इटली ने अबीसीनिया को हड़प लेना चाहा! इटली की हालत उस समय विचित्र थी। इटली के मज़दूरों और किसानों की क्रान्ति को कुचलकर वहाँ मुसोलिनी ने फ़ैसिज़्म की शक्ल में फिर से पूँजीवादी सत्ता क़ायम की थी, और वह इटली के भीतर फैलते हुए असन्तोष और अशान्ति को दूसरे देशों पर अपनी विजय दिखाकर शान्त कर देना चाहता था। यदि मुसोलिनी इस प्रकार का बुत्ता अपने देश को न दे सकता, तो इटली में असन्तोष की आग भड़क जाती और सर्वसाधारण पूँजीवादी दमन को सहन न करते। मुसोलिनी ने निस्सहाय अबीसीनिया पर आक्रमण कर दिया। अबीसीनिया राष्ट्र-संघ का मेम्बर था। उसने हाय-तोबा मचायी, सहायता के लिए पुकार की। इंगलैण्ड और फ्रान्स ने न्याय और भलमनसाहत के नाम पर अफ़सोस भी प्रकट किया। परन्तु उस इटली को, जिसके लिए एक थप्पड़ भी काफ़ी था, तनिक भी बाधा न दी गयी। वे दूसरे देश पर ज़ुल्म होना और इटली के मज़दूरों और किसानों का कुचला जाना देखते रहे। राष्ट्र-संघ का बेमतलब ढोंग बरक़रार रहा। इसके बाद स्पेन में सवाल उठा। स्पेन की मज़दूरों की सहायक सरकार पर जर्मनी और इटली की सरकारें स्पेन के बाग़ियों की सहायता के बहाने लगातार हमले करती रहीं। इंगलैण्ड और फ्रान्स निष्पक्षता का बहाना किये क़ानून के मुताबिक़ स्थापित स्पेनिश सरकार का दम तोड़ना देखते रहे। रूस इस अन्याय के ख़िलाफ़ आवाज़ उठता रहा, परन्तु वहाँ

सुनता कौन? इंग्लैण्ड और फ्रान्स को भय यह नहीं था कि युद्ध पर आमादा जर्मनी और इटली की सरकारें ज़ोर पकड़ रही हैं। इंग्लैण्ड और फ्रान्स की पूँजीवादी सरकारों को तो भय यह था कि रूस में तो मज़दूरों और किसानों की सरकारें क़ायम हो ही चुकी हैं, अगर स्पेन में भी उन्हें सफलता मिल गयी, तो उनके अपने देश के मज़दूरों और किसानों का साहस और ताक़त बढ़ जायेगी और उनकी सत्ता अपने देश में क़ायम न रह सकेगी। इसी बीच आस्ट्रिया और चेकोस्लोवाकिया के छोटे-छोटे देशों को जर्मनी ने दबोचना शुरू किया। रूस ने फिर बावेला मचाया—ज़ुल्म हो रहा है, आओ, मिलकर छोटे और निस्सहाय देशों की सहायता करें। राष्ट्र-संघ की प्रतिज्ञाओं और उद्देश्यों के अनुसार चलें। परन्तु इंग्लैण्ड और फ्रान्स को यह भय था कि जर्मनी की शक्ति को, जिसने अपने देश में मज़दूरों और किसानों को कुचल रखा है, कमज़ोर करने से संसार के मज़दूरों और किसानों की हिम्मत बहुत बढ़ जायेगी। राष्ट्र-संघ की प्रतिज्ञाएँ रखी रह गयीं। आस्ट्रिया और चेकोस्लोवाकिया भी दबोच लिये गये। स्पेन भी ख़त्म होने को आया। पर राष्ट्र-संघ, जो आपस में एक-दूसरे की सहायता और रक्षा के लिए क़ायम किया गया था, बरक़रार रहा।

इधर इंग्लैण्ड और फ्रान्स अपनी सेनाएँ गोला-बारूद, तोप-तलवार, जहाज़ और हवाई जहाज़ बढ़ाते गये, और बढ़ाते जा रहे हैं। फ्रान्स और इंग्लैण्ड में एक-दूसरे के लड़ाई में फँसने पर, एक-दूसरे की सहायता करने की सन्धि है। फ्रान्स ने जर्मनी के बढ़ते हुए बल को देखकर रूस के साथ भी इसी प्रकार सन्धि कर ली थी। परन्तु उस समय फ्रान्स की सरकार पर मज़दूरों और शान्ति चाहनेवालों का कुछ प्रभाव था। रूस-फ्रान्स की यह सन्धि इंग्लैण्ड को न सुहायी। मज़दूरों की शक्ति से सुलह कैसी?

आख़िर १६ फ़रवरी को इंग्लैण्ड और उसके अधीन देशों ने जिनमें हिन्दुस्तान का भी नाम है, राष्ट्र-संघ को यह सूचना दे दी कि शान्ति और अमन के समय तो वे संघ के नियमों को मानने के लिए तैयार हैं परन्तु युद्ध के समय संघ की किसी बात को मानने के लिए मजबूर नहीं।

अमन और शान्ति के समय तो लोग दुश्मन की भी बात मान सकते हैं, शर्तों और प्रतिज्ञाओं की ज़रूरत तो युद्ध के समय ही महसूस होती है। सो उससे इंग्लैण्ड ने अपने-आपको बरी कर लिया।

जापान, जर्मनी और इटली राष्ट्र-संघ के मेम्बर नहीं और फ़ैसिस्ट देशों के गुट्ट में शामिल हो जानेवाले देश भी राष्ट्र-संघ से अलग हो चुके हैं। राष्ट्र-संघ की प्रतिज्ञाओं के अनुसार यदि इंग्लैण्ड आज किसी देश का साथ देने को मजबूर

है, तो रूस और फ्रान्स का। फ्रान्स के विषय में इंग्लैण्ड के राजनीतिज्ञ कई दफ़े कह चुके हैं कि फ्रान्स पर हमले का मतलब है, इंग्लैण्ड पर हमला।

इंग्लैण्ड किसी भी हालत में फ्रान्स के साथ सम्बन्ध तोड़ नहीं सकता। ऐसी स्थिति में राष्ट्र-संघ का फ़ैसला न मानने अथवा उसकी प्रतिज्ञाएँ पूरी करने की ज़िम्मेदारी न लेने में कौन-सी चाल है? इस प्रकार आपस की सहायता के बन्धन या सन्धि से इंग्लैण्ड से छुटकारा पाने का मतलब साफ़ यह है कि वह रूस से कोई राजनैतिक समझौता नहीं रखना चाहता।

इंग्लैण्ड की इस चाल का असल मतलब समझने के लिए यह भी याद रखना चाहिए कि हिटलर इस समय दो दाँव खेल रहा है। एक तरफ़ वह युद्ध के परिणामस्वरूप जर्मनी से छीने गये उपनिवेशों की माँग पेश कर रहा है और दूसरी तरफ़ वह रूस के पश्चिमी भाग अर्थात् यूक्रेन प्रान्त को निगल जाने की बात कह रहा है।

ठीक इस समय इंग्लैण्ड का यह कह देने का मतलब कि युद्ध छिड़ जाने पर हम किसी को सहायता देने के लिए मजबूर नहीं, यही है कि जर्मनी इंग्लैण्ड से उपनिवेश न माँगकर अपने शत्रु रूस के यूक्रेनप्रान्त को क्यों नहीं ले लेता।

आज इंग्लैण्ड बजाय सदा के लिए युद्ध समाप्त कर देने का प्रयत्न करने के निकट भविष्य में एक भयंकर युद्ध का संकेत दे रहा है।

यह युद्ध भिन्न-भिन्न साम्राज्यवादी देशों में न होकर दो सिद्धान्तों या श्रेणियों में होगा। एक ओर होंगे संसार के साम्राज्यवादी पूँजीपति, दूसरी ओर होगा संसार के मज़दूरों और किसानों की स्वतन्त्रता का प्रतिनिधि रूस। इस युद्ध का परिणाम इस बात पर निर्भर करेगा कि पूँजीवादी देशों के मज़दूर और किसान क्या रुख़ अख़्तियार करते हैं। यह युद्ध क्रान्तिकारी और विरोधी शक्तियों के बीच होगा।

ब्रिटेन और देसी राजाओं की सन्धियाँ

हमारी देसी रियासतों की प्रजा आज आन्दोलन कर रही है कि हम राजा या नवाब कहलानेवाले एक आदमी की निरंकुश इच्छा से भेड़-बकरियों की तरह लूटे और हाँके न जायें। अपना भला-बुरा सोचने का हक़ हमें भी हो। रियासतों के नवाबों और राजाओं को यह मंज़ूर नहीं। वे इस आन्दोलन को कुचल डालना चाहते हैं। प्रजा के इस आन्दोलन को कुचलने के लिए इन स्वेच्छाचारी नवाबों और राजाओं की मददगार है ब्रिट्रिश-सरकार!

ब्रिटिश सरकार का कहना है कि हम इन देसी राजाओं के साथ की गयी अपनी सन्धियों की प्रतिज्ञा से बँधे हैं, हम उनकी सहायता करने के लिए मजबूर हैं। ब्रिटिश सरकार अपनी प्रतिज्ञाओं और सन्धियों का कितना ख़याल रखती है, यह बात हिन्दुस्तान ही नहीं, सारी दुनिया ख़ूब जानती है। ब्रिटेन ने राष्ट्र-संघ क़ायम कर राष्ट्र-संघ में सम्मिलित होनेवाले छोटे-छोटे देशों के साथ जैसे उनकी रक्षा करने की अपनी प्रतिज्ञा को निबाहा, कौन नहीं जानता? कैसे उन्होंने मंचूरिया, अबीसीनिया, आस्ट्रिया और चेकोस्लोवाकिया की रक्षा की, यह किसी से छिपा नहीं। और अब जर्मनी की यह ललकार सुनकर कि वह रूस के यूक्रेनप्रान्त को हड़प लेना चाहता है, ब्रिटेन ने १६ फ़रवरी को राष्ट्र-संघ के नाते रूस के प्रति ज़िम्मेदारी की सन्धि को भी जिस तरह तोड़ डाला, वही ब्रिटेन आज इन देशी रियासतों में निहत्थी प्रजा के अहिंसात्मक ढंग से अपने शासन में अपना हाथ होने की माँग के विरुद्ध देसी राजाओं की सहायता कर इन बे-ज़ुबानों को कुचल डालना अपना कर्त्तव्य समझ रहा है।

इस सन्धियों और प्रतिज्ञाओं को निबाहने के दावे में कितनी असलियत है, यह सुझाने की ज़रूरत नहीं। इन एकच्छत्र राजाओं के ज़ुल्म की हुकूमत को क़ायम रखना आज उसी ब्रिटेन का कर्त्तव्य हो रहा है, जिसने १९१४ में जर्मनी के विरुद्ध युद्ध में प्रजातन्त्र और आत्मनिर्णय की दुहाई देकर भारत और संसार को सहायता के लिए पुकारा था।

आज इन देसी राजाओं के प्रति अपनी प्रतिज्ञाएँ ब्रिटेन को याद आने का राज़ यह है कि ब्रिटेन ख़ूब समझता है कि हिन्दुस्तान को अगर यह ग़ुलामी और पराधीनता में जकड़े रख सकता है तो इन्हीं नवाबों और राजाओं के ज़रिये। ब्रिटेन ख़ूब जानता है कि अगर आज संसार में फिर युद्ध छिड़ जाता है, तो उसकी सहायता के लिए हिन्दुस्तान की रिआया का ख़ून और रुपया अगर कोई पानी की तरह बहानेवाले निकलेंगे, तो ये ही नवाब और राजा लोग।

ब्रिटिश भारत में जहाँ शासन और व्यवस्था की ज़िम्मेदारी सीधे ब्रिटेन पर है, ब्रिटेन प्रजातन्त्र और उत्तरदायी शासन का ढोंग रचकर अपने प्रजातन्त्रवादी होने का धोखा संसार को देना चाहता है। परन्तु राजनीति की शतरंजी चाल में इन देसी राजाओं को प्यादा बनाकर भारत की स्वतन्त्रता के आन्दोलन को शह दे देना चाहता है।

और एक हमारे राष्ट्रीय राजनीतिज्ञ हैं, जो ब्रिटिश सरकार से इन सन्धियों के रद्द कर देने की दुहाई दे रहे हैं। ब्रिटिश सरकार से इस दुहाई का कोई अर्थ हमारी समझ में नहीं आता! हम तो यह जानते हैं कि रियासतों में स्वतन्त्रता का यह

आन्दोलन हमारे राष्ट्रीय आन्दोलन का एक अंग है, जिसे हम ब्रिटिश साम्राज्य के पंजों से अपने देश को छुड़ाने के लिए कर रहे हैं। हमारे लिये यह क़ौमी ज़िन्दगी और मौत का सवाल है।

हमारे जो राजनीतिज्ञ कभी यह समझते थे कि देसी रियासतों में देसी रियासतों की प्रजा द्वारा ही आन्दोलन चलाया जाना सम्भव है, जो देसी रियासतों के मामले को केवल देसी रियासतों में ही महदूद रखना चाहते थे, उनकी आँखें खुल गयी हैं। देसी राज्यों में उठनेवाले आन्दोलन के प्रति ब्रिटिश सरकार का रुख़ देखकर उन्हें ख़ूब समझ आ गयी होगी कि देसी रियासतों के आन्दोलन को ब्रिटिश-भारत के आन्दोलन से किसी भी हालत में अलग नहीं किया जा सकता। और इस समय देसी राज्यों में जो आन्दोलन चल रहा है, उसे सफल बनाने के लिए ब्रिटेन से यह अपील करना फ़ज़ूल है कि वह देसी राजाओं और नवाबों की सहायता प्रजा को कुचलने में न करे।

हमें इस समय अपनी स्थिति को स्पष्ट समझ लेना चाहिए। हमारी स्थिति है कि एक ओर तो इस देश को परतन्त्रता में रखने की कोशिश करनेवाली सब शक्तियाँ हैं, जिनमें ब्रिटेन का साम्राज्यवाद मुख्य है और देशी राजे-रजवाड़े उसके सहायक हैं। दूसरी ओर है, भारत की सम्पूर्ण पीड़ित प्रजा, चाहे : वह देशी रियासतों में हो या ब्रिटिश-भारत में। देसी प्रजा को असह्य ग़ुलामी के बन्धन से छुड़ाने का एकमात्र तरीक़ा है, ब्रिटिश-भारत की प्रजा का देसी राज्यों की प्रजा के आन्दोलन में पूरा सहयोग देना। उस आन्दोलन को केवल देसी प्रजा का आन्दोलन न समझकर, उसे भारत की स्वतन्त्रता का संग्राम समझना।

क़ौमी सेना

हमारे राष्ट्रीय आन्दोलन कांग्रेस की शक्ति या ताक़त हैं हमारी जनता की आवाज़, इनकी सम्मिलित इच्छा और अपने उद्‌देश्य को पूरा करने के लिए जो कुछ भी क़ुरबानी करने की ज़रूरत पड़े, उसे करने के लिए तैयार रहना। यह एक शक्ति है, जिसके बल से हम अपने लक्ष्य की ओर बढ़ रहे हैं, इसे सत्य और अहिंसा का कोमल और मधुर नाम देकर इसकी ताक़त से इनकार नहीं किया जा सकता। सत्य और अहिंसा नाम देकर इसे सभी जगह कामयाब बनाया जा सकता है। कांग्रेस का कार्यक्रम सत्य और अहिंसा ज़रूर है, क्योंकि कांग्रेस एक ऐसे उद्‌देश्य को लेकर चल रही है, जिसके उचित या न्यायानुकूल होने में दो रायें होने की गुंजाइश बहुत कम है। जनता का कांग्रेस के कार्यक्रम का समर्थन ही उसे सत्य, अहिंसा और न्याय बना देता है, परन्तु हमारी क़ौमी

ज़िन्दगी में प्रबन्ध और न्याय के ऐसे बीसों सवाल रोज़मर्रा आते हैं, जहाँ रायों में इख़्तलाफ़ हो सकता है, और होता है। रायों में इख़्तलाफ़ होने की सबसे बड़ी वजह है अपने स्वार्थों के ख़याल से मनुष्य के दिमाग़ में बैठा हुआ न्याय या इन्साफ़ का ख़याल। उदाहरण के तौर पर हम साम्प्रदायिक समस्याओं या फ़िर्क़ावाराना झगड़ों को ही ले सकते हैं। बहुत-से ऐसे सवाल उठ सकते हैं, जिन पर अक़्ल से काम न लेनेवाले इस देश के हिन्दू और मुसलमान अपने-अपने पक्ष में सत्य और अहिंसा समझकर उसकी रक्षा करने के लिए हिंसा का आश्रय लेने लग जायें। इसका एक ज्वलन्त उदाहरण हमारे सामने साम्प्रदायिक दंगों के रूप में आता रहता है। जिस समय प्रत्येक कट्टर हिन्दू और मुसलमान दंगे और फ़िसाद को बढ़ाना अपना कर्त्तव्य समझ बैठता है, हम देखते हैं, ऐसे समय सत्य और अहिंसा की शक्ति काम नहीं दे सकती।

चाय की चुस्कियाँ

दुर्मुख

डॉक्टर चतुष्पाद का मत है कि आर्य लोग चाय पिया करते थे और संस्कृत-साहित्य में चाय को 'अतिन्द्रा' कहा गया है, परन्तु हमारा—डॉक्टर दुर्मुख का—ख़याल है कि आर्य लोग शायद चाय नहीं पीते थे, पीने की उन्हें ज़रूरत भी न थी। चाय में एक दोष है कि वह नींद को भगा देती है। हमारे पूर्वज नींद या तन्द्रा को दोष नहीं, गुण समझते थे। क्योंकि तन्द्रा का दूसरा नाम है, समाधि।

× × ×

मैं—डॉक्टर दुर्मुख—अपने पूर्वजों का भी भक्त हूँ और चाय का भी। विज्ञान के इस ज़माने में हमने जागरण और निद्रा (सोने और जागने) में समन्वय ढूँढ़ निकाला है। यह समन्वय है, चिन्तन, समाधि-अवस्था। और इसका सीधा-सादा भौतिक नाम है, 'पिनक'।

जैसे ऋषि लोग समाधि-अवस्था में दूसरों के मन की या त्रिकाल की बातें जान लिया करते थे, उसी प्रकार हम पिनक में बहुत-सी बातों के कार्य-कारण का सम्बन्ध ढूँढ़ निकालते हैं। परन्तु हमारी पिनक अफ़ीम की पिनक की तरह निस्तेज

और नानवायोलेण्ट नहीं, वह चाय की पिनक है, जो सतेज और अग्रसर है, और एक चुस्की से प्राप्त होती है।

× × ×

दुनिया का क़ायदा है, कुसूरवार भागता है और पुलिस उसे पकड़ने के लिए दौड़ती है, परन्तु इस कलियुग में उलटा हो रहा है। सेठ जमनालाल कहते हैं, हमें पकड़ो, जेल भेजो। रियासत की सरकार कहती है, न! हम अहिंसात्मक हो गये हैं, तुम्हारे शरीर पर बन्धन नहीं लगायेंगे, तुम रियासत में आने का सत्याग्रह करो, हम तुम्हें रियासत में न आने देने का सत्याग्रह करेंगे।

लेकिन बलिहारी रियासत की अक़्ल की! उन्होंने अहिंसा भी की, तो राजपूतोंवाली! उन्हें इतनी अक़्ल न आयी कि स्टेशन पर बजाज साहब के गाड़ी से उतरने के समय यंग साहब मय पुलिस के सामने लेट जाते। दोनों की अहिंसा भिड़ जाती और फिर उससे पैदा क्या होता?

कहते हैं, बरफ़ की चट्टानों के टकराने से आग की लपटें निकल आती हैं।

एक साहब कहते हैं, रियासत सेठ साहब को पकड़कर करेगी क्या? सफ़ेद हाथी हैं, खिलाय-खिलाय मरो और पैर पूजो।

× × ×

आग़ा ख़ाँ आजकल कांग्रेस-लीग समझौते के लिए फ़िक्रमन्द हैं। उनकी शर्तें इतनी सीधी हैं कि उन्हें शर्तों का नाम देना मि. जिन्ना की तौहीन करना है, और सुना है कि उन्होंने लीग के सब सरों (Sirs) को मना लिया है। केवल जिन्ना नहीं मानते।

कुछ लोगों को शक है, क्या यह वही आग़ा ख़ाँ हैं, जिन्होंने राउण्डटेबल कान्फ्रेन्स में महात्मा जी के कोरा चेक पेश करने पर उस पर लाल स्याही डाल दी थी? आज वह ख़ुद कोरा-सा ही चेक दे रहे हैं।

आख़िर कांग्रेस-लीग समझौते का मतलब या मन्शा क्या है? क्या आग़ा ख़ाँ फ़ेडरेशन से मोर्चा लेना चाहते हैं?

इस मामले को आप यों समझ सकते हैं

आग़ा ख़ाँ जानते हैं, फ़ेडरेशन आयेगा।

आग़ा ख़ाँ समझते हैं, कांग्रेस फ़ेडरेशन स्वीकार कर लेगी।

आग़ा ख़ाँ जानते हैं, फ़ेडरेशन में ज़ोर कांग्रेस का ही होगा।

आग़ा ख़ाँ जानते हैं, अब कांग्रेस संयुक्त मन्त्रिमण्डल बनाने की कट्टर विरोधी नहीं है।

आग़ा ख़ाँ को सरदारी और नवाबी का ख़िताब है, पर है वह बेमुल्क और बेकुर्सी की नवाबी और सरदारी। तमाम उम्र वह बिना अधिकार के राजनीतिज्ञ रहे, बिना लगाम पकड़े उन्होंने घोड़े दौड़ाये। अब आख़िरी वक़्त में अगर यह हवस पूरी करने की कोई कोशिश की जाये, तो किसी को बुरा क्यों लगे?

सारी उम्र डर्बी के मैदान में दाँव खेलने के बाद आग़ा ख़ाँ को एक दफ़े भारत की राजनीति के मैदान में भी दाँव खेलने का मौक़ा मिलना चाहिए।

× × ×

स्पेन में बहुत पुराने समय से बैलों को शराब पिलाकर शूरवीर लोग नंगी तलवार से अखाड़े में उनका क़त्ल करते आये हैं और जनता यह सब देखकर ख़ुश होती है। इसाई धर्म के सुधारवादी, जो बैल का मांस खाना पाप नहीं समझते, तमाशे के लिए बैलों की इस निर्भय हत्या का विरोध किया करते हैं, और इसके लिए मरने-मारने को तैयार रहते हैं।

एक इतिहासकार ने लिखा है कि सुधारवादियों का इस क़त्ल के प्रतिरोध का कारण बैलों के प्रति दया नहीं। इसका कारण यह है कि जनता मनोविनोद कर ख़ुश क्यों होती है?

हमारे देश में भी बहुत-सी बातें कुछ-कुछ इसी ढंग से होती हैं। जिन लोगों ने कभी कानपुर देखा है और शाम के वक़्त मूलगंज से गुज़रे हैं, वे जानते हैं कि वहाँ कितनी निस्तब्धता और शान्ति रहती है। शायद उस समय वहाँ बाजा बजने या न बजने से कुछ फ़र्क़ भी नहीं पड़ता। लेकिन बाजा वहाँ नहीं बजना चाहिए। उससे नमाज़ में ख़लल पड़ता है या नहीं, यह दूसरी बात है। असल बात तो यह है कि हिन्दू बाजा क्यों बजाते हैं।

× × ×

भारत की पुण्य-भूमि में प्रतिदिन—चाहे ईद हो या मुहर्रम, होली हो या दिवाली—हज़ारों गायें कट जाती हैं। उसकी ज़रूरत गोरी पलटनों को रहती है या ग़रीब मुसलमानों को, यह दूसरी बात है। किसी को इस बात की चिन्ता नहीं रहती, परन्तु ईद के दिन गाय नहीं कटनी चाहिए।

ग़रीब मुसलमान रोज़ तो महँगा बकरे का कलिया ख़रीद सकता है, लेकिन ईद के दिन उसे कमख़र्च के ख़याल से ज़रूर बछिया का ही सस्ता गोश्त चाहिए।

× × ×

रेल की सीटी या घड़घड़ाहट, मोटर के भोंपू से मसजिद की शान्ति भंग नहीं होती, परन्तु मन्दिर की आरती के स्वर से शान्ति भंग हो जाती है। इसी तरह कुछ धर्मप्राण हिन्दुओं का कहना है, 'अज़ान' की आवाज़ उनके घर पहुँच जाने से, उनका चौका भ्रष्ट हो जाता है।

सब झंझटों का उपाय एक सज्जन यह बताते हैं कि मन्दिर और मसजिद शहर से दूर बना दिये जायें, ऐसी जगह, जहाँ किसी क़िस्म का शोर-गुल न पहुँच सके- पूर्व में मन्दिर और पश्चिम में मसजिदें।

× × ×

सुना है, कानपुर-सरकार ने अबकी अक़्लमन्दी कर दंगे के दौरान में हिन्दू-मुसलिम जय के नारे लगाने की मनाही कर दी है।

हम कहते हैं, ऐ ख़ुदा, अगर तू दरअसल सातवें आसमान पर बैठकर अपने बच्चों पर मेहर और करम की नज़र रखता है, तो इस दुनिया से गाय, सूअर, मन्दिर, मसजिद को मिटा दे! हम बकरी का दूध पी लेंगे, मुर्ग़ी का गोश्त खा लेंगे, और तेरी इबादत तेरे बनाये आसमान के नीचे कर लेंगे।

और अगर इतना नहीं कर सकता, तो मुल्क के हाकिमों को अक़्ल 'बख़्श' कि ऐसा हुक्म दें कि शक्ल, पोशाक और नाम से किसी शख़्स का मज़हब न पहचाना जा सके।

× × ×

पंजाब की ज़मींदार पार्टी के जनरल सेक्रेटरी नूरउल्लाह ने इस्तीफ़ा दे दिया। आप कहते हैं, जो वादे कर हमने यूनियनिस्ट पार्टी के लिए वोट इकट्ठे कर सर सिकन्दर हयात ख़ाँ को प्रधानमन्त्री बनाया था, वह वादे पूरे नहीं हो रहे, हमारी आत्मा की पुकार हमें फटकार बता रही है।

मियाँ नूरउल्लाह को ताज़्जुब है कि जो सर लोग इन वायदों की ज़िम्मेदारी उनसे कहीं ज़्यादा अपने सर पर लेकर ओहदों पर जा बैठे हैं, वे टस-से-मस नहीं हो रहे। मियाँ साहब को मालूम नहीं कि ओहदे का ज़िरह-बख़्तर पहन लेने पर ज़मीर की चोट असर नहीं करती।

× × ×

हिफ़ाज़त या इमदाद की ज़रूरत होती है, मासूमों और कमज़ोरों को।

लेकिन ब्रिटिश-साम्राज्य में उलटी गंगा बहती हैं। यहाँ छत्रपति महाराजों के लिए तो 'प्रोटेक्शन ऑफ़ प्रिन्सिस ऐक्ट'—अर्थात् राजाओं की रक्षा के लिए क़ानून—है, परन्तु देसी राज्यों की रक्षा के लिए कोई क़ानून नहीं।

जिसकी रक्षा क़ानून न करे और वह मर जाना भी न चाहे, उसकी रक्षा के लिए क़ानून है। उसे कहते हैं, आत्मरक्षा का क़ानून।

× × ×

बिहार के मुसलमानों ने बिहार के कांग्रेसी प्रधानमन्त्री द्वारा ब्रिटिश सरकार के दरबार में अरबों की रक्षा के लिए दुहाई दी है।

मुसलमानों का कांग्रेस पर यह भरोसा करना ठीक नहीं। मि. जिन्ना को चाहिए कि इस दुहाई के ख़िलाफ़ दुहाई दें।

समालोचना

रूस : लेखक, सुरेन्द्रनाथ दुबे 'प्रेम विद्याभूषण' बी.ए.; प्रकाशक, रस्तोगी ब्रदर्स, बुकसेलर्स ऐण्ड पब्लिशर्स, त्रिपोलिया बाज़ार, जयपुर सिटी; मूल्य १२ आना; सजिल्द १ रु. पृष्ठ-संख्या १२८

संसार के उस छठे भाग का, जहाँ शेष संसार से भिन्न व्यवस्था है, इस छोटी-सी पुस्तक में जितना भी वर्णन आ सकता था, दे दिया गया है। रूस की भौगोलिक परिस्थिति, उसका ऐतिहासिक विकास और क्रान्ति तथा उसके पश्चात् नयी शासन-व्यवस्था में उस देश के राजनैतिक, सामाजिक संगठन के क्रम-विकास, उस देश के शासन के सिद्धान्तों और रूस में सब-कुछ करने-धरनेवाली कम्युनिस्ट पार्टी के विषय में पुस्तक पर्याप्त प्रकाश डालती है। रूस की अन्तरराष्ट्रीय स्थिति की विवेचना भी पुस्तक में अच्छी की गयी है। पुस्तक अनुवाद नहीं है। अगर किसी देश को स्वयं देखे बिना पुस्तकों और परिचय के दूसरे साधनों के द्वारा रूस के सम्बन्ध में लिखी जानेवाली पुस्तक मौलिक कहला सकती है, तो यह पुस्तक उस दृष्टि से बहुत-कुछ मौलिक ही है। पुस्तक अच्छी है और पढ़ने योग्य है।

मज़दूर-जगत् : लेखक, श्री श्यामबिहारी शुक्ल 'तरल'; मिलने का पता— विशाल वस्तु भण्डार, चौक, कानपुर।

तरल जी की कविताओं का पचास पृष्ठ का संग्रह है। कविताएँ अच्छी हैं, उनमें करुण-रस, न्याय की पुकार और परिणामस्वरूप ओज और हुंकार भी है। परन्तु वह मज़दूर के मुख से निकले गीत नहीं, साहित्यिक कवि की अनुभूति हैं। मज़दूर-जगत् के गीत तो मज़दूर की भाषा में होने से ही उसके काम आ सकते हैं। विप्लव के लिए साहित्यिक कविताओं की अपेक्षा खरे शब्दों के गीत ही अधिक कारगर होते हैं। जैसे फ्रेंच राज-क्रान्ति का गीत 'मारसेय' था, या महायुद्ध के समय लाखों भारतीयों को पागल बना देनेवाला गीत—"भरती हो जा बाहर खड़े रँगरूट!" था।

पुस्तक का मूल्य केवल चार आना) है। कविताएँ मार्मिक हैं और क्रान्तिकारी रंग में डूबी हुई हैं।

प्रगति : सम्पादक, श्री सुरेन्द्रदेव बालूपुरी और श्री भुवनेश्वरप्रसाद। मूल्य १ प्रति का दो आना, वार्षिक १ रु. आठ आना, प्रकाशक, लेफ़्टविंग पब्लिशिंग हाउस, लखनऊ ।

अपने नाम के अनुरूप पत्रिका का रूप-रंग प्रगतिशील और गम्भीर साहित्यिक है। मूल्य शरीर के अनुसार ही है। पत्रिका के संचालकों की धारणा है कि भारत के लिए अगर कोई एक लिपि हो सकती है, तो वह है 'रोमन' लिपि (अंग्रेज़ी अक्षर)। इसलिए दो पृष्ठ का एक लेख उसी लिपि में दिया भी गया है। सहयोगी का हम स्वागत करते हैं।

भारतीय तन्तु-मिल-मज़दूर : पहला और दूसरा भाग। मूल्य आठ आना प्रति भाग; लेखक, का. न. रामन्ना शास्त्री (का.वि.पी.), प्रकाशक, सोशलिस्ट लिटरेचर पब्लिशिंग कम्पनी, गोकुलपुरा, आगरा।

यह पुस्तक नयी दुनिया प्रकाशन की दूसरी पुस्तक है। भारत में मज़दूरों की समस्या बहुत ज़ोर से उठ रही है और उसमें कपड़े की मिलों के मज़दूरों का स्थान विशेष महत्त्व का है। इस पुस्तक में भारत के इन मज़दूरों की समस्याओं पर आर्थिक, क़ानूनी और सामाजिक दृष्टि से विस्तृत विचार किया गया है। भारत के आर्थिक और राजनैतिक आन्दोलन से सम्बन्ध रखनेवाले व्यक्तियों के लिए यह पुस्तक ज़रूरी चीज़ है। पृष्ठ संख्या लगभग २५० है। पुस्तक का मूल्य प्रचार के विचार से कम रखा गया है।

सिंहावलोकन

आपबीती

विप्लव का पिछला अंक 'आज़ाद-अंक' था। इसलिए सिलसिला तोड़कर उसमें संक्षेप से आज़ाद के ही सम्बन्ध में लिखा था। इस मार्च के अंक का सम्बन्ध लाहौर-षड्यन्त्र से है, क्योंकि मार्च १९३१ में लाहौर-षड्यन्त्र समाप्त हुआ और

मार्च २३ को भगतसिंह, सुखदेव और राजगुरु को फाँसी के तख्ते पर झुला दिया गया। इसलिए इस अंक की आपबीती में इन तीनों की जीवनी की कुछ झलक देने का यत्न करूँगा। परन्तु एक अंक के इस लेख में पूर्ण विस्तार से उन सब बातों का लिखा जाना सम्भव नहीं और अधिक संक्षेप कर देने से ग़लतफ़हमी की सम्भावना है। सम्भवत: पाठक अपनी उत्सुकता के कारण व्याकुलता अनुभव करेंगे, परन्तु विप्लव का उद्देश्य केवल कहानियाँ सुनाना ही नहीं। सुखदेव का स्थान उस समय के क्रान्तिकारी दल में विशेष महत्त्व का था और उसके सम्बन्ध में कितनी ही अफवाहें भी ऐसी हैं कि उन पर प्रकाश डालना ज़रूरी है। यदि लाहौर-षड्यन्त्र १९२९ और दूसरे लाहौर-षड्यन्त्र १९३० को देखा जाये, तो इन दोनों मामलों में सुखदेव और इन्द्रपाल का स्थान और भाग उलझनों से पूर्ण रहा है। प्रसंग आने पर ही इसकी विवेचना ठीक ढंग से हो सकेगी। इन दोनों के चरित्र वास्तव में क्रान्तिकारियों की प्रकृति, उनके हृदय की विशालता और विकट परिस्थितियों का एक अच्छा नमूना है।

जनवरी के अंक में मैं भगतसिंह के जीवन पर उसकी पारिवारिक परिस्थितियों के प्रभाव का ज़िक्र कर रहा था। भगतसिंह के पिता सरदार किशनसिंह जी से मेरा ख़ूब परिचय है ही, इसके अलावा थोड़ा-बहुत परिचय उनके दादा सरदार अर्जुन सिंह जी से भी है। इसलिए सुनी-सुनायी बातें न लिखकर अपने अनुभव में आयी बातें ही लिखूँगा।

सन् '२७ के जाड़ों की बात है। सरदार किशनसिंह जी के पास बम्बई की किसी बीमा-कम्पनी की एजेन्सी थी और उसका दफ़्तर लाहौर में लुहारी दरवाज़े के एक मकान में था। इस मकान के रहते हम लोगों को लाहौर में और कोई मकान किराये पर लेने में पैसा ख़र्च करने का ख़याल आना भी मुमकिन नहीं था। उन दिनों मैं लाहौर के नेशनल कॉलेज में अध्यापक था और रात में इसी मकान पर बसेरा किया करता था। एक रोज़ दिन के समय अपनी सनक में मेज़ पर बैठा कोई लेख या कहानी लिख रहा था। मेज़ के नीचे टीन की कोई क्या चीज़ पड़ी है, यह देखे बिना उस पर बूट जमाकर रख दिये थे। कोई एक वृद्ध सिक्ख सज्जन अपने ग्रामीण वेश में अपने भारी क़दमों को धम-धम जीने पर रखते हुए भीतर आये। मैंने एक दफ़े नज़र उठाकर उनकी ओर देखा और लिखने में तन्मय हो गया। आगन्तुक भी मेरी ओर से आदर की प्रतीक्षा न कर एक कुर्सी ले चुपचाप बैठ गये। उनकी प्रशस्त दाढ़ी बर्फ़ की तरह श्वेत और चेहरा ख़ूब तेजोमय गुलाबी रंग का था। कपड़े खद्दर के खूब मोटे और काफ़ी मैले थे। ऐसे बहुत-से आदमी उस मकान में आते-जाते थे। मैं मालिक बना बैठा था। मैंने उनकी कोई परवाह न की। लिखना

बदस्तूर जारी था और विचारों को गुदगुदाने के लिए पैरों तले पड़ी हुई चीज़ पर बूट से ठोकरें भी जमाता जा रहा था।

अचानक एक करारी डाँट सुन सर उठाकर देखा कि वयोवृद्ध भव्यमूर्ति की आँखें लाल और चेहरा क्रोध से तमतमा रहा है।

गधा, उल्लू, नास्तिक! चुप रह गया। अगर उस समय बोलता, तो हाथ का डण्डा निश्चय ही मेरे सर पर आ पड़ता।

मेज़ के नीचे की ओर संकेत कर वृद्ध ने कहा—"यही तेरी तमीज़ है?"

मेज़ के नीचे झाँककर जो देखा, तो अपने बूटों के बीच में पाया एक हवनकुण्ड।

सब-कुछ समझ में आ गया। मेरे पहचानने में ग़लती हुई थी। भगतसिंह से सुन रखा था कि दादा जी हवन नित्य करते हैं और जहाँ जाते हैं, पोटली में हवन-कुण्ड और सामग्री साथ बाँध ले जाते हैं। सिक्ख होकर भी उनकी आस्था और विश्वास आर्यसमाजी ढंग का है। सिक्ख-कुल में पैदा होकर भगवान् द्वारा सर पर लादे सम्प्रदाय को न मान जो मनुष्य अपनी बुद्धि से किसी सम्प्रदाय को चुन लेता है, वह बुद्धि की स्वतन्त्रता का पक्षपाती और प्रकृति से क्रान्तिकारी अवश्य होगा। मेरा ख़याल है कि वह अब भी हवन किये जाते होंगे।

भगतसिंह के वंश का पुराना स्थान पंजाब के होशियारपुर के जिले में था, परन्तु वे लोग 'चुनाव' की नहर निकलने और लायलपुर जिले की नयी बस्ती बसने पर लायलपुर के एक गाँव में आ बसे थे। यह सम्पूर्ण गाँव सिक्खों की बस्ती है। इस गाँव में वैदिक धर्मप्रचार यानी आर्यसमाजी जलसा करने की धुन दादा जी को सवार हुई। सब गाँव एक ओर और सरदार अर्जुनसिंह एक ओर। जलसा तो कर ही डाला। एक और बात बड़े मज़े की उनके विषय में भगतसिंह से सुनी थी। उनके गाँव की भूमि में तम्बाकू बहुत अच्छी हो सकती है, परन्तु सिक्खों की आबादी होने से कोई तम्बाकू बोने का साहस नहीं कर सकता। सरदार अर्जुनसिंह ने यह साहस कर लिया। गाँव भर में पंचायतें हुईं, पर वे डटे रहे। आख़िर खेत तैयार होने पर फ़सल को घर में लाकर जमा भी कर लिया। सिक्खों के लिए यह सब जाना सम्भव नहीं था। उन्होंने सरदार जी को बिरादरी से अलग कर दिया। ख़ैर।

एक जिन उस तम्बाकू का गाहक भी आ पहुँचा। तम्बाकू बिक गयी। मुनाफा भी घर में आ गया। सरदार जी ने बिरादरी से कहा—"माना कि मैंने अति अपवित्र वस्तु को छुआ और उसे घर में रखा, परन्तु इस समय तो वह मेरे घर में मौज़ूद नहीं है। घृणित-से-घृणित पदार्थ को छूकर भी सफ़ाई कर लेने पर मनुष्य पवित्र

हो जाता है। आप जैसे कहें, मैं घर की शुद्धि कर लूँ।'' सरदार जी फिर बिरादरी में शामिल हो गये।

ऊपर-लिखी बातों का कोई राजनैतिक महत्त्व न होने पर भी उनका कुछ महत्त्व है। रूढ़ियों के बन्धनों, से मुक्त मस्तिष्क परिवार में परवरिश पाकर भगतसिंह की प्रकृति में दिमाग़ी ग़ुलामी के प्रति विद्रोह होना स्वाभाविक ही था और मस्तिष्क की गुलामी से मुक्त होने पर असली मैदान में भी विद्रोह होना आवश्यक था।

भगतसिंह के परिवार के आर्यसमाजी आन्दोलन में भाग लेने का कारण मस्तिष्क की चेतना तो थी ही, क्योंकि आर्यसमाज उस समय आजकल की तरह स्वयं एक रूढ़िवादी संस्था नहीं था, जिसका मुख्य काम वेदों के भाष्य करना और भगवान् दयानन्द की जय बोलना ही हो! उस समय आर्यसमाज का काम मुख्यत: सामाजिक रूढ़ियों के प्रति विरोध था। इस आन्दोलन का प्रभाव पंजाब के सार्वजनिक जीवन पर ख़ूब गहरा पड़ा है। आरम्भ में पंजाब में जितने भी क्रान्तिकारी हुए, सभी आर्यसमाजी परिवारों या वातावरण की उपज थे और बाद में कांग्रेस का प्रभाव फैल जाने पर भी अधिकता ऐसे ही लोगों की रही। पंजाब में क्रान्ति की ज्वाला भड़काने का श्रेय बंगाल के आन्दोलन को नहीं, बल्कि उस समय की विद्रोही आर्यसमाजी मनोवृत्ति और सिक्ख-विद्रोह के बचे हुए असन्तोष को ही है।

यह मैं पहले ही कह चुका हूँ कि बचपन में भगतसिंह के सर पर केश नहीं थे। भगत की शिक्षा-दीक्षा भी सिक्ख-स्कूलों में न होकर आर्यसमाजी डी.ए.वी. स्कूल में हुई थी। किसी ज़माने में सरदार किशनसिंह डी.ए.वी. स्कूल और कॉलेज को राष्ट्रीय संस्था समझकर उसके बड़े भारी सहायक थे। पंजाब में सिक्खों का गुरुद्वारा आन्दोलन चला। यह आन्दोलन साम्प्रदायिक सुधारवादी था। सिक्ख-मठों के उन महन्तो के ख़िलाफ़ यह आन्दोलन था, जो धर्मार्थ जागीरों के पुश्तैनी मालिक थे और जनता द्वारा धार्मिक भावना से अर्पण की गयी लाखों की सम्पत्ति को भोग-विलास और व्यभिचार में गँवा देते थे। इन मठाधीशों को सरकार का समर्थन प्राप्त था। और सरकार ने आन्दोलन का भयंकर दमन किया। सिक्खों के इस आन्दोलन पर सरकार ने जैसा अत्याचार किया, उसके मुक़ाबले में सत्याग्रह-अन्दोलन पर किये गये अत्याचार पासंग भी नहीं। सिक्खधर्म में साम्प्रदायिक आस्था का लेश-मात्र न होते हुए भी भगतसिंह केश रख अकाली सज गये। इस आन्दोलन के त्याग और संग्राम ने भगतसिंह के विद्रोही और क्रान्तिकारी हृदय को खींच लिया और वह उस ओर खिंच गया। परन्तु आन्दोलन में घोर साम्प्रदायिकता देख वह वहाँ टिक न सका।

असहयोग-आन्दोलन में भगतसिंह ने डी.ए.वी. स्कूल को कक्षा नौ से छोड़ दिया था और इधर-उधर कांग्रेस का प्रचार करता था। लाला लाजपत राय के नेशनल कॉलेज खोल देने पर—क्योंकि नेशनल स्कूल उस समय मौज़ूद था नहीं—भगतसिंह फ़र्स्ट ईयर में भरती हो गया। असहयोग-आन्दोलन का जो समय भगतसिंह ने गाँव-गाँव कांग्रेस का प्रचार करके गुज़ारा था, वह समय मैं सुखदेव तथा इस कॉलेज के दूसरे विद्यार्थियों ने मैट्रिक की परीक्षा पास करने में गुज़ारा था। इन सब लोगों के साथ एक ही दर्जे की पढ़ाई करना भगतसिंह के लिए बहुत कठिन हो उठा। कॉलेज में सुखदेव और मैंने राजनीति का विषय लिया था, परन्तु भगतसिंह, ने डी.ए.वी. स्कूल से संस्कृत का। किन्तु संस्कृत की पढ़ाई में उस समय भगतसिंह इतना कमज़ोर था कि क्लास में चलना उसके लिए मुश्किल था। तिस पर एक मज़ा यह कि हम लोग कॉलेज के बोर्डिंग में रहते थे। पढ़ने के सिवा और कोई पाबन्दी हम पर न थी, परन्तु भगतसिंह को घर का भी काम देखना पड़ता था।

मैं तो फर्स्ट ईयर में विशेष अच्छे नम्बर पाने के कारण सीधा बी.ए. की प्रथम श्रेणी में पहुँच गया। भगतसिंह को इसी समय फ़रारी की हवा लगने लगी। उन दिनों वह अक्सर मैले-कुचैले कपड़े पहने, फटे कोट की जेब में कोई पुस्तक डाले, हमेशा ख़स्ता हाल-सा दिखायी पड़ता था। स्कूल कॉलेज की पढ़ाई और प्रतिभा में क्या अन्तर होता है, यह दिखाने के लिए यहाँ उदाहरण देता हूँ। अपने यार-दोस्तों में मैं उसी समय कहानी और लेख लिखने के लिए प्रसिद्ध हो चला था। भगतसिंह भी छिप-छिपकर लेख लिखता था, परन्तु उन्हें दिखाता कम था। अक्सर वह रात को अपने लिखे लेख मुझे सुनाया करता था।

उसी वर्ष की बात है कि पंजाब में हिन्दी साहित्य सम्मेलन की नींव पड़ी थी और शिमला में अधिवेशन हुआ था। सम्मेलन की ओर से पंजाब में हिन्दी की स्थिति या शायद उसकी उन्नति—ऐसे ही विषय पर लेख लिखने की प्रतियोगिता रखी गयी थी। उसके लिए ५० रु. का इनाम मिलने की घोषणा थी। मैंने उसके लिए एक लेख लिखा और खुलेआम उसे भेज दिया।

कई दिन तब इनाम की प्रतीक्षा करने के बाद मालूम हुआ कि परीक्षकों ने तीन लेखों को एक ही दर्जे का ठहराया। इसलिए इनाम किसे दिया जाये, इस विषय में झंझट हो रहा है। पता चलने पर मालूम हुआ कि उन तीन नामों में से एक था भगतसिंह, दूसरा यशपाल और तीसरे कोई और सज्जन थे। तात्पर्य यह है कि अपने अध्यवसाय से भगतसिंह ने बहुत थोड़े ही समय में ख़ूब उन्नति कर ली थी।

अपने फ़रारी के दिनों में भगत ने कानपुर के 'प्रताप' में 'बलवन्त' नाम से कुछ महीने काम किया था और उसकी हिन्दी ख़ूब मँज गयी थीं। मैं तो उर्दू उस समय

बिलकुल न जानता था, लेकिन भगतसिंह उर्दू भी ख़ूब लिख लेता था। फ़रारी के दिनों में भगत ने 'अर्जुन' दिल्ली के सम्पादकीय विभाग में भी कुछ दिन काम किया था। वहाँ एक रोज़ मज़ेदार घटना हो गयी। दफ़्तर में तार आया (Mr. Chaman Lal Editor Defunct Nation has come to Lahore) भगत ने उसका अनुवाद कर दिया—"मि. चमनलाल डिफंक्ट नेशन के सम्पादक लाहौर आये हैं।" और यह छप भी गया। 'अर्जुन' के प्रधान सम्पादक इन्द्र जी ने भगत को बुलाकर पूछा; डिफंक्ट का क्या अर्थ है? अर्थ उसे मालूम नहीं था।

इन्द्र जी ने डिक्शनरी देखने के लिए कहा और ताक़ीद यह भी कर दी कि अगर कभी कोई शब्द समझ में न आये, तो डिक्शनरी देख लिया करो।

काकोरी के बाद दल का संगठन शुरू होने पर भगत जब पहले-पहल कानपुर रहा, तो उसे बड़ी कठिनाई में दिन बिताने पड़े। 'प्रताप' में जगह पा जाने से पहले कुछ दिन तो उसने अख़बार बेचकर ही गुज़ारे। इन दिनों सर के केशों को सँभालने के लिए पगड़ी न मिल सकने पर चौड़ी-सी लीर से ही गुज़ारा चलाया। कुर्ता बिलकुल फट गया। एक कोट था, उसकी बाँहें फट गयीं, तो पाजामें की टाँगें निकालकर उसमें जोड़ लीं। इन सब कठिनाइयों में भी उसकी क्रान्ति की लगन और उत्साह तो बरक़रार रहा ही, इसके साथ-साथ लिखना-पढ़ना भी जारी रहा। मेरा यह विश्वास है कि इस समय लायलपुर और लाहौर में आराम से रहकर मैंने उतना न पढ़ा होगा जितना भगतसिंह ने इस दुर्दशा में रहकर।

भगत के जीवन की इन छोटी-छोटी घटनाओं का भी मूल्य है और यदि उन्हें लिखता जाऊँगा, तो यह एक लेख क्या पाँच-सात लेखों के पृष्ठ भर जायेंगे। लेकिन इस लेख में सुखदेव की बाबत कुछ कहना ज़रूरी है।

सुखदेव से मेरा प्रथम परिचय नेशनल कॉलेज के बोर्डिंग शीशमहल में बँगले में हुआ। हम दोनों एक ही कमरे में रहते थे। सुखदेव में और सब विद्यार्थियों से एक बात अधिक थी। और वह बात उसके फाँसी पर झूल जाने के दिन तक बनी रही। वह यह कभी नहीं सोचता था कि दूसरे जो कुछ करते या कहते हैं, उसका भी कुछ ख़याल करना चाहिए। कॉलेज की पढ़ाई में नम्बरों की उसे कुछ परवाह न थी। बेवक़ूफ़ समझे जाने की भी फ़िक्र न थी। परन्तु अनेक काम बेवक़ूफ़ों जैसे करने पर भी उसे किसी ने बेवक़ूफ़ नहीं समझा, बेपरवाह ही समझा। मैट्रिक की परीक्षा सरकारी स्कूल से उसने पास की थी। उसके बाद वह नेशनल कॉलेज में आया। विचार स्वतन्त्रता सुखदेव में एक दोष की सीमा तक पहुँची हुई थी। दूसरों का लिहाज़ करना वह दब्बूपन समझता था।

मिसाल के तौर पर, जिन दिनों हम कॉलेज में पढ़ते थे, कमी सन्ध्या समय लाहौर के बाज़ार में घूमने जाने पर वह फूलों का हार लेकर गले में डाल लेता और सुगन्ध अधिक लेने के लिए नाक पर भी टिका लेता। अब आप आहिस्ता से कह रहे हैं—"अरे कुछ ख़याल कर ज़रा भले आदमियों की तरह चल।" आप जवाब देते हैं—"तू भले आदमियों की तरह चल। मैं जैसे चाहूँगा चलूँगा।" सिवा चुप रह जाने के क्या चारा था?

भगतसिंह को पढ़ने और लिखने का व्यसन था। वह इसके बिना रह ही नहीं सकता था। परन्तु सुखदेव को किताबों का इतना शौक़ नहीं था। पढ़ता ज़रूर था, परन्तु वह सोचता उससे अधिक थां जनता की राय की न उसे चिन्ता थी और न उनमें नाम क़माने की उसे इच्छा थी। भगत पंजाब छोड़कर अक्सर दिल्ली और यू.पी. में रहता था। पंजाब का सब काम उस समय सुखदेव के ही सुपुर्द था। साण्डर्सकाण्ड का सब प्रबन्ध उसी ने किया था। यदि १५ अप्रैल, १९२९ को किला गुज्जरसिंह की बम-फ़ैक्टरी में वह गिरफ़्तार न हो जाता, तो शायद वह कई एक गुल खिलाता। सुखदेव और भगत की आपस में बहुत ही गहरी मित्रता थी, परन्तु लाहौर-षड्यन्त्र के समय सुखदेव के विचित्र व्यवहार से उसमें बहुत फ़र्क़ आ गया था। फाँसी से कुछ महीने पहले सुखदेव का आचरण फिर बदल गया था। सुखदेव ने गिरफ़्तार हो जाने के बाद पुलिस को एक बयान दिया था। इस बयान से क्रान्तिकारी दल को बहुत हानि पहुँची। सुखदेव १४ अप्रैल, १९२९ की रात को गिरफ़्तार हो गया था। मैं १५ की सुबह को यह ख़बर मिलते ही गिरफ़्तार होने की प्रतीक्षा न कर फ़रार हो गया। महीना-भर इधर-उधर ठोकरें खाकर जब कुछ समझ में न आया, तो लाहौर लौट आया। नाते में सुखदेव का रिश्तेदार और पेशे में वकील बनकर फ़रारी हालत में ही मैं एक दिन जेल में सुखदेव से मुलाक़ात करने गया। उस समय सुखदेव बहुत अव्यवस्थित हालत में था। उसके बयान दे देने की बात मैंने सुनी थी, परन्तु उस पर मुझे विश्वास न हुआ था। मुलाक़ात के समय जेल के अफ़सर मौज़ूद थे। बात करना आसान न था। उस समय सुखदेव खाना खाने से इनकार कर रहा था, इसलिए उसे समझाने-बुझाने के बहाने ही बयान के सम्बन्ध में कुछ पूछा।

उसने सिर्फ़ एक ही बात कही—"तू यहाँ से एकदम किसी सुरक्षित स्थान में चला जा।" दूसरे लोगों से सम्बन्ध स्थापित करने के लिए पूछने पर उसने कुछ पते भी बताये। मैं उन लोगों से मिलने जाने की बात सोच ही रहा था कि उनके गिरफ़्तार हो जाने के समाचार मिल गये।

लाहौर-षड्यन्त्र में फणीन्द्र, ललित, जयगोपाल, हंसराज आदि कई मुखबिर बन गये थे, परन्तु सुखदेव के बयान देने की बात से हम लोगों में बहुत ग्लानि अनुभव हो रही थी। बाद में उसने भूख-हड़ताल में सहयोग नहीं दिया, इससे वह बहुत अधिक बढ़ गयी।

इन्द्रपाल ने मुख़बिर बनकर यह बयान दिया था कि हम लोग लाहौर-जेल में भगत और दत्त को निकाल लेने का यत्न कर रहे थे। हंसराज 'वायरलैस' ने हम लोगों को विश्वास दिलाया कि वह ऐसी गैस तैयार कर सकता है, जिससे सौ-सौ गज़ दूर तक के सभी लोग मूर्च्छित हो जायेंगे, सिवा हमारे दल के आदमियों के जिनके पास मूर्च्छित न होने की दवाई मौज़दू रहेगी। हंसराज की इस गप्प पर हम लोगों को विश्वास हो गया और हमने केवल भगत और दत्त को जेल से निकाल लाने का विचार छोड़ सभी लोगों को एक साथ निकाल लाने का शेखचिल्ली-जैसा मनसूबा बाँध लिया। इन्द्रपाल के बयान के मुताबिक़ इन दिनों मैं पंजाब का इञ्चार्ज था और मैंने यह फ़ैसला किया कि सब लोगों को तो छुड़ा लाया जाये, परन्तु अप्रूवरों और सुखदेव को गोली मार दी जाये।

हंसराज की वह गैस कभी न बनी। कुछ लोगों का यह विश्वास है कि लॉर्ड इरविन की स्पेशल के नीचे जो बम फटा था, वह हंसराज की वायरलैस से ही फटा था। इन्द्रपाल के बयान से यह साबित हो चुका है कि वह बम बिजली की मामूली बैटरी से ही चलाया गया था। हंसराज की वायरलैस में हम लोगों को बहुत आशाएँ थीं, परन्तु पूरी उनमें से एक भी न हुईं। और अन्त में हम लोगों का विश्वास उसके वायरलैस पर से मिट गया था।

उसे गोली मार देने के निश्चय की ख़बर सुखदेव को जेल में ही मिल गयी थी। इस ख़बर को पाकर सुखदेव ने एक पत्र पार्टी के मेम्बरों को लिखा था—

हि. स. प्र. से. के साथियों के सामने मेरी सफाई (My Statemant before my Comrades of the H. S. R. A.)

प्यारे साथियो,

सुना है कि इन्द्रपाल ने दूसरे लाहौर-केस के सिलसिले में गवाही देते हुए कहा है कि पार्टी ने निश्चय किया था कि मुझे मेरे विश्वासघात के दण्डस्वरूप गोली से उड़ा दिया जाये। सचमुच इस ख़बर को जानकर कितनी प्रसन्नता हुई और किस उत्साह से मैंने इसका स्वागत किया, इस विषय का उल्लेख कुछ ज़्यादा आवश्यक नहीं। यद्यपि ऐसी अवस्था में अपनी ओर से मैं भी कुछ प्रकाश डालूँ। यही सोचकर मैं इस संक्षिप्त, किन्तु महत्त्वपूर्ण वक्तव्य को लिखकर आपके पास भेज रहा हूँ।

मेरा यह वक्तव्य संक्षिप्त है, ऐसा कहने से मेरा तात्पर्य यह है कि मैं इस बात को सम्भव नहीं समझता कि इस स्थान पर यथोचित घटनाक्रम से अपने पिछले Conduct (चरित्र) का पूरा-पूरा खोलकर ज़िक्र करूँ। साथ ही यह भी सत्य है कि उन घटनाओं के सम्बन्ध में किसी प्रकार की आलोचना-प्रत्यालोचना भी अब मैं पसन्द नहीं करता। इसलिए उनके सम्बन्ध में यहाँ पर मैं कुछ उल्लेख नहीं करना चाहता। इतने पर भी मैं इसे महत्त्वपूर्ण इसलिए कहता हूँ कि जो कुछ मैंने इस वक्तव्य में कहा है, वह मेरी हार्दिक इच्छा है, मेरा मनोभाव है। मैंने उसे किसी प्रकार के क्षणिक क्षोभ, क्रोध या भावुकता में आकर आपके सम्मुख उपस्थित नहीं किया। परन्तु बहुत सोच-विचारकर तथा शान्त मन से निश्चय करके आपके इस proposition (प्रस्ताव) को आपके आगे रख रहा हूँ। अस्तु।

अब असली विषय को लें—

इन्द्रपाल के बयान से पता चलता है कि मैंने पुलिसवालों को बयान देकर आपसे विश्वासघात किया है। Party (पार्टी) का एक ज़िम्मेदार कार्यकर्त्ता होने के कारण मैंने Party (पार्टी) का भेद C.I. D. (सी.आई.डी.) को देकर Party (पार्टी) को बहुत हानि पहुँचायी है। मेरा यह अपराध अक्षम्य है। इसके लिए मुझे गोली से उड़ाकर मार दिया जाये।

प्यारे दोस्तो, यदि सचमुच आपने ऐसी धारणा अपने मन में की थी और वह धारणा अभी तक बनी हुई है, तो मैं आपको धन्यवाद देता हूँ और विश्वास दिलाता हूँ कि आपकी इस धारणा को कार्य-रूप में परिणत करने के लिए मैं स्वयं शक्ति भर सहायता करने को तैयार हूँ। जानते हो इसका क्या कारण है।

कारण यह है कि मैं स्वयं सोचता हूँ कि मैं दोषी हूँ। वास्तव में निःसंशय मैं अपराधी हूँ। अपने जुर्म का मैं इक़बाल करता हूँ। मैं इक़बाल करता हूँ कि—

१. मैंने Party (पार्टी) का भेद पुलिस को दिया। भूलकर नहीं, अज्ञानता में नहीं, किन्तु जान-बूझकर अपनी जान बचाने के लिए मैंने Party (पार्टी) से विश्वासघात किया।

२. भूख-हड़ताल के समय फिर दूसरी बार अपनी जान बचाने के विचार से साथियों का साथ छोड़कर उनके Cause (लक्ष्य) को हानि पहुँचायी।

३. उसके पश्चात् उनके किसी भी काम में साथ न देकर अलग रहा और उन्हें प्रत्येक Struggle (मौक़े) में direct साथ छोड़ना किया। इसलिए मैं Deserter सिद्ध हुआ।

४. अपनी मूर्खता और अक्खड़पन के कारण मैं बार-बार सरकार के पक्ष में और Party (पार्टी) के विपक्ष में रहा। मेरा यह Conduct (व्यवहार) क्रान्तिकारी

movement (आन्दोलन) और क्रान्तिकारियों के नाश के लिए बहुत हानिकारक सिद्ध हुआ है। इसलिए मैं अपने शत्रु की सहायता करने क़ा अपराधी हूँ।

थोड़े में इस प्रकार के अभियोग कहे जा सकते हैं, जिनके लिए मैं अपने आपको उत्तरदायी समझता हूँ, और उसका इक़बाल करता हूँ। इक़बाल ही नहीं करता, इनके दण्डस्वरूप Party (पार्टी) की प्रत्येक आज्ञा अथवा आदेश को सहर्ष स्वीकार करने के लिए उत्सुक हूँ।

क्यों ?

क्योंकि अपने कृत्य की भीषणता को मैं स्वयं भली-भाँति Realize (अनुभव) कर रहा हूँ। उसके भयानक नग्नरूप को जिस प्रकार मैं देख रहा हूँ, शायद आप में से भी बहुत कम व्यक्ति उसे समझ सकते हैं। तो भी मेरा यह विचार आज नहीं बना। अपने मन में इसको मैंने उसी समय स्थिर कर लिया था, जब १२ मई को Tribunal (टिब्यूनल) की कोर्ट में न जाने के निश्चय के सम्बन्ध में आपके साथ शामिल हो गया था। मेरे आत्म-समर्पण का यही अवसर था। यही घड़ी थी, जब कि मैंने अपने मन में उक्त निश्चय किया था।

५. उस रोज़ मैंने अच्छी तरह समझ लिया था कि मैं Revolution (क्रान्ति) का अपराधी हूँ। जिस प्रकार किसी Counter Revolutionary (क्रान्ति-विरोधी) या Deserter अथवा विश्वासघाती का Revolutionary Tribunal (क्रान्तिकारी अदालत) द्वारा विचार किया जाता है, उसी प्रकार मेरी पार्टी को अधिकार है कि जैसा चाहे वह मुझे दण्ड दे। मैं उसका अभियुक्त हूँ। किन्तु अपनी पार्टी की अवस्था का ध्यान कर ठीक इसी रूप में मेरा विचार किया जायेगा, मुझे इसमें सन्देह था। मैंने निश्चय किया है कि यदि सचमुच party (पार्टी) मुझे shoot (गोली मार देने) के बारे में विचार करेगी और ऐसा विचार कर पायेगी, यह सम्भव नहीं जान पड़ता था।...इसलिए मैंने निश्चय किया कि यदि पार्टी के किसी कार्य में जीवन दे सकूँ, तो ठीक रहेगा।''

सुखदेव का यह पत्र काफ़ी विस्तृत है, और इस पत्र को पूरा पढ़ने पर पाठकों के सम्मुख सुखदेव की परिस्थितियों को समझने में सहायता मिलेगी। स्थानाभाव से यहीं समाप्त करता हूँ, शेष अगले अंक में।

◈

अप्रैल १९३९

"कांग्रेस दृढ़तापूर्वक इस बात का ऐलान करती है कि वह राष्ट्र के लिए पूर्ण स्वतन्त्रता प्राप्त करेगी और स्वतन्त्र भारत के लिए इस देश के निवासियों द्वारा चुने गये प्रतिनिधियों की वैधानिक सभा द्वारा ही—बिना किसी प्रकार के विदेशी हस्तक्षेप के शासन विधान तैयार करेगी। इसके अतिरिक्त कोई दूसरा शासन विधान हम किसी भी अवस्था में स्वीकार नहीं कर सकते।"

राष्ट्रीय माँग का प्रस्ताव
कांग्रेस अधिवेशन, त्रिपुरी

सम्पादकीय टिप्पणियाँ

मुबारक हार

देशभर के प्रतिनिधि एक उलझन और आशंका की अवस्था में त्रिपुरी में एकत्र हुए थे। कहने को हमारे लीडर ऐलान कर चुके थे कि कांग्रेस में दो दलों का, दायें या बायें का कोई सवाल नहीं। इसका मतलब यह नहीं था कि लीडरों को कांग्रेस में मतभेद होने की ख़बर नहीं थी। इसका मतलब था कि हमारे वे लीडर, जो गाँधी जी के चारों ओर ग्रहों की तरह घिरकर हमारे राष्ट्रीय आन्दोलन की नीति को निश्चित करने का अधिकार अपने हाथ में रखते आये हैं उन दलों की कोई बात सुनने के लिए तैयार नहीं थे, जो कांग्रेस के राजनैतिक कार्यक्रम को ऐसा रूप देना चाहते हैं, जिसमें इस देश के किसानों और मज़दूरों के हितों का प्राधान्य हो, जो केवल यूनियन जैक के स्थान पर तिरंगा झण्डा फहराकर ही सन्तुष्ट नहीं हो जाना चाहते!

त्रिपुरी-कांग्रेस से पहले कांग्रेस के प्रधान के चुनाव के अवसर पर जनता ने सुभाष बाबू के पक्ष में राय देकर इस बात का फ़ैसला दे दिया था कि वे क्या चाहते हैं। उस समय जनता ने इस बात का फ़ैसला दे दिया था कि वह किस प्रकार का कार्यक्रम चाहती है। सुभाष बाबू महात्मा नहीं, दिव्य पुरुष नहीं। उनके पक्ष में जो राय जनता ने दी थी, वह सुभाष बाबू को नहीं; बल्कि उस कार्यक्रम को दी थी,

जिसके सुभाष बाबू प्रतिनिधि थे। त्रिपुरी में गाँधी कैम्प के लीडरों ने एक प्रस्ताव लाकर जनता के उस निर्णय को बदल देना चाहा।

जनता को समझाया गया, सुभाष बाबू ने जो कुछ कार्यक्रम के सम्बन्ध में कहा था, ठीक नहीं था। गाँधीवादी नेता संघ-शासन के उतने ही विरोधी हैं, जितनी सुभाष बाबू को वोट देनेवाली जनता। जनता के सामने महात्मा गाँधी के व्यक्तित्व को लाकर रख दिया गया। जनता को यह भय दिलाया गया कि सुभाष बाबू को वोट देकर तुमने महात्मा जी के व्यक्तित्व और उनकी नीति का अपमान किया है। महात्मा जी तुम्हें अँधेरे और दलदल में छोड़कर चले जायेंगे, तुम बगलें झाँका करोगे। तुम्हें पार कौन लगायेगा? महाभयंकर संकट सामने उपस्थित है। अगर इस समय रक्षा चाहते हो, तो अपने भाग्य की बागडोर महात्मा जी के हाथ में सौंप दो। उनके साथ बड़े-बड़े अनुभवी नेता हैं, वही तुम्हारी रक्षा कर सकते हैं। वर्ना महात्मा जी तुम्हें छोड़ जायेंगे।

जनता को यह सब भय उस समय दिखाये जा रहे थे, जिस समय महात्मा गाँधी दरअसल देश की संयुक्त शक्ति के बल पर, परन्तु ज़ाहिरा अपनी आत्मिक शक्ति और उपवास के बल पर रियासतों के मामले में साम्राज्यशाही के प्रतिनिधि वाइसराय द्वारा दख़ल दिलाने में सफलता प्राप्त कर चुके थे। यह थी परिस्थिति जिसमें समाजवादियों, कम्युनिस्टों और कांग्रेस के भीतर दूसरे उग्रदलों को अपने मार्ग का निश्चय करना था।

पन्त जी का प्रस्ताव था, सुभाष बाबू ने चुनाव के सम्बन्ध में जो कुछ किया, उसके लिए कांग्रेस को शोक है और केवल महात्मा गाँधी ही एक ऐसे व्यक्ति हैं, जो कांग्रेस को इस संकटमय परिस्थिति से विजय की ओर ले जा सकते हैं। कांग्रेस यह अनिवार्य समझती है कि कांग्रेस की वर्किंग कमेटी महात्मा जी की इच्छानुसार ही बनायी जाये।

त्रिपुरी में इस प्रस्ताव पर बहुत बहस हुई। हमें इस प्रस्ताव का अर्थ यही समझ में आया कि सुभाष बाबू के चुनाव के परिणामस्वरूप जनता पर से गाँधीतन्त्र का जो प्रभाव ढीला पड़ गया था उसका इस परिस्थिति में सिक्का फिर से मज़बूत हो जाये और अगर ऐसा नहीं होता, तो गाँधी जी और उनका दल कांग्रेस को छोड़कर अलग हो जायेंगे।

समाजवादियों और कम्युनिस्टों ने आपस का मतभेद भुलाकर एक ही रास्ते पर चलकर यह दिखा दिया कि उद्देश्य एक होने पर कार्यक्रम सम्बन्धी छोटे-मोटे भेद हमारे रास्ते में रुकावट नहीं डाल सकते। कांग्रेस के बड़े साम्राज्य-विरोधी मोर्चे में फूट की इस आशंका को देखकर उन्होंने एकता की अपील की। गाँधी जी

पर अपना पूरा विश्वास प्रकट किया और प्रजातन्त्र के नाम पर कांग्रेस के संगठन को एक आदमी के हाथ न सौंप देने की दुहाई दी, परन्तु सत्य और अहिंसा के उपासकों के दिल न पिघले। इस प्रस्ताव की कोई आवश्यकता न समझते हुए भी लेफ़्टिस्टों ने इस प्रस्ताव का जड़ से ही विरोध न कर केवल संशोधन ही पेश कर उसके उन्हीं अंगों को हटा देना चाहा, जो कांग्रेस में विरोध पैदा करनेवाले थे, या प्रजातन्त्र के आधारभूत सिद्धान्तों के विरुद्ध थे।

वे संशोधन गिर गये। अपने को गाँधी जी का अनुयायी बतानेवालों का रवैया था कि प्रस्ताव में एक मात्रा या चिह्न तक बदलने के लिए तैयार नहीं थे। संशोधन गिर गये और अगर इन संशोधनों के गिर जाने से ही कांग्रेस के महान् संगठन में एकता क़ायम रह सकती थी, तो हमारे ख़याल में यह अच्छा ही हुआ। इन संशोधनों का गिर जाना या इस प्रस्ताव का पास हो जाना, वास्तव में विशेष महत्त्व नहीं रखता। हाँ, इसका अलबत्ता यह बड़ा महत्त्व है कि इसकी वजह से कांग्रेस में फूट पड़ने की आशंका दूर हो गयी। इस प्रस्ताव का वह अंग, जो महात्मा जी के हाथों ही हमारे राष्ट्रीय आन्दोलन की बागडोर सौंप देता है, लेफ़्टिस्टों को उचित नहीं जँचता। हम महात्मा जी के नेतृत्व की बहुत क़द्र करते हैं, उसे आवश्यक समझते हैं और उसका स्वागत करते हैं। परन्तु सम्पूर्ण देश को निकम्मा बताकर एक आदमी के हाथ उसका भाग्य सौंप देना, न सिद्धान्त की दृष्टि से और न नीति की ही दृष्टि से उचित है।

समाजवादी और कम्युनिस्ट लोगों का यह विचार न था कि कांग्रेस के नेतृत्व पर क़ब्ज़ा कर लिया जाये। उनका अभिप्राय था कांग्रेस की नीति को अधिक क्रियाशील बनाने का। इस काम में लेफ़्टिस्टों को सफलता भी मिली। कांग्रेस का राष्ट्रीय माँग का प्रस्ताव इस बात का प्रमाण है।

हमें इस बात का सन्तोष है कि हमारे नेताओं में न सही, हमारी जनता में प्रजातन्त्र की भावना ज़ोर पकड़ रही है। महात्मा गाँधी की ओट शिकार खेलकर भी गाँधी जी के अनुयायी इस प्रस्ताव को केवल साठ प्रतिशत राय से ही पास करा सके। हम चाहते हैं, गाँधी जी कांग्रेस का नेतृत्व करें, परन्तु कांग्रेस का अंग बनकर। उससे बाहर रहकर उसके भाग्यविधाता बनकर नहीं। त्रिपुरी ने हमें हमारी स्थिति की एक झाँकी दे दी है। अब तक होनेवाले कांग्रेस के वार्षिक अधिवेशनों की तरह त्रिपुरी-अधिवेशन में जनता केवल सन्देश सुनने ही नहीं गयी थी। वहाँ उन्होंने अपने अधिकार का उपयोग किया। उन्होंने राष्ट्र की नीति के निर्णय में भाग लिया। यह दूसरी बात है कि बहुमत की राय से उन्होंने अपने भाग्य को फ़िलहाल एक महात्मा के ही हाथों सौंप दिया।

त्रिपुरी का अनुभव हमसे तक़ाज़ा करता है कि जनता को राजनैतिक दृष्टि से सचेत और सजग करने का कार्यक्रम अधिक गम्भीरता से चलाया जाये, तभी हम लोग देश को वास्तविक स्वतन्त्रता, आर्थिक और सामाजिक स्वतन्त्रता के लिए तैयार कर सकेंगे। वास्तविक स्वतन्त्रता के अन्दोलन के लिए यदि दरअसल हम अपनी जनता को तैयार करना चाहते हैं, तो हमारा ध्यान विशेषकर जनता के उन अंगों की ओर जाना चाहिए, जिन पर साम्राज्यशाही की ग़ुलामी का बोझ सबसे अधिक पड़ रहा है और जो दरअसल ग़ुलामी के बोझ के कारण छटपटा रहे हैं। हमारी जनता के यह अंग हैं, हमारे किसान, हमारे मज़दूर! मज़दूरों से अभिप्राय केवल मिलों और कारख़ानों में काम करनेवालों से ही नहीं, बल्कि उन सब लोगों से है, जो दिहाड़ी या माहवार मज़दूरी कर अपना पेट भरते हैं। हमारे देश की जनता का यह ९९% प्रतिशत ही हमारी वास्तविक शक्ति है। फ़िलहाल हम त्रिपुरी में लेफ़्टविंग की हार को मुबारक हार समझकर निराश होने के बजाय अधिक उत्साह से आगे बढ़ने के लिए तैयार हैं।

संघ-शासन!

आज संघ-शासन की विकट समस्या मुँह बाये हमारे सामने खड़ी है। सोते-जागते हम लोग उसी के स्वप्न देखा करते हैं। प्रान्तीय शासन सुधारों को सफल होते देख हमारे अनेक नेता या उपनेता संघ-शासन में शक्ति और अधिकार के उपयोग के स्वप्न भी देखा करते हैं, परन्तु जनमत के सामने मुँह खोलकर स्वीकार करने का साहस नहीं कर पाते।

हमारे राष्ट्रीय आन्दोलन की जो नीति है, उससे तो यह जान पड़ता है, संघ-शासन का समय आने पर उसके लिए वैधानिक सभाओं के चुनाव कांग्रेस की ओर से लड़े जायेंगे। कांग्रेस के चुनाव लड़ने पर उसकी सफलता में सन्देह करने की गुंजाइश नहीं है। इसके बाद—क्योंकि साम्राज्य की सरकार संघ-शासन को भारत पर लादे बिना नहीं रह सकती—सरकार और वाइसराय की ओर से कुछ इस प्रकार का विश्वास और ज़मानत भी मिल जायेगी और संघ-शासन अमल में आ जायेगा।

संघ-शासन के विरोध की घोर प्रतिज्ञा किये हुए ही यह सब हो जायेगा। ठीक उसी तरह हो जायेगा, जिस तरह कि प्रान्तीय शासन को तोड़ने की घोर प्रतिज्ञा किये हुए प्रान्तीय शासन स्वीकार हो गया।

प्रान्तीय शासन के स्वीकार करने से हमें लाभ नहीं हुआ, यह कहना भी ठीक नहीं और उक्त संघ-शासन स्वीकार कर लेने से हमें कुछ भी लाभ न होगा, यह

भी नहीं कहा जा सकता। परन्तु इतना ज़रूर कहा जा सकता है कि यदि हमने संघ-शासन को भी उसी प्रकार स्वीकार कर लिया, जिस प्रकार हमने प्रान्तीय शासन-सुधार को स्वीकार किया है, तो हमारी पूर्ण स्वतन्त्रता की प्राप्ति कम-से-कम आधी सदी के लिए रुक जायेगी।

संघ-शासन को स्वीकार कर लेने के बाद भी हमारा पूरा अधिकार हमारे ख़ज़ाने पर न हो सकेगा, हमारी सेना पर न हो सकेगा, अपने देश में ही हम अपने उद्योग-धन्धों का संरक्षण न कर सकेंगे। हमारी रेलों पर, हमारी विदेशी नीति पर, हमारे विदेशी व्यापार पर हमारा अधिकार न हो सकेगा। संघ-शासन द्वारा हम देशी रियासतों में कोई सुधार नहीं कर सकेंगे। हाँ, राजा और नवाब लोग केन्द्रीय असेम्बली के मेम्बर होने के नाते उन्नति-विरोधी शक्तियों का साथ देकर हमारी उन्नति के मार्ग में रोड़ा अटकायेंगे। यह है संघ-शासन, जिससे हम भयभीत भी हैं और जिसे स्वीकार करना भी चाहते हैं और उससे लड़ना भी चाहते हैं। त्रिपुरी के अधिवेशन के बाद, जिसमें संघ-शासन के नाम पर इतना हंगामा हुआ, संघ-शासन से लड़ने की तजवीज़ सोचना हमारे लिये स्वाभाविक ही है।

हमारे कुछ उग्र लोग संघ-शासन से लड़ने का उपाय बताते हैं, प्रान्तों में मन्त्रिपद छोड़ देना, सिविल-ना-फ़र्मानी शुरू कर देना। कुछ लोग राय देते हैं, संघ-शासन को स्वीकार कर उसका चलना असम्भव कर देना। इसमें सन्देह नहीं पहले उपाय की अपेक्षा दूसरा उपाय अधिक दूर तक पहुँचेगा। मन्त्रिपदों को छोड़कर, जो सिविल-ना-फ़र्मानी की जायेगी, उसकी अपेक्षा साम्राज्यशाही के लिए उस ना-फ़र्मानी का मुक़ाबला करना कहीं अधिक कठिन होगा, जो कांग्रेस के मन्त्रित्व में होगी और जिसमें मन्त्री सिविल-ना-फ़र्मानी को दबाने की अपेक्षा उसके सहायक होंगे। यदि प्रान्तों और केन्द्र में कांग्रेस मन्त्रिपद स्वीकार कर ले और शासन की बागडोर अपने हाथ में लेकर साम्राज्यशाही की शासन व्यवस्था को नष्ट करने का यत्न करे, तो निश्चय ही साम्राज्यशाही सरकार का नाक़ता बन्द कर दे सकती है और उसे झुकने के लिए मजबूर कर सकती है। लेकिन यह सब-कुछ तभी सम्भव हो सकता है, जब संघ-शासन को प्रान्तीय शासन की ही भाँति भीतर से नष्ट करने के बजाय संघ-शासन को दरअसल भीतर और बाहर दोनों ओर से तोड़ने के लिए लड़ना हो और दृढ़ निश्चय से लड़ना हो।

फिर समझौता!

राजकोट, जयपुर और ट्रावनकोर में प्रजा भयंकर दमन और अमानुषीय अत्याचारों का महात्मा गाँधी और पटेल के शब्दों में संगठित गुण्डेपन का मुक़ाबला

कर स्वतन्त्रता प्राप्त करने के लिए जान की बाज़ी लगाये हुए आगे बढ़ रही थी। इधर महात्मा गाँधी वाइसराय से भेंट कर रहे थे, ठीक उस समय जब प्रजा का साहस बढ़ चुका था, प्रजा उठ खड़ी हुई थी। जब जयपुर में २० हज़ार प्रजा दृढ़ निश्चय से अत्याचार का सामना करने के लिए आगे बढ़ रही थी, ठीक उस समय जब ट्रावनकोर में रियासत की कांग्रेस अपने आन्दोलन को पूरी शक्ति से आगे बढ़ानेवाली थी, महात्मा गाँधी वाइसराय से एक के बाद दूसरी मुलाक़ात कर रहे थे। इन मुलाक़ातों का परिणाम हुआ गाँधी जी का ऐलान—"बहुत अच्छी तरह सोचकर मैंने निश्चय किया है कि २५ मार्च को सिविल-ना-फ़र्मानी आरम्भ न करना ही हमारे उद्देश्य के लिए अधिक अच्छा है। और जब तक मैं फिर से सिविल-ना-फ़र्मानी करने की सलाह न दूँ, इसे आरम्भ न किया जाये।"

सांसारिक बुद्धि इसका अर्थ क्या समझ सकती है? कहते हुए डर लगता है, फ़ेडरेशन के बारे में कहकर सुभाष बाबू अभी उसका ख़ामियाज़ा उठा ही रहे हैं। परन्तु कहा न जाये तो किया क्या जाये!

क्या इसका अर्थ यह नहीं कि वाइसराय और गाँधी जी में कोई समझौता हुआ है? और वह समझौता क्या है, उसे उस जनता को, उस जनता के प्रतिनिधियों के जानने की कोई ज़रूरत नहीं समझी गयी, जो अत्याचार की शिकार हो रही थी, जिसके जीने-मरने का सवाल इस आन्दोलन से है, जिसने अपनी अवस्था को असह्य समझकर इस आन्दोलन को चलाया है। कांग्रेस की—जो राष्ट्र की प्रतिनिधि है—और कांग्रेस के प्रधान की इस विषय में कोई सम्मति लेने की कोई ज़रूरत नहीं समझी गयी, और उसी साम्राज्यशाही सरकार से, जिसे अभी चार सप्ताह नहीं हुए, देशी रियासतों के संगठित गुण्डेपन का सहायक और समर्थक बताया गया था, समझौता कर लिया गया। और ठीक उस समय जब देश में साहस, उत्साह और दृढ़ निश्चय का ज्वार उठ रहा था, देश की लगाम पकड़कर पीछे खींच लिया गया। क्यों? क्या देशी रियासतों ने प्रजा की माँग पूरी कर दी या उनके लिए वचन दे दिया?

अगर हमें अपनी अक़्ल इस्तेमाल करने का अधिकार हो, तो हम कहेंगे यह केवल वाइसराय की इच्छा का सम्मान किया गया है। यह समझौता किया गया है वाइसराय के कुछ वायदों पर। नहीं तो इस समय जब देसी रियासतों की प्रजा संगठित रूप से, सदियों की कायरता को पीछे डाल साहस से आगे बढ़ रही थी, उस आन्दोलन को जिसके लिए हम अवसर की ताक में थे, पीछे हटाने की क्या ज़रूरत थी?

वह ब्रिटिश-साम्राज्यशाही शक्ति, जिसने अभी दो मास पूर्व अभिमान से कहा था कि देशी रियासतों के राजाओं और नवाबों के साथ सम्राट् की सरकार की कुछ

शर्तें हैं और उन शर्तों के अनुसार इन देसी राज्यों के राजाओं के अधिकारों और प्रतिष्ठा की रक्षा करना ब्रिटिश सरकार का कर्त्तव्य है, आज किस कारण और किन शर्तों पर गाँधी जी से रियासतों में शान्ति स्थापित करने के लिए समझौते को तैयार हुई होगी?

इस प्रश्न का उत्तर हमें सुदूर यूरीप में उठते हुए लड़ाई के भय के काले बादलों में दिखायी देता है। जिस लड़ाई के भय से ब्रिटिश-सिंह दुम दबाये और मुँह बिचकाये हिटलर और मुसोलिनी की धमकियों को चुपचाप सह रहा है। उस लड़ाई में ब्रिटिश-साम्राज्यशाही की परम सहायक होनेवाली देसी रियासतों में जागृति और उत्तेजना को रोकना वाइसराय का परम कर्त्तव्य है। उसके लिए वाइसराय संकट सामने देख उन महात्मा जी से जो चाहे वायदा कर सकते हैं जो कि ब्रिटिश-साम्राज्यशाही की सरकार वायदे पर वायदा लेकर उसे तोड़े जाते देखने के आदी हो गये हैं। जो प्रत्येक वायदे के तोड़े जाने पर ब्रिटिश-साम्राज्यशाही सरकार को शैतान, अन्यायी और विश्वासघाती कहकर दूसरा वायदा करने के लिए तैयारी शुरू कर देते हैं। सन् १९१४ से लेकर १९३१ तक का इतिहास इन समझौतों के किये जाने और तोड़े जाने के सिवा और क्या है।

अभी त्रिपुरी की पहाड़ी चट्टानों में, कांग्रेस द्वारा साम्राज्यशाही सरकार को युद्ध में किसी प्रकार की सहायता न देने के प्रस्ताव की गूँज भी ख़तम नहीं हुई कि हम साम्राज्यशाही की सरकार को युद्ध में अहिंसात्मक रूप से सहायता देने का सौदा करने लगे हैं।

छोड़िये दूर की बातों को! वाइसराय से भेंट और परामर्श के बाद सहसा रियासती मोर्चों पर इस एकदम पीछे हट जाने के हुक्म का क्या अर्थ? प्रजा के बढ़ते हुए सामर्थ्य और शक्ति से इनके अधिकारों को विजयी न कर यह विदेशी शक्ति के आश्वासन पर लड़ाई को छोड़ बैठने का अर्थ क्या?

क्या वाइसराय की कृपा से, उनकी सलाह से रियासतों में दिये जानेवाले सुधार रियासती प्रजा के संकटों को दूर कर देंगे? क्या रियासती प्रजा की माँगों को पूरा कर देंगे? यदि देसी रियासतों को भारत की उन्नति के रास्ते में रोड़ा बनाकर, भारत के पैरों की बेड़ी बनाकर रखना ब्रिटिश-साम्राज्यशाही को मंजूर न होती तो संघ-शासन को यह रूप न देकर और तरह का रूप दिया जाता।

यह पीछे हटना, ठीक उस समय जब हमारे आगे बढ़ने का मौक़ा है, जब हम मंज़िल की तक़लीफ़ों को बरदाश्त कर चुके हैं, जब तक़लीफ़ें सहने के बाद परिणाम को लेने का समय आ रहा है, इस समय यह पीछे हटना किस तरह हमारे राष्ट्र

के आन्दोलन और उसके हित में अच्छा हो सकता है हम समझ नहीं सकते? और फिर ऐसे महत्त्वपूर्ण प्रश्न पर जनता या उनके प्रतिनिधियों की राय न लेना कहाँ तक प्रजातन्त्र के सिद्धान्तों के अनुकूल है?

जर्मनी से कौन लड़ेगा?

तीन बरस से अधिक होने को आये कि यूरोप के आकाश में युद्ध के बादल गरज रहे हैं, लेकिन अभी तक युद्ध नहीं हुआ। युद्ध तो नहीं, लेकिन युद्ध के परिणामस्वरूप जो होना था, वह होता जा रहा है। जर्मनी ने आस्ट्रिया, सुडेटन इलाक़ा और चेकोस्लोवाकिया एक के बाद एक हड़प लिये। अब रूमानिया की बारी है। रूमानिया को जर्मनी का ऐलान है कि वह केवल खेती-बारी की उन्नति करे, कल-कारख़ानों की उन्नति अपने यहाँ न करे और रूमानिया की सम्पूर्ण पैदावार, जिसमें अन्न, व्यापार का दूसरा कच्चा माल और युद्ध के लिए सबसे आवश्यक वस्तु तेल भी पर्याप्त मात्रा में है, केवल जर्मनी ही के हाथ में जा सकेंगे। इससे पहले जर्मनी चेकोस्लोवाकिया के ख़ूब उन्नत उद्योग-धन्धों और लड़ाई के सामान को हथिया चुका है। दिन-दिन जर्मनी की शक्ति बढ़ती जाती है और वह अन्तरराष्ट्रीय शिष्टता और क़ायदे-क़ानूनों की परवाह न कर अपना राज्यविस्तार करता चला जा रहा है। ब्रिटेन जमुहाई लेकर केवल प्रजातन्त्र की रक्षा की बात कहकर ही सन्तोष कर जाता है। परन्तु जब प्रजातन्त्र की रक्षा के लिए कुछ करने का समय आता है, तो ब्रिटेन पीछे हट जाता है। रूमानिया के जर्मनी के हाथों चले जाने से ब्रिटेन को बहुत धक्का लगेगा। उसकी बहुत काफ़ी पूँजी रूमानिया में लगी हुई है। ब्रिटेन इस नुक़सान को महसूस कर रहा है, परन्तु वह चाहता है कि जर्मनी से ख़ुद लोहा न लेकर रूस को ही उससे भिड़ाये। इसमें ब्रिटेन के दो उद्देश्य पूरे होते हैं, उसके दोनों शत्रु आपस में लड़कर कमज़ोर होते हैं। जर्मनी इंग्लैण्ड को क़दम-क़दम पर दाँत दिखा रहा है। वह उसके उपनिवेशों को छीनने की धमकी देता रहता है। रूस से ब्रिटेन को कोई ख़तरा नहीं। हाँ, ब्रिटेन की उस श्रेणी को ज़रूर ख़तरा है, जो न केवल ब्रिटेन के, परन्तु दूसरे उपनिवेशों के, जिसमें भारत भी शामिल है—मज़दूर-किसानों के श्रम को हज़्म कर अपना शोषण-शासन साम्राज्य भर में क़ायम किये हैं। रूस, तोपें और हवाई जहाज़ लेकर ब्रिटेन पर हमला करने नहीं जायेगा। यह उसकी नीति नहीं है। परन्तु रूस के मज़दूर और किसानों की शक्ति ब्रिटेन के मज़दूरों और किसानों की—जो स्वयं बेचैन हो रहे हैं—आँखें खोलने के लिए, उनका साहस बढ़ाने के लिए काफ़ी होगी। इसी से अब तक ब्रिटेन की यही नीति रहा है कि जर्मनी, जो रूस को ध्वंस करने की प्रतिज्ञा कर आगे बढ़ रहा है, और भी आगे बढ़ने का मौक़ा दे और दोनों को भिड़ाकर

कमज़ोर कर दे। जर्मनी और रूस ब्रिटेन के पूँजीपतियों की इस चाल को न समझते हों, सो बात नहीं। जर्मनी रूस के ख़िलाफ़ ज़हर उगलता रहता है। ज़रूर, मगर हाथ साफ़ करता है हमेशा यूरोप के उन्हीं देशों के ख़िलाफ़, जिनमें कम्युनिज़्म का प्रचार नहीं। और इस बीच में रूस निश्चेष्ट नहीं बैठा हुआ है, उसकी शक्ति जिस तेज़ी से बढ़ रही है, किसी शक्ति का उस पर वार कर बैठना मज़ाक नहीं।

चेकोस्लोवाकिया और रूमानिया पर क़ब्ज़ा कर लेने के बाद जर्मनी की ताक़त और हिम्मत ज़रूर बढ़ जायेगी और वह संसार में जर्मनी के एकच्छत्र राज्य क़ायम करने के स्वप्न को पूरा करने के लिए आगे बढ़ेगा। अब सवाल यह है कि जर्मनी का अगला शिकार कौन होगा? क्या जर्मनी रूस पर हमला कर अपना सिर फोड़ने के लिए तैयार हो जायेगा, या वह फ्रान्स और इंग्लैण्ड के उपनिवेशों पर छापा मारेगा।

रूस के प्रति जर्मनी को चाहे कितना भी द्वेष क्यों न हो, परन्तु रूस एक सुदृढ़ और सशस्त्र देश है, जिसकी प्रत्येक सीमा पर मोर्चे हैं। अपने घर से उठकर रूस पर हमला करने जाना कठिन है। उसकी अपेक्षा उन उपनिवेशों पर फ़तह पाना कहीं आसान है, जो इंग्लैण्ड से हज़ारों मील दूर हैं। अगला युद्ध बजाय रूस और जर्मनी में होने के, बहुत सम्भव है, फ्रान्स-जर्मनी में हो या इंग्लैण्ड और जर्मनी में ही हो। इस युद्ध से यदि हमें कोई लाभ उठाना है, यदि भारत का ख़ून और रुपया ज़ालिम साम्राज्यशाही की सेना के लिए नहीं बहाना है, तो उससे पहले ही न केवल ब्रिटिश-भारत की प्रजा को, बल्कि रियासती प्रजा को भी सचेत कर उस परिस्थिति के लिए तैयार कर लेना होगा!

हमारी पुलिस

हमारी पुलिस जितनी चतुर, जितनी निष्पक्ष, जितनी कर्त्तव्यपरायण, जितनी ईमानदार और जनप्रिय है उसे बताने की आवश्यकता नहीं। हमारी पुलिस की तारीफ़ किसी और को न करते देख यह कठिन काम गवर्नरों को ही करना पड़ता है। देश के हाईकोर्टों ने पुलिस के बारे में समय-समय पर जो कुछ कहा है, वह न दोहराना ही अच्छा है। जब से आठ प्रान्तों में कांग्रेसी शासन आरम्भ हुआ है, पुलिस की करतूतें अधिक प्रकाश में आने लगी हैं। परन्तु इतने से ही न तो उसका रवैया दुरुस्त हो सकता है और न उसकी योग्यता ही बढ़ सकती है और न जनता को उन पर विश्वास ही हो गया है, न पुलिस अपने-आपको जनता की सेवक समझने लगी है।

यह सब-कुछ होते हुए भी आजकल के सभ्य और सामाजिक जीवन में पुलिस के बिना काम चल नहीं सकता। बल्कि हम कह सकते हैं कि पुलिस

ही सरकार है। क़ानूनी सभाओं और सेक्रेटेरियेट के दफ़्तरों का आम जनता के जीवन से कोई वास्ता नहीं पड़ता, उसका वास्ता पड़ता है सरकार के हाथ-पैर पुलिस से और पुलिस की योग्यता, पुलिस के व्यवहार और हमदर्दी से ही जनता सरकार के व्यवहार और सफलता का अन्दाज़ा लगाती है। हमारी कांग्रेसी सरकारों की नेकनीयती, जनता की सेवा की प्रतिज्ञा और उसके लिए जांफिशानी से, प्राणपन से चेष्टा करने के बावज़ूद जनता निराशा और असन्तोष से कह रही है—कांग्रेसी सरकारों ने क्या किया? यू.पी. की कांग्रेसी सरकार ने पुलिस का सुधार करने के लिए एक विभाग खोल दिया है, परन्तु इससे क्या हुआ? और हो भी क्या सकता है? आख़िर सरकार क्या करे?

सरकार को पुलिस की ज़रूरत है शान्ति और व्यवस्था की रक्षा के लिए। शान्ति-व्यवस्था की ज़रूरत है जनता और समाज की रक्षा के लिए। पुलिस की ज़रूरत हमें अपने लिये है। हम लोग सरकार को सुधारने की बात सोचते हैं, उसके लिए यत्न करते हैं तो फिर पुलिस को सुधारना भी हमारा काम है। सरकार पुलिस को उस समय तक नहीं सुधार सकेगी, जिस समय तक इस काम में जनता का पूरा सहयोग न होगा। जनता के सहयोग का मतलब गिड़गिड़ाकर पुलिस के आगे घुटने टेकना नहीं, पुलिस को अपना सेवक समझकर व्यवस्था क़ायम रखने में सहायता देना है। पुलिस की गतिविधि को जनता उसी समय ठीक तौर से समझ सकेगी, जब पुलिस के कामों में उसका सहयोग होगा। हमारे देश में पुलिस की संख्या और देशों के मुक़ाबले में बहुत कम है। असली तौर पर इस बात का अनुभव हमने पिछले साम्प्रदायिक दंगे में किया है।

देहात के एक थाने में ४०-५० गाँव रहते हैं और उसमें ८-१० सिपाही। उचित प्रबन्ध के लिए उस संस्था को किसी तरह काफ़ी नहीं समझा जा सकता। इसके अलावा देश की ग़रीबी की हालत में सरकार से हम इससे अधिक ख़र्च करने की भी उम्मीद नहीं कर सकते।

इस हालत में क्यों न हम एक अर्द्ध सरकारी-स्वयंसेवक पुलिस का संगठन करें? इस संगठन द्वारा जनता और पुलिस में सहयोग तो बढ़ेगा ही, साथ ही पुलिस की चाल-ढाल भी दुरुस्त होगी। पुलिस का जनता की मालिक होने का अभिमान भी दूर होगा और शासन प्रबन्ध में भी सुधार होगा।

लेकिन यह अर्द्ध सरकारी-स्वयंसेवक पुलिस कैसी हो? इस संगठन के लिए सबसे ज़रूरी शर्त होनी चाहिए इसका साम्प्रदायिकता से दूर होना। हिन्दू सभा या मुस्लिम लीग के स्वयंसेवक दलों को इस प्रकार के अधिकार किसी हालत में नहीं सौंपे जा सकते। हमारे हाथ में कांग्रेस क़ौमी सेना मौज़ूद है, क्यों न उसका उचित

उपयोग इस काम में किया जाये? हम जानते हैं, लीग इस प्रस्ताव पर हाय-तौबा मचायेगी। लेकिन इस निकम्मी, बेमतलब और शरारत से भरी हाय-तौबा से डरने की ज़रूरत नहीं। शरारत से डरना शरारत की सहायता करना है। हम समझते हैं, सरकार को यह काम कांग्रेस के सुपुर्द कर देना चाहिए और जितनी जल्दी हो सके कांग्रेस क़ौमी सेना की संख्या बढ़ाकर उसे अर्द्ध सरकारी पुलिस स्वयंसेवक दल का रूप दे दिया जाये! प्रान्त की आवश्यकताओं को सामने रख हमें इसके लिए आवाज़ उठानी चाहिए। और इस विषय का अनुभव रखनेवाले व्यक्तियों को चाहिए कि इसके लिए उचित स्कीम बनाकर सरकार के सामने पेश करें।

कांग्रेस-कमेटियाँ शिथिल क्यों?

हमारे चोटी के लीडर परेशान हैं उन्हें फ़ुरसत नहीं मिलती; लेकिन हमारे शहरों और गाँवों की कांग्रेस-कमेटियाँ शिथिल और निठल्ली पड़ी हैं। चुनाव हो चुके हैं और जब तक दूसरे चुनाव शुरू न हों, कांग्रेस-कमेटियाँ करें क्या? इस समय कोई मोर्चा उनके सामने नहीं। वे समय-समय पर सरकार की तारीफ़ कर सकती हैं। कोई फालतू लीडर अगर उन्हें समय दे सके, तो वे उसका जुलूस निकाल सकती हैं। ऐसा मालूम होता है कि कांग्रेस-कमेटियों के जीवन का उद्देश्य पूरा हो गया?

लेकिन कांग्रेस का उद्देश्य तो स्वराज्य हासिल करना है। इस स्वराज्य के अर्थ पर बहुत बहसें हुईं। अगर हम इस स्वराज्य का अर्थ जनता का राज्य समझें, तो शायद किसी को आपत्ति न होगी। स्वराज्य का यह अर्थ मान लेने पर सवाल यह उठता है कि क्या कांग्रेस ने यह उद्देश्य पूरा कर लिया है?

जनता के राज्य का अर्थ अगर यह मान लिया जाये कि जनता ने जिन लोगों को वोट दिया है, वे मन्त्रिपद पर सुशोभित हो गये हैं, तो हमको मानना पड़ेगा कि जनता का राज्य हो गया। लेकिन गाँवों और शहरों की जनता चिल्ला-चिल्लाकर कह रही है कि कुछ नहीं बना! उनके दैनिक जीवन में कुछ असर नहीं आया! बक़ाया लगान की मुल्तवी या बेदख़ली के सरकारी हुक्म ठीक हैं, लेकिन बेकस किसान को इससे कुछ फ़ायदा नहीं पहुँच रहा है। कांग्रेस जिस स्वराज्य के लिए कोशिश कर रही है, वह वैधानिक सभाओं और मन्त्रियों द्वारा छन-छनकर जनता की ओर जायेगा, और उसके रास्ते में नौकरशाही के पुराने संगठन की चट्टान आ खड़ी हुई है, जो उसे नीचे तक नहीं पहुँचने देती। परिणाम यह होता है कि जनता निराश और उत्साहहीन होती जाती है। कांग्रेस है जनता का संगठन और कांग्रेस का राज होने पर भी जनता उत्साह और सफलता अनुभव न करे, यह अजीब बात है।

कांग्रेस अगर दरअसल जनता का राज चाहती है, तो उसे नौकरशाही की चट्टान भेदकर जनता की भलाई करने की अपेक्षा अपने स्वराज्य को जनता की ही ओर से शुरू करना चाहिए। अगर हमारी निष्क्रिय पड़ी गाँवों और शहरों की कांग्रेस-कमेटियाँ जनता की रोज़मर्रा की शिकायतों को लेकर उन्हें दूर करने का यत्न करें, तो न तो निठल्ली रहेंगी और न जनता निराश और निरुत्साह होगी। क्या कांग्रेस-कमेटियों का यह फ़र्ज़ नहीं कि वे सरकार द्वारा किसानों की सुविधा के लिए जारी किये गये हुक्मों की पाबन्दी की ओर ध्यान दें। क्या यह कांग्रेस-कमेटियाँ, यदि वह बड़े-बड़े गाँवों में हैं तो जनता की सहानुभूति अपनी ओर खींचकर टाउन एरिया कमेटियों के अधिकार की माँग इन गाँवों के लिए नहीं कर सकतीं? क्या वह अदालती पंचायतों का अधिकार नहीं हासिल कर सकतीं? माना, क़ानून बनाना असेम्बली का काम है, परन्तु गाँवों के लिए किस प्रकार के क़ानूनों की ज़रूरत है, इस ओर यह कांग्रेस-कमेटियाँ सरकार का ध्यान नहीं दिला सकतीं?

आज जिस चीथड़ा लगान क़ानून पर यू.पी. की असेम्बली में महीनों से बखिया हो रहा है और जिसे जनता का शोषण करनेवाली श्रेणियाँ पास नहीं होने दे रहीं, क्या कांग्रेस-कमेटियाँ उसे जनता को समझाकर, उसमें किसानों के हित की दृष्टि से संशोधन पेश करने की माँग पेश नहीं कर सकतीं? ऐसा करने से जहाँ किसानों का कांग्रेस सरकार और कांग्रेस पर विश्वास जायेगा वहाँ उनमें जागृति भी बढ़ेगी और जनता-द्रोहियों की ज़ुबान बन्द होगी। और हमारी कांग्रेस-कमेटियाँ भी शिथिल और निर्जीव न रहकर सजीव हो उठेंगी और जनता स्वराज्य का स्वाद चखने लगेगी।

साथी गयाप्रसाद

सन् १९२९ मई मास में भाई गयाप्रसाद लाहौर षड्यन्त्र के मामले में गिरफ़्तार किये गये थे। आज दस बरस से वे जेल के जँगले में बन्द हैं। इस बीच में वे कालेपानी में भी सज़ा काट आये हैं। क़ानूनन उन्हें जेल की सज़ा दी गयी थी, लेकिन इस सज़ा के साथ उन्हें एक और सज़ा मिल रही है। यह सज़ा है दिल की बीमारी। गयाप्रसाद की यह बीमारी इस समय इतनी बढ़ गयी है कि कहा जाता है कि जेल के डॉक्टरों ने उसकी सूचना यू.पी. सरकार के पास भेजना आवश्यक समझा है। उनके ख़ून का दबाव बहुत बढ़ गया है और बदन बादी से फूल गया है। और बीमारियों की तरह दिल की बीमारी किसी क़ायदे-क़ानून की पाबन्द नहीं। दिल की बीमारी में कब क्या हो जायेगा, इसकी ज़िम्मेदारी डॉक्टर भी नहीं ले सकते। गयाप्रसाद को उनके राजनैतिक विचारों के परिणामस्वरूप सज़ा मिली थी और वे

विचार देश की राजनैतिक अवस्था बदलने के साथ बदल चुके हैं। वे कालेपानी में क़ैद काटते समय दूसरे राजनैतिक क़ैदियों के साथ ही इस विषय की सूचना महात्मा गाँधी को दे चुके हैं कि उनके राजनैतिक कार्यक्रम में आतंकवाद को स्थान नहीं है। जब-जब पंजाब के राजनैतिक क़ैदियों की रिहाई का सवाल उठाया, गया, पंजाब-सरकार ने उत्तर दिया कि यदि सरकार को क़ैदियों के विचारों के बदल जाने का निश्चय हो जाये, तो उन्हें रिहा कर देने में सरकार को कोई आपत्ति न होगी। हम समझते हैं, कालेपानी से लौटे हुए पंजाब के राजनैतिक क़ैदियों के बारे में सरकार यह विश्वास कर सकती है।

रही गयाप्रसाद की बात! राजनैतिक कारणों के अलावा, स्वास्थ्य के कारण भी उन्हें रिहा कर देने का तक़ाज़ा जनता सरकार से कर रही है। आशा है, सरकार मनुष्यता, बदले हुए ज़माने का ख़याल कर अपनी उदारता का परिचय देगी।

आज़ाद-अंक

एसोसिएटेड प्रेस से ख़बर मिली है कि विप्लव के उर्दू संस्करण का आज़ाद-अंक पंजाब-सरकार ने ज़ब्त कर लिया है। जिन लोगों ने आज़ाद-अंक पढ़ा है उन्होंने विप्लव को आज़ाद-अंक प्रकाशित करने के लिए बधाई दी है। आज़ाद-अंक को पढ़कर किसी ने यह नहीं समझा कि इसमें आतंकवाद का समर्थन किया गया है। आज़ाद-अंक में भारत के राष्ट्रीय आन्दोलन के उस अंग का विवरण है, जो जनता की आँखों से छिपा हुआ है और जिसे अजीबोग़रीब, ख़तरनाक और ख़ूँख़ार रूप दिये जाते हैं। आज़ाद-अंक प्रकाशित कर जनता के सामने सत्य को प्रकट करने की कोशिश की गयी थी। पंजाब-सरकार को यह मंजूर नहीं। आज़ाद-अंक भारत के सभी प्रान्तों में गया है और कहीं उस पर ज़ब्ती का आर्डर नहीं दिया गया। पंजाब-सरकार ने अपने प्रान्त में प्रेस की आज़ादी का जो सुबूत दिया है, उसके लिए उन्हें बधाई! लेकिन ख़याल रहे, सचाई दबाने से दबती नहीं!

स्पेन पर एक दृष्टि!

इस अंक में डॉक्टर एस.पी. सिन्हा का लिखा हुआ एक लेख स्पेन पर जा रहा है। आज स्पेन की प्रजातन्त्र सरकार समाप्त हो चुकी है और यह सवाल भी उसके साथ ही समाप्त हो गया है। परन्तु लेख में जो विचार प्रकट किया गया है, वह सिद्धान्त रूप से है और उसका महत्त्व सदा रहेगा। आशा है, पाठक इसी दृष्टि से इस लेख को पढ़ेंगे।

◈

विनिमय

भारत का धार्मिक समाजवाद

इस अंक में श्री देवीरत्न जी अवस्था का लेख 'भारत का धार्मिक समाजवाद' प्रकाशित हुआ है। लेखक का विचार है कि मार्क्स के सिद्धान्तों पर चालू समाजवाद के लिए पागल न होकर यदि हम भारत की प्राचीन सामाजिक नीति और अवस्था को ही आज फिर देश में क़ायम कर सकें, तो अपना कल्याण अधिक कर सकेंगे। भारत की प्राचीन गाथाओं का उदारहण देकर अवस्थी जी ने यह दिखाने का यत्न किया है कि प्राचीन भारत में पूँजीवाद से उत्पन्न हो जानेवाले अन्याय और शोषण नहीं थे और प्राचीन भारत का धर्म—जिसे कि आज दिन के समाजवादी ग़ारत कर देना चाहते हैं—भारत में उस समय क़ायम समाजवाद की बुनियाद थी। जिस संस्था द्वारा समाज में अन्याय और शोषण होता है, उसे वे धर्म न कहकर अधर्म ही कहना चाहते हैं। हम अवस्थी जी के इस विश्वास को ठेस नहीं पहुँचाना चाहते कि प्राचीन भारत आज के दिन भारत की अपेक्षा सुखी और समृद्ध था। परन्तु इतना याद दिला देना चाहते हैं कि उस सुखी भारत में, जहाँ सोने के पहाड़ों की घाटियों में दूध की नदियाँ बहती थीं और घी के दलदल मौज़ूद थे, द्रोणाचार्य के समान योग्य ब्राह्मण की सन्तान को, जो कौरवों-पाण्डवों के फ़ौजी कॉलेज के प्रिन्सिपल बनने योग्य थे, पीने के लिए दूध मयस्सर नहीं होता था और उन्हें आटा घोल-घोलकर पिलाया जाता था, कणाद-जैसे विद्वान् खेतों में से दाने चुन-चुनकर पेट भरते थे। लेकिन यदि आप चाहते हैं, तो हम इस बात के लिए झगड़ा नहीं करेंगे।

भारत के उस ज़माने में अमीर और ग़रीब में, मालिक और मज़दूर में यदि अन्तर नहीं था तो इसका कारण उस समय प्रचलित धार्मिक विश्वास था, विशेष प्रकार की भारतीय सामाजिक प्रणाली नहीं थी। वह समय पूँजीवाद का न था, संसार के किसी भी देश में और न भारत में ही उस समय उद्योग और मशीनरी के वे साधन मौज़ूद थे, जिन्होंने पैदावार के साधनों को बढ़ाकर पूँजीवाद को जन्म दिया। पूँजीवाद या उसके तरीक़ों के बिना उस समय भारत में इस बात की गुंजाइश हो ही नहीं सकती थी कि एक मालिक अपने कारख़ानों में हज़ारों-लाखों मज़दूरों को काम में लगाकर उनकी कमाई से अपने-आपको अमीर बना ले। उस समय भारत के निवासी अपनी ज़रूरत की चीज़ों को व्यक्तिगत तौर पर या पारिवारिक तौर पर पैदा करते थे और उसी तरह उनका व्यवहार भी करते थे। उस समय आजकल की तरह हज़ारों-लाखों व्यक्ति मिलकर समाज की ज़रूरत की वस्तुओं को पैदा नहीं करते

थे और न पैदा की गयी वस्तुओं पर उनके सम्मिलित अधिकार का सवाल ही उठता था। हमारे वेदों या उपनिषदों में सम्पत्ति पर समाज के अधिकार की बात नहीं। वहाँ व्यक्ति के अधिकार की ही बात है और उपदेश भी दिया गया है 'मागृध: कस्य स्विद्धनम्'—किसी का धन मत छीनो। यदि आप भारत की उसी पुरानी शान्ति, बिना जद्दोजहद की अवस्था को फिर से इस देश में क़ायम देखना चाहते हैं, तो उसके लिए दो शर्तें हैं। या तो आप उत्पत्ति के सभी नवीन साधनों, और वैज्ञानिक उन्नति तथा सैकड़ों गुना बढ़ गयी आबादी को दूर कर दीजिये या फिर नयी अवस्थाओं और नये साधनों के पैदा हो जाने के साथ—अर्थात् समाज में धन और पैदावार के सामाजिक तौर पर उत्पन्न होने लगने पर उनके प्रबन्ध तथा मिल्कियत को भी समाज के ही हाथों में सौंप दीजिये। इसी अवस्था को दुर्भाग्य से आधुनिक समाजवाद कहा जाता है। भारत में ज़रूर एक समय समाजवाद रहा होगा, परन्तु वह उस समय रहा होगा जब अभी व्यक्ति ने ब्याह-शादी कर अपना परिवार बनाकर परिवार और अपने जीवन का अलग एक संगठन नहीं बना लिया था। इसके लिए भारत विशेष अभिमान नहीं कर सकता। इस प्रकार का समाजवाद आज भी आपको अफ़्रीका के हबशियों और आस्ट्रेलिया के जंगली निवासियों में मिल सकता है।

शेष रहा समाज में धर्म का स्थान! अवस्थी जी ने जिस धर्म की व्याख्या की है और सभी विद्वान् जिसका समर्थन करते हैं, समाजवाद उस धर्म को ग़ारत नहीं करता। धर्म का अर्थ यदि कर्त्तव्य और नीति समझा जाये, तो वह समाज के लिए सभी अवस्थाओं में आवश्यक होगा और समाज की अवस्थाओं और विकास के साथ बदलता रहेगा। समाजवाद जिस धर्म का विरोध करता है, वह है कभी न बदलनेवाला त्रिकाल सत्य, ईश्वर की आज्ञा से क़ायम होनेवाला स्थापित धर्म, जिसे आप चाहें तो मज़हब या सम्प्रदाय का नाम दें सकते हैं। इस धर्म के लिये दरअसल समाजवाद में स्थान नहीं; क्योंकि यह धर्म समाज और मनुष्य संसार से परे मौज़ूद एक शक्ति की आज्ञा से चलता है, जो कभी बदलती-बिगड़ती या घटती बढ़ती नहीं; और समाज को अपनी इच्छा से बदलने नहीं देती। जो समाज को ईश्वर की इच्छा या न्याय कहकर निर्जीव चट्टानों के समान गतिहीन कर देना चाहती है। निस्सन्देह ऐसा धर्म उन्हीं लोगों की श्रेणी ने अपने हित के लिए पैदा कर लिया है, जो समाज की मौज़ूदा स्थिति में उस पर क़ब्ज़ा कर उसका शोषण कर रहे हैं, और समाज को बदलता देखकर, हाय-तोबा भचाना शुरू कर देते हैं।

प्राचीन भारत की जिस सामाजिक शान्ति का ज़िक्र आपने किया है, वहाँ मनुष्य-समाज के विकास में एक सीढ़ी थी, जिस पर से संसार के सभी देश गुज़र आये

हैं। उस सामन्तवाद के ज़माने में वे आर्थिक और राजनैतिक प्रश्न न उठे थे, न उठ सकते थे, जो आज उठ रहे हैं। समाजवाद जिस श्रेणीहीन समाज की स्थापना का उद्योग कर रहा है, दुर्भाग्य से उसका तात्पर्य अक्सर ग़लत समझ लिया जाता है। इसका अर्थ यह नहीं कि समाजवाद में मज़दूर नहीं होंगे या शासन और प्रबन्ध करनेवाले नहीं होंगे? और न समाजवाद का मतलब यह है कि वैज्ञानिक प्रोफेसर और मज़दूर सब एक समान हो जायेंगे। जब तक मज़दूर और वैज्ञानिक प्रोफ़ेसर और शासक के काम में फ़र्क़ है, तब तक स्टालिन और क़ुली दोनों की ज़िन्दगी में अन्तर रहेगा और यह फ़र्क़ भी उस समय तक रहेगा, जब तक कि समाजवाद ऐसी परिस्थितियाँ पैदा नहीं कर लेता कि जनता के सभी अंग मानसिक रूप से एक समान उन्नत नहीं हो जाते। समाजवाद तो उस आदर्श समाज की तैयारी का साधन है, जिसे वर्गवाद या कम्युनिज़्म कहा जाता है। रूस अभी समाजवाद की ही सीढ़ी पर है, वर्गवाद को प्राप्त नहीं कर सका है।

समाजवाद में श्रेणियाँ न रहने का अर्थ यह है कि मालिक और मज़दूर यानी दूसरों को मेहनत से काम कराकर अपना पेट भरनेवाली एक श्रेणी—और दूसरी श्रेणी वह, जिसका समाज में मौज़ूद उत्पत्ति के साधनों पर कोई हक़ नहीं, जिसका काम मेहनत कर दूसरों का पेट भरना है, नहीं रहेगी। आजकल जिस तरह हमारे समाज में अलग अमीरों-ग़रीबों की श्रेणियाँ हैं, ग़रीब लोगों में पैदा होकर उन्नति या तरक़्क़ी करने की गुंजाइश हमें नहीं रहती, उस तरह रूस में नहीं। वहाँ हर एक इन्सान के लिए हर एक तरह की शिक्षा पा सकने की गुंजाइश है। और वह अपनी पूरी कमाई ख़ुद अपने काम में लाता है। समाज उसकी कमाई का जो हिस्सा लेता है वह भी सार्वजनिक कामों में ख़र्च करता है। वहाँ ज़मींदार और मिल-मालिक दूसरी जनता की कमाई पर अधिकार नहीं कर सकते। अगर स्टालिन एक क़ुली की अपेक्षा अच्छे मकान में रहता है, उसके इस्तेमाल के लिए मोटरकार या हवाई जहाज़ है, तो सिर्फ़ उस वक़्त जब तक कि वह समाज की ओर से प्रबन्ध के काम पर नियत है। मरने के बाद वह यह सब चीज़ें अपने लड़कों के लिए नहीं छोड़ जा सकता और न उसके लड़के के लिए मज़दूरों के लड़कों की अपेक्षा कोई अच्छे स्कूल या महल हैं।

भारत की समस्याओं का हल हम उसे हज़ारों वर्ष पहले के आदर्श पर ले जाकर नहीं कर सकते।

◈

सिंहावलोकन

आपबीती

'विप्लव' के पिछले अंक में सुखदेव के जेल से आये उस पत्र को उद्धृत कर रहा था, जिसमें इन्द्रपाल के बयान से यह जानकर कि हमने उसे जेल में गोली मार देने का निश्चय कर लिया था, सुखदेव ने अपने आचरण के पश्चात्तापस्वरूप पार्टी के किसी काम में स्वयं ही अपने प्राण दे देने के निश्चय की सूचना हम लोगों को दी थी। उस पत्र का शेष अंश यहाँ देता हूँ। यह पत्र अक्षरश: सुखदेव के ही शब्दों में है—

''यही कारण था कि अन्तिम भूख-हड़ताल में मैंने अपने प्राणान्त की भरसक चेष्टा की थी। किन्तु मृत्यु स्वीकार होने पर भी शारीरिक पीड़ा, पीड़ा रहती है। प्राण रहते हुए उसे किसी सीमा तक ही सहा जा सकता है। इस बात का अनुभव मैंने अभी भूख-हड़ताल से किया था। मृत्यु की अभिलाषा थी, परन्तु उसकी प्राप्ति सम्भव नहीं।

भूख-हड़ताल का ध्यान भी जाता रहा। इस असफलता ने अपराधी के मन को और भी निराश कर दिया। दोस्तो, मैं चाहता था कि मेरा अन्त किसी क्रान्ति-कारी हुक्म से (Revolutionary order) के अनुसार किसी क्रान्तिकारी की गोली से हो। इसके अतिरिक्त मैं यह कुछ बुरा नहीं समझता था कि पार्टी (party) के किसी कार्य में मेरी जान जाती रहे। इन दोनों अवसरों के न मिल सकने की दशा में मैं इसी विचार से सन्तुष्ट हो सकता था कि मुझे भी फाँसी का दण्ड दिया जायेगा। परन्तु वह भी मेरे हाथ से जाता दिखायी दे रहा है। मैं समझता था, फाँसी मिल जाने की अवस्था में सरकार—तथा क्रान्तिकारी दोनों न्यायालयों (tribunals) के अपराध का—एक साथ दण्ड भोग पाऊँगा।

किन्तु मेरे साथियो, सरकार तो आज मुझ पर दयालु हो रही है। मेरे सहायता देने के बदले आज वह मुझे जीवनदान दे रही है। मेरे विश्वासघात के फलस्वरूप वह मुझे अनुगृहीत करना चाहती है। ऐसी दशा में आप समझ सकते हैं, मेरे मन की क्या अवस्था हो सकती है।

इन हालात में मुझे क्या करना चाहिए? मैं स्वयं बहुत दिनों से इस समस्या पर विचार कर रहा था। मेरा इरादा था कि जैसे भी हो, इसका हल कर दूँ, किन्तु उसमें मुझे थोड़ी-सी झिझक थी। कुछ खटका दिखायी पड़ रहा था। मुझे डर था

कि अपने प्राण अन्त करने की मेरी चेष्टा को सब कोई भाँप जावेगा और मानसिक दुर्बलता का परिणाम समझेगा। मेरा वह कृत्य, मेरी पार्टी का आदेश है इस बात को भला कोई क्यों कर मानने लगा है। ऐसा समझा सकने के हेतु मेरे पास कोई उपाय नहीं और कोई सूझता भी नहीं था।

किन्तु अब यह जानकर कि आप मेरे सम्बन्ध में उपर्युक्त धारणा किये हुए हैं। मेरी बहुत-कुछ चिन्ता जाती रही है। मैं समझता हूँ, आपका अपराधी होने की दशा में मेरा कर्त्तव्य है कि अपने-आपको पार्टी (party) के अर्पण कर दूँ। यही मेरा कर्त्तव्य है—इसी ख़याल से ऊपर मैंने कहा है कि मैं आपको सहायता करूँगा।

इस वक्तव्य के द्वारा अपने को आपके सामने पेश करता हूँ। क्षमा भी इच्छा से नहीं, दया की भीख माँगने के लिए नहीं और न ही अपनी सफ़ाई देने के विचार से वरन् एक भारी अपराधी के रूप में दण्ड की अभिलाषा से, अपने कृत्यों की सज़ा चाहने के ख़याल से मैं सहर्ष तैयार हूँ। जो आदेश होगा, स्वीकार करूँगा। पार्टी (party) की आज्ञा को जिस प्रकार भी होगा, पालन करूँगा। जेल में रहते हुए एक महीना, एक बरस, दस या बीस बरस के समय में जब जो हुक्म मिलेगा, उसका बड़ी ख़ुशी से पालन करूँगा। मैं सदा आपका आदेश पाने का इच्छुक रहूँगा। किसी व्यक्ति के द्वारा आप अपने हुक्म (Words) मेरे पास भिजवा सकते हैं। शायद इस स्थान पर मैं ज़्यादा खोलकर नहीं लिख सका। किसी व्यक्ति के द्वारा मेरे पास आज्ञा (Words) भिजवा देना—इससे मेरा अभिप्राय यह नहीं कि मुझे गोली मारने (shoot) करने के लिए पार्टी (party) का कोई व्यक्ति अपना जीवन ख़तरे में डाले। मेरा मतलब केवल यही है कि मुझे किसी विश्वस्त सूत्र से पता दे दिया जाये कि वास्तव में पार्टी मुझे अपना अपराधी मानती है और वह इस बात को पसन्द करती है कि इस अपराध के दण्डस्वरूप मैं इस जीवन की अपेक्षा मृत्यु कुबूल कर लूँ। कोई व्यक्ति भी मेरा ऐसा कहने से यह तात्पर्य न समझे कि इच्छा को पार्टी (party) की आड़ में छिपाना चाहता हूँ। हाँ, यद्यपि मेरे विचार में पार्टी के अनुशासन और आज्ञा (party का Discipline and order) की इन पंक्तियों के अक्षर पढ़ नहीं जा सके मुझे अपना प्रायश्चित्त अत्यन्त आनन्ददायक प्रतीत होता है।

अन्त में यह आशा करता हूँ कि आप मेरे सम्बन्ध में सब प्रकार की क्यों या मैजिक भावनाओं को दबाकर पार्टी के अनुशासन और आज्ञा (Party के Discipline and order) के रक्षार्थ मेरे इस वक्तव्य पर गम्भीरता से (Seriously) विचार करेंगे।

क्रान्ति की यह चेष्टा सदा बनी रहे।
—मैं हूँ क्रान्ति का एक उपासक

किसी व्यक्ति को उसके स्वभाव या प्रकृति की जो विशेषताएँ क्रान्तिकारी बना देती है, चारों ओर मौज़ूद परिस्थिति और आतंक से न दबकर, पराजय स्वीकार न कर विद्रोह में जो व्यक्ति खड़ा हो जाता है, उसके स्वभाव में कुछ विशेषताएँ रहती हैं। वह विशेष बुद्धिमान् भी हो सकता है और बिलकुल मामूली अक्ल का आदमी भी। जितनी भी, जैसी भी अक्ल, उसमें होगी उससे काम वह अवश्य करेगा। उसमें निर्भयता और साहस की विशेष मात्रा होना ज़रूरी है। उसमें दृढ़ता और त्याग होना भी ज़रूरी है। मेरा अभिप्राय यह नहीं कि क्रान्तिकारी व्यक्ति देवता थे, या असाधारण मनुष्य थे। मैं यहाँ साधारण मनुष्य-स्वभाव के उन अंगों की ओर ध्यान दिलाना चाहता हूँ, जिनके बिना मनुष्य भेड़ की तरह सिर झुकाये अपने रास्ते पर चलाया जायेगा।

जिन लोगों ने आपत्ति-विपत्ति और मुसीबत की परवाह न कर मृत्यु को भी सामने देखकर क्रान्ति के पथ पर चलने का साहस किया, उनमें से कुछ व्यक्ति समय आने पर भयभीत हो गये, मृत्यु को सामने देख उनके पैर लड़खड़ा गये। उनका आत्मसम्मान भी उन्हें न सम्हाल सका, वे इतना नीचे गिर गये कि वे मुख़बिर तक बन गये।

क्रान्तिकारियों और देशभक्तों की दृष्टि में मुख़बिर हो जाने, अपने प्राणों के मोह से अपने साथियों के प्रति विश्वासघात कर देने से अधिक कोई दूसरा घृणित अपराध नहीं। परन्तु क्रान्तिकारी दलों में समय-समय पर हमें इस तरह के मुख़बिर दिखायी देते ही रहे हैं। दीनानाथ, वन्तासिंह, ललित, फणीन्द्र, हंसराज, जयगोपाल, कैलाशपति इत्यादि ऐसे कई व्यक्ति इस कलंक के उदाहरणस्वरूप हमारे सामने आ चुके हैं। यह लोग, क्योंकर एक समय असाधारण वीर बन गये और फिर दूसरे समय क्यों इतने कायर हो गये? यह बात जानने की इच्छा होना स्वाभाविक ही है। जो लोग मनुष्य की महानता या नीचता का कारण उसकी आत्मिक शक्ति में समझते हैं या जन्म-जन्मान्तर के संस्कारों में ढूँढ़ना चाहते हैं, वे इसका क्या उत्तर देंगे, मैं नहीं जानता। पूर्व जन्म से साँचे में ढली-ढलाई एक ख़ास क़िस्म की या ख़ास दर्ज़े की आत्मा भिन्न-भिन्न अवसरों पर भिन्न-भिन्न परिस्थितियों में विपरीत आचरण किस प्रकार कर सकती है यह मैं नहीं समझ सकता। मुझे तो इसका उत्तर यदि कहीं मिलता है, तो परिस्थितियों के जाँचने में ही। जो लोग बहादुरी से विजय के नारे लगाते हुए फाँसी पर झूल गये, उनकी वीरता का श्रेय मुझे उनकी परिस्थितियों में दिखायी देता है और जो लोग फिसल गये, उनके फिसल जाने का कारण भी मुझे

उनकी परिस्थितियों में ही दिखायी देता है! परिस्थितियों से मेरा मतलब विचारों के विकास से भी है।

सुखदेव का यह पत्र आपके सामने है मेरे विचार से मनोविज्ञान के विद्यार्थी के लिए यह पत्र एक अमूल्य वस्तु है। इस पत्र में सुखदेव ने अपने मस्तिष्क को, अपने उस समय के विचारों को खोलकर रख देने की कोशिश की है। किस प्रकार मनुष्य भीरु होकर नीचे की ओर गिरने लगता है और किस प्रकार फिर वह ऊँचा भी उठ जा सकता है, इसका सुखदेव से अच्छा उदाहरण शायद नहीं मिल सकता।

शायद कुछ आदमी इन्द्रपाल को भी इस उतार-चढ़ाव का उदाहरण समझते हों। परन्तु मेरे विचार में यह उनकी भूल है। इन्द्रपाल का आचरण बाहर से देखनेवालों को चाहे जैसा जँचा हो, परन्तु जो लोग असलियत को जानते हैं, वे अच्छी तरह समझते हैं कि इन्द्रपाल नीचे कभी नहीं गिरा। उसने जो कुछ किया उसमें प्राणों का मोह न था केवल चाल थी। बल्कि मैं कहूँगा—कि वह त्याग की हद थी, जिसमें उसने कलंक और बदनामी की भी परवाह न की। इस त्याग की कसौटी पर भगतसिंह के लिए भी पूरा उतर जाना कठिन था। दूसरा कोई व्यक्ति जो इस प्रकार अपने उद्देश्य के लिए कलंक को भी झेल सकता था, भगवतीचरण ही था।

पहले कह चुका हूँ अपनी गिरफ़्तरी के समय सुखदेव पंजाब का इञ्चार्ज था और हम सभी लोगों के विचार में सुखदेव विशेष साहसी, बुद्धिमान् और विश्वास योग्य व्यक्ति था। भगतसिंह को उस पर बेहद विश्वास और श्रद्धा थी।

लेकिन उसी सुखदेव के आचरण में ऐसा परिवर्तन आया। जहाँ तक मैं समझता हूँ, इसके दो कारण थे। एक कारण था सुखदेव की मानसिक उच्छृंखलता। किसी प्रकार का बन्धन वह स्वीकार करने के लिए तैयार न था। शुरू में मैं कह आया हूँ कि समाज की राय के प्रति उसे कोई श्रद्धा न थी, इसलिए मुख़बिर बनकर मैं अपमानित होऊँगा, यह विचार उसके सामने कभी आ न सकता था। दूसरा यह विचार कि कष्ट सहना भी उद्देश्य प्राप्ति के मार्ग में आवश्यक है, सुखदेव के विचारों के अनुकूल नहीं था। इसका कारण था उसके बचपन के पालन-पोषण का ढंग। बचपन में ही उसके पिता का देहान्त हो गया था। परिवार मध्यम श्रेणी का और सम्पन्न था। बचपन से अपनी इच्छाओं को रोकने या किसी प्रकार के अनुशासन को सहने की उसे आदत नहीं थी। पंजाब में १९१८ में मार्शल लॉ के समय सुखदेव के ताऊ ला. चिन्तराम ने राजनीति में भाग लेना शुरू किया। वे जेल भी गये। सुखदेव का परिवार यद्यपि पंजाब के अधिकांश क्रान्ति परिवारों की भाँति

आर्यसमाजी साम्प्रदायिक और सामाजिक क्रान्ति में रँगा हुआ नहीं था। परन्तु रूढ़िवाद का विरोधी था। रूढ़ियाँ भी एक प्रकार अनुशासन है, हालाँकि यह अनुशासन अनुचित ढंग का है और मनुष्य के मानसिक विकास और उसकी मानसिक स्वतन्त्रता को छीनकर उसे मनुष्य से पशुत्व की ओर ले जाता है। परन्तु यह है अनुशासन ही। और रूढ़ियों को तोड़ना जब तक कि कोई ख़ास उद्देश्य न हो हमारे सामाजिक-संगठन के हक़ में नहीं होगा।

सुखदेव की क्रान्तिकारी भावना कुछ-कुछ उच्छृंखलता के ढंग की थी। इसलिए उसने लाहौर-षड्यन्त्र-केस के सभी क्रान्तिकारियों के अनशन का निश्चय कर लेने पर भी उनका साथ नहीं दिया। यहाँ भी उसके मन में उसी वृत्ति का भाव दिखायी देता है।

सुखदेव की मनोवृत्ति या स्वभाव किस ढंग का था, यह एक मामूली घटना से मालूम हो जायेगा। महात्मा गाँधी ने जलियाँवाला बाग़ की दुर्घटना के स्मारक-स्वरूप प्रत्येक मास की १८ तारीख को एक उपवास रिवाज चला दिया था। सुखदेव ने भी यह व्रत रखा। तबीयत से नाज़ुक होने के कारण शाम तक इसकी तबीयत बिलकुल निढ़ाल हो रही थी। सड़क पर चले जा रहे थे और मन में जुजित्सु-जापानी कुती की बात सोचते जाते थे। कहीं सुन रखा था कि नाक पर घूँसा लग जाने से मनुष्य की आँखों के आगे अँधेरा छा जाता है और उसका सर चकरा जाता है। सामने एक आदमी को खड़े देखा और दाँव आज़माने का मौक़ा समझ समीप जा उसकी नाक पर घूँसा ज़मा दिया। चोट खाकर आदमी दरअसल दोनों हाथों से मुँह ढाँपकर ज़मीन पर बैठ गया। आप कुछ फ़ासले पर खड़े अपने घूँसे का असर देख रहे थे। होश सम्हालने पर वह चोट खाया आदमी सुखदेव के पीछे दौड़ा। सुखदेव आगे-आगे वह आदमी पीछे-पीछे। कुछ दूर तक यह खेल हुआ। सुखदेव सुबह से उपवास कर निढाल तो हो ही रहे थे, मार ख़ाने के लिए चुपचाप बैठ गये। ख़ूब मार खायी। आख़िर फ़ैसला यह किया कि नाक पर घूँसा मारने का दाँव बहुत अच्छा नहीं। ख़ैर—

लेकिन समाज की शक्ति बड़ी प्रबल वस्तु है। जेल में और बाहर जब सुखदेव के प्रति घृणा का भाव प्रबल हो उठा तो उसे अपने रवैये पर विचार करना ही पड़ा और उसने अनुशासन को स्वीकार करना शुरू कर दिया। इसका प्रमाण है उसका यह पत्र और उसका वीरतापूर्वक फाँसी पर चढ़ जाना।

सुखदेव की योग्यता के बारे में इतना कह देना ही काफ़ी होगा कि लाहौर में जिस सफलता से साण्डर्स को गोली से उड़ाकर भी क्रान्तिकारी लोग बाल-

बाल बच गये वह सब प्रबन्ध सुखदेव का ही किया हुआ था और इसीलिए गोली चलाने में भाग न लेने पर भी अदालत ने सुखदेव को फाँसी की सज़ा दी। परन्तु सुखदेव जैसा योग्य आदमी भी दल के अनुशासन को न मानकर दल के लिए मुसीबत का कारण बन गया। इस समय हम लोग एक विकट राजनैतिक लड़ाई में फँसे हुए हैं। हमारे लिये संगठन और अनुशासन की इस समय बड़ी क़ीमत है। परन्तु जगह-जगह हम योग्य और प्रभावशाली व्यक्तियों को संगठन और अनुशासन तोड़ते देखते हैं और उसकी वजह से हमारा राष्ट्रीय आन्दोलन उलझनों में फँस जाता है।

सुखदेव के व्यवहार में एक सनकीपन की बू समायी रहती थी। या तो वह उपवास नहीं करेगा और करेगा तो जल भी त्याग देगा। पहले तो उसने जेल जाते ही अनशन शुरू कर दिया और बाद में दूसरे आदमियों के अनशन करने पर उसने अनशन नहीं किया और जब किया तो उसने जल पीना भी छोड़ दिया। इसका परिणाम यह हुआ कि उसे बेह बुख़ार आ गया। इस बुख़ार में पागल होकर उसने ख़ुद ही खाना खा लिया और बाद में पश्चात्ताप करने लगा।

प्राय: क्रान्तिकारियों या राजनैतिक क्षेत्र में काम करनेवाले लोगों के चरित्र पर विचार करते समय हम लोग यह भूल जाते हैं कि उनका अपना निजी व्यक्तित्व भी कोई चीज़ होता है। क्रान्तिकारी दल में भाग लेने के लिए सृष्टि के कारख़ाने से सब दृष्टियों से पूर्ण व्यक्ति तो तैयार कराये नहीं जा सकते। हमारे आज के दिन राजनैतिक आन्दोलन में भी अनेक विचित्र स्वभाव मौज़ूद हैं। जब तक वे लोग सफलतापूर्वक जनता के सामने अपना स्थान बनाये हुए हैं उनके ऐब भी गुण हैं और जिस दिन वे असफल हो जायेंगे उनके अनेक गुण भी अवगुण जान पड़ने लगेंगे। यही बात सुखदेव के बारे में भी है। अगर उसकी गिरफ़्तारी के समय ही गोली चल जाती और सुखदेव को मौक़ा मिल जाता तो वह चन्द्रशेखर आज़ाद की तरह शहीद हो जा सकता था। परन्तु यों तिल-तिल कर जलना उसके बस की बात न थी।

चाय की चुस्कियाँ

दुर्मुख

अगर आप अपने आपको बहुत बड़ा दलीलबाज़ समझते हैं, तो एक छोटी-सी कहानी सुनिये और उसकी दलील को सफ़ायी दीजिये—

यूरोप का एक शिकारी अफ्रीका के जंगलों में भटक गया। एक हबशी का मेहमान बन रात काटी। सुबह जाड़े में उँगलियाँ सुन्न होने लगीं। हाथों को मुँह से फूँक-फूँक कर वह उन्हें मल-मलकर गरम करने लगा।

हबशी ने पूछा—यह क्या?

शिकारी ने उत्तर दिया—हाथ गरम कर रहा हूँ।

हबशी ने समझा और चुप रह गया। थोड़ी देर में मेहमान के सामने हाँडी से उँडेलकर मक्का का गरम दलिया रखा गया। दलिया बहुत गरम था। शिकारी फूँक मारकर उसे ठण्डा करने लगा।

शिकारी की इस बेज़ा हरक़त पर हबशी ने उसके सिर पर एक चपत लगाकर पूछा—यह क्या करता है?

उत्तर मिला—ठण्डा करता हूँ।

हबशी यह न समझ सका कि फूँक एक दफ़े हाथों को गरम करती है और दूसरी दफ़े दलिये को ठण्डा।

यह दोहरा असर फूँक में ही हो, सो बात नहीं। कांग्रेस प्रजातन्त्रवादी संस्था है। हिटलर और मुसोलिनी की तानाशाही की निन्दा करती है। लेकिन भारत के कल्याण के लिए भारत में वास्तविक प्रजातन्त्र क़ायम करने के लिए केवल एक ही व्यक्ति का शासन ज़रूरी समझती है।

लोग कहते हैं, कस्तूरी बक्स में रख देने से कपड़ों को कीड़ा नहीं लगता। एक राजनीतिज्ञ कहता है, पूँजीवादियों की वर्किंग कमेटी में अगर एक दरिद्रनारायण का पुजारी रख दिया जाये, तो वर्किंग कमेटी पूँजीवादियों की नहीं रहेगी।

त्रिपुरी-कांग्रेस-अधिवेशन की कई ख़ूबियाँ हैं। उनमें से एक ख़ूबी यह है कि उसमें एक भी संशोधन पास नहीं हुआ। इसके दो अर्थ हैं। पहला अर्थ तो यह है कि प्रजा की आत्मा हाई कमाण्ड के हाथ में है। दूसरा अर्थ यह है कि हाई कमाण्ड में कोई कोर-कसर हो ही नहीं सकती।

लेकिन डिठौने के रूप में एकाध संशोधन पास हो जाता, तो अच्छा था। पास तो हो जाता, अगर किसी में माक़ूल अक़्ल संशोधन पेश करने की होती।

अब तो वक़्त हाथ से निकल गया, लेकिन आइन्दा ऐसी स्थिति आने पर यह संशोधन पेश किया जा सकता है—अगर प्रस्ताव आये—"महात्मा गाँधी ही 'केवल' एक ऐसे व्यक्ति हैं, जो इस देश की नीति को संकट के समय ठीक रास्ते पर चला सकते हैं। इसलिए कांग्रेस की वर्किंग कमेटी उनकी ही इच्छा से बनायी जानी चाहिए।"

तो यह संशोधन पेश किया जा सकता है :—

उक्त प्रस्ताव के पहले यह शब्द जोड़ दिये जायें—

"क्योंकि महात्मा जी भगवान् के अवतार हैं"—

लखनऊ में कुछ–न–कुछ दिलबहलाव का सामान रहना ही चाहिए। आजकल मदहे सहाबा का ज़ोर है। सुन्नी भाई शीअ' भाइयों को सहनशीलता का सबक़ देना चाहते हैं।

ठीक है, अगर सुन्नी भाई अपना गीत गाते हैं, तो शीआ भाइयों को एतराज़ क्यों?

लेकिन यहाँ भी फूँकवाला ही उसूल काम करता है। शीआ भाइयों को तो ज़रूर सहनशील बनना चाहिए, लेकिन मसजिद के आगे बाजे के मामले में यही आशा सुन्नियों से नहीं की जानी चाहिए!

लखनऊ में मदहे सहाबा गाना अहरारियों का हक़ है, और उसमें साम्प्रदायिकता का कोई सवाल नहीं, लेकिन हैदराबाद में आर्यसमाजियों का आग जलाकर घी–सामग्री जलाने का हक़ माँगना घोर साम्प्रदायिकता है।

सुभाष बाबू प्रधान ज़रूर हैं, परन्तु उन्हें अपनी वर्किंग कमेटी ख़ुद चुनने का कोई अधिकार नहीं। इसमें आश्चर्य की बात कोई नहीं। हमारी कांग्रेस की गुरु है इंग्लैण्ड की पार्लियामेण्ट। इंग्लैण्ड में एक राजा है, परन्तु उसे भी मन्त्रिमण्डल चुनने में दख़ल नहीं देना पड़ता। वह है क़ानूनी राजा। इसी तरह हमारा प्रेसीडेण्ट भी क़ानूनी प्रेसीडेण्ट है।

अगर इंग्लैण्ड में राजा को कोई अधिकार न होते हुए भी गद्दी नहीं छोड़ देनी पड़ती, तो क्या वजह कि सुभाष बाबू कांग्रेस के प्रधान पद से इस्तीफ़ा दे दें?

कांग्रेस के प्रधान को राजनैतिक कार्यक्रम निश्चय करने के झंझट से फ़ुर्सत दे देने में भी एक बुद्धिमत्ता है। अब उसे फूलमाला पहनकर जुलूस निकलवाने के लिए काफ़ी समय मिलता रहेगा।

कई आदमी ऐसी बुद्धि के शत्रु हैं, जिन्हें महात्मा गाँधी के कांग्रेस के चार आना मेम्बर भी न बनने पर एतराज़ है।

आप यह बताइये, अगर महात्मा जी कांग्रेस के मेम्बर होते, तो राजकोट और जयपुर के मामले में हस्तक्षेप कैसे करते? और अगर गाँधी जी कांग्रेस–मेम्बर की हैसियत से हस्तक्षेप करते और फिर वाइसराय उनके रूठने के डर से रियासत के मामले में हस्तक्षेप करते, तो इससे साम्राज्यविरोधी कांग्रेस की धाक बढ़ जाती।

महात्मा जी के प्रति यदि ईसाइयों की श्रद्धा न हो, तभी आश्चर्य है। भगवान् मसीह दुनिया भर के पापों को लेकर सूली पर चढ़ गये थे। महात्मा जी भारत भर के संकट को लेकर उपवास द्वारा मृत्यु का आलिंगन करने को तैयार हैं।

सुभाष बोस एण्टी फेडरेशन के ताबीज़ हैं। उनसे कोई कांग्रेस की नीति निश्चय करने में राय ले या न ले जब तक कि वे प्रेसीडेण्ट हैं, तब तक कांग्रेस फ़ेडरेशन को स्वीकार नहीं कर सकेगी।

लोग कहते हैं, छोटे मियाँ सो छोटो मियाँ, बड़े मियाँ सुभानअल्लाह। बड़े बोझ ने राष्ट्रीय माँग के प्रस्ताव का ही विरोध शुरू कर दिया। चाहे अपनी दीवार ही क्यों न गिर जाये, पड़ोसी की बकरी ज़रूर मर जानी चाहिए।

आपने शायद एक कोरस नहीं सुना होगा—

पन्त जी—अच्छी सड़कें लोगे?

नौकरी-पेशा—हाँ भाई हाँ।

पन्त जी—नये अस्पताल ?

नौ—पे.—हाँ भाई हाँ।

पन्त जी—नये स्कूल?

नौ.पे.—हाँ भाई हाँ।

पन्त जी—इलम फैलायें?

नौ.पे.—हाँ भाई हाँ?

पन्त जी—नशा रोकें?

नौ.पे.—हाँ भाई हाँ।

पन्त जी—नौकरी पर टैक्स लगायें?

नौ.पे.—ना भाई ना!

एक पैसा

अन्धे, लँगड़े, लूले, मोहताज को सिर्फ़ एक पैसा और उसके बदले में दुनिया भर की नियामतें और स्वर्ग का सुख! जो इस आशा से सड़क पर पड़े मोहताज को पैसा देते हैं, वे दरअसल अक़्लमन्द हैं, समझदार हैं। मैं भी ऐसे ही एक पैसा लेकर जन्नत के सब आराम मोल ले लेता—काश, मैं इस पर विश्वास कर सकता।

'एक पैसा।'

'जिसे पान में चबाकर थूक दोगे बाबा! सिर्फ़ एक पैसा, जिससे ग़रीब का पेट भर जायेगा बाबा!' एक पैसा कितनी मामूली चीज़ है, और एक पैसा कितनी बड़ी चीज़ है?

अगर इस एक पैसे से किसी का मैं पेट भर सकूँ तो क्या हर्ज़! दिल पिघलकर ओंठों को आ जाता है, आँसू बादल बनकर दिमाग़ को घेर लेते हैं। सिर्फ़ एक पैसा दो! झगड़ा मिटाओ!

पर एक पैसा अगर देना शुरू कर दूँ तो दिनभर में कितने पैसे देने होंगे? और फिर उतने पैसे दे देने के बाद कितने आदमियों का दुःख-दर्द दूर होकर सन्तोष हो सकेगा?

इस पुण्यात्मा देश में जहाँ लाखों का दान रोज़ होता है, क्यों लाखों भूखे रोज़ मरते हैं? इस देश में जहाँ इतने उदारहृदय बसते हैं, दुःख-दारिद्र्य क्यों?

जहाँ लाखों का दान करने की अभिलाषा लिये महादानी पुण्य करने की इच्छा से दानपात्र को ढूँढ़ते फिरते हैं, वहाँ भी पैसे-पैसे के मोहताज क्यों गली-गली मारे-मारे फिरते हैं?

क्या इस मेरे एक पैसे से यह दुःख-दारिद्र्य मिट जायेगा?

मैंने भी कभी-कभी एक पैसा मोहताज की झोली में फेंक दिया है, पर बाद में उसके लिए पश्चात्ताप ही हुआ?

मेरे उस पैसे ने आख़िर क्या बनाया?

उस रोज़ रोज़ भूखा मरनेवाले के पेट को मेरे पैसे ने कितना भरा?

वह दुःखी है, वह मोहताज है, पर मेरे पैसे पर उसे क्या अधिकार?

बीमार-मोहताज लाखों हैं, भूखे लाखों हैं, बेकार लाखों हैं, मेरा पैसा उनका क्या बनायेगा?

अगर यों गिड़गिड़ानेवाले की झोली में पैसा फेंककर हम सन्तुष्ट न हो जाते, अगर उनके दुःख, उनकी मोहताजी की कसक हमारे दिल में बनी रहती—हरदम बनी रहती, तो इस समाज की बदइन्तज़ामी को, जिसकी वजह से यह इतनी मोहताज़ी और दारिद्र्य है, हटाने की चेष्टा करनी पड़ती।

वह कितना मुश्किल है और एक पैसा फेंक देना कितना आसान! जाने दो उस बात को मैं उदार हूँ—किसी को दुःख में एक पैसा अपनी ज़रूरत को छोड़कर भी दे सकता हूँ!

मई

१९३९

चाय की चुस्कियाँ

दुर्मुख

आप सुबह-शाम लखनऊ की बारादरी के पास से घूमकर चले आते हैं और आपको कुछ विशेषता नहीं दिखायी पड़ती। लेकिन अगर आप चाय की कुछ चुस्कियाँ लेकर दुपहर के सन्नाटे में जबकि बारादरी के फ़र्श के पत्थर धूप में गरम तवे की तरह सन्ना रहे हों या फिर आधी रात के सन्नाटे में बारादरी में जा बैठिये, तो आपको कुछ सुनायी पड़ेगा, कुछ दिखायी पड़ेगा।

कवि रवीन्द्रनाथ को जंगल में खड़े नवाबी ज़माने के महलों में आधी रात में जो दृश्य दिखलाये थे, उससे कहीं बढ़कर बारादरी के भूखे पत्थर आपको दिखा सकेंगे।

उस सुनसान आलम में आपको बारादरी के पत्थर यह कहते हुए सुनायी पड़ेंगे—

ऐ नवाबों के वो ज़माने एक बार फिर से आ जा!
जब ज़मीं थी अपनी, जब किसान था अपना!
रैयत के हक़ का रोना था एक सपना!

और फिर जिन ज़मींदारों की नसों में उनके बहादुर बुज़ुर्गों का ख़ून बह रहा है, जिन्होंने पुश्तों लम्बी सलामें ली हैं और लम्बी लाठी से किसानों के सिर फोड़े हैं और जिनका दावा है कि कोई भी हुकूमत उनकी भौं टेढ़ी कर देने से क़ायम नहीं रह सकती, वे भला उन कांग्रेसियों की जो नंगे-भूखे किसानों की हिमायत के बल पर अकड़ते फिरते हैं, यह गुस्ताख़ी कैसे बरदाश्त कर जाते कि वे बारादरी में आकर उनके बराबर बैठे।

जो लोग हँसते हैं कि ज़मींदार पर्दे में सभा कर कांग्रेसी सरकार का मुक़ाबला करना चाहते हैं, इतिहास से नावाक़िफ हैं।

जनाब! याद कीजिये जब अंग्रेज़ों ने लखनऊ पर हमला किया था, तो नवाब वाजिदअलीशाह ने कनातों की आड़ से ही उनका मुक़ाबला किया था। आज अगर नवाबों के नामलेवा ताल्लुक़ेदार कनातों की आड़ में सभा करके कांग्रेस सरकार को चकनाचूर कर देना चाहते हैं, तो ताज़्जुब क्या? यह लखनऊ की शान है!

× × ×

अफ़वाहें उड़ायी जाती हैं कि रूस में बड़ा ज़ुल्म है। कम्युनिस्ट लोग जब कोई प्रस्ताव पास कराना चाहते हैं, तो जलसे में प्रस्ताव सुनाकर जनता के सामने रिवॉल्वर तान दिये जाते हैं और पूछा जाता है, कौन है इस प्रस्ताव के विरुद्ध?

रूस में ऐसा होता है या नहीं, यह तो पूँजीवादियों के वे संवाददाता जानें जो रूस की ख़बरें अपने घर बैठे ही गढ़ा करते हैं। लेकिन अगर रूस में ऐसा होता है, तो इसे हम अक़्लमन्दी नहीं कहेंगे। अपने प्रस्ताव पास कराने का तरीक़ा कोई यू.पी. के बड़े आदमियों से सीख ले।

आप बेशक जनता के नाम पर जलसा कीजिये, लेकिन सभा में आने दीजिये केवल उन्हीं लोगों को, जो आपकी बात पर ज़िरह या दलाल किये बिना आपके प्रस्ताव का समर्थन करने की क़सम खा लें और अपना प्रस्ताव सर्वसम्मति से—इत्तफ़ाक़राय से पास कर लीजिये।

× × ×

कुछ लोग हैरान हैं, सर सप्रू, डॉ. चिन्तामणि, सर श्रीवास्तव और इतने बड़े-बड़े लीडर क्या कुछ कम समझ के हैं, जो शराब रोकने और नौकरी पर लगानेवाले टैक्स की मुख़ालफ़त कर रहे हैं?

हम कहते हैं, दरअसल में शराब रोकने और नौकरी पर टैक्स लगाने से नुक़सान है। पहली बात तो यह है कि जब भूखा मज़दूर ताड़ी शराब पीकर चित्त नहीं हो रहेगा, तो वह हज़ार आफ़तें ढायेगा। वह सोचने लगेगा कि वह भूखा है, वह नंगा है, और फिर जब वह शराब नहीं पीयेगा, तो अदालतों में मुक़द्दमेबाज़ी कहाँ से होगी और वकील, बैरिस्टर क्या करेंगे? और फिर यह बताइये जब मज़दूर-किसान ताड़ी और शराब में मज़दूरी नहीं फूँक देगा, तो साहूकार के पास क़र्ज़ा माँगने क्यों जायेगा?

हमें ताज़्जुब है तो यह कि सरकार जनता के हितों का ख़याल करने का दम भरती है और इन जनता के मालिकों का हित बिगाड़ रही है।

× × ×

सुनते हैं कुछ ज़मींदार लगान-क़ानून से इतने नाराज़ हो गये हैं कि उन्होंने किसानों से अपनी ज़मींने छुड़ाकर उसमें बाग़ लगाने शुरू कर दिये हैं।

यह दरअसल अच्छा ही हुआ? ज़मींदार की ज़मीन है उसे हक़ है चाहे जो करे? लेकिन आपका फ़र्ज़ यह कर लीजिये कि लखनऊ शहर में अगर सब मकान-मालिक यह फ़ैसला कर लें कि मकान तो हमारी अपनी मिल्कियत है, हम चाहें भंगी बुलायें या न बुलायें, तो कहिये कैसा रहे?

× × ×

ज़मींदारों ने यह फ़ैसला कर लिया है कि कम्युनिस्ट पार्टी को कभी पनपने नहीं देना चाहिए। वह देश में शान्ति और उन्नति के मार्ग में रोड़ा अटकाती है। देश की शान्ति और उन्नति का मतलब है, ज़मींदार के संगमरमर के महल के आगे पचास हाथी खड़े होकर सूँड़ हिलायें और एक-एक हाथी के लिए पचास-पचास किसानों के पेट का आटा रोटी बनाकर अर्पण किया जाये।

कांग्रेस मिनिस्ट्री के ख़िलाफ़ ज़मींदारों को हज़ार शिकायतें हों, लेकिन भरोसा है। दरभंगा साहब ने साफ़ फ़रमा दिया है कि कांग्रेस में जब तक गाँधी दल का ज़ोर है, कोई ख़तरा नहीं। डर है, तो इन सोशलिस्टों से!

कांग्रेस लड़ती है, लेकिन दाँव-पेच के लिए, चोट पहुँचाने के लिए 'नेस्ती' (foul) नहीं करती। ज़मींदारों के ख़िलाफ़ आन्दोलन है ज़रूर, मगर वह है दिल बहलाने के लिए। किसान का भी दिल बहलाता है और ज़मींदार की भी दिल्लगी होती है। यही बड़े आदमियों का, शरीफ़ों का क़ायदा है। लड़ा जाता है तफ़रीह के लिए। लेकिन हमें यक़ीन है, जिस दिन रोटी के लिए लड़नेवाले सोशलिस्टों के हाथ कांग्रेस की बागडोर आ जायेगी, उस दिन इस लड़ाई में से तफ़रीह और मज़ा जाता रहेगा।

× × ×

त्रिपुरी में राष्ट्रीय माँग का प्रस्ताव पास हो गया! समाजवादियों ने कहा, जो हो हमने कांग्रेस को आगे बढ़ा दिया। गाँधीवादियों ने कहा—वाह, हम क्या तुमसे कम हैं?

अब आया राष्ट्रीय सप्ताह! लोगों ने समझा राष्ट्रीय माँग अब ज़ोर पकड़ेगी। लेकिन हुआ क्या? ख़द्दर!

चाहिए भी यही। बात यह है कि राष्ट्रीय माँग को पूरा करने का सहल उपाय तो है महात्मा जी का अनशन।

× × ×

नागरिक अधिकारों का मतलब आप क्या समझते हैं? पण्डित नेहरू इसका अर्थ समझते हैं, कांग्रेस में किसी को अपनी राय ज़ाहिर न करने देना।

लीग इसका अर्थ समझती है कांग्रेस मिनिस्ट्री को गाली देना।

लखनऊ का कलेक्टर इसका अर्थ समझता है, जलसा और जुलूस निकालने की इजाज़त न देना।

कांग्रेस इसका अर्थ समझती है ख़द्दर बेचना।

शहर के लोग इसका अर्थ समझते हैं सड़क पर पेशाब करना।

हिन्दू इसका अर्थ समझते हैं हरिकीर्त्तन करके पड़ोसियों की नींद हराम कर देना।

मुसलमान इसका अर्थ समझते हैं, मसजिद के सामने बाजा नहीं बजाने देना और चौक में गौकुशी करना।

लीजिये सत्य और अहिंसा का अर्थ आपको समझ में न आया हो तो समझ लीजिये। गाँधीवादियों को सोशलिस्टों के ख़िलाफ़ शिकायत यह थी कि वे सत्य और अहिंसा का शासन नहीं चाहते, बल्कि वोटों के ज़रिये शासन चलाना चाहते हैं। सत्यमूर्ति साहब जो अपने जन्म के अधिकार से कांग्रेस के चोबदार हैं और जिनका फ़र्ज़ हमेशा सच कहकर गालियाँ सुनना रहा है सत्य और अहिंसा का असली अर्थ साफ़ किये दे रहे हैं—वे कहते हैं कि हमारा बहुमत है, कांग्रेस में हमारा डण्डा चलेगा। लेकिन जब सुभाष बाबू बहुमत से प्रधान चुन लिये गये थे, सत्यमूर्ति साहब को बहुमत का सिद्धान्त पसन्द नहीं आया था।

× × ×

बिहार के मन्त्री का कहना बिलकुल ठीक है। श्रेणी संघर्ष होता है अज्ञान से और ज्ञान हरे जाने से वह ख़ुद ही दूर हो जायेगा। इसलिए किसान और मज़दूर को समझा देना चाहिए कि ज़मींदार और मालिक कितनी पैदावार कराते हैं और उस पैदावार का कितना हिस्सा मज़दूर किसान को देते हैं, और कितना ख़ुद खा जाते हैं।

कुछ आदमियों का कहना है कि पण्डित नेहरू संसार के सभी राष्ट्रीय और अन्तरराष्ट्रीय मुसीबतों का उपाय समाजवाद बताते हैं लेकिन कांग्रेस में उनके यह सिद्धान्त लागू नहीं होते।

इसका कारण?—इसका कारण यह है कि नेहरू देखते हमेशा बायें हैं, परन्तु चलते दायें हैं।

× × ×

कलकत्ते की अ. भा. कां. क. में एक नामी समाजवादी महात्मा जी को डिक्टेटर बना देने का प्रस्ताव करना चाहते हैं और मज़ाक में नहीं गम्भीरता से।

इससे क्या कांग्रेस में प्रजातन्त्र क़ायम हो जायेगा?

नहीं, पर प्रजातन्त्र के नाम की इज़्ज़त बच जायेगी।

× × ×

पंजाब से दो बड़े ज़बरदस्त प्रस्ताव आ रहे हैं।

एक है, सुभाष बाबू पर अविश्वास का प्रस्ताव।

दूसरा है, महात्मा गाँधी पर अविश्वास का प्रस्ताव।

इनसे फ़ायदा?

फ़ायदा यह कि, "तेली के सिर पर कोल्हू" हो जायेगा और पंजाब का नाम रहेगा।

विनिमय

भारतीय आतंकवाद का इतिहास

श्री चन्द्रशेखर शास्त्री द्वारा लिखित 'भारतीय आतंकवाद का इतिहास' नामक पुस्तक की समालोचना 'विप्लव' में छपी थी और उसके बाद कॉमरेड काशीराम का एक पत्र भी उक्त पुस्तक के बारे में छप चुका है। अब श्री हरिराम गुप्त 'प्रेम' बी.ए. प्रभाकर का एक पत्र उस समालोचना तथा काशीराम के प्रतिवाद में आया है और एक पत्र श्री पी. आर. कोल्ही का इस पुस्तक का विज्ञापन 'विप्लव' में छपने पर आपत्ति के रूप में आया है।

हरिराम जी का पत्र छह फुलस्केप पृष्ठ का है और श्री पी. आर. कोल्ही का पत्र पाँच सफ़े का है। 'विप्लव' में यों ही स्थान की कमी रहती है, इसलिए इतने लम्बे पत्र के लिए स्थान हम न निकाल सकें तो आशा है, हमारी नीयत पर सन्देह न किया जायेगा। हरिराम जी का कहना है, शास्त्री जी हिन्दी के महान् और लब्ध-प्रतिष्ठ लेखक हैं। उनकी आमदनी हिन्दी के सभी लेखकों से बढ़कर है। उन पर काशीराम जी का पैसे कमाने के लिए पुस्तक लिखने का लांछन लगाना अनुचित है। शास्त्री जी ने पुस्तक में वर्णन मुख़बिरों के बयानों से नहीं लिये, वर्णन पुस्तक

में दी गयी पुस्तक सूची तथा समाचारपत्रों से लिये हैं। यदि कहीं वर्णन इसमें ग़लत छप गये हैं, तो इसमें उत्तरदायित्व समाचारपत्रों का है, शास्त्री जी का नहीं। 'विप्लव' में निकली समालोचना की बाबत भी उनकी वही शिकायत है।

श्री पी. आर कोल्ही की शिकायत है कि 'विप्लव' में प्रकाशित भारतीय आतंकवाद के इतिहास की समालोचना में पुस्तक की तारीफ़ नहीं, बल्कि उसमें कई दोष दिखाये गये हैं; तिस पर भी पुस्तक का विज्ञापन 'विप्लव' में प्रकाशित हो रहा है और वह विप्लव कार्यालय से मिल भी सकती है।

इन दोनों अपराधों की सफ़ाई में हमें इतना कहना है कि कॉमरेड काशीराम की यह शिकायत कि पुस्तक धन उपार्जन के लिए लिखी गयी है, ठीक नहीं। लेखक के भी पेट है और उसे भरना भी पड़ता है। शास्त्री जी सम्पन्न लेखक हो सकते हैं, परन्तु हिन्दी के अधिकांश लेखक निर्धन हैं और वे पुस्तक लिखकर ही जीविका चलाते हैं। इससे न तो हिन्दी को ही और न हिन्दी के लेखकों को ही दुखित या लज्जित होने की ज़रूरत है। शेष रहा, पुस्तक के गुण-दोष का विषय! हम अपना यह कर्त्तव्य नहीं समझते कि सभी पुस्तकों की और ख़ासकर विप्लव कार्यालय से बिकनेवाली पुस्तकों की प्रशंसा कर ग्राहकों को भ्रम में डाला जाये! पुस्तक के नाम से और उसके आकार से ही उसकी उपयोगिता प्रकट होती है। उसमें जो त्रुटि समालोचक को दिखायी दी वह उसने प्रकट कर दी! हम नहीं समझते, इसमें नाराज होने की या शिकायत की कोई गुंजाइश है!

अध्यात्मवाद और कुछ शंकाएँ

इससे पहला लेख भाई विचित्रनारायण जी का है। मैं उन्हें विश्वास दिलाता हूँ कि उनके लेख का जो उत्तर विप्लव में मैंने दिया था, उसकी आलोचना का मैं सहर्ष स्वागत करता हूँ। इस प्रकार की आलोचना से स्थिति अवश्य स्पष्ट होगी और पाठक स्पष्ट देख पायेंगे कि इन लोगों से स्थिति स्पष्ट होकर अध्यात्मवाद, जिसे हम गाँधीवाद का नाम देते आये हैं और समाजवाद के सिद्धान्तों के भेद की खाईं, जहाँ तक भाई विचित्रनारायण जी के विचारों का सवाल है, पटती जा रही है।

अपने लेख के दूसरे पैरे में भाई विचित्रनारायण जी कहते हैं कि यदि मैंने उनके अध्यात्मवाद का अभिप्राय यह समझा है कि ईश्वर नाम की शक्ति प्रकृति और सृष्टि से भिन्न है और भिन्न रहकर प्रकृति या सृष्टि का संचालन करती है, तो मैंने उनका अभिप्राय ठीक नहीं समझा। इसका स्पष्ट अर्थ यह है कि प्रकृति

या सृष्टि से भिन्न ईश्वर नाम की किसी शक्ति में भी या जिस विचारधारा की वकालत वे कर रहे हैं, वह भी विश्वास नहीं रखती। ऐसा मान लेने से एक बड़ा भारी भेद सिद्धान्तों में मिट जाता है। परन्तु हमें भय है कि ईश्वरवादी लोग यह बात मानने को तैयार नहीं होंगे। ख़ुद विचित्रनारायण जी भी शायद गहराई से विचार करने पर अपनी बात की ज़िम्मेदारी को बहुत भारी अनुभव करेंगे।

अपने लेख के २-३-४ पैरों में विचित्रनारायण जी यह मान लेते हैं कि ईश्वर, आत्मा, प्रकृति, सृष्टि और पंचभूत अलग-अलग पदार्थ नहीं। इस बात को मान लेने का सीधा-सादा अर्थ यह हो जायेगा कि आत्मा और परमात्मा भी प्रकृति, सृष्टि और पंचभूतों के ही समान परिस्थितियों के अनुसार बदलते रहते हैं, आत्मा और परमात्मा पर भी इन वस्तुओं का प्रभाव पड़ता है और आत्मा-परमात्मा कोई ऐसी वस्तु नहीं, जिस पर विश्वास कर मनुष्य और उसका समाज उचित अनुचित और कर्त्तव्य-अकर्त्तव्य का निश्चय कर सके। भाई विचित्रनारायण जी की बात मान लेने पर—या कहिये उनके हमारी बात मान लेने पर हम इस परिणाम पर पहुँचेंगे कि बदलती हुई परिस्थितियाँ आत्मा-परमात्मा को बनाती हैं, मनुष्य के लिए नैतिकता और सत्य का निश्चय करती हैं। आज जो कुछ नीति और सत्य है, कल प्राकृतिक परिस्थितियाँ बदल जाने पर अनीति और असत्य हो जा सकता है। जो नियम त्रेता- युग में रामराज्य के थे, वे अब शोषण हो गये हैं। जो क़ानून मुहम्मद साहब के समय में मुनासिब थे, आज ग़ैरमुनासिब हो गये हैं। जब परमात्मा या ईश्वर प्रकृति और परिस्थितियों से भिन्न कोई शक्ति नहीं, तो क्या भाई विचित्रनारायण जी हमें क्षमा करेंगे, यदि हम पूछ बैठें कि महात्मा जी को जो ईश्वर की प्रेरणा होती है, वह कहाँ से होती है? और जिस बात का वे अपनी परिस्थिति में अहिंसा समझते हैं, वही बात दूसरे व्यक्ति की परिस्थिति में हिंसा हो जा सकती है। आप हमसे पूछते हैं कि हम प्रकृति और पंचभूतों के क़ानून को आध्यात्मिक क़ानून क्यों नहीं मान लेते? हमारा उत्तर सीधा है कि हम अगर आध्यात्मिक क़ानूनों को प्रकृति के क़ानून मान लेंगे तो आध्यात्मिक क़ानूनों की आध्यात्मिकता जाती रहेगी, उनका परलोक का जादू जाता रहेगा। वे रहेंगे ही नहीं। प्रकृति और उसके क़ानून विज्ञान की पकड़ में आ जाते हैं, क्या ईश्वर और आत्मा को भी आप विज्ञान की कसौटी पर कस सकेंगे?

पैरा ५ में विचित्रनारायण ने ईश्वर और विज्ञान की तुलना कर यह दिखलाया है कि ईश्वर या धर्म के नाम पर जो ज़ुल्म हुए हैं उसकी ज़िम्मेदारी ईश्वर पर नहीं डाली जा सकती; क्योंकि ज़ुल्म तो विज्ञान के द्वारा भी होते हैं।

हमें यह तुलना कुछ जँची नहीं। ईश्वर-विश्वास और विज्ञान में बहुत फ़र्क़ है। ईश्वर-विश्वास को मनुष्य का मालिक बना दिया जाता है और ईश्वर की इच्छा से उसी ईश्वर के प्रति दूसरी क़िस्म का विश्वास रखनेवालों पर या उसे दूसरे तरीक़े से प्राप्त करने की इच्छा करनेवालों पर ज़ोर-ज़बरदस्ती की जाती है। ईश्वर के नाम से कहा जाता है कि उसका यह हुक्म है ऐसा करो। विज्ञान के लिए ऐसा नहीं कहा जाता है विज्ञान तो मनुष्य का दास है, उसके उपयोग की वस्तु है, उसके हाथ में एक साधन है। परन्तु ठीक इससे उलटे मनुष्य भगवान् के हाथ का खिलौना है। भाई विचित्रनारायण जी का तक़ाज़ा है कि हम ईश्वर और विज्ञान दोनों को ठीक-ठीक समझें। विज्ञान को समझने का अर्थ तो हमारी समझ में आता है। प्रकृति के नियमों को समझना और फिर प्रकृति से काम लेना। विचित्रनारायण जी के विचार में ईश्वर भी प्रकृति का ही नियम है। इस हालत में ईश्वर को अलग से समझने के तकाज़े की ज़रूरत नहीं रह जाती। इससे आगे जब पैरा ६ में हम फिर विचित्रनारायण जी को यह कहते पाते हैं कि ईश्वरीय नियम सृष्टि का शासन करते हैं तो कुछ समझ नहीं पाते।

अपने लेख के पैरा १०-११-१२-१३-१४ में विचित्रनारायण जी ने कुछ वैज्ञानिक सत्यों को स्वीकार किया है, जिन पर पदार्थवादी ज़ोर देते हैं। आप इस बात को स्वीकार कर लेते हैं कि चेतना प्रकृति का गुण है। कारण बिना कुछ बनता-बिगड़ता नहीं। चेतना किसी-न-किसी शक्ल में प्रकृति में मौज़ूद रहनी चाहिए। प्रकृति चेतनामय है, प्रकृति में जान सकने, महसूस कर सकने की शक्ति है, चेतना-सम्बन्धी सब घटनाएँ प्रकृति के नियमों के आधीन रहती हैं। इतना कह चुकने के बाद आप फ़र्माते हैं—हम चेतना को प्रकृति का एक गुण मान लेते हैं, तो फिर झगड़ा किस बात का है? जो हमें साबित करना था, वह साबित हो चुका।

शायद विचित्रनारायण जी समझते हैं कि प्रकृति के सभी गुणों को परमात्मा और ईश्वर में मानकर उन्होंने ईश्वरवाद और अध्यात्मवाद को साबित कर दिया। हम समझते हैं, इससे ठीक उल्टा। अर्थात् विचित्रनारायण जी ने साबित कर दिया कि ईश्वर और आत्मा की चिन्ता करने की ज़रूरत नहीं। प्रकृति अपना क्रम ख़ुद ही चलाती रहती है। ईश्वर और प्रकृति में कोई भेद न रह जाने पर हम ईश्वर को छोड़कर प्रकृति को ही क्यों चुनते हैं, इसका कारण है कि प्रकृति स्थूल पदार्थ है। वह हमारे अधीन है, हम उसे देख और परख सकते हैं, और परमेश्वर—भाई विचित्रनारायण जी के परमेश्वर को छोड़कर—अज्ञेय आगम है, हमारा पिता और मालिक है, उसकी इच्छा के बिना हम कुछ कर नहीं

सकते। इस परमात्मा के लिए विचित्रनारायण जी कहते हैं कि वह प्रकृति से भिन्न कोई चीज़ नहीं। अगर ऐसा ही है तो छुट्टी हुई, हमारी दिमाग़ी ग़ुलामी का फन्दा कटा। विचित्रनारायण जी पैरा १४ के अन्त में कहते हैं—आप उसे ईश्वर न कहें—इसमें हमें कोई आपत्ति नहीं? लेकिन हम पूछते हैं, अगर हमारे उस शक्ति को ईश्वर न कहने से आपको कोई आपत्ति नहीं तो फिर आप उसे ईश्वर कहने पर क्यों तुले हुए हैं? क्या वजह है कि प्रकृति को प्रकृति न कहकर ईश्वर कहा जाये?

पैरा १५ में आप कहते हैं, यदि प्रकृति विश्वास और चेतनामय है तो वही हमारा ईश्वर है, इसका स्पष्ट अर्थ हुआ कि ईश्वर और प्रकृति पर्यायवाची शब्द हैं, ईश्वर प्रकृति से अधिक कुछ नहीं।

पैरा १६ में आप कहते हैं, अध्यात्मवाद और भौतिकबाद एक ही वस्तु के दो नाम हैं और इसी पैरा में भाई विचित्रनारायण भौतिकवाद और अध्यात्म की असलियत को ज़ाहिर कर देते हैं, जब वे कहते हैं कि नैतिकता एक सत्य सिद्धान्त है। सत्य का अर्थ अगर यहाँ कभी न बदलनेवाली चीज़ है, तो हम इसे नहीं मान सकते। नैतिकता क़ायम होती है हमारे विश्वासों पर और हमारे विश्वास बदलते रहते हैं, इससे कोई समझदार आदमी इनकार नहीं कर सकता। हाँ, अध्यात्मवाद के सिद्धान्त पर क़ायम नैतिकता नहीं बदलेगी। परन्तु विचित्रनारायण जी तो यह भी मान चुके हैं कि आत्मा-परमात्मा प्रकृति से भिन्न कोई चीज़ नहीं जो कि परिस्थितियों में बदला करती है। नैतिकता समय और परिस्थिति के अनुसार बदलती है या नहीं, यही तो सब सवालों की जड़ है। हम उसे सत्य अर्थात् कभी न बदलनेवाली नहीं मान सकते। जब हम कहते हैं, प्रकृति Matter सत्य है तो हमारा अभिप्राय होता है कि प्रकृति का अस्तित्व नष्ट नहीं होता। हमारा अभिप्राय यह नहीं होता कि प्रकृति बदलती नहीं। नैतिकता सत्य है। यह कहने से विचित्रनारायण जी का भाव यदि यह हो कि नैतिकता समाज में किसी-न-किसी रूप में ज़रूर मौज़ूद रहती है, परन्तु वह बदल जाती है तो हम उनकी बात मान सकते हैं। लेकिन ऐसी अवस्था में नैतिकता के लिए नैतिकता के पालन का कुछ अर्थ नहीं रह जायेगा।

विचित्रनारायण जी के विचार में यह बात ठीक हो सकती है। परन्तु दरअसल अध्यात्मवाद उस आत्मा के ज्ञान का नाम है, जो मनुष्य के मर जाने पर भी क़ायम रहती है, बार-बार जन्म लेती है, जिसका ज्ञान घटता-बढ़ता नहीं, जो परमात्मा का अंश है। विचित्रनारायण जी की अध्यात्म की इस परिभाषा को न तो भौतिकवाद को माननेवाले मानेंगे न अध्यात्मवादी ही।

इस अध्यात्मवाद की उपयोगिता आप यह बताते हैं कि यह पता लगे कि विश्वास और इच्छाशक्ति को कैसे बढ़ाया जाये। विज्ञान के अनुसार मनुष्य में विश्वास और इच्छाशक्ति पैदा होने के साथ पैदा होती है और मनुष्य के मर जाने के साथ समाप्त हो जाती है। इसलिए इच्छा और विश्वासशक्ति का सम्बन्ध जन्म-जन्मान्तर की विद्या अर्थात् अध्यात्मविद्या से बिल्कुल नहीं, इन बातों का सम्बन्ध है मनोविज्ञान से।

कभी न बदलनेवाली नैतिकता के लिए, नैतिकता के सिद्धान्त का ज़िक्र करते हुए गढ़वाली पल्टन के आचरण का जो हवाला मैंने दिया था, उसके विषय में विचित्रनारायण जी मान लेते हैं कि महात्मा जी ने गढ़वाली पल्टन के गोली न चलाने की अगर निन्दा की तो भूल की। इससे सिद्धान्त पर कोई प्रभाव नहीं पड़ता। हमारा मतलब केवल गाँधी जी ने क्या किया इस बात से ही नहीं। हमारा अभिप्राय था सिद्धान्त से। हम यह दिखाना चाहते थे कि परिस्थितियों के अनुसार नैतिकता बदलती रही है। इसलिए अफ़सर का हुक्म मानकर गोली चलाना नैतिक कर्त्तव्य होने पर भी विशेष परिस्थिति में गोली न चलाकर गढ़वाली पल्टन ने नैतिकता का ही पालन किया था। लेकिन वह आदमी जो नैतिकता का पालन नैतिकता के लिए ही करता है, अहिंसा का पालन अहिंसा के लिए ही करता है, इस प्रश्न को इस दृष्टि से नहीं देख सकता। महात्मा जी के सिद्धान्त को माननेवाले व्यक्ति के लिए गढ़वाली पल्टन के आचरण को अनैतिक समझना ज़रूरी था और महात्मा जी ने ऐसा ही किया। ग़लती यहाँ महात्मा जी की नहीं ग़लती है उनके सिद्धान्तों की। नैतिकता के लिए नैतिकता के सिद्धान्त की दृष्टि से यदि हम इस प्रश्न को देखें तो हम दो अलग-अलग निर्णयों पर पहुँचेंगे—एक दृष्टि से यानी अफ़सर के हुक्म की अवज्ञा से गढ़वाली पल्टन को हम दोषी समझेंगे, लेकिन अहिंसा के नियम को पालन करने की दृष्टि से आप उन्हें निर्दोष समझेंगे। नैतिकता को उद्देश्य या अभिप्राय से न जाँचकर कार्य से जाँचने से ऐसा होगा ही। महात्मा जी के लिए आदर का भाव हृदय में रखते हुए भी यह कहना हमारा फ़र्ज़ है कि उनके नैतिकता के सिद्धान्त अमली जीवन में पूरे नहीं उतर सकते। हम चाहते हैं, विचित्रनारायण जी की ग़लती का दोष महात्मा जी के कन्धों पर न लादकर गाँधी जी के सिद्धान्त पर लादें। और यह सिद्धान्त है नैतिकता या आचार के सिद्धान्तों को परिस्थितियों के अनुसार निश्चित न कर उन्हें केवल नैतिकता पर ही या कहिये परिस्थितियों से अलग, प्रकृति से अलग आत्मा या परमात्मा के निर्देष पर निश्चित करना है।

◈

सिंहावलोकन

हमारे क्रोपोटकिन भगवतीचरण

भाई भगवतीचरण की मृत्यु के पश्चात् विश्वनाथ गंगाधर वैशम्पायन ने कहा था—मोटे भैया (आज़ाद) ने क्रान्ति की जिस ज्योति को मेरे मन में जगाया था, बाबू भाई (भगवतीचरण) ने उसे अमर कर दिया। भगवतीभाई का इससे अच्छा परिचय नहीं दिया जा सकता।

भगवतीचरण लाहौर में पैदा हुए थे, परन्तु पंजाबी नहीं थे। यह मैं इसलिए कह रहा हूँ, क्योंकि हम बहुत-से बंगालियों को देखते हैं, जिनके प्रपितामह बंगाल छोड़कर युक्तप्रान्त में क्लर्की करने आये थे और यहीं बस गये। अपनी आँखों से बंगाल को उन्होंने शायद नक़्शे के अलावा नहीं देखा, परन्तु बंगाली होने का दम सबसे अधिक वही भरते हैं। उन्हीं लोगों की वजह से बंगाल प्रान्तीय भावना के लिए बदनाम है। भगवतीचरण के पूर्वज गुजराती थे। गुजरात से आकर वे लोग आगरा में बस गये थे। उनके दादा हिन्दी की किताबत किया करते थे। उस ज़माने में यह पेशा अच्छा रहा होगा; उस समय तक देश में छापेखाने तो ख़ुल नहीं पाये थे। पिता का नाम था, रावसाहब पं. शिवचरण। जाति के ब्राह्मण थे परन्तु पेशा ब्राह्मण का न रहने से उपजाति बोहरा थी। रेलवे-दफ़्तर में नौकरी करते थे और सरकार बहादुर से रायसाहब का ख़िताब भी मिला था। नौकरी में रुपया जोड़-जोड़ उन्होंने लड़कों के लिए मकान भी बनवाये और बैंक में रुपया भी जमा कर दिया।

परन्तु भगवतीचरण अपने आपको पंजाबी ही कहते थे और इतना शुद्ध पंजाबी उच्चारण करते थे कि सिवाय बहुत अन्तरंग लोगों के शायद ही कोई जानते हों कि वे यू.पी. और गुजरात से आकर बसे हैं।

भगवतीचरण नेशनल कॉलेज के विद्यार्थी थे और उनसे परिचय था ही, परन्तु वास्तविक परिचय उस समय हुआ, जब एक रोज़ सुखदेव ने मुझे भगवतीचरण पर चौकसी करने का काम सौंपा। हम लोगों को भगवतीचरण के बारे में यह शक हो गया था कि वे सी.आई.डी. के आदमी हैं? एक तो वे रायसाहब के पुत्र, दूसरे अक्ल भी कम नहीं थी शक को मजबूत करने के लिए इतना ही काफ़ी था। भगवतीचरण से अन्तरंगता बढ़ाने के लिए मैं उनसे मिलता रहता था, परन्तु यह सवाल तो किया नहीं जा सकता था—क्या तुम सी.आई.डी. से मिले हुए हो?

सुखदेव मुझसे अक्सर पूछता रहता था, कुछ पता चला? मैं चाहता था भगवतीचरण के मकान की तलाशी लेना। एक दिन दोपहर के बाद भगवतीचरण

को द्वारकादास लाइब्रेरी में देख मैं उनके घर पहुँचा। नीचे के कमरे में गया। खटका सुनकर दुर्गा भाभी आ गयी। सोचा इनकी मौज़ूदगी में तलाशी कैसे ली जा सकती है?

उनसे पूछा—भगवतीचरण कहाँ हैं? जवाब मिला—कहीं बाहर गये हैं। उस रोज़ मुझे जुकाम था। उन्होंने पूछा, क्या ज़ुकाम है? मैंने कहा—हाँ, और जेब से एक पुड़िया निकालकर दिखायी कि वैद्य के यहाँ से यह दवाई लाया हूँ, इसे कूटकर खाना है।

भाभी दवाई लेकर ऊपर चली गयी। ऊपर से दवाई के कूटने की आवाज आ रही थी और जब तक दवाई कूटने की आवाज़ आती रही, उनके नीचे आने का डर नहीं था।

मैंने भगवतीचरण के मेज़ के दराज़ पुस्तकों की आलमारी और उसमें से पुस्तकों को खोल-खोलकर देख डाला। कोई भी बात सन्देह को पुष्ट कर देने लायक़ न मिली। कुछ काग़ज़ अंग्रेज़ी में हाथ के लिखे मिले। इनसे भारत के क्रान्तिकारी आन्दोलन के इतिहास की भूमिका के तौर पर कुछ लाइनें लिखी हुई थीं। यह कोई ख़ास चीज़ नहीं थी, क्योंकि इसे वे मुझे दो दफ़े पहले ख़ुद दिखा चुके थे। इसका पहला वाक्य मुझे याद है—

Rebellion is the birth right of every slave nation बग़ावत प्रत्येक ग़ुलाम कौम का ज़न्म सिद्ध अधिकार है।

सुखदेव से मैंने कह दिया कि भगवतीचरण के सी.आई.डी. होने या न होने के बारे में मैं कुछ नहीं कह सकता। कोई बात शक के लायक़ नहीं मिली। हाँ, वह चालाक बहुत है। उधर हमारे साथी सुनते रहते थे कि भगवती फ़लाने सी.आई.डी. अफ़सर से मिलता और फ़लाना उनके यहाँ आता है। सुखदेव ने कहा, उसे गोली मार देने के सिवा और चारा नहीं।

इसके ६ महीने बाद। लाहौर में बम-फैक्टरी क़ायम हुई और उसके लिए जो मकान किराये पर लिया गया, वह भगवतीचरण ने ही लिया और अपने नाम से ही लिया। १५ अप्रैल, १९२९ के दिन फैक्टरी पकड़े जाने के बाद हम दोनों ही फ़रार हो गये। फरवरी में पहले पहल हम लोग जब कलकत्ते के मैदान में विक्टोरिया मेमोरियल में मिले, तो भगवतीचरण ख़ूब दाढ़ी बढ़ाये, मूँछें ताने, मैला-सा कुर्ता और घुटने तक धोती बाँधे अच्छे ख़ासे राजपूत दरबान मालूम होते थे। पहला सवाल मैंने उनसे यही पूछा वह मकान तुम्हें अपने नाम से लेने की क्या ज़रूरत थी?

परेशानी से उन्होंने जवाब दिया अरे, मुझे क्या मालूम था कि वहीं बम बनने लगेंगे। मुझे तो सिर्फ़ एक मकान किराये पर लेने के लिए कहा गया था।

मैंने कहा—जब बम बनने लगे थे, तब ही तुम कह देते कि इस काम के लिए दूसरे नाम से दूसरा मक़ान ले लिया जाये।

जवाब दिया—अरे, उसमें न जाने कितने दिन लग जाते!

उन दिनों सुखदेव, किशोरीलाल, जयगोपाल, फणीन्द्र, जयदेव कपूर, शिव वर्मा, गयाप्रसाद, विजय वगैरा गिरफ़्तार हो चुके थे। पंजाब में भयंकर आतंक छाया हुआ था। अख़बारों में मुख़बिरों के बयान निकलने शुरू हो गये थे। हम दोनों कलकत्ते में छिपे बैठे थे। लेकिन हम लोग बेकार नहीं बैठे थे। भगवती भाई-जैसे कर्मशील आदमी के साथ रहकर बेकार रहा ही नहीं जा सकता था। हम लोगों ने कलकत्ते में ही मकान लेकर कुछ करने की ठानी। सामान भी मुहैया कर लिया। लाहौर में सामान मुहैया करने का काम मैं ही किया करता था। उस विषय में मुझे अनुचित था, सो कलकत्ते में दो दिन घूम-फिरकर ख़तरनाक कहा जानेवाला सब सामान मैंने मुहैया कर लिया। इस बात को शुरू कर देने पर भगवती भाई का संक्षिप्त हाल भी इस लेख में न दे सकूँगा इसलिए इसे छोड़ता हूँ।

हम लोग कलकत्ता छोड़कर दिल्ली आ गये। दिल्ली में फिर वही कमबख़्ती। फ़रारी हालत में परिचित आदमी से मिलना ख़तरनाक होता है और परिचित आदमियों से मिले बिना काम भी नहीं चल सकता। दिल्ली में जिस भी आदमी से मिलता, वह यही सलाह देता—देखो भगवतीचरण से बचे रहना!

भगवती फ़रार हुए, तो यह बात उड़ा दी गयी कि सबको गिरफ़्तार करो वह ख़ुद भी छिप गया है। दो-एक जगह अपने बहुत ही विश्वासपात्र आदमियों को मैंने विश्वास दिलाकर भगवती भाई से परिचय कराया और हम लोगों ने देहली में पैर जमाने शुरू किये।

देहली में एक रोज श्रद्धानन्द बाज़ार में क्या देखता हूँ कि पंजाब के एक प्रसिद्ध क्रान्तिकारी नेता चले जा रहे हैं। फ़रारी हालत में नाम बदलकर मैं जेल में सुखदेव से मिल आया था और उसने जिन आदमियों से मिलकर काम करने को कहा था, उनमें से एक यह भी थे। इस समय हम लोगों की परिस्थिति अजीब थी। हम दोनों ही पार्टी थे। पार्टी के किसी दूसरे व्यक्ति से हमारा परिचय न था। हम पार्टी के दूसरे आदमियों को खोज निकालने के लिए बेचैन थे। इसलिए इन महापुरुष को देखते ही भगवतीचरण से मैंने कहा इनसे मिलना चाहिए।

हँसकर भगवतीचरण ने जवाब दिया—मुझे देखते ही वह चिल्ला देगा।

भगवतीचरण को छोड़ मैं उनसे मिलने गया। वे अनेक आदमियों से घिरे थे। कुछ क़दम के अन्तर से मैं उनके पीछे-पीछे चला। आख़िर अकेले पा उनके सामने उपस्थित हुआ। पहचानकर कुछ हैरान हुए कुछ प्रसन्न हुए। मैंने उनसे कुछ सलाह देने के लिए प्रार्थना की।

छूटते ही उन्होंने पूछा—जानते हो भगवतीचरण कहाँ हैं? मैंने उत्तर दिया—ठीक नहीं जानता, शायद झाँसी में हो।

उससे मिलते हो?

नहीं?

उसने न मिलना। वह बड़ा ख़तरनाक आदमी है। मैंने विश्वास दिलाया नहीं मिलूँगा। फिर बोले—देखो, यह सब तरीका मुझे पसन्द नहीं। भगतसिंह ने असेम्बली में बम फेंककर ग़लती की। इसमें न तो बुद्धिमानी है, न वीरता। यहाँ यह कह देना ज़रूरी है कि यह नेता पुराने क्रान्तिकारियों के दादा दल के थे और हमारे एक पुराने क्रान्तिकारी अपने लेखों में उनका बहुत गुणगान किया करते हैं। मैं उनसे कुछ ऐसे आदमियों के पते पूछना चाहता था, जो हमें दल का काम बढ़ाने में सहायता दे सकें। परन्तु उन्होंने मुझसे ही सवाल करने शुरू कर दिये कि किस-किस को जानते हो? कौन-कौन तुम्हारे दल में है। उनके नाम और पते क्या हैं? परेशान था। पार्टी में इस प्रकार के सवाल पूछना उचित नहीं था, पर उन्होंने पूछे। मुझे मजबूरन झूठ बोलना पड़ा।

मज़ा यह है कि आपने मुझसे मेरी बातों पर जिरह भी शुरू कर दी। ख़ैर, जिरह में मैं पूरा उतर गया, तब आपने अपनी मूल्यवान् सम्पत्ति मुझे दी और वह थी—इतिहास और भूगोल का गम्भीर अध्ययन करने के लिए संगठन बनाओ! मैं मानता हूँ यह चीज़ें ज़रूरी ही नहीं, निहायत ज़रूरी हैं। लेकिन हम लोगों के सिर पर संगीन मामलों में गिरफ़्तारी के वारण्ट लटक रहे थे। हम कुछ कर देना चाहते थे। लौटकर भगवतीचरण और मैं इस अक़्ल पर बहुत देर हँसते रहे। एक सज्जन ने भगतसिंह की जीवनी लिखी है और उसमें सैण्डर्स की हत्या के बाद भगतसिंह के लाहौर से निकलने के बारे में लिखा है कि वे दीदी के साथ लाहौर स्टेशन से निकल गये। यह बात बिलकुल ग़लत है। साण्डर्स को मारने के बाद भगतसिंह और राजगुरु दोनों ने ही रात भगवतीचरण के मकान में बितायी और अगले दिन भगवती भाई की स्त्री दुर्गा भाभी के साथ लाहौर-स्टेशन से पार हो गये। एक ओर तो भगवतीचरण सी.आई.डी. मशहूर हो रहे थे, दूसरी ओर पुलिस के अफ़सरों को मारकर क्रान्तिकारी उनके घर में छिपे हुए थे।

भगवतीचरण सी.आई.डी. कैसे बन गये, यह बता देना ज़रूरी है। इसके दो बयान हैं। एक भगतसिंह का और दूसरा स्वयं भगवती भाई का। पहले भगतसिंह का बयान लीजिये—

सन् १९२२ में भगवतीचरण क्रान्तिकारी भावना से प्रेरित हो कम्युनिस्ट दल के मेम्बर बन गये और यूरोप से आनेवाले काग़ज़ात उन्हीं के पते पर आया करते थे। लेकिन उस समय की कम्युनिस्ट पार्टी को कुछ कामकाज करते न देख और रूस से आनेवाले रुपये को बरबाद करते देख, उन्होंने पार्टी से सम्बन्ध तोड़ लिया और उनके लिए यूरोप से चिट्ठियाँ माँगने का ख़तरा लेने से इन्कार कर दिया—यह बात मेरठ षड्यन्त्र केसवाले दल के बारे में नहीं, बल्कि उससे पहले के दल के बारे में है। कम्युनिस्ट पार्टी को छोड़ कुछ कर डालने के अभिप्राय से थे क्रान्तिकारी दल में शामिल हो गये।

क्रान्तिकारी दल का एक छोटा-सा संगठन उस समय पंजाब में क़ायम हो चुका था, पर काम कुछ नहीं हो रहा था। काकोरी षड्यन्त्र के सम्बन्ध में गिरफ़्तारियाँ हो चुकी थीं और वे लोग जेल में बन्द हो चुके थे।

सोचा गया, काकोरी के अभियुक्तों को छुड़ाने के लिए लखनऊ जेल पर हमला बोला जाये। तैयारियाँ शुरू हुईं, पर यू.पी. और पंजाब में जो दो नेता थे। वे समय टालने के अतिरिक्त और कुछ न करना चाहते थे। एक दिन भगवतीचरण ने बिगड़कर कहा—अगर यही रवैया रहा, तो हम अपना दल अलग बनाकर काम शुरू कर देंगे। पंजाब के नेता यह ख़ूब जानते थे कि भगवती दरअसल इतनी योग्यता रखते हैं और उनके पास साधन भी मौज़ूद हैं। इसलिए कहीं से एक बहुत विश्वस्त खबर आ गयी कि भगवतीचरण सी.आई.डी. के आदमी हैं और सी.आई.डी से तनख़्वाह पाते हैं। उन्हें दल में कांग्रेस में, और नौजवान भारत-सभा में सब जगह बदनाम कर दिया गया। कम्युनिस्ट लोग पहले से ही चिढ़े बैठे थे, सो भगवतीचरण को बदनाम करने के लिए अच्छा ख़ासा इन्तज़ाम हो गया। यह वही नेता हैं, जिनका ज़िक्र कर आया हूँ। भगतसिंह ने जेल से लिखे पत्र में इन नेता महोदय के बारे में बहुत-सी जली कटी बातें लिखी हैं, परन्तु उन्हें दोहराने की ज़रूरत नहीं।

भगवतीचरण का बयान

काकोरी-केस के अभियुक्तों को छुड़ाने के लिए तैयारी हो रही थी। रुपये की ज़रूरत थी। एक नेता ने दीदी (सुशीला) से कहा, इस काम के लिए कुछ रुपया दो! दीदी के हाथ में सोने की चूड़ियाँ थीं, वही उन्होंने उतार दी। नेता प्रसन्न हुए

और बोले—इन्हें बेचा कहाँ जाये? फिर सोचकर उत्तर दिया—हमारी रिश्ते की एक लड़की का ब्याह है। उसके ब्याह के लिए चूड़ियाँ बनवानी थीं। सो यह चूड़ियाँ उसे देकर चूड़ियों की कीमत पार्टी के काम में लगा दी जायेगी।

दीदी भगवती भाई को बहुत मानती थी। उन्होंने आकर यह समाचार भगवती भाई को सुना दिया। भगवतीचरण बिगड़ उठे। बोले चूड़ियों को बाज़ार में बेचकर उनकी क़ीमत तो पार्टी के काम में लगायी ही जायेगी, इसके अलावा नेता के रिश्ते की लड़की के ब्याह के लिए चूड़ियाँ बनवाने के लिए जो रक़म रक्खी हुई है, उसे भी पार्टी को दिया जाना चाहिए। अगर दीदी बगैर चूड़ियों के रह सकती हैं तो दूसरी लड़की भी उनके बिना रह सकती है। इस बात से नाराज़गी हो जाना स्वाभाविक था और फिर सी.आई.डी. बनने में कितनी देर लगती थी?

दिल्ली में हम लोग बड़े आदमियों के-से कपड़े पहनकर रहा करते थे, लेकिन पास बिस्तरा एक भी न था। एक दरी थी, एक कम्बल था और एक तकिया। भगवतीचरण के बारे में यह कह देना ज़रूरी है कि उनका कद छह फुट से कुछ ही कम था और वज़न लगभग दो-सौ पौण्ड। इस लम्बाई-चौड़ाई के आदमी के साथ एक कम्बल में सोना आसान काम नहीं था। लेकिन दूसरा उपाय न होने से यह साधना करनी ही पड़ती थी। हम लोग बिलकुल सीधे मुर्दों की तरह लेटकर ऊपर से कम्बल डाल लेते थे। पर जहाँ भगवती भाई ने करवट ली सब खेल बिगड़ गया। हमारे उन दिनों दिल्ली में रहने की बहुत-सी मज़ेदार बातें हैं, जिन्हें लिखने लगूँ तो बहुत से पृष्ठ चाहिए और यहाँ कुछ ही पृष्ठों में उनका संक्षिप्त परिचय देना है।

हमारे देहली में रहने का परिणाम हुआ वाइसराय की स्पेशल के नीचे बम का फटना। भगवती भाई की बहुत इच्छा थी कि इस जोखिम में वे ख़ुद जायें! लेकिन मैंने इसका विरोध किया। मैंने उनसे कहा तुम्हें खो देने से पार्टी का बहुत नुक़सान होगा। क्या तुम राजपूती शूरता की उमंग पूरी कर पार्टी को नुक़सान पहुँचाना चाहते हो? उन्होंने मेरी बात मान ली। इसके बाद मज़ाक में मैंने कहा—तुम पहले ही सी.आई.डी. बदनाम हो अब लोग यह कहेंगे कि दूसरे को मौत के मुँह में भेजकर ख़ुद अलग हो बैठा—उस समय वाइसराय की स्पेशल के नीचे बम चलानेवाले को बचकर लौट आने की कोई आशा नहीं थी।

भगवतीचरण ने उत्तर दिया—जो कुछ उचित है, उसे करते जाना मेरा काम है, कसाई होना और नाम कमाना मेरा काम नहीं। आज भी उन शब्दों को याद कर सोचता हूँ, उससे बड़ा त्यागी कौन था?

वाइसराय की स्पेशल के नीचे बम फटने से वाइसराय की अपेक्षा गाँधी जी को अधिक दु:ख हुआ और उन्होंने एक लेख यंग इण्डिया में 'कल्ट आफ़ दी बम' के शीर्षक से लिखा। इस लेख के उत्तर में और हिन्दुस्तानी समाजवादी प्रजातन्त्र सन्त की नीति को स्पष्ट करने के लिए एक विज्ञप्ति निकाली गयी, इसे भगवती भाई और मैंने लखनऊ अमीनाबाद पार्क के एक मकान की दूसरी मंज़िल में बैठकर लिखा था। उसके लिखने में अधिकतर हाथ उन्हीं का था और उस लेख की जो प्रशंसा हुई उनका श्रेय भी उन्हीं को है। इस लेख में हिंसा (Violence) की जो परिभाषा की गयी है, उससे शायद महात्मा गाँधी भी इनकार नहीं कर सकते और न उस परिभाषा के अन्दर क्रान्तिकारियों के कामों को हिंसा कहा जा सकता है। उसमें लिखा गया था— Violence is physical force applied for committing injustice, and that is certainly not what the revolutionaries stand for "अन्याय करने के लिए शारीरिक शक्ति का उपयोग हिंसा है, क्रान्तिकारी निश्चय ही यह नहीं कर रहे।"

भगवतीचरण केवल सर से कफन बाँधनेवाले क्रान्तिकारी ही न थे, ख़ूब अध्ययन किया था और उनकी विचारधारा बहुत स्पष्ट थी। उनकी राजनीति थी, समाज में श्रेणी द्वारा श्रेणी के जारी शोषण का अन्त कर देना।

मैं पंजाब चला गया और भगवती भाई आज़ाद के सत्य रहने लगे। आज़ाद को भगवती भाई पर इतना विश्वास था कि आँख बन्दकर उन्होंने अपनी उँगली भगवती भाई के हाथ में पकड़ा दी थी।

मई का महीना सन् १९३० था। हम भी चाहते थे और ज़ेल से भगतसिंह के सन्देश भी लगातार आ रहे थे। निश्चय किया, उसे छुड़ाने के लिए यत्न करना चाहिए। उसी काम के लिए तीन बम बनाकर आलमारी में रखे हुए थे। मैं किसी ज़रूरी काम से दोपहर के सन्नाटे में अनारकली गया हुआ था। लौटकर बैठा ही था कि सुखदेवराज ने ख़बर दी कि भाई भगवतीचरण रावी के किनारे ज़ख़्मी पड़ हैं। बम उनके हाथ में ही फट गया। मैं और डॉ. छैलबिहारी उसी समय घर से चल पड़े। चारिंग क्रास से एक टैक्सी कर रावी-किनारे के जंगल में पहुँचे। लगभग एक मील जंगल में चलकर घण्टाभर भटककर हम उन्हें ढूँढ़ पाये। भगवतीचरण ज़ख्मी पड़े थे। ज़ख़्मी कह देने से उनकी हालत का अन्दाज़ा नहीं लगाया जा सकता।

उनके पेट में आठ-दस जगह बम के टुकड़े धँस गये थे। और वहाँ से खून बह रहा था। एक हाथ हथेली से उड़ गया था, दूसरे की कुछ उँगलियाँ उड़ गयी थीं। माथे और गालों पर भी कुछ घाव थे। ख़ून से लथपथ वे झाड़ियों और पत्तों पर पड़े थे। शिव उदास चेहरे से जो कुछ भी सम्भव था, कर रहा था। प्यास लगने पर दो

तीन फर्लांग से कपड़ा भिगोकर उसने जल की कुछ बूँदें उनके मुँह में लाकर डालीं। उनकी हालत देख हम लोग सकते में आ गये। हम लोगों ने उन्हें उठाकर कार तक ले जाने का विचार किया। तीन ओर से बाँहें जोड़कर उस टुकड़े-टुकड़े शरीर को पृथ्वी से ऊपर उठाया। शरीर के हिल जाने से एक चीख़ उनके मुँह से निकल गयी। शरीर को फिर से ज़मीन पर रख हम लोग सोचने लगे क्या किया जाये?

मैंने कहा—भैया, हम लोग अभी चारपाई लेकर आते हैं। बिना उसके तुम्हें यहाँ से ले जाना सम्भव नहीं। तुम धैर्य रखो।

उन्होंने कहा— Do you think I am afraid? क्या तुम समझते हो, मैं डर रहा हूँ?

डरने को वहाँ रह ही क्या गया था; और फिर भगवतीचरण डरेंगे? मैं अपनी बाबत यह बात दावे से कह सकता हूँ कि अनेक बार मृत्यु को सामने देखकर भी मैं डरा नहीं। ऐसे मौक़े मेरे जीवन में कई आये हैं; जब मैंने सोच लिया कि अब अन्त आ गया। यह सब होने के बावज़ूद यह असम्भव नहीं था कि किसी समय मैं डर जाता परन्तु भगवती डर जाते, यह बात मानने के लिए मैं तैयार नहीं। स्वयं अपने से अधिक विश्वास मैं उन पर कर सकता था।

डॉ. छैल बिहारी को उनके पास छोड़ मैं और शिव (वैशम्पायन) लौटकर आये। चारपाई ढूँढ़ी कुछ और आदमियों को साथ लिया और फिर लौटकर रावी किनारे पहुँचे। रात पढ़ चुकी थी। जंगल में घना अँधेरा था। बिजली की बत्तियों की रोशनी में उलझते-उलझते हम राह ढूँढ़ रहे थे। कुछ पेड़ों से कपड़े की सफ़ेद लीरें लटकतीं दिखायी दी। उन्हीं को देख-देखकर आगे बढ़े।

बिजली की बत्ती से गोल प्रकाश में भगवती भाई का निर्जीव शरीर पड़ा था।

हम सब लोग सिर झुकाये खड़े थे। यह वह मौक़ा था, जब मनुष्य का कोई भी पराक्रम; कोई भी त्याग, अक़्ल की कोई भी उड़ान कुछ न कर सकती थी।

झुके सिर उठाकर हम एक-दूसरे के निराशा से भरे चेहरे को देखने लगे। क्या किया जा सकता था?

उस वीर शव का सम्मान होना चाहिए था, पर उपाय उस समय उस शव को साथ ले जाने का अर्थ था और सब साथियों को मुसीबत में डालना। भावुकता के लिए जगह न थी, अक़्ल के लिए रास्ता न था।

गले रुँधे हुए थे बोलना सहल न था।

मैंने कहा— We must give him a salute ? उन्हें सलामी देनी चाहिए।

सब लोगों ने फौजी ढंग से खड़े होकर सलामी दी।

हम सब चुप थे। शिव वैशम्पायन फूटकर रो उठा!

मैं ओठ काटकर रह गया!

हम लोगों ने उनके सिर के कुछ बाल काट लिये स्मृति रूप में रखने के लिए—परन्तु इस नौ साल की उथल-पुथल में कुछ भी नहीं बचा है। एक मित्र ने उनके हाथ की लिखी एक कविता भेज दी है, उसका फोटो दिया जाता है।

भाई भगवती आज जब हम लोगों को तुम्हारी बुद्धि और निष्ठा की इतनी ज़रूरत है, तब तुम हममें नहीं हो। तुम्हारी याद ही हमें उत्साह दे!

जून
१९३९

"युक्तप्रान्त के युवकों की इस कान्फ्रेन्स की राय में श्री सुभाष बोस को कांग्रेस के प्रधान पद से इस्तीफ़ा देने के लिए मजबूर कर परिस्थितियों ने जनता में अग्रसर और क्रान्तिकारी राष्ट्रीय भावनाओं को प्रोत्साहन दिया है और वामपक्ष के दलों के ऐक्य के लिए अवसर उपस्थित किया है।

"यह कान्फ्रेन्स श्री सुभाष की फ़ॉरवर्ड ब्लाक की आयोजना का स्वागत करती है। इस कान्फ्रेन्स की राय में वर्तमान परिस्थितियों में यह फ़ॉरवर्ड ब्लाक कांग्रेस के भीतर मौज़ूद सभी वामपक्ष के दलों के लिए एक संयुक्त मोर्चा पेश करेगा और कांग्रेस में नज़र आनेवाली शिथिलता और सुधारों से सन्तुष्ट होने की प्रवृत्ति को दूरकर भेद की भावना का अन्त कर देगा।

"यह कान्फ्रेन्स श्री सुभाष से अनुरोध करती है कि वे बहुत ही शीघ्र कांग्रेस में मौज़ूद वामपक्ष के सभी दलों का एक सम्मेलन बुलाकर इन दलों में एकता लाने के लिए सुविधा और अवसर पेश करें।"

प्रान्तीय युवक कान्फ्रेन्स, मकूर,
जिला उन्नाव, १४ मई, १९३९

सम्पादकीय टिप्पणियाँ

अग्रसर मोर्चा–फ़ॉरवर्ड ब्लाक

पूर्ण स्वतन्त्रता?

साम्राज्यशाही की ग़ुलामी से मुक्ति।

घुमा–फिराकर इन घोषणाओं को दुहरा देना और परिस्थितियों को आज़ादी की लड़ाई को बचा सकने के लिए अनुपयुक्त बता देना पल–पल में 'करप्शन' धाँधली की दुहाई देना आज यही काम कांग्रेस–नेताओं के लिए मैदान में रह गया है।

आज कांग्रेस के नेतृत्व के सामने प्रश्न यह नहीं कि जन–आन्दोलन को किस प्रकार अधिक बलवान् बनाकर वर्तमान अन्तरराष्ट्रीय नाज़ुक राजनैतिक परिस्थिति से लाभ उठाकर देश की आज़ादी की लड़ाई का कौन–सा मोर्चा मारा जाये? आज

कांग्रेस के नेतृत्व के सामने प्रश्न यह है कि जन-आन्दोलन को किस प्रकार नियन्त्रित करके बैठा दिया जाये? किन ऐसे उपायों का अवलम्बन किया जाये कि जनता यह अनुभव किये बिना कि वह अपनी आज़ादी की लड़ाई के मैदान में पीछे की ओर हट रही है; शान्त और नियन्त्रित होकर बैठ जाये और कांग्रेस का नेतृत्व जन-आन्दोलन की महान् शक्ति की धौंस के बल पर साम्राज्यशाही शक्ति से आज़ादी का सौदा कर सके।

हो सकता है इस तरह आधी राह में सौदे से हासिल की गयी आज़ादी में आज़ादी की रंगत हो परन्तु उसमें आज़ादी की बू नहीं होगी। यह आज़ादी जनता की आज़ादी नहीं होगी, इसमें जनता को आत्मनिर्णय का अधिकार न होगा। यह सब-कुछ क्या हम अनुभव नहीं कर रहें? यह हमें अनुभव करना चाहिए और हम ज़रूर अनुभव करेंगे। यदि श्रेणी स्वार्थ का जाला हमारी आँखों पर नहीं छा रहा। कांग्रेस की इस घूम-फिरकर बैठ जाने की प्रवृत्ति को रोकने के लिए उसे सीधे लक्ष्य की ओर तेज़ चाल से चलने के लिए ज़रूरत है कांग्रेस के विशाल आन्दोलन में करप्शन-धाँधली को रोकने की।

हाँ, धाँधली को रोकने की! कांग्रेस में उस धाँधली को रोकने की जिसकी वजह से कांग्रेस देश के दो तिहाई भाग को अमानुषिक अत्याचार और दमन में पिसता हुआ देखकर भी एक ओर बैठ सत्य और अहिंसा की विवेचना कर आत्मसन्तोष की मुस्कराहट में मग्न है। ज़रूरत है कांग्रेस में उस धाँधलेबाज़ी को ख़त्म कर देने की जिसकी वजह से कांग्रेस मन्त्रिमण्डल देश के शोषित किसानों और मज़दूरों की अवस्था पर सुधार की चादर डालकर उन्हें सिसक-सिसककर मरने के लिए छोड़ क़ानूनी पैंतरेबाज़ी में लगे हुए हैं। ज़रूरत है उस धाँधलेबाज़ी को रोकने की जिसकी वजह से देश का कांग्रेस के समान महान् क्रान्तिकारी आन्दोलन देश की जनता की स्वतन्त्रता और आत्मनिर्णय की लड़ाई का मोर्चा न बनकर केवल साम्राज्यशाही की छाया में प्रान्तीय शासन की नींव दृढ़ करने का साधनमात्र बनता जा रहा है। ज़रूरत है उस धाँधलेबाज़ी को रोकने की जिसकी वजह से जनता के आन्दोलन का मार्ग बन्दकर उन्हें शिथिल कर यह ऐलान किये जा रहे हैं कि जनता सत्याग्रह के आन्दोलन के लिए तैयार नहीं।

देश की जागरित जनता ने इस ज़रूरत को महसूस किया है और आज फ़ॉरवर्ड ब्लाक—अग्रसर मोर्चे की माँग सुनायी पड़ रही है।

सुभाष बाबू इस माँग को लेकर आगे बढ़े हैं। इस माँग को चाहे जो रूप और नाम दिया जाये, परिस्थितियाँ चाहे जिस नेता को इस प्रवृत्ति का प्रतिनिधि बनाकर खड़ा कर दें, परन्तु यह माँग वैयक्तिक माँग नहीं। यह माँग है जनता की।

कांग्रेस की वर्किंग कमेटी में, दक्षिण पक्ष के एकाधिपत्य में, ठहर जाने के लिए अड़े हुए नेताओं के अड्डे में अग्रसर वृत्तियों के लिए कोई स्थान न देख कांग्रेस के प्रधान के खोखले ख़िताब की असलियत को देखकर सुभाष बाबू ने कांग्रेस में अग्रसर मोर्चे की आयोजना की आवाज़ उठायी है। आज़ादी की लड़ाई के लिए तैयार देश इस आवाज़ का स्वागत किये बिना नहीं रह सकता।

परन्तु यह फ़ॉरवर्ड ब्लाक—अग्रसर मोर्चा क्या होगा? हमारे वामपक्षी कहलानेवाले अग्रसर दलों में उसका क्या स्थान होगा? किन सिद्धान्तों को लेकर फ़ॉरवर्ड ब्लाक चलेगा।

कांग्रेस के भीतर कांग्रेस के लक्ष्य और उद्देश्य से अपने लक्ष्य और उद्देश्य को आगे बढ़ाकर रखनेवाली पार्टियाँ और दल मौज़ूद हैं। कांग्रेस में कांग्रेस समाजवादी पार्टी और कम्युनिस्ट मौज़ूद हैं जिनका उद्देश्य भारत के लिए केवल पूर्ण स्वराज्य प्राप्त करना ही नहीं बल्कि पूर्ण स्वराज्य के साथ-साथ देश में जनता के शोषण को समाप्त कर समाजवाद क़ायम करना है।

यह दल कांग्रेस के भीतर रहकर कांग्रेस द्वारा निश्चय किये हुए कार्यक्रम पर तेज़ रफ़्तार से चलने की कोशिश करते हैं परन्तु इन दलों की शक्ति—एक-एक दल की अलग-अलग शक्ति या इन सब दलों की सम्मिलित शक्ति—अभी तक इस लायक़ नहीं कि वे कांग्रेस की बागडोर सँभालनेवाले दक्षिण पक्ष का मुक़ाबला कर सकें।

कांग्रेस के भीतर एक बहुत बड़ी संख्या ऐसी जनता की है, जो अपना ध्येय समाजवाद या किसी दूसरे उद्देश्य को स्वीकार करने के लिए तैयार नहीं। उनके सामने केवल राष्ट्रीय स्वतन्त्रता का ही लक्ष्य है और वह प्राणपन से ब्रिटिश साम्राज्यशाही से लोहा लेने के लिए तैयार हैं। कांग्रेस में मौज़ूद यह जनता समाजवादी विचारधारा की समर्थक न होकर भी कांग्रेस की वर्तमान हाई कमाण्ड क़ी ब्रिटिश साम्राज्यशाही से मोर्चा लेने में शिथिल नीति से असन्तुष्ट हैं। यह जनता कांग्रेस में व्यवस्था, अनुशासन, सत्य और अहिंसा की टट्टी खड़ी कर व्यवस्थित रूप से चलनेवाली धाँधलेबाज़ी से बेजार हो चुकी है। यह जनता चाहती है कि कांग्रेस द्वारा देसी रियासतों, युद्ध तथा क़ौमी सेना के सम्बन्ध में स्वीकार किये गये कार्यक्रम को पूरा किया जाये। परन्तु कांग्रेस में इस जनता की कोई आवाज़ नहीं।

जनता की इस पुकार को सशक्त बनाने की ज़रूरत है। इसे संगठित करने की ज़रूरत है। संगठित हो जाने पर यह जनता हमारी कांग्रेस के राष्ट्रीय आन्दोलन को आगे ले चलनेवाली सेना होगी, जिसका मुख्य कार्य होगा कांग्रेस में से गुरुडम और

तानाशाही का राज मिटाकर उसे प्रजातन्त्र संस्था बनाना। कांग्रेस को शिथिलता और समझौते की नीति की ओर सरकाने से रोकना। इस संगठित जनता को अग्रसर—कांग्रेसी दल या (Left Nationalist) कहा जा सकता है। इस दल का कार्यक्रम कांग्रेस के कार्यक्रम को तेज़ चाल और ईमानदारी से पूरा करना होगा। इस कार्यक्रम से कांग्रेस के भीतर मौज़ूद वामपक्षों के कार्यक्रम का विरोध होने की कोई गुंजाइश नहीं। कांग्रेस के वामपक्ष—कांग्रेस सोशलिस्ट पार्टी और कम्युनिस्टों के अपने संगठन छोड़कर इस दल में व्यक्तिगत रूप से सम्मिलित होने की ज़रूरत नहीं। उनका सहयोग इसमें संगठित रूप से ही हो। कम्युनिस्टों और सोशलिस्टों का ध्येय और कार्यक्रम इस अग्रसर कांग्रेसी दल के ध्येय और उद्देश्य से बहुत आगे बढ़ा हुआ है। परन्तु जहाँ तक कांग्रेस के भीतर कांग्रेस द्वारा निश्चित कार्यक्रम का सवाल है, इन सब दलों के लिए कांग्रेसी अग्रसर दल को सहयोग देना ज़रूरी है। अग्रसर कांग्रेसी दल और दूसरे समाजवादी वामपक्षी दलों का यह संयुक्त मोर्चा ही फ़ॉरवर्ड ब्लाक या अग्रसर मोर्चा बन सकता है। परन्तु फ़ॉरवर्ड ब्लाक को इस प्रकार सफल अग्रसर मोर्चा बनने के लिए हमें किस ढंग से आगे बढ़ना होगा? यह हम पहले कह चुके हैं फ़ॉरवर्ड ब्लाक का आधार व्यक्तिगत सिद्धान्त नहीं, वह एक सम्मिलित कार्यक्रम है, जिस पर इस मोर्चे में भाग लेनेवाले सब दल सहमत होंगे। यह कांग्रेस के भीतर मौज़ूद शिथिल नीति से असन्तुष्ट सभी अग्रसर दलों का संयुक्त प्रयत्न होगा, इसलिए आवश्यक है कि इसकी नीति और कार्यक्रम के निर्धारण में सभी दलों का परामर्श हो।

फ़ॉरवर्ड ब्लाक का उद्देश्य कांग्रेस के भीतर नेतृत्व पर क़ब्ज़ा करना नहीं। उसका अभिप्राय गाँधी और पटेल की जगह सुभाष और जयप्रकाश को बैठा देने से पूरा नहीं हो सकता। फ़ॉरवर्ड ब्लाक का झगड़ा गद्दी के अधिकार के लिए नहीं। उसका उद्देश्य है कांग्रेस द्वारा स्वीकृत कार्यक्रम को पूरा करना। चाहे जो भी दल या पार्टी कांग्रेस की गद्दी पर अधिकार किये रहे। फ़ॉरवर्ड ब्लाक का यह कर्त्तव्य होगा कि कांग्रेस के कार्यक्रम को पूरा करे। और यदि कोई दल या पार्टी कांग्रेस के कार्यक्रम को पूरा नहीं करना चाहती, उसमें विश्वास नहीं रखती, तो उसे गद्दी सँभालने की परेशानी में फँसने की ज़रूरत नहीं होनी चाहिए। फ़ॉरवर्ड ब्लाक के लिए यह आवश्यक होगा कि वह गद्दी की अपेक्षा कार्यक्रम को अधिक महत्त्व दे। कांग्रेस में वामपक्ष के भिन्न-भिन्न दल अपनी-अपनी शक्ति का अन्दाज़ा लगा चुके हैं और वह बहुत समय से इस प्रकार के एक संयुक्त मोर्चा की आवश्यकता को अनुभव करते आ रहे हैं। हमारे ख़याल में आज उस अनुभव को दुबारा न दोहराकर ज़रूरत इस बात की है कि फ़ॉरवर्ड ब्लाक की प्रवृत्ति का स्वागत किया

जाये और अग्रसर दलों की सम्मिलित शक्ति से कांग्रेस को असली अर्थों में साम्राज्यविरोधी मोर्चा बनाया जाये।

यह युवक-संघ!

युवक की कौन श्रेणी है, वह किसके हित का प्रतिनिधि है। उसके संगठन का क्या अर्थ ?

सवाल माकूल है। परन्तु इस सवाल को पूछनेवाले शायद यह समझते हैं कि युवक-संघ युवकों के हित का आन्दोलन है। वे समझते हैं युवक शायद अपनी कोई नयी श्रेणी बनाकर उसके हितों के लिए एक मोर्चा तैयार करना चाहते हैं।

वे यह भूल जाते हैं कि प्रत्येक श्रेणी में युवक हैं और वे अपनी श्रेणी का प्रतिनिधित्व करने का अधिकार रखते हैं। युवक-संघ के उद्देश्य और कार्यक्रम को समझने के लिए यदि मकूर प्रान्तीय अधिवेशन में पास किये गये प्रस्तावों पर एक सरसरी नज़र डाली जाये तो वह प्रयास व्यर्थ न होगा।

कहा जाता है—मज़दूर सभाएँ हैं किसान सभाएँ हैं विद्यार्थियों के अपने संगठन हैं और अब बाज़ार कर्मचारियों के संगठन भी पनपने लगे हैं तो फिर यह युवक-संघ किसकी वक़ालत के लिए खड़ा हुआ है?

युवक! इस शब्द का अर्थ आयु के संकेत के अतिरिक्त कुछ और भी है। इस शब्द का अर्थ है मन की एक अवस्था। मन की सजग, सचेत, उत्साहपूर्ण अवस्था! हमारे देश के ऐसे सजग, सचेत, उत्साहपूर्ण अंग के संगठन का नाम है युवक-संघ!

युवक-संघ के संगठन का उद्देश्य युवक-संघ बनाना ही नहीं। युवक-संघ देश और राष्ट्र के सामने मौज़ूद एक बड़ी समस्या को हल करने का साधन है। वह बड़ी समस्या है हमारे देश की आज़ादी की मुहिम ब्रिटिश साम्राज्यशाही से हमारी स्वतन्त्रता की लड़ाई हमारा राष्ट्रीय आन्दोलन कांग्रेस भी इसी मोर्चे पर डटा हुआ है। कांग्रेस के उद्देश्य, नीति और उसके कार्यक्रम में पूर्ण विश्वास होते हुए भी हम उसकी रफ़्तार से सन्तुष्ट नहीं। बाज वक़्त अच्छे-से-अच्छे उद्देश्य, नीति और कार्यक्रम उनके पीछे पर्याप्त शक्ति और सामर्थ्य न होने से, रफ़्तार के बहुत धीमा होने से मिट्टी में मिल जाते हैं। युवक-संघ का उद्देश्य है, कांग्रेस के उद्देश्य को पूरा करना! कांग्रेस के उद्देश्य और कार्यक्रम को पूरा करने के लिए जिस रफ़्तार और जीवट की ज़रूरत है, कांग्रेस उस रफ़्तार और जीवट से नहीं चल रही। यही वजह है युवक-संघ के पैदा हो जाने की!

इस देश में भिन्न-भिन्न समयों में भिन्न-भिन्न नामों से युवक-आन्दोलन चले हैं। इन युवक-आन्दोलनों और कांग्रेस के इतिहास में सदा एक विरोध रहा है। आप गत १५ वर्ष के इतिहास को देख जाइये। जब कांग्रेस-आन्दोलन ज़ोर में रहा है, कांग्रेस से अलग युवक-आन्दोलन मिटता गया है और जब-जब कांग्रेस का आन्दोलन शिथिल हुआ है युवक-आन्दोलन उभर आया।

यदि हम कार्यकारिणी की शृंखला में युवक-आन्दोलन को बाँधने की चेष्टा करेंगे तो आप देख पायेंगे कि कांग्रेस के कार्यक्रम से देश में जो चेतना पैदा हो जाती है और कांग्रेस अमली मैदान में उस चेतना के बराबर क़दम मिलाकर नहीं चल सकती तो वह अपने राष्ट्रीय आन्दोलन में उत्साह क़ायम रखनेवाली भाप युवकों को निकालकर बाहर फेंक देती है।

उत्साह को दिल में लिये हुए यह युवक बेकार नहीं बैठे रह सकते। कांग्रेस की वेदी से जो भावना उन्हें दी गयी थी। उसे लेकर वे आगे बढ़ना चाहते हैं। कांग्रेस का नाम और साया चाहे उनके सिर पर हो या न हो, वे कांग्रेस के कार्यक्रम को लेकर बढ़ते हैं। यदि कांग्रेस का उद्देश्य पूर्ण स्वतन्त्रता है, यदि कांग्रेस का उद्देश्य ब्रिटिश साम्राज्यशाही से मोर्चा लेना है, तो इस बात से कोई इनकार नहीं कर सकेगा कि युवकों ने अपने सामर्थ्य भर देश को इस उद्देश्य की ओर आगे बढ़ाने का यत्न किया है।

आज दिन यदि कांग्रेस का विराट् आन्दोलन पूरी शक्ति से अपने कार्यक्रम पर चलकर अपने उद्देश्य की ओर बढ़ रहा होता, तो युवकों को उस आन्दोलन के बाहर झाँकने की मोहलत न मिलती। कांग्रेस का शैथिल्य ही युवकों को इस बात के लिए मजबूर कर रहा है कि वे कांग्रेस के उद्देश्य को पूरा करने के लिए कांग्रेस के विशाल आन्दोलन को उसके कार्यक्रम पर चलाने के लिए शक्ति पैदा करें। युवकों का यह प्रयत्न ही युवक-संघ है।

युवक-संघ कांग्रेस की प्रतिद्वन्द्वी संस्था नहीं। युवक-संघ कांग्रेस की साम्राज्यशाही की ग़ुलामी से मुक्ति के लिए लड़ाई में हरबल (Vanguard) के तौर पर है। साम्राज्यशाही की गहरी जड़ों को काटने के लिए देश में श्रेणी-चेतना फैलाने के लिए वह सम्मिलित मोर्चा है।

युवक-संघ युवक-संघ को ही सफल और पूर्ण बनाने के उद्देश्य से क़ायम नहीं। वह राष्ट्रीय लड़ाई के भिन्न-भिन्न मोर्चों पर नयी शक्ति, नया ख़ून पहुँचाने के लिए एक केन्द्र है। युवक-संघ का काम है देश की जनता के सामने मौज़ूद समस्याओं को स्पष्ट कर रखना और उन समस्याओं को हल करने के लिए आन्दोलन चलाने के लिए युवकों की ताक़त पैदा करना।

अमली तौर पर हम कह सकते हैं युवक-संघ का काम है, किसानों को अपने हितों के प्रति सजग करना और उन्हें उन हितों के लिए लड़ने के लिए—कांग्रेस के उद्देश्य को पूरा करने के लिए संगठित कर आगे बढ़ाना। किसान सभाएँ क़ायम करना और उन किसान सभाओं को अटकाऊ नीति पर चलनेवाले लोगों के प्रभाव से सुरक्षित रखना। किसानों के रोज़मर्रा जीवन में पैदा होनेवाली शिकायतों को दूर करने में किसानों को सहयोग देना। मज़दूरों को संगठित कर राष्ट्रीय स्वतन्त्रता की लड़ाई में सम्मिलित करना। उनके जीवन के अधिकारों को पाने के लिए चलनेवाले आन्दोलन में उन्हें सहयोग देना। विद्यार्थी जो कि देश के उत्तराधिकारी हैं, उन्हें राजनैतिक दृष्टि से सचेत और सजग करना और उन्हें राष्ट्रीय लड़ाई में अपना उचित स्थान पाने के लिए संगठित करना। इस देश के पीड़ित समाज के उन सब अंगों को जिनका निरन्तर शोषण हो रहा है और जो बिखरे हुए हैं, जो अपनी अवस्था और राष्ट्रीय संग्राम में अपने कर्त्तव्य और अधिकार से बेख़बर हैं, उन्हें सचेत और संगठित कर मोर्चे पर लाना। युवक-संघ का काम है अधिक-से-अधिक संख्या में कांग्रेस के मेम्बरों की भरती कराना और उन कांग्रेस मेम्बरों को निरन्तर सचेत और अग्रसर रखना।

ग़ुलामी, शोषण और साम्राज्यशाही की बुनियाद है, एक श्रेणी का दूसरी श्रेणी को लूट-खसोट और नोचकर खाना। युवक-संघ अपने उद्देश्यों और प्रस्तावों में इस श्रेणीशोषण का विरोध कर चुका है। उसका उद्देश्य है श्रेणीशोषण का अन्त कर देना। युवक-संघ एक श्रेणीसंस्था नहीं, वह है श्रेणी जागृति के सूत्रों का समुच्चय। उसका काम है श्रेणी-जागृति फैलाना और श्रेणी-जागृति के आन्दोलन को जो कि आर्थिक और राजनैतिक क्षेत्र में साम्राज्यशाही से लोहा लेने का सजीव आन्दोलन है, संगठित कर प्रबल रूप में आगे बढ़ाना। शोषित श्रेणी के सभी अंगों का एक संयुक्त मोर्चा बनाना जो देश की स्वतन्त्रता के लिए राष्ट्रीय संग्राम को अपनी जीवन-मरण का प्रश्न समझकर कभी शिथिल नहीं होने देगा, उसमें अटकाऊ नीति की अड़ंगेबाज़ी को असम्भव कर दे। युवक-संघ जन आन्दोलन की वेदी है। मनुष्य द्वारा मनुष्य के शोषण का विरोध करनेवाले और राष्ट्रीय भावना से भरे प्रत्येक युवक का कर्त्तव्य है कि वह युवक-संघ के इस राष्ट्रीय प्रयत्न में सम्मिलित हो और राष्ट्रीय आन्दोलन को बढ़ाये।

युवक-संघ के प्रत्येक सदस्य के लिए यह आवश्यक है कि वह अपने संघ के उद्देश्य का प्रकाश फैलाने के लिए एक ज्वलन्त चिनगारी के रूप में रहे। राष्ट्रीय आन्दोलन को आगे बढ़ाने के लिए अपनी शक्ति को लगाना

और सामाजिक शक्ति को संगठन करना उसका व्रत होना चाहिए। युक्तप्रान्त के युवक संगठन की सार्थकता इस उद्देश्य और कार्यक्रम को पूर्ण करने में ही है।

इन्क़लाबी सेना

देश के सामने जो प्रश्न उपस्थित हैं, उनमें विशेष महत्त्वपूर्ण प्रश्न एक स्वयंसेवक सेना के संगठन का है। अनुशासन में बँधी हुई, अपने कर्त्तव्यों में मँजी हुई सेना की उपयोगिता की ओर संकेत करने की ज़रूरत नहीं। आज उसके महत्त्व से कोई इनकार नहीं कर सकता। दो राष्ट्रों के परस्पर युद्ध में जो स्थान फ़ौज का है, अपने देश के अन्दर किसी महत्त्वपूर्ण आन्दोलन को सफल बनाने में वही स्थान सधी हुई स्वयंसेवक सेना का है।

किसी भी देश में होनेवाले परिवर्तन को देख लीजिये, रूस की मज़दूर किसान-क्रान्ति को देख लीजिये, इटली में फ़ैसिज़्म और जर्मनी में नाज़िज़्म के स्थापन होने के इतिहास को देख लीजिये—आन्दोलन की सहायक स्वयंसेवक सेना का स्थान उसमें बहुत महत्त्वपूर्ण रहा है। इस प्रकार की सेनाएँ सदा आन्दोलन के हाथ-पैर का काम किया करती हैं। हमारे राष्ट्रीय आन्दोलन कांग्रेस ने भी इस प्रकार की स्वयंसेवक सेना के महत्त्व को अनुभव किया था, परन्तु उसे सबल होते देख उसके हिंसक बन जाने के डर से उसे सन्त-समाज की कण्ठी पहना दी गयी।

कांग्रेस के प्रान्तीय हाई-कमाण्ड के क़ौमी सेना को यों विरूप कर देने पर प्रान्तीय युवक-संघ ने एक स्वयंसेवक सेना बनाने का निश्चय किया है। क़ौमी सेना को विशेष रूप से अहिंसक बनाने के प्रयत्न के उत्तर में जिस सेना के बनाने की आयोजना हो रही है उसके विषय में वहमी दिमाग़ों में यह शंका उठना असम्भव नहीं कि शायद यह सेना हिंसात्मक हो। हम उन महापुरुषों को सुझा देना चाहते हैं कि युवक-संघ कांग्रेस की नीति और कार्यक्रम का समर्थन करता है, इसलिए उसकी सेना में हिंसा की सम्भावना के लिए कोई गुंजाइश नहीं।

दूर तक सोचनेवाले, युवक-संघ की इस सेना में एक और आशंका देखते हैं। उन्हें भय है कि यह सेना जो किसी भी श्रेणी के हित की प्रतिनिधि नहीं, जर्मनी के हल्लेबाज़ ट्रुप और इटली के काली कमीज़वाले दलों की तरह कहीं श्रेणी-चेतना का विरोधी हथियार न बन जाये। हम मानते हैं कि श्रेणी चेतनाहीन किसी संगठन का शोषण श्रेणी के हाथों में दमन का हथियार बन जाना असम्भव नहीं। परन्तु इस बात को भूलने की गुंजाइश नहीं की युवक-संघ श्रेणी-चेतना का केन्द्र है और जिस

सेना का संगठन युवक-संघ करेगा, वह सेना के भी श्रेणी-भावना के श्रेणी चेतना का केन्द्र होगी। यह सेना सभी शोषित श्रेणियों की प्रतिनिधि होगी और उसका संगठन भी पूर्णरूप से श्रेणी प्रतिनिधित्व के सिद्धान्त पर होना उचित है। यह इन्क़लाबी सेना बेमेल बेजोड़ मौक़ापरस्त लोगों का समूह न हो। इसके संगठन का सबसे उचित और क्रियात्मक ढंग यही हो सकता है कि किसानों में से किसान स्वयंसेवक भरती किये जायें और उनकी किसान स्वयंसेवक सेना हो, जो अपने श्रेणियों के प्रति सचेत होने के साथ-साथ राष्ट्रीय हितों के प्रति भी सजग हो। मज़दूरों में से मज़दूर-स्वयंसेवक भरती किये जायें, विद्यार्थियों में से विद्यार्थी स्वयंसेवक भरती किये जायें और बाज़ार-कर्मचारियों में से बाज़ार-कर्मचारी स्वयंसेवक भरती किये जायें। स्वयंसेवकों के यह श्रेणी संगठन किसान स्वयंसेवक सेना की ही तरह अपने-अपने श्रेणी-हितों के प्रति सजग होने के साथ शोषित श्रेणियों के सम्मिलित हित तथा राष्ट्रीय हित के प्रति भी सचेत हों। इन सब श्रेणीवार स्वयंसेवकों का मिश्रण युवक-संघ की इन्क़लाबी सेना हमारे राष्ट्रीय संग्राम का सबल हथियार होगी। इस प्रकार संगठित सेना को बरगलाकर या प्रलोभन देकर श्रेणियों के हितरक्षा या राष्ट्रीय हितरक्षा से विमुख नहीं किया जा सकेगा।

बेमेल बेजोड़ स्वयं सेना की अपेक्षा यह इन्क़लाबी सेना अपने कर्त्तव्य और कार्यक्रम के प्रति कहीं अधिक प्रयत्नशील होगी। इस प्रकार संगठित इन्क़लाबी सेना अब तक संगठित हुई सेनाओं की अपेक्षा कहीं अधिक कर्त्तव्यपरायण होगी, उसके लिए राष्ट्रीय आन्दोलन का मोर्चा जीने-मरने का सवाल होगा। साधारण स्वयंसेवकवालों की अपेक्षा यह श्रेणी-प्रतिनिधि सेना सभी श्रेणियों के लिए विशेष रूप से आकर्षण, विश्वास और भरोसे की चीज़ होगी।

इस इन्क़लाबी सेना का क्षेत्र और उद्‌देश्य क्या होगा यह इसके संगठन का ढंग स्वयं बता देगा। यह इन्क़लाबी सेना स्वयंसेवक तो होगी ही, जनता की सेवा करना इसका काम होगा ही, परन्तु इसके अलावा जनता को राष्ट्रीय मोर्चे की ओर ले चलना भी इसका काम होगा। इस सेना की शिक्षा और दीक्षा युवक-संघ को पूर्ण अनुशासन से करनी होगी। इस सेना को शारीरिक व्यायाम, ड्रिल आदि की शिक्षा देने के साथ-साथ उसे एक हद तक सिद्धान्तों और कार्यक्रम की शिक्षा भी देनी होगी। इस इन्क़लाबी सेना को साम्राज्यशाही सेना की तरह—जिसका उद्‌देश्य तोपों का पेट भरने के लिए नरमांस का ढेर तैयार करना है—हमें काठ के सिपाही नहीं बनाना। इस सेना के प्रत्येक सिपाही को एक विचारपूर्ण सैनिक होना चाहिए जो परिस्थितियों को समझकर चले।

हम समझते हैं वर्तमान और भविष्य को आँखों के सामने रखते हुए इन्क़लाबी सेना का संगठन करने का यही सबसे अधिक सुरक्षित, सुविधापूर्ण और दूर-अंदेशी का मार्ग है।

हमारा मैदान

पूर्ण स्वतन्त्रता प्राप्त करने और साम्राज्यशाही के पंजे से अपने-आपको छुड़ा लेने के लिए ऐलान करने के बाद हम अपने-आपको ठीक उसी जगह खड़ा पाते हैं जहाँ हम पहले थे। हम हैरान हैं अपना क़दम बढ़ायें तो किस तरफ़?

हमारे सामने इस समय काम है तो यह कि कांग्रेस के मेम्बर भरती किये जायें और बाद में इस बात पर झगड़ा किया जाये कि कांग्रेस के अन्दर हुकूमत किसकी हो? दक्षिण पक्ष की कार्यकारिणी बने या वामपक्ष की?

इसके सिवा हमको कुछ नहीं सूझता? लड़ें किससे? प्रान्तों में कांग्रेसी मन्त्रिमण्डल क़ायम है? उनके सामने किसी प्रकार की माँग पेश करने का मतलब सरदार पटेल के शब्दों में कांग्रेसी मन्त्रिमण्डलों को परेशान करना है।

हम अपनी ग़ुलामी और बेजारी को देखते हैं और अपने आन्दोलन की निष्क्रियता को भी देखते हैं। हममें से जो कुछ तक़ल्लुफ़पसन्द हैं घर में बैठकर लीडरों को कोसते हैं और जो मुँहफट हैं, वे सरेआम ऐसी गुस्ताख़ी करते हैं। हम लोगों की ऐसी धारणा है कि राष्ट्र का आन्दोलन देश के लीडरों की थाती है और आन्दोलन के बनने-बिगड़ने में फ़ायदा या नुक़सान जो कुछ है सब लीडरों का ही है।

हमारा आन्दोलन मुल्क की आज़ादी का आन्दोलन है, परन्तु मुल्क की आज़ादी का अर्थ क्या है? किसानों के लिए मज़दूरों के लिए और शहर में बसनेवाले सफ़ेदपोश नौकरीपेशा लोगों की नज़र में मुल्क की आज़ादी का अर्थ क्या है? देश की आम जनता का मुल्क की आज़ादी से क्या सम्बन्ध है?

आज़ादी बड़ा प्यारा शब्द है? कहा जाता है सोने के पिंजरे में रहकर हलवा-पूरी खाने से आज़ाद रहकर दर-दर दाना चुगते फिरना बेहतर है, परन्तु इस आज़ादी के पुजारियों को यह नहीं भूल जाना चाहिए कि ग़ुलामी और आज़ादी में भेद करने लायक़ समझ पेट भरे रहने पर ही पैदा होती है। ग़ुलामी का अर्थ ही यह है कि ग़ुलाम मालिक की दया से ही पेट भर सकता है और असलियत तो यह है कि उसका पेट कभी भरता ही नहीं।

अगर सच कहने की इजाज़त हो, तो हम कहेंगे कि हमारे देश में आज जिस श्रेणी का पेट जितना भरा रहता है, उसी हिसाब से वह आज़ादी और ग़ुलामी की

बात सोचती है। एक किसान जिसे सूरज चढ़ने से लेकर आधी रात तक पेट के लिए दाना चुगने से फ़ुरसत नहीं, सोने की ज़ंजीरों और ग़ुलामी में हलवे पूरी के भोजन की कल्पना नहीं कर पाता। वह मज़दूर जिसकी हड्डियाँ दिन और रात मशीनों की चक्की में पिसा करती हैं, जिसका अपुष्ट और अविकसित कुन्द होता हुआ दिमाग़ मज़दूरी के पैसे गिन सकने और अपने क्षुधार्त्त बच्चों का दुःख समझ सकने के सिवा और कुछ नहीं कर सकता, पूर्ण स्वराज्य और औपनिवेशिक स्वराज्य में अन्तर नहीं कर सकता, न वह प्रान्तीय स्वराज्य और संघ-शासन की ख़ूबियों और ख़राबियों को ही समझ सकता है।

यही हाल है उस ग़रीब मुन्शी का जो कुर्सी और मेज़ के बीच फँसकर दिन-भर सरकार और मालिक की हज़ारों-लाखों और करोड़ों की आमदनी का हिसाब लगाता-लगाता सन्ध्या को जड़ होकर घर लौटता है। उसे न अन्तरराष्ट्रीय परिस्थिति के 'बड़े-बड़े मसलों' की छानबीन करने का मौक़ा है और न कांग्रेस में तानाशाही और प्रजातन्त्र का तराज़ू तोलने की फ़ुरसत है। और आज हमारी राजनीति, हमारा आन्दोलन कांग्रेस के इन्हीं झगड़ों में परिमित है। इसके बाहर ऐसी कोई बात, जिसका सम्बन्ध सीधा मज़दूर या ग़रीब नौकरीपेशा लोगों से है हमारे राष्ट्रीय आन्दोलन में नहीं। तिस पर हम शिकायत यह करते हैं कि हमारा आन्दोलन सशक्त नहीं उसमें जान नहीं। सच बात तो यह है कि हमारा आन्दोलन अभी तक आम जनता के सामने उनके जीवन-मरण के प्रश्न के रूप में नहीं आया। वह अधिकतर एक फ़ुरसत का आन्दोलन रहा है सिवा उस समय के जब किसान-आन्दोलन ने लगानबन्दी का रूप धारण कर लिया।

यदि हम वास्तविकता का सामना करने से नहीं डरते तो हमें यह स्वीकार करना पड़ेगा कि इस देश के आज़ादी के आन्दोलन को सबल और सफल आन्दोलन बनाने के लिए इसे जनता का आन्दोलन बनाना पड़ेगा। इस आन्दोलन को जनता का आन्दोलन बनाने के लिए इसमें जनता के रोज़मर्रा हितों से सम्बन्ध रखनेवाले प्रश्नों को सम्मिलित करना पड़ेगा। इस आन्दोलन को मुख्यतः किसानों, मज़दूरों और दूसरे ग़रीबों के हितों और अधिकारों के प्राप्त करने का आन्दोलन बनाना पड़ेगा और जनता की रोज़मर्रा की कठिनाइयों, उनकी ग़ुलामी और राष्ट्र की ग़ुलामी में सम्बन्ध दिखाना पड़ेगा। जनता को यह विश्वास दिलाना पड़ेगा कि क़ौमी और राष्ट्रीय आज़ादी की लड़ाई उनसे त्याग नहीं माँग रही बल्कि उनसे जीवित रहने के अधिकारों की क़ीमत माँग रही है। इस क़ीमत को देने के लिए तैयार होने का मतलब है उनके अपने, उनके वंशजों के और उनकी

क़ौम के लिए ज़िन्दा रहने का अधिकार ख़रीदना। यह अधिकार मौजूदा हालत में उन्हें नहीं है। इन अधिकारों की क़ीमत देने से इनकार करने का मतलब है अपने-आपको, अपनी सन्तान को और अपनी क़ौम को मर जाने के लिए तैयार करना।

वास्तव में जनता का सक्रिय सहयोग प्राप्त करने के लिए यह अनिवार्य है कि जनता अपने नित्य के जीवन की समस्याओं के आधार पर हमारे राष्ट्रीय आन्दोलन में भाग ले। किसान हमारे इस आन्दोलन को किसानों के हितों की रक्षा का आन्दोलन समझें, मज़दूर इस आन्दोलन को मज़दूरों के हित की रक्षा का आन्दोलन समझें। इस आन्दोलन की सफलता के लिए यह आवश्यक है कि इस आन्दोलन की गाड़ी में श्रेणी समस्या के पहिये लगाये जायें।

हमसे कहा जायेगा कि इस आन्दोलन को किसान मज़दूर और शोषितों का आन्दोलन बना देने का अर्थ होगा कि इसमें किसानों और मज़दूरों के अलावा दूसरी श्रेणियाँ पृथक् हो जायें।

हम इस देश में रहनेवाली किसी भी श्रेणी को अपने राष्ट्रीय आन्दोलन से पृथक् नहीं करना चाहते। हमारी पूँजीपति श्रेणियाँ जानती हैं और हम भी जानते हैं कि हमारी साम्राज्यशाही के विरुद्ध लड़ाई में पूँजीपतियों के बहुत बड़े-बड़े हित सम्मिलित हैं। हमारे पूँजीपति और हम भी प्रतिक्षण इस बात का अनुभव करते रहते हैं कि साम्राज्यशाही की लूट की नीति न केवल हमारे मज़दूरों और किसानों को लूट रही है बल्कि इसके साथ-ही-साथ हमारे पूँजीपतियों को भी शिकंजे में कस रही है।

हमारे पूँजीपति अपने हितों और राष्ट्रीय लड़ाई के सम्बन्ध को ख़ूब समझते हैं क्योंकि उनके सम्बन्ध के प्रश्न राष्ट्रीय माँगों के रूप में आये दिन उठते ही रहते हैं परन्तु हमारी शोषित श्रेणियों के बारे में कांग्रेस का यह रुख़ नहीं। यही कारण है हमारे देश की वास्तविक शक्ति—आम जनता—की इस आन्दोलन के प्रति उदासीनता।

अपने आन्दोलन को सशक्त बनाने के लिए आज इसी मैदान में हमारी शक्ति लग जानी चाहिए। हमारा प्रयत्न हमारी आम जनता को अपनी राष्ट्रीय लड़ाई के प्रति सजग करने की ओर होना चाहिए।

साम्प्रदायिकता का नासूर

साम्प्रदायिकता का नासूर हमारे देश में आज जिस हद तक बढ़ गया है उससे चिन्तित होना प्रत्येक नागरिक के लिए स्वाभाविक हो गया है। केन्द्रीय सरकार और प्रान्तीय सरकारें इस बढ़ती हुई वबा से भयभीत होकर उसका उपाय करने की चिन्ता

कर रही हैं, उसके लिए क़ानूनी शिकंजों को जकड़ रही हैं। हम नहीं कह सकते यह प्रयत्न किस सीमा तक सफल होंगे।

साम्प्रदायिकता की बीमारी को भयंकर बनानेवाला कारण है साम्प्रदायिकता की जड़ में शहादत का ख़याल? साम्प्रदायिकता के नाम पर ख़ून बहाया जाता है, आग में मासूम बच्चों और औरतों को जला दिया जाता है, और फिर यह सब पाप करनेवाले मूँछों पर ताव देकर भोली और अन्धविश्वासी जनता की नज़रों में शहीद बनते हैं। इसका इलाज सरकार के पास क्या है? सरकार दमन कर सकती है लेकिन अगर जहालत में फँसी जनता को झूठी शहादत का जाम पिलाकर इस दमन का स्वागत करने के लिए तैयार किया गया तो सरकार सिवा जनता में और गहरा अन्सतोष फैलाकर जनता की नज़रों में गिर जाने के और क्या कर सकेगी।

साम्प्रदायिकता के नासूर का इलाज दरअसल सरकार के हाथ में नहीं वह प्रजा के हाथ में है। साम्प्रदायिकता को दूर करने का उपाय है जनता की मनोवृत्ति को बदलना। जनता की मनोवृत्ति को जनता के जागरित और सचेत अंग ही बदल सकते हैं। इस देश में रहनेवाले देश के वे शत्रु जो साम्प्रदायिकता को देश में फैलाकर अपना उल्लू सीधा करते हैं इस ज़हर को फैलाने में लगे रहते हैं परन्तु साम्प्रदायिकता को देश के लिए हानिकारक समझनेवाले बैठे केवल नाक-भौं सिकोड़ा करते हैं।

साम्प्रदायिकता की ज़हरीली फ़सल को रोकने के लिए ज़रूरत है जनता के दिमाग़ को साम्प्रदायिकता के बीज के लिए ऊसर बना देने की। यह काम है हमारे नौजवानों का। वही साम्प्रदायिकता विरोधी संगठन और प्रदर्शन द्वारा जनता को सचेत कर उसकी मनोवृत्ति को बदल सकते हैं। यदि राष्ट्र के प्रति अपने कर्त्तव्य को पहचाननेवाला प्रत्येक युवक साम्प्रदायिकता के विरुद्ध प्रचार के लिए प्रतिदिन पन्द्रह मिनट भी ख़र्च करे, वह अपने पड़ोस और परिचय में जनता को सचेत करने लगे तो साम्प्रदायिकता आनन-फानन में नष्ट हो जा सकती है।

भारत पर विदेशी आक्रमण की आशंका?

एक बड़े भयंकर युद्ध के बादल उमड़ते चले आ रहे हैं और यह बादल विदेशी आक्रमण के रूप में भारत पर बरस जाना चाहते हैं। इस युद्ध से भारत की रक्षा के

लिए इस देश की नौकरशाही परेशान है। क्या दरअसल किसी ऐसे युद्ध की आशंका है? और अगर है तो उसका उपाय क्या होना चाहिए?

—स.

आज दिन शायद ही कोई महत्त्वपूर्ण जलसा, व्याख्यान या राजनैतिक चर्चा ऐसा हो पाता हो, जिसमें भावी युद्ध और उससे भारत के सम्बन्ध का ज़िक्र न आये। युद्ध अगर होगा तो यूरोप में या एशिया के उत्तरी भाग में, परन्तु वर्तमान परिस्थितियाँ ऐसी हैं कि हज़ारों मील दूर पड़े हुए भी हम इस युद्ध से बचने की आशा नहीं कर सकते। हमारे राजनीतिज्ञ जब युद्ध की बात सोचते हैं तो उन्हें कुछ आशा बँधने लगती है। वे कल्पना करते हैं—एक दफ़े साम्राज्यशाही को असहयोग का भय दिखाकर कुछ राजनैतिक अधिकार ऐंठने की सुविधा होगी। लेकिन जब हमारे गोरे शासक युद्ध की चर्चा करते हैं तो वे भारत के आकाश में जंगी हवाईजहाज़ों की गड़गड़ाहट, भयंकर बमवर्षा और ज़हरीली गैसों की आँधी का चित्र खींच देते हैं। वे भारत की प्रजा को विश्वास दिला देना चाहते हैं कि यह सब भयंकर संकट तेज़ी से चले आ रहे हैं और केवल ब्रिटिश साम्राज्य की छत्रच्छाया ही भारत की रक्षा इस सर्वनाश से कर सकती है। भारत पर विदेशी आक्रमण और उससे भारत की रक्षा का प्रश्न इतना व्यापक रूप धारण कर चुका है कि पूर्ण स्वतन्त्रता की कल्पना करते ही वह हमारे सामने आ खड़ा होता है। यहाँ तक कि हमारे कांग्रेस हाई कमाण्ड के नेता इस आशंका के कारण भारत में ब्रिटिश सेना को बनाये रखकर बजाय पूर्ण स्वतन्त्रता के औपनिवेशिक स्वराज्य प्राप्त करने में अपना कल्याण समझते हैं।

बेज़ा न होगा अगर हम यह सवाल कर बैठें कि भारत पर विदेशी आक्रमण का जो भूत खड़ा किया जाता है, उसमें सत्य कितना है? भारत पर आक्रमण होगा, तो किस वजह से होगा, कैसे होगा; किस रास्ते होगा? भारत पर आक्रमण की कल्पना और उसका उपाय सोचने से पहले यह भी ख़याल कर लेना ज़रूरी है कि यह आक्रमण भारत के ब्रिटिश साम्राज्य का भाग रहने की अवस्था में होगा या ब्रिटिश साम्राज्य से स्वतन्त्र हो जाने की अवस्था में। आज हम ब्रिटिश साम्राज्य का अंग ही नहीं, बल्कि उसकी सम्पत्ति हैं। ऐसी अवस्था में यदि भारत पर आक्रमण होता है, तो वह ब्रिटेन की विदेशी नीति के कारण ही होगा और उस आक्रमण का सामना करना भी ब्रिटेन की ही ज़िम्मेदारी है। ब्रिटेन की विदेशी नीति के कारण होनेवाला युद्ध यूरोप में आरम्भ होगा और वहीं लड़ा जायेगा, भारत में नहीं। ऐसा युद्ध छिड़ने पर आक्रमणकारी भारत तक उसी अवस्था में पहुँच सकेगा, जब वह

पहले ब्रिटेन को समाप्त कर लेगा। इस अवस्था में भारत की जितनी सैन्यशक्ति है, वह ब्रिटेन की सम्पत्ति होने के कारण शत्रु के हमारे देश तक पहुँचने से पहले ही ब्रिटेन की रक्षा में समाप्त हो चुकी होगी और हमारे लिये शत्रु का सामना करने का तरीक़ा, कवि अकबर के शब्दों में, रह जायेगा—बाज़ारों को झण्डियों से सजाकर जगह-जगह स्वागत-वेलकम लटकाकर उसकी अभ्यर्थना करना। हो सकता है सत्य और अहिंसा के प्रेमी शत्रु का सामना अहिंसात्मक सत्याग्रह से करने का निश्चय किये बैठे हों, परन्तु जब तक अहिंसात्मक सत्याग्रह से हम एक शत्रु को देश से बाहर निकालने में सफल नहीं हो जाते, दूसरे शत्रु का देश में आना रोक भी नहीं सकेंगे। उस समय तो परम्परागत प्रथा के अनुसार भारत स्वयं ही विजयी शक्ति की सम्पत्ति बन जायेगा।

ब्रिटेन इस बात को न समझता हो, सो बात नहीं। हमारी सेना का संगठन एक ख़ास उद्देश्य से किया गया है। उसे एक ख़ास प्रकार की शिक्षा दी गयी है। कहने को इस सेना के दो उद्देश्य हैं, पहला उद्देश्य है देश में शान्ति-रक्षा। जिसे यदि स्पष्ट शब्दों में कहा जाये, तो इसका अर्थ होगा—इस देश पर क़ब्ज़ा क़ायम रखना। दूसरा उद्देश्य इस सेना का बताया जाता है—भारत की विदेशी आक्रमण से रक्षा करना। अपने पहले उद्देश्य को यह सेना ख़ूब पूरा कर सकती है। १८५७ में इसका प्रमाण मिल चुका है और उसके बाद भी जब कभी प्रजा के आन्दोलन ने उग्रता दिखलायी, हमारी सेना ने पुलिस के कर्त्तव्य का पालन भली प्रकार किया। रही विदेशी आक्रमण की बात। सो भारत में ब्रिटिश राज क़ायम होने के बाद से कभी हुआ ही नहीं। और भारत की भौगोलिक और राजनैतिक परिस्थिति के कारण उसकी अधिक सम्भावना भी नहीं। यदि सीमाप्रान्त के क़बीलों या अफ़गानों के दो-चार धावों को आक्रमण कहा जाये तो दूसरी बात है।

हमारी सेना की शिक्षा केवल इन्हीं आक्रमणों का मुक़ाबला करने लायक़ है। और इस काम में भी उसकी योग्यता का यह हाल है कि युद्ध की सामग्री के सभी आधुनिक उपकरणों के होते हुए भी पचास वर्ष से इन क़बीलों के साथ सिर मारकर भी वे इन्हें बस में नहीं कर सकीं। जब कभी बड़े पैमाने पर युद्ध का अवसर आया, भारतीय सेना की शिक्षा और तैयारी काम न आयी। मेसोपोटामिया में टिगरिस नदी के किनारे भारतीय सेना की असफलता और निकम्मापन इस बात का ज्वलन्त उदाहरण है। भारतीय सेना की जाँच के लिए जो कमेटी सर चेटवुड की अध्यक्षता में नियत की गयी थी, उस कमेटी ने भी भारतीय सेना को आधुनिक युद्ध के लिए सर्वथा व्यर्थ ठहराया था। भारतीय सेना के पास जितनी युद्ध-सामग्री है, वह सब या तो प्रजा का या फिर सीमा प्रान्त के क़बीलों का सामना करने लायक़ ही है। इस

ज़माने की लड़ाई के सबसे ज़रूरी हथियार सामुद्रिक सेना और वायुसेना भारत में प्रथम तो है ही नहीं और जो है, वह बिलकुल व्यर्थ; केवल शान्ति के समय प्रजा को दमन करने लायक़ ही है। और जैसा कि हम ऊपर ज़िक्र कर आये हैं, संकट का समय आने पर यह शक्ति ब्रिटेन की रक्षा के लिए व्यवहार में लायी जायेगी न कि भारत की रक्षा के लिए। ब्रिटेन को वास्तव में भारत पर आक्रमण होने का भय कभी रहा ही नहीं। वह यह अच्छी तरह समझता है कि भारत पर आक्रमण करनेवाली कोई शक्ति एशिया में है ही नहीं। जापान मंचूरिया या चीन पर हमला कर सकता है, लेकिन भारत पर आक्रमण करने की बात वह नहीं सोचता। यूरोप की कोई शक्ति भारत पर आक्रमण करेगी तो उसे पहले ज़रूरी तौर पर इंग्लैण्ड से लोहा लेना पड़ेगा। अलबत्ता एक ज़माने में जब कि रूस में ज़ार का शासन था, पश्चिमोत्तर प्रान्त में रूसी सेना के भारत पर आक्रमण होने की आशंका हो सकती थी। इस भय का ख़याल कर ब्रिटेन ने अफ़गानिस्तान के अन्दरूनी शासन में अपना प्रभाव पूरे तौर पर क़ायम रखा। रूस में समाजवादी शासन और नीति स्थापित हो जाने के बाद से वह भय निर्मूल हो गया।

भारत की भूमि पर कोई शत्रु हमला कर कहाँ से सकता है? हज़ारों मील दूर से हवाई जहाज़ों पर बम लाद-लादकर कोई दुश्मन आयेगा और आकाश से बम उँड़ेलकर इस देश पर क़ब्ज़ा कर लेगा, यह बात केवल उस भोली प्रजा को समझायी जा सकती है, जिसे युद्ध का कुछ ज्ञान या अनुभव नहीं। आकाश से बम बरसाकर इकट्ठी हुई भीड़ को ज़ख़्मी किया जा सकता है, मकान गिराये जा सकते हैं और आग भी लगायी जा सकती है, परन्तु देश पर क़ब्ज़ा नहीं किया जा सकता। खाइयों और खन्दकों में छिपी हुई सेना का हवाई जहाज़ ख़ात्मा नहीं कर सकते। वे केवल उन्हें परेशान कर सकते हैं। हवाई जहाज़ के ज़मीन पर उतरते ही वह ख़तरे में पड़ जायेगा और फिर शत्रु के देश में हवाई जहाज़ से सेना उतारना, जहाँ एअरोड्रोम अर्थात् हवाई जहाज़ के अड्डे पर दुश्मन का क़ब्ज़ा हो, शेख़चिल्ली की कल्पना है। यह तो अनबूझ आदमी भी जानता है कि हवाई जहाज़ जहाँ चाहे उतर नहीं सकता।

समुद्री मार्ग से किसी देश पर क़ब्ज़ा कैसे हो सकता है, यह भी हम कल्पना नहीं कर सकते। दुश्मन की उस ज़मीन पर जहाँ उसका सैन्यबल है, समुद्र के किनारे खाइयों में सुरक्षित पड़ा है, कोई आक्रमणकारी सफलतापूर्वक अपनी सेना उतार सके, यह विश्वास करना कठिन है। समुद्री घेरा डालकर केवल इंग्लैण्ड जैसे देश को विजय किया जा सकता है, जो अपना पेट भरने लायक़ खाद्य सामग्री पैदा

नहीं कर सकता और शत्रु द्वारा समुद्री मार्गों के बन्द कर देने पर या तो आत्मसमर्पण कर देगा या भूखा मर जायेगा। भारत को यों घेरा डालकर पराजित करने की चेष्टा करने पर घेरा डालनेवाली शक्ति ही इससे पहले नष्ट हो जायेगी कि भारत जीवन के लिए उपयोगी सामग्री न पाकर आत्मसमर्पण करने की बात सोचे।

इतिहास में समुद्री मार्ग से आक्रमण कर भारत में पैर जमा सकने का केवल एक उदाहरण है और वह है अबुल क़ासिम का जिसने लगभग ईसा की सातवीं शताब्दी में फ़ारस की खाड़ी से आकर सिन्ध पर आक्रमण किया था। आज भारत के समुद्र के निकटवर्ती प्रान्त ईसा की सातवीं शताब्दी की तरह अरक्षित नहीं और न देश छोटे-छोटे अनेक चक्रवर्ती राज्यों में बँटा हुआ है। जिन्हें पड़ोसी को पिटते देख अपनी शक्ति बढ़ाने की आशा से प्रसन्नता होती थी। रही अंग्रेज़ों की बात। अंग्रेज़ों ने इस देश में आक्रमणकारी के रूप में प्रवेश नहीं किया था। इस देश में कई बरस बसकर अपने गढ़ स्थापित कर उन्होंने आक्रमण का काम शुरू किया था। इस देश में या देश की सीमा पर आधार बनाये बिना कोई शक्ति भारत पर सफलतापूर्वक आक्रमण करने की आशा नहीं कर सकती।

उपर्युक्त बातों का ख़याल करते समय हमें यह भी याद रखना चाहिए कि युद्ध और रक्षा राजनैतिक अवस्थाएँ हैं। राजनैतिक क्षेत्र में विदेशी आक्रमण से भारत की रक्षा का क्या महत्त्व है? ब्रिटेन की दृष्टि में भारत की रक्षा का कोई मूल्य नहीं। ब्रिटेन भारत की रक्षा के लिए नहीं बल्कि भारत ब्रिटेन की रक्षा के लिए है। स्वयं भारत की दृष्टि में भी भारत की रक्षा का कोई मूल्य नहीं; क्योंकि भारत को न तो युद्ध करने का ही अधिकार है और न अपनी रक्षा करने का ही हक़ है। भारत को अगर अपनी रक्षा करने का अधिकार होता, तो वह पहले ब्रिटेन से ही अपनी रक्षा करता। हमारी सेनाओं के सिपाही देश की रक्षा के भाव से या अपना कर्त्तव्य समझकर सेनाओं में भरती नहीं हुए हैं। वे हैं एक क़िस्म के मज़दूर, जिन्हें नरसंहार करने और क़वायद करने के लिए मज़दूरी दी जाती है। ये बहादुर सिपाही अगर आज २०-२२ रुपये के लिए ब्रिटिश साम्राज्यशाही सेना में भरती हो भारत की रक्षा करते हैं, तो कल जापान की पलटन में भरती होकर चीन का ध्वंस, या इटली की फ़ौज में भरती होकर पश्चिमी एशिया या पूर्वी अफ्रीक़ा को रौंद सकते हैं। भारत की रक्षा के लिए उनकी कोई भावना नहीं, कोई उत्साह नहीं। सेना से अधिक महत्त्व है देश की प्रजा के रुख़ का। भारत की जनता का रुख़ भावी युद्ध की बाबत क्या है, यह बात जर्मनी और रूस को चाहे बताने की ज़रूरत हो, ख़ुद भारत या उसके स्वामी इंग्लैण्ड को बताने की ज़रूरत नहीं। देश की जनता कभी इस बात की कल्पना भी नहीं करती कि इस देश पर आक्रमण हो सकता है और उसे इससे

भयभीत होने या इसके लिए तैयार रहने की ज़रूरत है। भारत पर आक्रमण होने का अर्थ प्रजा की समझ में भारत की प्रजा पर आक्रमण होना नहीं बल्कि देश का अंग्रेज़ों के प्रभुत्व से निकलकर आक्रमणकारी के हाथ में चला जाना है। अपने वर्तमान प्रभुओं के प्रति, प्रजा के उस अंश को छोड़कर, जो सरकारी नौकरी करता है या जो अंग्रेज़ों से जागीरें पाकर बैठा है, प्रजा के मन में कोई मोह नहीं। देश की प्रजा तो दरअसल चाहती है कि ब्रिटेन युद्ध में फँस जाये। बेकार सोचते हैं युद्ध होने पर उन्हें कहीं-न-कहीं नौकरी मिल जायेगी। बनिया सोचता है भाव चढ़ जायेगा, किसान सोचता है फ़सल की क़ीमत अच्छी मिल जायेगी। मिल-मालिक को बड़े-बड़े ऑर्डर मिलने की उम्मीद है। यहाँ की प्रजा युद्ध को आर्थिक संकट का उपाय समझती है। यहाँ के कुछ राजनीतिज्ञ ब्रिटेन के युद्ध-संकट में फँसने पर उससे भाव तोलकर स्वराज्य की कुछ क़िश्तें ऐंठ लेना चाहते हैं। यहाँ की जागृत जनता युद्ध होने पर क्रान्ति को सफल बनाने का स्वप्न देख रही है। मतलब यह कि भारत पर आक्रमण होने की आशंका से इस देश की प्रजा की नींद, हराम नहीं हो रही है।

अब रही भारत के स्वतन्त्रता प्राप्त कर लेने के बाद उस पर किसी विदेशी शक्ति के आक्रमण की बात! हम समझते हैं, पराधीन भारत की अपेक्षा स्वाधीन भारत अपनी भूमि पर होनेवाले विदेशी आक्रमण से अपनी रक्षा कर सकने के अधिक योग्य होगा; क्योंकि उस समय भारत को अपनी रक्षा करने का अधिकार होगा और इस देश की प्रजा विदेशी आक्रमण से अपनी रक्षा करने की ज़रूरत समझने लगेगी और उस ओर वह ध्यान भी देगी। उस अवस्था में हमें आक्रमण का भय किस दिशा से हो सकता है! क्या अफ़गानिस्तान से? उस समय अफ़गानिस्तान भारत पर आक्रमण करने की बात न सोचकर भारत से अपनी रक्षा की ही बात सोचेगा। बल्कि हम यह भविष्यवाणी कर सकते हैं कि अफ़गानिस्तान उस समय भारत का एक अंग होगा, ठीक उसी प्रकार जैसे मध्य एशिया के छोटे-छोटे राज्य रूस के अंग बन गये हैं। स्वतन्त्र भारत आज के पराधीन भारत की तरह निर्बल देशों का दमन करने के लिए साम्राज्यशाही का हथियार नहीं बना रहेगा। वह ख़ुद स्वतन्त्र होगा और दूसरे देशों की स्वतन्त्रता की क़द्र करेगा। दूसरे देशों के साथ उसके राजनैतिक समझौते भी होंगे, जो शान्ति-रक्षा में उसके सहायक होंगे।

आज हम शान्ति-रक्षा के लिए स्थापित अन्तरराष्ट्रीय संघ की असफलता का नाटक देख रहे हैं। इस संघ का जो परिणाम हुआ, उसके अतिरिक्त दूसरा

हो ही नहीं सकता था। अशान्ति का कारण है भिन्न-भिन्न देशों के पूँजीपतियों का अपना-अपना साम्राज्य बढ़ाने की इच्छा। साम्राज्यशाही शक्तियों का यह अन्तरराष्ट्रीय गुट्ट शान्ति-स्थापना करने की कोशिश नहीं, बल्कि अशान्ति को क़ायम रखने की कोशिश करता रहा है और कर रहा है। अन्तरराष्ट्रीय संघ द्वारा इंग्लैण्ड और फ्रान्स ने दूसरे देशों को दबाकर अपना आधिपत्य बढ़ाने की ही चेष्टा की। यह अन्तरराष्ट्रीय संघ शान्ति के मूल सिद्धान्त के ही विरुद्ध है।

स्वतन्त्र भारत एक दूसरे अन्तरराष्ट्रीय संघ की स्थापना करेगा, जिसमें साम्राज्यशाही और युद्ध का विरोध करनेवाले राष्ट्र ही सम्मिलित होंगे। यदि रूस, चीन और भारत का ऐसा एक संघ क़ायम हो जाये तो कम-से-कम एशिया में स्थायी शान्ति क़ायम हो सकती है। इस संघ के क़ायम हो जाने पर शेष संसार की कोई शक्ति एशिया के किसी देश पर आक्रमण करने का ख़याल भी न कर सकेगी।

भारत को विदेशी आक्रमण से बचाने का केवल यही एक उपाय है। शेष तैयारियाँ जो भारत को भावी युद्ध के भय से बचाने के लिए की जा रही हैं, एक धोखेबाज़ी है। जिसका मतलब है—साम्राज्यशाही युद्धों में तोपों की मार के आगे उनकी आड़ बनाकर साम्राज्यशाही शक्ति को बचाने की चेष्टा करना।

चाय की चुस्कियाँ

दुर्मुख

युक्तप्रान्तीय युवक-संघ राष्ट्रीयता के प्रचार के लिए कांग्रेस के कार्यक्रम को सफल बनाने के लिए प्रयत्न कर रहा है। इसलिए प्रान्तीय कांग्रेसी सरकार की ओर से युवक-संघ को काफ़ी सहयोग मिल रहा है।

युवक-संघ अपना सम्मेलन अक्सर देहातों में करता है और आशंका यह रहती है कि शायद जनता काफ़ी तादाद में न पहुँच सकेगी। इसलिए प्रान्तीय कांग्रेसी सरकार काफ़ी संख्या में बग़ैर वर्दी की पुलिस युवक-सम्मेलनों में भेज देती है ताकि रौनक़ में कमी न हो। फ़िलहाल कांग्रेसी सरकार इससे अधिक और कर भी क्या सकती है।

× × ×

आज सुबह चाय के प्याले के साथ जो देखा उसका ज़िक्र कर देने में बुराई क्या? 'पायनिअर' को कड़वी बात कहने का मर्ज़ है और कभी-कभी कड़वी बात कह डालने की धुन में वह सच्ची बात भी कह जाता है। उसकी मिसाल है उस दिन का 'पायनिअर' का कार्टून।

कार्टून है—

छज्जों और बारजों पर सम्राट् के प्रतिनिधि वाइसराय, ठाकुर साहब राजकोट और बीरबाला बैठे हैं। आँगन में अहिंसा के अवतार महात्मा गाँधी घुटने टेके खड़े हैं और उनके घुटने के नीचे हैं—सुभाष बोस।

महात्मा जी अपने अहिंसामय उपवास में हिंसा का पुट मिल जाने से पश्चात्ताप से महादुखित हो हाथ जोड़ इन महानुभावों को सम्बोधन कर रहे हैं—हिंसा के अपराध के लिए क्षमा हो भगवान् ।

उस समय दम रुकते हुए सुभाष नीचे से बोलते हैं—मेरे लिये भी शरण हो!

× × ×

हमने एक दफ़े कहा था फूँक में जादू का असर है। एक फूँक से चाय की प्याली ठण्डी होती है, दूसरी फूँक से जाड़े में ठरे हुए हाथ गरम हो जाते हैं। मुस्लिम लीग में ख़ूबी यह है कि वह भी फूँक से जादू करना जानती है। देश में साम्राज्यवाद के जंगी मदद देने के ख़िलाफ़ आसार देखकर टामी साहब गुस्से से गरम होने लगे। सर सिकन्दर ने मौक़ा देखा और फूँक मारकर गुस्सा ठण्डा कर दिया—वाह साहब हम मुसलमान जी जान से मदद करेंगे, वफ़ादारी इस्लामी ख़सलत है।

लारी साहब ने देखा—कांग्रेस जंगी इमदाद न देने का तुरुप चलकर लीग पर बाज़ी लिए जा रही है। उन्होंने आगे बढ़कर कहा—वाह, हम मुसलमानों की तो क़ुदरत में ही ग़ुलामी के ख़िलाफ़ बग़ावत भरी है, हम लड़ेंगे साम्राज्यवाद के ख़िलाफ़। और पस्त हौसला क़ौम का ख़ून गरम कर दिया। लीग की एक फूँक सर सिकन्दर है और दूसरी लारी साहब। इन जादू की फूँकों का यह असर है कि जॉन बुल भी ख़ुश और क़ौम भी ख़ुश। इसी से तो कहा है—क़ौम भी जीती रहे ज़िन्दा रहें अग़यार भी।

× × ×

सन्त लोग कहते हैं बुरे की बुराई से वैर करो, बुरे से वैर मत करो। लेकिन लारी साहब का उसूल दूसरा है। उन्हें कांग्रेस के काम से वैर नहीं, उन्हें उसके नाम से वैर है।

लारी साहब मुसलमानों से कहते हैं—

"मादरे वतन हिन्दुस्तान!"

"मुकम्मिल आज़ादी ज़िन्दाबाद!"

"साम्राज्यशाही मुर्दाबाद्"

"रियासतें आज़ाद हों्"

"मुल्क सारा एक हो!"

"किसान क़ानून मंजूर हो!"

"फ़ेडरेशन दूर हो।"

"लीगी मिनिस्टर ग़द्दार हैं!"

इसके साथ उसी साँस में कह जाते हैं—मुसलिम लीग ज़िन्दाबाद, कांग्रेस मुर्दाबाद।

आपने ग़ौर किया—लारी साहब आम जनता में बोलते हैं, तो अक्ल की बात कहते हैं; लेकिन असेम्बली में बोलते हैं तो गधेपन की? आख़िर वजह क्या?

लारी जगह देखकर बात करते हैं।

× × ×

मसल मशहूर है—हज कर आने पर गुनाह करने का हक़ हो जाता है। इसी तरह गाँधीवादी होने का दम भर लेने पर हिंसा का हक़ हो जाता है। आप धमकी दे सकते हैं, हाथापाई कर सकते हैं, धाँधली कर सकते हैं और फिर अपने मुख़ालिफ़ को पर्ज कर सकते हैं। दूसरे आदमी की विचारस्वतन्त्रता तक को ग़लत बता सकते हैं। आप अपने को हिटलर का बाप और अपने नेता को हिटलर का दादा बता सकते हैं और इसके साथ ही प्रेम और अहिंसा के अवतार भी बने रह सकते हैं। क्योंकि आप हिंसा करेंगे तो वह सत्याग्रह होगा और दूसरे सत्याग्रह करेंगे तो हिंसा होगी।

एक ज़माना था आप मुखालिफ़ को नास्तिक और काफ़िर कहकर दफना सकते थे, आप आप उसे हिंसात्मक कह दीजिये और पत्थर मार-मारकर मार डालिये।

× × ×

बम्बई में मद्य-निषेध के लिए जलसा हुआ! हिन्दुस्तान की सबसे शाइस्ता जमात (पारसियों) ने उसका विरोध किया। जलसे में हल्ला बोला, हो-हल्ला किया, गाली दी, कुर्सियाँ तोड़ीं और उठा-उठाकर गन्दगी फेंकी। आख़िर यह सब पागलपन क्यों?

यही ठीक है। बाद में जब शराब नहीं मिलेगी तो पागलपन आयेगा कहाँ से?

× × ×

बहुत लोग बात समझते नहीं और नाराज़ हो जाते हैं।

कांग्रेस के शराब-विरोध का मतलब हमें देहात जाकर मालूम हुआ। एक लाल बुझक्कड़ ने बताया—कांग्रेस यह थोड़े ही कहती है कि शराब मत पियो! पियो, पर घर में बनाकर पियो। अंग्रेज़ों की शराब मत पियो।

यही बात अदालत के सम्बन्ध में भी है।

× × ×

कांग्रेस सूबा अदालत का हुक्म जारी हुआ है कि जिसे कांग्रेस चुनाव के सम्बन्ध में उज्र हो १० रुपये जमा कराकर कांग्रेस के छपे काग़ज़ पर दरख़्वास्त दे।

कांग्रेस अदालतों के बाइकाट का ऐलान करती है तो उसका मतलब यह थोड़े ही है कि अदालतों में रुपया बरबाद मत करो। इन्साफ़ ख़रीदो मत!

अदालत में रुपया दो, मुक़द्दमेबाज़ी भी करो और इन्साफ़ भी ख़रीदो लेकिन कांग्रेस की दुकान से।

इन्साफ़ की फ़ीस दस रुपये और फिर बार-बार लखनऊ आने का ख़र्च। गवाह भी साथ लाइये। इससे बहुत-से झंझट बच जायेंगे। पहले तो निकम्मे ग़ैर ज़िम्मेदार आदमी, जो ज़रा से शौक़ के लिए दस-बीस रुपये नहीं ख़र्च सकते इस हुक्म से सिटी, ज़िला और प्रान्तीय कांग्रेस कमेटियों में से मक्खन में से बाल की तरह निकालकर अलग कर दिये जायेंगे।

हाँ साहब! जिसे खाने-पीने का ठौर नहीं वह देशभक्ति का दम क्यों भरे?

× × ×

कुछ लोगों को शिकायत है कि हिन्दुस्तान की अदालतों में ताजीरात हिन्द का पहिया घूमा करता है वहाँ हमदर्दी और सौजन्यता के लिए जगह नहीं।

हमारे एक दोस्त का अनुभव दूसरा है। इनकी बात सुन लीजिये!

रात में बाइसिकिल पर रोशनी न होने के क़सूर में गिरफ़्तार हो मुचलका दे आप अदालत में हाज़िर हुए। जज साहब शायद किसी दूसरे मुक़द्दमे के काग़ज़ देख रहे थे या निजी ख़त पढ़ रहे थे।

मुल्ज़िम की ओर नज़र उठाये बिना उन्होंने पूछा—

—रोशनी के बिना साइकिल चला रहे थे?

—नहीं साहब!

—एक रुपया जुर्माना!

हैरान होकर मुलज़िम ने कहा—मैंने तो क़सूर कबूल नहीं किया!

जज ने अब नज़र उठाकर ऊपर देखा—क़सूर कबूल नहीं किया? लेकिन एक रुपया जुर्माना दे देना ही अच्छा है। अगर हम लिखें कि मुल्ज़िम क़सूर कबूल नहीं करता तो पुलिस को इत्तिला दी जायेगी—पुलिस अपने गवाह पेश करेगी। आपको कई पेशियों पर अदालत में हाज़िर होना होगा।

आपकी गाँठ से दस पन्द्रह रुपये खुल जायेंगे। इससे बेहतर है आप एक रुपया दे दीजिये! झगड़ा बढ़ाने से क्या फ़ायदा?

मुल्ज़िम ने कहा, थैंक्स।

◈

विनिमय

वाइसराय की स्पेशल के नीचे बम और भगवती भाई

'विप्लव' के मई मास में श्री इन्द्रपाल ने भगवती भाई के सम्बन्ध में लिखे अपने लेख में लिखा है कि वाइसराय की स्पेशल के नीचे बम चलाने का एक कारण यह भी था कि कॉमरेड चन्द्रशेखर आज़ाद के मन से भगवतीचरण के प्रति शंका का भाव हट जाये। उस समय की घटनाओं से परिचित कुछ सज्जनों ने इस बात पर एतराज़ किया है। यह एतराज़ ठीक है। इन्द्रपाल को अपने लेख में बहुत-सी बातें दूसरे साथियों से सुनकर लिखनी पड़ी हैं। सम्भव है यह बात भी उन्होंने किसी से सुनी हो। असलियत यह है कि वाइसराय की स्पेशल के नीचे बम की घटना होने से पहले ही भगवती भाई के प्रति आज़ाद के मन से सन्देह दूर हो चुका था।

वाइसराय की स्पेशल की घटना शुद्ध राजनैतिक उद्देश्य से ही की गयी थी। चन्द्रशेखर आज़ाद कुछ लोगों की सलाह के कारण यह घटना करने के पक्ष में नहीं थे। परन्तु देहली में मौज़ूद मेम्बरों ने सब उत्तरदायित्व अपने ऊपर लेकर इस घटना को कर ही दिया। बाद में आज़ाद की भी राय बदल गयी और उन्होंने इस अनुशासन-भंग की कोई परवाह न की।

उचित तो यही होता कि यह बात पिछले ही अंक में साफ़ हो जाती परन्तु प्रेस में दे देने पर भी स्थानाभाव के कारण रह गयी। प्रेस की मशीन की तरह चलनेवाले

दिमाग़ों ने इस बात का महत्त्व नहीं समझा। हमें आशा है जानकार लोग इस मामूली बात के लिए 'विप्लव' पर ग़लतफ़हमी फैलाने का दोष न लगायेंगे।

प्रजातन्त्र या राजसत्ता

श्री गुरुदत्त M. Sc. का लेख 'प्रजातन्त्र या राजसत्ता' इस अंक में प्रकाशित हो रहा है। गुरुदत्त जी प्रजातन्त्र की अपेक्षा राजसत्ता को ही प्रजा के लिए हितकर समझते हैं। उनका कहना है कि प्रजातन्त्र यूरोप की उपज है। इतिहास प्रजातन्त्र को किसी देश विशेष की बपौती नहीं बताता। मालूम होता है श्री गुरुदत्त जी रामायण, महाभारत तथा पौराणिक ग्रन्थों को ही सम्पूर्ण इतिहास समझते हैं। इतिहास तो बताता है कि सिकन्दर के भारत पर आक्रमण करने के समय इस देश के उत्तर, पश्चिम में अधिक भागों में प्रजातन्त्र-प्रणाली का शासन ही क़ायम था। गख्खड़ लोगों के प्रजातन्त्र ने सिकन्दर के दाँत खट्टे कर दिये थे। मुग़लों के आक्रमण के समय भी भारत में पर्याप्त संख्या में प्रजातन्त्र थे।

इसमें सन्देह नहीं, यूरोप में प्रजातन्त्र का विकास अधिक हुआ पर आज यूरोप के प्रजातन्त्र शासन अपने देश की प्रजा को सुखी और समृद्ध नहीं बना रहे। लेकिन इसका कारण यह नहीं कि प्रजातन्त्र का सिद्धान्त ग़लत है। प्रजातन्त्र का अर्थ है—प्रजा को अपना भाग्य स्वयं निर्णय करने का अधिकार हो! यह कहना कि यह सिद्धान्त ग़लत और एक व्यक्ति चाहे वह देवता ही क्यों न हो—के हाथों सम्पूर्ण देश का भाग्य छोड़ देना ठीक है, सिवा जिद्द के और क्या होगा?

यूरोपीय देशों के प्रजातन्त्र की निन्दा करते समय हम यह भूल जाते हैं कि वहाँ सम्पूर्ण प्रजा के एक-से अधिकार नहीं। हमारे देश की तरह या कहिये इससे भी अधिक गहरा श्रेणीभेद वहाँ है। प्रजातन्त्र शासन में जो श्रेणी बलवान् होगी, शासन भी उस श्रेणी का होगा। यूरोप के जिन देशों में पूँजीपति श्रेणी का राज्य है, वहाँ का प्रजातन्त्र पूँजीपति श्रेणी की इच्छा और हित के अनुसार चलता है। इसे आप प्रजातन्त्र नहीं बल्कि श्रेणीगत कह सकते हैं। यूरोप के प्रजातन्त्रों में या भारत के प्रजातन्त्रों में जिस समय ज़मींदारी, जागीरशाही, और पूँजीशाही का ज़ोर नहीं था, जब एक श्रेणी शेष श्रेणियों पर आधिपत्य क़ायम नहीं किये हुए थी वहाँ दरअसल प्रजातन्त्र क़ायम था। परन्तु सब शक्ति एक श्रेणी के हाथ में आ जाने से वह प्रजातन्त्र न रहा। श्री गुरुदत्त जी ने श्रेणी राज की सब ख़राबियों को प्रजातन्त्र के सिर मढ़ दिया है। इसका कारण यह है कि वे श्रेणी-रहित समाज की कल्पना करने के लिए तैयार नहीं। वे मनुष्य के उत्तरोत्तर विकास की अपेक्षा दमन में अधिक विश्वास रखते हैं या प्राचीन भारत के प्रति उनकी श्रद्धा उन्हें आगे सोचने नहीं देती।

सफल क्रान्ति की शर्तें

इस अंक में श्री अमरनाथ जी का लेख 'सफल क्रान्ति की शर्तें' प्रकाशित हुआ है। क्रान्ति को सफल बनाने के लिए अमरनाथ जी ने जो शर्तें पेश की हैं, उनके विषय में मतभेद के लिए गुंजाइश नहीं। परन्तु लेख में सिद्धान्त रूप से कही गयी बातों के विषय में कुछ कहने की ज़रूरत है। उदाहरण के तौर पर लेखक ने फ्रान्स की १८वीं शताब्दी की क्रान्ति को असफल क्रान्ति बताया है। निस्सन्देह रूस की १९१७ की क्रान्ति के परिणामों से तुलना करने पर फ्रान्स की यह क्रान्ति असफल जान पड़ती है। परन्तु समाज की अवस्था के विकास को दृष्टि रखकर हम ऐसा नहीं कह सकेंगे। रूस की १९१७ की क्रान्ति मज़दूर और किसान क्रान्ति थी। परन्तु फ्रान्स की १८वीं शताब्दी की क्रान्ति मज़दूर-किसान क्रान्ति नहीं थी। फ्रान्स की यह क्रान्ति पूँजीशाही के विरुद्ध नहीं बल्कि सामन्तशाही के विरुद्ध थी। उस समय पूँजीवाद का विकास नहीं हो पाया था।

फ्रान्स की उस क्रान्ति की सफलता का अन्दाज़ा हमें इस बात से लगाना चाहिए कि उसने जनता को सामन्तशाही की दासता से मुक्त किया या नहीं? फ्रान्स की उस समय की अवस्था में राजसत्ता, सामन्तसत्ता और पादरी लोगों का विकट आधिपत्य छाया हुआ था। स्वतन्त्र नागरिकों की श्रेणी का अस्तित्व इस तिगुड्ड के शासन में नहीं था। फ्रान्स की क्रान्ति मध्य श्रेणी की क्रान्ति थी और वह सफल हुई। इस क्रान्ति ने राजसत्ता, सामन्तशाही, और पादरियों के शासन को तोड़कर एक स्वतन्त्र मध्यश्रेणी Bourgeoisie स्थापित की। आगे बढ़कर इसी श्रेणी ने पूँजीवाद को बढ़ाकर पूँजीशाही स्थापित कर दी। समाज की भिन्न-भिन्न अवस्थाओं में भिन्न-भिन्न क्रान्तियों के लिए अवसर होता है। आज यदि फ्रान्स में क्रान्ति हो तो उसकी सफलता हम निश्चय ही रूसी क्रान्ति के परिणामों—मज़दूर-किसान राज क़ायम होने से जाँचेंगे।

खेतान कमेटी

युक्तप्रान्तीय और बिहार की कांग्रेसी सरकारों ने शकर मिलों के मज़दूरों की अवस्था का निरीक्षण करने के लिए खेतान कमेटी नियत की है। भिन्न-भिन्न शकर मिलों से इस कमेटी के व्यवहार के बारे में शिकायतें आ रही हैं। शिकायतों से मालूम होता है कि इस कमेटी का झुकाव मज़दूरों की अवस्था की जाँच की अपेक्षा मालिकों की दावतों की ओर ही अधिक है।

मज़दूरों से उनकी अवस्था के सम्बन्ध में पूछताछ मालिकों की मौज़ूदगी में ही की जाती है। ताकि वे कुछ बोल न सकें। और मज़दूरों या दूसरे मिल के नौकरों

में से जो लोग कुछ शिकायत करने का साहस करते हैं, कमेटी उनके नामों की सूचना दावतों के मौक़ों पर मालिकों को दे देती है। इसमें सन्देह नहीं, नमकहलाली भारत का पुराना गुण है और खेतान कमेटी भी ऐसा कर सकती है, परन्तु सवाल यह है इस नमकहलाली के जोश में क्या उन मज़दूरों के हित को बिलकुल भुला दिया जाना चाहिए, जिनके हितों की रक्षक होने का—यह कमेटी और हमारी कांग्रेसी सरकारें—दम भरती हैं।

सिंहावलोकन

एक हद तक क्रान्तिकारियों को असाधारण या विचित्र जीव समझा जाता है। और क्रान्तिकारियों से भेट होने पर लोग अनिवार्यत: एक प्रश्न पूछना चाहते हैं—आप क्रान्तिकारी कैसे बन गये? सिंहावलोकन या आपबीती लिखना आरम्भ करते ही मैंने इस प्रश्न का उत्तर देने की चेष्टा आरम्भ की थी, परन्तु इस बीच में 'आज़ाद अंक' में चन्द्रशेखर आज़ाद, 'लाहौर षड्यन्त्र अंक' में भगत, सुखदेव आदि और मई अंक में भाई भगवती के बारे में ही विशेष रूप से लिखना पड़ा, इसलिए उस प्रश्न का उत्तर समीचीन रूप में नहीं दे सका, उसी प्रसंग को अब फिर आरम्भ करता हूँ।

मनुष्य क्रान्तिकारी किसी क्रिया-विशेष से नहीं बनता। संस्कार विधि के सोलह संस्कारों की तरह क्रान्ति की दीक्षा नहीं ली जाती, न उसके लिए बपतिस्मा किया जाता है और न सुलह ही करानी पड़ती है! क्रान्तिकारी होना मन या मस्तिष्क की एक ख़ास भावना है, जो परिस्थितियों से पैदा होती है। इन परिस्थितियों का विश्लेषण मैं अपने तथा अपने परिचित क्रान्तिकारियों के जीवन को लेकर करना चाहता हूँ। मैं इस बात का दावा नहीं कर सकता कि जो कुछ मैं यहाँ लिखूँगा सब रोचक और हृदयस्पर्शी ही होगा। इस प्रसंग को मैं केवल कहानी सुनाने के रूप में ही लेकर नहीं बैठा हूँ, मैं चाहता हूँ उन चीज़ों की ओर संकेत करना, जो इस कहानी को बनाने का कारण बनी। मैं यह स्वीकार नहीं कर सकता कि हमारे जीवन के क्रम को चलाने का श्रेय हमारे विचारों को ही है। विचार कोई अनादि और अजन्मा पदार्थ नहीं, वे भी बनते और पैदा होते हैं, इसलिए पहेली के मूल में पहुँचने के लिए विचारों की उत्पत्ति और विकास की तह तक पहुँचने का यत्न करना ज़रूरी है।

जीवन के विषम मार्ग की जिस मंज़िल पर आज मैं खड़ा हूँ, वहाँ से पीछे की ओर घूमकर देखना चाहता हूँ, क्यों और कैसे इस मार्ग पर मैं चल पड़ा। अतीत के उस धूलि-धूसरित आकाश में अधिकांश अस्पष्ट और विकृत ही दिखायी देता है, परन्तु विस्मृति की धूल के बादल की ओट से भी बहुत-कुछ दिखायी दे रहा है, जो जल में डूबे हुए मार्ग पर लगे मील के पत्थरों की तरह मुझे स्मृति की लाठी के सहारे पीछे बहुत दूर तक ले जा सकता है।

मध्यम श्रेणी के निचले स्तर के एक परिवार में मेरा जन्म हुआ है। इस श्रेणी के परिवारों की अवस्था देखने में अच्छी लेकिन वस्तुतः ख़राब होती है। मान-मर्यादा और सफ़ेदपोशी का आडम्बर जितना होता है, जीवन-निर्वाह के साधन उतने नहीं होते। यह श्रेणी अपनी प्रतिष्ठा की धारणा पर तिल-तिलकर अपना बलिदान किया करती है। इस श्रेणी का उद्देश्य सन्तोष से जीवन बिताना नहीं बल्कि ज्यों-त्यों आबरूँ क़ायम रखना होता है। समाज की इस त्रिशंकु श्रेणी को समाज की समृद्ध श्रेणियाँ इसका घोषणा कर ठुकराती रहती हैं और मज़दूर श्रेणियाँ इसे आशंका और सन्देह की दृष्टि से देखती हैं।

मध्यम श्रेणी के इस स्तर की परिस्थिति का ज्ञान मुझे उस समय हुआ, जब १९२० में मैट्रिकुलेशन की परीक्षा दे चुकने के पश्चात् मैं कांग्रेस का स्वयंसेवक और प्रचारक बन ज़िला फ़ीरोज़पुर (पंजाब) के गाँव-गाँव में घूम रहा था, उस समय वहाँ मेरे जैसे अन्य दूसरे व्यक्ति भी थे। कांग्रेस में काम करनेवाले स्वयंसेवकों में यह श्रेणीभेद ख़ूब स्पष्ट दिखायी देता था। उस समय कांग्रेस आन्दोलन आज दिन के कांग्रेस आन्दोलन की भाँति ठोस नौकरशाही ढंग का नहीं था। उसमें शौक़िया काम करनेवाले की ही संख्या अधिक थी। ज़ोश का प्रदर्शन अधिक और काम की बात कम होती थी। काम करनेवालों में प्रायः सब-के-सब शिक्षित, अर्धशक्ति मध्यम श्रेणी के लोग थे, जो नवीन आर्थिक परिस्थितियों के कारण जीवन-संघर्ष की रगड़ से समाज में अपने लिये स्थान न पा बिखर से पड़े थे। कांग्रेस में काम करनेवाले कुछ समृद्ध लोग इनके प्रति विशेष श्रद्धा न रखते थे और गाँवों में बसनेवाले किसान कांग्रेस के इन स्वयंसेवकों को शंका की दृष्टि से देखते थे।

विशेष लगन में मैं इस आन्दोलन में सम्मिलित हुआ था, परन्तु तीन मास बाद ही मुझे उसकी व्यर्थता दिखायी देने लगी। वह आन्दोलन केवल नागरिकों का आन्दोलन था, जिसमें केवल लेक्चरबाज़ी और जुलूसबाज़ी होती थी। मज़दूरों की श्रेणी तब तक ठीक रूप में प्रकट नहीं हुई थी और कांग्रेस के उस समय के आन्दोलन का सम्पर्क किसानों से न था। गाँव-गाँव फिरकर हम चिल्लाते फिरते

थे कि विदेशी सरकार हमें लूट रही है। परन्तु किसानों या मज़दूरों की आर्थिक स्थिति को सुधारने का कोई सवाल न था। उन दिनों के अपने कांग्रेसी काम के कुछ अनुभव मुझे याद हैं—फ़िरोज़पुर से तीन स्वयंसेवकों का एक दल एक मास का कार्यक्रम बनाकर देहात में प्रचार करने के लिए चला। इस दल में एक थे—पण्डित तोताराम, दूसरे थे अहमद्दीन साहब जो जात के और पेशे से मिरासी—यू. पी. में इन्हें शायद बेड़िये कहा जाता है—थे, तीसरा था मैं ख़ुद! इस पार्टी में मैं मैट्रिक पास होने की वजह से सबसे अधिक शिक्षित था। इस पर महामना मदनमोहन मालवीय जी के कुछ व्याख्यान और एक पुस्तक देशदर्शन पढ़कर एक स्पीच मैंने तैयार कर ली थी, जिसमें अंग्रेज़ों द्वारा भारत की लूट के आँकड़े भरे हुए थे। इस महास्त्र को लेकर हम अंग्रेज़ों की ग़ुलामी से देश को छुड़ाने चले।

मेरे आत्माभिमान और मेरी विद्वत्ता की कहीं कुछ क़द्र न हुई। दिन-भर धूप में पैदल चलकर हम प्राय: सन्ध्या समय किसी गाँव में पहुँचा करते थे और रात को व्याख्यान दिया करते थे। इन व्याख्यानों का सिलसिला यह रहता था कि जब तक लोग इकट्ठे होते रहें, भीड़ पूरी न जम जाये, मेरा व्याख्यान समाप्त हो जाता था। इसके बाद पण्डित तोताराम जी का व्याख्यान आरम्भ होता था, जिसमें देश की वर्तमान अवस्था और कांग्रेस के कार्यक्रम की बात तो कम रहती थी परन्तु प्राचीन भारत की स्तुति और पौराणिक गाथाएँ अधिक। जनता की दृष्टि में जलसे का सबसे महत्त्वपूर्ण भाग वह रहता था, जिसमें अहमद्दीन साहब अपनी सारंगी बजाकर बुलन्द आवाज़ में गाते सुनाते थे चर्ख़े पै पुर नूर सितारा गाँधी। और ऐसे ऐसे क़िस्से सुनाते थे, जिनसे कि जनता हँस-हँसकर लोट-पोट हो जाती थी। मैं अधिक गम्भीर विषयों को अपने व्याख्यान में लाने की कोशिश करता परन्तु जनता की सहानुभूति का कोई चिह्न प्रकट नहीं होता था।

गाँवों में जागृति फैलाने का व्यर्थ प्रयास करते-करते हम लोग एक दिन मुक्तसर जा पहुँचे। मुक्तसर अच्छा बड़ा कसबा और व्यापार की मण्डी है। चौक में सभा का प्रबन्ध हुआ। उस दिन मुझे आशा थी कि मेरी विद्वत्ता-राजनैतिक अध्ययन की कुछ क़द्र होगी। मैंने व्याख्यान दिया और पण्डित तोताराम जी ने भी व्याख्यान दिया। उसके बाद अहमद्दीन साहब की सारंगी बोली, क़हक़हे उड़े और जनता निहाल हो गयी। सभा के बाद जनता की ओर से व्याख्यानों पर टीका-टिप्पणी शुरू हुई। एक साहब बोले—बड़े-बड़े बोलनेवाले आते हैं साहब! लाला लाजपतराय का भी बड़ा नाम है। एक दफ़े वे भी आये उन्हें ५०० की थैली भी पेश की गयी थी, पर साहब वे कुछ नहीं बोले। बोलता है तो अहमद्दीन। उस दिन मेरे हृदय से अपनी असमर्थता का कलख़ दूर हो गया! सोचा! मेरे जैसे लाला

लाजपत राय सुशिक्षित व्यक्ति की बात गाँववालों की समझ में नहीं आ सकती। यह भी ख़याल आया कि जब तक गाँववालों को शिक्षित कर उन्हें देश की दशा समझने लायक़ नहीं बनाया जायेगा स्वराज्य नज़दीक नहीं आ सकता। और इतने दिन कांग्रेस में काम करने के बाद ख़ास बात जो सीखी वह थी कांग्रेस कार्य का व्यर्थता।

उन दिनों लाहौर में लाला लाजपत राय ने सरकारी यूनिवर्सिटी से असहयोग कर आनेवाले विद्यार्थियों के लिए एक नेशनल कॉलेज खोला था। १९२१ का ज़माना था। असहयोग का ज्वर उतरने लगा था। नेशनल कॉलेज के विद्यार्थी सुबुद्धि आने पर लौट-लौटकर सरकारी यूनिवर्सिटी को लौट रहे थे। उस समय जाकर मैं नेशनल कॉलेज में भरती हो गया। इस नेशनल कॉलेज में उस समय विद्यार्थियों की संख्या दो सौ से अधिक न थी। इन विद्यार्थियों को देख-देखकर हमारे उस समय के वाइसचांसलर भाई परमानन्द जी उत्साह से कहा करते थे कि प्रलोभनों को छोड़कर यह जो नौजवान देशसेवा के हित का ख़यालकर इस कॉलेज में आये हैं ज़रूर देश का उपकार कर जायेंगे। इन विद्यार्थियों में से भी विशेषकर ज़िला रोहतक और हिसार के जाट विद्यार्थियों से भाई जी को बहुत आशा थी, क्योंकि उनकी आवश्यकताएँ बहुत कम थीं, वे मैले कपड़े पहनकर ही गुज़ारा कर लेते थे और खाना खाने के बर्तन ख़ुद ही माँज लेते थे। समय आने पर जैसे भाई परमानन्द जी का देशभक्ति का आदर्श बदल गया, उसी प्रकार रोहतक और हिसार के इन त्यागी वीरों के भी आदर्श बदल गये। देश सेवा की तैयारी के लिए यह लोग संस्कृत पढ़ते थे। और ख़ूब व्यायाम करते थे। कुछ लोग ऐसे भी थे, जो अध्ययन को धन-उपार्जन का उपायमात्र ही न समझकर बौद्धिक उन्नति के लिए ही अध्ययन करते थे। बहुत थोड़े ऐसे थे, जो पढ़ते तो विशेष अधिक नहीं थे, परन्तु वह सोचते थे कि हमें करना क्या होगा।

कॉलेज की जिस श्रेणी में मैं भरती हुआ था, उसी श्रेणी में भगतसिंह और सुखदेव भी थे। यह बात इससे पूर्व भी मैं लिख चुका हूँ। राजनैतिक प्रश्नों और गाँधीवाद की आलोचना हम लोग विशेषतौर पर किया करते थे।

नेशनल कॉलेज में और आम कॉलेजों के वातावरण में विशेष प्रकार अन्तर था। आम कॉलेजों में विद्यार्थियों का कर्त्तव्य होता है, कोर्स की किताबों को इमतिहान के लिए रट लेना। नेशनल कॉलेज में हम लोग कोर्स के बाहर की किताबें अधिक पढ़ते थे। हमारे बुज़ुर्ग आमतौर पर विद्यार्थियों को राजनीति में भाग न लेने का उपदेश दिया करते हैं। इसका मतलब यह निकलता है कि विद्यार्थियों को आँख मूँदकर क्लर्क बनने की तैयारी करते जाना चाहिए। हमारे देश में प्रथम तो शिक्षा का भयंकर अभाव है। अशिक्षितों से राजनीति को समझकर उसमें भाग लेने की

आशा रखना कहाँ तक बुद्धिमानी है। जो हमारे शिक्षित है वे अधिकांश में मध्यम श्रेणी के नौकरी पेशा लोग हैं। जिनमें एक बड़ी संख्या सरकारी सरकारी किरानीगिरी कर पेट पालती हैं, इनसे राजनीति में भाग लेने को कहना इनके पेट की रोटी छीनना है। बाक़ी नौकरीपेशा या पेशवर लोग नोन-तेल-लकड़ी के धन्धे में इतने ग़र्क रहते हैं कि उन्हें सर ख़ुजाने की फुर्सत नही रहती राजनीति की बात कौन कहे। किसी देश के साधारण और सन्तुष्ट होने पर विद्यार्थियों का राजनीति के झंझट में न फँसकर भविष्य के लिए योग्यता उपार्जन करते चले जाना हमारी समझ में आता है, परन्तु जो देश पराधीन है, जिसे प्राणपन से राजनैतिक आन्दोलन चलाकर मुक्तिलाम की चेष्टा करना है, उसके विद्यार्थियों का राजनीति से परे रहना हमारी समझ में नहीं आता। देश के नवयुवक यदि देश के आन्दोलन में भाग नहीं लेंगे, तो कौन लेगा? और यदि नवयुवकों में से विद्यार्थियों को निकाल दिया जाये तो शेष कितने रह जायेंगे। हमारी विदेशी सरकार अगर नवयुवकों का देश की स्वतन्त्रता प्राप्ति के राजनैतिक आन्दोलन में नवयुवकों का भाग लेना पसन्द न करे तो आश्चर्य की बात नहीं। लेकिन मज़ा यह है कि देश के सम्मानित नेता भी यही उपदेश देते हैं हमारे पंजाब के नेता नेशनल कॉलेज के विद्यार्थियों को जो केवल राजनैतिक भावना से ही प्रेरित होकर यूनिवर्सिटी छोड़कर नेशनल कॉलेज में आये थे राजनैतिक आन्दोलन में भाग लेना पसन्द नहीं करते थे। नेशनल कॉलेज के विद्यार्थियों के राजनीति में भाग लेने के ख़िलाफ़ लाला लाजपत राय जी का रवैया ख़ासकर उस वक्त बहुत उग्र हो गया जब रिस्पोन्सिव कोओपरेशन प्रतियोगी-सहयोग के पक्ष में ही पं. मोतीलाल जी के विरुद्ध श्री केलकर और श्री जयकर के साथ दल बना बैठे। लाला जी इस दल की ओर से असेम्बली के चुनाव के लिए आन्दोलन कर रहे थे और नेशनल कॉलेज के विद्यार्थी उनका घोर विरोध कर रहे थे। इसके बाद १९२७ में नेशनल कॉलेज के विद्यार्थियों से निराश होकर लाला जी ने नेशनल कॉलेज को समाप्त ही कर दिया। लाला जी की नीति में हम लोगों की श्रद्धा बिलकुल नहीं।

◈

समालोचना

('विप्लव' में समालोचनार्थ भेजी जानेवाली पुस्तकों की नियमानुसार दो प्रतियाँ आनी चाहिए। एक प्रति आने से केवल प्राप्ति ही स्वीकार की जायेगी। समालोचना के सम्बन्ध में किसी प्रकार की प्रत्यालोचना या विवाद न हो सकेगा—सम्पादक)

विप्लव के पिछले अंक में श्री, सत्यभूषण योगी की कविता 'क्षेत्रपाल' में प्रेस की भूल से सुमाल की जगह सन्माल छप गया था पाठक उसे ठीक कर लें—सं.

चिंगारी (साप्ताहिक) : सम्पादक—श्री श्याम वर्थावर और श्री ग. क. सिन्हा एम.ए.। मूल्य प्रति अंक : १ आना। वार्षिक ४, प्रकाशक—चिनगारी कार्यालय, गया।

चिनगारी के तीन अंक हमारे सामने हैं। 'चिनगारी' शोषण के निरन्तर संघर्ष से उत्पन्न होनेवाली गरमी का प्रतीक है। पत्र अपने नाम के अनुकूल वास्तव में प्रगति का अग्रदूत है। इन अंकों में लेखों का संकलन बहुत अच्छा हुआ है। इनमें राष्ट्रीय भावना और श्रेणी-संघर्ष कन्धे से कन्धा मिलाकर चल रहा है। पत्र का उददे्श्य देश की सामर्थ्यवान् और शक्तिशाली संस्थाओं को हाँ-में-हाँ मिलाना नहीं बल्कि देश की समस्याओं को स्पष्ट और खरे शब्दों में देश की जनता के सामने रखना है। पत्र देश के शोषितों का प्रतिनिधि होने पर भी शरीर के हृदय पुष्ट और रोबदवि लिए हुये है। ३२ पृष्ठ का मूल्य केवल एक आना रखा गया है। काग़ज़ और छपायी बहुत अच्छी और साफ़ है। हम इस साप्ताहिक की सफलता हृदय से चाहते हैं?

संगठन (SANGATHAN) : सम्पादक—श्री. एन. के. साने जमशेदपुर। मूल्य एक अंक, वार्षिक १)

संगठन का प्रकाशन अंग्रेज़ी में होता है। पत्र का आकार छोटा है। बारह पृष्ठ रहते हैं परन्तु लेख बहुत चुभते हुए और मार्मिक रहते हैं। पत्र का दृष्टिकोण श्री. एम. एन. राय की नीति के अनुकूल रहता है।

जुलाई
१९३९

सम्पादकीय टिप्पणियाँ

काला भविष्य

भविष्य की बात सोचने के लिए कल्पना का आश्रय लेना पड़ता है पर कल्पना अक्सर बावली हो उठती है। राजनैतिक दूरदर्शिता का तक़ाज़ा है कि कल्पना को परों पर न उड़ने देकर उससे घटनाओं के आधार पर हिसाब लगाकर देखा जाये कि आगे क्या होनेवाला है और हम उसके लिए किस तरीक़े से तैयार हों।

अगर हम कांग्रेस के प्रस्तावों की ओर देखें तो मालूम होगा कि हम बड़ी तेज़ी से पूर्णस्वतन्त्रता या मुकम्मल आज़ादी की तरफ़ बढ़ते चले जा रहे हैं और वह दिन दूर नहीं जब भारत एक स्वतन्त्र प्रजातन्त्र राष्ट्र होगा!

लेकिन, अगर हम वास्तविकताओं की ओर देखें; अगर हम देखें कि कांग्रेस का नेतृत्व किस तरफ़ क़दम रख रहा है और जनता किस ओर चलना चाहती है, अगर हम देखें कि कांग्रेस के मन्त्रिमण्डल किस नीति पर चल रहे हैं और जनता पर उसका क्या प्रभाव पड़ रहा है तो, आशा और उत्साह के सुहावने भविष्य का दृश्य जिसे देख-देख हम पुलकित हो रहे हैं, एक काले पर्दे में छिप जायेगा।

आज हमें कांग्रेस में मतभेद दिखायी दे रहा है। वह मतभेद जो विचारों की उन्नति का लक्षण है परन्तु इस मतभेद को राजनैतिक विकास न समझकर इसे, बग़ावत बताकर अहिंसा, असत्य और अपवित्रता का नाम देकर कुचलने की कोशिश की जा रही है। परिस्थितियों के कारण श्रेणियों में पैदा होनेवाली स्वाभाविक जागृति को राष्ट्रीय जागृति की प्रवृत्ति को राष्ट्रविरोधी प्रवृत्ति बताकर उसे राष्ट्रीयता के लिए हानिकारक बताया जा रहा है—और अगर बुरा न माना जाये तो कहेंगे कि कांग्रेस को क्षुधित और पीड़ित राष्ट्र के हित का प्रतिनिधि बनाने की जगह, उसे इस देश की सम्पन्न जनता का प्रतिनिधि बनाया जा रहा है। कांग्रेस में मतभेद की यह दरार, कांग्रेस हाई कमाण्ड की नीति से लेकर कांग्रेसी मन्त्रियों की नीति और उनके फर्मानों तक स्पष्ट दिखायी देती है। ज्यों-ज्यों प्रान्तों में कांग्रेसी सरकारें पुरानी होती जाती हैं उनके प्रति आम जनता का भरोसा और विश्वास कम होता जाता है। पीड़ित और शोषित जनता यह अनुभव करने लगी है कि कांग्रेस सरकारों का रुख़

उनकी अवस्थाओं में सुधार, करने की अपेक्षा सरकार के चले आते तरीक़े को क़ायम रखने की ओर ही है।

जनता का यह असन्तोष और जागृति जो राष्ट्रीय आन्दोलन की शक्ति होनी चाहिए, जिस शक्ति के आधार पर कांग्रेसी सरकारों को ब्रिटिश सरकार की नौकरशाही का मुक़ाबला करना चाहिए था, कांग्रेसी सरकारों की नज़र में विद्रोही हो उठी है। कांग्रेसी सरकारें आज इस शक्ति को अपना बल न समझकर उसे दबा देने की फ़िक्र करने लगी हैं। और कांग्रेसी सरकारों की यह प्रवृत्ति कांग्रेस की नीति में नुमायाँ होकर विस्तृत राष्ट्रीय जागृति को अपनी साम्राज्य विरोधी लड़ाई का आधार न बनाकर कांग्रेस में पवित्रता और अनुशासन के नाम पर इस शक्ति को दबा रखने का या इसे कांग्रेस के बाहर कर देने के प्रयत्न में लगी हुई है। कांग्रेसी सरकारों के किसान तथा मज़दूर आन्दोलनों के विरोधी सर्कुलर इन आन्दोलनों को श्रेणी वैमनस्य फैलानेवाले बनाकर इन्हें कुचल देने का आदेश नौकरशाही को दे रहे हैं। इन सरकारों के मज़दूरों से सम्बन्ध रखनेवाले क़ानून जिसका परिणाम हम बम्बई प्रान्त में देख चुके हैं और यू.पी. में जिसकी काली छाया दूर से पड़ती दिखायी दे रही है, कांग्रेसी सरकार की बुनियाद से जनता का समर्थन हटाते जा रहे हैं।

केवल ठकुरसुहाती कहकर और कांग्रेसी सरकारों की जड़ें कांग्रेसी प्रान्तों में पाताल तक पहुँच जाने की डींग मारने के बजाय आज जब कांग्रेसी मन्त्रियों के शासन को अढ़ाई बरस बीत चुके हैं। अच्छा यह होगा कि हम उनकी स्थिति पर एक चिन्तापूर्ण गहरी नज़र डालें। उनकी स्थिति आज क्या है और उनकी नीति के प्रभाव से अढ़ाई साल बाद नया चुनाव आने पर उनकी स्थिति क्या होगी?

पिछले चुनाव में कांग्रेस को मुस्लिम चुनाव क्षेत्रों में जो असफलता मिली थी उसकी ओर उसका ध्यान उस समय गया था परन्तु उस समय से आज तक परिस्थितियों में जैसा उलट-फेर हुआ है, कांग्रेस सरकार की नीति उसका मुक़ाबला नहीं कर सकी। कांग्रेसी सरकारें साम्प्रदायिकता का विष फैलानेवाली मुस्लिम संस्थाओं और मौलाना ज़फ़रअली जैसे अशान्ति के प्रचारकों की शरारतों को नागरिक स्वतन्त्रता के नाम पर सहन करती रही और मुस्लिम जनता जो इस अशान्ति का शिकार बनकर परेशान हो रही है, के सामने अपने-आपको कमज़ोर तथा शक्तिहीन साबित करती रही। आज से अढ़ाई बरस पहले मुस्लिम जनता का कांग्रेस के प्रति जितना विश्वास था आज उससे अधिक नहीं। बल्कि सचाई तो यह है कि आज उनका विश्वास कांग्रेस पर और भी कम है। इन साम्प्रदायिक उत्पातों का सामना कड़े हाथों करने में कांग्रेस सरकार ने जो कमज़ोरी दिखलायी है उससे

न केवल मुस्लिम जनता कांग्रेस के समीप आयी बल्कि वह हिन्दू जनता जो राजनैतिक दृष्टि से पर्याप्त रूप से जागृत नहीं कांग्रेस सरकारों की ओर से निराश होने लगी है।

अगर हम ग़लती नहीं करते तो कांग्रेसी सरकारों ने साम्प्रदायिकता के विष को मिटाने के लिए हृदय परिवर्तन की नीति से काम लिया है और इस खेल में साम्प्रदायिकता की आग को भड़काकर अपना उल्लू सीधा करनेवाली संस्थाएँ—उदाहरण के तौर पर मुस्लिम लीग उन्हें नीचा दिखाती रही हैं।

इसके विपरीत किसानों और मज़दूरों के आन्दोलन, जो जीवन और मृत्यु की समस्याओं के आधार पर खड़े हुए हैं और जो हमारी राष्ट्रीय स्वतन्त्रता की लड़ाई के सबसे अगले मोर्चे हैं और जो कांग्रेसी सरकारों की असली शक्ति हैं, बल्कि कहना चाहिए कि जिन्हें सफल बनाने के लिए ही कांग्रेसी सरकारों की ज़रूरत है, कांग्रेसी सरकार की नज़रों में अपराधी बन रहे हैं। शान्ति रक्षा के नाम पर नौकरशाही के ताज़ी कुत्ते इन आन्दोलनों पर ललकारे जा रहे हैं। इसका परिणाम हो रहा है शोषित जन समुदाय में कांग्रेसी सरकारों के प्रति निराशा।

कांग्रेसी आन्दोलन के इतिहास को सामने रखकर कांग्रेस के दक्षिण पक्ष के नेता और कांग्रेसी सरकारें यह समझ सकती हैं कि जीवन और मृत्यु के प्रश्न पर उठे हुए किसानों मज़दूरों तथा दूसरी शोषित जनता के आन्दोलन दब नहीं सकते। अगर उन्हें कांग्रेस से बाहर धकेला जायेगा तो वे कांग्रेस के बाहर ही चलेंगे और कांग्रेस सरकार को उनका सामना और दमन करना होगा।

फिर क्या होगा—अढ़ाई बरस बाद फिर नयी प्रजातन्त्र सरकार चुनी जाने का अभिनय होगा। उस दिन जनता की शक्ति के आधार पर खड़ी होनेवाली कांग्रेस क्या करेगी?

यदि दक्षिण और वामपक्ष का विरोध बढ़ता ही चला गया तो देश की साम्राज्य विरोधी, स्वतन्त्रता के नाम पर लड़नेवाली जनता उस समय बँटी हुई होगी। वह एक-दूसरे के विरुद्ध लड़ेगी। मिलकर विदेशी साम्राज्य की सहायक शक्तियों का मुक़ाबला वह नहीं कर सकेगी। बल्कि वह आपस में लड़ेंगी। उस समय मुक़ाबला आज़ादी चाहनेवालों और ग़ुलामी चाहनेवालों में ही नहीं, बल्कि तीन शक्तियों में होगा। पूँजीपतियों, ज़मीदारों और दूसरी साम्राज्य सहायक शक्तियों का मुक़ाबला उस समय कोई न करेगा। आज़ादी का नाम लेकर आगे चलनेवाली जनता लड़ेगी आपस में। आज़ादी के दुश्मन होंगे एक तरफ़ और आज़ादी चाहनेवाले आपस में

सिर फुटौव्वल कर रहे होंगे। परिणाम होगा फिर, एक बार पूँजीपति और ज़मींदार मन्त्रिमण्डल!

पूँजीपति और ज़मींदार मन्त्रिमण्डल के शासन की गद्दी पर होने का अर्थ क्या होगा? इस प्रश्न के उत्तर के सम्बन्ध में शायद कांग्रेस के दक्षिण और वामपक्ष को लड़ने की ज़रूरत नहीं।

यह है काला भविष्य जो कांग्रेस की वर्तमान नीति और कांग्रेसी मन्त्रिमण्डलों, के रवैये पर ग़ौर करने से हमारे आँखों के सामने आ खड़ा होता है।

अवसर

कांग्रेस के अधिवेशनों में या कांग्रेस से सम्बन्ध रखनेवाली और राष्ट्रीय उद्देश्य को सामने रखकर चलनेवाली संस्थाओं में जितने प्रस्ताव स्वतन्त्रता के लिए साम्राज्य विरोधी लड़ाई को जारी रखने या आगे बढ़ाने के सम्बन्ध में आते हैं उन सबमें कुछ शब्द शायद उनका अर्थ समझे बिना ही प्रस्ताव की शान को बढ़ाने के लिए जोड़ दिये जाते हैं। वे शब्द हैं—"At the earliest opportunity अवसर आते ही।''

अवसर आते ही हम रियासतों की लड़ाई शुरू कर देना चाहते हैं, अवसर आते ही हम युद्ध-विरोधी काम शुरू कर देना चाहते हैं और अवसर आते ही हम आज़ादी की लड़ाई आरम्भ कर देना चाहते हैं। परन्तु यह 'अवसर' कांग्रेस और उसी क़िस्म की दूसरी हज़ारों सभाओं में प्रस्ताव पास हो जाने के बावज़ूद भी नहीं आया और शायद नहीं आयेगा!

किसी परिस्थिति के आने पर हम समझ सकेंगे कि अवसर आ गया? यह बात किसी प्रस्ताव में अभी तक साफ़ नहीं हुई। रियासतों में रियासती हुकूमतों द्वारा ज़बरदस्त दमन शुरू कर देने का अवसर आ गया, पर रियासतों में उत्तरदायी शासन और नागरिक अधिकार की लड़ाई को शुरू करने का अवसर नहीं आया।

साम्राज्यवादी युद्ध के लिए ब्रिटिश साम्राज्य तैयार हो गया परन्तु हमारे लिये युद्ध-विरोधी कार्यक्रम शुरू करने का समय नहीं आया! शायद यूरोप में जब इंग्लैण्ड की तोपों से गोले चलने शुरू हो जायेंगे तभी हम समझेंगे कि युद्ध शुरू हुआ है। लेकिन उस समय भी शायद अवसर नहीं आयेगा क्योंकि उस समय हमारी लड़ाई की तैयारी अभी शुरू होगी और जब तक हम तैयार हो सकेंगे, उधर लड़ाई समाप्त हो जाने के कारण फिर अवसर नहीं रहेगा।

'अवसर' आ गया या नहीं; इसका निर्णय क्या आकाश में कुछ विशेष, नक्षत्रों के उदय हो जाने पर होगा? हम समझते हैं कि यदि हम ईमानदारी से स्वतन्त्रता

की लड़ाई लड़ना चाहते हैं तो प्रत्येक क्षण अवसर है या जिस क्षण भी हम अपनी लड़ाई शुरू कर देंगे वही क्षण अवसर हो जायेगा। या अवसर आ जाने का अर्थ यह है कि जिस समय हम लोग आपसी मतभेद के कारण बिलकुल कट जायेंगे और ब्रिटिश साम्राज्यशाही की शक्तियाँ अपने कुटिल चक्र से हमें दबा सकने के लिए पर्याप्त तैयार हो जायेंगी उसी समय अवसर आयेगा? इस प्रकार का अनुभव हम एक दफ़े सन् १९३२ में प्राप्त कर चुके हैं। जब भी राष्ट्रीय आन्दोलन को तैयारी और अवसर की प्रतीक्षा के लिए रोका गया दुबारा आन्दोलन शुरू होने पर हमने अपनी विरोधी शक्तियों को दमन करने के लिए पहले की अपेक्षा अधिक तैयार पाया।

इधर-उधर कांग्रेस के प्लेटफ़ार्मों से इस प्रकार अवसर की प्रतीक्षा की बात सुनकर हम इसे अभ्यास की बात समझ बैठे थे परन्तु इस देश के सबसे अधिक उत्तरदायी व्यक्ति राष्ट्रपिता के मुँह से भी जब हम सुनते हैं कि, "हमें प्रतीक्षा कर देखना है कि ब्रिटिश सरकार क्या रवैया अख़्तियार करती है और फिर हम फ़ेडरेशन की चिन्ता किये बिना अपना कार्यक्रम बनायेंगे" तब हम चिन्तित हुए बिना नहीं रह सकते?

शायद राष्ट्रपिता ब्रिटिश सरकार के वार की प्रतीक्षा कर रहे हैं। शत्रु की ओर से वार हो जाने पर वे उसका जवाब देंगे और वह युद्ध होगा आत्मरक्षा का।

आत्मरक्षा के युद्ध अपनी स्थिति की रक्षा के लिए हुआ करते हैं परन्तु हमें तो अपनी स्थिति की रक्षा नहीं करनी। हमें तो आगे बढ़ना है। इसलिए शत्रु के वार का इन्तज़ार कर, अवसर की प्रतीक्षा कर अपने-आपको बेबस बनाना हमारे लिये उचित नहीं। हमारे लिये लड़ाई शुरू करने का अवसर उसी समय है जब हम उसके लिए तैयार हैं, हमारी तैयारी के लिए शस्त्रीकरण (Armaments) का सवाल नहीं। सवाल है सिर्फ़ दृढ़ निश्चय का! लेकिन यह दृढ़ निश्चय पैदा करना यह अवसर लाना किसका काम है?

कांग्रेस में रौलेट बिल

कांग्रेस में धाँधली फैल जाने का बवेला खड़ाकर हमारी नयी वर्किंग कमेटी ने कांग्रेस के विधान में जो नये परिवर्तन पेश किये हैं उन्हें देखकर हमें ब्रिटिश सरकार के रौलेट क़ानून की याद आ जाती है। बहुत दिन नहीं बीते ब्रिटिश सरकार भारत में शान्ति रक्षा के नाम पर आज़ादी की आवाज़ उठानेवालों का दमन किया करती थी और कांग्रेस उसे प्रजातन्त्र के अधिकारों तथा नागरिक स्वतन्त्रता पर अत्याचार बताकर उसका विरोध किया करती थी। कांग्रेस आज विद्रोही की अवस्था

से उठकर शासक की गद्दी पर बैठ गयी है और उसके साथ ही कांग्रेस के नेतृत्व का दृष्टिकोण भी बदल गया है। कांग्रेस का मौज़ूदा नेतृत्व अब कांग्रेस में हर तरफ़ धाँधलेबाज़ी का गुबार उमड़ता देखकर उसका उपाय करने के लिए परेशानी दिखा रहा है। परन्तु धाँधलेबाज़ी के इस गुबार पर जिन हथियारों का वार हो रहा है उनकी चोट पड़ रही है जनमत पर! धाँधलेबाज़ी का उपाय यह किया जा रहा है कि कांग्रेस में मौज़ूदा नेतृत्व और नीति के विरुद्ध सवाल उठाने की गुंजाइश न रहे। उसकी प्रजातन्त्र की बुनियाद को मिटा दिया जाये। यह कोई नयी बात नहीं है। शासन की गद्दी के मोह में फँस जानेवालों का सदा से यह तरीक़ा रहा है कि शब्दाडम्बर और भावनाओं की टट्टी खड़ी कर उन्होंने जनता के अधिकारों को अपने हाथ में करने की चेष्टा की है और इस उपाय से वे अग्रसर प्रवृत्तियों का दमन करते आये हैं। आज हमें कांग्रेस के नेतृत्व की रीति में भी वही जनशक्ति को एक गुट के हाथों में रखने की प्रतिक्रियावादी भावना दिखायी पड़ रही है। कांग्रेस को देश की जनता की शक्ति न बनाकर उसे एक नीति विशेष के समर्थकों का समुदाय, साम्प्रदायिक समाज के रूप में बनाया जा रहा है।

कांग्रेस की विधान उपसमिति ने जो संशोधन कांग्रेस की प्रतिनिधि संस्थाओं, प्रान्तीय और अखिल भारतीय कांग्रेस कमेटियों के चुनाव के लिए पेश किये हैं उन्हें किसी भी रूप में धाँधली रोकने का उपाय नहीं समझा जा सकता। वे स्पष्ट रूप से कांग्रेस में प्रगतिशील विचारों तथा प्रजातन्त्र की समर्थक जनता, जो स्वाभाविक तौर पर अब तक कम संख्या में रही है और राजनैतिक भावना और शिक्षा के प्रचार के साथ-साथ जिसकी संख्या जंगल की आग की तरह बढ़ रही है, उसके प्रभाव को कांग्रेस में रोकने के लिए ही तैयार किये गये हैं। कांग्रेस की वर्किंग कमेटी में केवल अपनी ही नीति के समर्थकों का ठेका बनाये रखकर गाँधीवादी वर्किंग कमेटी ने जिस प्रवृत्ति का दिग्दर्शन किया है, कांग्रेस में चुनावों के सम्बन्ध में संशोधन पेशकर उन्होंने उसी नीति का क़ब्ज़ा अखिल भारतीय तथा प्रान्तीय कांग्रेस कमेटियों पर भी करने की कोशिश का सुबूत दे दिया है।

इस उपसमिति का पहला संशोधन है कि कांग्रेस के चुनाव में केवल वही लोग भाग लें जो चुनाव के समय मेम्बरी का परवाना पेश कर सकें। देखने में यह संशोधन जितना सीधा और निर्दोष मालूम होता है असल में वह ठीक वैसा ही नहीं उतरेगा। इस देश की जनता के लिए जिसकी तारीफ़ सदा निरक्षरता और अज्ञान के रूप में की जाती रही है, इस प्रकार की शर्त बहुत बड़ी हद तक वोट देने के अधिकार को रोक देने के सिवा और कुछ नहीं हो सकती। ऐसी अवस्था में आम जनता के विश्वासपात्र कार्यकर्त्ताओं की अपेक्षा कांग्रेस के वोट पाना उन लोगों के लिए

अधिक सहल होगा जो अपने जेब से १०० रु. ख़र्चकर मेम्बरी की बहियाँ भरवाकर चार सौ मेम्बरों के परवाने अपने तिजोरी में सुरक्षित रख सकेंगे। इसके अलावा केवल अधिकारी और विश्वासपात्र सदस्यों को ही मेम्बरी की रसीद बहियाँ देने की सदाशयपूर्ण सलाह में भी एक ख़तरनाक इशारा हम छिपा देख रहे हैं। अमल में यह हो रहा है कि मेम्बरी की रसीद बुकें केवल ऐसे ही कार्यकर्त्ताओं को दी जा रही हैं जिन पर कांग्रेस के वर्तमान ओहदेदार इस बात का भरोसा कर सकते हैं कि केवल उनकी गद्दी के समर्थकों को ही कांग्रेस का मेम्बर बनायेंगे।

उपसमिति का दूसरा संशोधन इससे एक क़दम और आगे जाता है। इस नियम के अनुसार कांग्रेस की प्रतिनिधि संस्थाओं के चुनाव में भाग लेने का अधिकार केवल उन्हीं सदस्यों को होगा जो तीन बरस से लगातार कांग्रेस के मेम्बर चले आ रहे हैं। क्या इसका अर्थ यह नहीं कि देश की शीघ्रता से बदलनेवाली परिस्थितियों के कारण जिन लोगों में जागृति फैल रही है और जो लोग कांग्रेस के रूढ़िवाद में फँसकर वैयक्तिक विचार स्वतन्त्रता को तिलांजलि नहीं दे चुके हैं उन्हें आगे आकर कांग्रेस के नीति निर्धारण में भाग लेने का अधिकार नहीं। कांग्रेस के आन्दोलन से सम्पर्क रखनेवाले किसी भी व्यक्ति से यह छिपा नहीं कि कांग्रेस ने वास्तविक रूप से जन आन्दोलन का रूप सन् १९३६ के अन्त से ही पाया है। कांग्रेस में जागरित जनता की भावनाओं के प्रतिनिधित्व पर यही बन्धन लगाना हमारी समझ में किसी भी रूप में प्रजातन्त्रात्मक सिद्धान्तों के अनुकूल नहीं समझा जा सकता।

विधान उपसिमिति का तीसरा संशोधन ऐसा है जिसके लिए कोई माकूल वजह तक यह समिति पेश नहीं कर सकी। अब तक अखिल भारतवर्षीय कांग्रेस कमेटी—आल इण्डिया कांग्रेस कमेटी—का चुनाव प्रान्तीय कांग्रेस कमेटियों में होता है और भिन्न-भिन्न मतों और पक्षों के मेम्बरों के प्रतिनिधि के हिसाब से अखिल भारतीय कांग्रेस कमेटी के मेम्बर चुने जाते हैं। इस तरीक़े से सभी विचारों का प्रतिनिधित्व इस कमेटी में हो जाता है। इसका परिणाम यह हुआ कि वामपक्ष कहलानेवाले अग्रसर विचारों का मत इस समय अखिल भारतीय कांग्रेस कमेटी में ४० प्रतिशत है। नये संशोधन का अभिप्राय यह है कि अखिल भारतीय कमेटी के मेम्बर प्रतिनिधियों के अनुपात से न चुने जायें।

इसका परिणाम यह होगा कि जनता में यदि दक्षिण पक्ष का मत केवल ५१ प्रतिशत भी हो तो भी वे ६६ प्रतिशत आल इण्डिया कांग्रेस कमेटी में भेज सकें और शेष एक-तिहाई आल इण्डिया कांग्रेस कमेटी के मेम्बरों को चुनते समय प्रान्तीय कांग्रेस कमेटियाँ, जिनमें दक्षिण पक्ष का बहुमत इस समय मौज़ूद है, अग्रसर नीति के समर्थकों की अपेक्षा अधिक सदस्य भेज सकें और दक्षिण पक्ष की मौज़ूदा

वर्किंग कमेटी जो भी परिवर्तन विधान में या कांग्रेस की नीति में चाहे तुरन्त करा सके। अखिल भारतीय कांग्रेस कमेटी के चुनाव के सम्बन्ध में इन परिवर्तनों की आवश्यकता क्यों पड़ी यह अब तक शायद कोई भी नहीं समझ सका। कांग्रेस में हरदम धाँधली का शोर मचाते रहनेवालों ने भी धाँधली का कारण अखिल भारतीय कांग्रेस कमेटी के चुनाव का ढंग नहीं बताया। इस हालत में विधान उपसमिति की इस दूर की सूझ पर हमें आश्चर्य हुए बिना नहीं रह सकता। कांग्रेस सदा से अल्पमत के अधिकारों की रक्षा का ढिंढोरा पीटती चली आ रही है परन्तु कांग्रेस के भीतर अल्पमत के साथ उसका यह व्यवहार है। हमें कांग्रेस के इस रुख़ और ब्रिटिश साम्राज्यशाही के व्यवहार में एक आश्चर्यजनक समानता दिखायी देती है। ब्रिटिश साम्राज्यशाही निर्बल राष्ट्रों के आत्मनिर्णय के अधिकार और स्वतन्त्रता की रक्षक होने का दम भरती है और उसके लिए सदा लड़ाई के अखाड़े में उतरने का ऐलान करती रहती है। परन्तु अपने अधीन देशों के सम्बन्ध में ब्रिटिश साम्राज्यशाही के यह सिद्धान्त लागू नहीं होते उसी प्रकार कांग्रेस के अल्पमत की रक्षा के सिद्धान्त स्वयं कांग्रेस में मौज़ूद अल्पमतों के प्रति लागू नहीं होते।

इन संशोधनों को धाँधली रोकने की नेकनीयती के आडम्बर के साथ पेश किया जा रहा है परन्तु उपसमिति का अगला संशोधन ऐसा है जिसमें यह नेकनीयती का आडम्बर भी क़ायम नहीं रह सका।

कांग्रेस विधान की धारा ५-स के अनुसार साम्प्रदायिक संस्थाओं में पद स्वीकार करनेवाले व्यक्ति कांग्रेस की प्रतिनिधि संस्थाओं में पद के अधिकारी नहीं हो सकते। इस धारा में उपसमिति ने यह संशोधन पेश किया है कि साम्प्रदायिक संस्थाओं के साथ-ही-साथ दूसरे संगठनों में पद स्वीकार करनेवाले भी कांग्रेस की प्रतिनिधि संस्थाओं में पद स्वीकार नहीं कर सकते। यह दूसरे संगठन कौन हैं? ऐसे दूसरे संगठन कौन हैं जो कांग्रेस की प्रतिनिधि संस्थाओं में पद के लिए उम्मीदवार खड़े कर सकते हैं? यह हैं कांग्रेस के भीतर अग्रसर विचार के संगठन जिन्हें वामपक्ष कहा जाता है और जिनसे कांग्रेस का दक्षिण पक्ष भूत की तरह डरता है।

कांग्रेस की उपसमिति तक में इस प्रस्ताव का विरोध हुआ। पण्डित नेहरू जो अनुशासन के नाम पर अग्रसर विचारों का बलिदान करते आये हैं इस संशोधन के विष को चुपचाप न निगल सके।

अखिल भारतीय कांग्रेस कमेटी में जब-जब अग्रसर नीति अटकाऊ नीति की कसौटी पर तनातनी हुई दक्षिण पक्ष की विजय रही परन्तु वह विजय आनेवाली पराजय की सूचना के रूप में थी। दक्षिण पक्ष के सभी ज़िम्मेदार नेता इस बात को अनुभव कर रहे हैं कि अखिल भारतीय कांग्रेस कमेटी में मौज़ूद ४० प्रतिशत

अग्रसर मत ही अग्रसर मत की कुल शक्ति नहीं। देश और राष्ट्र में इस मत की शक्ति इससे बहुत अधिक है और वह तेज़ी से बढ़ रही है। इस बढ़ती हुई शक्ति के प्रभाव को अनुभव कर कांग्रेस की नीति और नेतृत्व पर इसके प्रभाव को न पड़ने देने के लिए ही यह सुधारों की टट्टी खड़ी की जा रही है।

सुधारों का यह रौलेट बिल किसी प्रकार फ़िलहाल टल गया है परन्तु कच्चे धागे से टँगी तलवार की तरह यह अग्रसर मत के सिर पर लटक रहा है। हम आशा करते हैं अग्रसर मत के सभी इस नाज़ुक परिस्थिति को समझकर इसके लिए तैयार होने की फ़िक्र करेंगे।

राष्ट्र निर्माण

एक कार्यक्रम बनाकर देश की आर्थिक स्थिति को सुधारने का उपाय हमारे देश के लिए नयी बात है परन्तु संसार के दूसरे देशों के लिए यह चीज़ नयी नहीं। इस प्रकार के प्रयत्न निरन्तर रूप से सभी देशों में होते हैं। पण्डित जवाहरलाल जी कांग्रेस के क्षेत्र में अन्तरराष्ट्रीय परिस्थिति के ज्ञान की दृष्टि से एक विशेष स्थान रखते हैं। कांग्रेस द्वारा नियत राष्ट्र निर्माण समिति (National Planning Committee) के प्रधान पद पर पण्डित नेहरू का होना अवश्य ही उपयोगी होगा और हमें विश्वास है कि कमेटी इस दशा में किये गये दूसरे देशों के अनुभवों से अवश्य लाभ उठायेगी।

यह कमेटी किस गति से अपने सामने मौज़ूद काम को करेगी यह कहना कठिन है। हाँ, इतना हम अवश्य कह सकते हैं कि कमेटी ने देश की आर्थिक समस्या के जिन-जिन पहलुओं पर विचार करने का निश्चय किया है वह अवश्य विस्तृत और महत्त्वपूर्ण हैं। देश के राजनैतिक और आर्थिक पराधीनता की बेड़ियों में जकड़े रहने पर देश के उद्योग-धन्धों और व्यापार के हितों के इंग्लैण्ड के उद्योग-धन्धों और व्यापारिक हितों के अधीन रहने पर उन्हें स्वतन्त्र रूप से उन्नति करने की गुंजाइश बहुत कम है परन्तु इस बात से इनकार नहीं किया जा सकता कि हमारे देश की पिछड़ी हुई औद्योगिक स्थिति में अभी औद्योगिकीकरण के लिए बहुत बड़ा क्षेत्र मौज़ूद है।

देश में फैल रही भूख और बेकारी को देखते हुए और यह समझकर कि हमारी दुर्दशा का एक बहुत बड़ा कारण है देश का मुख्यत: उस भूमि पर निर्भर रहना जो हमारी बेहिसाब बढ़ रही आबादी का पेट भर सकने में असमर्थ है। देश में उद्योग-धन्धों को बढ़ाने की चेष्टा न करना इस देश की प्रजा के साथ विश्वासघात है। राष्ट्रीय निर्माण कमेटी ने इस बात को अनुभव किया है यह सन्तोष की बात है।

कमेटी ने अपने सामने कुछ ठोस आदर्श रखे हैं। वह हवाई क़िले बनाकर ही दिल बहलाना नहीं चाहती। दस वर्ष के समय में वह भारत की राष्ट्रीय सम्पत्ति को दुगुना, तिगुना बढ़ा देना चाहती है। इस देश की जनता की औसतन आमदनी जो आज ५ रु. मासिक के लगभग है उसे बढ़ाकर वह १५ या २५ रु.तक कर देना चाहती है। आज जहाँ भारतवासी औसतन बरस भर में १५ गज़ कपड़ा चाहते, वह उसे ३० गज़ तक चाहती है। और यह सब जापान और इंग्लैण्ड से कपड़ा और दूसरे सामान माँगकर नहीं, बल्कि इसी देश में पैदा करके। इस योजना के सफ़ल हो जाने पर इस देश से कितनी बेकारी दूर हो जायेगी, आम जनता का जीवन कितना बेहतर हो जायेगा इस बात की कल्पना कर हमारा उत्साह ज़रूर बढ़ता है परन्तु इस कमेटी के विचारों और योजनाओं को सफल बनाने के लिए कमेटी के सामने उपाय क्या है?

क्या यह कमेटी केवल आयोजना बनाकर उद्योग-धन्धों की उन्नति के लिए क्षेत्र बनाकर ही अपना कर्त्तव्य पूर्ण समझ लेगी? और इन आयोजनाओं और खोज से लाभ उठाने का काम इस देश में पूँजीपतियों के ही जिम्मे रहेगा?

हम मानते हैं, योजना तैयार कर देना और इस सम्बन्ध क्री खोज करना भी बहुत बड़ा काम है लेकिन मौज़ूदा परिस्थतियों में कांग्रेस की ऐसी परिस्थिति है कि वह इससे बहुत आगे तक जा सकती है, वह देश के औद्योगकीकरण की समस्या में अमली क़दम ले सकती है।

दूसरे देशों में आर्थिक समस्याओं को हल करने के लिए अमल में लायी गयी योजनाओं की ओर दृष्टि डालने से हमें यह मानना पड़ता है कि इस काम में जैसी अभूतपूर्व चमत्कारिक सफलता रूस को मिली है उतनी किसी दूसरे देश को नहीं मिली। रूस की इस सफलता के लिए श्रेय एक हद तक रूस में स्थापित समाजवादी आर्थिक प्रणाली को दिया जाता है परन्तु यह नयी व्यवस्था सफल न हो सकती यदि उनके पीछे केवल वैयक्तिक प्रयत्न या कुछ व्यक्तियों का सहयोग कम्पनियों की शक्ल में मौज़ूद रहता। रूस की इस आर्थिक व्यवस्था की सफलता के लिए सबसे बड़ी शर्त थी रूस का विस्तृत रूप से औद्योगिकीकरण होना। रूस का यह विराट् आयोजन उस देश की शासन शक्ति के आधार पर ही हो सका है।

भारत के सामने भी इस समय यही समस्या उपस्थित है और इस समस्या के हल का उपाय भी वही हो सकता है जो रूस में हुआ है। इस समय देश के आठ प्रान्तों में कांग्रेस की सरकारें मौज़ूद हैं कोई वजह नहीं कि हम इन प्रान्तों में सरकार द्वारा उद्योग-धन्धों के जारी किये जाने या सरकार के नियन्त्रण में कम्पनियों द्वारा

बड़े पैमाने पर मिलों और कारख़ानों के जारी किये जाने की आशा न करें इस प्रकार जारी किये गये कारख़ाने और मिलें पूँजीपतियों की तिजोरियों में नफ़ा भरने के लिए नहीं बल्कि जनता की ज़रूरतों को पूरा करने के लिए होनी चाहिए जो जनता के रहन-सहन को ऊँचा उठायें। जनता की आवश्यकता को बढ़ायें उन आवश्यकताओं को पूरा करने के लिए कारोबार पैदा कर बेकारी को दूर करें। इस प्रकार सरकार द्वारा स्थापित, या उसके नियन्त्रण में स्थापित कारबारों में मज़दूरों की बेहतर अवस्था, देश के मज़दूरों की अवस्था को सुधारने में सहायक होकर देश में मज़दूर मालिक के संघर्ष की समस्या को सुलझाने में भी सहायक हो सकेगी।

परन्तु इस सब सफलता को प्राप्त करने की जिम्मेवारी कांग्रेसी सरकारों पर ही है और उन्हें इस मार्ग पर चलाने का उत्तरदायित्व है कांग्रेस की हाई कमाण्ड पर। यह काम जन अन्दोलन द्वारा होने का नहीं।

सरकारी सर्कुलर

युक्तप्रान्तीय सरकार ने स्थानीय अधिकारियों और पुलिस के नाम एक गुप्त सर्कुलर भेजा है जिसमें फिरक़ेवाराना द्वेष फैलानेवाले लोगों पर नज़र रखने और उनके विरुद्ध कार्रवाई करने का आदेश है। इस सर्कुलर में फ़िरकेवाराना फ़िसाद फैलानेवालों की श्रेणी में उन लोगों को भी शामिल कर लिया गया है जो लोग किसानों और मज़दूरों में चेतना फैलाकर इन श्रेणियों को अपने हितों की रक्षा करने के लिए संगठित कर रहे हैं और मज़दूरों और किसानों के हितों पर पूँजीपति और ज़मींदार श्रेणी द्वारा जोरजब्र होने पर इन शोषित श्रेणियों को अपने जीवित रहने के अधिकारों की रक्षा के लिए संगठित तौर पर सामना करने के लिए तैयार करते हैं।

सरकार का इलज़ाम इन लोगों के ख़िलाफ़ यह है कि यह लोग एक ओर मज़दूरों और मालिकों में और दूसरी ओर किसानों और ज़मींदारों में संघर्ष पैदा कर अशान्ति फैलाते हैं। अशान्ति फैलाने का विरोध करना तो सभी का कर्त्तव्य है परन्तु अशान्ति के कारण पैदा कौन कर रहा है, इस बात की ओर ध्यान न देकर ज़ुल्म और अत्याचार से रक्षा चाहने के लिए पुकार मचानेवालों पर अशान्ति फैलाने का दोष लगाना केवल उसी संस्था के लिए सम्भव है जो अन्याय को क़ायम रखने का उत्तरदायित्व अपने कन्धों पर ले बैठे।

धर्म-अधर्म, कर्त्तव्य-अकर्त्तव्य की ही तरह शान्ति और अशान्ति का निर्णय भी हमें स्थान और समय का ख़याल कर करना पड़ता है। देश की किसी भी परिस्थिति को बदलने का यत्न करने से-चाहे वह परिस्थिति राजनैतिक हो या सामाजिक-देश में उथल-पुथल या अशान्ति होना अनिवार्य है। अन्याय को रोकने

का प्रयत्न करने पर अन्यायी शक्ति की दृष्टि में वह अशान्ति का कारण ही होगा। दूर जाने की ज़रूरत नहीं। आज देश में क़ायम प्रान्तीय सुधार के स्थापित होने से पहले अहिंसा और अशान्तिमय उपायों से कांग्रेस ने जो राजनैतिक आन्दोलन चलाया था कांग्रेस की नज़रों में चाहे वह केवल तप और साधन ही थी परन्तु उस ब्रिटिश सरकार की नज़रों में जिसने उस आन्दोलन को कुचल डालने के लिए शस्त्र और क़ानून की शक्ति का कोई भी दाँव-पेच खाली न छोड़ा वह आन्दोलन, वह अन्याय के विरोध का प्रयत्न, इस देश के निवासियों का अपने देश में अपने भाग्य निर्णय के अधिकार की माँग, केवल अशान्ति फैलाना ही था। अहिंसा के अवतार महात्मा गाँधी और आज शान्ति व्यवस्था के ज़िम्मेदार कांग्रेसी प्रान्तों के मन्त्री अहिंसा फैलाने के अपराध में क़ानूनी अदालतों द्वारा अपराधी ठहराये गये।

बलिहारी है समय की। दो ही बरस बीत पाये हैं कि अन्याय अशान्ति फैलाने के लिए ज़िम्मेदार लोग, अन्याय के विरुद्ध आवाज़ उठाना अपना अधिकार समझनेवाले लोग, अपने-आपको अभिमान से विद्रोही समझनेवाले लोग, आज शान्ति और व्यवस्था की ज़िम्मेदारी लेकर लाल फीतों से बँधी सरकारी फ़ाइलों के सिंहासन पर जा विराजे हैं। बलिहारी समय की। वे सब बातें जिन्हें वे अपना अधिकार और कर्त्तव्य समझते थे आज उनकी निगाह में अपराध बन गयी हैं और आज उन्हीं अपराधों-न्याय की पुकार, रोटी की पुकार लूट को बन्द करने की पुकार का दमन करना उनका कर्त्तव्य हो गया है। बलिहारी समय की! किसानों और मज़दूरों के अधिकारों को प्राप्त करने के लिए हमारे जिन कांग्रेसी मन्त्रियों ने इच्छा न होने पर भी कष्ट और मुसीबत सहने के लिए तैयार होकर मन्त्री पद का बोझ अपने कन्धों पर लिया था, वही मन्त्री आज किसानों और मज़दूरों की उन्हीं माँगों को अशान्ति का कारण समझते हैं और उन माँगों के आधार पर किसानों और मज़दूरों को संगठित कर अहिंसात्मक उपाय से जो लोग उनका आन्दोलन चलाते हैं, मन्त्रियों की नज़रों में वे अशान्ति फैलानेवाले हैं। उनके पीछे सी.आई.डी. के भूतों का फिरना ज़रूरी है उन्हें १०६ और १५३ दफ़ा के जाल में फाँस जेलखानों के भीतर बन्द कर देना ज़रूरी है। इसका अर्थ एक साधारण समझ के व्यक्ति के लिए यही हो सकता है कि किसान और मज़दूर आज जिस अवस्था में हैं उन्हें उसी अवस्था में सन्तुष्ट रहना चाहिए और कांग्रेसी सरकारें किसानों और मज़दूरों के हितों की रक्षा के लिए नहीं वे मौज़ूदा स्थिति को ही क़ायम रखने के लिए हैं जिसमें पूँजीपतियों और ज़मींदारों के ही हितों का प्राधान्य है।

इस तरह के सरकारी सर्कुलर कोई नयी बात नहीं। ब्रिटिश नौकरशाही का संचालन अधिकतर इसी प्रकार के सर्कुलरों से चलता था। उस समय हमें उससे कुछ आश्चर्य भी नहीं होता था परन्तु आज यह सर्कुलर निकला है कांग्रेस गवर्नमेण्ट के हुक्म से उस गवर्नमेण्ट के हुक्म से जो प्रजा के प्रति उत्तरदायी हैं, जो प्रजा की इच्छा के अनुसार शासन चलाने का दम भरती है। कम्युनिस्टों और उनकी कार्रवाइयों के प्रति जनता की क्या राय और भावना है शायद इस बात से हमारी सरकार बेख़बर नहीं। युक्तप्रान्त की असेम्बली में कम्युनिस्ट पार्टी पर से रोक हटाने के सवाल पर बहस हो चुकी है और उस समय घोर प्रतिक्रियावादी और नौकरशाही के पिट्ठुओं को छोड़कर जनता के सभी प्रतिनिधियों ने कम्युनिस्ट पार्टी पर से रोक हटाये जाने का समर्थन किया था। उस समय प्रान्तीय असेम्बली के अखाड़े में यू.पी. कांग्रेसी सरकार द्वारा भी कम्युनिस्टों पर इस प्रकार की रोक लगाने के सिद्धान्त का विरोध किया गया था परन्तु कम्युनिस्टों के बारे में जनता और सरकार के रुख़ के यों स्पष्ट होने के बाद हमारे सामने यह सर्कुलर आता है और गुप्त रूप में। हम अनुभव किये बिना नहीं रह सकते कि राजनैतिक प्रगति और क्रान्ति की जिस भावना और उद्देश्य को लेकर कांग्रेसी सरकारों ने पदग्रहण किया था, आज उस भावना की अपेक्षा कांग्रेस का ध्यान सरकार को क़ायम रखने की ओर ही अधिक है। कांग्रेस मन्त्रिमण्डलों का रुख़ आज जनता को आज़ादी और अधिकारों की लड़ाई की राह पर आगे बढ़ाना नहीं बल्कि जनता को शासन में बाँधकर सरकार को मज़बूत बनाना हो गया है। कांग्रेस की सरकार में से कांग्रेस पना निकलकर केवल सरकारीपन शेष रहता जाता है। शायद यह गुण सभी सरकारों के लिए अनिवार्य है। सरकार का काम हाथ में ले लेने पर उन्नति और आज़ादी की प्रवृत्ति का विरोध करना सभी व्यक्तियों के लिए आवश्यक हो जाता है। या यह श्रेणी हित का विचार है जो कांग्रेसी सरकारों की मज़दूरों और किसानों की जागृति को सामाजिक शान्ति के लिए हानिकारक समझता है। जो भी हो यू.पी. की सरकार का यह सर्कुलर उन्हें साम्राज्य विरोधी मोर्चे से हटाकर साम्राज्य सहायक मोर्चे की ओर ले जाता है। हमें आशा करनी चाहिए यू.पी. सरकार अपने इस रवैये पर पुन: विचार करेगी।

जब्त साहित्य

अभी देहली सरकार द्वारा भारतीय आतंकवाद का इतिहास (ले. आचार्य चन्द्रशेखर शास्त्री) जब्त होने की ख़बर समाचार-पत्रों के कालमों में ताज़ी ही थी कि बंगाल से विजय कुमार सिन्हा की पुस्तक Andmans the Indian Bastile

(भारतीय बैस्टाइल, कालापानी) के ज़ब्त होने का समाचार आ गया। साहित्य पर दमन सबसे बुरा दमन है जो मनुष्य की विचार स्वतन्त्रता पर आघात करता है। हम तो यह समझते हैं इन जब्त पुस्तकों के लेखक आर्थिक हानि सहकर भी यह आश्वासन प्राप्त करेंगे कि उन्होंने ऐसे साहित्य की रचना की जिससे ब्रिटिश साम्राज्यशाही शक्ति को भयभीत होना पड़ा। लेकिन क्या साहित्य को जब्त करने से सरकार का उद्देश्य पूर्ण हो जायेगा?

(जून १९३९ के 'विप्लव' में प्रकाशित विचित्रनारायण जी के लेख का उत्तर)

हाँ! अध्यात्मवाद समीप से

'जातक' में लिखा है 'वादे वादे जायते बुद्धि' अर्थात प्रश्नोत्तर और बहस करने से मनुष्य समझदार हो जाता है। भाई विचित्रनारायण जी भी इस बात पर विश्वास करते हैं और कोई वजह नहीं कि हम इस बात पर विश्वास न करें। लेकिन अच्छा यह है कि झाड़ी के चारों तरफ़ लट्ठ चलाते रहने की अपेक्षा हम साहस कर उसके बीच झाँककर देख लें कि वहाँ कुछ है या नहीं। अध्यात्म का परम्परागत और सर्वसम्मत अर्थ यही समझा जाता रहा है कि कोई एक शक्ति ऐसी है जो जड़ प्रकृति से अपर है और जड़ प्रकृति के मार्ग का परिचालन करती है। अद्वैतवादी लोग बेशक आध्यात्मिक ब्रह्मशक्ति से भिन्न किसी वस्तु का अस्तित्व स्वीकार नहीं करते परन्तु वे भी इस सृष्टि की रचना और परिचालन उद्देश्यमय शक्ति द्वारा ही मानते हैं। परन्तु भाई विचित्रनारायण जी अध्यात्म की एक बिलकुल नयी परिभाषा कर रहे हैं। उनके विचार से ईश्वर से या आत्मा से इस सृष्टि-जड़ पदार्थ से भिन्न कोई पदार्थ नहीं। वे ईश्वरीय शक्ति को एक उद्देश्यमय शक्ति-सृष्टि को उद्देश्य-विशेष और विधान विशेष के अनुसार चलानेवाली Teleological शक्ति नहीं मानते वे यह भी मानना आवश्यक नहीं समझते कि ईश्वरीय शक्ति की कोई इच्छा है या उसका कोई अपना न्याय है। शुद्ध अद्वैत के विचार से इस संसार को केवल भ्रम और मायामय मानकर तो इस प्रकार के अध्यात्म की कथा गढ़ी जा सकती है परन्तु सृष्टि प्रकृति और जीवन को तथ्य मानकर-जैसा कि विचित्रनारायण जी मानने का प्रयत्न करते हैं—उसमें ईश्वरीय शक्ति या आत्मा के अस्तित्व को रूढ़ाने का अर्थ तभी कुछ हो सकता है जब ईश्वरीय शक्ति को प्रकृति से भिन्न और उद्देश्यमय मान लिया जाये।

विचित्रनारायण जी का अध्यात्म-अध्यात्मवाद का एक नया संस्करण-सा जान पड़ता है जिसमें आधुनिक वैज्ञानिक शब्दों के व्यवहार के लिए गुंजाइश रखना ज़रूरी समझा गया है। विचित्रनारायण जी को अध्यात्म का यह नया रूप गढ़ने से कोई प्रतिबन्ध नहीं लगाया जा सकता। यदि अध्यात्म के इतने रूप अब तक गढ़े गये हैं तो एक और गढ़ जाने से भी कोई हानि न होगी। भाई विचित्रनारायण जी अपने इस अंक के लेख पैरा २ में मुझे यह विश्वास दिला देना चाहते हैं कि सभी अध्यात्मवादी उनकी तरह अध्यात्म और ईश्वर को सृष्टि से भिन्न नहीं मानते। सृष्टि का अर्थ अब तक प्रकृति का विकास ही मानते आये हैं इस बात से विचित्रनारायण जी असहमत नहीं हो सकते बल्कि उन्होंने तो आत्मा ईश्वर और प्रकृति को एक ही मान लिया है। अब हम विनयपूर्वक यह कहना चाहते हैं कि ऋषि दयानन्द जैसा आध्यात्मिक विद्वान् आत्मा और प्रकृति को अलग-अलग बता गया है। एक अध्यात्मवादी हैं जो आत्मा और परमात्मा को तो एक मान सकते हैं परन्तु प्रकृति को भिन्न मानते हैं। तीसरा सिद्धान्त यह है कि आत्मा, परमात्मा और प्रकृति तीनों एक ही हैं—'सर्वमिदम् ब्रह्म' परन्तु इस सिद्धान्त को माननेवाले अध्यात्मवादी ज्ञान को केवल प्रकृति का ही विकास नहीं मानते जैसे कि भौतिकवाद या पदार्थवाद Dialectical materialism में माना जाता है। वे लोग ब्रह्म को आदि ज्ञानमय और उद्‌देश्यमय मानते हैं। इस सृष्टि को भी उद्‌देश्यमय Teleological मानते हैं। ईश्वर और आत्मा को या अध्यात्म को प्रकृति से भिन्न न मानकर उसे उद्‌देश्यमय Teleological नहीं माना जा सकता। विचित्रनारायण जी के अध्यात्म और अब तक चले आये अध्यात्म में इतना भयंकर अन्तर होने के बावज़ूद वे हमें इस बात का निश्चय दिला देना चाहते हैं कि सभी अध्यात्मवादी ठीक वही बात मानते हैं जिसे विचित्रनारायण जी मानना चाहते हैं।

अपने लेख के पैरा २ में भाई विचित्रनारायण जी फ़रमाते हैं कि हम पदार्थवादी भी यह मानने के लिए तैयार हैं कि सृष्टि से परे अध्यात्म कोई तत्त्व नहीं। इस वाक्य से ग़लतफ़हमी की गुंजाइश पैदा हो जाती है यानी पदार्थवादी भी सृष्टि के भीतर ईश्वर और आत्मा के अस्तित्व को मान लेते हैं। यह बात ठीक नहीं। आत्मा के अस्तित्व को प्रमाणित करने के लिए कोई वैज्ञानिक साधन हमारे पास नहीं इसलिए हम उसके बारे में कोई भी कहने या उसके लिए सिरदर्दी करने के लिए तैयार नहीं।

अगर भाई विचित्रनारायण जी हमें क्षमा करें तो हम कहेंगे कि आपकी दलीलों में खींचा-तानी इतनी अधिक होती है कि वे टूट जाती हैं। पैरा ४ में आप फरमाते हैं— Existence, space & time अवकाश, दिशा, देश-काल, स्थान और समय— हम इन शब्दों की जगह अगर स्थिति, स्थान और समय कहें तो अधिक अच्छा

होगा—यही तो सृष्टि है। इससे परे हम कल्पना भी नहीं कर सकते। लेकिन हम तो मानते हैं कि कल्पना भी जहाँ नहीं पहुँच सकती, वहाँ भी कुछ अवश्य है और वह हमारा चिरपरिचित मित्र भौतिक पदार्थ Matter या हमारे शब्दों में अध्यात्म ही है।" हम नहीं समझ सकते कि जहाँ विचित्रनारायण जी की कल्पना भी नहीं पहुँच सकती वहाँ की बाबत वे निश्चयपूर्वक कोई बात कैसे कह सकते हैं? मनुष्य की वह कौन शक्ति है जिसके द्वारा विचित्रनारायण जी उस स्थान की बात को भी जान लेते हैं जहाँ उनकी कोई शक्ति नहीं पहुँच सकती। इसे हम जानना नहीं कहेंगे, इसे तो अन्धविश्वास ही कहना पड़ेगा। चाहे आप उसे अध्यात्म कहिये या पदार्थ कहिये। मज़ा यह है कि विचित्रनारायण जी की परख में अध्यात्म तथा पदार्थ में कोई अन्तर नहीं। वह आध्यात्मिकता को उसके सब गुणों से रहित करके भी अध्यात्म कहने पर तुले हुए हैं—इससे क्या मतलब पूरा होता है यह हम नहीं समझ पाये। पदार्थ को अध्यात्म कहने से उसमें एक अप्राकृतिक धारणा पैदा हो जाती है जो हमें गुमराह कर देती है। इसलिए ऐसा कहना उचित नहीं।

पैरा ६ में विचित्रनारायण जी इस बात पर ज़ोर देते हैं कि—जब तक हम सम्पूर्ण जगत् को न जान लें मार्क्सवादियों का यह कहना कि सृष्टि में एक ही तत्त्व है, अवैज्ञानिक है और मार्क्स ने ऐसा कर भूल की है। हमें भारी सन्देह है कि विचित्रनारायण जी अपनी बात का अर्थ समझते हैं। पहला सवाल तो यह उठता है कि सम्पूर्ण जगत् से आपका मतलब क्या है? जब एक मार्क्सवादी सम्पूर्ण जगत् की बात कहता है तो उसका अभिप्राय होता है उस जगत् से जिसे वह जानता है। अपने ज्ञान की सीमा के बाहर कोई बात कहने या सुनने की वह कोशिश नहीं करता। जगत् की जिस सीमा के आगे की बात वह समझ नहीं सकता वह उसके लिए है ही नहीं। कल्पना की पहुँच से बाहर की बात तो आप ही कह सकते हैं। और जगत् में केवल एक ही तत्त्व है इस बात को मार्क्सवादी इसलिए कहता है क्योंकि जाने हुए जगत् की सीमा में विज्ञान द्वारा यही बात प्रमाणित होती है।

पैरा ७ और ८ में विचित्रनारायण जी ने फिर इस बात पर बहुत ज़ोर दिया है कि अध्यात्म और प्रकृति एक है, आध्यात्मिकता और प्राकृतिक क़ानून एक है। आख़िर इस माला को जपने से फ़ायदा? अगर आपकी आध्यात्मिकता प्रकृति से भिन्न कोई चीज़ नहीं तो वह आपको जीवन के मार्ग में क्या सहायता कर सकती है! और उसकी माला जपने से आपको क्या लाभ हो सकता है? असली मतलब तो अध्यात्मवाद का यह है कि प्रकृति से और प्रकृति से उत्पन्न मनुष्य के दिमाग़ से परे कोई ऐसा चीज़ हो तो स्वयं चेतन ही, मनुष्य के सामने उद्देश्य तथा मार्ग रख सके

या जैसा कि विचित्रनारायण जी ने शुरू में कहा था कि नैतिकता के लिए नैतिकता—अर्थात् परिस्थितियों से उत्पन्न नैतिकता नहीं वरन् एक ईश्वरीय, आध्यात्मिक नैतिकता जो मनुष्य की प्रकृति और परिस्थिति से बाहर कहीं से आकर रोशनी दिखाये। परन्तु विचित्रनारायण जी ऐसी आध्यात्मिकता की बात न कर अध्यात्म और प्रकृति को एक बतलाने पर तुले हुए हैं। आपका अध्यात्म प्रकृति से भिन्न कुछ नहीं, आप उसे प्रकृति भी मानने को तैयार हैं, हाँ केवल अध्यात्म शब्द के माह को छोड़ने के लिए तैयार नहीं तिस पर आप दम भरते हैं वैज्ञानिक रुख़ का?

पैरा ९ में आपको यह शिकायत है कि मेरे दिमाग़ में ठोस प्रकृति अधिक बैठ गयी है और सूक्ष्म प्रकृति की ओर मैं ध्यान नहीं देता। सूक्ष्म प्रकृति की ज़िक्र करते समय आप इशारा करते हैं—ठोस प्रकृति तो व्यापक प्रकृति का नगण्य अंश मात्र है, पृथ्वी से सूर्य तक न जाने कितने और सूर्य आ सकते हैं। इस सौर मण्डल में न जाने कितने सूर्य और नक्षत्र पास-पास रखे जा सकते हैं—वास्तव में प्रकृति का रूप ठोस न होकर पोला है—इत्यादि-इत्यादि। मैं यह नहीं जान सका कि विचित्रनारायण जी किस सूक्ष्म और पोली प्रकृति की ओर मेरा ध्यान आकर्षित करना चाहते हैं? क्या इन अगणित सूर्य नक्षत्रों को ही वे सूक्ष्म प्रकृति मानते हैं?

भाई विचित्रनारायण जी के इस पैरे को पढ़कर मुझे ऐसा मालूम होता है कि आध्यात्मिकता से भरे दिमाग़ में वैज्ञानिकता के लिए कोई गुंज़ाइश नहीं। वर्ना भाई विचित्रनारायण जी प्रकृति को 'पोला' न बताते! 'पोला' और 'ठोस' बिलकुल अवैज्ञानिक शब्द हैं। 'पोले' से यदि आपका अर्थ शून्य है जिसे अंग्रेज़ी में वैक्युम (Vaccum) कहते हैं, तो मैं निहायत अदब से अर्ज करूँगा कि ऐसी बात किसी वैज्ञानिक के सामने वे न कहें वर्ना वह उनके पीछे कुत्ते छोड़ देगा। साइन्स का बहुत मोटा उसूल है कि सृष्टि में कोई स्थान शून्य या 'पोला' नहीं। शून्य या पोला होने पर नक्षत्रों की गरमी—या जिस बिजली का आपने ज़िक्र किया है—इस पृथ्वी तक नहीं पहुँच सकती थी। बिजली और गरमी को एक स्थान से दूसरे स्थान तक पहुँचने के लिए कोई आधार good conducter चाहिए। इसके लिए भी इसकी ज़रूरत है या नहीं, यह वे ख़ुद जानें।

एक मज़े की बात यह है कि हिटलर के ज़ुल्मों के लिए वे वैज्ञानिकता को दोषी ठहराना चाहते हैं। यह बात भी मुझे जान पड़ता है आध्यात्मिक दृष्टि के बिना नहीं समझी जा सकती।

भाई विचित्रनारायण जी के प्रत्येक पैरे को यहाँ न दोहराकर हम केवल उन्हीं पैरों को लेंगे जिनमें बहस से सीधे सम्बन्ध रखनेवाली बातों का ज़िक्र है। पैरा १४ में आप शिकायत करते हैं—"हमारे पिछले लेख के १० से १४ तक

पैरों की मीमांसा करते हुए चेतना की शक्ति को स्वीकार करते हुए भी वे (यानी मैं) इसी नतीजे पर पहुँचना चाहते हैं कि ईश्वर और आत्मा की चिन्ता करने की ज़रूरत नहीं। वे पूछते हैं ईश्वर प्रकृति के एक हो जाने पर हम प्रकृति को छोड़कर ईश्वर को ही क्यों चुनते हैं? इसका कारण स्पष्ट है—अगर Matter प्रकृति और Energy शक्ति एक साबित हो जाते हैं तो Energy शक्ति की जाँच-पड़ताल हमें थोड़ा अधिक छानबीन के साथ करनी होगी पर Energy की उपेक्षा भी तो हम नहीं कर सकते हैं। ईश्वर और प्रकृति के एक सिद्ध हो जाने पर हमारे सामने एक बिलकुल ही नया दृष्टिकोण उपस्थित हो जाता है और उस दृष्टिकोण से हमें अपने सारे प्राकृतिक ज्ञान को फिर जाँचना होगा। इस नये प्रकाश में उन्हीं पुरानी बातों को देखना होगा। हम विश्वास दिलाते हैं कि भाई यशपाल बहुत-सी नयी-नयी बातें, नयी-नयी घटनाएँ देख पायेंगे।''

विचित्रनारायण जी के इस पैरे को दुबारा दोहरा देने के बाद भी मुझे यही कहना पड़ता है कि मैं इसमें कोई नयी बात या नयी घटना देख नहीं पाया। काश! विचित्रनारायण जी इस नये ईश्वरीय दृष्टिकोण को ज़रा साफ़ कर देते! लेकिन उन्होंने ऐसा नहीं किया। पैरा १५ में भी इससे भिन्न कोई बात नहीं है।

पैरा १६ में विचित्रनारायण जी ने असली बात की ओर कुछ संकेत किया है। आपका कहना है विश्व भी बदलता है परन्तु कुछ बातों में वह नहीं बदलता। इसी तरह नैतिकता देश-काल के अनुसार बदलती रह सकती है परन्तु उसके पीछे रहनेवाला सिद्धान्त समाज-हित नहीं बदलता।

हमें कुछ सन्तोष इस बात से है कि 'आपके आरम्भ के सिद्धान्त नैतिकता के लिए हैं' को विचित्रनारायण जी ने एक हद तक बदल दिया है। आपने अपने लेख 'वैज्ञानिक अध्यात्मवाद'—('विप्लव', फरवरी १९३९) में लिखा था—नैतिकता में तभी यक़ीन किया जा सकता है, जब आप किसी नैतिक या आध्यात्मिक आधार पर यक़ीन रखते हों। जब तक आप नैतिकता के पीछे जो नैतिक सिद्धान्त हैं, उसे न मानें, नैतिकता का मानना बेकार है। इस समय आपका विचार है कि नैतिकता का आधार समाज हित की भावना होना चाहिए। परन्तु अत्यन्त विनय से हम कह देना चाहते हैं कि यह समाज हित की भावना भी—जैसा आप समझते हैं—कोई स्थायी चीज़ नहीं। समाज हित की भावना में इस बात से फ़र्क़ आ जायेगा कि आप समाज का कैसा संगठन न्याययुक्त समझते हैं। एक आदमी जिसकी ईमानदारी में हमें सन्देह नहीं—कहता है कि समाज हित के लिए ज़मींदारी प्रथा आवश्यक है परन्तु दूसरा उतना ही ईमानदार आदमी यह कह सकता है कि ज़मींदारी घोर अन्याय है। सुकरात जैसा न्यायप्रिय आदमी समझता था समाज के हित के लिए

दास-प्रथा आवश्यक है। हम जानना चाहते हैं—विचित्रनारायण जी का इस विषय में क्या विचार है? क्या अब भी वे कह सकते हैं कि समाज हित का आधार कोई स्थिर चीज़ हो सकती है।

रहा समाज हित का ध्यान! बात अप्रिय होने पर भी कहनी ही पड़ेगी—समाज हित में भी स्वार्थ का भाव रहता है। ज़मींदारों और पूँजीपतियों से सहायता पानेवाला महात्यागी आदमी ईमानदारी से यही विश्वास करेगा कि समाज हित के लिए इन श्रेणियों का अस्तित्व क़ायम रहना चाहिए। हम पूछते हैं, इस भावना में बहुत नज़दीक से देखने पर भी आध्यात्मिकता कहाँ रहती है? हम मानते हैं कि नैतिकता का विचार रहता ज़रूर है पर उसमें समय से घोर परिवर्तन हो जाता है। मैं समझता हूँ इस पैरे में आपके इस लेख के १७वें पैरे का उत्तर भी आ जाता है।

पैरा १९ में आप एक दफ़े फिर स्वीकार करते हैं कि समाज हित की धारणा परिस्थितियों और देश-काल से निश्चित होती है परन्तु साथ ही यह भी कह देते हैं कि ''समाज का कल्याण इस विश्व के नियमों के अनुकूल समाज का जीवन निर्माण करने में है और इस विश्व के पीछे एक ही शक्ति है जो ज्ञानवान् है, भावमय है सर्वशक्तिमान् है, सर्वव्यापक है, सब समयों में है और रहेगी।' यही तो हम जानना चाहते हैं कि इस शक्ति का आभास आपको कहाँ मिलता है, कैसे वह आपको मार्ग दिखाती है? ज़रूरत इस बात की थी कि इस शक्ति की ओर संकेत किया जाता परन्तु वह तो किया नहीं गया। अध्यात्मवाद का जो दिग्दर्शन विचित्रनारायण जी ने हमें समीप से कराया है उससे तो हमारा यह और भी दृढ़ निश्चय हो गया कि अध्यात्मवाद कोरी कल्पना है, उसमें सार कुछ नहीं।

आपबीती

'चुप रहे बाग़ में बुलबुल, अगर आज़ाद रहे।'

इस बार पुराना सिलसिला तोड़कर गढ़वाल की बात कह रहा हूँ।

लखनऊ में जून के महीने की लू, जब शरीर को शिथिल और मस्तिष्क को जड़ कर रही थी, एक सज्जन ने अनुरोध किया—गढ़वाल चलिये!

गढ़वाल! ऊँचे-ऊँचे पहाड़, रिमझिम करते मेघ, घने वृक्षों की छाया में छोटे-छोटे गाँव, बद्रीनारायण का शीतल पवन। लखनऊ को छोड़ वहाँ कौन न जाना चाहेगा?

—परन्तु काम कितना है! फ़ुरसत कहाँ है?

—दो ही दिन के लिए चलिये।

दूर देश से आये सज्जन के अनुरोध की रक्षा के लिए या दो दिन लू की यन्त्रणा से बचने के लिए मान लिया अच्छा!

× × ×

कोट द्वार कहते हैं। गढ़द्वार कहना भी ग़लत न होगा। वहाँ तक लोहे की सड़क पर भाफ का रथ खींच ले गया। पर आगे पहाड़ी पर चढ़ती सड़क पर मोटर में जाना होगा। जून की दुपहर थी परन्तु कोलतार की सड़क लखनऊ की सड़क की तरह द्रवित नहीं हो रही थी। दस मील पहाड़ों की अगल-बगल सरक-सरक कर दुगड्डा पहुँचे। यहाँ ही राजनैतिक कान्फ्रेन्स थी। यहाँ जनता के सामने वेदी पर खड़े होकर व्याख्यान झाड़ना था, जनता को एक सन्देश सुनाना था, कांग्रेस का सन्देश—"वीरो उठो, दासता की बेड़ियों को तोड़ने के लिए उठो, कायरता छोड़ो, बहुत सो चुके।"

यह सब ख़ूब गम्भीर भाव से उस पार्वत्य प्रदेश की जनता को सुनाना था जिसे प्रकृति की अड़चनों ने गंगा-जमुना के दोआब से काटकर अलग कर दिया है और जो लोग सम्पूर्ण देश का अंग बनकर देश के भाग्य में अपना भाग्य मिला देने के लिए व्याकुल हो रहे हैं।

स्वतन्त्रता की लड़ाई में आगे बढ़ चलने के लिए उन लोगों से कहना था जिनका पेशा ही लड़ाई है। जिस देश की माताएँ पुत्रों को प्रसव ही इसलिए करती हैं कि वे फ़ौजी वर्दी पहनकर राइफ़ल लेकर मैदान में लड़ने चले जायें। किसके लिए लड़ना है क्यों लड़ना है; उनकी बला से। उन्हें मतलब है, अपना और शत्रु का ख़ून एक कर देने से। ऐसे देश के निवासियों को वीरता का सबक देने, उन्हें रण के लिए तैयार होने के लिए, ललकारने के लिए स्टेज पर खड़े होकर बोलना था।

सोचने लगा इन्हें यह सब कहने और सुनाने का क्या अर्थ? क्या मैं इन लोगों से इस बात पर बहस करूँ कि वीरता किस बात में है? पेशेवर सिपाही होकर गोली चलाने की मज़दूरी करना, तलवार चलाने की मज़दूरी करना क्या वीरता है? इस ख़याल से क़साबख़ाने में सुबह-शाम बकरों और जानवरों की गर्दन पर छुरी

चलानेवाले क़साई को क्या कहा जायेगा? सोचने लगा अगर तनख़्वाह या मज़दूरी पाकर तलवार चलाने के लिए विक्टोरिया क्रास मिलता है तो बेचारे कसाब को भी बहादुरी के लिए एक तमगा चाहिए। मैं सोचने लगा—अगर गोले-गोलियों की वर्षा में दूसरे देश पर वीरता से चढ़ जाने की तारीफ़ होती है तो उन डाकुओं के भी जुलूस निकाले जाने चाहिए जो अपनी जान पर खेलकर दूसरे का घर लूट लेने के लिए चढ़ दौड़ते हैं।

और फिर ख़याल आया जब मेरे देश पर कोई चढ़ आता है तो मैं उसे अत्याचारी और लुटेरा कहता हूँ पर जब मैं फ़ौज लेकर दूसरे के देश पर चढ़ दौड़ता हूँ तो शूरवीरता की ताल ठोककर मूँछ मरोड़ने लगता हूँ।

और फिर ख़याल आया कि शूरवीरता और नमकहलाली की क़सम को पूरा करने के लिए जब एक राजा के अत्याचार से पीड़ित वीर सिपाही दूसरे राजा के अत्याचार पीड़ित वीर सिपाहियों का नामोनिशान मिटा देने पर तुल पड़ते हैं तो अपने-अपने ऊँचे सिंहासनों पर बैठे राजा लोग एक-दूसरे की ओर कनखियों से मुस्कराकर कहते होंगे, हमें आपस में एक-दूसरे की मदद ऐसे ही करनी चाहिए नहीं तो, यह कमबख़्त प्रजा क्या हमें शान्ति से बैठने देगी?

और फिर ख़याल आया, जब यह सूरमा बिना किसी पारस्परिक द्वेष भावना के, केवल अपना कर्त्तव्य पूरा करने के लिए एक-दूसरे को भून-भूनकर, युद्ध में मरकर स्वर्ग पहुँचने के विश्वास से, स्वर्ग जाकर भगवान् के सामने लाइन बाँधकर खड़े होंगे और जब भगवान् पूछेंगे: क्या मैंने तुम्हें इसीलिए पैदा किया था कि तुम जाकर दूसरों को मारो और क़त्ल करो, तो यह लोग क्या जवाब देंगे? भगवान् उन सूरमाओं को परेड लगाकर कान पकड़कर उठने-बैठने का हुकुम देंगे और जब उन्हें लाइन में मुर्ग़ी बना देंगे तब वे लोग क्या करेंगे! यह सब सोच रहा था और लोगों से सुना कि गढ़वाल पर प्रकृति की जितनी कृपा है, ब्रिटिश गवर्नमेण्ट का उतना ही प्रकोप भी है।

नौ हज़ार वर्ग मील के क्षेत्रफल के इस ज़िले में रेल का सवाल नहीं। ऐसी सड़क जिस पर बैलगाड़ी चल सके, २६ मील से अधिक नहीं। तब ख़याल आया कि गढ़वालियों ने अभी हाल में सड़क के लिए इतना ऊधम क्यों मचाया था, कुछ लोग इन पहाड़ियों की अक़्ल पर हँसते थे कि सड़क के लिए सत्याग्रह कर रहे हैं। उन्हें नहीं मालूम था कि पाँच लाख की आबादी का यह नौ हज़ार वर्ग मील का ज़िला एक पिंजरा है जिसमें कहीं दरवाज़ा नहीं। इसमें चिड़ियाँ फुदकती और चहचहाती रहती हैं, और भूख से बिलखती रहती हैं। इस पिंजरे के सँकरे दरवाज़े

पर एक बाज़–भरती का बाज़–बैठा है। जो चिड़ियाँ भूख से विकल होकर इस दरवाज़े से निकलना चाहती हैं। यह बाज़ उसे तुरन्त झपट लेता है। मैंने सोचा बड़ा अक़्लमन्द है यह बाज़। अगर इस पिंजरे में अनेक दरवाज़े होते तो यह चिड़ियाँ उड़-उड़कर अपना दाना चुन लातीं और भरती के जाल में न फँसतीं।

हाँ, तो इस पाँच लाख की आबादी की नौ हज़ार वर्गमील की बस्ती में पत्थरों से सिर मारने के सिवा रोटी कमाने का कोई और उपाय नहीं। अगर कोई धन्धा है तो वही फ़ौजी नौकरी।

पर्वतीय पुरुष सिपाही बनकर कन्धे पर राइफ़ल रख १८ रुपये पर देश-विदेश छानकर उस ब्रिटिश साम्राज्य की रक्षा करता है जिसमें कभी सूर्य अस्त नहीं होता। और पर्वतीय वधू सिर पर ओढ़नी लपेट गोरे गोल चेहरे पर नाक से बुलाक झुलाकर आर्द्र आकाश के नीचे आर्द्र लोचनों से उसकी राह ताक़ती रहती है। एक दिन ख़ाक़ी रंग के खुरदुरे काग़ज पर ख़बर आ जाती है—बहादुर सिपाही नम्बर...मैदाने जंग में खेत रहा। पहाड़ के कभी न थमनेवाले झरने की ही तरह उस पर्वतीय वधू के नेत्र झरने लगते हैं।

दुगड्डे की फर-फर हवा में और पत्तों की मर-मर के नीचे यही सब बेजोड़ बेमेल बातें मन में आती-जाती रहीं। परन्तु बोलना तो था ही वेदी पर खड़े होकर एक सन्देश तो देना था ही वह सब भी हुआ।

जलसा सुननेवालों ने कहा—आपने ठीक कहा, ख़ूब कहा। चलिये कुछ घण्टे के लिए लैन्सडाउन चलिये। वहाँ छावनी के अधिकारियों का आतंक बेहद छाया हुआ है। वहाँ अभी हाल तक गाँधी टोपियाँ लोगों के सिर से उतारकर जला दी जाती थीं। वहाँ राष्ट्रीय नारे लगाना मना है। वहाँ अहिंसक-वीर गढ़वाली चन्द्रसिंह की जय बोलने के कारण लोगों को बारह पत्थर बाहर हो जाना पड़ा है, वहाँ चलिये। जब यहाँ तक आये हैं तो थोड़ा और आगे सही।

मोटर पूरी ताक़त लगाकर पहाड़ की बग़लों में रेंग-रेंगकर ऊपर चढ़ने लगी! बाँझ के पेड़ आये, और ऊपर चढ़े तो चीड़ आये। चढ़ते ही चले गये। उन दुर्गम पहाड़ों पर चढ़ते ही चले गये। छावनी की बारकें—परेड का चौड़ा मैदान! यही लैन्सडाउन है। एक स्निग्ध देवदार अपने भीम बाहुओं को फैलाकर खड़ा था...

देवदार! देवदार—मैं समझता हूँ अगर कालिदास ने अपने जीवन में देवदार का वृक्ष न देखा होता तो वह 'रघुवंश' न लिख सकता। वह शायद कुछ न लिख

सकता। मैं कवि और कविता की बात क्या जानूँ—मेरा इस विषय में कुछ भी कहना अनधिकार चेष्टा है।

लैन्सडाउन छावनी है। उसके अलावा वहाँ कुछ नहीं। जो कुछ दूसरी बस्ती है वह छावनी की सेवा के लिए। जैसे नैनीताल, मसूरी, शिमला पहाड़ है, लैन्सडाउन वैसा नहीं। लैन्सडाउन में प्रकृति का सब सौन्दर्य मौज़ूद है परन्तु मनुष्य द्वारा पैदा की गयी कमनीयता नहीं।

लैन्सडाउन में एक आदमी आया है कांग्रेस का लेक्चर देने—इस ख़बर से जो सनसनी फैल गयी थी। उसका प्रभाव स्पष्ट दिखायी पड़ रहा था। पूछ-ताछ हो रही थी, कौन आया है? क्यों आया है? क्या कहेगा?

पाँच बजे सन्ध्या को बोलना होगा। अभी बीच में कई घण्टे हैं। लखनऊ की गरमी में लगातार परिश्रम करने की थकावट शरीर में मौज़ूद है और उस पर लगभग सात हज़ार फीट ऊँचे पहाड़ की ठण्डक और चीड़ के जंगलों की एक-स्वर लोरी, डाक-बँगले का सुनसान। ऐसी अवस्था में नींद न आये?

नींद की छोटी-सी मंज़िल तय करके उठा। सम्मुख बैठे लैन्सडाउन के नव परिचित मित्रों से बात कर रहा था कि दो लाल पगड़ियों और एक शरीफ़ाना सूट सामने आ गये। लाल पगड़ी के प्रति मेरे मन में अब भी कौतूहल मौज़ूद है।

निहायत तहज़ीब और शराफ़त से सब-इन्स्पेक्टर साहब ने फरमाया—मुझे अप्रिय कार्य के लिए आपके पास इस समय आना पड़ा है।

सब-इन्स्पेक्टर साहब के पास हथकड़ी नहीं थी। लेकिन हथकड़ी तो इलाहाबाद में गिरफ़्तारी के वक़्त भी नहीं पहनायी गयी थी और गोली चल चुकने के बाद पुलिस सुपरिण्टेण्डेण्ट मि. पिल्डिच भी निहायत शराफ़त से पेश आये थे। दिल में सोचा आख़िर कांग्रेस गवर्नमेण्ट है...

उससे भी अधिक शराफ़त से उनके उस समय कष्ट करने का कारण पूछा।

सब-इन्स्पेक्टर साहब बोले—एस.डी.ओ. साहब ने एक मित्रतापूर्ण चेतावनी (a friendly warning)आपको देने के लिए मुझे भेजा है।

तक़ल्लुफ़ हो चुकने के बाद घसीट के अक्षरों में लिखा हुआ एक नोटिस उन्होंने मेरे सामने रख दिया। नोटिस का संक्षिप्त अनुवाद यों है—

मिस्टर यशपाल सिंह (हालाँकि मैं सिंह नहीं, आदमी हूँ)

मिस्टर हरिराम मिश्र

मेरा ख़याल है कि आप लोग आज सन्ध्या को लैन्सडाउन में व्याख्यान दे रहे हैं। मैं आप लोगों को यह मित्रतापूर्ण चेतावनी दे देना चाहता हूँ कि यह छावनी

है। आपको ध्यान रखना चाहिए कि आप कोई ऐसी बात न कहें जिससे रायल-गढ़वाल-राइफल्स पलटन की भरती में बाधा पड़े। क्योंकि ऐसा करना दण्ड विधान क़ानून सुधार सन् १९३८ की धारा २ (अ) के अनुसार, जो अभी हाल ही में क़ानून बन गया है, अपराध होगा।

इसके अतिरिक्त मैं आपको परामर्श देता हूँ कि आप ऐसी भी कोई बात न कहें जिससे कि भिन्न-भिन्न श्रेणियों और जातियों में विरोध की भावना उत्पन्न हो। ऐसा करने से आप भारतीय दण्ड विधान धारा १५३ (अ) के अनुसार दण्ड के भागी हो सकते हैं।

आपके व्याख्यानों की रिपोर्ट ली जायेगी।

हस्ताक्षर, पिडमोर
एस.डी.ओ.
लैन्सडाउन

स्टेशन आफ़िसर, लैन्सडाउन को चाहिए कि स्वयं जाकर दोनों सज्जनों तक यह नोटिस पहुँचा दे और अगर ज़रूरत हो तो परिस्थिति को भली प्रकार स्पष्ट कर दें।

हस्ताक्षर, पिडमोर

जैसा कि नोटिस में लिखा था कि परिस्थिति समझा दी जाये, मैंने उसे समझने की इच्छा प्रकट की। सब-इन्स्पेक्टर साहब ने बताया कि जिस प्रकार का व्याख्यान मैंने दुगड्डा में दिया था, उस प्रकार का व्याख्यान मुझे यहाँ नहीं देना चाहिए।

सब-इन्स्पेक्टर साहब चाहते थे कि मैं नोटिस पर हस्ताक्षर कर दूँ और मैं ऐसा करना नहीं चाहता था। हस्ताक्षर न करने की वजह यह थी कि दण्ड क़ानून सुधार १९३८ की धारा २ (अ) जिसके अनुसार नोटिस का पहला भाग था, मेरे विचार में यू.पी. में लागू नहीं। यह क़ानून केन्द्रीय असेम्बली में पास ज़रूर हो गया है परन्तु जिन्ना साहब के एक ऐसे संशोधन के साथ, जिससे कि क़ानून में कुछ बच नहीं रहता।

जिन्ना साहब का संशोधन है कि यह क़ानून केवल उन्हीं प्रान्तों में लागू हो जहाँ कि सरकार इसे अपने प्रान्त में लागू करना चाहे। जहाँ तक मैं जानता हूँ, या कहिये जहाँ तक अख़बार पढ़नेवाली जनता जानती है, सर सिकन्दर हयात की सरकार ने ज़रूर इस क़ानून को पंजाब में आयद कर दिया है परन्तु किसी कांग्रेसी सरकार ने इसे अब तक आयद नहीं किया। बावज़ूद इस बात के लैन्सडाउन के

एस.डी.ओ. समझते हैं कि यह क़ानून इस प्रान्त में या लैन्सडाउन में लागू हो गया है। हो सकता है एस. डी. ओ. साहब क़ी बात ही ठीक हो और मैं ग़लत हूँ, क्योंकि एस. डी. ओ. क़ानून के चलानेवाले हैं और मैं वकील भी नहीं।

शेष रहा दफ़ा १५३ (अ) के बारे में। मैं कांग्रेस के कार्यक्रम में विश्वास रखता हूँ और उसी के बारे में जब कभी बोलने के लिए मजबूर हो जाता हूँ—बोलता हूँ। कांग्रेसी अमल में कांग्रेस सदस्य पर १५३ दफ़ा लगाना उसका अपमान करना है। हाँ दफ़ा २ (अ) १९३८ की बात दूसरी है। युद्ध का विरोध करना तो कांग्रेस के कार्यक्रम में ही शामिल है, उससे कैसे इनकार किया जा सकता है।

मैं इस नोटिस की कापी ले लेना चाहता था और दस्तख़त बिना किये वह मुझे मिल नहीं सकती थी इसलिए दस्तख़त कर दिये। सब-इन्स्पेक्टर साहब भी ख़ुश हो गये और मैं भी। ग़नीमत यही थी कि नोटिस लैन्सडाउन छोड़ देने का नहीं था। मुझे वही बात याद आयी—"चुप रहे बाग़ में बुलबुल अगर आज़ाद रहे!"

बोलने के लिए तो लैन्सडाउन गया था सो बोलता कैसे नहीं। लेकिन बोला परहेज़ के साथ—केवल त्रिपुरी कांग्रेस में स्वीकार किये गये कार्यक्रम की बात कही। त्रिपुरी कांग्रेस में अगर युद्धविरोधी प्रस्ताव सर्वसम्मति से पास हुआ है तो उसकी ज़िम्मेदारी मुझ पर नहीं।

सन्ध्या समय लैन्सडाउन के मित्र पूछने लगे—आपको क्या नोटिस की वजह से क्रोध आ गया था?

पूछा—यह कैसे आपने समझा?

आप दुगड्डा से भी तेज़ बोले!

आप अगर ऐसा समझते हैं तो ख़ास नुक़सान नहीं लेकिन एस.डी.ओ. साहब को ऐसा न समझना चाहिए। लैन्सडाउन और दुगड्डा के कांग्रेसी सज्जनों ने कहा-अभी आपने गढ़वाल का देखा ही क्या है? दुगड्डा और लैन्सडाउन तो गढ़वाल के दरवाज़े हैं। ज़रा गढ़वाल के भीतर चलिये—कम-से-कम सात दिन का एक चक्कर गाँव-गाँव घूमकर लगाया जाये! इच्छा होने पर भी समय नहीं था। समय की समस्या ही सबसे विकट है। आज की चमत्कारी वैज्ञानिक उन्नति ने श्रम और दूरी को घटाकर समय को बढ़ाने के लिए अनेक सफल प्रयत्न किये हैं। परन्तु गढ़वाल इस सब प्रगति और विकास से अछूता है। गढ़वाल में एक स्थान से दूसरे स्थान का अन्तर मीलों से नहीं बल्कि दिनों से लगाया जाता है। कलकत्ते से पेशावर जाना आसान है परन्तु गढ़वाल की एक तहसील से दूसरी तहसील तक जाना कठिन है।

कुछ तो गढ़वाल यों ही आने-जानेवाले परिवर्तनों से दूर रहता है जिस पर हमारी कृपालु सिविल सर्विस उसे कांग्रेस राज के बुरे प्रभाव से बचाये रखने के लिए श्रमशील हैं। वहाँ कोशिश यह की जा रही है कि जनता कांग्रेसी राज्य में बदअमनी न करे। अछूत कहलानेवाली जातियाँ तथा द्विज लोगों में वैमनस्य का बीज बोये जा रहे हैं। शाही सल्तनत और बनिये की सरकार का फ़र्क़ समझाया जा रहा है। वहाँ आज दिन भी पटवारी के अधिकार कमिश्नर के अधिकारों से कम नहीं।

गढ़वाल में सब कुछ देश से जाता है। लाखों रुपये का माल वहाँ जाता है और उसके मूल्य में वहाँ से आते हैं केवल सिपाही। वह सिपाहियों का ख़ज़ाना है। वह एक सरकारी बन्द जंगल है, जहाँ साम्राज्यशाही युद्धों में तोपों की रक्त प्यास को तृप्त करने के लिए मनुष्य की खेती होती है।

लैन्सडाउन, जैसे ऊपर कह आया हूँ, गढ़वाल के दरवाज़े पर ही है। पहाड़ियों की रीढ़ पर बनी स्वच्छ सड़कों से एक ओर बद्रीविशाल के सतत हिमाच्छादित श्वेत श्रृंग दिखायी देते हैं, दूसरी ओर मुरादाबाद, बिजनौर जिलों के मैदानों में रात के अँधेरे में दौड़ती रेल गाड़ियाँ आग के साँपों की तरह चमकती दिखायी देती हैं। परन्तु उस दिन यह कुछ भी दिखायी न दे रहा था। वर्षा के समय पर न हो जाने के कारण आसमान के चेहरे पर गर्द उड़ रही थी। अन्तरिक्ष में एक धूसरित उदासी छा रही थी और क्षितिज उसी में विलीन हो गये थे।

दो बजे की मोटर से चलना था। उससे पहले से ही आकाश पर मेघ छा गये थे। २८ घण्टे के साथ से ही लैन्सडाउन के मित्रों के प्रति एक अनुरक्ति हो गयी।

जब तक मोटर के पहिये चल न पड़े, हाथ मिलाना और विदा कहना समाप्त न हुआ! मोटर का हिलना था कि तपी पथरीली धरती पर आकाश से बूँदें गिरने लगीं।

वह प्रकृति का आशीर्वाद था या विदाई के आँसू थे?

मोटर फिसलती गयी और आख़िर आकर लोहे की सड़क और भाप के रथ से आ मिले। फिर वही दुनिया।

कल्पना, कविता और वीरता वह दुनिया पीछे रह गयी। वह दुनिया जो सिपाहियों का 'फार्म' है जो एक सरकारी बन्द जंगल की तरह है। जहाँ क़ायदा है—

"चुप रहे बाग़ में बुलबुल, अगर आज़ाद रहे।"

◈

चाय की चुस्कियाँ
दुर्मुख

कुछ दिन से बिल्लियों की दो पार्टियाँ हो गयी थीं। बिल्लियों के एक दल का कहना है कि शेरों से हम लोगों का कोई नाता नहीं रह सकता। वह हमसे रिश्ते का दम तो भरता है लेकिन तमाम शिकार अपने ही पेट में भर लेना चाहता है। इसलिए हमें गाँधी टोपी पहनकर अपना स्वतन्त्र शासन क़ायम कर लेना चाहिए।

बिल्लियों का दूसरा दल कहता है, रिश्ता आख़िर रिश्ता है। उसे यों नहीं तोड़ा जा सकता। शिकारी सब एक। कोई छोटा कोई बड़ा। शिकारियों में मेल रहना ही ठीक है।

दोनों दलों की पालसी में मतभेद हो जाने के कारण बिल्लियाँ दो दलों में बँट गयी थीं। एक शेर-विरोधी दूसरी शेर-सहायक।

लेकिन इस बीच में कुछ ऐसे मसले बिल्लियों के सामने आये हैं कि उन्हें फिर मिलकर बैठना पड़ा है।

कुछ दिन से कुछ चूहों ने आफ़त बरपा कर रखी है। वे अपने भाई चूहों को भड़काते फिरते हैं कि उन्हें आपस में संगठित हो जाना चाहिए। इसी मसले पर बिल्लियों की सभा में विचार हुआ। पहले मतभेदों के बावज़ूद सब बिल्लियों ने मिलकर निश्चय किया कि चूहों की यह हरकत बहुत बेजा है। ये चूहे किसानों और मज़दूरों को भड़काकर श्रेणी द्वेष फैलाते हैं। और जो चूहा ऐसी हरकत करे उसके ख़िलाफ़ दफ़ा १५३ (अ) की कार्रवाई की जाये।

झाँसा देने के बाद अगर उसके लिए शेखी न मारी जाये तो आधा मज़ा जाता रहता है। अब स्पेन की बाज़ी ख़त्म हो गयी और उसके साथ ही स्पेन में हस्तक्षेप न करने की नीति भी ख़तम हो गयी। इसलिए अब उस मामले में की गयी बेईमानियों की शेखी मारकर दूसरों को चिढ़ाया जा सकता है।

६ जून को हिटलर ने साफ़ कह दिया—हमने तो स्पेन में प्रजातन्त्र के विरुद्ध फ्रांको के लड़ाई छेड़ते ही यह फ़ैसला कर लिया था कि प्रजातन्त्र को मिटा देंगे।

यह सुनकर मुसोलिनी भला क्योंकर चुप रह सकते थे? वह बोले—वाह! हम तो लगातार स्पेन में प्रजातन्त्र के ख़िलाफ़ फ्रांकों की तरह मदद करते रहे।

जब तक स्पेन का मामला चलता रहा तब तक हिटलर और मुसोलिनी निष्पक्षता का दम भरते रहे। लेकिन आज तो फ्रांकों पर एहसान लादना ज़रूरी है।

हम समझते हैं अब वक़्त आ गया है कि ब्रिटेन को भी झूठी लज्जा छोड़कर कह देना चाहिए कि शेरों, तुम्हें यह मौक़ा देने के लिए ही तो हमने हस्तक्षेप न करने की नीति खड़ी की थी। हमारी दाद न दोगे?

सुनते हैं पण्डित नेहरू को इस बात की बहुत फ़िक्र है कि स्वराज्य क़ायम हो जाने के बाद इस देश की उन्नति कैसे होगी?

वह लोग बेवकूफ़ हैं जो यह कहते हैं कि—घर में नहीं दाने अम्माँ चली भुनाने। इसमें दरअसल एक राज़ है।

पण्डित नेहरू की एक प्रतिज्ञा है। वे न तो गाँधीवादी बनेंगे और न गाँधी विरोधी। इधर अब ज़माना ख़राब आ रहा है। आपको किसी-न-किसी तरफ़ झुकना ही पड़ेगा। लेकिन पण्डित नेहरू तो क़सम तोड़ नहीं सकते। इसलिए उन्होंने फ़ैसला किया है कि आज क्या करना चाहिए, यह आप लोग आपस में तय कर लीजिये। स्वराज्य मिलने के बाद क्या करना होगा इसकी फ़िक्र पण्डित जी करेंगे क्योंकि उसमें दायें-बायें का फ़िलहाल कोई सवाल नहीं।

× × ×

आज दिन जिसे लॉर्ड लिनलिथगो के साथ सहानुभूति नहीं हमें उसकी सहृदयता में बहुत सन्देह है। लार्ड लिनलिथगो आजकल मेंढक तौलने के काम पर लगे हैं। फ़ेडरेशन के पलड़े में एक को पकड़ रखते हैं, इतने में दूसरा कूद जाता है। जहाँ उन्होंने दूसरे को दबोचकर पलड़े में रखा कि पहला कूद गया।

कांग्रेस को ज्यों-त्यों पुचकारकर समझदारी की बातें निराले महात्मा गाँधी को समझाकर उन्होंने चुप कराया था, कि राजे-महाराजे और नवाब बिगड़ उठे। वे कहते हैं हम किसी तरह मान ही नहीं सकते।

बावज़ूद महाराजाओं की इस नाराज़गी को उन्होंने, ब्रिटिश सरकार को यक़ीन दिला दिया है कि वक़्त आने पर सहायता की पूरी उम्मीद रखें।

बात ठीक है घर में मियाँ बीबी में जूता चल सकता है मज़े में लेकिन पड़ोसी से लड़ते समय तो एक साथ ही लड़ा जायेगा।

× × ×

महात्मा जी को नवीन प्रकाश प्राप्त हुआ है। उसके अनुसार रियासती प्रजा की भलाई इसी में है कि रियासतों में नागरिक अधिकार, ज़िम्मेदार हुकूमत और दमन के विरुद्ध चलनेवाले सत्याग्रह अन्दोलन को अनन्तकाल के लिए स्थगित कर दिया जाये और प्रजा की माँगों को कम कर दिया जाये! महात्मा जी प्रजा के आन्दोलन की सफलता इसी मार्ग में देखते हैं।

यह कहना तो उचित नहीं कि महात्मा गाँधी यह सब राजनैतिक चाल के तौर पर कर रहे हैं। उन्हें चालों से सरोकार नहीं। हमें यही डर है कि कहीं प्रजा के जीवित रहने की इच्छा में महात्मा जी को हिंसा और जब्र की गन्ध न आने लगे।

इस हालत में प्रायश्चित्त का मार्ग यही रह जायेगा कि देशी प्रजा मुँह में तिनका ले एक पैर के सहारे खड़ी हो अपने स्वामियों से प्रार्थना करे—

"हे हमारी ज़मीन और हमारी आत्मा के स्वामी! हमसे पूजा ग्रहण करने और हमें अभिशाप देनेवाले प्रभो! आपके अत्याचार के विरुद्ध आवाज़ उठा हमने घोर अपराध किया है। भगवान् ने आपको अत्याचार करने और हमें अत्याचार सहने के लिए बनाया है। उस नियम का विरोध कर हमने असत्य और हिंसा का आचरण किया है, इसके लिए प्रभो हमें दण्ड दीजिये।"

× × ×

"काठियावाड़ के जाम साहब रियासती शासकों के मनोनीत प्रतिनिधि कहे जा सकते हैं। आपने नितान्त अहिंसात्मक रूप से रियासती शासकों की नीति स्पष्ट कर दी है। Let us exist simply. हमें पड़ा रहने दीजिये बस।"

पर हे छत्रपति! आपके बस पड़े रहने का क्या मतलब ? आप अजगर की तरह मुँह बाये हमारी ज़िन्दगी, हमारी आज़ादी की राह में रास्ता रोके पड़े हैं। हमारे सब प्रयत्न, हमारी सब आकांक्षाएँ और हमारा सब जीवन आपके इस कराल मुँह में समा जाता है और आप अहिंसात्मक रूप से केवल पड़े हैं।

राजेन्द्र बाबू कहते हैं—देसी रियासतों की हालत विशेष रूप से बिगड़ती जाती है। अनेक राजाओं और उनके मन्त्रियों ने प्रजा का भयंकर दमन शुरू कर दिया है। उड़ीसा और काठियावाड़ की कई रियासतों में, प्रजा पर अमानुषिक अत्याचार हो रहे हैं। अनेक आदमी वहाँ प्राणों से हाथ धो चुके हैं और हज़ारों को घर-बार छोड़कर भाग जाना पड़ा है।

परन्तु इसका इलाज? महात्मा गाँधी की ही नीति को समस्या का एकमात्र उपाय मानने के कारण इसका इलाज है—देशी रियासतों में प्रजा की माँगों को कम कर दिया जाये। सत्याग्रह को बिलकुल स्थगित कर दिया जाये और रियासती राजाओं से दया की प्रार्थना की जाये!

इसका अर्थ—इसका अर्थ केवल रोया जाये परन्तु हाथ न हिलाया जाये।

× × ×

राजेन्द्र बाबू चाहते हैं कांग्रेस में पूरी एकता हो और राष्ट्रीय संग्राम में सभी कांग्रेस मेम्बर पूरा सहयोग दें। इस मुश्किल काम का बहुत सहल उपाय भी उन्होंने ढूँढ़ निकाला है।

जो आदमी राजेन्द्र बाबू की वर्किंग कमेटी की राय के साथ हाथ खड़ा नहीं करता, उसे राय देने का हक़ नहीं। उसे कह दो, तुम पूरे बारह महीने से मेम्बर नहीं बाहर जाओ।

इससे काम न बने तो कह दो तुम तीन बरस से मेम्बर नहीं बाहर जाओ। इससे भी काम न बने तो कहो—तुम दूसरी सभा सोसाइटी के मेम्बर हो, तुम कांग्रेस के विश्वासपात्र नहीं।

मूज़ी एक जाल से निकलेगा, दो से निकलेगा, आख़िर अटकेगा।

× × ×

कांग्रेस में धाँधली-करप्शन रोकने का एक बहुत ज़बरदस्त संशोधन चाणक्य के एक चेले ने तैयार किया है संशोधन यह है—

क्योंकि कांग्रेस में धाँधली करनेवाले सोशलिस्ट और कम्युनिस्ट और दूसरे लोग नंगे भूखे किसान हैं इसलिए कांग्रेस की सभी प्रतिनिधि संस्थाओं की फ़ीस दस गुनी कर दी जाये और कांग्रेस के अधिवेशनों का स्थान ऐसी जगह नियत किया जाया करे जहाँ का किराया बहुत अधिक हो।

इसका प्रमाण यह है कि जब लोगों को घर बैठे वोट देने का मौक़ा मिला, सुभाष बाबू जीत गये। लेकिन जब वोट देने के लिए किराये की मोटी-मोटी रक़में ख़र्च करनी पड़ी अग्रसर मतवाले हार गये।

यह संशोधन त्यागमूर्ति पटेल द्वारा उपस्थित किया जाना चाहिए और दीनबन्धु राजेन्द्र बाबू को इसका समर्थन करना चाहिए।

× × ×

सुना है बम्बई की अखिल भारतवर्षीय कांग्रेस कमेटी में यह प्रस्ताव पास हुआ है कि विदेशी कपड़ा बेचनेवाले, शराब बेचनेवाले कांग्रेस के पदाधिकारी नहीं बन सकते।

एक साहब प्रस्ताव में यह और जोड़ देना चाहते हैं कि विदेशी सरकार की अदालतों में वकालत करनेवाले, विदेशी मशीनरी मँगानेवाले, मज़दूरों से मेहनत कराकर अपना फ़ायदा उठानेवाले भी कांग्रेस के पदाधिकारी नहीं बन सकते।

× × ×

भूला भाई की जमानत पर हमें यह बात मान लेनी पड़ती है कि विधान उपसमिति के संशोधन सिर्फ़ मज़ाक के लिए पेश किये गये हैं। पहली बात तो यह सभी बड़े-बड़े अक़्लमन्द लीडरों ने मेम्बरों को समझाया कि इन संशोधनों से फ़र्क़ कुछ नहीं पड़ता, यह सन्देह और घबड़ाहट फज़ूल है।

भूला भाई कहते हैं कि संशोधनों की भाषा ऐसी है कि उसे आम लोग समझ नहीं सकते और फज़ूल में गड़बड़ मचा रहे हैं

कहिये जनाब आख़िर इन संशोधन का मतलब? फ़र्क़ इनसे कुछ पड़ता नहीं, इनकी भाषा लोग समझ नहीं सकते। इसी से तो हम कहते हैं, वह तो सिर्फ़ दिल्लगी के लिए है।

इस समय जनता के सामने कोई आन्दोलन, कोई लड़ाई तो है नहीं इसलिए दिल्लगी के लिए कुछ पहेलियाँ कहने में क्या हर्ज़ है।

समालोचना

('विप्लव' में समालोचनार्थ भेजी जानेवाली पुस्तकों की नियमानुसार दो प्रतियाँ आनी चाहिए। एक प्रति आने से केवल प्राप्ति स्वीकार ही की जायेगी। समालोचना के सम्बन्ध में किसी प्रकार की प्रत्यालोचना या विवाद न हो सकेगा—सम्पादक)

प्रभात (सचित्र साप्ताहिक) हिन्दी : सम्पादक, श्री. दुर्गाप्रसाद गुप्त, प्रकाशक : प्रभात प्रेस, बलिया।

पत्र छह वर्ष से प्रकाशित हो रहा है इसलिए इसकी नींव ठोस है। पत्र कांग्रेस में अग्रसर विचारों का समर्थक है। लेख गम्भीर और खोजपूर्ण है। विनोद और परिहास का भी पर्याप्त पुट पुत्र में मौज़ूद है। पत्र का आकार २०×30/८-२६ पृष्ठ को देखते मूल्य) मात्र बहुत कम है।

बेनीतो मुसोलिनी की आत्मकथा (उर्दू) ले. बेनीतो मुसोलिनी 'प्रकाशक लाजपतराय एण्ड सन्स, लाहौर।

संसार की राजनीति आज दो कैम्पों में बँटी हुई है एक है फैसिज़्म और दूसरा बोल्शेविज़्म । फैसिज़्म के जन्मदाता और प्रचारक मुसोलिनी ने एक लाहौर के घर जन्म लेकर किस तरह अपनी तानाशाही का सिक्का इटली और इटली द्वारा दूसरे देशों पर बैठाया? फैसिज़्म किन सिद्धान्तों पर क़ायम है और मुसोलिनी के सामने

क्या कार्यक्रम है, इन बातों का विवरण इस पुस्तक में मुसोलिनी के ही शब्दों में इस पुस्तक में है। पुस्तक पढ़ने योग्य है।

प्र. पा.

हमारा सामाजिक संगठन : ले. डॉ. के. एम. अशरफ़ M.A, L L. B., H. D. (London) मूल्य छह आना।; मिलने का पता, विप्लव, लखनऊ।

डॉ. अशरफ़ अपना समय निरन्तर अध्ययन में लगा रहे हैं। छोटी-सी पुस्तक में इस गम्भीर विषय के मुख्य प्रश्नों, समाज में मतभेद, कबीलों और सरदारों का ज़माना, वर्तमान पूँजीवाद, मार्क्सवाद, भारत और साम्राज्य और भारत में समाजवाद आदि गम्भीर विषयों पर सरल भाषा में स्पष्ट विचार प्रकट किये गये हैं। समाजवाद तथा पूँजीवाद की दृष्टि से समस्याओं को समझने के लिए यह पुस्तक उपयोगी साबित होगी।

नाथ बैंक लिमिटेड

नाथ बैंक की बीसवें वर्ष की रिपोर्ट हमें प्राप्त हुई है। यह रिपोर्ट मिस्टर एस.सी. दत्त, B A., B. Com., G.D.A., R.A. की जाँच-पड़ताल बाद प्रकाशित हुई है। रिपोर्ट में १९३७ से १९३८ तक के हानि-लाभ का पूर्ण ब्योरा है जो वास्तव में उत्साहवर्धक है। इस एक वर्ष में बैंक का मूल धन ५२६५७५ से बढ़कर ६८७०१२-८-० हो गया है और बैंक की धरोहर इतने समय में लगभग दुगनी हो गयी है। एक वर्ष में ५३२५५८५ की बढ़ती धरोहर में हो जाना वास्तव में बैंक की सफलता का प्रमाण है।

दस वर्ष में नाथ बैंक ने अपने क्षेत्र के विस्तार के सम्बन्ध में ख़र्च और परिश्रम किया है। एक वर्ष में, बैंक की दस नयी शाखाएँ, गुहाटी, शिलांग धुब्री, नावगोंग, तेजपुर, दिल्ली कानपुर, लखनऊ और वक्षीहाट आदि स्थानों में खुल गयी हैं। इतनी शाखाएँ और खुल जाने पर बैंक के लाभ का क्षेत्र भी बढ़ जायेगा। हम आशा करते हैं बैंक देश के व्यापार तथा उद्योग-धन्धों को बढ़ाने में सहायक होगी।

सं.

अगस्त
१९३९

'ब्रिटिश साम्राज्यशाही द्वारा देश पर लादे गये शासन विधान में ग़रीब होना अपराध समझकर ग़रीबों को काउन्सिलों के चुनाव में वोट देने का अधिकार नहीं दिया गया। परन्तु आप अपने ऊपर होनेवाले शासन में भाग लेने का अधिकार आज भी पा सकते हैं; यदि आप कांग्रेस के मेम्बर बनकर कांग्रेस की शक्ति बढ़ायेंगे और फिर चौकन्ने रहकर कांग्रेस की नीति को स्वराज्य प्राप्ति के मार्ग पर दृढ़ रखेंगे। कांग्रेसी मन्त्री कांग्रेसी जनता के प्रतिनिधि हैं। कांग्रेस में जिस नीति का समर्थन करनेवालों की अधिकता होगी उसी नीति का पालन कांग्रेस मन्त्रिमण्डलों को करना होगा। कांग्रेस मेम्बर बनिये, कांग्रेस में भाग लीजिये और अपना राज क़ायम कीजिये।''

—सम्पादक

''यदि ब्रिटिश पार्लमेण्ट आज प्रान्तों में स्वायत्त शासन और केन्द्र में उत्तरदायी शासन भारत को दे दे तो मैं इसका घोर विरोध करूँगा। क्योंकि इस प्रकार के परिवर्तन से शासन की शक्ति मध्यम श्रेणी के लोगों के हाथ चली जायेगी। और यह विश्वास करना कठिन है कि एक बार शासन का अधिकार हाथ में लेकर मध्यम श्रेणी के लोग उसे छोड़ने को तैयार हो जायेंगे। लेकिन देश को इससे क्या फ़ायदा होगा? यदि देश में ग़ोरी नौकरशाही के बजाय हिन्दुस्तानी पैसेवाले लोगों की नौकरशाही क़ायम हो जाये तो उससे क्या फ़ायदा होगा।''

स्वर्गीय चितरंजन दास का गया कांग्रेस का भाषण

''श्री सुभाष बोस को जनता का समर्थन इतने विराट् परिमाण में इसलिए मिल रहा है कि जनता कांग्रेस के नेताओं की नीति से असन्तुष्ट है। जनता का यह विश्वास है कि कांग्रेस के प्रमुख नेता इस समय साम्राज्यशाही से समझौता करने की नीति की ओर झुक रहे हैं और जनता का यह विश्वास ठीक है। मैं यह बात निश्चय से कह सकता हूँ कि सरदार पटेल और उनके साथी इस समय प्रान्तीय स्वायत्त शासन को सफल बनाने के यत्न में लगे हुए हैं इससे आगे उनका ध्यान नहीं है। परन्तु दुर्भाग्य से वे यह बात जनता के सामने कहने का साहस नहीं करते।''

मान्यवर रफ़ीअहमद किदवई
माल मन्त्री यू.पी.

◈

सम्पादकीय टिप्पणियाँ

नौ जुलाई और अनुशासन

जून के महीने में बम्बई में आल इण्डिया कांग्रेस कमेटी की बैठक में कांग्रेस के विधान और राष्ट्रीय आन्दोलन के कार्यक्रम के सम्बन्ध में अनेक ऐसे प्रस्ताव पास कर लिये गये जिन पर कि कांग्रेस का भविष्य में बनना-बिगड़ना और हमारे राष्ट्रीय आन्दोलन की सफलता और असफलता निर्भर है। इन प्रस्तावों का स्पष्ट अर्थ है, कांग्रेस को एक जनतन्त्र संस्था से बदलकर, एक गुट्ट या मण्डली के हाथों सौंप देना और फिर उसमें जनता की आवाज़ के लिए गुंजाइश न रहने देना।

यह प्रस्ताव पास तो हो गये परन्तु इनका विरोध कम नहीं हुआ। कांग्रेस में अब तक पास होनेवाले प्रस्तावों की तरह यह प्रस्ताव सर्वसम्मति से या बहुत बड़ी बहु-सम्मति से पास नहीं हुए। यह प्रस्ताव पास हुए ज़रूर लेकिन बहुत ही मामूली बहुमत से और फिर उस अवस्था में जबकि आल इण्डिया कांग्रेस कमेटी के काफ़ी मेम्बर उस बैठक में सम्मिलित नहीं हो सके। राइट और लेफ्ट, गाँधीवादी और उग्र के पारिभाषिक नाम कांग्रेस में मौज़ूद इन दलों को दे दिये जाने के बावज़ूद हम इस सत्य की उपेक्षा नहीं कर सकते कि यह दल दरअसल आसूदा हाल, भरे पेटों और असन्तुष्ट खाली पेटों के हैं। यह हमारी अपनी सूझ नहीं, यह फ़ैसला कांग्रेस के प्रधानमन्त्री Violent Gandhite प्रति हिंसात्मक गाँधीवादी आचार्य कृपलानी के अभी हाल में दिये गये वक्तव्य पर ही दिया जायेगा। कृपलानी साहब ने अपने वक्तव्य में इस बात पर ज़ोर दिया है कि वामपक्षवालों की संख्या देश और कांग्रेस में कम नहीं। उनके कहने के मुताबिक़ देश के किसानों और मज़दूरों का वामपक्ष के नेताओं पर पूर्ण विश्वास है। और इस देश में किसानों और मज़दूरों की संख्या ९० प्रतिशत से कम नहीं। ऐसी अवस्था में वामपक्ष के घोर विरोध के बावज़ूद इन प्रस्तावों को पास कर उन पर विधान की मोहर लगा देना और उनके सम्बन्ध में कांग्रेस के सदस्यों को अपने विचार स्वतन्त्रता से प्रकट करने से रोकना हम नहीं समझते कहाँ तक न्याय और प्रजातन्त्र सिद्धान्तों के अनुकूल है।

इस विषय में पण्डित जवाहरलाल नेहरू का ९ जुलाई के दिन प्रदर्शन के विरुद्ध का वक्तव्य और अब उसी सम्बन्ध में २७ जुलाई का अहमदाबाद से दिया हुआ वक्तव्य विरोधाभास से भरा हुआ तथा जनता को भ्रम में डालनेवाला वक्तव्य है। पण्डित जी अपने वक्तव्य में कांग्रेस के सदस्यों और कांग्रेस की कार्यकारिणी कमेटियों के मेम्बरों के निजी विचार प्रकट करने के अधिकार को स्वीकार करते हैं परन्तु कांग्रेस के निर्णय के विरुद्ध किसी कार्य को करने के

वे विरुद्ध हैं। पण्डित जी की इस राय से हम समझते हैं किसी को विरोध नहीं हो सकता। कांग्रेस का मेम्बर होने की हैसियत से प्रत्येक व्यक्ति का यह कर्त्तव्य हो जाता है कि वह कोई ऐसा काम न करे जिसे कांग्रेस अनुचित समझती है परन्तु अनुशासन की सीमा के अन्दर रहते हुए प्रत्येक मेम्बर को इस बात का अधिकार रहता है कि कांग्रेस के लिए कौन मार्ग उचित है इस बात पर अपने विचार प्रकट कर सके।

मतभेद असल में पैदा होता है इस बात पर कि राजनैतिक क्षेत्र में किस बात को 'काम' समझ लिया जाये और किस बात को केवल विचार प्रकट करना? या ९ जुलाई को आल इण्डिया कांग्रेस कमेटी के प्रस्तावों के विषय में यू.पी. और सम्पूर्ण देश में जो कुछ किया गया वह आल इण्डिया कांग्रेस कमेटी के प्रस्तावों पर विचार प्रकट करना था या इन प्रस्तावों के विरुद्ध आचरण था? जो कुछ किया गया पण्डित जी की नज़रों में वह विरुद्ध आचरण है परन्तु हम इस दलील को समझ नहीं सके। ९ तारीख को किया क्या गया? सभाएँ की गयीं, व्याख्यान दिये गये, प्रस्ताव पास किये गये। यह सब साधन हैं विचार प्रकट करने के। अगर किसी स्थान पर आल इण्डिया कांग्रेस कमेटी के प्रस्तावों के बावज़ूद सत्याग्रह शुरू कर दिया जाता या मिनिस्ट्ररियों के काम में दख़ल दे दिया जाता तो हम कह सकते थे कि यह दरअसल अनुशासन भंग करना है। परन्तु यदि केवल पास किये गये प्रस्तावों के विरुद्ध सामूहिक रूप से विचार प्रकट करना भी अनुशासन को तोड़ा समझा जायेगा तो हम नहीं समझ सकते कि विचार प्रकट करने की स्वतन्त्रता का क्या अर्थ रह जायेगा? हम समझते हैं पण्डित जी ने अपने वक्तव्य में कांग्रेस के मेम्बरों को विचार स्वतन्त्रता के नाम पर जो अधिकार एक हाथ से दिये हैं, अनुशासन का नाम लेकर उन्हें दूसरे हाथों से छीन भी लिया है।

आत्महत्या का अनुशासन

आज दिन कांग्रेस में मौक़ा-बे-मौक़ा हर समय अनुशासन की दुहाई सुन पड़ती है। अनुशासन दरअसल ऐसी चीज़ है जो जितनी अधिक हो जितनी पूर्णता से हो उतना ही अच्छा है। परन्तु अनुशासन का सम्बन्ध है हमारे काम और अमली व्यवहार से, विचारों से नहीं जब विचारों पर अनुशासन लगाया जायेगा उसे विचारों को कुचलने के अतिरिक्त और कुछ नहीं कहा जायेगा और हमारी उन्नति का साधन न बनकर हमारी अवनति का ही कारण बन जायेगा।

सबसे सफल अनुशासन वही होगा जो हममें अपनी ज़िम्मेदारी को अनुभव कर स्वयं हमारे अन्दर से पैदा होगा, न कि वह अनुशासन जो हमें भेड़-बकरी बनाकर

हमें हाँक ले जाना चाहे। ऐसा अनुशासन चाहे वह कांग्रेस के नाम पर जारी किया जाये चाहे नौ. रशाही की आज्ञा से, हमारे व्यक्तित्व, हमारी मनुष्यता और हमारी राष्ट्रीयता सभी के लिए घातक होगा। हमारी मौज़ूदा राष्ट्रीय परिस्थिति में अनुशासन की बहुत आवश्यकता है परन्तु वह अनुशासन हमारी ज़िम्मेदारी के अनुभव से ही पैदा होना चाहिए। आल इण्डिया कांग्रेस कमेटी के प्रस्तावों के सम्बन्ध में अनुशासन की कार्यवाही का जो भूत खड़ा किया जा रहा है हमारे विचार में वह स्पष्ट रूप से कांग्रेस के अनुशासन के उद्देश्य अर्थात् राष्ट्रीय आन्दोलन को सबल बनाने के उद्देश्य के विरुद्ध जाता है।

कांग्रेस के एक व्यक्ति से जो चुनाव द्वारा ज़िला प्रान्तीय या अखिल भारतीय कांग्रेस कमेटी का मेम्बर बना है, आशा की जाती है कि अखिल भारतीय कांग्रेस कमेटी द्वारा पास की गयी प्रत्येक बात का जनता के सम्मुख समर्थन करता चला जाये। उस समय हम यह भूल जाते हैं कि जनता द्वारा चुने गये मेम्बर पर केवल किसी ख़ास कमेटी का मेम्बर होने की ही जिम्मेवारी नहीं है। जिन आदमियों ने उसे चुना है, जिन आदमियों ने उसे अपने हितों की रक्षा और विचारों को प्रकट करने का बोझ उस पर डाला है, जिनका वह प्रतिनिधि है उनके प्रति भी उसकी कुछ जिम्मेवारी है। यदि एक कमेटी का अनुशासन मानना उसका कर्त्तव्य है, तो जिस जनता के आदेश से कमेटी में जाकर वह बैठा है उसके अनुशासन को मानना उसका उससे भी बड़ा कर्त्तव्य है। जब वह देखेगा कि जनता की आवाज़ को कुचल देने का प्रयत्न हो रहा है, जनता के आत्मनिर्णय के अधिकार को दबाया जा रहा है तो बताइये अनुशासन उसे क्या करने का आदेश देता है?

जो लोग तानाशाही और एकतन्त्र शासन के समर्थक हैं वे यदि अनुशासन के नाम पर प्रजा के प्रतिनिधियों के अधिकारों को कुचलते तो हमें कोई आश्चर्य न होता क्योंकि ऐसा करना उनके बुनियादी सिद्धान्तों के अनुकूल है और इस प्रकार के अनुशासन पर उनकी सत्ता और अधिकार क़ायम रह सकते हैं। परन्तु जो लोग प्रजातन्त्र पर जान दिये देते हैं उनके मुँह से जब हम अनुशासन का अर्थ जनता के विचारों का दमन सुनते हैं तो आश्चर्य ज़रूर होता है।

हमारे सम्पूर्ण आन्दोलन का मतलब है जनता के लिए आत्मनिर्णय का अधिकार प्राप्त करना। ऐसी अवस्था में जो अनुशासन जनता और जनता के प्रतिनिधियों से उनके इस आधारभूत अधिकार को छीनता है उसका स्वागत हम नहीं कर सकते। ऐसे अनुशासन को हम केवल आत्महत्या का अनुशासन कहेंगे।

राष्ट्रीय आन-राजबन्दी

कलकत्ता की अलीपुर और दमदम जेलों में इस समय लगभग सौ राजनैतिक क़ैदी अपनी रिहाई के प्रश्न पर अनशन व्रत कर रहे हैं। उन्हें महात्मा गाँधी तथा दूसरे राजनैतिक यह सलाह दे रहे हैं कि जेल से छुटकारे के लिए अनशन करना उचित नहीं।

हमें यह समझ नहीं आता कि इस समय हमें किसी उद्देश्य के लिए नैतिक दृष्टि से अनशन करना उचित है या अनुचित, इस प्रश्न पर विचार करना चाहिए या इस विषय पर विचार करना चाहिए कि इस समय जब कि यह बन्दी अनशन कर रहे हैं और सम्पूर्ण देश उनकी इस माँग से सहमत है उन्हें इस प्रकार की सलाह देना उचित है या अनुचित?

श्री सुभाष बोस के बम्बई सरकार की नशा विरोधी आयोजना के सम्बन्ध में वक्तव्य देने पर अनेक राजनीतिज्ञों ने सुभाष बाबू के वक्तव्य की दलीलों की ओर ध्यान देने की ज़रूरत न समझ, यह निश्चय किया था कि इस समय नशाबन्दी आयोजना की समालोचना करना असामयिक है—उससे कांग्रेस और कांग्रेस मन्त्रिमण्डलों की शान को धक्का लगता है। हम जानना चाहते हैं इस समय राजबन्दियों के प्रश्न को सामने रखकर महात्मा गाँधी और दूसरे राजनीतिज्ञों का अनशन करनेवालों के कार्य की समालोचना कर यह कहना कि इस अनशन ने बंगाल सरकार को असुविधाजनक परिस्थिति में डाल दिया और सरकार के साथ सहानुभूति प्रकट करना कहाँ तक नीतिज्ञता और दूरन्देशी है?

अनशन के उपाय द्वारा नैतिक उद्देश्य से लड़ना उचित है या अनुचित, इसका निर्णय करना कठिन है। इसका निर्णय करने का अधिकार संसार में शायद एक ही व्यक्ति को है। सदा दूसरों के अनशन करने की निन्दा कर स्वयं अनशन कर सकता है। महात्मा जी का दावा है कि अहिंसात्मक सत्याग्रह के वे आविष्कारक हैं और इस विषय में उनकी राय सर्वोपरि होनी चाहिए। ऐतिहासिक दृष्टि से यह दावा कितना सही है इस विषय की आलोचना करने के लिए यह स्थान उपयुक्त नहीं परन्तु इतना कहे बिना नहीं रह सकते कि राजनैतिक बन्दियों ने अनशन करने का शस्त्र महात्मा जी से उधार नहीं लिया। जेलों के अत्याचार और अनाचार के विरुद्ध इस शस्त्र का उपयोग राजनैतिक क़ैदी महात्मा जी के सत्याग्रह के जन्म से पहले करते आये हैं। रूस की जेलों में सैकड़ों क़ैदियों ने, आयरलैण्ड की जेल में टेरेन्स मैक्सवीनी ने अनशन का नुस्ख़ा महात्मा गाँधी से नहीं लिया था।

राजनैतिक क़ैदियों के अनशन में और महात्मा जी के अनशन को दो भिन्न दृष्टियों से देखे जाने का कारण है, महात्मा जी के अनशन में नैतिकता की रक्षा का

उद्देश्य समझना और राजनैतिक बन्दियों के अनशन में स्वार्थ की गन्ध पाना। हम समझते हैं इस धारणा की जिम्मेवारी राजनैतिक बन्दियों पर नहीं बल्कि उन लोगों पर है जो इस प्रकार की धारणा अपने मन में क़ायम किये हुए हैं।

राजनैतिक बन्दियों के प्रश्न को हम सिद्धान्त रूप से क्यों नहीं देख सकते? कांग्रेसी प्रान्तों में आख़िर इस प्रश्न को सिद्धान्त रूप से लेकर इस प्रश्न का हल किया ही तो गया? बंगाल के राजनैतिक क़ैदियों का सवाल उससे भिन्न नहीं। बंगाल तथा दूसरे प्रान्तों में अन्तर है तो यह कि बंगाल में कांग्रेसी मन्त्रिमण्डल बनाने में हमें सफलता नहीं मिली परन्तु इसका उत्तरदायित्व बंगाल की जेलों में बन्द राजनैतिक क़ैदियों पर नहीं। बंगाल में भी प्रजा को स्वायत्त शासन में उतना ही प्रतिनिधित्व का अधिकार मिला है जितना की दूसरे प्रान्तों में। इस लिहाज़ से बंगाल में राजनैतिक बन्दियों की रिहाई इस शासन सुधार के मातहत उतनी ज़रूरी है जितनी की दूसरे प्रान्तों के राजबन्दियों की थी। और उनके अब तक रिहा न हो सकने का उत्तरदायित्व भी अगर किसी पर है तो न केवल बंगाल प्रान्त की जनता पर प्रत्युत सम्पूर्ण देश की जनता पर।

इन राजबन्दियों की रिहाई के सवाल को उठाया गया और फिर बीच में छोड़ दिया गया, तारीखों पर तारीखें इस मामले को गम्भीरतापूर्वक लेने के लिए डाली गयीं परन्तु वह दिन नहीं आया। कहा गया—जब इससे बड़े-बड़े मसले हमारे सामने मौज़ूद हैं तब हम क्या करें। और जवाब में ही सम्पूर्ण समस्या का हल है। मुश्किल यही है कि हमने अब तक इस प्रश्न को इसकी असली अहमियत की दृष्टि से देखा ही नहीं। हमने अब तक कभी सोचा ही नहीं कि यह चन्द राजनैतिक क़ैदियों की रिहाई या जीवन-मरण का प्रश्न नहीं बल्कि राष्ट्रीय भावना और साम्राज्यशाही के रोब का मामला है। ब्रिटिश साम्राज्यशाही यह ख़ूब जानती है कि यह चन्द गिने-चुने नौजवान, जो देश की वर्तमान राजनैतिक परिस्थिति में आतंकवाद के लिए कोई स्थान नहीं समझते, जेलखानों से छूटने के बाद बन्दूक़, पिस्तौल और कांता बल्लम लेकर ब्रिटिश साम्राज्य को तहस-नहस करने के लिए नहीं दौड़ पड़ेंगे। वे यह भी ख़ूब जानते हैं कि अब तक रिहा हुए राजनैतिक बन्दियों की तरह यह लोग भी कांग्रेस के ही कार्यक्रम पर चलकर राष्ट्रीय आन्दोलन में भाग लेंगे, इन लोगों की रिहाई से कोई नया भय या नयी आशंका इससे साम्राज्य के सामने नहीं आ जायेगी।

फिर संकट किस बात का है? संकट है ब्रिटिश साम्राज्य की शान का!

प्रजा की माँग पर राजनैतिक क़ैदियों की रिहाई कर देने से ब्रिटिश साम्राज्य की हेठी होती है परन्तु हमारे राष्ट्रीय कर्णधारों को यह समझ में नहीं आता कि प्रजा की इस माँग के ठुकरा दिये जाने में इस राष्ट्र की हेठी है।

शायद सदियों की ग़ुलामी का यह असर है कि राष्ट्रीय आन के भाव की क़द्र करना हम लोग नहीं जानते और इसीलिए इस देश और राष्ट्र की कोई आन है भी नहीं परन्तु जब तक अपनी आन की फ़िक्र हम ख़ुद नहीं करेंगे दूसरा कोई उसकी फ़िक्र करने नहीं आयगा। इस समय राजनैतिक क़ैदियों की रिहाई के प्रश्न को हमें इसी दृष्टि से देखना चाहिए।

भूल या ग़लत जोश

यू.पी. सरकार का वह सर्कुलर जिसने वर्तमान मन्त्रिमण्डल की नीति के समर्थकों के सिर लज्जा से नीचे कर दिये और अपनी राष्ट्रीय लड़ाई को सबसे अधिक महत्त्व देनेवालों को क्षुब्ध कर दिया और जिसके सहारे ख़ुश होकर नौकरशाही ने ख़ूब बग़लें बजायीं, अनुशासन के परम भक्त पण्डित जवाहरलाल नेहरू से भी सहन न हो सका। वे उसे इतना बेहूदा समझते हैं कि उन्हें यही सन्देह है कि एक जिम्मेवार कांग्रेसी सरकार इस प्रकार सर्कुलर प्रकाशित कर सकती है? पण्डित जी ने राय दी है क्योंकि यह सर्कुलर सरकारी तौर से प्रकाशित नहीं हुआ इसलिए इसकी प्रामाणिकता में सन्देह की गुंजाइश हो सकती है और इसके विषय में किसी प्रकार की राय देना समझदारी नहीं। पण्डित जी जैसे अनुभवी आदमी को यह अवश्य मालूम होगा कि गुप्त या अर्द्ध गुप्त सरकारी सर्कुलर भी प्रकाशित हुआ करते हैं और यह सर्कुलर भी उसी प्रकार का है। सर्कुलर की प्रामाणिकता के विषय में शक की कोई गुंजाइश हो सकती है यह सुनकर हमें आश्चर्य होता है। प्रान्त या देश का शायद ही ऐसा कोई पत्र बचा होगा जिसके बारे में चर्चा न हुई हो और यह मान लेना मुश्किल है कि सरकार के कानों तक होनेवाली टीका-टिप्पणी की रिपोर्ट न पहुँची हो। ऐसी अवस्था में, यदि यह सर्कुलर दरअसल सरकार द्वारा जारी किया गया न होता तो जनता के सामने स्थिति स्पष्ट करने के लिए सरकार इसकी तरदीद कर चुकी होती। सरकार द्वारा इस मामले में कुछ न बोलना शंका की गुंजाइश न छोड़कर हमें इस सर्कुलर की प्रामाणिकता का निश्चय दिला देता है। सर्कुलर का वह अंग जो साम्प्रदायिक विरोध फैलानेवालों के विरुद्ध कार्यवाही करने का आदेश सरकारी अधिकारियों को देता है विवाद का विषय नहीं। हमें यहाँ जो कुछ कहना है वह है सर्कुलर के उस अन्तिम भाग के बारे में जिसमें धारा १५२ के अन्तर्गत श्रेणी विरोध की भावना फैलाने का दोष लगाकर किसानों और मज़दूरों का संगठन करनेवालों का दमन करने का आदेश दिया गया है। पण्डित जवाहर लाल जी ने इस सर्कुलर के सम्बन्ध में अपने विचार प्रकट करते समय यह स्पष्ट कर दिया है कि श्रेणी विद्वेष कुछ आदमियों के फैलाने से नहीं फैला करता उसका बीज तो हमारे मौज़ूदा समाज के संगठन में मौज़ूद है। और वह श्रेणी विद्वेष का

बीज है एक श्रेणी द्वारा दूसरी श्रेणी का शोषण। हमें हैरानी होती है तो इस बात पर कि अपने-आपको आम जनता या शोषित जनता की प्रतिनिधि कहनेवाली सरकार श्रेणी संघर्ष का उत्तरदायित्व डालती है तो उन लोगों पर जो शोषण के बोझ से जीवन असम्भव होता देखकर जीवित रहने का अधिकार माँग रहे हैं और उन लोंगों के प्रति जो शोषण करके असन्तोष के बीज बोते हैं उन्हें कोई शिकायत नहीं। उन्हें तो वे समाज में शान्ति के रक्षक माने बैठे हैं!

इस प्रकार के सर्कुलरों के पीछे जो जहनीयत है वह बहुत ख़तरनाक है। इस ज़हनीयत का अर्थ है जनता की सुधारों की माँग को कुचलकर साम्राज्यशाही सरकार की कारिन्दागिरी कर उनके साम्राज्य को चलाना। कांग्रेसी मन्त्रिमण्डलों का यह रवैया उनकी दूसरी बातों से भी स्पष्ट हो रहा है। और इसीलिए कांग्रेसी मन्त्रिमण्डल प्रान्तीय कांग्रेस कमेटियों द्वारा किसी प्रकार का हस्तक्षेप सहन करने के लिए तैयार नहीं। क्या इसी रवैये को जनता के प्रति जिम्मेवारी का रवैया कहते हैं?

हम समझते हैं कि कांग्रेसी मन्त्रिमण्डलों की सफलता इसी बात में है कि वे अपने-आपको सम्पूर्ण कांग्रेसी जनता के प्रति उत्तरदायी समझे। कांग्रेसी मन्त्रिमण्डलों की शक्ति का आधार केवल हाईकमाण्ड का समर्थन नहीं हो सकता। उसका आधार जनता का समर्थन और है विश्वास!

पं. नेहरू का ख़याल है कि या तो यह सर्कुलर सरकार द्वारा प्रकाशित किया ही नहीं गया और किया भी गया है तो किसी ऐसे सरकारी अफ़सर द्वारा किया गया है जिसने अपनी ज़िम्मेदारी नहीं समझी और भूल या ग़लत जोश के दौरे में आकर यह सर्कुलर निकाल दिया है। हम समझते हैं यू.पी. की कांग्रेसी सरकार इस प्रान्त की कांग्रेस के प्रधान और मन्त्रिमण्डल के ख़ास समर्थक पण्डित नेहरू की इस आशंका और आपत्ति का कुछ मूल्य समझेगी और ग़लतफ़हमी पैदा करनेवाले इस सर्कुलर की जो शायद भूल और ग़लत जोश के ही कारण प्रकाशित हो गया है तरदीद कर देगी।

ब्रिटेन की विदेशी नीति

ब्रिटिश सिंह के आत्मसम्मान के जाग उठने की प्रतीक्षा करते-करते वह दिन आया कि जापान द्वारा उसकी मूँछें उखाड़ लीं जाने पर भी उसने पूँछ टाँगों में दबाकर जापान के बूट चाट लेने में ही अपनी ख़ैरियत समझी।

आज ब्रिटिश साम्राज्यशाही शक्ति का काम रह गया है पार्लमेण्ट में छाती ठोंक-ठोंककर संसार की शान्ति का दम भरना, जापान, जर्मनी और इटली की अग्रसर नीति के आगे अपना दामन बिछा देना और अपनी कुटिल नीति से इस बात

की कोशिश करना कि रूस जर्मनी से लड़ जाये या जापान से टक्कर ले ले, ताकि दोनों दुश्मन आपस में कट मरें और इंग्लैण्ड का पूँजीवाद साम्राज्य अपनी दुम्बे की-सी दुम को ले ज्यों-का-त्यों अपनी राह चलता चला जाये!

इंग्लैण्ड अन्तरराष्ट्रीय नीति में जिस सन्तुलन की नीति द्वारा अपने दोनों शत्रुओं को एक-दूसरे के साथ लड़ा देने की फ़िक्र में है; वही नीति वह भारत में भी बरतने की फ़िक्र में है। इस देश के ऐंग्लो इण्डियन पत्र 'टाइम्स आफ़ इण्डिया', 'स्टेट्स मैन' आदि इस बात की पूरी चेष्टा में लगे हुए हैं कि कांग्रेस के भीतर 'दक्षिण पक्ष' और 'वामपक्ष' का विरोध बढ़ता चला जाये। इसके लिए वे 'दक्षिण पक्ष' का कांग्रेस में सम्मिलित नेतृत्व और वामपक्ष के साथ एकता कर न चलने की नीति का समर्थन नगाड़े की चोट पर कर रहे हैं। गाँधी जी की क़दम-क़दम पर साम्राज्यशाही से समझौता करने की नीति की तारीफ़ कर उनकी ज़ुबान नहीं थकती।

इसके अलावा भारत के कल्याण के लिए फ़ेडरेशन का पत्थर हमारे गले बाँध देने की उन्हें जितनी चिन्ता है उसे देखकर आश्चर्य और सन्देह हुए बिना नहीं रह सकता।

ब्रिटिश साम्राज्य की विदेशी नीति का सार है दो शत्रुओं से अपने साम्राज्य की रक्षा करना। एक शत्रु है जर्मनी, इटली और जापान की गुटबन्दी। जो उन्हीं की तरह पूँजीवादी है, साम्राज्यवादी हैं और संसार के बाज़ारों की भूखी है। आज दिन संसार का कोई भी हिस्सा खाली न पाकर वे ब्रिटिश साम्राज्य के स्थूल शरीर की ओर आँख लगाये हुए हैं।

दूसरा शत्रु ब्रिटिश साम्राज्य का है रूस! रूस के दलबल लेकर ब्रिटिश साम्राज्य पर चढ़ आने का ख़तरा नहीं। ख़तरा है रूस के राजनैतिक और आर्थिक सिद्धान्तों का। रूस जैसा कि आज सबल और सम्पन्न मज़दूरों और किसानों का साम्राज्य बन गया है सभी देशों के शोषित और पीड़ित किसान मज़दूरों के सामने, शोषण और पीड़न से स्वतन्त्र हो अपना राज क़ायम करने का उदाहरण रख रहा है। इंग्लैण्ड की पूँजीवादी साम्राज्यशाही सरकार अपने देश के मज़दूरों की अवस्था जानती है और उनमें फैल रहे असन्तोष को भी समझती है। उन्हें भय इस बात का है यदि उनके देश के मज़दूर और किसान क्रान्ति का झण्डा ऊँचा करते हैं तो आज दिन इंग्लैण्ड में राज्य करनेवाली श्रेणी का क्या होगा! इस श्रेणी स्वार्थ के विचार के कारण ही इंग्लैण्ड की सरकार रूस की शक्ति को सहन नहीं करना चाहती। रूस की शक्ति को कमज़ोर करने के लिए ही उन्होंने जर्मनी द्वारा अपने देश के मज़दूरों और किसानों का कुचला जाना देखा। हिटलर की किसान मज़दूर राज विरोधी सरकार को सबल बन जाने देने के लिए इंग्लैण्ड का जर्मनी द्वारा उन सब

सन्धियों का तोड़ा जाना चुपचाप देखा जिनके पालन की जिम्मेवारी इंग्लैण्ड ने अपने सिर ले रखी थी। रूस के विरुद्ध इटली और जर्मनी की ताक़त को बढ़ाने के लिए ही इंग्लैण्ड ने एक हद तक हानि सह कर भी अबीसीनिया, आस्ट्रिया और चेकोस्लोवाकिया का नाज़ियों और फ़ासिस्टों द्वारा हड़प लिया जाना चुपचाप सह लिया। इस आशा में कि एक दिन जर्मनी और इटली रूस को पछाड़कर पूँजीवाद के शत्रु रूस को समाप्त कर देंगे पर बदक़िस्मती इंग्लैण्ड की है कि जर्मनी और इटली इंग्लैण्ड की शह पर रूस से लड़कर आत्महत्या करने के लिए तैयार नहीं हो जाते।

अपनी इसी चाल को पूरा करने के लिए इंग्लैण्ड पूर्व में जापान की घुड़की-धमकी को बरदाश्त किये जा रहा है कि किसी तरह पूँजीवाद और साम्राज्यवाद की जड़ें काटनेवाला रूस निर्बल हो। इसके लिए जापान के थप्पड़ अपने मुँह पर खाना भी उसे मंजूर है। उसे साम्राज्यवादी देशों का बलवान् होना मंजूर है, वे उसके साम्राज्य की थोड़ी बहुत छीन खसोट करेंगे सही पर साम्राज्यवाद और पूँजीवाद की शक्ति और सिद्धान्त क़ायम रहने से उसका साम्राज्य तो बचा रहेगा।

भारत में भी उसकी नीति इससे भिन्न नहीं। कांग्रेस में फूट का स्वागत कर साम्राज्य-विरोधी शक्ति को निर्बल करना चाहता है। समझौते की नीति बरतनेवालों की चालों का समर्थन करना इसके हितों के अनुकूल है। इसके अतिरिक्त सबसे बड़ा दाँव है फ़ेडरेशन!

फ़ेडरेशन क़ायम हो जाने पर वे जानते हैं कि कांग्रेस पहले लोहा लेगी रियासतों के साथ। रियासतों का भारी पत्थर गले में बाँध पूर्ण स्वतन्त्रता के स्वप्न देखना कांग्रेस के लिए मुश्किल हो जायेगा। फ़ेडरेशन की शासन-व्यवस्था में अपने हाथों की कठपुतली रियासतों को जिधर चाहे नचाकर वह कांग्रेस की आगे बढ़ने की नीति को असम्भव कर देगा और उसके साम्राज्य का यह प्रधान आधार भारत जो आज हिलने लगा है एक लम्बे अरसे के लिए फिर स्थिर और दृढ़ हो जायेगा।

सवाल यह है कि क्या हम ब्रिटेन की इस कुटिल नीति के सफल बनाने में उसकी सहायता करेंगे या आपस के बे-बुनियादी भेदों को मिटाकर अपनी साम्राज्य विरोधी लड़ाई को तेज़ी से आगे बढ़ायँगे?

युवक-संघ

युवक-संघ के उद्‌देश्य उसकी कार्य प्रणाली आदि के बारे में जून के 'विप्लव' में बहुत-कुछ लिखा गया था। उसके बाद से युवक-संघ का नाम समाचार-पत्रों में एक अजीब परिस्थिति में आता रहा। यू.पी. के पूर्वीय जिलों में कुछ मास पूर्व

डकैतियाँ हुई थीं। इन डकैतियों के सम्बन्ध की जाँच-पड़ताल के सिलसिले में कुछ युवक ऐसे भी गिरफ़्तार हुए हैं जो युवक-संघ के मेम्बर थे। कुछ समाचार-पत्रों ने उन युवकों के युवक-संघ के मेम्बर होने को बहुत महत्त्व दिया। मानो इन युवकों के गिरफ़्तार होने और यदि उन्होंने दरअसल डकैतियों में भाग लिया है तो इसका कारण इनका युवक-संघ के मेम्बर होना ही था।

दूसरी ओर हमें जिलों से समाचार मिल रहे हैं कि पुलिस स्थान-स्थान पर इस बात की खोज कर रही है कि कौन-कौन लोग युवक-संघ के मेम्बर हैं। इन मेम्बरों के नाम पुलिस के रजिस्टरों में चढ़ाकर या और दूसरे उपायों से उन्हें भयभीत कर युवक-संघ के प्रतिकूल एक वातावरण पैदा किया जा रहा है।

सरकार या पुलिस की इस गहरी चाल का अभिप्राय ढूँढ़ निकालना हमारे लिए कठिन है परन्तु इतना हम कह सकते हैं कि युवक-संघ को डकैतियों तथा दूसरे इस प्रकार के कामों से ज़बरदस्ती सम्बन्धित करने का प्रयत्न अन्यायपूर्ण और घृणित है। कुछ तो ऐसे सज्जनों के साथ युवक-संघ का नाम जोड़ दिया गया जो दरअसल युवक-संघ के मेम्बर थे ही नहीं। और जो युवक दरअसल युवक-संघ के मेम्बर थे भी उनके किसी वैयक्तिक आचरण का उत्तरदायित्व, जिसे उन्होंने संस्था के मेम्बर की हैसियत से न किया हो, संस्था पर नहीं आ सकता। युवक-संघ के ख़िलाफ़ ज़हर उगलनेवाले यह भूल जाते हैं कि युवक-संघ के विधान के अनुसार युवक-संघ कांग्रेस के अन्तर्गत है और संघ का प्रत्येक मेम्बर कांग्रेस का मेम्बर है। इस दृष्टि से जितना उत्तरदायित्व युवक-संघ पर आ सकता है उससे कम ज़िम्मेदारी कांग्रेस पर नहीं आयेगी।

युवक-संघ कांग्रेस के कार्यक्रम को अधिक उत्साह और लगन से चलाने के लिये युवकों का एक संगठन है। कांग्रेस में अग्रसर नीति का समर्थन करना ही उसका दोष है। इसी कारण यदि उस पर लांछन लगाने की चेष्टा की जाती है तो अत्यन्त ख़ेद का विषय है।

हजारासिंह ज़िन्दाबाद

मज़दूरों को और किसानों को भड़काकर अशान्ति फैलानेवाले आज जनता की प्रतिनिधि और हमारी स्वराज्य-प्राप्ति की लड़ाई के नेता कांग्रेसी सरकारों की आँख में खटक रहे हैं। हिंसा और विद्वेष फैलानेवाले कहकर, जेलों के सींखचों के भीतर बन्द कर देने के लिए नौकरशाही को उनके पीछे ललकारा जा रहा है। यह मज़दूरों को भड़कानेवाले कितनी हिंसा और कितना विद्वेष फैला रहे हैं किस प्रकार वे अनुशासन को तोड़ रहे हैं यह हज़ारासिंह ने बता दिया।

जमशेदपुर के तार बनाने के कारख़ानों के मज़दूर कहते हैं हमें संगठित होने का अधिकार दिया जाये और हमारे संगठन को स्वीकार किया जाये! संगठन करने के अपराध में हमारे साथियों को दण्ड न दिया जाये, ज़्यादा काम लेने पर हमें उसकी मज़दूरी दी जाये, हमारी मेहनत से होनेवाली कम्पनी की आमदनी से हमें कम-से-कम पेट भरने लायक़ मज़दूरी तो दी जाये, बीमार पड़ जाने पर साल-भर में कम-से-कम सात दिन तो हमें तनख़्वाह समेत छुट्टी दी जाये, और कम्पनियों में काम करनेवाले मज़दूर जो मज़दूरी पाते हैं वह ही हमें दी जाये, हमारे यहाँ काम करनेवाले मेहतरों को तनख़्वाह दी जाये! यह हैं माँगें तार कारख़ाने के मज़दूरों की और इन माँगों के लिए मज़दूरों को संगठित करनेवालों को, मज़दूरों को भड़काने तथा श्रेणी द्वेष फैलानेवालों का नाम दिया जाता है और उन्हें कम्युनिस्ट बताकर कुचल डालने के लिए गुप्त सर्कुलर भेजे जाते हैं जनता की सरकार द्वारा। ऐसे ही अपराधियों में से एक था हज़ारासिंह, शायद वह भी कम्युनिस्ट था!

इसके अलावा हज़ारासिंह और क्या था? वह था जेल से छूटा हुआ राजनैतिक बन्दी। वह राजनैतिक बन्दी जिन्हें आतंकवादी या क्रान्तिकारी कहा जाता है। और जिनकी लम्बी सजाएँ काटकर छूटने पर भी, कांग्रेसी सरकारें जिनके पीछे पुलिस के ताज़ी कुत्ते लगाये रहती हैं। अमृतसर में हथियार लिये वह गिरफ़्तार हुआ परन्तु पुलिस हवालात के जँगले और ताले उसे रोक न सके। वह वहाँ से निकल आया और पुलिसवाले देखते रह गये। वह देश भरको लाँघकर मद्रास पहुँचा और वहाँ उसने बैंक को लूट लिया। सशस्त्र पुलिस का सामना कर आमने-सामने लड़ वह पकड़ा गया। हज़ारासिंह इस देश के कुछ चुने हुए युवकों में से था जिन्हें क्रान्तिकारी कहते हैं जेल की ऊँची दीवारें भी उसे रोक न सकीं। वह वहाँ से भी निकल गया। फिर गिरफ़्तार हुआ। काले पानी गया वहाँ भी उसका उत्साह कम न हुआ। ६४ दिन का अनशन, आधे शरीर का निष्प्राण हो जाना! परन्तु उसने क़दम पीछे नहीं हटाया। राजनैतिक बन्दियों को जेल से मुक्त कर देने की प्रतिज्ञा किये हुए मद्रास सरकार ने हज़ारासिंह को जेल से तभी रिहा किया जब उसने जेल में जीवित रहने से इन्कार कर दिया।

वही हज़ारासिंह जिसने अपने जीवन को देश के जीवन के अतिरिक्त और कुछ नहीं समझा था और जिसने इस भूखे-अधमरे देश की शक्ति को, मज़दूरों और किसानों की शक्ति को पहचान लिया था फिर एक बार मैदान में उतरा। उसने मज़दूरों और किसानों के अधिकार की लड़ाई के लिए मैदान में अपने-आपको अर्पण कर दिया।

जमशेदपुर के तार कारख़ाने के मज़दूरों की लड़ाई में वह अगली पाँत में खड़ा हुआ! वह मज़दूरों की ओर से लड़ने के लिए आगे बढ़ा। हज़ारासिंह अन्धविश्वासी न था, वह समय और स्थिति को पहचानता था। उद्देश्य की अपेक्षा साधनों से उसे अधिक मोह न था। उसके लिए आज फिर पिस्तौल और बम की फ़िक्र करना असम्भव नहीं हो गया था। गुस्से में पागल होकर लाठी और पत्थर लेकर शत्रु पर टूट पड़ना उसके लिए बड़ी बात नहीं थी। अपनी ज़िन्दगी का मोह न होने पर भी वह जानता था कि आम जनता के लिए लड़ाई का मार्ग है नि:शस्त्र अहिंसात्मक सत्याग्रह की लड़ाई। उसने वही मार्ग ग्रहण किया!

धन और धनियों की सरकार की शक्ति से मदहोश कम्पनी के नौकरों की लारी के सामने लेटकर उसने कहा—मेरे जीते जी तुम मज़दूरों के अधिकारों को नहीं कुचल सकोगे। वह लारी के नीचे कुचला गया। उसने अपने दृढ़ निश्चय और अपनी शूरवीरता का प्रमाण दे दिया, अपने शत्रु का ख़ून बहाकर नहीं अपना ख़ून बहाकर!

आज हज़ारासिंह नहीं है परन्तु सत्य और अहिंसा की दावेदार सरकारें जब कहेंगी मज़दूरों का संगठन करनेवाले द्वेष और हिंसा को फैलाने के ज़िम्मेदार हैं उस समय लोगों को हज़ारासिंह की याद आयेगी! साम्राज्यशाही से समझौता करने के लिए लालायित कांग्रेसी नेता कहेंगे देश अभी अहिंसात्मक लड़ाई के लिए तैयार नहीं उस समय भी जनता को हज़ारासिंह की याद आयेगी और जनता ख़ुद फ़ैसला करेगी कि वास्तव में अहिंसा का पुजारी कौन है? जनता की मुसीबतों को समझकर जनता के लिए प्राण देनेवाला कौन है? और इनका दमन करनेवाले कौन हैं?

हज़ारासिंह ने निश्चय किया था उसके जीते-जी ज़ुल्म न हो सकेगा। उसने जीते-जी उस ज़ुल्म को कामयाब नहीं होने दिया। जब हज़ारासिंह संसार में नहीं उस समय ज़ुल्म को रोकने की जिम्मेवारी हज़ारासिंह पर नहीं। वह अपनी जिम्मेवारी पूरी कर गया। मज़दूरों और किसानों की लड़ाई को कामयाब करने की जिम्मेवारी अब किस पर है? उसने अपना काम कर दिया। वह राह दिखा गया।

सुनते हैं शहीदों के ख़ून की हर बूँद से शहीद पैदा होते हैं। हम आशा करते हैं हज़ारासिंह के रोएँ-रोएँ से हज़ारासिंह पैदा होंगे। हज़ारासिंह ज़िन्दाबाद!

मणीन्द्र नाथ की शहादत

फतेहगढ़ सेण्ट्रल जेल में हम कैसे रहते थे इसका संक्षिप्त वर्णन कॉमरेड गुप्ता ने ऊपर कर दिया है। हम लोगों को अनशन समाप्त किये कुछ ही दिन हुए थे। बनर्जी का स्वास्थ्य पहले से ही ख़राब था, अनशन ने उसे और भी ख़राब कर

दिया। वे चल-फिर भी न सकते थे। सीमेण्ट की खटिया पर जेल की दुसूती की चादर ओढ़े वे बैठे रहते थे। सन्ध्या समय 'बड़े साहब' मेजर भण्डारी आये उन्होंने बनर्जी के पीले चेहरे और सूजे हुए पैरों की ओर देखकर कहा— Take him to hospital at once. इन्हें फ़ौरन अस्पताल ले जाओ! एक स्ट्रेचर पर उन्हें अस्पताल पहुँचा दिया गया।

ऐंग्लो-इण्डियन जेलर लेडली साहब आते और कह जाते—आज बनर्जी का हाल अच्छा है। कभी कहते—वैसा ही है। हम ख़बर की प्रतीक्षा में रहते थे। एक दिन सुबह आठ बजे के करीब जेलर ने कहा—बनर्जी की हालत बहुत ख़राब है। तुम लोग चाहो तो मिल लो। शायद घण्टे-डेढ़ घण्टे के मेहमान हैं।

जाकर देखा, बनर्जी एक छोटे-से कमरे में एक खाट पर लेटे हैं। दोनों तरफ़ के जँगलों पर मुँह के पर्दे बाँधकर लू रोकने का प्रबन्ध किया गया है। बीच में पानी भरी नाँदें रखकर कमरे को ठण्डा करने की कोशिश की गयी है। एक पंखा चल रहा है। जिसे एक क़ैदी अनिच्छा से खींच रहा है। जब बनर्जी गरमी से घबराकर चिल्लाते हैं, पंखा चलने लगता है। वर्ना पंखा खींचनेवाला आराम करता है।

हम लोग बनर्जी के पास पहुँचे। उनकी आखें खुली थीं पर दिखायी उन्हें कुछ न देता था। उन्होंने हम लोगों को पहचाना नहीं। मन्मथ बाबू ने बनर्जी की पीठ पर हाथ रख विह्वल स्वर बँगला में पुकारा—बनर्जी! बनर्जी!

स्वर पहचानकर उन्होंने कहा—ओ! तुम आये? मन्मथ बाबू ने मेरी ओर भी ध्यान दिलाया। हम लोग उनकी लोहे की खाट पर बैठ गये। हमें कह दिया गया था कि हमारा साथी केवल कुछ देर का महमान है। लेकिन हमने वह बात प्रकट न की। बनर्जी के मस्तिष्क की उस समय की सतर्कता को देख यह विश्वास नहीं होता था कि यह सचेत शरीर जो हमारी बाँहों में है इतनी जल्दी जड़ हो जायेगा। बनर्जी को श्वास लेने में मर्मान्तक पीड़ा हो रही थी। डॉक्टर से मालूम हुआ कि उनका हृदय बैठ रहा है।

नीम हकीमी जताकर मैंने कहा—पैट्रोटीन का इंजेक्शन क्यों नहीं देते। उत्तर मिला—दिया जा चुका है। फिर सलाह दी—ऑक्सीजन गैस क्यों नहीं देते, जैसे अस्पतालों में अन्तिम उपचार के तौर पर दी जाती है? उत्तर दिया, सुबह से जेल का आदमी ऑक्सीजन लेने गया है, अभी मिली नहीं।

बनर्जी ने बताया कि साँस लेने में ऐसा जान पड़ता है मानो चाकू धँस रहा हो। इसके बावज़ूद उस समय भी दिमाग़ उनका इतना दुरुस्त था कि मन्मथ बाबू से बात करते तो बँगला में और मुझसे बात करते तो अंग्रेज़ी में। और कभी भूल से

बँगला बोल जाते तो—अहा मुआफ़ करना कहना भी नहीं भूलते थे। पीड़ा से वे बल खा जाते थे। हम उन्हें सीधे लिटाने का यत्न कर रहे थे परन्तु तीन-चार दिन उन्होंने वैसे ही कुबड़े बैठकर ही गुज़ार दिये थे।

मन्मथ बाबू ने विह्वल स्वर में कहा—मैं भगवान् या किसी दैवी शक्ति में विश्वास नहीं करता परन्तु हृदय से प्रार्थना करता हूँ और तुम भी करो कि यदि कोई अप्राकृतिक ईश्वरीय शक्ति है तो वह इस समय न्याय को देखकर तुम्हारी सहायता करे।

''डैम गॉड!'' बनर्जी ने कहा—''मैं मरने से नहीं डरता और न मैं प्रार्थना करूँगा। न्याय इस दुनिया में कहाँ है? अन्यायी अपनी शक्ति से सदा मज़ा करते हैं न्याय के लिए लड़नेवाले मरते हैं।'' यह बात बँगला और अंग्रेज़ी में कही गयी थी। इतना ही नहीं, इसके अतिरिक्त कुछ और भी बनर्जी ने कहा। मुझे वे शब्द याद नहीं, पर भाव यही था!

उस समय मुझे ख़याल आया दृढ़ता और निर्भयता यदि बड़प्पन की कसौटी हैं तो यह नौजवान कितना बड़ा व्यक्ति है और किस प्रकार यह हमसे छीना जा रहा है। बनर्जी ने बताया कैसे रात-रात भर वे पानी के लिए चिल्लाते रहे और पहरेदार की नींद न टूटी, यहाँ तक कि दवाई की बोतलें उठा-उठाकर उन्हें फेंकनी पड़ीं।

सुबह से उसी यन्त्रणा में बल खाते-खाते सन्ध्या के चार बज गये। उस समय ऑक्सीजन आयी। परम चतुर डॉक्टर यह निश्चय न कर सके कि रबड़ की नली में से ऑक्सीजन निकल भी रही है या नहीं। उस समय स्कूल में पढ़ी साइन्स याद आयी। एक दियासलाई नली के सामने जलाकर देखा गैस थी। गैस सुँघायी गयी। गैस से उन्हें कुछ शान्ति अनुभव होती थी परन्तु भयंकर पीड़ा जारी थी। साँस के लिए वे मुँह खोलकर हाँफते थे। हम लोग समझने की कोशिश करते थे परन्तु डॉक्टरी के इन्द्रजाल से परिचित न होने के कारण कुछ भी कर सकने में असमर्थ थे। केवल यही ख़याल आता था इलाज का उपयुक्त प्रबन्ध हो सकने पर यह अवस्था क्यों होती?

हम लोग कातर और विह्वल हो रहे थे परन्तु बनर्जी के स्वर में वह बात न थी। हालाँकि कई दफ़े उन्होंने कह दिया था कि वे मर रहे हैं। परन्तु मृत्यु के भय, संसार के सबसे बड़े भय का कुछ भी प्रभाव उनके स्वर या भाव-भंगी में न था। वीरता का इससे सच्चा उदाहरण कहाँ मिलेगा?

एक दफ़े आह! कर बनर्जी का शरीर बिलकुल सीधा हो गया। समझा अब श्वास लेने में पीड़ा न होगी। परन्तु वे तो निश्चेष्ट हो गये। झुककर देखा और मुँह से निकल गया— He is no more. समाप्त है।

मन्मथ बाबू ने व्याकुल होकर कहा, हैं? मैंने कहा, हाँ।

मन्मथ बाबू ने कहा—डॉक्टर को बुलाओ! डॉक्टर आया। उसने बनर्जी की आँखों की पलकें उघाड़कर, पुतली पर उँगली छुआकर देखा। कुछ नहीं था। फिर भी एक बार बनर्जी के शरीर में दवाई की सुई लगा ही दी गयी!

वह सजीव कोठरी अब एकदम निर्जीव हो गयी और एक महान् योद्धा का शरीर एक जेल की चादर से ढका हमारे सामने पड़ा था।

मेजर भण्डारी आये— Poor Bannerji ! कहकर वे चुप रह गये।

चाय की चुस्कियाँ

दुर्मुख

बरसात के दिनों की सुस्ती और उस पर कांग्रेस सरकार का नशाबन्दी का हुकुम! अब पॉलिटिक्स और साहित्य को समझ सकने का एक ही उपाय रह गया है और वह है 'भर दे प्याला'! लेकिन हाला का नहीं चाय था।

× × ×

अदालत का क़ायदा है कि क़सूर अगर नशे की हालत में हो जाये तो उस पर रहम से ग़ौर किया जाता है। इसलिए हम पहले ही कह देना चाहते हैं कि जो कुछ कह रहे हैं नीम नशे की हालत में, शराब के नहीं, यही चाय के।

सवाल जरा मुश्किल है। लोग पूछते हैं देश के एक बड़े तेज़-तर्रार नेता जो कांग्रेस के मन्त्री पद कबूल करने के सबसे कट्टर विरोधी थे, आज मन्त्रिमण्डलों के सबसे बड़े समर्थक कैसे हो गये? और समर्थक भी ऐसे कि मन्त्रिमण्डलों के आगे सब-कुछ क़ुर्बान करने को तैयार!

जवाब यह है कि काँटा जब तक दूर रहता है उससे नफ़रत की जाती है, उससे डरा जाता है। जब वह कपड़ों में धँस जाता है, तो उसे झटक दिया जाता है परन्तु जब वह शरीर के मांस में गड़ जाता है तब उसे लिये फिरना पड़ता है बल्कि उसे हाथ से हरदम सहलाते रहना पड़ता है। नेता बेचारे करें तो क्या? आख़िर इन्सान हैं।

× × ×

शिकायत थी कि कांग्रेस सरकार निरी मिट्टी का लोंदा है। यह ख़याल अब दुरुस्त हो जाना चाहिए क्योंकि कांग्रेस सरकारों ने भी हाथ कड़ा करना शुरू किया है, और शुरुआत हुई है पुस्तकें ज़ब्त करने से। ऐसी पुस्तकों की जब्ती जो भोली जनता की जहनीयत को बिगाड़ती हैं। हम पूछते हैं बच्चन की, 'मुधबाला' 'मधुशाला' और 'मधुकलश' की तरफ़ सरकार की नज़र क्यों नहीं गयी?

× × ×

हमारे रियासती राजाओं और उनके प्रतिनिधियों ने फ़ेडरेशन के सम्बन्ध में अपनी नीति निश्चय करने के लिए पहली सभा की थी बम्बई में और उन्होंने फ़ेडरेशन को दुलत्ती मारकर कह दिया था—हमें नहीं चाहिए यह बवाल!

अब की फ़ेडरेशन के बारे में सलाह-मशविरा हुआ शिमले में और राजा लोग चुपचाप फ़ेडरेशन निगल जाने के लिए तैयार हो गये। फ़ेडरेशन के क़ानून-क़ायदों में कुछ तबदीली नहीं हुई फिर राजाओं के रुख़ में यह परिवर्तन क्यों?

वजह साफ़ है—कहाँ बम्बई की सिर चकरा देनेवाली गरमी और कहाँ शिमला शैल की मनभावनी ठण्डक! एक और भी वजह है—सुनते हैं अजगर को सामने देखकर कबूतरों की आँखें बन्द हो जाती हैं, वे किसी बात से इनकार नहीं कर सकते।

× × ×

शिमला में ख़बर है कि फ़ेडरेशन के सम्बन्ध में कांग्रेस लीडरों को कोई ख़ास एतराज़ न होगा अगर माकूल तसल्ली दे दी जाये!

दूसरी ओर हम सुन रहे हैं—कांग्रेस फ़ेडरेशन को कबूल नहीं करेगी और उसके लिए लड़ मरेगी। कहिये कौन-सी बात ठीक है?

हमें एक कहावत याद आ गयी, कहते हैं—गूँगे के इशारे गूँगे की माँ ही समझती है।

× × ×

हमने एक दफ़े कहा था कि मुँह की फूँक से सर्दी में हाथ गरमाये जा सकते हैं और गरम चाय ठण्डी की जा सकती है। इसी तरह समय और स्थान को देखकर एक ही बात के दो मतलब हो सकते हैं। यदि महात्मा जी को थैली भेंट की जाये तो इसे कहना चाहिए भेंट। लेकिन अगर सुभाष बाबू को थैली मिले तो इसे कहना चाहिए रिश्वत।

× × ×

सुभाष बाबू काफ़िर हो गये! कांग्रेस के विरोधियों से जो आदमी मिले, उस पर लानत! और देखिये सुभाष बाबू जिन्ना और अम्बेडकर से मिलते हैं जो कांग्रेस-द्रोही हैं। उन्हें कांग्रेस से बाहर निकाल देना चाहिए!

कुछ ऐसे भी गुस्ताख़ हैं जो यह पूछ बैठते हैं कि क्या वाइसराय भी कांग्रेस के मेम्बर हैं या साम्राज्य विरोधी संघ के मेम्बर हैं? क्योंकि 'उनसे मिलनेवालों' पर किसी को शक और शुबहा नहीं होता, क्यों?

× × ×

कमल नाम की एक बीमारी में सब तरफ़ पीला-ही-पीला दिखायी देता है इसी तरह कांग्रेस के वामपक्षवालों को सब तरफ़ फ़ेडरेशन-ही-फ़ेडरेशन दिखायी देता है।

एक वामपक्षवाले कहते हैं कांग्रेस का कमाण्ड यानी हाई कमाण्ड, लो कमाण्ड और लोअर कमाण्ड सब अपने घर में बैठकर तो फ़ेडरेशन को स्वीकार करने की तैयारी करते हैं परन्तु जनता से यही कहते हैं कि फ़ेडरेशन कभी स्वीकार न किया जायेगा—आख़िर इसका मतलब?

इसका मतलब बहुत सीधा है।

जब बच्चे को डॉक्टर के यहाँ फोड़े में नश्तर लगवाने ले जाया जाता है तो उसे तमाम रास्ते यही समझाया जाता है कि नहीं, नश्तर नहीं लगेगा, मिठाई लिवाने जा रहे हैं, खिलौना लेने जा रहे हैं, तमाशा दिखाने ले जा रहे हैं। आख़िर में लगता है नश्तर ही! इसी तरह नादान पब्लिक को भी समझाना पड़ता है।

बस ज़रूरत इस बात की है कि बच्चा-तुल्य पब्लिक, पिता-तुल्य हाई कमाण्ड की बुद्धि और नीयत में विश्वास रख चुपचाप आज्ञा मानती जाये, आख़िर होगा कल्याण ही।

× × ×

एक साहब कहते हैं कि आख़िर गाँधी जी करप्शन यानी धाँधली से इतने परेशान क्यों हैं?

दूसरे साहब का ख़याल है कि महात्मा जी के आस-पास चारों तरफ़ इतना अनाचार फैल रहा है कि डरकर समझते हैं कि सभी कांग्रेसी यानी दूर-दूर रहनेवाले भी बेईमान हैं।

× × ×

कुछ लोगों को यह नहीं समझ आता कि राजेन्द्र बाबू ने ९ जुलाई के दिन आल इण्डिया कांग्रेस कमेटी के प्रस्ताव के प्रति अपने विचार प्रकट करने पर बन्धन लगाने का फर्मान कैसे निकाल दिया? क्या इसे ही विचार-स्वातन्त्र्य कहते हैं?

इतनी सीधी बात भी जिसकी समझ में नहीं आती उस पर ख़ुदा रहम करे। ब्रिटिश गवर्नमेण्ट सदा अपने नौकरों पर यह पाबन्दी लगाती थी कि वे कांग्रेस के मेम्बर नहीं बन सकते। आख़िर यह बताइये इतनी बड़ी कांग्रेस के प्रेसीडेण्ट होकर, देश के बेताज बादशाह होकर राजेन्द्र बाबू किसी पर भी पाबन्दी न लगायेंगे तो कांग्रेस में अनुशासन ख़ाक चलेगा। उन्होंने कांग्रेस की नौकरशाही पर ही पाबन्दी लगा दी।

× × ×

सरकारी दफ़्तरों के चपरासियों को बादशाही ढंग की अचकनें और भारी-भारी पगड़ियाँ पहनायी जाती हैं, जिनसे सुस्ती आना तो दूर रहा ख़ामख़ाह तवालत ही बढ़ती है। आप जानते हैं चपरासियों को इस ठाठ से क्यों रखा जाता है?

सुना है कि अंग्रेज़ अफ़सरों को देखकर गौरव अनुभव होता है कि उनकी अर्दली और ख़िदमत में बादशाही और नवाबी पोशकों में ख़िदमतगार खड़े हैं।

इसके जवाब में ऐसे हिन्दुस्तानी मौज़ूद हैं जो अपनी सम्पत्ति व्यय करके अंग्रेज़ होटलों में दिन बिताते हैं। उन्हें इस बात से सन्तोष होता है कि उनकी ख़िदमत में हक़मारान् क़ौम खड़ी है।

आपके ख़याल में शायद यह दोनों ही बेवक़ूफ़ हैं। पर ऐसा कहना बेअदबी से खाली नहीं।

आपको यह मालूम होना चाहिए कि कांग्रेस के मिनिस्टर लोग यह पसन्द करते हैं कि सरकारी नौकरियाँ अंग्रेज़ों को दी जायें! क्या आप समझते हैं कि दिल में अपनी क़ौम का ख़याल नहीं, क्या वे अंग्रेज़ों से डरते हैं? नहीं यह बात नहीं।

बात यह है कि अंग्रेज़ अफ़सरों पर हुकुम चलाने में मज़ा आता है। अब आप बतलाइये, आप क्या बेहूदा बातों में पड़े हैं कि सरकारी पदों का भारतीयकरण होना चाहिए, भारतीयों को उनका अधिकार मिलना चाहिए।

बेचारे कांग्रेसी मिनिस्टरों को हुकुम चलाने का मज़ा तो ले लेने दीजिये। आप अपनी जान बचाने के पीछे पड़े हैं, वहाँ किसी का मज़ा किरकिरा हो रहा है।

× × ×

मालूम नहीं आपने सम्राट् कैनूट की कहानी सुनी है या नहीं। सम्राट् कैनूट समुद्र के किनारे खड़े थे। समुद्र की लहरों को उठना उन्हें पसन्द नहीं आया। उन्होंने लहरों को हुकुम दिया कि एकदम शान्त हो जाओ!

हम उसी कहानी की बात सोच रहे थे कि आँख लग गयी और देखते क्या हैं— कि ९ जुलाई की तारीख़ आ रही है और भारतीय जनता के समुद्र में जोरों से ज्वार आ रहा है। और सम्राट् राजेन्द्र बाबू किनारे पर खड़े उँगली उठा कह रहे हैं—ख़बरदार! शान्त! अनुशासन!

× × ×

सुनते हैं एक बहुत छोटी-सी पहाड़ी रियासत में एक मलाई की बरफ़ बेचनेवाला जा पहुँचा। दरबार तक ख़बर पहुँची और बरफ़वाले को दरबार में तलब किया गया। बरफ़ चखकर महाराज ने कहा—"वाह ऐसी चीज़ तुम हर किसी अने जने को खिलाते फिरते हो! यह न होगा। तुम सिर्फ़ दरबार के लिए ही बरफ़ बना सकोगे और दरबार के ही नौकर होकर रहोगे।"

आपके ख़याल में महाराज बेवकूफ़ हो सकते हैं पर नयी दिल्ली की म्युनिसिपल कमेटी से पूछिये। कमेटी में एक तजवीज़ आयी कि कनाट सर्कस के चौक के बाग़ में आम जनता के लिए एक रेडियो लगा दिया जाये!

यह तजवीज़ बेहूदा समझी गयी। बताइये भला जब मज़दूर भी रेडियो सुनेंगे तो रेडियो की औक़ात ही क्या रह जायेगी!

× × ×

पण्डित नेहरू कहते हैं बंगाल के राजनैतिक क़ैदियों के सवाल पर दूसरे प्रान्तों की कांग्रेस मन्त्रिमण्डलों का इस्तीफ़ा देना बेक़ायदगी है क्योंकि इन क़ैदियों की रिहाई प्रान्तीय सवाल है और प्रान्तों का उससे कोई सम्बन्ध नहीं।

हम पूछते हैं जब राजकोट के अनशन पर सब प्रान्तों के मन्त्रिमण्डल इस्तीफ़ा देने के लिए तैयार हो गये थे तो फिर राजकोट से किस-किस प्रान्त का सम्बन्ध था?

कांग्रेस के प्रधान चले थे हक़ साहब को यह तसल्ली देने कि तुम राजनैतिक क़ैदियों को छोड़ने के लिए तैयार हो जाओ, बीच में अगर गवर्नर या वाइसराय बोलेगा तो हम तुम्हारी पीठ पर रहेंगे।

हक़ साहब बोले—वाह गवर्नर या वाइसराय क्या बोलेगा? हम क्या गवर्नर या वाइसराय से कम सख़्त हैं? हम तो ख़ुद ही उन्हें छोड़ने को तैयार नहीं।

◈

समालोचना

बड़ी दीदी : हम यहाँ स्वर्गीय शरच्चन्द्र की उस अमर रचना का ज़िक्र नहीं कर रहे हैं जिसने 'न्यू थियेटर्स' को 'बड़ी दीदी' सिनेमा के पट पर लाकर धन और यश अर्जन करने का प्रलोभन दिया। हम यहाँ 'न्यू थियेटर्स' द्वारा तैयार किये गये खेल 'बड़ी दीदी' का ही ज़िक्र कर रहे हैं। यह आम धारणा है कि 'न्यू थियेटर्स' अपने सामने कला का एक खासा ऊँचा आदर्श रखकर अपनी फ़िल्में तैयार करता है। इस धारणा में सत्य का पर्याप्त अंश है इससे भी हम इन्कार नहीं कर सकते परन्तु 'बड़ी दीदी' फ़िल्म को आप एक बार देख आइये और अच्छा हो यदि आप पहले इस फ़िल्म को बँगला में देख लें इसके बाद हिन्दुस्तानी में फ़िल्म को देखने पर वह आपको खटक जायेगी।

हिन्दी फ़िल्म के अभिनेताओं में वह सरल स्वाभाविकता नहीं आ पायी है जो बँगला में है और मूल पुस्तक के प्रसाद गुण का तो पूर्णतया अभाव है। बहुत मोटी बात जोकि 'न्यू थियेटर्स' के डाइरेक्टर को अवश्य सूझ जानी चाहिए, सभी पात्रों का एक-सी भाषा बोलना। एम. ए. पास नायक और सुशिक्षिता नायिका जो भाषा बोलती है ठीक वही व्याकरण की भाषा घर की नौकरानी, गाँव का बैलगाड़ी हाँकनेवाला और कुली मज़दूर भी बोलते हैं। ऐसे दोष रस भंग किये बिना नहीं रह सकते। आशा है, अपने दूसरे खेलों में 'न्यू थियेटर्स' इस बात का ख़याल रखेगा। यदि बंगाली अभिनेताओं के लिए देहाती हिन्दुस्तानी बोलना कठिन है तो, देहाती हिन्दुस्तानी, हिन्दुस्तानी बोलनेवालों की कमी इस देश में नहीं है।

मानसी : लेखक प्रो. उदयशंकर भट्ट, प्रकाशक-हिन्दी संस्कृत पुस्तक विक्रेता, सैदा मिट्ठा बाज़ार, लाहौर मूल्य १ रु.।

प्रस्तुत पुस्तक एक छोटा काव्य है परन्तु कथानक के ढंग पर नहीं एक विचार-धारा के रूप में। कवि छायावाद के कुहासे में ही लिपटकर रह गया। उसने कविता की कोमल भाषा में जीवन की कठिन समस्या की विवेचना दार्शनिक ढंग से करने की चेष्टा की है और उसके यथार्थवाद ने कविता की विरलता में भी एक ठोसपना पैदा कर दिया है। संघर्ष की रगड़ उसके ललित पदों की आधार लहरी है। प्रो. भट्ट हिन्दी के पुराने और प्रौढ़कारियों में हैं।

◈

सिंहावलोकन

जून मास के विप्लव में मैं इस बात पर विचार कर रहा था कि कोई व्यक्ति क्रान्तिकारी किस प्रकार बन जाता है। एक दिव्य आत्मा का अंश लेकर या प्रकृति द्वारा अपनी जाति और राष्ट्र के लिए एक वरदान बनकर वह अवतार ग्रहण करता है या उसके चारों ओर की सामाजिक और राजनैतिक परिस्थितियाँ ही उसे गढ़कर क्रान्ति का सिपाही बना देती हैं।

पंजाब में जिन लोगों ने हिन्दुस्तान समाजवादी प्रजातन्त्र सेना की शाखा की स्थापना की वे प्राय: सब–के–सब नेशनल कॉलेज के ही विद्यार्थी थे। व्यक्तिगत रूप से हम लोगों में अपने चारों ओर की परिस्थिति को देखकर असन्तोष के अंकुर फूट रहे थे परन्तु उस असन्तोष को संगठित रूप तभी प्राप्त हुआ जब हम लोग नेशनल कॉलेज में एक–दूसरे से मिले। नेशनल कॉलेज में प्रान्त भर से छँटकर सचेत युवक इकट्ठे हुए थे। इन नवयुवकों के यूनिवर्सिटी छोड़कर नेशनल कॉलेज में आने का अभिप्राय ही यह था कि वे जीवन को केवल पेट भरने के ही लिए नहीं समझते बल्कि कुछ और भी करना चाहते हैं।

जीवन निर्वाह की समस्या के साथ–ही–साथ जब देश और जाति का काम करने का सवाल उठता है उस समय इन दोनों में एक विरोध दिखायी देने लगता है। व्यक्ति के समय और साधनों की एक सीमा होती है। अपने इस समय और साधनों को व्यक्ति पहले अपने जीवन–निर्वाह की चिन्ता में लगाये या समाज और देशकी हित चिन्ता में? यह प्रश्न हमारे सामने आ खड़ा होता है। कहावत प्रसिद्ध है 'भूखे भजन न होत गोपाला, यह लो अपनी कण्ठीमाला। इसीलिए प्राय: बुद्धिमान् और अनुभवी लोग सलाह दिया करते हैं कि सामाजिक और राजनैतिक कार्य उन्हीं लोगों के शोभा देता है जो घर से भरे–पूरे हैं, जिनकी अपनी और परिवार की आवश्यकताएँ उनके बाप दादा की संचित सम्पत्ति से पूरी होती रहती है या पहले जीवन भर पेटपूर्ति के लिए धन संचय कर लो और तब देश और समाज की फ़िक्र करो। वही पुराना सिद्धान्त है कि 'घर में दीया जलाकर मसजिद में जलाया जाता है?' परन्तु अनुभव इससे उलटा ही जाता है। राजनैतिक और सामाजिक कार्य की ओर प्रवृत्ति प्राय: उन्हीं लोगों की होती है जो आवश्यकताओं द्वारा सताये रहते हैं। मैं समझता हूँ ऐसा होना स्वाभाविक भी है। समाज और देश की अवस्था सुधारने की चिन्ता तो हो सकती है जब उसे हम असन्तोषजनक समझें। समाज को असन्तोष जनक अवस्था का अनुभव उग्र रूप में उन्हीं लोगों को हो सकता है जो समाज की मौज़ूदा राजनैतिक और आर्थिक व्यवस्था के कारण उसमें जगह नहीं पा सकते।

अपनी दुर्दशा को भली-भाँति समझने के कारण समाज के वे लोग बहुत बड़े दुःखी अंग की अवस्था को भी समझने की योग्यता रखते हैं। जो लोग सन्तुष्ट हैं उन्हें क्रान्ति की चिल्लाहट बेमतलब और असामाजिक मालूम होती है। मेरा अभिप्राय यह नहीं कि देश की स्वतन्त्रता के प्रति उनके हृदय में अनुराग नहीं। ऐसे आदमी देश की ग़ुलामी को अपने देश के माथे का कलंक समझ सकते हैं और उसको दूर करने के लिए प्राणों की बाजी भी लगा सकते हैं परन्तु उनके लिए यह आत्मसम्मान का प्रश्न हैं, भूख से मरते लोगों की तरह मरने जीने का प्रश्न नहीं। और आत्मसम्मान की भावना का विकास होता है पेट के भरे रहने पर।

आज भी प्रायः देखते है हमारे राष्ट्रीय कार्यकर्त्ताओं में चोटी के आदमियों को छोड़कर प्रायः निर्धन तबके के ही लोग हैं। निर्धन होकर भी देश का काम करने की आवश्यकता अनुभव कर या अपने जीवन-मरण में राष्ट्र के जीवन-मरण का प्रश्न उलझा हुआ देखकर जब वे लोग राजनैतिक काम करने के लिए आगे बढ़ते हैं तो उनके राजनैतिक काम को स्वार्थ बताकर उनका निरादर किया जाता है। उस समय के डकारों और बहदज़मी से परेशान हमारे सम्पन्न लोग यह भूल जाते हैं कि क्रान्ति और परिवर्तन की ज़रूरत भी तो उन्हीं को है। यदि उस ग़ुलाम देश में सभी लोग ख़ुशहाल होते, राष्ट्र की स्वतन्त्रता का यह आन्दोलन इस परिमाण में कभी न उठ सकता। उस समय नेशनल कॉलेज में जितने विद्यार्थी आये उनमें से अधिकांश ग़रीब तबके से ही थे। कुछ लोग ज़रूर सम्पन्न श्रेणी से भी थे परन्तु उनकी संख्या बहुत ही कम थी। ग़रीब होकर आवश्यकताओं से सताये जाकर भी अपने आपको केवल वैयक्तिक चिन्ताओं में ही न लगा देना एक साहस की बात थी। किस प्रकार एक नवयुवक का मन घर और समाज के काम के बीच डाँवाँडोल होता है इसका एक उदाहरण मुझे सुखदेव की एक बात से याद आता है।

एक बेर एक साथी जो हमारे सभी विचारों से सहमत थे परन्तु क्रियात्मक रूप से हमारे दल के काम में भाग नहीं ले रहे थें इसी सवाल पर अपनी सफ़ाई दे रहे थे। साथी ने कहा—पार्टी में काम करने का मतलब वह होगा कि मैं घर का कोई काम न कर सकूँगा। आख़िर मैं अपनी बूढ़ी विधवा माँ और छोटी बहन को किसके आसरे छोड़ दूँ। उन लोगों के प्रति भी तो मेरा कुछ फर्ज़ है। यह भी तो आख़िर देश के अंग हैं। क्या इनका भूखा मरना उचित है?

इस टेढ़े सवाल का जवाब जो सुखदेव ने दिया वह भी कम टेढ़ा न था। सुखदेव ने उत्तर दिया तो देश का काम किये जाने के लिए सबसे पहले काम यह होना चाहिए कि देश भर के बूढ़े माता-पिता और आश्रित लोगों को एक जहाज़ पर बैठाकर समुद्र में जल-समाधि दे दी जाये। ऐसा कौन है जिसके वृद्ध

माता- पिता या कोई आश्रित न हो? जब तक यह लोग रहेंगे देश भर के नौजवानों का कर्त्तव्य इन्हीं लोगों की सेवा करना रहेगा और देश की सुध न ली जा सकेगी।

यहाँ यह कह देना भी अप्रासंगिक न होगा कि सुखदेव के भी एक वृद्धा विधवा माता थी और उनके घर की हालत भी अच्छी न थी।

इसके अलावा एक और ग़लतफ़हमी जो साधारणत: राजनैतिक कार्यकर्त्ताओं के दिमाग़ में बनी रहती है वह है घर-बार के काम-काज के साथ-साथ राजनैतिक काम करना शौक़ के तौर पर या अपनी पोजीशन बनाने के लिए जितने राजनैतिक और सामाजिक काम की ज़रूरत है उतना तो ज़रूर फुर्सत के वक़्त किया जा सकता है परन्तु जहाँ ठोस संगठित काम का सवाल आ जाता है ऐसा काम केवल वही लोग कर सकते है जो राजनैतिक काम को ही अपना लक्ष्य बना लें या लेनिन के शब्दों में पेशेवर क्रान्तिकारी (Professional Revolutionary) बन जाये! यदि घर-बार के काम के साथ फुर्सत के समय क्रान्ति का काम किया जा सकता, तो नेशनल कॉलेज के हमारे सब साथी क्रान्तिकारी हो जाते। परन्तु ऐसा न किसी दूसरे समाज और देश में हुआ है और न हमारे ही देश और समाज में ऐसा हो सकना सम्भव था।

यह सवाल ख़ुद मेरे सामने उग्र रूप में आया। मेरे ही सामने नहीं बल्कि जिन क्रान्तिकारियों को मैं जानता हूँ उन सबके सामने यह सवाल आया। फ़रक़ यह था कि सुखदेव और भगतसिंह ने कॉलेज में पढ़ाई करते समय ही इस बात का निश्चय कर लिया था कि उन्हें केवल एक काम करना है। और वह है क्रान्ति का काम। इसलिए जब मैं अभी नेशनल स्कूल में पढ़ा कर या कुछ लिखने-पढ़ने का कामकर अपनी रोज़ी भी चलाता रहा और पार्टी का काम करने की भी कोशिश करता रहा। मैं पार्टी के काम में पूर्ण सहयोग नहीं दे सका। उस समय मेरा काम यही था कि कॉलेज और स्कूल के लड़कों से मिलकर उनकी विचारधारा को स्पष्ट कर क्रान्तिकारी दल की ओर आकर्षित करूँ। उस समय इस काम की बड़ी ज़रूरत थी परन्तु दूसरे कामों में व्यस्त रहने के कारण मैं इस काम को भी उचित रूप से या कहिये काफ़ी परिमाण में नहीं कर सकता था लेकिन सुखदेव और भगतसिंह अपना सब समय इसी काम में लगाते थे। सुखदेव का घर था लायलपुर में, और वह रहता था, लाहौर में इसलिए उसे टोकनेवाला भी कोई नहीं था। सुखदेव ने उसी समय मज़दूरों से सम्बन्ध पैदा करने की ओर ध्यान देना भी शुरू कर दिया था। वह प्राय: गेहूँ के तिनकों का कुला सिर पर रखे और तहमत लगाये इस श्रेणी के लोगों से

मिलता-जुलता रहता था। परन्तु भगतसिंह के लिए यह सब उतना सहल न था। भगतसिंह के पिता उसे हमेशा घर के कारोबार की ओर ध्यान देने के लिए मज़बूर करते रहते थे। भगतसिंह अपने पिता से छिपता फिरता था और वे उसे ढूँढ़ते फिरते थे, दोनों में एक तरह से आँखमिचौनी का खेल हुआ करता था।

भगतसिंह के पिता ने उन दिनों लाहौर से ९ मील दूर अपने गाँव 'नवाँकोट' में कुछ भैंस रखकर दूध का कारोबार शुरू किया था। वे चाहते थे कि भगतसिंह भी उस काम में मनोयोग दे और भगतसिंह देश में क्रान्ति का आयोजन करने की फिराक में था। एक दिन भगतसिंह के पिता सरदार किशनसिंह जी भगतसिंह को ढूँढ़ते-ढूँढ़ते निहायत परेशानी की हालत में मेरे यहाँ आ पहुँचे। उन दिनों मैं लाहौर के मच्छीहट्टा बाज़ार में एक किराये का मकान लेकर रहता था। भगतसिंह सुखदेव और युक्तप्रान्त से आनेवाले क्रान्तिकारी, प्राय: इसी मकान में बसेरा किया करते थे और भीतर के कमरे में जो हथियार रिवाल्वर पिस्तौल वगैरा वे ले आते थे सँभाल कर रखे रहते थे।

सरदार साहब ने आते ही गुस्से से पूछा—भगतसिंह कहाँ है?

इस सवाल का एक ही उत्तर मैं दे सकता था। जवाब दिया—मुझे नहीं मालूम।

इस पर उन्होंने सवाल किया सुखदेव कहाँ रहता है?

इस सवाल का जवाब भी मैं न दे सकता था इसलिए मैंने जवाब दिया... मैं नहीं जानता।

सरदार साहब बहुत बिगड़े। कुछ सभ्य गालियाँ सुनाकर उन्होंने कहा—तुम लोग बड़े चालाक क्रान्तिकारी बनते हो। लेकिन तुम सब गधे हो। हमने भी देश का बहुत काम किया है, अब तुम लोग अपने घर के काम की ज़िम्मेदारी महसूस नहीं करते तो तुम देश का क्या बना सकते हो?

मैंने उनके लगाये हुए इल्ज़ाम से इन्कार करते हुए जवाब दिया—मैं तो क्रान्ति करता नहीं फिरता। चुपचाप अपना काम करता हूँ—उन दिनों मैं अपनी रोटी के लिए पैसे कमाया करता था—मुझे क्या मालूम सुखदेव कहाँ रहता है और भगतसिंह कहाँ है। ऐसे ही कभी कहीं बाज़ार में मिल गया तो मिल गया।

सरदार साहिब मेरे इस जवाब से शान्त होने के बजाय और भी बिगड़ खड़े हुए। वजह यह कि दो-एक दिन पहले उन्होंने भगतसिंह को मेरा ओवरकोट पहने देखा था। अब उन्होंने मुझे आड़े हाथों लिया बोले—बड़ा चालाक है तू। ख़ुद तो रोज़गार से लगा है और दूसरों को उजाड़ता है, तू अपने दोस्तों को क्यों नहीं समझाता कि वे भी घर का काम देखें।

आख़िर तलाश करते-करते सरदार किशनसिंह ने भगतसिंह को ढूँढ़ ही तो लिया। और फिर भगतसिंह पर उस दिन जो गुज़री उसे वह आख़िरी दिन तक नहीं भूला होगा। शब्दों की मार के अलावा हाथ की मोटी लाठी का प्रसाद भी काफ़ी तादाद में मिला। सरदार जी के क्रोध की उस रोज़ सीमा नहीं थी। हम लोगों को बेवकूफ और गुमराह कहकर सरदार जी प्राय: ही हम लोगों की लानत-मलामत करते रहा करते थे। उनकी इस लानत-मलामत का हम लोगों पर एक आतंक छा गया था। कई दफ़े ऐसा हुआ कि हम लोग दिल्लगी या दिल बहलाओ की कोई बात कर रहे होंते थे—सरदार साहब के वज़नी जूते की आवाज़ सीढ़ियों में सुनायी दी और सब लोग यों चुप हो जाते थे मानो अलादीन के चिराग़ का दैत्य सामने आ खड़ा हुआ हो।

यह देखकर सरदार साहब के दिल में शक पैदा होना ज़रूरी था। राजनैतिक चर्चा तो हम लोग करते ही थे परन्तु यह नहीं कि हरदम वही करते रहते हों और वह भी इस किस्म का कि उसे हम सरदार साहब से छिपाना ज़रूरी समझते हों। लेकिन अदब की वजह से कहिये या किसी आतंक की वजह से कहिये, जहां हमने उनके वजनी क़दमों की आवाज़ जीने पर सुनी कि चुप्पी साध गये। इसका परिणाम यह होता था कि सरदार साहब हमसे बहुत सतर्क रहते।

मजा यह है कि यही सरदार साहब भगतसिंह के जन्म से पहले अपने भाई (भगतसिंह के चचा) सरदार अजीतसिंह और सूफी अम्बाप्रसाद के साथ क्रान्ति का बीड़ा उठाकर जिले-जिले, और गाँव-गाँव भटकते फिरते थे और इसी फ़िराक में नेपाल के देहातों तक घूम आये परन्तु भगतसिंह का यह सब करना उन्हें सहन नहीं था। क्यों? इस प्रश्न का उत्तर देने के लिए मनुष्य के मानसिक संगठन की विवेचना करनी आवश्यक होगी और यह काम मनोविज्ञान के पण्डितों का है। ख़ैर, यह साधारण अनुभव की बात है कि प्राणिमात्र में पिता को अपने जीवन की अपेक्षा सन्तान के प्रति अधिक मोह होता है। लाहौर में रहकर भगतसिंह के लिए घर के काम की बिलकुल उपेक्षा कर सकना सम्भव नहीं था और दल का काम जिसे हाथ में लेने पर और किसी काम के लिए फुर्सत नहीं हो सकती घर के काम के साथ हो नहीं सकता था। इसलिए भगतसिंह को घर छोड़ना ही पड़ा। भगतसिंह को सांसारिकता के बन्धनों में बाँधने के लिए उनके घरवालों ने भी वे सदियों पुराने हाथियार इस्तेमाल किये अर्थात् भगतसिंह के ब्याह का प्रबन्ध, परन्तु वह उस फन्दे में फँसने से पहले ही कूद गया।

इधर कुछ समय तक नितान्त रूप से दल का काम करते रहने के बाद सुखदेव कुछ समय के लिए लायलपुर गया। वहाँ उसे भी घर के कारोबार की तरफ़ ध्यान

देना पड़ा। सुखदेव के परिवार की अवस्था भी इन दिनों बहुत ख़राब हो रही थी और उन लोगों की रुई, सुर्खी और लकड़ी चीरने की छोटी-सी फ़ैक्टरी डूबती चली जा रही थी, सुखदेव ने उसे कुछ सँभाला और यदि वह कुछ समय उस फ़ैक्टरी की ओर और ध्यान देता तो शायद फ़ैक्टरी की अवस्था सुधर जाती परन्तु कठिनाई तो यही थी कि कारोबार और राजनीति दोनों एक साथ नहीं चल सकते थे। सुखदेव ने राजनीति या देश के कार्य के सामने घर के कारोबार को बलिदान कर देना आवश्यक समझा। राजनैतिक काम को या दल के काम को पेशे की तरह स्वीकार किये बिना कोई चारा ही नहीं था।

मैंने इस समय क्या किया, इससे पूर्व यह बता दूँ कि भगवतीचरण ने क्या किया। भगवती भाई की स्थिति हम लोगों से कई बातों में भिन्न थी। हम लोगों की तरह घर के कामकाज और कारोबार की ओर ध्यान करने के लिए भगवती भाई को मज़बूर करनेवाला कोई नहीं था। कोई आर्थिक संकट भी उनके सिर पर सवार नहीं था। उनके पिता मकानों की शक्ल में और बैंक की धरोहर के रूप में इतना काफ़ी छोड़ गये थे कि वे निश्चित रूप से डेढ़ सौ रुपये महीना घर का काम चलाने के लिए पा सकते थे। परन्तु निठल्ले बैठना उनके लिए असहाय था और तन मन से नून, तेल, लकड़ी की चिन्ता में या कहिये पिता की छोड़ी हुई सम्पत्ति को बढ़ाने की फ़िक्र में लग जाना भी सह्य नहीं था। वे चाहते तो किसी क़िस्म की दूकान खोलकर उसमें गरक हो जाते। निठल्लेपन से तंग आकर उन्होंने एक बैंक में कुछ दिन नौकरी कर ली थी परन्तु उससे अपने काम का किसी प्रकार मेल खाता न देख उसे उन्होंने छोड़ दिया और वही देश और दल के काम की २४ घण्टे की ड्यूटी ले लीं।

लाहौर का नेशनल कॉलेज तो समाप्त हो ही चुका था इसलिए उधर से तो मैं खाली था परन्तु पत्र-पत्रिकाओं में कुछ लिख-लिखकर या अनुवाद कर और इन्श्योरेन्स के काम में पैर अड़ाकर अपना ख़र्च चलाये जाता था। उस समय हिन्दुस्तान समाजवादी प्रजातन्त्र सेना से सम्बन्ध होने पर भी मैं उसमें पूर्णरूप से सक्रिय सहयोग नहीं दे रहा था बल्कि यही कहना ठीक होगा कि मैं रिज़र्व फोर्स में था।

यह समय था सन् १९२८ की शरद् ऋतु का। इन्हीं दिनों लाला जी पर साइमन कमीशन के बायकाट के सिलसिले में प्रदर्शन करते समय साण्डर्स लाठी से आघात किया था। साण्डर्स की मृत्यु के सम्बन्ध में एक ग़लतफ़हमी आम जनता में फैली हुई है और इस ग़लतफ़हमी का कारण है, मुख़बिर जयगोपाल का बयान!

साण्डर्स की मृत्यु का ज़िक्र करते समय मैं यह कह देना चाहता हूँ कि मेरा अभिप्राय उसका समर्थन करना या उस काण्ड के बुनियादी उसूलों का समर्थन करना नहीं है। मैं जो कुछ यहाँ लिख रहा हूँ वह शुद्ध ऐतिहासिक दृष्टि से लिख रहा हूँ। जयगोपाल ने अपने बयान में यह कहा था कि साण्डर्स की मृत्यु स्काट के धोखे में हो गयी। बात असल में यह नहीं थी। साण्डर्स पर वार साण्डर्स को स्काट समझकर नहीं साण्डर्स समझकर ही किया गया था क्योंकि लाला लाजपत राय पर आघात साण्डर्स ने किया था स्काट ने नहीं। ख़ैर बात उन्हीं दिनों की है एक दिन सुखदेव ने मुझे मिलने के लिए लाहौर के गोलबाग़ में बुलाया और दल के काम की स्थिति स्पष्ट कर कहा—भाई अब इस तरह काम नहीं चलेगा। सुविधा के समय दल का काम करने से काम नहीं होगा। अब तुम निश्चय कर लो, काम एक ही होगा चाहे अपने घर का कर लो या दल का। यदि इस बात की प्रतीक्षा करो कि और लोग जो काम तुम्हें बतायें वही काम तुम फुर्सत में कर दिया करो और बाकी समय अपना काम देखो तो काम कैसे चलेगा? काम तो कुछ भी नहीं। यदि दल न होता तो कुछ भी काम न होता! काम तो पैदा करना है और फिर उसे करना है। आज मैं तुम्हारा निश्चय जान लेना चाहता हूँ?

बहुत देर तक घास के तिनके तोड़-तोड़कर मैं सोचता रहा फिर कहा—अच्छा अब और कोई काम न कर दल का ही काम करूँगा यही था आरम्भ!

सितम्बर
१९३९

"कांग्रेस जैसी प्रजातन्त्र संस्था में राजनैतिक विचारों और सिद्धान्तों की रक्षा दूसरे पक्ष के विचारों और सिद्धान्तों का दमन करके नहीं की जा सकती।"

बाबू राजेन्द्रप्रसाद, राष्ट्रपति

पटना, ३० अगस्त,१९३९

सम्पादकीय टिप्पणियाँ

फ़ॉरवर्ड ब्लाक

संकट और क्रूर ग्रहों के संयोग के समय उत्पन्न होनेवाले बालक के समान फ़ॉरवर्ड ब्लाक हमारी कांग्रेस के लिए आशंकाओं का कारण बन गया है। इन आशंकाओं और सन्देहों के कारणों की जाँच कर हमें यह देखना होगा कि इस अशंका और सन्देह की जिम्मेवारी किस प्रवृत्ति के कन्धों पर है?

फ़ॉरवर्ड ब्लाक कांग्रेस के इतिहास में नयी चीज़ नहीं। नये नाम से एक पुराना नाटक दोहराया जा रहा है। कांग्रेस की शिथिल होती हुई नीति के कारण सूरत में लोकमान्य बालगंगाधर तिलक को जो करना पड़ा और उदार दल के हाथों कांग्रेस का उद्धार करने के लिए महात्मा गाँधी को जो करना पड़ा, उसकी अपेक्षा कोई नयी बात आज फ़ॉरवर्ड ब्लाक नहीं कर रहा।

आज कांग्रेस के अन्दर अनेक विचारों के प्रतिनिधि संगठन मौज़ूद हैं और कांग्रेस में उन सबका पैदा होना और रहना स्वाभाविक और आवश्यक है। जो लोग कांग्रेस के अन्दर विचार स्वतन्त्रता समाप्त कर कांग्रेस को एक पार्टी का रूप देने का यत्न कर रहे हैं, वे अपने विचार में कांग्रेस को सबल बनाने के लिए जनता की ज़मीन में फैली हुई उसकी जड़ों को काटकर, उसकी जीवन शक्ति को समाप्त कर देना चाहते हैं। यदि इन लोगों के प्रयत्न सफ़ल हो गये तो कांग्रेस केवल गाँधी सेवा संघ या चरखा संघ के अलावा और कुछ न रह जायेगी।

कांग्रेस या किसी भी राष्ट्रीय आन्दोलन के सशक्त होने के लिए उसे जनता के हितों का प्रतिनिधि बनना पड़ेगा और भारत की जनता के प्रतिनिधित्व का अर्थ है,

जनता के संकटों को यथार्थ रूप में समझकर साम्राज्यवाद के हाथों उसके घुटते हुए गले को मुक्त कराना। जनता के संकट को जनता की इच्छानुसार मुक्त करने के हमारे प्रयत्न हमें कांग्रेस में वामपक्ष की नीति की ओर ले जाते हैं। कांग्रेस में यह वामपक्ष कांग्रेस महारथियों के विरोध के बावज़ूद भी जो दिन-पर-दिन शक्ति संचित कर रहा है। इसका केवल एक कारण है और वह कारण है वामपक्ष का जनता की अनुभूति का प्रतिनिधि होना। वामपक्ष को सोशलिस्ट और कम्युनिस्ट कहकर इन्हें विदेशीय संस्कृति और सभ्यता की छाप देकर बदनाम किया जाता है परन्तु इन सब फ़तवों के बावज़ूद यह भावना दिन दूनी और रात चौगुनी ज़ोर पकड़ती ही चली जा रही है।

परन्तु फ़ॉरवर्ड ब्लाक! वह क्यों कांग्रेस के ठेकेदारों की नज़रों में खटकता है? फ़ॉरवर्ड ब्लाक की आधारशिला में समाजवाद और कम्युनिज़्म के वे भयानक सिद्धान्त जो समाज में अनुचित अधिकारों की इमारतों को गिराकर समतल कर देना चाहते हैं, नहीं छिपे हैं। फ़ॉरवर्ड ब्लाक की तारीफ़ कहिये या निन्दा कहिये, सच्ची बात यह है कि फ़ॉरवर्ड ब्लाक कांग्रेस के भीतर किसी नयी विचारधारा का आधार लेकर खड़ा नहीं हुआ, वह केवल कांग्रेस के ही कार्यक्रम को अधिक संजीदगी से, ईमानदारी से पूर्ण करने की भावना का प्रकट रूप है। यदि कांग्रेस के ध्येय और कांग्रेस की प्रतिज्ञाओं को पूर्ण करने का प्रयत्न करना कांग्रेस का विरोध करना है तो फॉरवर्ड ब्लाक ज़रूर कांग्रेस के लिए हानिकारक होगा। यदि बात इससे उलटी है तो फ़ॉरवर्ड ब्लाक कांग्रेस की शिथिलता के कारण उत्पन्न होनेवाली एक स्वाभाविक असन्तोष की अभिव्यक्ति है जिसका प्रकट होना कांग्रेस के जीवन का चिह्न है।

हम समझते हैं आज यदि फ़ॉरवर्ड ब्लाक के कारण किसी दल को असन्तोष हो सकता है तो उसी दल को जो कि कांग्रेस की शिथिलता के दूर होने पर अपना प्रभुत्व दूर हो जाने के भय से आशंकित है।

फ़ॉरवर्ड ब्लाक एक चुनौती है! इस देश की पूर्ण स्वतन्त्रता को प्राप्त करने का जो उत्तरदायित्व हमारी राष्ट्रीय कांग्रेस ने लिया है उसके मार्ग में आनेवाली रुकावटों के प्रति। फ़ॉरवर्ड ब्लाक चुनौती है—कांग्रेस के प्रजातन्त्र की भावना और सिद्धान्त को नष्ट कर देने के लिए की जानेवाली चेष्टाओं के प्रति! फ़ॉरवर्ड ब्लाक कांग्रेस के नेतृत्व को चुनौती नहीं है। वह इस बात के लिए नहीं लड़ रहा कि कांग्रेस का तख़्त इस दल या उस दल के अधिकार में रहे। न वह महान् व्यक्तियों के नामों की दुहाई देकर जनता का समर्थन प्राप्त करने की चेष्टा कर रहा है। कांग्रेस का नेतृत्व किसी

दल के हाथों रहे परन्तु कांग्रेस को अपनी साम्राज्यशाही के हाथों स्वतन्त्रता प्राप्त करने की लड़ाई के मार्ग पर आगे बढ़ना होगा। इसी प्रवृत्ति ने फ़ॉरवर्ड ब्लाक को जन्म दिया है और इस प्रवृत्ति को सफल बनाने में ही उसकी सार्थकता है; इसी में कांग्रेस का जीवन और उसकी सफलता है।

रूस और जर्मनी का समझौता

समाचार-पत्रों की ख़बरें पढ़-पढ़कर जनता आशा कर रही थी, इंग्लैण्ड और रूस के समझौते का समाचार सुनने की परन्तु सुना वह जिसकी उसे आशा न थी—रूस और जर्मनी का समझौता। संसार प्रतीक्षा कर रहा था, रूस और जर्मनी के युद्ध का समाचार सुनने की! इस वातावरण के लिए कौन जिम्मेवार था—इंग्लैण्ड के समाचार-पत्र! यह एक अच्छा उदाहरण है इंग्लैण्ड के पूँजीपति समाचार-पत्रों के ग़लत प्रचार का!

यह प्रचार कुछ फल न ला सका! समझौता हो गया रूस और जर्मनी में! इस समझौते ने रूस के विरोधियों, और रूस की प्रजातन्त्र तथा किसान-मज़दूरों के राज का प्रतिनिधि मानकर उससे सहानुभूति रखनेवालों को एक धक्का लगा। रूस का समझौता प्रजातन्त्रवाद के शत्रु के साथ!

समझौता—शब्द ही कुछ भोले आदमियों को गुमराह कर रहा है। मानो संसार में अपना आतंक फैलाने के लिए जर्मनी के प्रयत्नों में रूस अब सहायता देगा। परन्तु समझौते की शर्त बिलकुल साफ़ है समझौता यह है—

"समझौता करनेवाले दोनों दलों में से यदि एक देश किसी तीसरे देश पर आक्रमण करेगा तो आक्रमण करनेवाले देश के साथ किया गया समझौता टूट जायेगा।"

हम नहीं समझते कि इस साफ़ शर्त को देख और समझ लेने के बाद रूस पर जर्मनी के आतंकवाद सहायक होने का लांछन लगाया जा सकता है। रूस और जर्मनी के समझौते का प्रयोजन है केवल आपस में एक-दूसरे पर आक्रमण न करने का निश्चय! दूसरे शब्दों में इसे कहा जा सकता है इंग्लैण्ड की जो नीति अब तक किसी भी तरह रूस और जर्मनी को भिड़ाकर इन्हें निर्बल कर अपनी शक्ति को बढ़ाने की फ़िक्र करती रही है उसका असफल हो जाना।

प्रश्न आता है डैनज़िग का क्या बनेगा? समझ लीजिये रूस और जर्मनी का यह समझौता न होता तभी डैनज़िग का क्या बन जाता! यदि जर्मनी डैनज़िग पर आक्रमण करता तो उसकी रक्षा के लिए कौन आता? क्या रूस? डैनज़िग की रक्षा के लिए रूस का आगे आना अच्छा होता परन्तु इसका दूसरा परिणाम

होता, रूस की जो उन्नति युद्ध से बचकर शान्ति की अवस्था में हो सकती है उसका रुक जाना और एक सफल, मज़बूत समाजवादी प्रजातन्त्र राष्ट्र क़ायम कर समाजवाद के लिए जो भविष्य तैयार किया जा सकता है उसकी सम्भावना को खो देना।

रूस के डैनजिग की सहायता के लिए आगे बढ़ जाने पर भी इंग्लैण्ड डैनजिग की सहायता के लिए आगे आता इसकी आशा कोई समझदार आदमी नहीं कर सकता। अगर इंग्लैण्ड में प्रजातन्त्र के लिए इतना ही दर्द है तो वह डैनज़िग की सहायता कर सकता है, रूस उसके मार्ग में बाधा डालने नहीं आयेगा। परन्तु इंग्लैण्ड डैनज़िग की ख़ातिर जर्मनी से लोहा लेगा इसकी आशा हमें नहीं। युद्ध की तैयारियाँ इंग्लैण्ड में हो रही हैं यह ठीक है परन्तु वह युद्ध करने के लिए नहीं। वह केवल जनता में उबलते हुए असन्तोष को दबा रखने के लिए, आतंक का वातावरण पैदा कर देने के लिए ताकि चेम्बरलेन की सरकार को चुनौती देने का अवसर न आ सके।

सरकार का रवैया

कम्युनिस्टों का दमन करने के लिए जो सरकारी सर्कुलर निकला था वह पण्डित जवाहरलाल नेहरू जी के ख़याल के मुताबिक़ सरकार की भूल नहीं था। उसके बाद से सामने आनेवाली घटनाओं ने यह साबित कर दिया कि वह सरकार की एक निश्चित नीति का आरम्भ था। वह नीति है दमन की। स्वतन्त्रता से बोलने के अधिकार को दमन करने की, प्रेस का दमन करने की, और सभा आदि के अधिकार का दमन करने की। आये दिन के समाचार कांग्रेसी प्रान्तों में १४४ दफ़ा और पुस्तकों की ज़ब्तियों के समाचार आ रहे हैं और यह ज़ब्तियाँ साम्प्रदायिकता का विष फैलानेवाले साहित्य की नहीं बल्कि राजनैतिक साहित्य की हैं। इसी मास बिहार सरकार ने 'विप्लव' का आज़ाद अंक ज़ब्त कर लिया है। (यू.पी.) सरकार ने कॉमरेड मन्मथनाथ गुप्त की क्रान्तिकारी इतिहास-सम्बन्धी पुस्तक ज़ब्त कर ली है। बम्बई में मज़दूर कार्यकर्त्ताओं की गिरफ़्तारियाँ भी हमारे सामने हैं। हमें याद है कांग्रेसी सरकारों से पहले भी यह सब-कुछ होता था और अधिक मात्रा में होता था परन्तु कांग्रेसी सरकारों को यह याद रखना चाहिए कि उनकी शक्ति विदेशी साम्राज्यशाही की रक्षा पर निर्भर नहीं। उनकी शक्ति जनता के बल पर निर्भर करती है और जनता ने उन्हें स्वयं अपना दमन करने के लिए शक्ति नहीं दी है।

◈

चाय की चुस्कियाँ

दुर्मुख

एक साहब ने पूछा—आज कांग्रेस की नीति क्या है? उन्हें उत्तर मिला—देखिये कांग्रेस एक मन्दिर है, जिसमें शिवलिंग के स्थान पर प्रान्तीय-शासन-विधान और संघ-शासन की पिण्डी है और पुजारियों के स्थान पर निर्वाचित राष्ट्रपति (राजेन्द्र बाबू), वास्तविक राष्ट्रपति (वल्लभभाई पटेल)। प्रान्तीय प्रधान पण्डे, प्रधानमन्त्री लोग हैं। इस मन्दिर के द्वार की रक्षा कर रहे हैं, चोबदार महात्मा गाँधी। यह है कांग्रेस की नीति।

कांग्रेस की वर्किंग कमेटी ने राजनैतिक क़ैदियों की भूख हड़ताल की निन्दा कर दी और महात्मा जी ने कह दिया—ठीक है राजनैतिक क़ैदी भूख हड़ताल कर झूठी शहादत का सेहरा अपने सिर बाँधते हैं। शहादत का भी ठेका होता है, जैसे नमक का, शराब का, भाँग का ठेका होता है वैसे ही सत्याग्रह और अनशन का भी ठेका होना चाहिए। जो इस ठेके को तोड़े उसकी निन्दा होनी ही चाहिए।

× × ×

महात्मा जी का यह कहना बावन तोले पाव रत्ती ठीक है कि अनशन व्रत की तपस्या को जन्म तो दिया महात्मा गाँधी ने और अब यह राजनैतिक क़ैदी उस हथियार को ले शहीद बने जा रहे हैं।

'दादा' अनशन व्रत की तपस्या का आरम्भ करने का श्रेय महात्मा जी से छीन कर राजनैतिक क़ैदियों—रूस के राजनैतिक क़ैदियों और टैरेंस मैक्सवीनी आदि के सिर बाँध देना चाहते हैं।

हमारे इतिहास के प्रोफ़ेसर कहते हैं—यह सब ग़लत है। अनशन तपस्या का आरम्भ किया था महारानी कैकेयी ने उस दिन जब उन्होंने भरत पर होनेवाले महाराज दशरथ के अन्याय का विरोध कर राम के राजा बनने के ख़िलाफ़ सत्याग्रह किया था।

× × ×

सुभाष बाबू बड़े चालाक हैं। जनता की सहानुभूति अपनी ओर करने के लिए भूख हड़ताली-राजनैतिक-क़ैदियों का मामला हाथ में ले लिया और लगे सत्याग्रह की धमकी देने। लेकिन पटेल साहब भी दाँव चूकनेवाले न थे। उन्होंने कहा—देखो हम कितने भयंकर साम्राज्यविरोधी हैं, हिन्दुस्तान की फ़ौजों के विदेश भेजे जाने के विरोध में हमने असेम्बली से 'वाक-आउट' कर दिया।

बेवक़ूफ़ सींग से नहीं करतूत से ही पहचाने जाते हैं। देखिये अक़्ल 'पायनिअर' और 'स्टेट्समैन' की। झट से बोल पड़े—फ़ौजें भेजने से पहले ही तो असेम्बली के कांग्रेस लीडरों को उस बात की ख़बर दे दी गयी थी—अब तक चुप क्यों रहे?

मददगारों की टाँग यों घसीटनेवाले को क्या कहा जाये?

लेकिन यह चाल दूरन्देशी की नहीं थी। वाइसराय कहते—बेटा, यही तुम्हारी समझदारी है? इसलिए फ़ौरन देसाई साहब शिमला पहुँचे और समझाया—देखो, यह सब राजनीति है। इंग्लैण्ड की प्रजा को ख़ुश करने के लिए चेम्बरलेन रूस से समझौता करते रहे परन्तु क्या उससे वे रूस के हाथ बिक गये? ऐसे ही हम अगर प्रजा को ख़ुश करने के लिए असेम्बली से चले आये तो क्या तुम्हारे दुश्मन हो गये? बछड़े-बछिया की फ़िक्र करते-करते तुम भी निरे बछिया के ताऊ हो गये। और फिर हम असेम्बली से चले ही आये तो क्या तुम्हारा बिगाड़ दिया? चुपचाप किये जाओ जो तुम्हें करना है। हमारी इज़्ज़त बनी रहेगी, तुम्हारा काम बनेगा।

× × ×

बेचारे सत्यमूर्ति कड़वी बात बोलने के लिए बदनाम हैं परन्तु हमें उनकी बोली बहुत पसन्द है। क्योंकि जब वे आँगन की दीवार पर बैठकर बोल देते हैं तब हम सगुन लगाकर समझ जाते हैं कि कोई नयी बात होनेवाली है।

आपको यक़ीन न हो तो सुन लीजिये—२८ अगस्त को सत्यमूर्ति साहब ने कह दिया कि ब्रिटिश साम्राज्यशाही को चाहिए कि गाँधी जी को अपना विश्वासपात्र बना ले!

अब बताइये—गाँधी जी किस मामले में ब्रिटिश सरकार के विश्वास की रक्षा करेंगे?

× × ×

यू.पी. असेम्बली और काउन्सिल में जब किसान बिल के रुकने की कोई सम्भावना न रही तब महाराजा तिलोई ने और कोई सहारा न देख पुकारा—इस बिल को दीनबन्धु महात्मा गाँधी के पास भेज दिया जाये?

कौन कहता है ज़मींदार निरे पोंगे होते हैं—वे भी जानते हैं कौन हमारा मित्र है और कौन हमारा शत्रु?

उनकी बात जो किसानों ने सुनी तो कहते क्या हैं—नहीं साहब इस बिल को स्वामी सहजानन्द के पास भेज दीजिये—देखिये मन्त्री लोग किसकी बात मानते हैं और क्यों मानते हैं।

× × ×

अख़बार बताते हैं—पटना में सुभाष बाबू का ख़ूब आदर हुआ। जहाँ उनका जयकारा हुआ, फूल बरसे वहाँ जूते भी पड़े। मज़े की बात यह है कि सुभाष बाबू ने उन जूतों को समेट लिया और गठरी बाँधकर साथ ले गये। कुछ भले आदमियों का ख़याल है सुभाष बाबू शायद पुराने जूतों का रोज़गार करने की फ़िक्र में हैं।

परन्तु हमारे एक जानकार मित्र का ख़याल है कि सुभाष उन जूतों को सत्य और अहिंसा के पुजारियों की भेंट समझ सत्य और अहिंसा के गुरु को समर्पण कर उनकी पूजा करेंगे!

× × ×

बंगाल के राजनैतिक क़ैदियों की रिहाई की माँग पर भूख हड़ताल के ख़िलाफ़ महात्मा जी के आध्यात्मिक हाईकोर्ट से सब तरह के फ़तवे दे दिये जाने के बाद भी जब काफ़िरों का कुफ्र न टूटा तो राष्ट्रपति का सिंहासन डोला और वे बंगाल पहुँचे और वज़ीर नाज़िमुद्दीन साहब से बोले—भूखे मरतों का कुछ ख़याल कीजिये?

नाज़िमुद्दीन साहब को मालूम होता है कांग्रेस के डिसिप्लिन का कोई डर नहीं था, बोले—'जनाब पहले अपनी आँख का शहतीर निकालिये, हमारी आँख के बाल की फ़िक्र बाद में कीजियेगा!'

जब इस सीधे जवाब का टेढ़ा अर्थ राष्ट्रपति की समझ में न आया तो उन्हें समझाया गया कि पहले बिहार के कांग्रेस मन्त्रिमण्डल की छत्रच्छाया में दो महीने से अधिक समय से जारी राजनैतिक क़ैदियों की भूख हड़ताल की ओर ख़याल कीजिये।

नाज़िमुद्दीन साहब ने सोचा होगा कि राष्ट्रपति चुप रह जायेंगे, उन्हें कोई जवाब न मिलेगा। पर उनकी ग़लती दूर हो गयी। राष्ट्रपति ने समझाया—बिहार के किसान आन्दोलन के क़ैदियों की बात दूसरी है। उनके मामले में बड़े-बड़े सिद्धान्तों का सवाल है, उन्हें राजनैतिक क़ैदी माना जाये या न माना जाये?

नाज़िमुद्दीन खिसिया गये, बोले—हाँ साहब कांग्रेसी सरकारें तो बड़े-बड़े सिद्धान्तों पर चलती हैं न; और हमारी सरकार का तो कोई सिद्धान्त ही नहीं।

× × ×

नाज़िमुद्दीन साहब की सरकार और उसके सिद्धान्त को समझने की कोई ख़ास ज़रूरत नहीं। बंगाल के राजनैतिक क़ैदियों के सवाल पर सत्याग्रह जारी कर सुभाष बाबू उन्हें ख़ुद समझ लेंगे। परन्तु बिहार के किसान आन्दोलन के क़ैदी राजनैतिक क़ैदी हैं या नहीं यह सवाल टेढ़ा है।

हमारा ख़याल है वे लोग राजनैतिक क़ैदी नहीं क्योंकि वे राजनीतिज्ञ नहीं। अगर वे राजनीतिज्ञ होते तो समय को पहचानकर मौज़ूदा सरकार की हाँ-में-हाँ मिलाते न कि निस्सहाय किसानों का रोना लेकर खड़े हो जाते।

× × ×

नौकरशाही के हाईकोर्ट उन अपराधियों को राजनैतिक क़ैदी क़रार देते थे जो वैयक्तिक स्वार्थ के लिए अपराध न कर राजनैतिक शक्ति हाथ में लेने के लिए अपराध करते थे।

यह किसान आन्दोलन के क़ैदी तो मौज़ूदा मन्त्रिमण्डल के हाथ से राजशक्ति छीनने की कोशिश कर नहीं रहे। वे केवल चाहते हैं किसानों के लिए रोटी—पेट भरने का अधिकार प्राप्त करना। ऐसी अवस्था में आप ही बताइये इन्हें राजनैतिक क़ैदी कैसे माना जाये? वह तो रोटी-क़ैदी हैं।

× × ×

हमारा ख़याल है किसानों की शिकायतें लेकर लड़नेवालों को राजनैतिक क़ैदी नहीं माना जा सकता। यह ऐतिहासिक दृष्टि से बड़ी भारी भूल होगी।

आप ही बताइये किस ज़माने और किस देश में अत्याचार करनेवाली श्रेणी ने अत्याचार का विरोध करनेवालों को राजनैतिक क़ैदी माना है?

× × ×

इसके अलावा आप याद कीजिये इस देश में राजनैतिक क़ैदी कौन लोग समझे गये हैं! महात्मा गाँधी, पण्डित जवाहरलाल, सरदार पटेल, बाबू राजेन्द्र प्रसाद आदि आदि वे विभूतियाँ जिनके प्रबल प्रताप से ब्रिटिश साम्राज्यशाही काँप उठी। अब आप इन किसान आन्दोलन के क़ैदियों को, जिनसे बिहार की शाकाहारी [vegetarian government] सरकार तक नहीं डरती, राजनैतिक क़ैदी बना देना चाहते हैं? लाहौल विला कूवत!

कुछ लोग हृदय परिवर्तन के सिद्धान्त को नहीं मानते। ऐसे लोगों की आँखों में सरसों का तेल डालने की ज़रूरत है। उन्हें क्या कांग्रेसी प्रान्तों में कुछ परिवर्तन नहीं दिखायी देता?

गिरफ्तारियाँ, तलाशियाँ, ज़ब्तियाँ, अनुशासन और राजद्रोह के मुकद्दमे? यह सब क्या है?

क्या यह ज़बरदस्त हृदय परिवर्तन नहीं?

× × ×

मदुरा के धर्मप्राण सनातनधर्मी हिन्दुओं ने धर्म की रक्षा के लिए वाइसराय का आह्वन शुरू किया है। कांग्रेस ने अपवित्र अछूतों को मन्दिरों में धकेलकर धर्म का नाश शुरू किया है, इसके लिए डेपूटेशन द्वारा वाइसराय की आरती की तैयारी हो रही है।

हमारी समझ में अब मन्दिरों में यह आरती घण्टा और शंख से शुरू हो—

जय जय लिनलिथगो देवा,
प्रभु लिनलिथगो देवा!
मन्दिर से अछूत भगावा,
स्वामी मन्दिर से अछूत भगावो!
गौ और साँड़ पलावो,
स्वामी संघ शासन को बुलावो!
—पाप हरो देवा

× × ×

आख़िर सुभाष बाबू निकाल दिये गये! और कांग्रेस के बड़े-बड़े नेताओं को इससे बहुत दु:ख है।

इस दु:ख को दूर करने के लिए वे क्या करेंगे?

कुछ नहीं। क्योंकि दु:ख सहने से आत्मिक शक्ति बढ़ती है।

× × ×

केन्द्रीय असेम्बली में सरदार सन्तसिंह ने भारत की सेनाएँ देश से बाहर भेजने के सवाल पर एतराज़ किया और वाइसराय साहब ने फ़ैसला दे दिया कि भारत की सेनाओं के बाहर या अन्दर जाने से असेम्बली के मेम्बरों को कोई मतलब नहीं। जनता की भलाई के ख़याल से तुम्हें ऐसे सवाल नहीं उठाने चाहिए। सरदार साहब सोचते होंगे उन्हें भी जनता के हित की कुछ समझ है।

× × ×

ठीक कहा है-फूहड़ की दोस्ती, जी का जंजाल!

मि. जिन्ना के भागों से छींका टूटने को हुआ, यानी यूरोप की परिस्थिति के कारण ब्रिटेन को घबराहट हुई। यह था मौक़ा कि जिन्ना ब्रिटिश सरकार से भाव तोल करते और प्रान्तीय शासन और संघ शासन में मुसलमानों की स्थिति मज़बूत करते परन्तु सर सिकन्दर का तो वह हाल है कि ख़ैराती हक़ीम की तरह मरीज़ का सिर दबाने पहुँच गये।

बोले, हम देंगे मदद!

× × ×

आप बतलाइये जब मदद ख़ुद ही पागल होकर दौड़ी चली आ रही है तो किसे ज़रूरत है उसकी ख़ुशामद करने की और उसे रियायतें देने की?

इसीलिए सब लीगी भैय्या सर सिकन्दर से नाराज़ हो गये।

मुसीबत है तो अक़्लमन्द की। आख़िर जिन्ना साहब को अण्टी की गोली बाहर निकालनी ही पड़ी। उन्होंने अब तक युद्ध में ब्रिटिश सरकार की मदद न देने की अपनी नीति स्पष्ट कर दी—मदद तो देंगे पर अगर हिन्दुस्तान लीग के हवाले कर दो!

सिंहावलोकन

जिस दिन सन्ध्या समय लाहौर के गोलबाग में बैठकर सुखदेव के साथ बातचीत कर मैंने अपना सब समय हिन्दुस्तान समाजवादी प्रजातन्त्र सेना के काम में ख़र्च करने का निश्चय कर लिया उस समय तक मैं लक्ष्मी बीमा कम्पनी के दफ़्तर में भी काम किया करता था और स्वयं अपने जीवन से नितान्त असन्तुष्ट होने पर भी समाज की नज़रों में बरसिरे रोज़गार था और विवाह के योग्य पात्र समझा जाता था। आयु भी चौबीस बरस हो चुकी थी जिसे शायद ज़रूरत से ज़्यादा लेट समझा जा सकता था। इधर-उधर दो-एक जगह से कुँवारी कन्या के बोझ से दु:खी गृहस्थों ने माता जी से बातचीत भी शुरू कर दी थी। इनमें से एक कुछ उदार विचार के सज्जन थे। उन्होंने सीधे मुझसे ही पत्र-व्यवहार किया। उनका वह पत्र मैंने सुखदेव को दिखलाया।

हमारे समाज में विवाह जीवन का सबसे आवश्यक और महत्त्वपूर्ण काम समझा जाता है। हमारे सामाजिक जीवन की अधिकांश शक्तियाँ इस काम को चरितार्थ करने में व्यय हो जाती हैं। यदि कोई नौजवान बीस बरस पूरे कर लेने पर भी विवाह करने के लिए तैयार न हो तो इसके लिए विशेष सफ़ाई देने की ज़रूरत रहती है। उस समय विवाह का प्रश्न मेरे सामने आया। मेरी आर्थिक स्थिति मेरे अपने विचार के अनुसार उस समय सन्तोषजनक न थी, इसलिए भी मैं विवाह करने का साहस नहीं कर सकता था। तिस पर क्रान्ति का काम करने की ज़िम्मेदारी ले

चुका था, जिसका मतलब था कि किसी भी समय घर छोड़ जाना पड़ सकता था। मेरी माता ने कॉलेज की शिक्षा नहीं पायी; परन्तु वे उदार विचार की हैं। पुत्र के विवाह का समारोह देखने की इच्छा होने पर भी उन्होंने इस विषय में विशेष दबाव मुझ पर नहीं डाला। यह जो सज्जन अपनी पुत्री के विवाह के लिए मुझसे पत्र-व्यवहार कर रहे थे माता जी की एक पुरानी सहेली की सिफ़ारिश भी साथ ले आये थे। इसलिए माता जी इस मामले में अधिक उत्सुक थीं। चौबीस वर्ष तक भी लड़के का विवाह न कर सकना, जब कि परिवार में मुझसे कम उम्र के लड़कों का विवाह हो चुका हो, उन्हें अपने और मेरे सम्मान के अनुकूल नहीं जान पड़ता था। इनके पत्र का उत्तर मुझे देना ही पड़ा। विवाह से साफ़ इनकार साधारण अवस्था में तो मैं कर देता, परन्तु इधर अवस्था में परिवर्तन आ जाने से किसी भी प्रकार का सन्देह उठने का अवकाश न देना ज़रूरी था।

सुखदेव की राय से विवाह-सम्बन्धी पत्र का उत्तर मैने यों दिया कि आप लोग तथा मौसी—माता जी की सहेली—की आज्ञा की अवहेलना मैं नहीं कर सकता, परन्तु मेरी आर्थिक स्थिति विशेष अच्छी नहीं इसलिए अभी मैं विवाह के बारे में कोई निश्चय नहीं कर सका हूँ।

मेरे इस पत्र को लड़की के पिता ने मेरा विनय समझ सन्तोष प्रकट किया और विवाह की तारीख़, जल्दी न सही, दो-चार महीने में निश्चय कर लेने की अनुमति दे दी।

यह बात भगतसिंह और दत्त के असेम्बली में बम फेंकने से कुछ ही दिन पूर्व हुई और ठीक उस समय जब लाहौर के 'क़िला गुज्जरसिंह' मुहल्ले में एक मकान हम लोगों ने बम बनाने का कारख़ाना खोलने के लिए ले लिया था।

दो-चार मास में विवाह! मेरा विवाह तो मुझे हथकड़ी पहनाकर ज़बर्दस्ती नहीं किया जा सकता था, परन्तु लड़की के परिवार को यों धोखे में रखने की लज्जा से मेरा मन उद्विग्न हो उठा। मैंने उन्हें पत्र लिख दिया—'मेरा विचार निश्चित रूप से विवाह बिलकुल न करने का है। इससे पूर्व मेरे लिखे पत्र से जो धारणा आप के मन में हो गयी हो उसके विपरीत बात कहने के लिए मैं बहुत दुखित हूँ और क्षमा चाहता हूँ।

ईमानदारी से लिखे गये इस पत्र पर लड़की के परिवार को विश्वास नहीं हुआ। परिवार के एक सज्जन लाहौर आ पहुँचे। उन्होंने मुझे विश्वास दिलाया कि किसी ने लड़की की बाबत जो शिकायत मुझसे की है वह सब झूठ है। इसी इतवार को आप हमारे शहर में आइये और लड़की को देख लीजिये। हम लोगों ने तो विवाह

का सब प्रबन्ध कर लिया है और एक दफ़े स्वयं हमारे घर हो आने से आपके सब सन्देह दूर हो जायेंगे।

उन्हें मैंने हरचन्द यह विश्वास, दिलाने की कोशिश की कि कोई शिकायत मैंने लड़की के बारे में नहीं सुनी। विवाह न करने का कारण स्वयं मेरी अपनी परिस्थितियों का देश है। उन्होंने मेरी बात को केवल तकल्लुफ़ समझा और हो सकता है शायद दहेज के लिए नख़रा समझा हो। इसके प्रायः एक मास बाद जब उन्होंने अख़बार में मेरे फ़रार हो जाने और एक बड़े सशक्त पुलिस-दल द्वारा हमारे घर की तलाशी का वर्णन पढ़ा होगा, तो शायद मेरी ईमानदारी पर उन्हें विश्वास आ गया हो। परन्तु मेरी ईमानदारी से भी लड़की के परिवार का कुछ न बना।

फ़रारी के दिनों में एक रात पंजाब के उस शहर में जा पहुँचा और रात बिताने के लिए उन मौसी की शरण चाही। पर्याप्त सहानुभूति वहाँ मिलने पर भी रात बिताने की सुविधा न हो सकी; बल्कि फटकार ज़रूर मिली कि मैंने मिथ्या विश्वास दिलाकर एक लड़की का जीवन ख़राब किया और अपना घर भी बरबाद किया। लड़की के विवाह की तैयारी हो जाने पर जब उसके विवाह होने में अड़चन पेश हुई, तो इससे लड़की और लड़की के परिवार की भयंकर हेठी होने लगी। इसलिए तुरन्त ही कहीं एक वार का प्रबन्ध किया गया, जो आयु और स्वास्थ्य के विचार से सन्तोषजनक नहीं था। परिणाम यह हुआ कि विवाह के बाद लड़की की अवस्था शोचनीय हो गयी। फ़रारी के दिनों में कभी-कभी अपने दूसरे फरार साथियों के माता-पिता या सम्बन्धियों से मिलने का मौक़ा आ जाता था। उनमें से अनेक बड़े दर्द-भरे ढंग से उलाहना देते थे कि मैंने उनके लड़कों को बिगाड़कर उनका जीवन ख़राब कर दिया। हमारी मौसी के न्याय से मेरे द्वारा बरबाद होनेवाले जीवनों की सूची में इस लड़की का नाम भी दर्ज़ है।

हमारे समाज में लड़की दरअसल एक बोझ है और तब तक बोझ बनी रहेगी जब तक वह आर्थिक तौर पर पराश्रित और पराधीन बनी रहेगी। जब तक हमारे समाज में स्त्रियाँ, पिता, पति और पुत्र के पुरुषार्थ के सहारे ही अपना अस्तित्व क़ायम रखेंगी और उसी खूँटे के सहारे देश और समाज की सेवा करेंगी तब तक वह केवल उनके मनोविनोद का साधन बना रहेगा। आज दिन भी कितने ही राष्ट्रीय कार्यकर्त्ताओं से मिलने का मौक़ा मिलता है, जो छोटी बहन या लड़की के बोझ से सुबुकपोश होने के फ़िराक़ में पागल नज़र आते हैं और इस काम में राह-चलतों की सहायता चाहते हैं। यदि उनसे कह दिया जाये कि लड़की को अपना विवाह ख़ुद करने दीजिये, तो वे आश्चर्य से आपके चेहरे की ओर यों देखेंगे, मानो उन्हें किसी बदहवास से वास्ता पड़ गया हो।

लड़का अपने विवाह का प्रबन्ध ख़ुद कर सकता है, लेकिन लड़की ऐसा नहीं कर सकती। यह हमारे समाज की प्रतिष्ठित रूढ़ि है। अपने विवाह का प्रबन्ध लड़की ख़ुद करना चाहे, तो यह उसकी गुस्ताखी, बेहयाई और मर्द का अपमान है। ऐसा हम क्यों समझते हैं; क्योंकि ऐसा होता चला आया है। हमारे आज के राजनैतिक आन्दोलन में भाग लेनेवाले अनेक सोशलिस्ट और अपने आपको क्रान्तिकारी कहनेवाले लोग भी स्त्रियों की इस पराश्रयता के हामी हैं और इसे सामाजिक क्रम की बुनियाद समझते हैं।

यहाँ स्त्रियों की स्वाधीनता की वक़ालत करने का मौक़ा नहीं है। यहाँ यह प्रसंग यों आ पड़ा कि स्त्रियों की पराश्रयता के कारण अनेक देश-सेवकों और क्रान्तिकारियों की राष्ट्रीय काम करने की महत्त्वाकांक्षाएँ घुट-घुटकर रह गयीं। इसका इलाज है केवल एक और, वह यह कि समाज की इस बोसीदा ज़ंजीर को तोड़ दिया जाये। स्त्रियों की पराश्रयता को मिटाना होगा। हम क्यों स्त्रियों के बोझ को ढोनेवाली गाड़ी बनकर अभिमान करते हैं? मैं समझता हूँ इसका कारण है शायद हमारा अपने आपको मालिक समझने का अभिमान और उस अभिमान को क़ायम रखने की इच्छा। यह इच्छा अप्रत्यक्ष रूप से हमारी मनोवृत्ति में रहती है, परन्तु क्रान्तिकारी कहलाने का अभिमान भी है, इसलिए उसे स्वीकार नहीं कर सकते। अस्तु—

पंजाब में एक केन्द्र क़ायम कर हिन्दुस्तान समाजवादी प्रजातन्त्र सेना का कार्य पंजाब में चलाने के लिए हम लोगों ने क़िला गुज्जरसिंह में मकान ले लिया था...

हिन्दुस्तानी प्रजातन्त्र समाजवादी सेना का काम क्या था यह भी स्पष्ट कर देना ज़रूरी है। साफ़ बात कहने के लिए मुझे अपने क्रान्तिकारी भाइयों से ही क्षमा माँगनी पड़ेगी।

हिन्दुस्तान प्रजातन्त्र सेना के नाम में समाजवादी शब्द सन् १९२८ में ही जोड़ा गया और इस शब्द ने हमारे उद्देश्य को बदल दिया। परन्तु हमारे काम का ढंग उस समय भी बिलकुल नहीं बदल पाया था। काकोरी-दल से विरासत के रूप में आतंक का जो शस्त्र हमें मिला था उसी पर हमारा ध्यान केन्द्रित था। किसान-मज़दूर-राज्य में विश्वास रख, उसकी स्थापना को अपना उद्देश्य समझकर हम सचेत और संगठित कर रहे थे अधिकतर मध्यम वर्ग को ही। किसान-मज़दूर तक अपना सन्देश पहुँचाने के लिए उनको संगठित करने के लिए हमने अपनी शक्तियों का प्रयोग नहीं किया था। हमने जनता को सचेत करने के लिए केवल साहस और बलिदान का ही मार्ग चुना। जनता को सचेत और उत्साहित करना आवश्यक है; परन्तु संगठित करना भी उतना ही आवश्यक है। सर्वसाधारण जनता चाहे वह कितना ही सचेत क्यों न हो, यदि संगठित नहीं, तो वह अपने लक्ष्य की ओर नहीं

बढ़ पायेगी। हो सकता है वह केवल अनियन्त्रित रूप में उबाल खाकर अपनी शक्ति का नाश ही कर दे। आज दिन भी हमारे बहुत से क्रान्ति की भावना से अनुप्राणित नवयुवक सर्व-साधारण के संगठन की अपेक्षा उत्साहपूर्ण कार्यों की ओर ही अधिक आकर्षित होते हैं।

इस किराये पर लिये गये नये मकान का मुख्य प्रयोजन था बम आदि विस्फोटक पदार्थों को तैयार करना और संगठन के लिए छोटा-सा केन्द्र बनाना। भगतसिंह और दत्त के असेम्बली में बम फेंकने के बाद अपने उद्देश्यों का प्रचार करना था। इसलिए कुछ साहित्य और इन दोनों के फ़ोटो भी लाहौर आ गये थे। इन दोनों फ़ोटो को एक में करा लेने के उद्देश्य से मैं अनारकली के एक फ़ोटोग्राफ़र को दे आया था। परन्तु फ़ोटोग्राफ़र ने कुछ देर कर दी और उधर असेम्बली-काण्ड हो गया। इसके बाद जब मैं इन दोनों के फोटो लेने दुकान पर पहुँचा, तो देखता क्या हूँ कि दो तन्दुरुस्त जवान, जो वहाँ पहले से मौज़ूद थे, मेरी ओर विशेष ध्यान से देखने लगे। उनकी इस सर्तकता का अभिप्राय मैं समझ गया। फ़ोटो तो ले ही लिये मैं बाइसिकिल पर आगे-आगे और वे पीछे-पीछे अनेक बाज़ारों और गलियों में फिरते रहे। आख़िर घनी भीड़ में से एक पतली गली में जा, जब मैंने देखा पीछे कोई नहीं, तो मैं अड्डे पर पहुँचा।

सुखदेव ने हुक्म दिया एक कहानी तुरन्त लिखने का जिसमें आतंकवाद द्वारा क्रान्ति के सन्देश फैलाने के अभिप्राय को स्पष्ट किया जाये। रात-भर जागकर वह कहानी लिखी और सुखदेव की राय से उसमें आवश्यक रद्दोबदल किया गया। सुखदेव ने उसका अनुवाद उर्दू में किया और 'वन्दे मातरम्' अख़बार में मय भगत दत्त के फोटो के दे दी गयी। उस कहानी से हमारा मतलब कितना पूरा हुआ, यह नहीं कहा जा सकता; परन्तु अपनी समझ के मुताबिक कर्त्तव्य पूरा कर दिया।

असेम्बली में फटनेवाले बम बहुत अच्छे साबित नहीं हुए। इसलिए नये और अच्छे बम बनाने की आयोजना की तैयारी हुई। सुखदेव ने मिस्त्रियों की-सी पोशाक पहनकर लोहे की ढलाई करनेवालों के यहाँ बम ढलाने का यत्न शुरू किया। इन बमों की शक्ल ऐसी थी कि वे बम मालूम नहीं पड़ते थे और आकर ठीक न रहने के कारण उनकी क्रिया भी ठीक नहीं होती थी। ढलाई करनेवालों के पूछने पर बताया जाता था कि वह बरफ की मैशीन के पुरज़े हैं, लेकिन सुखदेव की यह चाल कामयाब न हुई और एक दिन इसी सुराग़ से हमारी बम-फ़ैक्टरी पकड़ी भी गयी।

उस समय मुझे काम दिया गया बम के भीतर के मसाले को तैयार करने के लिए आवश्यक सामान ख़रीदकर मुहैया करने का। इस काम में काफ़ी जोखिम था।

वह प्राय: वह चीज़ें थीं, जिन्हें केवल विशेष दूकानों से ही खरीदा जा सकता था और वह भी बहुत थोड़े परिमाण में। आरम्भ में यह काम मैं बहुत शंकित चित्त से डरते-डरते करता था; परन्तु प्रत्यक्ष में उस भय को प्रकट नहीं होने देता था, लेकिन कुछ ही दिनों में मैं निधड़क हो गया। वहाँ तक कि २० और ४० पौण्ड चीज़ एक दम ख़रीदने लगा। इसके अलावा औज़ारों की भी ज़रूरत होती थी। पैसे की तंगी तो थी ही, पर ख़र्च भी ज़रूरी था। इस ख़र्च का अधिकांश भगवती भाई देते थे। थोड़ा-बहुत पैसा बहन प्रेमवती अपनी शिष्याओं से इकट्ठा करके दे देती थीं। सामान ख़रीदते समय यदि दाँव लगता, तो कुछ सामान हम लोग दूकान से बग़ैर ख़रीदे—यानी चुराकर ही ले आते थे। यह बात आज सम्मानजनक नहीं जान पड़ती; परन्तु मजबूरी थी और मन में यह विश्वास था कि अपने लिये तो कुछ कर नहीं रहे।

हम लोगों को उस समय तक बम बनाने की विद्या मालूम न थी। सुखदेव यू.पी. जाकर कुछ सीख आया था। हम लोगों ने प्रयत्न तो शुरू किया; परन्तु सफलता ज़रा न मिली। भिन्न-भिन्न रासायनिक द्रव्यों को मिलाने से जो भयंकर विषाक्त वाष्प उठते थे उससे खाँसी, सिर-दर्द, वमन ख़ूब होता, क़रीब-क़रीब बेहोशी की-सी हालत हो जाती थी।

सुखदेव गुरु बनकर रासायनिक पदार्थों के मिश्रण करते; भगवती भाई, मैं—कभी-कभी सुशीला दीदी और एक साथी जो आज हम लोगों में नहीं हैं मुँह पर और नाक पर कपड़ा रखे देखा करते। शीशे और चीनी के बर्तनों में से उठनेवाले काले, नीले, पीले और गुलाबी धुएँ हमें बेहाल कर देते। यह था हमारे प्रथम प्रयत्नों का परिणाम।

भगवती भाई कॉलेज में केमेस्ट्री के विद्यार्थी थे; पर उन्होंने बम बनाना नहीं सीखा था। इन व्यर्थ प्रयासों को और अपने रुपये को नष्ट होता वे चुपचाप देखते और केवल इतना कहते "This is all wrong. यह सब ग़लत है।"

विनिमय

दैनिक विप्लव या कुछ और

विप्लव के पिछले अंक में इस कार्यालय से अग्रसर दलों के प्रतिनिधि के रूप में एक दैनिक पत्र प्रकाशित करने की बात जनता के सामने पेश की गयी थी। उस

सम्बन्ध में कई पत्र हमें प्राप्त हुए हैं। जनता ने इस प्रस्ताव का उत्साह से स्वागत किया। इन उत्साहपूर्ण पत्रों के लिए हम पत्र लिखनेवाले सज्जनों को धन्यवाद देते हैं और समय आने पर उनके सहयोग से लाभ उठायेंगे। कुछ सज्जनों ने दैनिक पत्र के उद्योग के मार्ग में आनेवाली कठिनाइयों की ओर हमारा ध्यान दिलाया है और उसके साथ-ही-साथ पहले विप्लव को साप्ताहिक रूप देने की सलाह दी है, उनके उत्तर में ही कुछ निवेदन करना है—

पहली बात तो यह है कि अग्रसर विचारों के साप्ताहिक इस समय हिन्दी में मौज़ूद हैं और वे यथाशक्ति अपने काम को सुन्दर रूप से पूर्ण कर रहे हैं। दैनिक के क्षेत्र में यह बात नहीं। शेष रही बात क्या इस प्रकार के दैनिक के लिए उपयोगी साधनों का सरंजाम हो सकेगा? इस प्रश्न का उत्तर सहसा नहीं दिया जा सकता। उत्तर में हम केवल यह पूछेंगे 'क्या इसकी आवश्यकता नहीं?' कठिनाइयाँ हमारे मार्ग में ज़रूर आयेंगी परन्तु इन कठिनाइयों को जनता का सहयोग ज़रूर दूर कर सकता है। इस पत्र को नितान्त रूप से जनता की चीज़ बनाने के लिए हम इसका शेयर और भी कम अर्थात् केवल दस रुपये रखना उचित समझते हैं और यह दस रुपये और पाँच रुपये प्रथम मास में और शेष ५) रुपये दो मास पश्चात् अदा किये जा सकें। किसानों और मज़दूरों का भाग इसमें रखने के लिए उनके लिए ६) का शेयर रखा जाये और वह शेयर तीन मास में तीन, तीन रुपये की दो किस्तों से या २-२ रुपये की तीन किस्तों से अदा हो सके। लेकिन इस प्रकार का शेयर उसी स्थान पर दिया जा सकेगा जहाँ कम-से-कम हिस्सेदार शेयर लें।

सर्व साधारण में पहुँचने के लिए पत्र का मूल्य केवल एक पैसा रखा जाये। पत्र के आमों तक पहुँचने का उपाय यही हो सकता है कि उन्हें सप्ताह भर का पर्चा जितनी दफ़े इलाक़े में डाक जाती दो सप्ताह में उतनी ही दफ़े पर्चा भेज दिया जाये। जहाँ तक हमारी समझ और अनुभव की पहुँच है हम विश्वास करते हैं कि यह पत्र केवल दस हज़ार रुपये में सफलतापूर्वक निकाला जा सकता है और पत्र यदि वह दरअसल जनता की माँग को पूरा करता है, जनता दरअसल उसकी क़द्र करती है तो आर्थिक नुक़सान न उठायेगा—बल्कि वह लाभ में चलेगा। ज़रूरत है पत्र को चलाने के लिए केवल एक हज़ार हिस्सेदारों के सहयोग की।

◈

समालोचना

('विप्लव' में समालोचनार्थ भेजी जानेवाली पुस्तकों की नियमानुसार दो प्रतियाँ आनी चाहिए। एक प्रति आने से केवल प्राप्ति स्वीकार ही की जायेगी। समालोचना के सम्बन्ध में किसी प्रकार की प्रत्यालोचना या विवाद न हो सकेगा—सम्पादक)

उच्छ्वास : (कविता) ले. श्री प्रभुदयाल अग्निहोत्री, विक्रेता आर्यपुस्तक भवन १८०, चितरंजन एवेन्यू कलकत्ता।

पुस्तक अग्निहोत्री जी की तीस कविताओं का ८८ पृष्ठ का संग्रह है। पुस्तक पाकिट साइज़ में बहुत सुन्दर छपी है। यह कविताएँ समाचार-पत्रों की भरती के लिए लिखी गयी नवीन चालू कविताओं से भिन्न हैं और पुराने ढंग के ललित साहित्य के दर्जे में भी नहीं आती। कविताओं में एक विशेषता है जो सामाजिक समस्याओं की चुटकी ले उद्‌बोधन की गुदगुदी पैदा करती है। पुस्तक का मूल्य ११ आना

मानसी : (कविता) ले.प्रो. उदयभंकर 'भट्ट', प्रकाशक—पंजाब संस्कृत पुस्तकालय, सैदमिट्‌ठा, बाज़ार, लाहौर

प्रस्तुत पुस्तक एक छोटा-सा काव्य है परन्तु कथानक के ढंग पर नहीं, एक विचारधारा के रूप में। कवि छायावाद के कुहरे में ही लिपटकर नहीं रह गया। उसने कविता की कोमल भाषा में जीवन की कठिन और वास्तविक समस्याओं का विवेचन दार्शनिक ढंग से करने की चेष्टा की है। उसके यथार्थवाद ने कविता की विरलता में भी एक ठोसपना पैदा कर दिया है। उसके ललित पदों की आधारलहरी पर संघर्ष तैरता है। प्रो. भट्ट हिन्दी के पुराने कलाकार हैं परन्तु नवीन भावना में वे पिछड़े नहीं।

अक्टूबर
१९३९

सम्पादकीय टिप्पणियाँ

वर्किंग कमेटी का ऐलान

वर्तमान यूरोपीय युद्ध के प्रति भारत की प्रतिनिधि राष्ट्रीय कांग्रेस का क्या रुख़ होगा, इसे स्पष्ट करने के लिए तीन हज़ार शब्दों की ईंटों की एक इमारत पण्डित जवाहरलाल नेहरू ने तैयार की है। इस इमारत की ज़ाहिरा दीवारें ज़रूर पण्डित जी के शब्द हैं परन्तु इसकी नींव में महात्मा गाँधी की नीति भरी गयी है। वर्किंग कमेटी का यह बयान हमारी आज़ादी हासिल करने की लड़ाई का नया क़िला है; जहाँ से हमें अपने राष्ट्र को साम्राज्यवाद के बन्धनों से मुक्त करने का युद्ध करना है।

अपनी भावना और नीति के अनुरूप अग्रसर विचारों के प्रतिनिधि समझे जानेवाले पण्डित नेहरू से यह शब्दों का क़िला तैयार कराकर महात्मा जी ने इस क़िले के निर्माण–कौशल की तारीफ़ ख़ूब दिल खोलकर की। महात्मा जी के बाद अग्रसर विचारों के हामी दूसरे नेताओं ने भी इस बयान की तारीफ़ की और कहा गया कि मौज़ूदा परिस्थितियों में इससे अधिक और क्या आशा रखी जाये?

दलील एक ऐसी चीज़ है, जिसे वकील की लियाक़त के मुताबिक़ जिधर चाहे मोड़ा जा सकता है; परन्तु घटनाओं से इनकार करना आसान नहीं। कांग्रेस वर्किंग कमेटी के इस बयान पर मुग्ध हो जानेवालों से हम प्रार्थना करेंगे एक दफ़े पीछे घूमकर कांग्रेस के बारह वर्ष के इतिहास की ओर नज़र डाल लेने की!

इन बारह वर्ष में कांग्रेस ने जहाँ राष्ट्रीय स्वतन्त्रता प्राप्त करने के प्रस्ताव पास किये वहाँ अन्तरराष्ट्रीय क्षेत्र में अपनी स्थिति साफ़ करने के लिए साम्राज्यवाद के सिद्धान्त का विरोध किया और भविष्य में किसी भी साम्राज्यवादी युद्ध में सहायक न होने की प्रतिज्ञा भी भारत के सैंतीस करोड़ मनुष्यों के प्रतिनिधि के तौर पर की।

आज समय आया है उन प्रतिज्ञाओं की परीक्षा का। आज भी वर्किंग कमेटी ने साम्राज्यवाद का विरोध किया है और आज भी अपनी स्वतन्त्रता की माँग को उसी निश्चय से दोहराया है; परन्तु उस दृढ़ निश्चय में अनेक 'यदि' और 'परन्तु' लग गये हैं।

कांग्रेस वर्किंग कमेटी के लिए साम्राज्यशाही युद्ध का विरोध करने के निश्चय करनेवाले प्रस्तावों को एक़दम भुला देना सहल नहीं और इस युद्ध के समय राजनैतिक दृष्टि से सचेत आगे बढ़ने के लिए बेचैन जनता को इस समय रोककर रखना भी ज़रूरी है। इसलिए ज़रूरत थी एक बड़ी बात कहने की! वह बड़ी बात कही गयी है। इस समय ब्रिटेन को सहायता देने के मूल्य स्वरूप देश की आज़ादी प्राप्त कर लेने का सवाल है।

किसमें हिम्मत है जो इस मूल्य पर भारत की सहायता इस मौज़ूदा यूरोपीय युद्ध में इंग्लैण्ड को देने के कांग्रेस वर्किंग कमेटी के प्रस्ताव का विरोध करे? ऐसी हिम्मत करनेवाले राजनैतिक दृष्टि से मूर्ख और अदूरदर्शी तो कहलायेंगे ही, इसके अलावा उन पर दोष रखा जायेगा देशद्रोही होने का और अपने देश की आज़ादी से प्रेम न करने का।

इस देश के सबसे बड़े अन्तरराष्ट्रीय राजनीतिज्ञ, सबसे बड़े साम्राज्य विरोधी नेता पण्डित जवाहरलाल नेहरू और संसार के सबसे बड़े अहिंसक और मनुष्यता के समर्थक महात्मा गाँधी का निर्णय है ब्रिटिश साम्राज्य यदि भारत को आज़ादी देकर अपनी प्रजातन्त्र की भावना को प्रमाणित कर दे, तो स्वतन्त्र भारत ब्रिटेन को इस युद्ध में सहायता देगा। कांग्रेस की समझौते की नीति के विरोध में राष्ट्रपति के पद को त्याग देनेवाले सुभाष बोस का ऐलान है कि ब्रिटेन के भारत को पूर्ण स्वतन्त्रता दे देने पर भारत की सेनाएँ इस युद्ध में सहयोग देने के लिए तिरंगे झण्डे की छाया में मार्च करेंगी। कहिये इन परिस्थितियों में, मूल्य में भारत की स्वतन्त्रता को पाकर इस युद्ध में सहयोग देने से कौन इनकार करेगा?

पर सवाल यह है कि कांग्रेस द्वारा साम्राज्यवाद का जो विरोध अब तक किया गया, उसका कारण क्या केवल इस देश की पराधीनता ही थी? क्या इस देश के स्वतन्त्र हो जाने पर संसार में साम्राज्यवाद द्वारा—एक राष्ट्र द्वारा दूसरे राष्ट्र का शोषण जारी रहने में हमें कोई एतराज़ नहीं? क्या यदि हम अपनी स्वतन्त्रता पाकर ब्रिटेन को सहायता देते हैं, तो क्या एक राष्ट्र द्वारा दूसरे राष्ट्र का शोषण न्याय हो जाता है? और फिर क्या शस्त्र-बल से दूसरे राष्ट्र पर आक्रमण करना क्या अहिंसा हो जायेगी? क्या कांग्रेस द्वारा प्रति वर्ष अन्तरराष्ट्रीय साम्राज्य-विरोधी मोर्चे में सम्मिलित होने की प्रतीक्षा इसी से पूरी होगी?

क्या एक क़दम और आगे बढ़कर हम यह पूछ सकते हैं कि अपने देश की स्वतन्त्रता के मूल्य पर यदि हम साम्राज्यशाही युद्ध में सहयोग देने के लिए तैयार हो सकते हैं, तो क्या आये दिन अपने राष्ट्र को सबल बनाने के लिए हमें दूसरे राष्ट्रों पर अपना प्रभाव बैठाने की ज़रूरत महसूस न होने लगेगी? और हमें वही न्याय

नहीं मालूम होने लगेगा? यह हमारा अपना हित ही न्याय है तो ब्रिटेन और जर्मनी द्वारा अपना-अपना हित क़ायम करने की चेष्टा और हित को सुरक्षित रखने की चेष्टा में साम्राज्य क़ायम करना ही क्यों अन्याय है। क्या साम्राज्यवाद का अन्त करने का उपाय साम्राज्यवाद की सहायता करना ही है?

हो सकता है युद्ध की इस विशेष परिस्थिति में साम्राज्यवाद का क्रियात्मक विरोध करने के लिए मूल्य अपने राष्ट्र की स्वतन्त्रता पाने की परवाह न करना केवल थोथा आदर्शवाद जान पड़े और राजनैतिक भूल मालूम हो! पर हम अपने राजनीतिज्ञ नेताओं से जानना चाहते हैं कि क्या वे दरअसल ब्रिटेन से इस बड़े आत्म-त्याग की आशा रखते हैं कि वह अपनी शक्ति की आधारशिला, भारत पर हुकूमत को चले जाने देगा? ब्रिटेन को अन्तरराष्ट्रीय संकट में पड़ा देखकर वे उससे अपनी आज़ादी ऐंठ लेने की अपेक्षा रखते हैं। हम उनकी राजनैतिक योग्यता मानते हैं, परन्तु इतना पूछना चाहते हैं—क्या वह दरअसल यह विश्वास करते हैं कि पोलैण्ड के प्रजातन्त्र की रक्षा के लिए ब्रिटेन भारत पर से अपना प्रभुत्व खो देने को तैयार हो जायेगा? ब्रिटेन में आज पूँजीपतियों के शासन के रूप में जो प्रजातन्त्र क़ायम है उसकी रक्षा के लिए पोलैण्ड के प्रजातन्त्र की रक्षा की ज़रूरत नहीं। उसके क़ायम रखने के लिए तो ज़रूरत है, भारत को निरन्तर पराधीन रखकर उसका आर्थिक शोषण जारी रखने की। आज ब्रिटेन पर कौन अन्तरराष्ट्रीय संकट आ पड़ा है, हम समझ नहीं सके।

और फिर यदि ब्रिटेन दरअसल किसी अन्तरराष्ट्रीय संकट में फँस जाये, तो साम्राज्यवाद का विरोध करने का उचित उपाय क्या यह होगा कि उसकी साम्राज्यवाद शक्ति की सहायता की जाये? जो दैत्य हमारा शोषण कर रहा है, जिसके शिकंजों में जकड़े जाकर हम छटपटा रहे हैं यदि किसी कारण हम उसके शिकंजों को निर्बल होता देखते हैं, तो क्या नीतिज्ञता उन शिकंजों को फिर से मज़बूत बनाकर मुक्ति की प्रार्थना करने में है या उन शिकंजों की दया से मुक्ति पाने का यत्न करने के स्थान पर स्वयं अपनी शक्ति से मुक्त होने की चेष्टा करने में है?

हमारे अग्रसर विचार के नेता कहते हैं—"मौज़ूदा परिस्थितियों में हम इससे अधिक और क्या कर सकते हैं?" लेकिन हमें तो कहीं कुछ भी किया जाता हुआ दिखायी नहीं पड़ रहा!

क्या मौज़ूदा परिस्थितियों में करने के लिए केवल यही रह गया है कि ऐसी माँगे, जिनसे देश की जनता का दिल हरा हो जाये, ब्रिटिश साम्राज्यशाही के सामने यह जानते-बूझते हुए रखी जायें कि वे कभी पूरी नहीं हो सकतीं? जनता को समझाया जाये—देखो, शान्त रहो, तैयार रहो, बहुत बड़ी बात करने हम जा रहे

हैं और फिर तक़ल्लुफ़ से, शराफ़त से माँग पेश हो, एक अरसे तक उस माँग पर वर्किंग कमेटी में बहस चले और फिर एक ऐलान शाया हो और उस ऐलान पर ब्रिटिश-साम्राज्यशाही के प्रतिनिधि अपना ऐलान करें। इस बीच में साम्राज्यशाही अपना काम करती जाये और कांग्रेस साम्राज्यविरोधी ऐलान करती जाये और फिर एक राउण्ड टेबिल कान्फ्रेन्स बुलायी जाये, जिसमें चबाये हुए ग्रासों की फिर से जुगाली हो! जनता स्वाति की बूँद की आशा में मुँह-बाये आकाश की ओर देखती रहे और परिस्थितियों के बादल उमड़कर आयें, कुछ गरजें, दो-एक बूँद पानी बरसे, जिससे देश की पूँजीपति श्रेणी दो-एक अधिकार और पाकर सन्तुष्ट हो जाये। इतने में परिस्थितियों के बादल छिन्न-भिन्न हो जायें। कांग्रेस की प्रतिष्ठा क़ायम रह जाये और कांग्रेस की काठी पर सवार देश की पूँजीपति श्रेणी अपनी शक्ति बढ़ा ले और सर्वसाधारण शोषित जनता फिर दूसरे अवसर और परिस्थितियों की प्रतीक्षा करने लग जायें।

युद्ध क्यों?

रोज़ रात को चोर-चोर पुकारनेवाले लड़के की कहानी मशहूर है कि जिस दिन दरअसल चोर आ ही गये, चोरों का मुक़ाबला कर सहायता करने कोई न आया! बहुत-कुछ वही हालत हमारी हुई। आये दिन हम युद्ध आ रहा है, युद्ध आ रहा है, सुन-सुनकर समझ बैठे थे, यह बतंगड़ है। आख़िर युद्ध आ ही गया और हम उसके लिए तैयार नहीं।

युद्ध लड़ने के लिए हम तैयार हैं या नहीं, यह एक बात है, लेकिन युद्ध की समस्या पर हम विचार कर ही सकते हैं और युद्ध के कारण अनुभव होनेवाली अनेक दिक़्क़तों के कारण यह सवाल भी हमारे मन में उठता ही है कि यह युद्ध क्यों और कब तक चलेगा?

युद्ध क्यों? इस बात का सीधा जवाब हमें चेम्बरलेन साहब दे रहे हैं—युद्ध है प्रजातन्त्र की रक्षा के लिए, पोलैण्ड जैसे छोटे देश के आत्मनिर्णय के अधिकार की रक्षा के लिए।

हो सकता है, यह सब ठीक हो। परन्तु दूध का जला छाछ फूँक-फूँककर पीता है। हम लोगों ने अपनी छोटी-सी उम्र में बहुत-कुछ देखा है। हमने देखा है—प्रजातन्त्र और आत्मनिर्णय के अधिकार के रक्षक ब्रिटेन को चुपचाप मांचकुओ, अबीसीनिया, आस्ट्रिया, अल्बानिया, स्पेन और चेकोस्लोवाकिया का बलिदान होते देखते रहते। वही ब्रिटेन आज प्रजातन्त्र और आत्मनिर्णय के अधिकारों की रक्षा के लिए, बिना किसी स्वार्थ के युद्ध का आतंक अपने सर ले रहा है। उन लोगों

के लिए जो इस पर विश्वास कर सकते हैं, यह लक्षण बड़े शुभ हैं। हमारे राजनैतिक गुरु महात्मा गाँधी को तो निराशा के काले बादलों के पीछे से आशा की सुनहली किरणें भी दिखायी देने लगी हैं। उन्होंने स्पष्ट शब्दों में कह दिया है—मेरी सहानुभूति ब्रिटेन के प्रति है क्योंकि वह प्रजातन्त्र के लिए लड़ रहा है। महात्मा गाँधी स्वयं परोपकारी वृत्ति के मनुष्य हैं उन्हें दूसरों की सद्भावना पर विश्वास करना ही चाहिए।

परन्तु जो लोग राजनैतिक क्षेत्र में परोपकार जैसी किसी वस्तु में विश्वास नहीं रखते, जिन्हें राजनीति में केवल आत्म-रक्षा और शक्ति-संचय का ही उद्देश्य दिखायी देता है, उन्हें इस युद्ध का कारण और जगह ढूँढ़ना पड़ेगा।

हमने देखा कि जर्मनी जब आस्ट्रिया, चेकोस्लोवाकिया आदि देशों को, वारसाई की सन्धि को तोड़कर हड़प करता चला गया, फ्रान्स के हज़ार हाय-तौबा मचाने पर भी इंग्लैण्ड ने उलझन में फँसना उचित न समझा, परन्तु डैनज़िग का मामला आने पर इंग्लैण्ड का रुख़ बदल गया और जब रूस और जर्मनी का समझौता हो गया, तो इंग्लैण्ड को लड़ाई छेड़नी ही पड़ी। डैनज़िग के मामले में जिस प्रकार वारसाई की सन्धि टूट रही है, उसी प्रकार आस्ट्रिया और चेकोस्लोवाकिया के बारे में भी वह सन्धि टूट रही थी परन्तु एक बात का फ़र्क़ था। वारसाई की सन्धि की गयी थी पिछले महायुद्ध के बाद जर्मनी को कुचल डालने के लिए। जर्मनी के कुचले जाने का परिणाम यह हुआ कि फ्रान्स को अपनी शक्ति बढ़ाने का मौक़ा हाथ लगा। फ्रान्स ने अपनी पूर्वी सीमा के उन प्रान्तों को जो युद्ध से पहले जर्मनी के अधिकार में थे अपने अधिकार में कर लिया। फ्रान्स की शक्ति इतनी बढ़ गयी कि उसके पड़ोसी इंग्लैण्ड को फ्रान्स के मुक़ाबले अपनी शक्ति के घट जाने का भय होने लगा। फ्रान्स यहीं तक न रहा। उसने आस्ट्रिया, चेकोस्लोवाकिया से सन्धियाँ कीं और उसने संसार की सबसे बड़ी हवाई और सैनिक-शक्ति रखनेवाले रूस से भी समझौता करने का यत्न शुरू किया। यह समझौता हो भी गया, परन्तु इंग्लैण्ड की राजनैतिक दूरदर्शिता ने इसे विफल कर दिया। फ्रान्स को निर्बल बनाने के साथ-साथ इंग्लैण्ड रूस की बढ़ती हुई शक्ति के मुक़ाबले में भी जर्मनी को खड़ा करना चाहता था। पर उसकी यह चाल विफल रही।

फ्रान्स के प्रति इंग्लैण्ड की इस ईर्ष्या को जर्मनी के चतुर नेता हिटलर के लिए भाँप लेना कठिन न था। वह समझ गया कि इंग्लैण्ड फ्रान्स को कमज़ोर करना चाहता है और यदि इस समय फ्रान्स के विरुद्ध कोई कार्रवाई करने के लिए वारसाई की सन्धि तोड़ी जाती है, तो इंग्लैण्ड को कोई आपत्ति न होगी।

हिटलर ने अपनी पुस्तक 'आत्म-कथा' में जो कार्यक्रम जर्मनी के सामने शक्ति-संचय का रखा है, उसमें यह भविष्यवाणी कर दी थी कि इंग्लैण्ड जर्मनी का विरोध न करेगा। इसलिए जब वारसाई की सन्धि तोड़कर यूरोप के छोटे-छोटे प्रजातन्त्रों को जर्मनी निगलकर सबल होता गया और फ्रान्स की शक्ति को घटाता गया, इंग्लैण्ड ने उँगली न हिलायी। यूरोप की भूमि पर जर्मनी के फैलते जाने से इंग्लैण्ड को कोई भय न था। भय था केवल फ्रान्स को। परन्तु डैनज़िग की बात दूसरी है। डैनज़िग एक बन्दरगाह है और डैनज़िग जर्मनी के हाथ चले जाने से जर्मनी की समुद्री ताक़त बढ़ जाती है, जिससे कि स्वयं इंग्लैण्ड को ख़तरा हो जाता है और जर्मनी न केवल फ्रान्स की ताक़त को घटाने का साधन बनता है, बल्कि स्वयं इंग्लैण्ड के लिए भी ख़तरा बन जाता है। इसके अलावा जर्मनी का पूँजीवाद के शत्रु रूस से समझौता?—यह थी यूरोप की राजनैतिक परिस्थिति जिसने इंग्लैण्ड को मजबूर कर दिया पोलैण्ड के प्रजातन्त्र शासन और उसके आत्मनिर्णय के अधिकार की रक्षा करने के लिए।

इंग्लैण्ड की आन्तरिक राजनीति

यूरोप में राजनैतिक परिस्थितियों के बदलने के साथ-साथ स्वयं इंग्लैण्ड में भी परिस्थिति इंग्लैण्ड के मौज़ूदा शासक-दल के लिए कठिन हो गयी थी। इंग्लैण्ड का शासन इस समय 'क्लाइवडन' दल के हाथ में है। इस दल के विचार में इंग्लैण्ड के पूँजीवाद और साम्राज्यवाद को सबसे अधिक भय है—समाजवादी रूस से। जर्मनी को अपनी ही श्रेणी का पूँजीपति देश समझकर उसके प्रति उनकी सहानुभूति रही है, लेकिन ब्रिटेन में ऐसे भी पूँजीपति हैं, जो अपने साम्राज्य के लिए जर्मनी को ही अधिक ख़तरनाक समझते हैं। मि. चर्चिल और ईडन इस दल के प्रतिनिधि हैं। यह लोग 'चेम्बरलेन दल' या 'क्लाइवडन पार्टी' की नीति से अब तक असन्तुष्ट रहे। इसके अलावा उदार-दल और इंग्लैण्ड के कम्युनिस्ट लोग भी 'चेम्बरलेन दल' की नीति के विरोधी हैं। जर्मनी की शक्ति लगातार बढ़ते जाने से इंग्लैण्ड में चेम्बरलेन की नीति के विरोधी पूँजीपतियों की शक्ति दूसरे दलों का सहयोग परस्पर हो जाने से घट जाती और शासन उनके हाथ से निकल जाता। इधर इंग्लैण्ड में पार्लमेण्ट का चुनाव भी कुछ समय बाद होने को है। अपनी शक्ति और अपने शासन को क़ायम रखने के लिए इस दल के लिए इंग्लैण्ड में जर्मन विरोधी पूँजीपतियों को सन्तुष्ट करना आवश्यक हो गया और उसके साथ ही देश में सनसनी और आतंक का एक ऐसा वातावरण पैदा कर देने की ज़रूरत थी, जिससे सर्व-साधारण जनता की असन्तोष और क्रान्ति की भावना दब जाये और मौज़ूदा शासक-दल की शक्ति ज्यों-की-त्यों बरक़रार रहे। यह चाल इंग्लैण्ड में नयी नहीं है।

मज़दूर दल के हाथों शासन छीनने के लिए भी ऐसी चाल चली गयी थी। इस प्रकार के वातावरण को पैदा करने के लिए इस समय युद्ध छेड़ देने के अलावा और कोई चारा इंग्लैण्ड के शासक दल के सामने नहीं रह गया था।

युद्ध कब तक?

जिन्हें सन् '१४ के महायुद्ध की बातें भूली नहीं हैं वे इस युद्ध की गति को देखकर पूछते हैं—क्या यह युद्ध है? ऐसे लोग चाहते हैं भयंकर ख़बरें! वे लोग सोचते थे युद्ध छिड़ने पर बर्लिन, पेरिस और लन्दन पर बमवर्षा होने के समाचार आयेंगे और युद्ध के मौज़ूदा साधनों के इस्तेमाल से बहुत जल्दी युद्ध का फ़ैसला हो जायेगा? पर फ़ैसला हो क्या?

कहने को तो चेम्बरलेन कहते हैं इस युद्ध से वे जर्मनी को कमज़ोर कर देना चाहते हैं और हिटलर की नीति—हिटलरवाद को समाप्त कर देना चाहते हैं, परन्तु उनका यह कहना उनके अब तक के व्यवहार के ठीक प्रतिकूल है। अब तक तो रूस के समाजवाद को अपने साम्राज्य का शत्रु समझकर वे हिटलरवाद को बढ़ाते गये, आज वे ठीक उसके विपरीत जाना चाहते हैं। और फिर जर्मनी को कमज़ोर कर देने का मतलब क्या होगा? वही पुराने संकट फिर खड़े होंगे। फ्रान्स की शक्ति अपेक्षाकृत बहुत बढ़ जायेगी और उससे ज़्यादा शक्ति बढ़ जायेगी रूस की।

अब यदि ब्रिटेन अन्तरराष्ट्रीय शक्तियों के शक्ति-सन्तुलन के लिए लड़ाई जारी रखना चाहता है, तो उसे लड़ना पड़ेगा न केवल जर्मनी के विरुद्ध, बल्कि रूस के भी विरुद्ध। रूस और जर्मनी की सम्मिलित शक्तियों के विरुद्ध और ख़ासकर जब इटली के भी उनका साथ देने की आशंका हो, इंग्लैण्ड और फ्रान्स का भिड़ जाना सम्भव नहीं। पोलैण्ड के प्रजातन्त्र को फिर से क़ायम करने की चेष्टा में इंग्लैण्ड को न केवल जर्मनी से, बल्कि रूस से भी लोहा लेना पड़ेगा और ऐसा करने से इंग्लैण्ड का अभिप्राय भी पूरा नहीं होता।

युद्ध की समस्या दिन-ब-दिन पेचीदा होती जा रही है। युद्ध का प्रभाव पड़ रहा है केवल पोलैण्ड, जर्मनी और फ्रान्स पर! पोलैण्ड तो इस समय नक़्शे से मिट-सा ही चुका है। शेष रहे फ्रान्स और जर्मनी।

युद्ध-सम्बन्धी घटनाओं के विकास को देखने के बाद हम इस परिणाम पर पहुँचते हैं कि इस युद्ध से यदि वास्तव में शक्ति किसी की बढ़ी है, तो रूस की। साम्राज्यवादी देशों ने आपस में झगड़कर रूस को वह अवसर दिया, जिसकी वह मुद्दत से प्रतीक्षा कर रहा था।

रूस का व्यवहार

अन्तरराष्ट्रीय परिस्थिति की ओर ध्यान देनेवालों को रूस का व्यवहार जितना उलझन में डाल रहा है उतनी कोई दूसरी बात नहीं। अन्तरराष्ट्रीय समाजवाद से सहानुभूति का दम भरनेवाले अनेक लोगों को रूस के इस व्यवहार से नितान्त निराशा हो रही है। पूँजीवाद के समर्थक इस बात से ख़ुश हैं कि आख़िर रूस उनके विचार से प्राकृतिक विकास यानी साम्राज्यवाद की ओर आ रहा है। इलाहाबाद यूनिवर्सिटी के इतिहास के प्रोफ़ेसर डॉ. बेनीप्रसाद भी उनमें से एक हैं, परन्तु जिन लोगों ने समाजवादी रूस के कार्यक्रम और नीति पर आरम्भ से ध्यान दिया है, उन्हें रूस के व्यवहार में शायद कोई उलझन नहीं दिखायी देगी।

समाजवाद एक ऐसा सिद्धान्त है, जिसे पूर्णतः अस्वीकार कर देना पूँजीवाद के विकास से उत्पन्न होनेवाली परिस्थितियों की ओर से आँख बन्द कर लेना है। पूँजीवाद के कारण आनेवाली विषमताओं और संकटों के कारण असली तौर पर समाजवाद को विशेष परिस्थितियों में और जहाँ-तहाँ सभी लोग स्वीकार कर लेते हैं। पिछले युद्ध के समय इंग्लैण्ड ने संकट के समय उसका आश्रय लिया। एक हद तक हिटलर भी समाजवादी हैं और अपने-आपको नेशनल सोशलिस्ट कहते हैं। परन्तु मार्क्स के सिद्धान्तों के अनुकूल समाजवाद एक अन्तरराष्ट्रीय चीज़ है और उसकी सफलता और महत्त्व उसकी अन्तरराष्ट्रीयता में ही है, बल्कि वास्तविक बात तो यह है कि एक देश का समाजवाद बहुत न्यूनताएँ लिये रहेगा। रूस का समाजवाद मार्क्स के सिद्धान्तों पर क़ायम है और लेनिन भी समाजवाद को अन्तरराष्ट्रीय क्रम में ही देखता था, परन्तु लेनिन और स्टालिन ने पूँजीवादी देशों के रूस में समाजवाद को असफल करने के प्रयत्नों के कारण पहले रूस में समाजवाद को सफल बनाकर तब अन्तरराष्ट्रीय क्षेत्र में समाजवाद के गढ़ रूस की सहायता से किसान-मज़दूरों की क्रान्ति को सफल बनाने का कार्यक्रम निश्चित किया। त्रात्स्की लेनिन और स्टालिन की इस नीति से सहमत नहीं थे। वे समझते थे कि किसान-मज़दूरों की अन्तरराष्ट्रीय क्रान्ति के बिना रूस में भी समाजवाद सफल न हो सकेगा। यही मुख्य भेद था त्रात्स्की और स्टालिन में। त्रात्स्की के अनुयायी रूस पर यह लांछन लगाते रहे कि वह समाजवाद के अन्तरराष्ट्रीय कार्यक्रम की उपेक्षा कर रहा है।

लेनिन और स्टालिन ने इस विरोध की परवाह न कर पहले एक देश में समाजवाद को सफल बनाकर अवसर आने पर दूसरे देशों में क्रान्ति को सफल बनाने के ही कार्यक्रम को जारी रखा। इस सम्बन्ध में प्रश्न पूछने पर स्टालिन ने कहा था। कि समाजवाद को दूसरे देशों में फैलाने का उपयुक्त अवसर वह होगा

जब पूँजीवादी और साम्राज्यवादी आपस में लड़कर निर्बल हो जायेंगे। परिस्थितियों के क्रम से वह मौक़ा आया जब कि इंग्लैण्ड, फ्रान्स और जर्मनी पूँजीवादी राष्ट्र आपस में उलझ पड़े हैं।

साधारणत: क्रम यह होना चाहिए था कि जर्मनी और पोलैण्ड में युद्ध छिड़ जाने पर पोलैण्ड के किसान-मज़दूर क्रान्ति करते और रूस उन्हें सहायता देकर वहाँ समाजवादी-पंचायती राज्य क़ायम कर देता, परन्तु राजनीति में हिन्दुओं के शादी-ब्याह की तरह रस्मों का पालन नहीं हो सकता। पोलैण्ड की सरकार जर्मनी के हमले से नष्ट हो गयी थी। इस अवस्था में दो ही मार्ग थे—या तो रूस मुँह बाये ताकता रहता और जर्मनी तमाम पोलैण्ड को समेट लेता और वहाँ हिटलरवाद और दमन का दौरा हो जाता और जर्मनी रूस की हद पर आ बैठता और पोलैण्ड के तेल के कुएँ हिटलर के हाथ पड़कर उसकी सैनिक-शक्ति को बहुत अधिक बढ़ाकर संसार की शक्ति को ख़तरे में डाल देते। दूसरा मार्ग यह था कि पोलैण्ड की सरकार के ख़त्म हो जाने पर रूस वहाँ अपनी सेना भेज जर्मनी का आगे बढ़ना रोककर उसे अपने अधिकार में कर लेता। रूस ने वही किया और इस कारण लोगों को यह जान पड़ने लगा कि रूस अपनी मर्यादा से बढ़ गया, वह साम्राज्यवादी हो गया।

रूस ने आधे पोलैण्ड पर क़ब्ज़ा कर लिया है, परन्तु इस क़ब्ज़ा करने का अर्थ क्या है? पोलैण्ड का कच्चा माल अपने क़ारख़ानों के लिए लेने की ज़रूरत रूस को नहीं। पोलैण्ड के बाज़ारों में अपना माल खपाकर मुनाफ़ा उठाने की ज़रूरत रूस को नहीं। पोलैण्ड पर रूस का क़ब्ज़ा हो जाने का मतलब है—पोलैण्ड में समाजवादी आर्थिक प्रणाली क़ायम कर पोलैण्ड निवासियों की पंचायतें स्थापित करना। वास्तव में इसे पोलैण्ड पर रूस का क़ब्ज़ा न कहकर पोलैण्ड के पूर्वीय भाग को समाजवादी पंचायती राज्य बना देना ही कहना ठीक होगा।

जिन्हें रूस के इस काम में समाजवादी साम्राज्यवाद की गन्ध आती है, उन्हें यह भी ख़याल रखना चाहिए कि साम्राज्यवाद का उद्देश्य है—अपने अधीन किये गये देश का शोषण करना। यदि रूस पोलैण्ड में पंचायतें क़ायम कर उन्हें आत्मनिर्णय का अधिकार दे देता है, तो यह साम्राज्यवाद नहीं बल्कि समाजवाद है। रूस के इस काम का असर यह हुआ कि संसार में समाजवाद का १/६ भाग से बढ़कर और आगे फैल जाना, संसार के एक और देश से पूँजीवादी शोषण का समाप्त हो जाना। पोलैण्ड का समाजवादी प्रजातन्त्र का अंग बनकर साम्राज्यवादी

शक्तियों का शिकार होने से बच जाना। रूस के इस काम में उसकी समाजवादी नीति का विरोध हमें कहीं नहीं दिखायी देता। वह दरअसल अब इतना प्रभावशाली हो गया है कि रूस के बाहर भी समाजवाद की स्थापना कर सके।

कौन तैयार नहीं?

कांग्रेस वर्किंग कमेटी के १४ सितम्बर के ऐलान की जितनी प्रशंसा होती है और जितना सन्तोष उससे अनुभव किया जा रहा है, वह सब इसलिए कि हम फ़िलहाल इससे अधिक कुछ कर भी तो नहीं सकते क्योंकि हम तैयार नहीं।

इस कुछ कर सकने और इस तैयारी का निर्णय है हमारी कांग्रेस की वर्किंग कमेटी के फ़ैसले पर। कांग्रेस वर्किंग कमेटी जिस दृष्टिकोण से हमारे देश की समस्याओं को देखती है उस दृष्टिकोण का प्रभाव उनके फ़ैसले पर पड़ना अनिवार्य है।

कांग्रेस वर्किंग कमेटी के प्रति किसी प्रकार का अविश्वास प्रकट किये बिना भी हम यह कह सकते हैं कि उनका दृष्टिकोण जन-साधारण का दृष्टिकोण नहीं है। जन-साधारण में इस समय आर्थिक संकट के कारण जो असन्तोष मौज़ूद है या तो वर्किंग कमेटी उस ओर से आँखें बन्द किये रहना चाहती है या जन-साधारण के आर्थिक असन्तोष के आधार पर चलनेवाला आन्दोलन हमारी राष्ट्रीय स्वतन्त्रता को जिस मार्ग में ले जाकर जिस उद्‌देश्य पर पहुँचाना चाहता है वह उन्हें मंज़ूर नहीं।

जन-साधारण का आर्थिक असन्तोष है हमारे समाज के आर्थिक ढाँचे के अनुपयुक्त हो जाने के कारण! यदि यह असन्तोष अपने संकट का इलाज करना चाहता है तो वह समाज के मौज़ूदा आर्थिक ढाँचे को तोड़ देगा और इस देश में इस प्रकार की सामाजिक व्यवस्था क़ायम करेगा जिसमें कि आज दिन प्रभुत्व क़ायम रखनेवाली श्रेणियाँ अपनी सामाजिक परिस्थितियों के कारण पाये हुए अधिकारों को क़ायम न रख सकेंगी।

हमारा मतलब यह नहीं कि कांग्रेस की वर्किंग कमेटी स्वराज्य नहीं चाहती या हमारी कांग्रेस की वर्किंग कमेटी जिन लोगों[1] के संकेतों और रायों पर चलती है वे स्वराज्य नहीं चाहते। वे स्वराज्य ज़रूर चाहते हैं, परन्तु दूसरे ढंग से। वे चाहते हैं इस देश में स्वराज्य शनैः-शनैः, दबे-पाँव, पैरों में वैधानिक सुधार की गद्‌दियाँ

१. याद कीजिये, कांग्रेस वर्किंग कमेटी के निर्णयों से पूर्व कौन लोग महात्मा जी और वर्किंग कमेटी को अपनी राय देते है?

बाँधकर आये। जिससे इस देश में क़ायम श्रेणी-व्यवस्था, सामाजिक व्यवस्था और आर्थिक व्यवस्था में किसी प्रकार का परिवर्तन न हो और मौज़ूदा विदेशी पूँजीपति शासन की जगह इस देश के पूँजीपतियों का शासन आ जाये। जो लाभ विदेशी पूँजीपति इस देश को चूसकर उठाते हैं उसे इस देश के ही पूँजीपति उठावें। विदेशी नौकरशाही की जगह देशी नौकरशाही क़ायम हो जो उनके हितों की चौकीदारी करे।

कौन कहता है इस प्रकार के स्वराज्य के लिए हमारे देश की शक्तिशाली श्रेणी तैयार नहीं? और हमारी कांग्रेस की वर्किंग कमेटी इस प्रकार के स्वराज्य का मार्ग तैयार नहीं कर रही? वैधानिक सुधारों के रूप में स्वराज्य यानी इस श्रेणी का पूर्ण शासन क़ायम हो सकता है केवल ब्रिटिश साम्राज्यशाही शक्ति के सहयोग से। जिसे सीधे-साधे शब्दों में कहा जायेगा—समझौते के मार्ग से। हमारी वर्किंग कमेटी अपनी मालिक श्रेणी के आदेश से, जिसके कि पुरोहित महात्मा गाँधी हैं, इस प्रकार के स्वराज्य के लिए तैयार है और प्रयत्न भी कर रही है। रही बात सर्वसाधारण, उपायहीन जनता की, जो त्रास को अनुभव तो सबसे अधिक कर रही है, परन्तु बेज़बान है, उनकी कोई आवाज़ नहीं, इसलिए वे तैयार नहीं और न किसी को उनका तैयार होना मंजूर ही है।

चन्द्रसिंह

गाँधी-जयन्ती का उद्‌घाटन करते समय पण्डित जवाहरलाल नेहरू ने वर्तमान युग की सभ्यता को महात्मा गाँधी की देन 'अहिंसा' के महत्त्व पर विशेष बल दिया और उदाहरण में पेशावर में गढ़वाली पलटन की प्रजा पर गोली चलाने के हुक्म की उपेक्षा का हवाला देकर महात्मा जी के अहिंसा के उपदेश का प्रभाव सिद्ध किया। पण्डित जी ने जो कुछ कहा उससे किसी को मतभेद नहीं हो सकता परन्तु अहिंसा के प्रभाव के महिमा का बखान करते समय हमें यह न भूल जाना चाहिए कि महात्मा जी के अहिंसा उपदेश को अपनाकर और मृत्यु-दण्ड की भी परवाह न कर जिन गढ़वालियों ने अपने भाइयों पर गोली चलाने से इनकार कर दिया था, उनका नेता हवलदार चन्द्रसिंह आज प्राय: दस बरस से जेल में सड़ रहा है।

अनेक राजबन्दियों की रिहाई के लिए आन्दोलन चले और अनेक राजबन्दी रिहा हुए। इन राजनैतिक बन्दियों के अपराध राजनैतिक थे। इसलिए परिस्थितियाँ बदल जाने पर उन्हें जेल में रखना अन्याय था। महात्मा जी और कांग्रेस ने उनकी रिहाई के लिए प्रयत्न किया, कांग्रेस मन्त्रिमण्डलों ने इस प्रश्न पर इस्तीफ़े दिये और

कांग्रेसी प्रान्तों में उनकी रिहाई हो गयी। परन्तु चन्द्रसिंह अब भी जेल में हैं और उसका अपराध था हिंसा करने से इनकार कर देना।

गढ़वाल की जनता चन्द्रसिंह की रिहाई के लिए लगातार आवाज़ उठाती रही और अन्त में लाचार होकर उन्होंने चन्द्रसिंह की रिहाई के लिए दो मास का नोटिस देकर सत्याग्रह करने का निश्चय कर लिया। यह दो मास अब समाप्त होने को हैं। हम आशा करते हैं परिस्थितियों को ध्यान में रखकर महात्मा जी और कांग्रेस के दूसरे नेता गढ़वाली जनता की सहायता के लिए आगे बढ़ेंगे और अहिंसा के सिद्धान्त का कितना सम्मान वे करते हैं इस बात का प्रमाण देंगे।

गुरुदत्त जी को उत्तर

एकाकी शासन या प्रजातन्त्र

डिक्टेटरशिप की सफलता तथा उसके राज़—सं.

जून मास के अपने लेख 'प्रजातन्त्र और राज-सत्ता' और इस मास के लेख 'प्रजातन्त्र और एकाकी शासन' में श्री गुरुदत्त जी ने प्रजातन्त्र की कमज़ोरियों और एकाकी शासन की दृढ़ता की तुलना कर एकाकी शासन की सफलता प्रकट करने की चेष्टा की है। श्री गुरुदत्त जी की विचारधारा की बुनियाद है कि व्यक्ति को और मनुष्य समाज को सदा ही शासित रहना चाहिए, लोहे की ज़ंजीरों से बँधा रहना चाहिए और क्योंकि प्रजातन्त्र शासन की ज़ंजीरों की अपेक्षा व्यक्तिगत शासन कठोर होता है, उसकी ज़ंजीरें अधिक कड़ी होती हैं, इसलिए वही श्रेष्ठ है।

प्रजातन्त्र के समर्थकों और विशेषकर समाजवाद के समर्थकों का दृष्टिकोण इससे ठीक उलटा है। समाज में शासन का होना वे समाज की एक कमज़ोरी समझते हैं और यह कमज़ोरी जितनी कम मात्रा में समाज में रहे, उतना ही वे अच्छा समझते हैं।

इन दोनों सिद्धान्तों की तुलना करने के लिए सबसे अच्छा उपाय है यह समझ लेना कि शासन या सरकार क्या है; उसकी आवश्यकता क्योंकर होती है?

साधारण विश्वास है—कि समाज में कमज़ोरों और ग़रीबों को अन्याय से बचाने के लिए शासन की आवश्यकता रहती है। परन्तु यदि हम वास्तविकता की ओर ध्यान दें और इस प्रश्न पर सूक्ष्म दृष्टि से विचार करें तो हम इस बात पर विश्वास नहीं कर सकेंगे। शासन या सरकार शक्ति और ताक़त के बिना नहीं

चल सकती। गिरोह, समाज या देश में जिसके हाथ में शक्ति होगी, सरकार भी उसी के हाथों में रहेगी। मनुष्य की आरम्भिक अवस्था में सरकार किस प्रकार की थी, और किसके हाथों में रही यह जानने का बहुत आसान तरीक़ा यह है कि हम यह देखें कि मनुष्य और उसके समाज का विकास किस प्रकार हुआ।

हम यह जानते हैं कि मनुष्य एक समय जंगली या पशु अवस्था में था। उस समय मनुष्य-समाज में किस प्रकार की सरकार क़ायम थी, यह जानने के लिए हम पशु-समाज या जंगलियों की समाज की सरकार की अवस्था को देख सकते हैं। आप यह नहीं कह सकते कि पशुओं और जंगली लोगों में सरकार है ही नहीं। जंगली लोगों की सरकार हमारी सभ्य सरकारों की भाँति पेचीदा और क़ानून-क़ायदों में उलझी हुई सरकारें नहीं होतीं, पर वहाँ भी एक क़ायदा चलता है और उन लोगों के लिए उनका क़ायदा ही सरकार है। इस प्रकार पशुओं की सरकार जंगली लोगों की सरकार की अपेक्षा भी और अधिक सीधी-सादी होती है।

पशु-समाज की सरकारों और जंगली समाज की सरकारों का क़ायदा यह होता है कि जो पशु या जंगली मनुष्य अपने समाज में सबसे बलवान् हो वही सबको अपनी इच्छा के अनुसार चलाता है और उसकी यह इच्छा अपने लाभ के अनुसार चलती है। निहायत जंगली अवस्था से जब मनुष्य कुछ तरक़्क़ी कर लेता है तो उसकी सरकार भी कुछ तरक़्क़ी कर जाती है। उसमें रिवाज के रूप में कुछ क़ानून-क़ायदे पैदा हो जाते हैं। इस सरकार का मतलब है मालिक या राजा की इच्छा का पूर्ण होना। बल्कि सच तो यह है कि राजा या मालिक की सत्ता अधिकार और हितों की रक्षा करना ही इस प्रकार की सरकार या शासन-प्रणाली का उद्‌देश्य था। सम्पूर्ण संसार का इतिहास इस बात का साक्षी है। हम इतिहास में यही देखते हैं कि दो देशों की सरकारों में युद्ध होने पर जिस देश का राजा मारा जाता था, वह देश पराजित होकर जीतनेवाले देश के राजा की सम्पत्ति बन जाता था। उस समय युद्ध दो देशों की प्रजा में नहीं होता था, बल्कि दो राजाओं में होता था। राजा लोग अपनी सम्पत्ति अर्थात् प्रजा को लेकर एक-दूसरे से लड़ते थे और जब मालिक मर गया, तो फिर प्रजा लड़े? जो मालिक जीत गया प्रजा उसकी सम्पत्ति बन गयी। हमें आशा है श्री गुरुदत्त जी इस ऐतिहासिक सत्य को अस्वीकार नहीं करेंगे।

शासन या सरकार को मनुष्य-जाति के लिए वरदान समझने का कारण यह है कि हम सरकार को न्याय के क़ायम करने का साधन समझते हैं, परन्तु यह भूल जाते हैं कि न्याय क्या है यह भी तो सरकार ही निश्चित करती है। सरकार या राजा

पहले अपनी इच्छा से एक हुक्म देता है। जो हुक्म वह देता उसे न्याय समझ लिया जाता है। जब वह बात न्याय हो गयी तो सरकार अपनी-अपनी शक्ति से हुक्म को मनवाने लगी। पहले ज़माने में प्रजा की सब सम्पत्ति राजा की सम्पत्ति होती थी। यदि राजा धर्मात्मा हुआ, त्यागी हुआ, तो वह प्रजा पर रहम करता था; यदि ज़रा सख़्त तबीयत का हुआ तो उस पर ज़ुल्म करता था। ठीक उसी तरह जैसे नरम और दयालु प्रकृति के आदमी अपनी स्त्री को प्रेम और आदर से रखते हैं, परन्तु कठोर प्रकृति के आदमी उसकी पूजा डण्डों से करते हैं। स्त्री पुरुष की सम्पत्ति है या उसके समान ही स्वतन्त्र है, इस बात का निर्णय हमारी सभ्यता के विकास पर ही है। सभ्यता के विकास में स्त्री का स्थान निश्चित करते समय इस बात का भी ध्यान रखना होगा कि वह आर्थिक रूप से स्वतन्त्र है या नहीं? वह अपना निर्वाह पुरुष की कृपा के बिना भी कर सकती है या नहीं। इसी प्रकार सरकार के रूप-रंग पर भी हमारे विकास का प्रभाव पड़ता है। सरकार के रूप-रंग परिस्थितियों के अनुसार बेशक बदलते रहते हैं, परन्तु सरकार का उद्देश्य नहीं बदलता। सरकार का उद्देश्य रहता है—शक्तिशाली का शासन होना, उसके स्वार्थों की रक्षा।

समाज की आरम्भिक अवस्था में, मनुष्य समाज में पशुओं के समान शारीरिक शक्ति ही सब-कुछ थी। जब मनुष्य ने कुछ हथियार बनाने या तीर-कमान बनाने सीख लिये, उस समय इन हथियारों का कौशलपूर्वक चला सकना ही शक्ति हो गयी। उस समय जो व्यक्ति सबसे अधिक चतुरतापूर्वक तलवार चला सकता था, अच्छी तरह गदा घुमा सकता था या अच्छा निशाना मार सकता था वही राजा और सेनापति होता था। रुस्तम और भीम ऐसे ही सेनापति थे, पर आज यह बात नहीं। नेपोलियन की योग्यता इस बात में नहीं थी कि वह अच्छा निशानेबाज़ था और हिटलर की या स्टालिन की शक्ति आज इस बात पर निर्भर नहीं करती कि वे अच्छे पहलवान हैं। इसकी वजह यह है कि आज इन्सान की शक्ति हथियारों के बजाय और दूसरी बातों पर निर्भर करती है।

पहले ज़माने में राजा देश और समाज का सबसे धनी व्यक्ति समझा जाता था, परन्तु शनैः-शनैः समाज में दूसरे लोग धनवान् होने लगे और इन लोगों की संख्या बढ़ने लगी। अपने धन से यह लोग जो चाहे कर सकते थे। राजा को भी इन लोगों के धन की ज़रूरत होने लगी, इसलिए उसे इनकी बात माननी पड़ी, इनसे वह कुछ-कुछ डरने लगा। इससे राज-सत्ता की ताक़त कम होने लगी। धनी लोगों ने प्रजा की सहानुभूति अपनी ओर की और मनुष्यों के समान अधिकारों की बात उठने लगी। सबकी राय सरकार के कामों में ली जाने लगी। यह था उस समय का आदर्श जब प्रजातन्त्र वैधानिक रूप से समाज में क़ायम हुआ। इस प्रकार का प्रजातन्त्र

काफ़ी अरसे तक चला। उस समय सब प्रजा राजनैतिक अधिकारों की दृष्टि से एक समान थी और व्यावहारिक दृष्टि से भी उसमें अधिक अन्तर नहीं था, परन्तु उद्योग-धन्धों के बढ़ने के साथ और विशेषकर मशीनों का आविष्कार हो जाने से समाज की पुरानी आर्थिक व्यवस्था में भयंकर परिवर्तन आ गया। वह परिवर्तन यह था कि कुछ लोग तो पूँजी जमा कर कल-कारख़ाने बना बैठे और दूसरे लोग कल-कारख़ानों के मुक़ाबले में बाज़ार में खड़े न हो सकने के कारण उत्पत्ति या पैदावार के सब साधनों को खो बैठे। इन लोगों के लिए संसार में जीवन बिताने का एक ही उपाय रह गया कि वे मज़दूरी करें अर्थात् अपनी परिश्रम करने की ताक़त को बेचें। अब देश की जनता दो भागों में बँट गयी। एक वह भाग, जो सम्पत्ति उत्पन्न करने के साधनों पर कब्ज़ा कर दूसरों से मज़दूरी कराकर लाभ उठाता है और दूसरा वह भाग, जिसकी मेहनत से सम्पत्ति के साधनों के मालिक लाभ उठाते हैं। प्रजातन्त्र शासन-प्रणाली में सिद्धान्त रूप से शासन प्रजा की राय और सम्मति से होता है। परन्तु हमें शासन का यह सिद्धान्त नहीं भूल जाना चाहिए कि शासन वही करेगा जिसके हाथ में शक्ति होगी। समाज में आज शक्ति पूँजीपतियों के हाथ में है इसलिए शासन भी वही करते हैं और अपने हितों की रक्षा के लिए करते हैं। पूँजीपतियों की कृपा पर या उनके टुकड़ों पर पलनेवाली पेशेवर श्रेणियाँ इस काम में उनकी सहायक होती हैं।

प्रजातन्त्र शासन-व्यवस्था में प्रजा के वोट को निर्णयात्मक वस्तु माना जाता है और इस वोट को किसी रास्ते पर ले चलने के या पैदा करने के जो साधन हैं वे सब पूँजीपतियों के हाथ में हैं। इसलिए पूँजीवादी देशों में या कहिये उन देशों में जहाँ श्रेणी-विरोध पैदा हो जाता है, तो प्रजातन्त्र की बुनियाद ही कट जाती है, परन्तु शोषित जनता भी अपने जीवन की रक्षा के लिए प्रयत्न करने लगती है। शोषित या साधनहीन जनता की संख्या बढ़ जाने के साथ उसको वश में रखना कठिन हो जाता है। इंग्लैण्ड जैसे देश में जहाँ की प्रजा का निर्वाह उद्योग-धन्धों पर है और जो उपनिवेशों और अपने अधीन देशों के बाज़ारों पर जीवित हैं, दूसरे देशों की लूट का कुछ हिस्सा पाते रहते हैं, परन्तु जर्मनी जैसे देश में जो उद्योग-प्रधान हैं, परन्तु जिन्हें दूसरे देशों को लूटने-खसोटने का मौक़ा नहीं मिलता, प्रजा के शोषित वर्ग की अवस्था विशेष दयनीय हो जाती है। उनमें बेकारी बेहद बढ़ जाती है और उनकी मज़दूरी इतनी कम हो जाती है कि जीवन असम्भव हो जाता है। पूँजीपति लोगों को सदा मज़दूरों की क्रान्ति का भय लगा रहता है।

ऐसी अवस्था में या तो जैसे रूस में मज़दूर-क्रान्ति सफल हो गयी इसी प्रकार मज़दूर-क्रान्ति सफ़ल हो जायेगी या मज़दूर-क्रान्ति की शक्ति पर्याप्त न होने से और

पूँजीपतियों का संगठन दृढ़ हो जाने से, वहाँ प्रजातन्त्र का ढोंग मिटाकर असन्तुष्ट श्रेणी को दबा देने के लिए, पूँजीपतियों का प्रतिनिधि डिक्टेटरशिप या एकाकी शासन क़ायम कर दिया जायेगा। जर्मनी और इटली में यही हुआ। यह है सिद्धान्त की बात।

अब देखना यह है कि अमली तौर पर एकाकी शासन समाज का कितना हित करता है? एकाकी शासन की सफलता के उदाहरण में श्री गुरुदत्त जी ने हिटलर के शासन में जर्मनी की उन्नति और स्टालिन के शासन में रूस की उन्नति का उदाहरण पेश किया है। जर्मनी ने इधर जो कुछ उन्नति कर दिखायी है उसका अन्दाज़ा तो लगेगा इस युद्ध से, अगर इस युद्ध ने वास्तविक युद्ध का रूप ग्रहण किया। ख़ैर, जो भी हो इस बात से इनकार नहीं किया जा सकता कि जर्मनी ने पराजित और शक्तिहीन हो जाने के बाद भी यूरोप में आतंक पैदा करने की शक्ति बटोर ली। जर्मनी की इस सफलता का श्रेय हिटलर के एकाकी शासन को देना राजनैतिक दाँव-पेच से नावाक़िफ़ीयत ज़ाहिर करना है। हिटलर जर्मन-प्रजा के हृदय पर किस सीमा तक प्रभुत्व जमा सका है इस बात का अन्दाज़ा तो जर्मनी में राजद्रोह के सन्देह में गिरफ़्तार लोगों के लिए क़ायम किये गये कैम्पों से लग सकता है। अभी इस युद्ध के आरम्भ में ही जर्मनी में अमन क़ायम रखने के लिए एक हज़ार आदमियों को गोली मार दी गयी।

जर्मनी यदि आस्ट्रिया और चेकोस्लोवाकिया को हज़्म कर सका है, सार प्रान्त और राइन नदी तक के इलाके को फ्रान्स से वापस ले सका है, तो यह अपनी शक्ति के बल पर नहीं। यह सब-कुछ हुआ है—इंग्लैण्ड की शक्ति के बल पर। महायुद्ध के बाद से जर्मनी के पराजित हो जाने पर फ्रान्स ने यूरोप में अपनी शक्ति को इस क़दर बढ़ाना शुरू किया कि इंग्लैण्ड की प्रभुता को धक्का लगने लगा। इंग्लैण्ड ने जर्मनी को बहुत अधिक निर्बल बना देने की अपनी भूल को स्वीकार किया और जर्मनी का हौसला बढ़ाना शुरू किया। यूरोप के महायुद्ध की वह सब सन्धियाँ जर्मनी ने इंग्लैण्ड के दख़ल न देने के भरोसे पर तोड़ीं। फ्रान्स बिलबिलाता रहा, परन्तु इंग्लैण्ड के कान पर उस समय जूँ नहीं रेंगी। इंग्लैण्ड को छोड़कर जर्मनी के ख़िलाफ़ फ्रान्स क्या कर सकता था। इंग्लैण्ड से शत्रुता मोल लेने की उसकी हिम्मत नहीं थी। जर्मनी बढ़ता चला गया। दूसरी ओर इंग्लैण्ड रूस की बढ़ती हुई ताक़त के ख़िलाफ़ भी जर्मनी का मोर्चा खड़ा करना चाहता था इसलिए जर्मनी के प्रति इंग्लैण्ड की सहानुभूति क़ायम रही और वह इंग्लैण्ड के बल पर संसार को धौंस देता रहा।

रही रूस की बात! रूस में स्टालिन की डिक्टेटरशिप समझना भी भारी भूल है। रूस में आज दिन कोई डिक्टेटरशिप नहीं। इस वर्ष के आरम्भ से वहाँ सब

काम पार्लमेण्ट के ज़रिये हो रहा है और प्रजातन्त्र शासन–पद्धति वहाँ क़ायम है। जब वहाँ डिक्टेटरशिप थी उस समय वह डिक्टेटरशिप कम्युनिस्ट पार्टी की थी— उस कम्युनिस्ट पार्टी की, जो कि देश भर के मज़दूरों और किसानों की संगठित पार्टी थी। बिना पार्टी की आज्ञा और अनुमति के लेनिन या स्टालिन के लिए कुछ भी कर सकना सम्भव नहीं था। स्टालिन की जो कुछ शक्ति है या थी वह डिक्टेटर के रूप में नहीं थी। वह कभी डिक्टेटर नियत नहीं हुआ। उसकी प्रभावशाली स्थिति का कारण रहा है—उसका रूस की कम्युनिस्ट पार्टी का सेक्रेटरी होना। स्पष्ट शब्दों में यों कहा जा सकता है कि रूस में जो कुछ उन्नति हुई वह मज़दूरों और किसानों की डिक्टेटरशिप के कारण हुई।

जर्मनी के बारे में भी यही बात है। यहाँ डिक्टेटरशिप हिटलर की नहीं, बल्कि नात्सी पार्टी अर्थात् National Socialist पार्टी की डिक्टेटरशिप है। यह पार्टी है जर्मनी के पूँजीपतियों की, जिन्होंने जर्मनी में पूँजीवाद की फिर से स्थापना करने के लिए हिटलर को ख़रीदकर अपना हथियार बना लिया है। इसके नेता हिटलर नहीं, बल्कि हर थाइसन हैं जो जर्मनी के सबसे बड़े पूँजीपति हैं। आज यदि हिटलर चाहे, तो इस पार्टी की इच्छा के विरुद्ध उँगली भी नहीं उठा सकता। हिटलर नेशनल सोशलिज़्म यानी राष्ट्रीय समाजवाद का कार्यक्रम लेकर आगे बढ़ा था, परन्तु पूँजीपतियों के हाथ का खिलौना बन वह अपने उस कार्यक्रम को बिलकुल भूल गया।

गुरुदत्त जी एकाकी शासन की तारीफ़ कर रहे हैं, परन्तु राजनैतिक परिस्थितियों से परिचित कोई भी मनुष्य यह अच्छी तरह से जानता है कि एकाकी शासन अर्थात् एक पुरुष का शासन आज दिन संसार में सम्भव ही नहीं। सम्पूर्ण समाज को वश में कर एक आदमी का शासन कर सकना केवल एक छोटे–से गिरोह में ही सम्भव हो सकता है। मनुष्य–समाज में शासन का आरम्भ हुआ है—एक श्रेणी द्वारा दूसरी श्रेणी को अपने अधीन रखने के लिए। जब शासित और शासक श्रेणी के हितों में विरोध कम रहता है, शासन में किसी क़दर न्याय और व्यवस्था का ढोंग क़ायम रखा जा सकता है, परन्तु जहाँ उनमें अधिक विरोध हो जाता है, अन्याय और दमन के सिवा शासन क़ायम नहीं रह सकता।

गुरुदत्त जी का कहना है कि सम्पत्ति के आधार पर अर्थात् आर्थिक आधार पर श्रेणी–भेद न रहने पर भी समाज में बुद्धिमान्, मूर्ख, चालाक और सीधे आदमी का भेद तो रहेगा ही, मनुष्यों में मान–प्रतिष्ठा की इच्छा तो रहेगी ही। यह दलील कहने को बड़ी ज़बरदस्त मालूम पड़ती है, परन्तु इसमें सार कितना है? संसार में कोई आदमी कमअक़्ल और कोई अक़्लमन्द क्यों हो जाता है? इसका उत्तर क्या

गुरुदत्त जी यह देंगे कि भगवान् की ऐसी ही इच्छा है? हमें आप जैसे विद्वान् से ऐसा उत्तर पाने की आशा नहीं, परन्तु यदि हमें ऐसा उत्तर दिया जाये, तो हम कहेंगे कि तो अक़्लमन्द और चालाक का अत्याचार हमें ईश्वर की इच्छा मानकर चुपचाप सह लेना चाहिए।

हम समझते हैं संसार में मनुष्य अक़्लमन्द या कमअक़्ल परिस्थितियों के कारण ही होता है। इन परिस्थितियों में किसी व्यक्ति के माँ-बाप की हालत उनकी आर्थिक अवस्था भी शामिल है। आज हम देखते हैं कि किसानों-मज़दूरों को कमअक्ल समझा जाता है, उनकी औलाद को भी कमअक्ल समझा जाता है। हज़ारों-लाखों ग़रीब आदमियों में से कोई एक सब तरह की मुश्किलों को पार कर लायक़ बन जाता है वह बड़ा आदमी समझा जाता है। किसानों और मज़दूरों के कमअक्ल होने की वजह है उनकी परिस्थितियाँ और हालत का अच्छा न होना। अगर यह परिस्थितियाँ बदल जायें और ग़रीब और सब लोग एक ही जैसी परिस्थितियों में पलें, तो उनमें इतना अन्तर नज़र नहीं आयेगा जैसा कि अपने समाज में हम आज देखते हैं। बढ़िया क़िस्म के बीज को यदि लगातार कमज़ोर ज़मीन में बोया जाये, तो वह निकम्मा हो जाता है और यदि निकम्मे क़िस्म के बीज को लगातार अच्छी ज़मीन और अच्छी आबोहवा में पैदा किया जाये, तो वह सुधर जाता है। इसी तरह मनुष्यों की भी हालत है। इसमें सन्देह करने की कोई गुंजाइश नहीं कि आर्थिक ऊँच-नीच दूर हो जाने पर मनुष्यों की लियाक़त और अक़्ल बहुत हद तक एक जैसी हो जायेगी। और किसी को दूसरे पर अपनी अक़्ल के ज़रिये अत्याचार करने की गुंजाइश न रहेगी। जो कुछ हम कह रहे हैं निरी कपोल-कल्पना ही नहीं है। रूस में आज सभी विभागों के बड़े-से-बड़े अफ़सर किसानों और मज़दूरों की सन्तान या ख़ुद किसान-मज़दूर हैं, ज़ो बड़ी योग्यता से अपने देश का प्रबन्ध कर रहे हैं। आज से बीस वर्ष पूर्व वे उल्लू और गधे कहलाते थे और यदि रूस में ज़ार का एकाकी शासन बना रहता, तो यह लोग गधे और उल्लू ही बने रहते।

ख़ैर! हम श्री गुरुदत्त जी की ही बात मान लेते हैं कि आर्थिक ऊँच-नीच दूर हो जाने पर भी योग्यता की बराबरी मनुष्य-समाज में न हो जायेगी, लेकिन इसका परिणाम क्या होगा? जब आर्थिक बन्धन और शोषण नहीं तो कोई अत्याचार किस बात का करेगा? और कोई अत्याचार सहेगा क्यों? आर्थिक शक्ति का बल हाथ में न होने पर भी यदि कोई मान-बड़ाई प्राप्त करना चाहेगा, तो उस समाज का आदर-पात्र बनने के लिए समाज की सेवा करनी पड़ेगी और उस अवस्था में व्यक्तियों का आदर-पात्र होने का यत्न करना समाज-हित के लिए लाभदायक ही होगा।

एक बात हमें गुरुदत्त जी की कुछ विचित्र-सी जान पड़ी। आपने मनुष्यों के कुछ जन्म-सिद्ध अधिकार बताये हैं और कुछ ऐसे अधिकार बताये हैं, जो योग्यता से प्राप्त किये जाते हैं। 'स्वच्छ वायु-जल-भोजन और भूमि' पर सब मनुष्यों के आप जन्म-सिद्ध अधिकार मानते हैं और हुकूमत करने के अधिकार को योग्यता का अधिकार मानते हैं। हम अत्यन्त विनय से गुरुदत्त जी से पूछना चाहते हैं कि यह जन्म-सिद्ध अधिकार मनुष्य समाज में कितनों को प्राप्त हैं। यदि आवश्यकता के अनुसार स्वच्छ जल-वायु-भोजन और भूमि सब को मिल जाये, तो फिर अत्याचार और शोषण संसार में रहे ही कहाँ, फिर कोई किसी की हुकूमत क्यों मानेगा और क्यों सहेगा? रही योग्यता के अधिकार की बात! यदि कोई व्यक्ति डाका डालने की योग्यता रखता है और उसके द्वारा अपना शासन क़ायम करना चाहता है, तो क्या आप उसकी योग्यता के इस अधिकार स्वीकार करने से क्यों घबराते हैं। इतिहास में ऐसे डाकुओं के अधिकारों को स्वीकार किया गया है। आज दिन भी अबीसीनिया में इटली के और आस्ट्रिया और चेकोस्लोवाकिया में जर्मनी के डाका डालने के अधिकार को स्वीकार किया गया है। समाज में शासन क्या है? वह भी डाका डालने का ही अधिकार है। शासक श्रेणी अपनी योग्यता और शक्ति से शेष समाज को क़ाबू में रख उसकी मेहन। से फ़ायदा उठाती है और दूसरे डाका डालने की योग्यता रखनेवाले व्यक्तियों को डाका डालने से रोके रहती हैं। गोया सरकार डाका डालने का अधिकार एकमात्र अपने हाथ में रखती है और इसके लिए जो इन्तज़ाम शासक लोग करते हैं उसे इन्तज़ाम-व्यवस्था और शान्ति-रक्षा का नाम दिया जाता है।

लगान-बिल के सम्बन्ध में कांग्रेस-गवर्नमेण्ट का उदाहरण पेश कर आप प्रजातन्त्र की न्यूनता दिखाना चाहते हैं। शायद आप कांग्रेस-शासन को प्रजातन्त्र-शासन समझते हैं। कांग्रेसी प्रान्तों में क्या पूँजीपतियों का और साम्राज्यशाही का राज्य नहीं? क्या आप यह नहीं जानते कि इन कांग्रेसी प्रान्तों में केवल दस प्रतिशत जनता ही वोट देने की अधिकारी है और यह वोट की अधिकारी दस प्रतिशत जनता किसान-मज़दूर नहीं। हम गुरुदत्त जी को धन्यवाद देते हैं कि उन्होंने एक श्रेणी द्वारा दूसरी श्रेणी पर शासन कर मज़दूरों और किसानों के हित का झूठा दम भरनेवाले शासन की कमज़ोरी की ओर इशारा कर दिया है। केवल सिद्धान्त रूप से मुख्य बातों को लेकर ही हमने गुरुदत्त जी के लेख का उत्तर देने की चेष्टा की है, हमने उनके उदाहरणों को नहीं छुआ। वे उदाहरण गुरुदत्त जी को लुभाते हैं, क्योंकि उनका दृष्टिकोण ग़लत है। (क्षमा)। यदि वे वैज्ञानिक दृष्टिकोण से उन उदाहरणों को देखेंगे, तो उनकी व्यर्थता उन्हें स्वयं स्पष्ट दिखायी दे जायेगी।

◈

चाय की चुस्कियाँ

दुर्मुख

चाय पीने के बाद एक साहब पूछने लगे—बताइये, कांग्रेस लड़ाई की बाबत क्या फ़ैसला करने जा रही है।

दूसरे साहब ने रुमाल से मुँह पोंछते हुए उत्तर दिया—कांग्रेस का तो यह हाल है कि—

'दिल में कहते थे जब मिलेंगे 'वार' से,
यूँ कहेंगे, यूँ कहेंगे, यूँ कहेंगे प्यार से।
जब दिया ये दिन ख़ुदा ने, उड़ गये होशोहवास,
रह गये दीवार के मानिन्द लगे दीवार से।

× × ×

तीसरे साहब ने मुस्करा कर पूछा—और कांग्रेस सोशलिस्ट लोग क्या करने जा रहे हैं?

उन्हें उत्तर मिला—

"जिन्हों का इश्क़ सादिक़ है, वो कब फ़र्याद करते हैं।
लबों पर मोहरे ख़ामोशी, दिलों में याद करते हैं।"

× × ×

सवाल हुआ—और बोस बाबू का क्या रुख़ है?

उत्तर मिला—

"लोग हर सू से चले आते हैं समझाने को।
इन दिनों जोशे जुँनू है तेरे दीवाने को।"

और फिर सुभाष कहते हैं आचार्य जी से—

'ऐ काश कि तू और मैं, ऐ काश के मैं और तू,
इस बज़्म (कमेटी) से चल निकलें।'

आचार्य जी जवाब देते हैं—

"आज़माइश है कड़ी लब पर कोई शिकवा न हो।
फिर मिलेंगे या मक़ीं, दिल में कोई धड़का न हो।।"

× × ×

और वाइसराय साहब क्या कहते हैं गाँधी जी से—

वाइसराय कहते हैं—

"आओ शिमले में शिकवों की सफ़ाई कर लें,
तुम कहो याद है कुछ? हम कहें कुछ याद नहीं।
आज आती नहीं हिन्द से सदा नाले की,
दिल कहाँ भूल गये 'संघ' हमें याद नहीं।"

और गाँधी कहते हैं—

"ठुकरा दो या प्यार करो,
जो कुछ तेरे मन में आवे,
स्वीकृत है व्यवहार करो,
हम तेरे ही कहलावेंगे।
ठुकरा दो या प्यार करो!"

× × ×

कम्युनिस्ट कहते हैं—

"दिन ईद का है आज, मिल लो गले से लगकर।
रस्मे दुनिया भी है, मौक़ा भी है, दस्तूर भी है।"

× × ×

क्रान्तिकारी कहते हैं—

"थे किसी क़ाबिल कभी हम, अब किसी क़ाबिल नहीं।
वह जवानी, वह उमंगें, वह जिगर, वह दिल नहीं।"

× × ×

अच्छा कपड़ा विलायती कपड़ा होता है, अच्छा फल विलायती फल कहा जाता है, यहाँ तक कि कुत्ता भी अच्छा विलायती ही समझा जाता है फिर अच्छा आदमी विलायती क्यों न हो?

इसीलिए तो महात्मा गाँधी जब पण्डित जवाहरलाल से बहुत ख़ुश हुए तो उनके हृदय से निकला कि पण्डित नेहरू भारतीय की अपेक्षा अंग्रेज़ अधिक हैं। उनके ख़याल, उनकी भाषा, सबमें कुछ भारतीयता नहीं, बल्कि अंग्रेज़ियत लिये हुए हैं! ठीक है साहब, अंग्रेज़ बताने से अधिक सम्मान किसी हिन्दुस्तानी का क्या किया जा सकता है?

पण्डित जवाहरलाल को भी ख़ुश होना चाहिए।

× × ×

आजकल कुछ लोग कानोंकान कहते फिरते हैं कि युद्ध की वजह से शासन का सब काम सीधा ज़िले के अधिकारियों और दिल्ली-सरकार के बीच होता है। प्रान्त की सरकार—यानी प्रान्तीय कांग्रेसी वज़ीर और नायब वज़ीरों (पार्लमेण्ट्री सेक्रेटरी) को कोई नहीं पूछता।

हम कहते हैं इसमें हर्ज क्या? कांग्रेस की प्रतिष्ठा तो क़ायम है, कांग्रेस हाकिम तो कहलाती है! और कांग्रेस के वज़ीरों और नायब वज़ीरों को इसमें एतराज़ क्यों हो?

तनख़्वाह में तो कुछ कमी हुई नहीं। जब तक काम करते थे तनख़्वाह—तनख़्वाह थी, पर अब जब काम करने को कुछ है नहीं, तनख़्वाह वसीक़ा* हो गयी। ख़िताब क़ायम है और वसीक़ा भी मिलता है। चलो अच्छा हुआ, वज़ीर थे अब नवाब हो गये।

× × ×

पण्डित नेहरू लखनऊ में विद्यार्थियों की कान्फ़ेन्स का उद्‌घाटन करने गये। वे बोलने को तैयार हुए हिन्दुस्तानी में परन्तु उनसे प्रार्थना की गयी अंग्रेज़ी में बोलने की। पण्डित नेहरू ने बताया मज़ा तो आता है अंग्रेज़ी बोलने में ही, लेकिन विदेशी भाषा में बोलना दिमाग़ी ग़ुलामी की निशानी है। पर बोले वे अंग्रेज़ी में ही!

एक कहावत अनपढ़ लोगों में मशहूर है—दीगरा नसीहत, ख़ुदरा फ़ज़ीहत!

कहावत को जाने दीजिये, लेकिन जो बात अंग्रेज़ी में बोलने से पैदा होती है वह बात हिन्दी में कहाँ? करारे-करारे लफ़्ज तोल-तोलकर बोले जाते हैं और फिर उन लफ़्जों को बोलने के लिए, उनका ज़ायका लेने के लिए जो नहीं कहना हो वह भी कहा जाता है। हिन्दुस्तानी बोली है ठण्डे दूध का लोटा, जिससे पेट तो भरता है पर मज़ा कुछ नहीं और अंग्रेज़ी है गरम चाय के प्याले की तरह! पेट में कुछ जाये या न जाये, मज़ा आ जाता है।

× × ×

पुराने ज़माने में परियाँ होती थीं। जब वे हँसती थीं, तो फूल झड़ते थे और जब वे रोती थीं तो मोती झड़ते थे। गोया उनका हँसना अच्छा था और रोना उससे भी अच्छा।

———

१. जब अंग्रेज़ी सरकार राजाओं और नवाबों से उनका देश छीन लेती है, तो उनका खिताब रहने दिया जाता है। और गुज़ारे के लिए माहवार रक़म दी जाती है। यह रक़म वसीका कहलाती हैं।

इस ज़माने में परियाँ देवियाँ बन गयी हैं। एक देवी बीस सितम्बर को लखनऊ के गंगाप्रसाद हाल में गरज उठीं। हाथ में नंगी तलवार नहीं थी, वरना झाँसी की रानी का ही अवतार समझिये। लक्ष्मीबाई विजय की लक्ष्मी बनकर आयीं। सबने कहा—"वाह! वाह! ख़ूब लड़ेगी मर्दानी, यह तो झाँसीवाली रानी है।"

पर दूसरे दिन 'रणजीत' ने वाले पुरुष 'सिंह' ने ललकारकर कहा—"नहीं लड़ेगा, कोई नहीं लड़ेगा।"

वही गंगाप्रसाद हाल था और वही मर्दानी लड़नेवाली, उसने फिर कहा—"नहीं लड़ेंगे, भाई नहीं लड़ेंगे।"

और लोगों ने कहा—"वाह भाई, यह है पतिव्रता।" इसी से हम कहते हैं परियाँ हँसें तो फूल झड़ें और रोयें तो मोती झड़ें।

× × ×

पोलैण्ड जर्मनी का मुक़ाबला तोप-तलवार से कर रहा है, दादा चेम्बरलेन कहते हैं—पोलैण्ड जो कुछ कर रहा है अच्छा कर रहा है; क्योंकि वह मनुष्यता की रक्षा के लिए कर रहा है। बचने की कोई आशा न होने पर भी ख़ून की नदी बहाना अच्छा ही है। परन्तु जब आस्ट्रिया और चेकोस्लोवाकिया की बारी थी; तो उन्हें कहा गया था—

बहादुवों, सिर झुका दो, गम खा जाओ
मनुष्यता की रक्षा के लिए खुदा के
नाम पर गम खा जाओ।

× × ×

दुनिया के दूसरे सयाने हैं बाबा गाँधी! वे कहते हैं, पोलैण्ड की तोपें और बम अहिंसा के हथियार हैं। न्याय और अधिकार की रक्षा के लिए जो पोलैण्ड करे सब अहिंसा है।

पर लाठी-वर्षा के जवाब में, जबर-जनाह के जवाब में, हिन्दुस्तानी के हाथ से पत्थर चल जाये या देशी रियासत में—उदाहरण के तौर पर ढेनकानल या रामदुर्ग में—प्रजा उतावली हो जाये, तो वह हिंसा होगी।

अगर आप समझदार हैं, तो जल्द समझ जायेंगे कि ब्रिटेन के ज़ोर-ज़ुल्म का मुक़ाबला करना हिंसा है और जर्मनी के ज़ोर-ज़ुल्म का मुक़ाबला करना अहिंसा है।

दादा चेम्बरलेन और बाबा गाँधी की राय एक न हो तभी ताज़्जुब है—सौ सयाने एक मत रहते हैं।

× × ×

सुनते हैं लड़ाई छिड़ गयी है, पर कांग्रेसी सरकारों को उसकी परवाह नहीं। सरकार को मदद देने का उन्होंने फ़ैसला नहीं किया, ठीक है; लेकिन यू.पी. सरकार ने शिक्षा-प्रचार के लिए ४०,००० रु. की जो अधिक रक़म मंज़ूर की थी वह लड़ाई की वज़ह से रद्द हो गयी है।

जर्मनी का गोयरिंग बदनाम है; क्योंकि वह कहता है कि—मक्खन से ज़्यादा ज़रूरी हैं तोपें। हमारी सरकार कहती है पुस्तकों से ज़्यादा ज़रूरी हैं तोपें।

हमें विश्वास है कि हमारी सरकार ज़्यादा अक़्लमन्द है। मक्खन खाकर तो हो सकता है आदमी तोप ज़्यादा ज़ोर से चलाये, पर पुस्तक पढ़ने का असर यह भी हो सकता है कि तोप चलाने से क़तई इनकार कर दे।

× × ×

कुछ लोग ख़्वामख़्वाह कांग्रेस वर्किंग कमेटी से नाराज़ हैं कि जिन्ना साहब को बुलाकर कांग्रेस की बेइज़्ज़ती करायी। जिन्ना साहब का रुख़ तो सदा से ही उलटा रहा है। वे कभी कांग्रेस की बात को महत्त्व नहीं दे सकते।

दूसरे साहब कहते हैं, बेइज़्ज़ती क्या हुई साहब? जिन्ना साहब ने तो यही कहा है कि "फ़ुरसत नहीं; वर्ना आते, हमारी सीढ़ी बक्स में बन्द हैं।" सीढ़ी बक्स में बन्द होने का मतलब शायद कुछ लोग नहीं समझते। सीढ़ी उधार माँगे जाने पर एक साहब ने कहा था कि बक्स में बन्द है। जब सवाल किया गया कि कहीं सीढ़ी भी बक्स में बन्द रहती है तो उत्तर मिला—तो क्या कह दें कि नहीं देते?

× × ×

हमारी देशी रियासतों के राजाओं पर यह झूठा इल्ज़ाम लगाया जाता है कि वे प्रजातन्त्रविरोधी हैं। देख लीजिये, पोलैण्ड के प्रजातन्त्र की रक्षा के लिए वे सब अपनी सेनाएँ और धन इंग्लैण्ड के चरणों पर रखने को तैयार हैं।

हाँ! अपने यहाँ प्रजातन्त्र-अधिकार देने की बात दूसरी है। दिहाती लोग कहते हैं—"अपने घर में लगे तो आग, दूसरे के घर लगे तो वसन्तर देवता।"

◈

समालोचना

परित्यक्ता (कहानी-संग्रह) : लेखक अक्षयकुमार जैन, प्रकाशक- श्रीसरस्वती मन्दिर, विजयगढ़, यू.पी.। मूल्य-आठ आना

परित्यक्ता में बारह कहानियाँ हैं, पहली कहानी परित्यक्ता है। कहानी नाम में ही सम्पूर्ण कहानी आ गयी है। लेखक आशाओं से घिरा है और निराशा का स्वाद चखना चाहता है। अपने हृदय में भरी सहानुभूति को चरितार्थ करने के लिए, सभी कहानियाँ शब्दों की लहरों पर कुछ दूर तक तैरने के बाद आँसू के भँवर में डूब गयी हैं।—य.पा.

इन्द्र-धनुष (कविता) : लेखक नीलकण्ठ तिवारी, एम.ए. 'साहित्य रत्न' प्रकाशक—मध्य भारत हिन्दी-साहित्य समिति, इन्दौर। मूल्य-आठ आना

जैसा रंगीला नाम है और जैसा पुस्तक का टाइटल है उससे तो जान पड़ता है कविता की हाला मात्र, तरुणि की अँजुली से इस पुस्तक में पीने को मिलेगी। परन्तु इसके अतिरिक्त कुछ और भी पुस्तक में है। और वह है कविता का सामयिक क्रान्ति के सन्देश से शून्यमय होना। इन कविताओं में 'नयनों की प्यास' और 'जीवन के मधुमास' के साथ-साथ 'क्रान्ति का भीषण गर्जन भी है। कवि ने मन की उमंग में गाया है और खुलकर गाया है। कविताएँ स्वर और भाव दोनों दृष्टि से खूब कही गयी हैं।—य.पा.

अपराजिता (कविता) : प्रकाशक ले. 'अंचल', छात्र-हितकारी पुस्तकालय, दारागंज, प्रयाग। मूल्य २ रु.

हिन्दी में दो रुपया मूल्य की कविता की पुस्तक निकलना असाधारण बात है, परन्तु यह पुस्तक भी साधारण नहीं। कविताओं के अनुरूप ही इनकी छपाई और बँधाई हुई है। 'अपराजिता' मँजे हुए कवि 'अंचल' की नयी कृति है और कविता-प्रेमियों तथा पुस्तकालयों के संग्रह में इसका न होना साहित्यकों को खलेगा।—य.पा.

महान भारत (इतिहास) : ले. रामशंकर मिश्र, साहित्यरत्न प्रकाशक- दुर्गादास प्रेस, पुस्तकालय, चौक पासियाँ, अमृतसर। मूल्य ३ रु.

'महान् भारत' ऐतिहासिक ग्रन्थ है, परन्तु इसका दृष्टिकोण ऐतिहासिक निष्पक्षता और विश्लेषण का नहीं है। पुस्तक आद्योपान्त प्राचीन भारत की महिमा

के गीतों से भरी है। इसमें सन्देह नहीं कि पुस्तक के लिखने में विशेष परिश्रम किया गया है। ३७३ पुस्तकों से इसके संकलन में सहायता ली गयी है। पुस्तक उद्धरणों का विशुद्ध संग्रह है।—प्र.पा.

विश्वशान्ति (मासिक) : सं. श्री जगदीश प्रसाद, ई..ए.ए., श्रीमती सुखदा देवी 'विद्यालंकृता और श्री धर्म प्रकाश अग्रवाल। प्रकाशक—विश्व शान्ति कार्यालय, मुरादाबाद।

पत्र का मुख्य विषय है अन्तरराष्ट्रीय राजनीति। परन्तु उसके साथ-साथ इसमें कविता, कहानी भी है; परन्तु उनका विषय भी राजनैतिक ही है।

सितम्बर की संख्या जो हमारे सामने है, अच्छी निकली है। कुल २६ लेख हैं, जिनमें देशी-विदेशी लेखकों के लेखों का अच्छा संग्रह है। नक़्शे और कार्टून भी काफ़ी संख्या में हैं। मूल्य वार्षिक ३ रु.; एक प्रति छह आना

प्रदीप (मासिक) : सम्पादक—श्री जगदीश, M.A., श्री लक्ष्मण त्रिपाठी। प्रकाशक—प्रदीप कार्यालय, मुरादाबाद।

'प्रदीप' का मोटो है—जनता के जीवन का पहरेदार, बीसवीं-सदी-राजनीति का हिन्दुस्तानी मासिक। इसी उद्देश्य को लेखों के संकलन में निभाने का यत्न किया गया है। काग़ज़ और छपाई बहुत बढ़िया है। मूल्य वार्षिक ५) और एक प्रति का आठ आना

इन्क़लाबी गीत : संग्रहकर्त्ता बुद्धिसेन भारती, प्रकाशक—अज़ीम भाई, मन्त्री मिल कामदार यूनियन, रखियाल रोड, अहमदाबाद

मज़दूरों के मतलब के क्रान्तिकारी गानों का संग्रह अच्छा है। मूल्य आठ आना।

दैनिक 'विप्लव' नहीं ट्रेक्टसीरीज़

'विप्लव' के पिछले दो अंकों में 'विप्लव'-कार्यालय से दैनिक 'विप्लव' का प्रस्ताव उठाया गया था। हमारे प्रस्ताव को कार्य-रूप में परिणत करने के लिए कई स्थानों से सहयोग का आश्वासन हमें मिला है और कुछ मित्रों ने तो इस काम के महत्त्व पर ज़ोर देकर इसे जल्दी ही करने के लिए प्रोत्साहन दिया है; पर इसी बीच में टलता-टलता युद्ध शुरू हो ही गया और युद्ध के साथ आनेवाली अनेक विपत्तियाँ भी आर्थिक तथा राजनैतिक रूप में उसके साथ आ गयीं।

यदि दैनिक 'विप्लव' युद्ध से पन्द्रह दिन पूर्व भी आरम्भ हो जाता, तो और बात थी, परन्तु ठीक युद्ध के समय उसका निकलना सम्भव नहीं। वजह यह कि 'विप्लव' का काम केवल ख़बरें बेचना ही न होगा। यदि 'विप्लव' देश के जन-साधारण के हितों को निर्भयता और ईमानदारी से प्रकट नहीं कर सकता, तो उसे अभी मैदान में आने की ज़रूरत नहीं। मूल्य १ रु. य.पा.

परन्तु इस बीच में जन-साधारण में जागृति फैलाने के लिए विप्लव जो कुछ कर रहा है वह पर्याप्त नहीं। विप्लव का मूल्य छह आना है, यह उसका बड़ा दोष है। कम आमदनी के लोग जिन्हें हमें अपनी बात सुनानी है, पर्याप्त संख्या में 'विप्लव' नहीं ख़रीद पाते, इसलिए कार्यालय से यह प्रबन्ध किया गया है कि चुने हुए आर्थिक-राजनैतिक विषयों पर छोटे-छोटे ट्रेक्ट लिखाये जायँ, जिसका मूल्य 'केवल') हो और पृष्ठ-संख्या सोलह। 'विप्लव' में प्रकाशित विषयों से भिन्न इन ट्रेक्टो में दिये जायँ ताकि 'विप्लव' के ग्राहकों के लिए भी यह ट्रेक्ट उपयोगी हो सकें। यथासम्भव वह ट्रेक्ट प्रतिमास दो बार प्रकाशित होंगे। वर्ष भर में प्रकाशित बीस ट्रेक्ट स्थायी ग्राहकों को एक रुपये में दिये जायेंगे।

मैनेजर विप्लव

नवम्बर
१९३९

"ब्रिटिश-साम्राज्य को प्रजातन्त्र नहीं कहा जा सकता। जिस साम्राज्य में अधिकांश जनता और देश ग़ुलामी की ज़ंजीरों में बँधे हों उसे प्रजातन्त्र कहना भूल है।"

—मि. अब्दुल कयूम, पेशावर, ६-१०-३९

"हमें अपनी आँखों के सामने स्वतन्त्र भारत का आदर्श रखना चाहिए। जब तक हम अपने साम्राज्य को भिन्न-भिन्न देशों के स्वतन्त्र सहयोग के रूप में नहीं बदल देते, हमारा हिटलर पर विजय प्राप्त करना कोई अर्थ नहीं रखता।"

—इंग्लैण्ड का प्रमुख पत्र (मैनचेस्टर गार्जियन)

सम्पादकीय टिप्पणियाँ

नया वर्ष

ग़ुलामी और शोषण की ज़ंजीरों में जकड़ी हुई जातियाँ केवल दासता की पीड़ा के चीत्कार, आहोज़ारी और अपने ख़ून को व्यर्थ बहाकर ही आज़ादी, आत्मनिर्णय और आत्मसम्मान का अधिकार नहीं पा सकतीं और न उसका मार्ग अपने बीते पौरुष के मिथ्याभिमान के गीत गाना है। उसके लिए राष्ट्रों की शक्ति 'जनता' को क्रान्ति के उस दुर्गम समुद्र को पार करना पड़ता है, जहाँ ऐतिहासिक भूलों के भँवर और स्वार्थी शोषक शक्तियों की परिवर्तन और उन्नतिविरोधी लहरें पराधीन, निर्बल और असंगठित जातियों की जर्जर नौका को निगल जाने के लिए क़दम-क़दम पर तैयार रहती हैं। हमारी आज़ादी की लड़ाई के अनुभव इस बात के गवाह हैं।

'विप्लव' के इस दुर्गम समुद्र से राष्ट्र की नौका को पार लगाने के लिए और उसे न्याय और समता के उस देश और समय में पहुँचाने के लिए जहाँ मनुष्यों को सामाजिक व्यवस्था के शिकंजे में जकड़कर उन्हें साधनहीन और बेबस बनाकर दूसरे मनुष्य उनके स्वामी बनकर उनका शोषण न कर सकेंगे, राष्ट्र की नौका को उस स्वर्गीय देश और सुखमय समय तक पहुँचाने के लिए हमें एक नेतृत्व की

आवश्यकता है। एक साहसी, विश्वासपात्र और स्वार्थहीन नेतृत्व की आवश्यकता है, जो साम्राज्यशाही की कृपा से शोषक-श्रेणियों के अधिकारों को बढ़ाने या उनकी रक्षा करने की चेष्टा न कर, उपायहीन, साधनहीन, दलित और शोषित जनता के हितों को राष्ट्र की आज़ादी की शक्ल में प्राप्त कर हमें साम्राज्यवाद के शोषण से आज़ाद कर सके।

यह नेतृत्व बपौती के रूप में शोषण के अधिकारों का मज़ा लूटनेवाली श्रेणियों से नहीं, बल्कि साम्राज्यवाद और अन्यायी राजनैतिक, सामाजिक और आर्थिक व्यवस्था की चक्की में पिसनेवाली श्रेणियों से आयेगा जो सब कुछ खो चुकी हैं और खोने के लिए जिनके पास सिवा अपनी ग़ुलामी की ज़ंजीरों के कुछ नहीं।

इसके लिए ज़रूरत है समाज की उन श्रेणियों के सामने उनकी समस्याओं को वास्तविक रूप में रखने की, उनकी शक्ति उन्हें समझाने की, उनकी आज़ादी की लड़ाई को उनके सामने वास्तविक रूप में रखकर उनके सामने एक कार्यक्रम लाने की।

× × ×

क्षणिक जोश और उतावली से भरे नारों के बजाय अपनी व्यवस्था, शक्ति और समस्या को पहचानकर दृढ़ निश्चय से उस दिशा में आगे बढ़ने की भावना पैदा करने की।

एक वर्ष हुआ 'विप्लव' ने इस कार्य के लिए यत्न शुरू किया था। ईमानदारी से उसने इस कार्य को निभाने की चेष्टा की है और दूसरे वर्ष के आरम्भ में उसी जनता के सहयोग से जिसकी कि पुकार होने का 'विप्लव' दावा करता है, 'विप्लव' आगे बढ़ने का निश्चय और साहस करता है।

'विप्लव' किसी दल-विशेष या पार्टी का समर्थन करने के लिए उसके मुखपत्र के रूप में स्थापित नहीं हुआ और न वह इस प्रकार के किसी बन्धन में बँधने के लिए तैयार है। 'विप्लव' इस देश में एक व्यापक सामाजिक, आर्थिक और राजनैतिक क्रान्ति के अग्रदूत की तरह है जो बिना किसी पक्षपात के राष्ट्र-हित के उद्देश्य से पेश किये गये सिद्धान्तों और कार्यक्रमों की समीक्षा और विवेचना के लिए खुला है। वह किसी वाद का शत्रु नहीं; परन्तु समाज की प्रगति और क्रान्ति की सफलता की दृष्टि से जन-हित के विचार से पक्षपात रहित समालोचना और समीक्षा करना अपना कर्त्तव्य और अधिकार समझता है। वह इस दशा में प्रयत्न करने की कोशिश करता रहा है और करता रहना चाहता है। यदि कहीं वह अपने

इस कर्त्तव्य में चूक गया है तो वह इस भूल को सुझानेवालों के सहयोग की भी आशा रखता है।

कांग्रेस की कमज़ोरी

जैसे किसी रोग के आ पड़ने पर मनुष्य के शरीर की शक्ति की परीक्षा हो जाती है ठीक उसी तरह किसी राष्ट्र या राजनैतिक संगठन की परीक्षा का समय वह होता है जब उन्हें किसी राजनैतिक संकट से गुज़रना पड़ता है।

आज हमारे चारों ओर के वातावरण में एक संकट की सनसनी दिखायी पड़ती है। यह संकट हम पर सहसा नहीं आ गया। बहुत दिन तक इसकी प्रतीक्षा करने के बाद, इसके सम्बन्ध में बातचीत और विचार करने के बाद, इसके सम्बन्ध में अनेक प्रस्ताव पास कर लेने और ऐलान कर देने के बाद, दर्जा-ब-दर्जा यह संकट आया है और एक हद तक स्वयं हमने अपने निश्चय कार्यक्रम के अनुसार इस संकट को एक रूप दिया है और इतना कर लेने के बाद हम दायें-बायें झाँक रहे हैं।

एक वर्ष पूर्व नवम्बर मास में ही पहले इस संकट के बादल यूरोप में गरजे थे और अखिल भारतीय कांग्रेस कमेटी ने इस संकट के समय दिल्ली में कुछ कर सकने के लिए अपनी शक्ति की जाँच की थी। कांग्रेस में मौज़ूद वामपक्ष के बहुत पर फड़फड़ाने के बावज़ूद भी कांग्रेस ने यह निर्णय दिया कि वह ऐसी परिस्थितियों में कुछ भी कर सकने के अयोग्य है। एक बरस तक यह संकट टलता रहा और हम लगातार प्रस्ताव पास करते रहे और ऐलान करते रहे; परन्तु एक बरस बाद फिर जब परिस्थितियों ने नोचकर हमारी शक्ति को आज़माना चाहा, हम जैसे थे वैसे ही पाये गये।

सवाल यह है कि ब्रिटिश साम्राज्यशाही सरकार द्वारा यूरोप में निर्बल जातियों और छोटे राष्ट्रों के आत्मनिर्णय के अधिकार की रक्षा के लिए लड़े जानेवाले इस युद्ध के प्रति हमारा क्या व्यवहार हो? अब तक कांग्रेस को अहिंसा-सभा का प्लेटफ़ार्म बनाकर और युद्ध को भीषण हिंसा का विराट् रूप बताकर हम जिस प्रकार युद्ध का विरोध करते आये हैं वही रुख़ आज हमारा नहीं है। आज हम साधनों की अपेक्षा उद्देश्य को अधिक महत्त्वपूर्ण समझकर अपनी आज़ादी और आत्मनिर्णय के मूल्य में ब्रिटिश सरकार को युद्ध में सहायता तक देने के लिए तैयार हैं। परन्तु ब्रिटिश सरकार की नज़रों में भारत की अपने इच्छा से दी गयी सहायता में और ब्रिटेन के ग़ुलाम भारत को युद्ध के हल में जोतकर ली गयी सहायता में कुछ विशेष फ़र्क़ नहीं। इस देश की जिस भावना को इस देश का राष्ट्रीय आन्दोलन

कांग्रेस पेश करता है, उसका विशेष सम्मान ब्रिटिश सरकार की दृष्टि में नहीं। जिस कांग्रेस के मन्त्रिमण्डल आठ प्रान्तों में हैं उसकी औक़ात ब्रिटिश सरकार की आँखों में क्या है, यह एक ही उदाहरण से स्पष्ट हो गया। इसके लिए ब्रिटिश सरकार को दोष देना भी उचित नहीं; क्योंकि स्वयं कांग्रेस वर्किंग कमेटी की राय में और हमारे एकमात्र विश्वस्त नेता महात्मा गाँधी की राय में भी कांग्रेस इस समय न केवल तैयार नहीं बल्कि अयोग्य है।

बीस साल की लगातार तैयारियों के बाद भी यदि आज कांग्रेस अयोग्य ही है, यदि आठ प्रान्तों में शासन चलाने के बाद भी कांग्रेस अभी तक देश और राष्ट्र के नाम पर एक माँग पेश कर उसके पीछे शक्ति लगा सकने के अयोग्य है, तो ज़रूर उसकी जड़ में ही कोई ऐसा रोग मौज़ूद है जिसने उसे इस योग्य नहीं बनने दिया और शायद और अधिक योग्य बनने भी नहीं देगा।

हम ब्रिटिश सरकार से यह माँग पेश कर रहे हैं कि वह अपने युद्ध के उद्देश्य को स्पष्ट करे और वे उद्देश्य भारत की स्थिति में कहाँ तक लागू होंगे, इस बात को भी स्पष्ट करे। **परन्तु ठीक यही प्रश्न इस देश के वे सर्वसाधारण, जिनकी संख्या इस देश में नब्बे फ़ी सैकड़ा से भी बहुत अधिक है और जिनके हित को भुलाकर इस देश का हित नहीं किया जा सकता, कांग्रेस से भी पूछ रहे हैं।**

उनका सवाल है–आज़ादी से कांग्रेस का क्या मतलब है? साम्राज्यशाही शोषण का अन्त कर देने का क्या मतलब है? क्या इस शोषण के अन्त कर देने और आज़ादी प्राप्त कर लेने का मतलब यह भी होगा कि इस देश के सर्वसाधारण को अपने परिश्रम का पूरा फल प्राप्त करने की आज़ादी होगी? क्या किसान को इस बात का अधिकार और स्वतन्त्रता होगी कि अपना लहू-पसीना एक कर बारहों मास दिन-रात जिस ज़मीन से सिर मारकर वह अन्न पैदा करता है, जिस ज़मीन को वह अपने पसीने से सींचकर पैदावार के लायक़ बनाता है अपने-आपको उसका स्वामी समझ सके? क्या मज़दूरों को इस बात का अधिकार और स्वतन्त्रता होगी कि उनके श्रम के जिस फल को गोदामों में भर-भरकर सड़ाया जाता है और जिसके लिए तरस-तरसकर वे और उनकी सन्तान प्राण दे देती है उस पर उन्हीं का अधिकार होगा?

पोलैण्ड और यूरोप में प्रजातन्त्र और आत्मनिर्णय के अधिकार की बात उठाने पर कांग्रेस पूछती है और उसके इस सवाल करने के अधिकार के हक़ को इंग्लैण्ड की प्रजा तक स्वीकार कर रही है कि उस प्रजातन्त्र और आत्मनिर्णय के

अधिकार के राज में हमारा क्या स्थान होगा? ठीक वही सवाल इस देश के जन-साधारण अपनी स्वयं निर्वाचित सरकार कांग्रेस से पूछ रहे हैं और इसी सवाल के जवाब पर कांग्रेस का भविष्य, उसकी शक्ति और निर्बलता का निर्णय है।

आज़ादी का मतलब

अपनी अवस्था की ओर से आँख बन्द कर लेने से ही हम अपनी कमज़ोरी को दूर कर सशक्त और सफल नहीं हो सकते।

महात्मा गाँधी तथा अपने दूसरे विश्वस्त नेताओं के मुँह से देश के तैयार न होने की बात सुनकर हम दाँत किटकिटाकर रह जाते हैं, परन्तु इन अनुभवी नेताओं के इस निर्णय को हम व्यर्थ कहकर ही ठुकरा नहीं सकते। उसमें सत्य है और उस सत्य को हमें स्वीकार करना पड़ेगा। आज़ादी के लिए एक अहिंसात्मक युद्ध लड़ने के लिए जितने भी मोर्चे हमारे सामने हैं, उन सब पर हमें कठिनाइयाँ दिखायी दे रही हैं। इन सब कठिनाइयों का एक मूल कारण है, और वह है कांग्रेस का भीतर से खोखला होते जाना। कांग्रेस अब तक जिस उद्देश्य के लिए जिन वैधानिक सुधारों के लिए लड़ी उसके लिए पर्याप्त शक्ति उसमें थी और उन वैधानिक सुधारों को उसने बहुत हद तक प्राप्त कर लिया। परन्तु इसके आगे बढ़ने के लिए जिस शक्ति की ज़रूरत है वह शक्ति है देश की सर्वसाधारण जनता की और जब तक कांग्रेस का कार्यक्रम इस सर्वसाधारण के हित की दृष्टि से स्पष्ट न हो कांग्रेस को उनकी शक्ति मिलना सम्भव नहीं।

देश के सर्वसाधारण के सामने मुख्य प्रश्न है जीवित रहने का अधिकार। सर्वसाधारण मौज़ूदा राजनैतिक, आर्थिक और सामाजिक व्यवस्था में सब ओर से दबोचे जाकर, कुचले जाकर इस अधिकार से वंचित हो रहे हैं। 'आज़ादी' यह एक शब्द जीवित रहने के अधिकार की एक छाया सर्वसाधारण के सामने लाकर पेश कर देता है, परन्तु सर्वसाधारण के हृदय में उत्साह का संचार करने के लिए इस आज़ादी की क़ीमत अदा करने का उत्साह उनमें भरने के लिए यह ज़रूरी है कि यह आज़ादी उनके सामने केवल एक छाया के ही रूप में न रहकर वास्तविक और स्पष्ट रूप में आये। जनता यह समझने लगे कि इस आज़ादी का अर्थ केवल उनके प्रतिनिधि कहलानेवाले लोगों के अधिकार के पद पर बैठकर अब तक उनका शोषण करते जानेवाली व्यवस्था को ही चलाते जाने के अतिरिक्त कुछ और भी होगा।

इस आज़ादी का सम्बन्ध उनके रोज़मर्रा के रहन-सहन से भी होगा। इसका सम्बन्ध उनके पेट भरने और तन ढाँपने से भी होगा। जिस आज़ादी के लिए सर्वस्व

बलिदान करने की आशा जनता से की जाती है, उस आज़ादी का उपभोग जनता अपने जीवन में कैसे करेगी? आज़ादी से जीने का एक ही मतलब हमारी समझ में आता है और वह है, आत्मनिर्णय का अधिकार! परन्तु कांग्रेस के कार्यक्रम में इस देश की जनता के लिए उनके रोज़मर्रा के जीवन में उनके पेट भरने के लिए और तन ढाँपने के लिए पैदावार करने के क्षेत्र में और उस पैदावार को स्वयं अपनी इच्छा से व्यवहार करने के बारे में आत्मनिर्णय के अधिकार की कोई चर्चा नहीं। इस आर्थिक संकट के ज़माने में जब जनता के पेट का चमड़ा सूखकर रीढ़ की हड्डी से चिपट रहा है, राजनैतिक स्वतन्त्रता का नारा एक ही अर्थ रखता है और वह अर्थ है ज़िन्दा रहने के लिए पैदा कर सकने का अधिकार और पैदा कर लेने पर उसे पेट में डाल सकने के अधिकार को प्राप्त कर सकना। परन्तु कांग्रेस के कार्यक्रम में इन अधिकारों की कहीं चर्चा नहीं। कांग्रेस के कार्यक्रम में इन अधिकारों का न होना ही कांग्रेस की निर्बलता है। इसी वजह से कांग्रेस की जड़ केवल जनता की सहानुभूति तक ही पहुँच सकी है। वह जनता के हितों और उनके जीवन-मरण के प्रश्न में नहीं समा सकी। परन्तु जनता के जीवित रहने की इच्छा और जीवन का संघर्ष इन प्रश्नों को उस गौण स्थान पर नहीं रहने देगा जहाँ अब तक कांग्रेस इन्हें रखती आयी है। यह प्रश्न राजनैतिक अधिकारों के आन्दोलन के पीछे से न केवल झाँक ही रहे हैं; बल्कि अब वे मुख्य स्थान पर आ जाना चाहते हैं। आज अगर देश में आज़ादी के नाम पर आन्दोलन उठता है तो वह केवल क़ानूनी अधिकारों के खूँटे के ही चारों ओर घूमकर नहीं रह जायेगा, वह जीवन के अधिकारों की माँग पेश करेगा।

इसे कौन नहीं जानता? सचेत होती हुई दलित जनता इसे जानती है और इसीलिए इस आन्दोलन की ओर वह उत्सुकता से देख रही है। हमारे राजनैतिक नेता इसे जानते हैं और अपने श्रेणीगत संस्कारों के कारण जनता की इस स्वाभाविक माँग से वे भयभीत हो जाते हैं। उन्हें इसमें हिंसा की भावना दिखायी देती है। इस हिंसा की भावना के कारण वे किसी आन्दोलन के लिए आज तैयार नहीं।

परन्तु क्या जीवन के अधिकारों की यह माँग, जीवन के संघर्ष की यह पुकार क्या दब सकती है? यदि कांग्रेस इसकी उपेक्षा करती है, तो इसका परिणाम यह होगा कि कांग्रेस जनता के प्रतिनिधित्व का अधिकार खो देगी और बहुत सम्भव है जनता के जीवन के अधिकारों की यह माँग कांग्रेस द्वारा चलाये गये शान्तिमय और नियन्त्रित साधनों को छोड़कर अनियन्त्रित बग़ावत और हिंसा का रूप धारण कर ले, परन्तु उसका सदा के लिए दब जाना सम्भव नहीं। कांग्रेस यदि केवल कुछ ख़ास श्रेणियों की ही प्रतिनिधि नहीं, वह दरअसल जनता के हितों की प्रतिनिधि है

तो जनता की इन माँगों को अपने कार्यक्रम का प्रधान अंग बनाना उसके लिए आवश्यक है और इसी में उसकी शक्ति है।

इसे कौन करेगा?

क्या कांग्रेस की नीति को निश्चित करनेवाली श्रेणियाँ जो इस राह से कांग्रेस को बचाकर केवल वैधानिक प्रश्नों पर ही उसे चलाने का यत्न करती रही हैं, जो स्पष्ट शब्दों में ज़मींदारी और पूँजीवाद के रूप में इस देश से शोषण की नीति के विरुद्ध आवाज़ उठाने से इनकार करती रही हैं—उनसे ऐसी आशा की जा सकती है? ऐसी आशा उनसे करना ऐतिहासिक विकास के प्रति अपना अज्ञान प्रकट करना होगा। इस काम का बोझ है हमारे समाज के उस सचेत अंग पर जो इन प्रश्नों को अनुभव कर रहे हैं और उनके लिए एक ही मार्ग है कि जनता को, इस देश के किसान और मज़दूरों को उनके जीवन की इन समस्याओं को समझायें और जीवन के अधिकार की इन माँगों को कांग्रेस के प्लेटफ़ार्म से पेश कर कांग्रेस के कार्यक्रम को इसके अनुभव करने की माँग पेश करें। यही एक उपाय है कांग्रेस से खोखलापन दूर कर उसे वास्तव में आज़ादी की लड़ाई की सबल सेना बनाने का। ज़रूरत है कांग्रेस के कार्यक्रम की आवश्यकताओं और परिस्थितियों के अनुसार रूप देने की, जिन शान्तिमय और अहिंसात्मक साधनों के द्वारा उसने अपना संगठन किया है उन्हें बदलने की नहीं।

कांग्रेस को सबल और सशक्त बनाने के लिए कांग्रेस के कार्यक्रम में इन परिवर्तनों को लाने की बात आज उठाना, और प्रारम्भिक कांग्रेस-कमेटियों में किसानों और मज़दूरों की माँग को मुख्य स्थान देकर कांग्रेस के दृष्टिकोण में परिवर्तन करने की बात अनुभवी कार्यकर्त्ताओं को शायद एक अच्छा मज़ाक जान पड़ेगा और उन्हें वह पुरानी 'आग लगाने पर कुआँ खोदने' वाली कहावत वहाँ पूरी उतरती नज़र आयेगी।

इसमें सन्देह नहीं कि यह कहावत हमारी आज की हालत पर ठीक उतरती है, परन्तु दोष किसका है? कुएँ की ज़रूरत थी। अगर कुआँ खोदा नहीं गया तो उसे खोदना ही पड़ेगा। इसके बिना चारा नहीं। अगर यह आग यों ही बुझ जाती है, तो दूसरी बात है; परन्तु यदि यह आग देरपा है तो हमारा यह कुआँ ही हमारी मदद कर सकेगा। 'राजनैतिक आज़ादी' के नारों की फूँकों से इस आग को वश में नहीं किया जा सकेगा।

नेकनीयती से डर

दो मास से महात्मा गाँधी, कांग्रेस के दूसरे नेता, मि. जिन्ना और वाइसराय में बातचीत चल रही है। इस बातचीत के परिणाम पर इस देश का बहुत-कुछ निर्भर

है। महात्मा गाँधी तथा कांग्रेस के दूसरे नेता इस बात पर ज़ोर दिये चले जा रहे हैं कि ब्रिटिश सरकार इस युद्ध के लिए अपनी सफ़ाई दे और बताये कि भारत की स्थिति के बारे में वह क्या करना चाहती है। वाइसराय बड़ी उदारता से कांग्रेस और मुस्लिम लीग के नेताओं को सलाह-मशविरे के लिए दावत देते हैं और वहाँ बातचीत बजाय इस सवाल के कि ब्रिटिश साम्राज्य की सरकार के इस युद्ध के क्या उद्देश्य हैं और भारत की इस विषय में क्या स्थिति होगी, बहस की जाती है इस बात पर कि हिन्दू-मुस्लिम समझौता किन शर्तों पर हो सकता है और किन शर्तों पर कांग्रेस, हिन्दू सभा और मुस्लिम लीग के नेता वाइसराय की काउन्सिल में शामिल होकर इस युद्ध के समय इस देश से युद्ध के लिए सहायता पहुँचा सकते हैं।

इस देश में साम्प्रदायिक समस्या के इतिहास को जाननेवाले यह अच्छी तरह जानते हैं कि साम्प्रदायिक झगड़े पहले भी होते ज़रूर थे; परन्तु वे आकस्मिक घटना के रूप में थे। परन्तु जब से प्रतिनिधि शासन के वरदान के रूप में हिन्दू-मुसलमानों की अलग-अलग नौकरियाँ देने, उन्हें आबादी की संख्या के हिसाब से काउन्सिलों में सीटें देने का सवाल उठने लगा है, साम्प्रदायिक तनातनी एक दायमी सवाल बन गया है। प्रान्तीय शासन के बाद से जब मन्त्रिमण्डल भी चुनाव की कसौटी पर बनने लगे, हिन्दू-मुसलमानों के सामने एक और सवाल झगड़े का पैदा हो गया कि उनके सम्प्रदाय के भी आदमी मन्त्रिमण्डल में ज़रूर शामिल होने चाहिए। अगर नाग़वार न ग़ुज़रे तो हम कहना चाहेंगे कि आज लीग के सामने एक ही सवाल है और वह सवाल यह है कि कांग्रेसी प्रान्तों में लीग के नुमाइन्दों को मन्त्रिमण्डल में शामिल क्यों नहीं किया जाता?

कांग्रेस इस समय सवाल कर रही है कि ब्रिटिश साम्राज्य के वह युद्ध लड़ने का उद्देश्य क्या है और इन उद्देश्यों के अनुसार भारत के प्रति उनका क्या निर्णय है? गवर्नमेण्ट से इस बात का उत्तर सुनकर कांग्रेस यह फ़ैसला करना चाहती है कि इस युद्ध के बारे में वह क्या करे? सहयोग दे या इसका विरोध करे? मुस्लिम लीग ने भी इसी तरह की एक माँग पेश की थी, उसका भी कोई माक़ूल जवाब सामने नहीं आया। परन्तु वाइसराय महोदय को किसी अज्ञात प्रेरणा से यह मालूम हो चुका है कि कांग्रेस इस युद्ध में ब्रिटिश सरकार को सहयोग देने के लिए बेचैन हो रही है। झगड़ा है तो यह कि कांग्रेस और मुस्लिम लीग को सहयोग देने का कितना-कितना अधिकार दिया जाये और इसके लिए न्याय का ख़याल रखकर निहायत नेकनीयती से वे कांग्रेस और मुस्लिम लीग के नेताओं को बुलाकर आपस में समझौता कर यह निश्चय कर लेने का मौक़ा दे रहे हैं कि वे किस हिसाब से ब्रिटिश सरकार की सहायता करेंगे।

हमें वाइसराय महोदय की इस नेकनीयती पर कि वह ब्रिटिश साम्राज्य की सहायता का अवसर भारतीय जनता के नेताओं को देना चाहते हैं शक न भी हो परन्तु यह आशंका ज़रूर है कि कहीं साम्प्रदायिक तनातनी के लिए वाइसराय की काउन्सिल में प्रतिनिधित्व की कुर्सी के लिए झगड़ा एक और कारण तो नहीं बन जायेगा?

राय और लारी

परिस्थितियों के अनुसार चलने का सिद्धान्त वास्तव में अच्छा है और एक दफ़े ग्रहण किये कार्यक्रम को अन्धे की लाठी की तरह थामे चलना राजनीति में ठोकरों को निमन्त्रण देना है। परिस्थितियों को भाँपकर कार्यक्रम निश्चित करना ही राजनीतिज्ञता की पहचान है। परन्तु कार्यक्रम बदलने का शौक पैदा हो जाना बुद्धिमानी और दूरदर्शिता नहीं कही जा सकती।

श्रीयुत् एम.एन. राय हमारे देश के गिने-चुने राजनीतिज्ञों में से हैं और विदेशी राजनीति के अनुभव का जितना दावा उन्हें हो सकता है उतना हमारे किसी दूसरे नेता को नहीं। शायद इसी अनुभव को प्रमाणित करने के लिए वे नयी बात कहने की प्रतीक्षा में रहते हैं। जिस समय से श्रीयुत् राय ने—अपना जेल जीवन समाप्त करने के बाद से—कांग्रेस की खुली नीति में भाग लेना शुरू किया है, शायद ही कभी ६ मास से अधिक उन्हें हमने एक नीति पर देखा हो।

एक समय था राय कांग्रेस के भीतर भी किसी दल को स्वीकार करने के लिए तैयार नहीं थे। उन्हें किसान सभा और कांग्रेस-समाजवादी दल का अस्तित्व भी सहन नहीं था क्योंकि इससे कांग्रेस की शक्ति कम होती थी। इसके बाद हम उन्हें alternative leadership प्रतियोगी नेतृत्व की पुकार कांग्रेस में उठाते देखते हैं जिसका मतलब सिवा इसके और कुछ हो ही नहीं सकता कि कांग्रेस अलग-अलग नेतृत्व को लेकर दो दलों में बँट जाये। इसके बाद कांग्रेस में वे स्वयं ही रैडिकल पार्टी की तजवीज़ पेश करते हैं और उस तजवीज़ के साथ-ही-साथ कांग्रेस में फ़ॉरवर्ड ब्लाक—अग्रगामी दल—के संगठन का काम शुरू होता है तो वे उसके विरुद्ध हो जाते हैं। अब तक वे कांग्रेस की समझौते की नीति का विरोध करते रहे हैं; परन्तु जब देहली में कांग्रेस और सरकार के दृष्टिकोण में भेद स्पष्ट हो गया, उन्होंने वर्तमान समय में सरकार से समझौता कर लेना ही उपयुक्त बताया।

इन सब राजनैतिक कलाबाज़ियों को उनके और मि. लारी के साथ दिये गये ३ नवम्बर के वक्तव्य ने मात कर दिया है। इस वक्तव्य में कांग्रेस को राय दी गयी है कि—मुस्लिम लीग की शक्ति काफ़ी बढ़ गयी है और उन्होंने पूर्ण स्वतन्त्रता को अपना ध्येय स्वीकार कर लिया है इसलिए अब कांग्रेसी प्रान्तों में कांग्रेस को

मन्त्रिमण्डल मुस्लिम लीग के सहयोग से तैयार कर आपसी फूट को मिटा देना चाहिए। श्रीयुत् राय के समान अनुभवी व्यक्ति से एक साम्प्रदायिक संस्था के हाथ में राजनैतिक अधिकार देने की बात सुनकर हमें आश्चर्य होता है। मि. जेटलैण्ड ने कांग्रेस पर जो आरोप लगाया है, राय साहब की बात उसका समर्थन करती है। कांग्रेस के किसी एक साम्प्रदायिक संस्था से समझौता करने का अर्थ यह होता है कि कांग्रेस उस सम्प्रदाय की प्रतिनिधि नहीं और उस सम्प्रदाय के अलावा किसी दूसरे सम्प्रदाय की संस्था है। या फिर कांग्रेस को अपनी निष्पक्षता प्रमाणित करने के लिए हिन्दू महासभा से भी इसी प्रकार का समझौता करना होगा। हिन्दू महासभा भी पूर्ण स्वतन्त्रता का प्रस्ताव पास कर चुकी है और उसकी शक्ति भी पहले की अपेक्षा अवश्य बढ़ गयी है। भिन्न-भिन्न सम्प्रदायों का प्रतिनिधित्व भिन्न-भिन्न साम्प्रदायिक संस्थाओं को सौंपने के बाद कांग्रेस क्या रहेगी; और भारत की राष्ट्रीय भावना का क्या अन्त होगा? श्री राय के विचार से शायद राष्ट्रीय एकता का भी यही मार्ग है।

इसके अलावा प्रश्न उठता है—राष्ट्रीय भावना रखनेवाले इन मुसलमानों का जिन्होंने साम्प्रदायिकता की संकीर्णता से अपने-आपको दूर रखकर सदा कांग्रेस का साथ दिया है। यदि कांग्रेस लीग को ही मुसलमानों का प्रतिनिधि मानकर मुसलमानों का भी प्रतिनिधि होने का दावा छोड़ देती है तो इन मुसलमानों का प्रतिनिधित्व भी लीग ही करेगी और इसके लिए इनका दोष यह होगा कि इन्होंने साम्प्रदायिकता की अपेक्षा राष्ट्रीयता को ही श्रेष्ठ समझा। लीग के सम्मुख कांग्रेस के यों घुटने टिका देने का अर्थ हिन्दू महासभा की नज़रों में क्या होगा, यह समझ भी लेना कठिन नहीं।

यह अंक

इस अंक को जिस प्रकार हम निकालना चाहते थे, काग़ज़ अत्यन्त महँगा हो जाने और वर्तमान अस्थिर राजनैतिक परिस्थितियों में अपने साथियों के अत्यन्त व्यस्त रहने के कारण वैसा नहीं निकाल सके। कुछ साथियों के चित्र जैसे परमानन्द जी और इन्द्रपाल आदि के ब्लाक और लेख जिस अवस्था में आये उन्हें इस अंक में देरी हो जाने के कारण दिया नहीं जा सका। परन्तु वे सब 'विप्लव' परिवार की सम्पत्ति हैं और उन्हें क्रमश: यथासमय पाठकों की भेंट किया जायेगा।

इस अंक में 'कचहरी में अप्रूवर पर गोली' शीर्षक लेख जा रहा है। इस लेख के लेखक कॉमरेड भगवानदास 'माहोर' हैं। ग़लती से लेख के स्थान पर 'एक जानकार' छप गया है।

—सम्पादक

◈

चाय की चुस्कियाँ
दुर्मुख

एक साहब इतिहास के प्रोफ़ेसर होने का दम भरते हैं। उन्होंने खोज की है कि देहली के लाल क़िले में जो संगमरमर के शतरंजी फ़र्श लगे हैं उन पर मुग़ल बादशाह हसीन ग़ुलामों को बैठाकर शतरंज खेला करते थे। चाल चलने पर ग़ुलामों को कूद-कूदकर घर चलना होता था।

उनका कहना है कि दिल्ली की उस शहंशाहियत का असर दिल्ली की मिट्टी और पानी में समाया हुआ है। इसीलिए लॉर्ड लिनलिथगो राजनैतिक दाँव-पेच चलते हैं, तो ताश की चालों का ख़याल रखते हैं। यहाँ तक हिन्दुस्तान की राजनीति का निश्चय करने के लिए भी उन्होंने ५२ पत्तों की जगह बावन लीडरों को ही चुना और आख़िर में बाज़ी ले ही तो गये।

× × ×

एक साहब ब्रिटेन की राजनीति की तारीफ़ करके कह रहे थे कि राजनीति यही है कि आदमी अपने-आपको कभी बातों में बाँधे नहीं। देखिये लड़ाई हो रही है, अरबों रुपये के जहाज़ डूब गये, फ्रान्स और जर्मनी के हज़ारों सिपाही खेत रहे; पर वाह रे ब्रिटेन, उन्हें अभी तक ठीक मालूम नहीं कि लड़ाई का उनका उद्‌देश्य क्या है?

'शेर कहते हैं' अभी से लड़ाई का उद्‌देश्य बताना नादानी है। ठीक तो है—जैसे कौड़ी जाये वैसा ही दाँव। अगर अमेरिका को बीच में घसीटना हो, तो कहिये युद्ध का उद्‌देश्य है प्रजातन्त्र के अधिकार की रक्षा करना। अगर फ्रान्स को ख़ुश करना हो, तो कहिये जर्मनी के बढ़ते हुए आतंक को दूर करना है और अगर रूस को शर्मिन्दा करना हो, तो कहा जा सकता है लड़ाई का उद्‌देश्य है—अल्पमतों, अल्पराष्ट्रों की रक्षा करना।

दूसरे सज्जन बोले—और क्या हमारे गाँधी जी कम हैं। वह आहिंसा के नाम पर युद्ध का बायकाट करते हैं और प्रजातन्त्र के नाम पर युद्ध में सहायता देने के लिए तैयार हैं।

और फिर कांग्रेस को देखिये—लड़ने के लिए बिलकुल तैयार है और रोज़ कहती है, कमर कस लो भाई। परन्तु जानती नहीं कि लड़ेगी किस तरह। कांग्रेस

ब्रिटिश गवर्नमेण्ट की होनहार चेली है। ब्रिटेन लड़ रहा है पर नहीं जानता किसलिए; कांग्रेस पैर पटक रही है पर नहीं जानती जाना कहाँ है?

× × ×

गाँधी जी की तारीफ़ यह है कि जब भी कोई बयान देते हैं, 'दरवाज़ा खुला' रहने देते हैं (He keeps door open) परन्तु गरम दलवालों को उनकी यह बात पसन्द नहीं। लेकिन हम यह पूछते हैं कि अगर महात्मा जी हर बात का दरवाज़ा खुला न छोड़ें तो ख़ुद बाहर कैसे निकलें?

महात्मा जी की राजनीति कोई चूहेदानी थोड़े ही है जिसमें बाहर निकलने की राह न हो।

× × ×

कुछ लोगों का ख़याल है कि कांग्रेस मिनिस्ट्रियों ने मिनिस्टरी के ओहदे की शान बिगाड़ दी। अब कोई मिनिस्टरी ले तो किसलिए? मिनिस्टर की तनख़्वाह ५०० रु. और सेक्रेटरियों की तनख़्वाह हज़ार से ज़्यादा।

पर ऐसा समझनेवाले नादान हैं। यहाँ तो ऐसे-ऐसे दिलेर पड़े हुए हैं जो जेब से हज़ार रुपया महीना देकर मिनिस्टर होने को तैयार हैं। इस त्याग के आगे कांग्रेसवाले क्या खाकर लड़ेंगे?

अगर हो किसी कांग्रेसवाले में ऐसी कुर्बानी का दम है तो दिखाये देकर गवर्नर को एक पार्टी; बेटा के सात पुश्त बिक जायेंगे।

× × ×

कुछ लोगों का ख़याल है कि कांग्रेस लड़ाई में मदद बिलकुल नहीं देगी। बस चुपचाप असहयोग कर लेगी और फिर ब्रिटिश सरकार जब देखेगी कि दुनिया में बेइज़्ज़ती हो रही है, तो अपने-आप कांग्रेस को मनाती फिरेगी और फिर कांग्रेस कहेगी कि डॉमिनिअन स्टेटस का हार बनवाने का वायदा करो! ब्रिटिश सरकार को झख मारकर ऐसा करना ही पड़ेगा।

× × ×

कुछ लोग, जो राजनीति की बारीकियाँ समझते हैं, कहते हैं महात्मा जी ने ब्रिटिश सरकार की कलई खोल दी They have put them in the wrong.

ख़ैर, दिल बहलाने को यह ख़याल बुरा नहीं पर ब्रिटिश सरकार अगर ऐसे कलई खुल जाने की शरम में मरने लगती तो मांचुकुओं, अबीसीनिया, आस्ट्रिया,

स्पेन, चेकोस्लोवाकिया जाने कितने ही मौक़ों पर मर चुकी होती। और कलई खुली किस-किस के सामने? फ्रान्स या अमेरिका के सामने? उन्हें इस क़लई से मतलब? और फिर उसकी भी तो क़लई है। तो क्या क़लई खुल गयी देशी रियासतों के राजाओं के सामने या नौकरशाही के सामने? या कहिये मुस्लिम लीग के सामने कि हिन्दू सभा के सामने? बाक़ी रही इस देश की साधारण जनता, वह तो यह क़लई देखने की आदी मुद्दत से है।

तो फिर क़लई खुलने से मतलब? मतलब यह कि शह रही कांग्रेस के हाथ और बाज़ी रही सरकार के हाथ।

× × ×

राजा जहाँगीराबाद ने यूरोप में प्रजातन्त्र की रक्षा के लिए गवर्नर साहब को १०,००० रुपये भेंट किये हैं। इसके लिए धन्यवाद दिया जाना ज़रूरी है; पर धन्यवाद किसे दिया जाये—रियासत के राजा साहब को या रियासत की रिआया को?

× × ×

एक बड़ा भारी सवाल इस समय हमारे लीडरों के सामने यह है कि देश लड़ाई के लिए तैयार है या नहीं। महात्मा जी देश की नब्ज़ पर हाथ रखकर देख रहे हैं।

हक़ीम का काम बड़ा मुश्किल है। अगर नब्ज़ सुस्त हो तो मुल्क सुस्त है और लड़ाई के लिए तैयार नहीं और अगर नब्ज़ तेज़ है तो समझिये कि बुख़ार है, हिंसा का डर है, मुल्क तैयार नहीं।

आख़िर किया क्या जाये? अब करना यही चाहिए कि मुल्क के सिर पर ठण्डा पानी डालकर उसकी नब्ज़ ज़रा हल्की करनी चाहिए ताकि हिंसा का डर न रहे। इसलिए ठीक यही जँचा की मिनिस्टरियाँ छोड़ दी जायें और पब्लिक को जो यह ख़याल हो गया है कि लोग उनकी वोट से मिनिस्टर बन जाते हैं सो ख़याल का बुख़ार उतर जाय; क्योंकि हमारा लड़ाई का तरीक़ा ऐसा है कि उसमें ताक़त की ज़रूरत नहीं। दुनिया लड़ने से पहले ताक़त बटोरती है और हमने जो ताक़त कांग्रेसी वज़ारतों की शक्ल में हाथ में ली थी, उसे भी छोड़ दिया।

इसे ही दरअसल सादगी कहना चाहिए कि लड़ते हैं मगर हाथ में हथियार नहीं।

× × ×

देखिये लीडर लोग बुज़ुर्ग हैं और जनता उनके बाल-बच्चों की तरह हैं। जब बच्चे बिगड़ उठते हैं और ज़िद्द करते हैं कि हम हाथी लेंगे, और मोटर लेंगे, तो फिर उन्हें काठ का हाथी या मोटर ले दी जाती है।

आज देश के बाल-बच्चे (जनता) बिगड़ उठे हैं और कहते हैं कि हम लड़ेंगे और हमारे सबसे बड़े बुज़ुर्ग के यह कह चुकने के बावज़ूद कि हम लड़ेंगे नहीं और बिना शर्त ब्रिटेन को सहायता देंगे, यह बाल-बच्चे कहते जाते हैं कि हम लड़ेंगे।

इसलिए एक ही चारा था कि—हाँ बेटा लड़ेंगे, और फिर हाथ से उन्हें कह दिया जाये—देखो बेटा, लड़ने की कोई हरकत न करना। हाँ तैयारी करो! दण्ड पेलो, मुग्दर हिलाओ; पर थप्पड़-घूँसा नहीं चलाना। 'सिविल स्वतन्त्रता और अहिंसा' के ढोंग को आज़माने की चुलबुलाहट न उठेगी।

× × ×

कुछ लोगों का ख़याल था कि मिनिस्टरियों के तन्दूर से कांग्रेसी उठकर जायेंगे, तो लपककर टुकड़ा उठाने का मौक़ा मिल जायेगा। इस उम्मीद में बहुत-से यारों ने हफ़्तों मूँछें चाटीं और पंजे तेज़ किये; पर गवर्नर लोग भी एक बेमुरव्वत हैं कि झट डण्डा लेकर सर पर आ खड़े हुए और सबको दुतकारकर दुकान का दरवाज़ा बन्द कर दिया।

इसके बाद उम्मीद थी कि सलाहकार काउन्सिल के छिछड़ों को ही नोचने का मौक़ा मिलेगा। पर वे तो तीन बड़े-बड़े...के ही हिस्से से नहीं बचे! अब सिवा दुआ देने के और क्या चारा है।

पार्लमेण्ट में चेम्बरलेन साहब ने तसल्ली दिलायी थी कि जर्मनी की सब सबमैरिनें चुन-चुनकर मार डाली गयी हैं; लेकिन हमारी सरकार के जहाज़ों का डूबना अब भी जारी है। मालूम होता है जर्मन सबमैरीनों ने समुद्र की तह में अण्डे दे दिये थे, उनसे जो बच्चे फूटकर निकले हैं वे परेशान कर रहे हैं। सरकार से हम दरख़्वास्त करेंगे कि अबकी सबमैरिनों के साथ ही उनके अण्डे भी चुन लिये जायें।

× × ×

लिनलिथगो साहब ने क़सम खा ली है कि हिन्दुस्तान को डॉमिनिअन स्टेटस ज़रूर दे देना है, और जो भी अड़चन राह में आयेगी कुचल दी जायेगी, लेकिन मुस्लिम लीग रोड़ा अटकाने से बाज़ नहीं आ रही; देखिये क्या फ़ैसला होता है उनकी क़िस्मत का?

◈

विनिमय

गाँधीवाद मखमली बेड़ियाँ हैं।

श्री सुखदेवराज का एक लेख अनारकिस्ट गाँधी इस अंक में जा रहा है। जैसा कि लेख का शीर्षक सनसनीपूर्ण है वैसा ही उसका विषय है, परन्तु लेख को ध्यानपूर्वक पढ़ चुकने के बाद पाठक देखता है कि लेखक एक स्वप्न से दूसरे स्वप्न में पहुँच गया है। यह हमारे देश का दुर्भाग्य है कि यहाँ राजनैतिक आन्दोलनों की नींव सिद्धान्तों के वैज्ञानिक विश्लेषण पर न खड़ी होकर स्वप्नों पर होती है, परन्तु समाजवाद एक स्वप्न नहीं है।

लेखक को हमारे समाज के आर्थिक और राजनैतिक संकटों का कारण जान पड़ता है—उत्पत्ति का केन्द्रीयकरण और इन संकटों का इलाज उसे गाँधीवाद और चरख़े द्वारा उत्पत्ति को घरेलू उद्योग-धन्धों के रूप में बाँट देने में है। शायद लेखक ने यह सोचने का कष्ट नहीं उठाया कि पैदावार या उत्पत्ति का केन्द्रीयकरण हो क्यों रहा है? इसी अंक में कॉमरेड शिवसिंह का लेख है—'कम्युनिज़्म क्या और क्यों? विप्लव के जो पाठक कॉमरेड शिवसिंह के लेख को ध्यान से पढ़ेंगे उन्हें उत्पत्ति केन्द्रित क्यों होती जाती है? इस प्रश्न का उत्तर मिलेगा।

उत्पत्ति केन्द्रित इसलिए नहीं हो जाती कि हमें ऐसा करने का शौक़ है। उत्पत्ति केन्द्रित होगी या नहीं यह बात उत्पत्ति के साधनों पर निर्भर है। मनुष्य का प्रयत्न अपनी उत्पत्ति को बढ़ाने का तथा उसे सरल बनाने का उसके उत्पत्ति के साधनों में विकास करता जाता है। जब मनुष्य जंगल-जंगल घूमकर, फल चुनकर पेट भरेगा पैदावार केन्द्रित नहीं होगी, परन्तु जब वह हल बनाकर खेत जोतेगा, तो ज़रूर परिवार भर की पैदावार केन्द्रित हो जायेगी। यही विकास का स्वभाव तकली से आगे चलकर चर्ख़ा बनाता है और चर्ख़े से आगे बढ़कर मिल खड़ी कर देता है। मिल उत्पत्ति का एक साधन है ठीक वैसे ही जैसे चर्ख़ा था। मिलों को आदमी अपने-अपने घर उठाकर नहीं ले जा सकते और न उन्हें एक आदमी बना सकता है और चला सकता है। चर्ख़ा एक आदमी बना सकता था या कहिये दो-चार आदमी मिलकर बना सकते थे और चर्ख़े के ज़माने में उन बढ़ई, लोहार तथा कातनेवाले का केन्द्रीयकरण लाज़िमी था। इस मिल के ज़माने में जो आदमी मिल बनायेंगे और मिल चलायेंगे उनका केन्द्रीयकरण ज़रूरी होगा। केन्द्रीयकरण तो समाज की बुनियाद है और ज्यों-ज्यों समाज उन्नति करेगा वह अधिक-से-अधिक होगा।

दोष केन्द्रीयकरण का नहीं, दोष है—केन्द्रीयकरण में मौज़ूद सामाजिक सम्बन्धों का। उत्पत्ति के साधनों में उन्नति हुई, परन्तु हमारे समाज की व्यवस्था

में तबदीली नहीं हुई इसलिए हमारा पुराने ढंग का समाज उत्पत्ति के उन्नत साधनों को सम्हाल नहीं सकता। उत्पत्ति के साधन समाज को उन्नति करने के लिए कह रहे हैं और पुरानी लकीर के फकीर समाज की उन्नति के मार्ग में रोड़ा अटकाकर समाज के संकट को बढ़ा रहे हैं। हमारे महात्मा गाँधी भी ऐसा करनेवालों में से एक हैं। यदि आज रूस की तरह केन्द्रित उत्पत्ति के साधनों पर समाज की मिल्कियत हो जाय; इन केन्द्रित साधनों से पैदा हुई पैदावार को वे सब लोग जो उसे मिलकर पैदा करते हैं समान रूप से भोग सकें, तो केन्द्रीयकरण कोई संकट पैदा नहीं कर सकता। वह हमें आगे बढ़ने में मदद देगा और सुखी बनायेगा।

सुखदेवराज कहते हैं केन्द्रीय संगठन भूखी राष्ट्रीयता को जन्म देता है और संसार में अशान्ति फैलाता है! वह एक दूसरा भ्रम है। केन्द्रीय संगठन यदि दूसरों के परिश्रम को निगलने के लिए किया जायेगा, तो वह अवश्य ऐसा करेगा, परन्तु यदि केन्द्रीय संगठन ऐसा न करने देने के लिए किया जायेगा, तो वह हमारी इस संकट से रक्षा करेगा।

गाँधीवाद गाँधी आश्रम की सफलता का गीत गाते समय सुखदेवराज एक बात कह गये हैं, "इस आश्रम को सरकार द्वारा पर्याप्त सहायता मिलती है।" यही है रहस्य आश्रम की सफलता का। गाँधीवाद का ढकोसला इस प्रान्त की सरकार का चाहता मनोविनोद का साधन है। इसलिए उस पर जनता का रुपया बरबाद किया जा सकता है। ऐसे आश्रमों की सफलता इसी प्रकार हुआ करती है। दूसरी वजह यह कि हमारे देश में उत्पत्ति के साधनों ने अभी पूर्णत: विकास नहीं पाया है, इसलिए क्षणिक सफलता हमें इसमें दिखायी देती है। इस प्रकार के आश्रमों की सहायता हमारे मिलमालिक भी बड़े प्रेम से करते हैं ताकि जनता का ध्यान उत्पत्ति के साधनों पर समाज का अधिकार क़ायम करने की ओर न होकर इस प्रकार के त्याग के स्वप्नों में लगा रहे, वे संगम के गीत गाया करें।

सोख्ता साहब की पुरमज़ाक बातों का असर सुखदेवराज पर बहुत हुआ, यह भी अच्छी दिल्लगी है। इसमें शक नहीं, ऐसे लोग भी हमारे यहाँ मौज़ूद हैं, जो दलीलों की बजाय कटाक्षों को अधिक पसन्द करते हैं। स्वराज्य मिलने पर बीवियों के लहँगे बेचकर हमारे हथियार ख़रीदने का डर आपको न होना चाहिए। अगर चर्ख़ा भगवान् क़ायम रहे, तो शायद न तो स्वराज्य का दिन आयेगा और न बीवियों के लहँगे ही बचेंगे। आवश्यकताओं को कम करने और संयम करने के लिए लहँगे में पाँच गज़ कपड़ा व्यर्थ न कर गाँधीवाद हमसे कहेगा—बीवियों को लँगोटी पहनाओ।

गाँधीवाद को समाजवाद के साथ मिलाना या गाँधीवाद को अनार्किज़्म कहना नाज़ीज्म को प्रजातन्त्र कहने से कम नहीं। अनार्किस्ट लीग सरकार क़ायम करने के लिए इससे विरुद्ध हैं कि सरकार क़ायम की जाती है, शोषक-श्रेणी के हितों की रक्षा के लिए, शोषित-श्रेणी पर क़ब्ज़ा क़ायम रखने के लिए और गाँधीवाद कहता है—वह श्रेणियाँ भगवान् के न्याय से बनी हैं। वह शोषक-श्रेणी को हमारा बाप बताता है और उस शोषक-श्रेणी की अधीनता स्वीकार करने का नाम राम-राज्य बताता है। श्रीयुत् राज को अनार्किस्टों में और गाँधीवादियों में भेद दिखायी देता है केवल हिंसा का? पर यह ख़्याल न जाने कहाँ से आ गया कि अनार्किस्ट हिंसावादी भी हैं। वह तो स्वयं गाँधीवाद का खड़ा किया हुआ धोखा है और इसका उद्देश्य है—जनता को कम्युनिज़्म के सत्य और वैज्ञानिक साधनों से दूर रखना।

गाँधीवाद सामन्तशाही और पूँजीवाद की मखमली बेड़ियाँ हैं और हैं—अफ़ीम का वह नशा, जो जनता को पीनक में निष्क्रिय रखने का अन्तिम साधन है।

लाल झण्डा और तिरंगा

एक मज़दूर भाई ने लाल झण्डे की बाबत जो कुछ इस अंक में कहा है, वह वास्तव में इस देश के सचेत मज़दूरों और किसानों के भाव हैं। परन्तु एक बात हमें ध्यान में रखनी चाहिए कि जहाँ लाल झण्डा हमारा झण्डा है, वहाँ तिरंगा भी हमारा राष्ट्रीय झण्डा है और हमारी आज़ादी की लड़ाई का निशान है। हम अपने देश में और संसार में मनुष्य द्वारा मनुष्य के शोषण को समाप्त करने की अपनी लड़ाई में तभी कामयाबी हासिल कर सकते हैं जब हम राष्ट्रीय स्वतन्त्रता प्राप्त कर लें और हमारा तिरंगा इस राष्ट्रीय स्वतन्त्रता के संग्राम में लड़नेवाली उन सब श्रेणियों का निशान है, जो साम्राज्यशाही के विरुद्ध लड़ रही हैं। राष्ट्रीय स्वतन्त्रता मज़दूरों और किसानों को सबसे अधिक प्यारी है और उसे प्राप्त करने के लिए कोशिश करनेवाली श्रेणियों के सहयोग को वे छोड़ नहीं सकते। ऐसी हालत में वे इस देश के राष्ट्रीय झण्डे तिरंगे की उपेक्षा कैसे कर सकते हैं? हम तो कहेंगे तिरंगे के सम्मान का ख़्याल सबसे अधिक इस देश के मज़दूरों और किसानों को ही होना चाहिए।

इटावा २३-१०-३९

कॉमरेड!

वन्दे

ख़त शुरू करने से पहले यह आवश्यक है कि आपको अपना संक्षिप्त परिचय दे दूँ।

मैं गवर्नमेण्ट कॉलेज की ग्यारहवीं श्रेणी में पढ़ता हूँ। मेरा मुख्य विषय साइन्स है। इस विषय के लेने का कारण ख़ास है। वह यह कि मेरे विचार बहुत दिनों से विप्लवी हैं और मैं एक पूर्ण विप्लवी बनना चाहता हूँ। इस सिलसिले में मैं यह भी बता देना ज़रूरी समझता हूँ कि मेरा सिद्धान्त हिंसात्मक है। इस सिद्धान्त के विषय में फिर कभी विस्तारपूर्वक लिखूँगा।

अप्रैल से मैं आपका पत्र विप्लव बहुत दत्तचित्तता तथा पाबन्दी के साथ पढ़ता हूँ। इसमें जो वस्तु मुझे सबसे अधिक प्रिय लगी, वह है सिंहावलोकनवाला लेख। इसके बाद मुझे सम्पादकीय नोट पसन्द आये। इसका कारण यह है कि वह बहुत-कुछ मेरे विचारों से मेल खाते हैं।

केवल 'विप्लव' पढ़ने से मेरे हृदय को सन्तोष नहीं होता। इसलिए मैं इस चेष्टा में हूँ कि जितना 'विप्लवी' साहित्य मुझे उपलब्ध हो सके वह सब पढ़ डालूँ। अस्तु, मैं आपसे यह निवेदन करता हूँ कि आपकी जानकारी में जितना क्रान्तिकारी-साहित्य हो उसकी सूची तैयार करके भेज दीजिये। इस सूची में उन स्थानों के पते भी लिखे हों जहाँ से वह मिल सकता है और यदि सम्भव हो, तो मूल्य भी लिख दीजिये। मैं आपका बहुत आभारी हूँगा। उत्तर के लिए एक आना का टिकट भी रवाना है।

मेरी एक विनय आपसे यह भी है कि यदि कभी आप इटावा से गुज़रें, तो मुझे पहले से तारीख़ और गाड़ी का समय सूचित कर दीजियेगा, ताकि आपसे मिलकर विचार-विनिमय कर सकूँ।

'विप्लव' के इस उत्साही पाठक का यह पत्र हमें हमारे और सब पत्रों की तरह सी.आई.डी. विभाग की नज़रों से गुज़र जाने के बाद मिला है और हमारे नौजवान साथी इस बात का हिसाब रखें कि उनका नाम-धाम इस समय पुलिस के रजिस्टर में दर्ज हो चुका है और दो छद्रान्वेषी आँखें हरदम उनकी हरएक हरकत को ताड़ती रहती होगी और अगर वह दाद पर लगाने के लिए थोड़ा तेज़ाब या कुत्ते की खाज़ मिटाने के लिए थोड़ा गन्धक भी ख़रीदने पन्सारी की दूकान पर जायँगे तो शायद गिरफ़्तार हो जायें।

लेकिन हमें निराशा होती है अगर हमारे नौजवान साथी विप्लव और ख़ासकर सिंहावलोकन को पढ़कर भी आतंकवाद की राह से देश और समाज की सेवा करने के स्वप्न देखा करते हैं। विप्लव में इस बात को स्पष्ट करने का प्रयत्न कई बार किया जा चुका है और आज फिर हम यह बात यहाँ स्पष्ट कर देना चाहते हैं कि केवल आतंकवाद द्वारा न तो कोई राष्ट्र स्वतन्त्र हुआ है और न हो सकता है। आंतकवाद का जन्म होता है उस समय जब राष्ट्र राजनैतिक दृष्टि से बहुत पिछड़ा

हुआ होता है और आज़ादी तथा क्रान्ति की प्रवृत्तियों को क्षेत्र में आने के मार्ग बन्द रहते हैं। आज यदि कोई कॉलेज में साइन्स पढ़कर बम बनाकर आज़ादी हासिल करने की कोशिश करता है तो उसके साहस और लगन की तारीफ़ तो हम कर सकेंगे; परन्तु उसके साथ ही हमें यह भी कहना पड़ेगा कि ऐसा नौजवान इस बड़े देश की जनता की शक्ति की ओर से आँख बन्द किये हुए हैं। हमें जो आज़ादी लेनी है उसे चन्द जवान नहीं ले सकते। वह जनता की संगठित शक्ति से ली जायेगी और जनता के लिए होगी और उस आज़ादी के हासिल करने का आन्दोलन अँधेरी कोठरियों और गुफ़ाओं में नहीं; बल्कि जनता के बीच चलाना होगा। आज गुप्त समितियों के स्वप्न देखना अपनी राष्ट्रीय शक्ति को न पहचानकर उसे नष्ट होने देना है।

दिसम्बर

१९३९

"हमारी सबसे बड़ी कमज़ोरी—हमारी क़ौमियत की राह में सबसे बड़ी रुकावट, जो हमारी ख़्वाहिशों के ख़िलाफ़ हम पर ज़बरदस्ती लाद दी गयी है, वह है फ़िरक़ावाराना नुमाइन्दगी और चुनाव।...हमने इसके बुरे नतीजों को पहले ही समझ लिया था और वह हमारे सामने आ रहे हैं।...फिरक़ावाराना नुमाइन्दगी तब तक नहीं हट सकती, जब तक कि हिन्दू और मुसलमान नहीं, बल्कि सभी सम्प्रदाय इसे दूर करने के लिए पूरी कोशिश न करें। यह हमें दूर करनेवाली खायी दूर होनी ही चाहिए।...हम औरतों को आगे बढ़कर इसके लिए राह दिखानी चाहिए।...वह लोग बच्चे हैं, जो काँच के चमकीले टुकड़ों के लिए आपस में झगड़ रहे हैं। इन टुकड़ों की कुछ क़ीमत नहीं, बल्कि यह हमें असली चीज़ से भुलाये रहते हैं।...हमें कन्धे से कन्धा लगाकर हिन्दू-मुस्लिम इख़्तालाफ़ात के असबाब को दूर कर देना चाहिए। अगर हम इसमें कामयाबी हासिल कर सकते हैं, तो हम अपने बड़े-से-बड़े मक़सद को पूरा कर सकते हैं।"

बेग़म हामिदअली

कलकत्ता २६-११-३९

सम्पादकीय टिप्पणियाँ

पानी मथना

राजनैतिक सनसनी के समय जब देश भर में 'तैयार' 'होशियार' के बिगुल ऊँचे स्वर से बज रहे हैं, मथुरा में युक्तप्रान्त की प्रान्तीय कांग्रेस का सम्मेलन हुआ है। उत्सुकता और उत्साह से लोग, अपनी आँखों के सामने देश के भाग्य का निपटारा होता देखने के लिए इस सम्मेलन में गये और जो जा नहीं सके, वे धड़कते दिल से कान लगाये इस निपटारे की बात सुनने के लिए उधर कान लगाये रहे। सुनने को हमने बहुत-कुछ सुना। बड़े-बड़े शब्द, और लम्बे-लम्बे प्रस्ताव, परन्तु 'निपटारा' हमें कहीं न मिला। पानी को ख़ूब मथा गया, झाग भी उठी, परन्तु फिर वही पानी-का-पानी।

हम पर बदगुमानी का दोष लगाया जायेगा। कहा जायेगा—देश की स्वतन्त्रता की लड़ाई के फ़ैसले को हम केवल पानी मथना कहकर उसका अपमान कर रहे हैं। परन्तु हम पूछना चाहते हैं कि मथुरा कांग्रेस सम्मेलन ने हमारे सामने क्या रखा!

वही तैयारी के लिए चर्ख़ा और फिर सत्याग्रह! सत्याग्रह लगान-बन्दी के रूप में लगान-बन्दी और करों का वसूल न होने देना निस्सन्देह किसी भी सरकार पर भयंकर आक्रमण है। कांग्रेस ने उसे पहले भी आज़माया है और उस मैदान में अपनी शक्ति और अपने हथियार के असर को भी कांग्रेस जानती है। सत्याग्रह के तरीक़े पर पूर्ण श्रद्धा और विश्वास रखते हुए हम यह जानना चाहते हैं कि यह सत्याग्रह हमें कहाँ ले जायेगा? लगानबन्दी सत्याग्रह की आख़िरी मंज़िल है और लगान-बन्दी का तुरन्त सामने आनेवाला परिणाम है—सरकार का कोप, जेल। हमें अपने देश की राजनैतिक जागृति और साहस पर विश्वास है और हम इससे भी इनकार न करेंगे कि कांग्रेस के सत्याग्रह का बिगुल बजाने पर हज़ारों क्या, लाखों की तादाद में देशवासी जेलों को भर देंगे। परन्तु हम इससे एक क़दम और आगे बढ़ना चाहते हैं।

जेलों से लौटने पर यह स्वराज की सत्याग्रही सेना किस बात से अपनी सफलता का अन्दाज़ा लगायेगी? क्या इस बात से, कि केन्द्रीय सरकार में कांग्रेस के प्रतिनिधि अधिकार की कुर्सी पर बैठे दिखायी देंगे? क्या हमारे नेता इसी महत्त्वाकांक्षा के लिए जनता से अपने बसे घर उज़ाड़कर सत्याग्रह के युद्ध की होली खेलने की अपील करते हैं और क्या इसे ही वह 'पूर्ण स्वराज्य' का 'पूर्ण रूप' समझते हैं?

जिनका कांग्रेस के पिछले लगान-बन्दी आन्दोलन से सम्बन्ध रहा है, वह शायद इस सम्बन्ध में ऊँचे-ऊँचे हवाई क़िले जल्दी न बनायेंगे। उन्हें शायद भूला न होगा कि लगान-बन्दी का पिछला आन्दोलन कांग्रेस द्वारा पास किये गये प्रस्ताव के आधार पर आरम्भ नहीं हुआ था। वह आन्दोलन चला था स्वयं अपने ही आप और स्वतन्त्र कारणों से जो राजनैतिक नहीं, बल्कि आर्थिक थे और जब उस आन्दोलन को अपनाकर कांग्रेस ने उसे केवल शुद्ध राजनैतिक रूप देने की चेष्टा की, उसके आर्थिक आधार को गौण बना दिया, तो वह उँगलियों पर दिनों की गिनती ख़त्म हो सकने से पहले ही ख़त्म हो गया। हमारा अभिप्राय यह नहीं कि लगान-बन्दी का आन्दोलन कभी सफल नहीं हो सकता। यह बात निर्भर करती है बहुत हद तक आन्दोलन के भीतर मौज़ूद शक्ति पर और इस आन्दोलन के आधार पर।

कोई भी आन्दोलन क्रान्ति का एक छोटा और संक्षिप्त रूप होता है। उसका उद्‌देश्य और प्रयोजन होता है—असन्तोष के कारणों को दूर कर सन्तोष की अवस्था लाना। आन्दोलन चलने के लिए असन्तोष का होना ज़रूरी है और इसके साथ ही यह भी ज़रूरी है कि असन्तुष्ट जनता के सामने एक आदर्श मौज़ूद हो, जिसे प्राप्त करने के लिए वह आन्दोलन करे।

हमारे देश में अपनी अवस्था के प्रति असन्तोष है, इस बात के लिए प्रमाण देने की ज़रूरत नहीं। वह उबला पड़ रहा है, यह बात ब्रिटिश सरकार, कांग्रेस नेता और ख़ुद जनता भी जानती है। आज ब्रिटिश सरकार को जो भय है और कांग्रेस की जो कुछ शक्ति है, वह जनता में उफनते इसी असन्तोष के बल पर। आन्दोलन पैदा कर सकने के लिए आधार हमारी वर्तमान परिस्थितियों में मौज़ूद है, परन्तु लक्ष्य का आधार आन्दोलन को चलनेवाला आधार हमारे सामने इतना अस्पष्ट है कि उसके होने या न होने के सम्बन्ध में दावे से कुछ कहा नहीं जा सकता और यही है हमारी कमज़ोरी जिसे बड़े-बड़े वीरतापूर्ण शब्दों सत्य, अहिंसा आदि के आडम्बर में छिपा देना चाहते हैं। जनता में उफनते हुए असन्तोष और उत्साह के बावज़ूद भी आज हमें जो सब तरफ़ जो तैयारी की कमी दिखायी पड़ रही है, वह वास्तव में है, यही हमारे लक्ष्य उद्‌देश्य की अस्पष्टता है।

आज जनता के सामने चर्ख़ा कातकर अहिंसात्मक युद्ध के लिए सत्याग्रह के लिए तैयार होने का कार्यक्रम रखा जा रहा है, परन्तु सत्याग्रह की आग में तपने के बाद जो स्वराज्य जनता पायेगी उसका रूप क्या होगा, क्या उसे जानने की ज़रूरत नहीं? क्या हमारे ७७ प्रतिशत किसान सत्याग्रह इसलिए करेंगे कि कांग्रेस ने कभी शोषण के रूप में ज़मींदारी प्रथा को मिटा देने का सिद्धान्त स्वीकार नहीं किया और सत्याग्रह कर वह देश में ऐसा स्वराज्य क़ायम करेंगे, जिसमें वह फिर ज़मीन के मालिकों का ख़ज़ाना भरने के उद्‌देश्य से जीनेवाले नर-कंकाल ही बने रहें? क्या वह सत्याग्रह इसीलिए करेंगे कि उनकी जैसी गिरी हुई आर्थिक अवस्था आज है, स्वराज्य की लड़ाई के संकट झेलने के बाद भी फिर उसी अवस्था में सड़ने के लिए तैयार रहें? क्या इस देश के मज़दूर आज जिस तरह अधपेट रहकर पैदावार के साधनों के मालिकों की मुनाफ़ा कमाने की इच्छा को पूर्ण करने का साधन-मात्र हैं, उसी प्रकार स्वराज्य की लड़ाई को फ़तह कर लेने के बाद भी अपना पेट पाल सकने के लिए साधनों के मालिक न बन सकें?

हम कांग्रेस में अविश्वास कर उसके प्रति जनता में अविश्वास और विद्रोह फैलाने के लिए यह प्रश्न नहीं उठा रहे। हम जानते हैं, इस समय कांग्रेस ही देश

की जनता की एकमात्र प्रतिनिधि है और दरअसल उसके पीछे जनता की शक्ति है, परन्तु वह शक्ति सोयी है, वह सचेत नहीं। क्योंकि कांग्रेस ने उन प्रश्नों का उत्तर अब तक स्पष्ट नहीं किया जिन पर जनता की शक्ति का जाग उठना निर्भर है। आज जनता का यह जान लेना ज़रूरी है कि किस लक्ष्य-उद्‌देश्य को प्राप्त करने के लिए उनसे सर्वस्व की बाजी लगा देने की अपील की जा रही है। आज पूर्ण स्वतन्त्रता जैसे बड़े शब्द के स्थान पर, जो कि हमारी जनता को शब्द-जाल में फँसाकर छोड़ देता है, हमें यह स्पष्ट नारा देना चाहिए कि "हम शान्ति, रोटी और ज़मीन के लिए लड़ रहे हैं।"

सन् '३१ और '३२ के सत्याग्रह और लगानबन्दी आन्दोलन के समय भी जनता के सामने पूर्ण स्वतन्त्रता जैसे बड़े-बड़े शब्द मौज़ूद थे। इन शब्दों में लिपटे हुए हमारे उद्‌देश्य हमें कितनी दूर ले गये यह हमसे छिपा नहीं। आज यदि हम वास्तव में आगे पहले जाना चाहते हैं तो उसके लिए हमें अधिक शक्ति की ज़रूरत है जिसे हम जनता के वास्तविक हितों को उद्‌देश्यों के रूप में स्वीकार करके ही पा सकते हैं। हम नहीं समझ सकते क्यों हम स्पष्ट शब्दों में जनता के जीवन-मरण के प्रश्न "शान्ति, रोटी और भूमि" को अपना ध्येय स्वीकार नहीं कर सकते? क्या इसलिए कि हमारे देश और समाज की वह श्रेणियाँ, जो कि उत्पत्ति के साधनों के मालिक हैं हमें अपना सहयोग नहीं देंगी? परन्तु इन शक्तियों का सहयोग हमें स्वतन्त्रता की लड़ाई में मिला कब है? और क्या कुछ लोगों के सहयोग को पाने के लिए अपने उद्‌देश्यों को स्पष्ट न कर देश की वास्तविक शक्ति, जनता की उपेक्षा नहीं कर रहे, जो कि वास्तव में हमारा देश है।

इन उद्‌देश्यों को स्पष्ट किये बिना यदि हम तैयारी की अपीलें किये जाते हैं और प्रस्ताव पास किये जाते हैं तो इसे सिवा 'धूल में लट्‌ठ मारते जाने' और 'यानी मथने' के और क्या कहा जायेगा?

चर्ख़ापरस्त-समाजवाद

युद्ध की तैयारी के नारों के साथ आज फिर चर्ख़े का जय-जयकार शुरू हुआ है। स्वतन्त्रता की अपनी लड़ाई लड़ने के लिए कांग्रेस को महात्मा जी के नेतृत्व की ज़रूरत है और वह नेतृत्व कांग्रेस को उस समय तक नहीं मिल सकता जब तक वह दलील छोड़कर महात्मा जी की आज्ञा का पालन आँख बन्द करने के लिए तैयार न हो जाये और देश के इस आत्म-समर्पण की कसौटी है कि वह चर्ख़े की पूजा शुरू कर दे।

बीस बरस पहले आन्दोलन की गरमी में चर्ख़े की पूजा बड़े विराट् रूप में शुरू हुई थी परन्तु आर्थिक जीवन की वास्तविकताओं में वह बुख़ार उतर गया।

महात्मा जी के आग्रह से चर्ख़ा कातने को ही कांग्रेस की मेम्बरी के लिए सबसे बड़ी योग्यता स्वीकार कर कांग्रेस ने पहली दफ़े अपने आत्मविश्वास की कमी का सबूत दिया था परन्तु वह तानाशाही समय की कसौटी पर पूरी न उतर सकी और मेम्बरी की वह शर्त कांग्रेस को छोड़ देनी पड़ी।

बीस बरस में चर्ख़े को जो सफलता हुई है उसका सबसे बड़ा सबूत है कि महात्मा जी को आज भी अपनी आध्यात्मिक शक्ति लगाकर चर्ख़े की वकालत करनी पड़ रही है। बीस बरस का समय कम नहीं होता। इतने समय में कितने ही यन्त्र और मशीनें इस विज्ञान के युग में हमारे सामने आये और बिना किसी की अपील के उन्होंने समाज को अपनी उपयोगिता का सबूत दे अपना स्थान बना लिया परन्तु चर्ख़े को आगे बढ़ाने के लिए राजनैतिक और 'आध्यात्मिक' शक्ति की ज़रूरत पड़ती है और चर्ख़ा फिर अपने स्थान अर्थात् अजायबघर में पहुँच जाना चाहता है।

चर्ख़े का हम विरोध नहीं कर सकते क्योंकि खद्दर को हम राष्ट्रीय पोशाक के रूप में स्वीकार कर चुके हैं। परन्तु ज़मीन पर जोतनेवाले के अधिकार और पैदावार के साधनों पर मज़दूर के अधिकार के सवाल की अपेक्षा चर्ख़ा कातने से जनता स्वतन्त्रता की लड़ाई के लिए अधिक तैयार हो सकेगी, यह मान लेने के लिए हमारी ईमानदारी तैयार नहीं होती। जो लोग महात्मा जी की आज्ञा मानकर चर्ख़े के आगे सर झुकाने के लिए तैयार हैं उनसे हमें कुछ बहस नहीं। जनमत यदि उनके साथ है तो मजबूरन हमें उनकी बात मान ही लेनी पड़ेगी। परन्तु जो लोग दलील के नाम पर हमसे चर्ख़े की पूजा करवाना चाहते हैं, उन्हें उत्तर दिये बिना हम नहीं रह सकते।

मथुरा कान्फ्रेन्स में माननीय पुरुषोत्तमदास जी टण्डन जैसे व्यक्ति के मुख से चर्ख़े के पक्ष में यह दलील कि चर्ख़ा घरेलू धन्धा है और विदेशी आक्रमण का मुक़ाबला हम घरेलू धन्धे से ही कर सकते हैं, सुनकर हमें आश्चर्य होता है। अपनी इस दलील के सुबूत में चीन का उदाहरण पेश करते हुए टण्डन जी फ़रमाते हैं कि जापान के हमलों से चीन की मिलें और फैक्टरियाँ बर्बाद हो गयी हैं और उन्होंने आज घरेलू धन्धों का ही आश्रय लिया है। इसलिए शत्रु का मुक़ाबला करने के लिए हमें भी घरेलू धन्धों की शरण लेनी चाहिए। बहुत ख़ूब! हो सकता है कोई महाशय यह भी कहें कि जापान के हवाई आक्रमणों के कारण चीनियों को ज़मीन में ख़न्दकें खोद-खोदकर रहना पड़ता है इसलिए हम भी अपने देश में ख़न्दकें खोदना शुरू कर दें।

चर्ख़े की या घरेलू धन्धों की विदेशी आक्रमण को रोकने की शक्ति के बारे में इतिहास ही सबसे अच्छा गवाह है। जिस समय हमारे देश पर अंग्रेज़ी साम्राज्य

का आर्थिक और राजनैतिक आक्रमण हुआ उस समय इस देश में सब ओर घरेलू धन्धे ही मौज़ूद थे परन्तु बावज़ूद इसके भी आधुनिक साधनों तथा कला-कौशल से सम्पन्न अंग्रेज़ों की आर्थिक शक्ति का मुक़ाबला यह देश न कर सका। आज जब घरेलू धन्धे उखड़ चुके हैं और कला-कौशल की आर्थिक व्यवस्था अपने क़दम जमा चुकी है, चर्ख़ा उसे उखाड़कर स्वयं स्थापित हो जायेगा या नहीं, यह तो इतिहास ही बतायेगा।

हमारा विस्मय सीमा पर उस समय पहुँच जाता है जब हम अपने-आपको समाजवादी कहनेवालों को चर्ख़े की माल में लिपटकर उसी की तार में अपना सुर मिलाते देखते हैं। जब वह देश की आर्थिक उन्नति का उपाय चर्ख़े को बताते हैं और दावा करते हैं कि चर्ख़े और समाजवाद में कोई विरोध नहीं। अगर हम भूल नहीं करते—और अगर हम भूल पर हों तो अपनी भूल सुधारने को तैयार हैं—तो समाजवाद सामाजिक विकास की सीढ़ी में उस अवस्था का नाम है जहाँ पैदावार के साधन सामाजिक सम्पत्ति होकर सामाजिक आवश्यकताओं को पूरा करने के काम में लाये जाते हैं। ऐसी अवस्था में व्यक्तिगत सम्पत्ति और व्यक्तिगत पैदावार के लिए कोई स्थान नहीं रहता। इसके विपरीत चर्ख़ा उन्नति के युग की आरम्भिक चीज़ है जो वैयक्तिक सम्पत्ति होकर ही रहता है और व्यक्ति की आवश्यकताओं को ध्यान में रखकर अपना उत्पत्ति का काम करता है। यदि कोई समाजवादी समाज की उन्नति को प्रकृति का क्रम समझता है और उत्पत्ति के साधनों के व्यक्ति की सम्पत्ति होने और समाज की सम्पत्ति होने में अन्तर समझता है तो किस तरह समाजवाद और चर्ख़ावाद—जिसे दूसरे अर्थों में व्यक्तिवाद कहना होगा—में विरोध पाये बिना रह सकता है।

गाँधी जी के चरणों में आत्म-समर्पण करने के और बीसियों तरीक़े हो सकते हैं उसके लिए बेचारे समाजवाद को चर्ख़ावाद से बाँधने की क्या ज़रूरत है?

लौट चलो!

मथुरा राजनैतिक कान्फ्रेन्स ने जो कार्यक्रम देश के सामने आल इण्डिया कांग्रेस वर्किंग कमेटी के निर्णयों के बाद रखा है, उसे हम निश्चित तौर पर कांग्रेस का अगला कार्यक्रम समझ सकते हैं। इस कार्यक्रम को कांग्रेस के मुखपत्र 'नेशनल हेराल्ड' ने चार भागों में इस प्रकार बाँटा है—

(१) भारत ने अहिंसात्मक सत्याग्रह से स्वराज्य प्राप्त करने का दृढ़ निश्चय और प्रतिज्ञा ली है।

(२) केवल महात्मा गाँधी ही हमारे आन्दोलन का नेतृत्व कर सकते हैं और सम्पूर्ण देश को उनके नेतृत्व में विश्वास है।

(३) महात्मा जी के आदेशों का पालन इस अवस्था में अक्षरश: किया जायेगा।

(४) यदि हम इस समय भी अपना आन्दोलन आरम्भ नहीं कर देते हैं, तो हमारे उद्देश्य की प्राप्ति एक अनिश्चित काल के लिए पीछे पड़ जाती है।

इस सम्पूर्ण कार्यक्रम का सार है बिना किसी हीलो-हुज्जत के महात्मा जी की आज्ञा-पालन करने में। महात्मा की आज्ञाएँ तीन हैं—चर्ख़ा चलाओ, साम्प्रदायिक द्वेष दूर करो और अहिंसात्मक रहो। इसके साथ ही कांग्रेस देश से सत्याग्रह के लिए तैयार हो जाने के लिए भी कह रही है। महात्मा जी की इन तीनों आज्ञाओं को पूरा करने के लिए या संक्षेप में कहिये कि कांग्रेस के सामने मौज़ूद कार्यक्रम को पूरा करने के लिए सत्याग्रह की आवश्यकता किस स्थान पर अनुभव होती है, यह हम नहीं समझ सके।

गाँधी जी की आज्ञाओं का पालन कराने के लिए सबसे अधिक प्रयत्न कर रहे हैं पण्डित नेहरू और उनके सामने है वैधानिक सभा—कान्स्टीट्यूएण्ट असेम्बली द्वारा भारत के लिए शासन-विधान तैयार करने का उद्देश्य। जिस उद्देश्य को स्वयं कांग्रेस भी स्वीकार कर चुकी है, परन्तु इस लड़ाई की तैयारी के समय मथुरा कान्फ्रेन्स में उस वैधानिक सभा का कहीं ज़िक्र भी नहीं।

हमें धन्यवाद देना चाहिए श्री राजगोपालाचार्य को, जिन्होंने वैधानिक सभा के हमारे स्वप्न-जाल का रहस्य खोल दिया है। बम्बई में वैधानिक सभा के सिलसिले में बोलते हुए आपने दिसम्बर को कहा है—

"उचित रूप से निर्वाचित वैधानिक सभा उस समय तक सम्भव नहीं जब तक कि उसके लिए सरकार की सहायता न हो या जब तक एक नयी सरकार न क़ायम हो जाये। क्रान्ति द्वारा मौज़ूद शासन को हटाकर ही हम नयी सरकार क़ायम कर सकते हैं। फ़िलहाल परिस्थिति ऐसी नहीं और न हम ऐसा करना ही चाहते हैं। इस समय हम ब्रिटिश सरकार से एक समझौता करने की कोशिश कर रहे हैं।

कांग्रेस के दायरे में परिचित कोई भी आदमी कभी यह कहने का साहस नहीं कर सकता कि राजगोपालाचार्य कांग्रेस के नेताओं के इरादों से परिचित नहीं हैं, बल्कि यही कहना होगा कि राजगोपालाचार्य ने असल बात को स्पष्ट रूप में कह दिया है, चाहे वह कांग्रेस के मौज़ूदा रवैये के मुताबिक़ बड़ी-बड़ी बातें नहीं हाँक सके। कांग्रेस के दूसरे नेताओं की बातों को भी यदि अलग छोड़ दिया जाये और

केवल उनके रवैये से ही अन्दाज़ा लगाया जाये, तो कहना पड़ेगा कि वह सब राजगोपालाचार्य के ही रवैये से सहमत हैं।

जब वास्तविकता यही है, तो मन्त्री-पद से इस्तीफ़ा देकर नाममात्र का असहयोग करने से ही विशेष लाभ क्या? उससे तो केवल हमारे राजनैतिक विकास के लिए जो कुछ सुविधाएँ पैदा हो गयी थीं, उनके मार्ग में ही अड़चन पेश हुई है। जिस विरोधी ताक़त को नीचा दिखाने के लिए यह असहयोग किया गया था, उसका तो इससे कुछ बिगड़ा नहीं; उसकी तो इससे केवल शक्ति ही बढ़ी है। जो रचनात्मक कार्यक्रम महात्मा जी ने इस समय देश के सामने रखा है, वह निस्सन्देह ही सनसनी और उत्तेजना की अपेक्षा कांग्रेस मन्त्री-काल की शान्त और वैधानिक परिस्थितियों में अधिक अच्छी तरह पूरा हो सकता है। सोच-विचारकर देखने पर यदि हम अपने-आपको क़दम उठाने में असमर्थ पाते हैं, तो मिथ्याभिमान से अड़े रहने की अपेक्षा कहीं अच्छा होगा कि हम लौट चलें।

चीन की पहेली

प्रजातन्त्र के सिद्धान्त के रक्षक इंग्लैण्ड और प्रजातन्त्र के ढोंग को तोड़ने का दम भरनेवाले जर्मनी की लड़ाई की ख़बरों ने इस समय हमारे दिमाग़ को यों घेर लिया है कि हम अपनी जान बचाने के लिए लड़नेवाले चीन की बात ही भूल से चले हैं, परन्तु चीन लड़े जा रहा है और बहादुरी से लड़े जा रहा है।

यूरोप के इस युद्ध का प्रभाव चीन पर न पड़ा हो सो बात नहीं। इस परिस्थिति ने चीन की अवस्था पर भी अपना प्रभाव डाला है। इस युद्ध से चीन को कुछ लाभ हुआ है, परन्तु अन्त तक क्या होता है यह भविष्य बतायेगा। चीन के प्रति सहानुभूति तो प्रजातन्त्र का दम भरनेवाले सभी देशों ने दिखलायी है, परन्तु इस मौखिक सहानुभूति के साथ-ही-साथ अमेरिका, फ्रान्स और इंग्लैण्ड चीन को परेशान करने के लिए जापान के हाथ अपना गोला-बारूद भी ख़ूब बेचते रहे। अब आपस के युद्ध में फँस जाने के कारण यह देश जापान के हाथ यह सामान नहीं बेच सकते, जर्मनी से जापान को इस प्रकार की सहायता मिलना बिलकुल ही बन्द हो गयी और अमेरिका भी यदि युद्ध अधिक दिन चला, तो जापान की अपेक्षा अधिक दाम दे सकनेवालों के ही हाथ अपना गोला-बारूद बेचेगा। दूसरी ओर चीन को रूस से जो सहायता मिल रही थी, वह जर्मनी और पोलैण्ड की सामन्तवादी सरकारों के झंझट से छुट्टी मिल जाने के कारण और भी अधिक मात्रा में मिल रही है।

जर्मनी से अब सहायता की कोई आशा न रख जापान इंग्लैण्ड के प्रति मित्रता का व्यवहार बढ़ाने की कोशिश कर रहा है। जापान रूस से पुरानी ख़ार खाये

है और आज इंग्लैण्ड भी रूस से प्रसन्न नहीं। यदि इस अवस्था में इंग्लैण्ड से जापान का कोई समझौता हो जाये, और इंग्लैण्ड चीन को दबने के लिए विवश करे, तो अलबत्ता स्थिति चीन के लिए भयानक हो सकती है। पिछले दिनों से इंग्लैण्ड के अख़बारों में जापान के प्रति चीन पर आक्रमण करने के कारण प्रकट किये जानेवाले विरोध की मात्रा बहुत घट गयी है।

चीन का प्रश्न एक और महत्त्वपूर्ण अन्तरराष्ट्रीय समस्या को हल करने में हमारा सहायक हो सकता है और वह है रूस पर साम्राज्यवादी हो जाने की लगायी जानेवाली तोहमत। रूस ने पोलैण्ड का आधा भाग जर्मनी से मिलकर हड़प लिया और वह आज फ़िनलैण्ड पर आक्रमण कर रहा है—यह बात अनेक समाजवाद के सिद्धान्त के हामियों और अब तक रूस के प्रशंसकों को बेचैन ही नहीं किये हुए, बल्कि वह निश्चित तौर पर रूस को साम्राज्यवादी शक्ति बन जाना मान बैठे हैं।

इन आशंका और सन्देह में फँसे राजनीतिज्ञों का ध्यान हम चीन की ओर दिलाना चाहते हैं। आज २ १/२ वर्ष के क़रीब से जापान चीन पर आक्रमण किये है और इस बीच में रूस लगातार चीन की सहायता कर रहा है, न केवल मूल्य में युद्ध का सामान पहुँचाकर बल्कि जहाँ तक हम जानते हैं, बिना मूल्य सामान देकर और अपने विशेषज्ञों को भी चीन के मैदान में बलिदान करके। बावज़ूद इसके उसने न तो जापान से चीन को बाँट लेने का मसौदा पेश किया और न चीन से ही इस बहुत बड़ी सहायता के मूल्य में एक इंच भी ज़मीन माँगी। चीन की सीमा बहुत दूर तक रूस की सीमा के साथ-साथ गयी है। चीन की जो कुछ सैनिक शक्ति है वह किसी से छिपी नहीं। उसे देखते रूस के लिए चीन के दो-चार बड़े-बड़े प्रान्त, जिनमें चार-पाँच पोलैण्ड और फ़िनलैण्ड समा सकते थे, अपने क़ाबू में कर लेना कुछ भी कठिन न था और न उन प्रान्तों की रक्षा करने के लिए प्रजातन्त्र की डींग मारनेवाले देश ही आगे बढ़ सकते थे। हम समझते हैं, रूस की अन्तरराष्ट्रीय नीति को स्पष्ट करने के लिए चीन का उदाहरण हमारी सहायता कर सकता है।

युद्ध तो आज सभी तरफ़ हो रहा है और लड़नेवाले प्रत्येक देश का दावा है कि वह न्याय की रक्षा के लिए लड़ रहा है। यह बात आज ही के युद्धों के बारे में सत्य नहीं, बल्कि सदा से ऐसा ही कहा जाता रहा है। परन्तु हिंसा और युद्ध के विरोधी यदि ग़ौर से इस विषय पर विचार करेंगे, तो उन्हें मानना पड़ेगा कि आत्मरक्षा के लिए किये गये युद्ध को छोड़कर अन्य सब युद्ध अन्याय aggression हैं। जो लोग युद्ध और हिंसा को संसार से मिटा देना चाहते हैं। उनकी सहानुभूति इस प्रकार के युद्धों से कभी नहीं हो सकती। उनकी सहानुभूति यदि लड़नेवाले किसी भी देश के प्रति है, तो चीन के प्रति।

रूस और फिनलैण्ड

पोलैण्ड पर आक्रमण कर उसे समाजवादी रूस द्वारा अपने साथ मिला लेने की बात पर अभी रूस के विरोधियों का ग़ुस्सा शान्त नहीं हुआ था कि फिनलैण्ड और रूस में तनातनी की ख़बर आयी और देखते-ही-देखते फिनलैण्ड पर रूस का आक्रमण हुआ और फिनलैण्ड की पूँजीवादी रूस-विरोधी सरकार का पतन होकर वहाँ एक नयी सरकार स्थापित हो गयी। फिनलैण्ड के प्रति भी इंग्लैण्ड और अमेरिका में सहानुभूति के बड़े-बड़े ऐलान हुए और रूस पर साम्राज्यवादी हो जाने की तोहमत लगायी गयी।

साम्राज्यवाद और आत्म-रक्षा में कुछ भेद है, यह हमें याद रखना चाहिए। फिनलैण्ड रूस के बिलकुल सर पर बैठा है और यूरोप के पूँजीपतियों का रूस के प्रति षड्यन्त्रों का वह गढ़ रहा है। सन् १९२० से २४ तक पूँजीवादी साम्राज्यों ने फिनलैण्ड की राह ही रूस को लगातार परेशान किया था और भविष्य में फिर अपने विरुद्ध गुट्टबन्दी के आसार देखकर यदि रूस फिनलैण्ड के सामने इस प्रकार की शर्तें पेश करता है, जिनसे कि अन्य देशों को फिनलैण्ड की राह से उसे परेशान करने की सम्भावना न रहे, तो इसे साम्राज्य-विस्तार का प्रयत्न नहीं, बल्कि आत्म-रक्षा का प्रयत्न ही कहा जायेगा। हमें फिनलैण्ड और पूँजीवादी और साम्राज्यवादियों के षड्यन्त्र के गढ़...।

फिनलैण्ड का मामला एक तरह से समाप्त हो चुका है। उसे रूस ने अपने शासन में नहीं लिया और न वहाँ की इच्छा को जनता के विरुद्ध वहाँ समाजवाद क़ायम करने की कोशिश की है। एक नयी सरकार वहाँ क़ायम हुई है, जिसमें केवल समाजवादी ही नहीं, बल्कि फिनलैण्ड की सभी पार्टियों के लोग उसमें शामिल हैं। जिसने रूस से परस्पर सहायता और रक्षा का समझौता किया है। रूस के इस रवैये में हमें साम्राज्य स्थापित करने का प्रयत्न दिखायी नहीं देता।

रेलवे-मज़दूर

हमारे देश के मज़दूरों में रेलवे के मज़दूर ख़ास महत्त्व रखते हैं। उनकी संख्या ५-६ लाख के क़रीब है और देश के सबसे महत्त्वपूर्ण काम को पूरा करना उनके ज़िम्मे है; तिस पर हालत उनकी शोचनीय है। उन पर अन्याय होते हैं और उनकी उचित माँगों की परवाह नहीं की जाती। रेलवे-मज़दूरों में फैलनेवाले असन्तोष का परिणाम हम सन् १९१७-१८ की रेलवे की हड़तालों में एक दफ़े देख चुके हैं और यदि हम नहीं चाहते कि वह मुसीबत फिर हम पर आये तो हमें उनकी दिन-ब-दिन गिरती हालत की ओर ध्यान देना चाहिए।

रेलवे–मज़दूरों की एक बड़ी शिकायत है प्रॉविडेण्ट फण्ड के बारे में। यह नहीं कि रेलवे के महकमे में प्रॉविडेण्ट फण्ड दिया ही न जाता हो। प्रॉविडेण्ट फण्ड दिया ज़रूर जाता है मगर उस दर्जे के नौकरों को जिनकी हालत मुकाबिलतन अच्छी है और जिन्हें इतनी तनख़्वाह मिलती है कि अपना गुज़ारा कर रिटायर्ड होने के वक़्त के लिए भी कुछ बचा सकें। लेकिन जिनकी तनख़्वाहें इतनी कम हैं कि अपनी रोज़मर्रा की ज़रूरयात को भी पूरा नहीं कर सकते, उन्हें यह फण्ड नहीं दिया जाता। रेलवे में हज़ारा, पाँच सौ, २ १/२ सौ या इससे कम तनख़्वाह पानेवालों के लिए प्रॉविडेण्ट फण्ड का इन्तज़ाम है। रेलवे का महकमा उनकी तनख़्वाह में से हर महीने कुछ काटकर रख लेता है और उतनी ही रक़म रेलवे से उनकी इस कटत में मिलाकर महीने–महीने उनके लिए जमा कर ली जाती है। लेकिन पचीस रुपया माहवार या इससे कम तनख़्वाह पानेवालों के लिए वह सहूलियत नहीं। अगर वे इसके लिए माँग पेश करते हैं तो बजट की कमी की दुहाई की जाती है, कहा जाता है इन लोगों को प्रॉविडेण्ट फ़ण्ड देने के लिए रेलवे को ३७ लाख रुपया सालाना ख़र्च करना पड़ेगा और यह रक़म बहुत बड़ी है। लेकिन रेलवे बोर्ड यह भूल जाता है कि इसी साल के हिसाब में रेलवे को दो करोड़ की बचत हुई है। अगर दरअसल ख़र्च के ही बढ़ने का डर है, तो इन्साफ़ का तकाज़ा है कि बड़ी–बड़ी तनख़्वाहवालों के लिए जो कि अपने लिये ख़ुद बचत कर सकते हैं, इस फण्ड को बन्द कर उन ग़रीबों के लिए इसे शुरू किया जाये, जिन्हें इसकी ज़रूरत कहीं ज़्यादा है।

इससे भी बढ़कर बेइन्साफ़ी जो रेलवे के महकमे में इस वक़्त हो रही है और जिसकी तरफ़ रेलवे मज़दूरों की हाल में होनेवाली कान्फ्रेन्स ने रेलवे बोर्ड का ध्यान दिलाया है, वह है गोरापरस्ती। पार्लमेण्ट में चेम्बरलेन साहब ऐलान करते हैं कि अंग्रेज़ साम्राज्य में एक नस्ल की दूसरी नस्ल पर हुकूमत नहीं। लेकिन रेलवे की नौकरशाही को चेम्बरलेन साहब के इन ऐलानों की कुछ परवाह नहीं। रेलवे ने नौकरी के लिए नये उम्मीदवार भरती करने का जो क़ानून बनाया है, उसमें हिन्दुस्तानियों को तो २५ रुपये माहवार पर भरती किया जायेगा, और ऐंग्लो–इण्डियन लोगों को ५५ रु. माहवार पर। आख़िर ऐंग्लो–इण्डियनों के साथ इस रियायत की कोई वजह? हिन्दुस्तान की गर्मी में वे काले आदमियों से ज़्यादा अच्छा काम कर सकते हैं, या कोई ख़ास ट्रेनिंग पाकर वह लोग भरती होने आयेंगे, इसका उम्मीदवारी की शर्तों में कहीं ज़िक्र नहीं। हमें तो इसमें रेलवे की नौकरशाही की सरासर धींगा–मस्ती के सिवा और कुछ नज़र नहीं आता। इस देश के हिन्दू–मुसलमानों पर यह दोष लगाया जाता है कि वह अपने फिरक़ों के प्रति पक्षपात करते

हैं और अंग्रेज़ों की तारीफ़ के पुल बाँधे जाते हैं उनकी निष्पक्षता के लिए। लेकिन यहाँ हम दूसरा ही नज़ारा देख रहे हैं। हिन्दुओं और मुसलमानों से इतनी सीना-ज़ोरी की उम्मीद शायद उनका बड़े-से-बड़ा मुख़ालिफ़ भी न कर सकेगा।

अध्यात्मवाद या भ्रमवाद

'विप्लव' के जुलाई अंक में भाई विचित्रनारायण जी का लेख 'अध्यात्मवाद कुछ नज़दीक से' प्रकाशित हुआ था और उसके साथ ही कॉमरेड यशपाल का लेख 'हाँ—अध्यात्मवाद नज़दीक से' उत्तर रूप में प्रकाशित हुआ था। विचित्रनारायण जी का प्रस्तुत लेख उसी सिलसिले में हमें मिला था परन्तु स्थानाभाव के कारण इसे शीघ्र न दिया जा सका। इसके लिए हम भाई विचित्रनारायण जी तथा उन अनेक पाठकों से क्षमा चाहते हैं जो इस विषय पर अधिक प्रकाश डाले जाने का आग्रह हमसे करते रहे हैं।—सं.

(१) विज्ञान और धर्म-विश्वास में मौलिक भेद यह है कि विज्ञान अनुभव, खोज और तर्क पर आश्रित है। इसके विपरीत धर्म-विश्वास की जड़ क़ायम है केवल विश्वास पर। जिस बात को हम अपनी बुद्धि से जान नहीं सकते उसकी बाबत विज्ञान और खोज करने की कोशिश करता है और यदि किसी निश्चय पर नहीं पहुँच पाता तो विज्ञान कह देता है कि हम नहीं जानते। परन्तु धर्म-विश्वास का तरीक़ा दूसरा है। वहाँ पहले एक बात को मान लिया जाता है, विश्वास कर लिया जाता है और उस विश्वास के समर्थन में दलीलें और प्रमाण पेश किये जाते हैं। इसलिए अनेक धर्मों और सम्प्रदायों के माननेवाले सुर-में-सुर मिलाकर कहते हैं कि हमारा उद्देश्य एक है, हमारे मार्ग अलग-अलग हैं। 'मार्ग' एक प्रत्यक्ष और स्पष्ट काम में आनेवाली चीज़ है इसलिए उसके अलग-अलग होने से इन्कार नहीं किया जा सकता। परन्तु उद्देश्य—उदाहरणत: भगवान् की प्राप्ति या भगवान्—कोई स्पष्ट प्रत्यक्ष चीज़ नहीं, इसलिए उसके बारे में यह कह दिया जा सकता है कि वह हम सब की साँझी है।

भाई विचित्रनारायण जी धर्मप्राण हैं और विश्वास के अनुसार चलते हैं। उनका ख़याल है कि अध्यात्मवादी और आत्मा तथा ईश्वर में विश्वास न करनेवाले भी यदि प्रेमपूर्वक यह विश्वास कर लें कि हमारा उद्देश्य एक ही है, तो वे समीप पहुँच जायेंगे। परन्तु बुद्धि और तर्क द्वारा समाधान हुए बिना, समझे बिना किसी बात

पर विश्वास कर लेना केवल अध्यात्मवादियों के लिए ही सम्भव है। विज्ञान की राह चलनेवाले इसे केवल भ्रमवाद ही कहेंगे। भाई विचित्रनारायण जी को निराश होने की ज़रूरत नहीं। हम उनसे प्रार्थना करेंगे कि सचाई को पहचानने में हमारा अपना लाभ है इसलिए वे हमें केवल विश्वास कर समीप आने की सलाह न देकर खोज की राह पर ले चलें और बतायें कि हमने उनकी किस दलील को नहीं समझा और किसका उत्तर नहीं दिया। हम क्रमश: सिलसिलेवार भाई साहब की दलीलों और प्रश्नों को लेंगे।

(२) भाई विचित्रनारायण जी का कहना है कि अध्यात्म के सम्बन्ध में यदि कभी ग़लत धारणा हो, तो कोई आश्चर्य नहीं क्योंकि विज्ञान के सम्बन्ध में भी ग़लत धारणा होती देखी गयी है। यह हमारे ख़याल में अध्यात्म के पक्ष को मज़बूत नहीं बना देता। विज्ञान कोई सदा सत्य और सदा से वर्तमान वस्तु नहीं। वह मनुष्य की उन्नति पर निर्भर करता है। उसका अपना अस्तित्व मनुष्य की बुद्धि से परे कोई नहीं। परन्तु यह बात अध्यात्म के सम्बन्ध में नहीं कही जानी चाहिए। क्योंकि अध्यात्मवादियों के विचार के अनुसार ईश्वर और आत्मा सदा से चले आये हैं और उनमें ग़लती की सम्भावना नहीं। उनका अस्तित्व मनुष्य के ज्ञान पर निर्भर नहीं रहता, बल्कि मनुष्य का ज्ञान ईश्वर और आत्मा पर निर्भर रहता है, इसलिए उनके सम्बन्ध में ग़लत धारणा हमें कहीं का न छोड़ेगी। हिन्दू-धर्म के वेदान्त का उदाहरण आपने दिया है कि उसकी प्रामाणिकता में झगड़ा नहीं। पर स्वयं आप बताते हैं कि स्वामी दयानन्द और शंकराचार्य के वेदान्त में भेद है। शंकर ब्रह्म को ही अन्तिम सत्य मानते हैं, परन्तु दयानन्द जीव, प्रकृति और ईश्वर इन तीनों को।

(३) तीसरे पैर में विचित्रनारायण जी ने इस भेद की वैज्ञानिक व्याख्या की है। उनका कहना है स्वामी दयानन्द ईश्वर को सत्, चित् और आनन्द मानते हैं, जीव को सत् और चित् मानते हैं और प्रकृति को केवल सत् । "यहाँ सत् गुण तो तीनों पदार्थों में है। प्रकृति के जीव में परिणत होने से ही उसमें चित्" गुण का इजाफ़ा हो जाता है। जड़ पदार्थ (मैटर) जब (Conscious) यानी सचेत होता है, तो उसमें (Qualitative change) यानी गुणात्मक परिवर्तन हो जाता है। मार्क्स का भी यही कहना है। हमें दोनों में कोई अन्तर नहीं मालूम होता। 'स्वामी दयानन्द की दृष्टि में जो भी है प्रकृति है'—यह शब्द विचित्रनारायण जी के हैं। हम स्वामी दयानन्द के सिद्धान्तों पर ज़ोर से कुछ कहने का दावा नहीं करेंगे, परन्तु **कोई भी आर्यसमाजी क्या यह मानने के लिए तैयार है कि स्वामी जी की दृष्टि में प्रकृति ही सब कुछ है–जीव और ईश्वर प्रकृति से भिन्न कुछ नहीं?**

विचित्रनारायण जी विज्ञान के (Dialetical materialism) या कहिये द्वन्द्वात्मक भौतिकवाद के क़ायल हैं, इसलिए उसे स्वामी जी के नाम पर मानना चाहते हैं। परन्तु स्वामी जी के सिद्धान्तों में इस बात की कहीं गन्ध नहीं। आप कहते हैं—"द्वन्द्वात्मक भौतिकवाद अत्यन्त एकतावाद पर या द्वैताद्वैतवाद पर क़ायम है।" यह बात हमारी समझ में नहीं आ सकती।

यहाँ संक्षेप में यह बताना ज़रूरी है कि (Dialetical materialism) या द्वन्द्वात्मक भौतिकवाद का मुख्य सिद्धान्त यह है कि पदार्थों के परिमाण में परिवर्तन होने से उनके गुणों में परिवर्तन हो जाता है और गुणों में परिर्वतन होने से परिमाण में परिवर्तन हो जाता है। **इसके लिए भगवान् या किसी आध्यात्मिक शक्ति की ज़रूरत नहीं।** उदाहरण के तौर पर जल में गरमी की बढ़ती होने से वह भाप बन जाता है। जड़ पदार्थों में गरमी बढ़ जाने से ही उनमें गति आ जाती है।

अब यह बताइये जो विद्वान् ईश्वर के अस्तित्व में विश्वास रखता है द्वन्द्वात्मक भौतिकवाद में कैसे विश्वास रख सकता है? मज़ा यह है कि विचित्रनारायण जी हमसे ऐसा करने को कहते हैं।

(४) इसके आगे द्वन्द्वात्मक भौतिकवाद का सिद्धान्त है कि किसी भी धारणा या वाद Thesis का प्रतिवाद विरोध Antithesis पैदा हो जाता है और उनमें संघर्ष होने से एक नया वाद या धारणा पैदा होती है, जो कि पहले वादों या धारणाओं का समन्वय होता है। समय आने पर यह समन्वयवाद बन जाता है और उसके सामने भी प्रतिवाद आ जाता है और इसके एक नया समन्वय पैदा होता है। वास्तव में इसे हम विकास कह सकते हैं, जो कि प्रकृति के भीतर से होता है और **उसके लिए आध्यात्मिक या ईश्वर की शक्ति की ज़रूरत नहीं होती।**

विचित्रनारायण जी इसी वाद-प्रतिवाद और समन्वय की राह से अध्यात्मवाद और द्वन्द्वात्मक-भौतिकवाद के संघर्ष से एक वैज्ञानिक अध्यात्मवाद पेश करना चाहते हैं। यह इरादा तो बुरा नहीं, परन्तु हमें यह भी ध्यान रखना चाहिए कि द्वन्द्वात्मक-भौतिकवाद, अध्यात्मवाद के वाद और भौतिकवाद के प्रतिवाद का समन्वय है। अब आप द्वन्द्वात्मक-भौतिकवाद को वाद मानकर और अध्यात्मवाद को फिर से प्रतिवाद मानकर नया वैज्ञानिक अध्यात्मवाद का समन्वय पेश करना चाहते हैं। हमें इसमें एक हद तक केवल नया समन्वय करने का उत्साह ही दिखायी देता है, जिसके लिए कोई नवीन विकास या खोज न मिलने पर भी पुराने चीथड़ा हो गये सिद्धान्त को, जो हमारे समाज की परिस्थितियों से पिछड़ गया है, प्रतिवाद के रूप में पेश किया जा रहा है।

(५) भाई विचित्रनारायण जी का तक़ाज़ा है कि चेतनामय जगत् को भी हम सत्य मान लें और उसकी खोज आरम्भ करें, तो नया ज्ञान और दौलत हाथ लगेगी। इसका स्पष्ट अर्थ यह होता है कि विचित्र भाई सत्-प्रकृति जगत और चेतना जगत् को अलग-अलग मानते हैं। इन दो जगतों को पृथक्-पृथक् मानना ही तो अध्यात्मवाद की बुनियादी भूल है। उसी भूल में फिर फिर फँसकर हम आगे नहीं बढ़ सकेंगे। अब तक के वैज्ञानिक वादों और विवादों का समन्वय द्वन्द्वात्मक भौतिकवाद है और इस भौतिकवाद को सही मानने का ऐलान विचित्र भाई कर रहे हैं। इस द्वन्द्वात्मक भौतिकवाद में सत्-चित् जगत् पृथक्-पृथक् नहीं है।

(६) विचित्र भाई ज़ोर लगाकर पूछते हैं कि आख़िर हमारी चेतना (Consciousness) है क्या? इसी चेतना को ही आप हमारी आत्मा बताते हैं और कहते हैं यही तो काण्ट का अध्यात्मवाद है। यह बात सही है कि चेतना को काण्ट ने आत्मा बताया है, पर इसी काण्ट द्वारा आत्मा बतायी गयी चेतना को ही वैज्ञानिक द्वन्द्वात्मक भौतिकवाद ने प्रकृति से भिन्न शक्ति न मानकर प्रकृति का गुण साबित किया है। इसीलिए द्वन्द्वात्मक भौतिकवाद को भौतिकवाद और अध्यात्म का समन्वय कहा जाता है। अब उसी अध्यात्म की सड़ी हुई लाश को दुबारा अन्धविश्वास की क़ब्र से निकालकर, द्वन्द्वात्मक भौतिकवाद के गले उसे मढ़कर नया समन्वय आप बनाना चाहते हैं और इसे आप कहते हैं, वैज्ञानिकता की राह पर आगे बढ़ना और भेद की खाईं को पाटना।

(७) जुलाई मास में विचित्रनारायण जी ने 'पोल' इत्यादि के बारे में भी कुछ विचार प्रकट किये थे। उनका ख़याल है कि शब्दों के व्यवहार के कारण हमें उनका ख़याल ग़लत मालूम हुआ, वर्ना भेद कुछ नहीं। अगर ऐसी ही बात है, तो उस बात को न दोहराकर हम यही चाहेंगे कि वैज्ञानिक विचार के लिए वैज्ञानिक शब्दों का ही उपयोग हो, तो अच्छा होगा।

(८) अब हम फिर विवाद आरम्भ होनेवाले मुख्य प्रश्न पर आते हैं। विचित्र भाई फिर कहते हैं कि अध्यात्म के आधार के बिना नैतिकता हो नहीं सकती।

आप विशेष ज़ोर लगाकर यह बात कहते हैं परन्तु इसके लिए प्रमाण? दूसरी बात आप कहते हैं, 'असामाजिक भावना को स्थान देने से हम नीचे गिरते हैं।' परन्तु यदि हम कहें कि अध्यात्म की भावना ही सबसे मुख्य असामाजिक भावना है, तो आप यह न मानेंगे। आप यहाँ गीता का हवाला देकर कहते हैं कि असामाजिक भावना से जो पतन होता है, उसी को गीता में आत्मा का हनन कहा गया है। इसके लिए भी कोई प्रमाण आपने नहीं दिया। हमारा विश्वास है कि गीता

में आत्मा शब्द का अर्थ नितान्त वैयक्तिक और असामाजिक अर्थ में किया गया है।

(९) सबसे बड़ा विरोध समाजवाद के सिद्धान्तों और अध्यात्मवाद में उस समय प्रकट हो जाता है, जब विचित्र भाई स्वार्थ-हित भावना और समाज-हित भावना को दो विरोधी बातें समझते हैं। समाजवाद के दृष्टिकोण से व्यक्ति समाज का एक अंग मात्र है और समाज के बिना उसका अस्तित्व रह नहीं सकता। इसलिए समाजवाद में समाज-हित के विरोध में व्यक्तिगत हित का प्रश्न ही नहीं उठता। वहाँ इस प्रकार के हित की बात सोचना एक अपराध है। समाजवाद का दूसरा दृष्टिकोण यह है कि मनुष्य का व्यक्तिगत विकास और उन्नति समाज के बिना नहीं हो सकती इसलिए समाज की उपेक्षा करना सम्भव नहीं। अधिक-से-अधिक व्यक्तिगत स्वतन्त्रता प्राप्त करने के लिए समाज का उतना ही उन्नतिशील होना आवश्यक है। लेकिन इस विचारधारा में अध्यात्म की भावना कहाँ सहायक और आवश्यक होती है हम नहीं समझ सकते।

विचित्र भाई ने एक बड़ी विचित्र सूझ की बात कही है और वह यह कि "यह सामाजिक भावना ही परमार्थ है।" हम समझते हैं यों अपनी इच्छा और भावना से शब्दों के अर्थ निश्चय करना भाषा के साथ अन्याय है। अब तक परमार्थ शब्द का उपयोग सदा परलोक-प्राप्ति के ही अर्थों में होता रहा है।

(१०) अन्त में विचित्र भाई फिर वही एक लाख दफ़े दोहरायी गयी बात कहते हैं—"ब्रह्म कोई ऐसी वस्तु नहीं, जिसका अनुभव न हो सके, जो हमसे दूर हो। वह तो सभी जगह है, आपके और हमारे भीतर भी। केवल तुम देख नहीं पाते।" हम नहीं देख पाते, विचित्र भाई देख पाते हैं। हम न अपने ही न देख पाने और अनुभव न कर पाने को और न विचित्रनारायण जी के अनुभव कर पाने और देख पाने को ही भगवान् और आध्यात्मिक शक्ति के होने या न होने की कसौटी मानने को तैयार नहीं हैं। हम तो इसके लिए कोई वैज्ञानिक कसौटी चाहते हैं, या फिर दलील मानने को तैयार हैं। केवल 'बाबा वाक्यम् प्रमाणम्' मान लेने को हम तैयार नहीं।

विचित्र भाई कहते हैं—"हम यह तो मानते ही हैं कि विश्व के पीछे एक ही शक्ति है।" हम विश्व के आगे-पीछे, ऊपर-नीचे किसी शक्ति को नहीं मानते। यदि विश्व से आपका अभिप्राय प्रकृति है, क्योंकि विचित्र भाई प्राय: शब्दों को अनेक अर्थों में प्रयोग कर जाते हैं, तो हम कहेंगे यह प्रकृति ही शक्ति है और शक्तिमय है।

विचित्र भाई कहते हैं—"जो हमारा ब्रह्म है उसी को मैं मैटर या भौतिक पदार्थ मान लूँ, तभी हम आगे चल सकते हैं।" यह शर्त कुछ सख़्त है। आपका ब्रह्म जाने क्या-क्या है? परन्तु प्रकृति की शक्ति को जो कुछ मैं मानता हूँ वह बता सकता हूँ—प्रकृति की शक्ति गतिमय है, उससे निरन्तर परिवर्तन होता रहता है। उसे बनना और बिगड़ना दोनों होता है, परन्तु वह शक्ति Teliological अर्थात् इच्छामय और विधानमय नहीं। यानी लीला के लिए सृष्टि रचना नहीं करती। वह शक्ति हमें कर्म-फल बाँटकर इस संसार से भिन्न किसी नरक और स्वर्ग की रचना भी नहीं करती।

अब विचित्र भाई स्वयं ही बतायें—क्या उनका ब्रह्म यही है?

विनिमय

सामयिक समस्याओं के सम्बन्ध में विप्लव कार्यालय में प्राप्त पत्र और उत्तर

देश में साम्प्रदायिकता की बीमारी के सम्बन्ध में जो विचार इस पत्र के लेखक ने प्रकट किये हैं उनसे देश के अधिक संख्यक लोग सहमत होंगे। कांग्रेस ने साम्प्रदायिक संस्थाओं से सुलह करने का जो तरीक़ा अख़्तियार किया है, उनकी समालोचना करने का यह उपयुक्त समय नहीं। परन्तु इतना कहे बिना भी हम नहीं रह सकते कि कांग्रेस ने अनेक सम्प्रदायों की जनता को कांग्रेस का सन्देश पहुँचाने का जो मास-कण्टेक्ट का प्रोग्राम शुरू किया था, उसकी ओर उचित ध्यान नहीं दिया गया। कांग्रेस को इस कार्यक्रम में पूरी सफलता न मिलने का यह भी कारण है कि कांग्रेस ने मास-कण्टेक्ट द्वारा जनता से सम्बन्ध स्थापित करने का जो वास्तविक आधार उनकी आर्थिक कठिनाइयों का था, उसे पूरे तौर पर हाथ में नहीं लिया। यदि कांग्रेस लीग के ख़्वामख़्वाह बवण्डर खड़ा करने के भय से जनता से सम्बन्ध स्थापित करने के कार्यक्रम को ढीला न कर देती, तो निश्चय ही निकट भविष्य में साम्प्रदायिकता की महामारी से हमारी जनता छूट सकती थी।

इस पत्र के लेखक के मन में साम्प्रदायिक संगठनों और ख़ासकर ख़ाकसार संगठन का भय राष्ट्रीयता के पीछे से झलक रहा है और इसका कारण है लेखक के दिमाग़ में स्वयं साम्प्रदायिक दृष्टिकोण का मौज़ूद रहना। हम यह नहीं कह सकते

कि ख़ाकसार-संगठन देश के लिए मुफ़ीद है या वह हमारी राष्ट्रीय प्रगति की राह में रोड़े नहीं अटका रहा। हमें तो आश्चर्य यह है—युक्तप्रान्त में जिस प्रकार का व्यवहार ख़ाकसारों ने दिखाया, उसके बावज़ूद भी उन्हें अंग्रेज़ों की सरकार से संरक्षण मिल रहा है। परन्तु इसका उपाय करने के लिए भाई परमानन्द, डॉ. मुंजे और श्री सावरकर की नीति के अनुसार चलकर विरोधी साम्प्रदायिक संगठन तैयार करना देश से विष को निकालना नहीं, बल्कि जहाँ विष नहीं है वहाँ भी विष फैलाना होगा।

श्री सावरकर, डॉ. मुंजे और भाई परमानन्द एक दिन राष्ट्रीयता के समर्थक और साम्प्रदायिकता के विरोधी होकर भी आज जिन्ना साहब और मुस्लिम लीग के विरोध में साम्प्रदायिक संगठन का समर्थन कर रहे हैं तो हमें कहना होगा कि उन्होंने जिन्ना और लीग की साम्प्रदायिकता के आगे हार मान ली है। वे उन्हें साम्प्रदायिकता से दूर न कर सके, बल्कि उन्होंने स्वयं साम्प्रदायिकता स्वीकार कर ली और देश की बहुत बड़ी जनता को, जो अगर साम्प्रदायिकता से दूर रहती तो कांग्रेस की सेना बन सकती थी, साम्प्रदायिक सेना बना दिया। जनता को हिन्दुस्तानी राज, जिसकी हम कल्पना कर सकते हैं और शायद जिसे यदि हिन्दू-मुसलमान एक साथ मिलकर हासिल करने की कोशिश करें तो एक दिन हासिल कर लें, की कल्पना को छोड़कर हिन्दू-राज और मुस्लिम-राज की कल्पना में फँसा दिया। जिसे न हिन्दू हासिल कर सकेंगे, न मुसलमान और लड़-लड़कर आपस में ख़त्म होंगे।

देश में सैनिक ढंग के एक राष्ट्रीय संगठन की ज़रूरत तो है परन्तु कोई भी संगठन राष्ट्रीय नहीं हो सकता यदि उसकी जड़ में साम्प्रदायिक भावना का लेशमात्र भी रहेगा और यदि वह दूसरे सम्प्रदाय से डरकर उसका मुक़ाबला करने की भावना से क़ायम किया जायेगा।

× × ×

एक पत्र है हमारे एक साथी का, जिसके शब्दों में देश के जागृत और असन्तुष्ट युवक-समाज के भाव प्रकट हो रहे हैं। हमारे युवक देश के राष्ट्रीय आन्दोलन को अपना उद्‌देश्य प्राप्त किये बिना रुक गया देखकर, जिन्हें अनुभवी समझते हैं उनकी ओर उत्सुकता से मार्ग दिखाने की प्रतीक्षा में देख रहे हैं। कहने को यद्यपि हम राजनैतिक संकट की अवस्था में हैं, संसार और हमारी विरोधी शक्तियाँ यह आशा कर रही हैं कि हम कोई बड़ा क़दम उठानेवाले हैं, परन्तु मन-बहलाने और अपने-आपको धोखा देने की बात को एक किनारे रख यदि हम अपनी अवस्था पर विचार कर देखें, तो मानना पड़ेगा कि हम अपने आन्दोलन की उस मंज़िल पर पहुँच गये

हैं जहाँ हमारे पैर पत्थर के हो गये हैं। यदि आज हम आगे बढ़ना चाहते हैं तो हमें अपने उद्देश्यों को एक बार स्पष्ट कर जनता के भावों को उसमें स्पष्ट करने की ज़रूरत है। हमारा आन्दोलन अब तक रहा है केवल शासन-सुधार प्राप्त करने के लिए और उसमें जो कुछ सफलता प्राप्त हमें हुई, वह हमारे सामने है। शासन-सुधार द्वारा केवल ऊपरी और छोटी-मोटी रियायतें हमें मिल सकती हैं, परन्तु हमारी कठिनाइयों का कारण तो है मौज़ूदा सामाजिक और आर्थिक व्यवस्था। जिस व्यवस्था के अनुसार समाज की कुछ श्रेणियाँ उत्पत्ति के सब साधनों को केवल अपने ही मुनाफ़े के लिए व्यवहार में ला रही हैं और अधिकांश जनता बेकार और साधनरहित हो जीवन के अधिकार से वंचित हो रही है। जनता के इस अंश के कष्टों को दूर करने के लिए राष्ट्रीय आन्दोलन जब तक स्पष्ट रूप से आवाज नहीं उठाता, वह जनता का आन्दोलन नहीं बन सकता और कभी सशक्त नहीं हो सकता। इसके लिए आवश्यकता है—गाँव-गाँव से राष्ट्रीय माँग के उठने की और वह माँग अस्पष्ट स्वराज्य के लिए न होकर होनी चाहिए नागरिक स्वतन्त्रता के लिए और जीविका उपार्जन करने के साधनों के लिए या कहिये रोटी के लिए और भूमि के लिए। हमें स्पष्ट शब्दों में कह देना चाहिए—ज़मीन पर उनका अधिकार हो, जो उसे अपने हाथ से जोतते हैं और पैदावार के दूसरे साधनों पर भी उन लोगों का अधिकार हो, जो अपनी मेहनत से इन साधनों को चलाते हैं। इसके सिवा कोई और कार्यक्रम हमें अपनी राह पर आगे नहीं ले जा सकता।

चाय की चुस्कियाँ

दुर्मुख

जब कोई शरीफ़ आदमी चाय के प्याले में केवल आधा चम्मच शक्कर डालकर उसे चम्मच से बहुत देर तक हिलाता रहता है तब हम समझ जाते हैं कि कोई बहुत कड़वी बात सामने आनेवाली है। ऐसे ही एक साहब बोले—''नवाब वाज़िदअली शाह मर गये तो क्या; अपनी जवाँमर्दी तो हिन्दुस्तान के नाम विरासत में छोड़ गये। मुद्दतों ग़फ़लत के नीचे दबी रहकर वह फिर जग उठी है और जब कांग्रेस लड़ाई के लिए कमर कस रही है उसका सामने न आना ताज़्जुब की बात होती है।''

फ़र्माते हैं—"नवाब वाज़िदअली शाह पहले पालिटीशियन थे, जिन्होंने हिंसा के बिना लड़ाई लड़ने की तदबीर निकाली थी और वह थी कि जब अंग्रेज़ी फ़ौज लखनऊ पर चढ़ दौड़े, तो सब दरबारी हाँथों में चूड़ियाँ पहनकर कनातों के पीछे हो जायें और चूड़ीवाले हाथ को कनात से बाहर निकाल कहें—मुए, इधर ना आइयो, इधर जनाने हैं।"

लखनऊ की इस युद्ध-नीति को जब बृज की रँगीली और श्रृंगार-रसमयी भूमि की खाद मिली, तो बड़ी ज़ोर-शोर से आज़ादी की सेना का कूच हुआ। वीर सेनापति लोग घोड़ों पर चढ़कर चले और आगे-आगे चली ग्वाल बालों और गोपियों की सेना केसरी वस्त्र पहनकर। अब कौन शक्ति है, जो इस सेना पर आक्रमण कर इसे परास्त कर सकेगी?

× × ×

कुछ ऐसे बे-आँख और बेकानवाले हैं कि कांग्रेस की इतनी बड़ी लड़ाई में भी उन्हें लड़ाई कहीं नहीं दीखती, लेकिन समझनेवाले समझते हैं कि यह लड़ाई आध्यात्मिक है, जिसे स्थूल चर्म-चक्षु नहीं देख सकते। ऐसे मौक़े के लिए ही तो एक शायर यह कहकर मर गये—

"ज़िन्दगी का साज़ भी क्या साज़ है,
बज रहा है और बेआवाज़ है।"

× × ×

हिन्दुस्तान की राजनीति में जहाँ हाथी और ऊँट जैसी बड़ी-बड़ी शक्तियाँ हैं, वहाँ कुछ खटमल भी हैं जो कभी-कभी अपनी हस्ती का पता आहिस्ता से दे देते हैं। अगर कोई बुरा न माने तो कहेंगे कि गिने-चुने कुछ क्रान्तिकारी लोग भी इसी श्रेणी में आ जाते हैं।

एक साहब रह न सके और उन्होंने कह ही दिया कि इन क्रान्तिकारियों से अधिक कृतघ्न दूसरा कोई न होगा। जिस कांग्रेस और महात्मा गाँधी ने इन्हें जेल के नरक से छुड़ाया अब यह उन्हीं पर छींटे कसने से बाज़ नहीं आते।

क्रान्तिकारियों के सींग नहीं होते और न वह एक देशी रियासत के क़ानून के मुताबिक़ सर पर कौवे का पर ही बाँधे रहते हैं, जो पहचान लिये जायें। महफ़िल में एक छिपे-रुस्तम, गोया कि क्रान्तिकारी भी, मौज़ूद थे। बोले—"ठीक है साहब, अहसान-फ़रामोशी से बढ़कर दूसरा ऐब नहीं। देखिये इस मुल्क में ऐसे-ऐसे अहसान-फ़रामोश मौज़ूद है कि अंग्रेज़ी सरकार ने रेलें तो बनायी हिन्दुस्तानियों का भला करने के लिए, मगर वे रेलों पर चढ़कर सत्याग्रह करने चले जाते हैं। अंग्रेज़ी सरकार ने तार बनायी कि सुख-दुःख की ख़बर भेजी जा सके, मगर यह उस तार

के ज़रिये सरकार को धमकी और नोटिस दे देते हैं। सरकार ने हिन्दुस्तानियों को अंग्रेज़ी पढ़ायी कि उनका कुछ भला हो सके, पर यह अंग्रेज़ी में सरकार के ख़िलाफ़ विरोध के रिज़ोल्यूशन पास कर देते हैं।''

× × ×

पेशावर में एक कहावत मशहूर है कि एक बनिया किसी पठान के हाथ पड़ गया। पठान बहुत आक़बत-पसन्द थे। उन्होंने बनिये से कहा—''तुम्हें मुसलमान होना पड़ेगा।'' बनिये ने कहा—''जाने दो ख़ाँ साहब, ग़रीब का धर्म क्यों बिगाड़ते? हो पाँच रुपया ले लो, हमें छोड़ दो।''

पठान ने कहा—''नहीं, हम रुपया नहीं लेगा। हम क़ाफ़िर को मुसलमान बनाकर बहिश्त में जायेगा।''

बनिये ने ५०, १००, ५०० यहाँ तक कि १००० रुपये तक देना चाहा, पर ख़ाँ साहब नहीं माने। वह बहिश्त कमाने पर ही डटे रहे। आख़िर मजबूर होकर बनिये ने पूछा—''मुसलमान कैसे बना जायेगा?''

ख़ाँ साहब ने फ़र्माया—''कुछ नहीं, बस क़लमा पढ़ लो।'' बनिये ने गिड़गिड़ाकर कहा—''फिर क़लमा ही पढ़ाओ।''

ख़ाँ साहब ने परेशानी से कहा—''ख़ोह![1] क़लमा तो हम भी नहीं जानता।''

सुनानेवाले साहब ने कहा—''कुछ ऐसी ही बात कांग्रेस नेताओं की है। स्वराज्य के लिए लड़ेंगे, पूर्ण स्वतन्त्रता के लिए सत्याग्रह करेंगे और साम्राज्यशाही का विरोध करेंगे, लेकिन अगर पूछा जाये कि वह स्वराज्य होगा कैसा? तो कहते हैं—यह तो हम भी नहीं जानते।''

इनकी कहानी को सुनकर दूसरे साहब को जो खाज उठी तो बोले—''आपको मालूम है हिन्दू स्त्रियाँ पति का नाम नहीं लेतीं एक शरीफ़ घर की बहू को परदेश में गये पति को पत्र लिखाने की ज़रूरत पड़ी। पड़ोस के एक लड़के से ख़त लिखाने के बाद पता लिखाना शुरू हुआ, ज़िला लिखा गया, गाँव-मुहल्ला लिखा गया, पर पति का नाम लापता।''

नाम पूछने पर बहू ने कान खुजाकर कहा—''वह जो ऊपर होता वाला है, उसका नाम लिख दो।''

पूछा—''ईश्वरदास, भगवानमल?''

—''ना, वह जो चमकता है।''

—''सूरजमल?''

———————

१. खोह : पश्तो में 'ओ हो' को खोह कहते हैं।

—"ना, वह जो रात में चमकता है।"

—"चाँदमल?"

—"ना वह छोटा-छोटा।"

—"ताराचन्द्र?"

—"हाँ अब समझे।"

"सो यही बात हमारे कांग्रेसवालों की है। सरकार से कहते हैं, अपना लड़ाई का उद्देश्य बताओ, प्रजातन्त्र की व्याख्या करो, पोलैण्ड की रक्षा का क्या मतलब? सीधा नहीं कहते कि हमें केन्द्रीय शासन में काफ़ी अधिकार दे दो।"

× × ×

एक और साहब जो बिना दूध की चाय पी रहे थे, सवाल कर बैठे,—"अच्छा तो आप यह बताइये कि कांग्रेस लड़ाई में सहयोग दे रही है या नहीं।"

तीसरे साहब को कहानी सुनाने का मौक़ा हाथ लग गया, बोले—एक बुज़ुर्ग किसी बात पर लड़के, लड़कियों और बहुओं से नाराज़ हो गये और बोले कि घर से हमें कोई मतलब नहीं। अब असहयोग कर हम वन-पहाड़ में जाकर तपस्या करेंगे। लोगों ने हर चन्द समझाया कि खाट में नया बान लगा दिया जायेगा और दाल-चपाती में घी भी दिया जायेगा, पर उन्होंने एक न मानी और गाँव के बाहर खेतों में जा बैठे। बेटे-नाती-पोते ने कई दफ़े बुलाया पर न आये। आख़िर शाम हुई, ओस का वक़्त आया और पेट में चूहे कूदने लगे। उस समय इन्तज़ार थी कि फिर कोई बुलावा आये। पर घर के लोगों को कुछ तो याद न रही और फिर फ़ुरसत किसे थी? उसी समय मेमने की माँ जंगल से चरकर बाबा जी के सामने से मिमियाती हुई लौट रही थी।

उठकर बाबा जी ने मेमने की माँ का कान पकड़ लिया और साथ खींचते हुए घर की तरफ़ चले आ रहे थे, मगर कहते जाते थे—"न मेमने की माँ, मैं घर न चलूँगा, न मेमने की माँ, मुझे घर से कोई मतलब नहीं, न मेमने की माँ, मुझे भूख नहीं है, न मेमने की माँ, मैं उधर अब न जाऊँगा।"

लोगों ने भी चेम्बरलेन साहब को पूछ-पूछकर तंग कर दिया कि तुम्हारा लड़ाई लड़ने का क्या मतलब? उन्होंने सौ जवाब दिये और उन सौ जवाबों की हज़ार नुक्ताचीनियाँ की गयीं।

"लड़ाई किसलिए?" इसका सीधा जवाब दिया है आर्चीबुल साहब ने—"लड़ाई का उद्देश्य है कि हमें जीतना है।" लीजिये अब कीजिये नुक़्ताचीनी।

× × ×

'गार्ड आफ़ आनर!' अब तक तो पलटनों में या बड़े-बड़े सरकारी अफ़सरों के स्वागत में ही उनके सर पर तलवारों की छाया कर उन्हें 'गार्ड आफ़ आनर' यानी 'इज़्ज़त का साया' दिया जाता था, परन्तु अब कांग्रेस की भी सेना तैयार हो गयी है और कांग्रेस के सेनापतियों को भी 'गार्ड आफ़ आनर' दिया जाने लगा। कांग्रेस में अहिंसा का राज है और तलवार यहाँ असगुन समझा जाता, इसलिए 'गार्ड आफ़ आनर' दिया जाता है—लाठियों से। पर हमारे ख़याल में हिंसा लाठी में भी है। तलवार की हिंसा गलाकाट हिंसा है, लाठी की हिंसा है सरफोड़ हिंसा। फ़र्क़ केवल है ढंग का।

इसलिए अच्छा हो, यदि कांग्रेस के नेताओं को 'गार्ड आफ़ आनर' देने के लिए कांग्रेस के सिपाही फूल हाथों में लेकर खड़े हो जाया करें, पर फूल तोड़ना भी हिंसा है। इससे बेहतर यही है कि नेता के मार्ग के दोनों ओर सिपाही लोग आँखें बन्द कर, ज़ुबान बाहर निकाल और हाथ पीठ पीछे कर खड़े हो जाया करें।

× × ×

बहुत सोच-सोचकर रूसी भालू का शिकार करने के लिए पोलैण्ड की पड़िया बाँधी गयी थी, पर यार लोग मचान पर अँगड़ाइयाँ ही लेते रहे कि पोलैण्ड की पड़िया समाप्त भी हो गयी और बाद में देखा गया कि फैलाये जाल में फँसकर टाँगें मार रहे हैं—हिटलर दादा।

अब की फिर सरअंजाम हुआ है शिकार का और फिनलैण्ड की बकरी बाँधी जा रही है। देखें गोली कन्धे पर बैठती है या नहीं।

◈

समालोचना

प्रकाशकों और पाठकों के अनुरोध से भविष्य में हम पुस्तकों की समाचोलना अपेक्षाकृत विस्तार से करेंगे। हम लेखकों और प्रकाशकों से यह निवेदन कर देना चाहते हैं समालोचना को विज्ञापन की दृष्टि से न देखें—सं.।

लाल तारा (कहानी-संग्रह) : लेखक श्री रामवृक्ष बेनीपुरी; प्रकाशक—प्रगतिशील पुस्तकालय, बाँकी पुर, पटना।

'लाल तारा' बेनीपुरी जी की अठारह छोटी-बड़ी कहानियों का सग्रह है। यह कहानियाँ सौन्दर्य और कला की रचना करने की उमंग को पूर्ण करने के लिए लिखी

गयी नहीं जान पड़तीं। कल्पना-लोक में आत्म-विस्मृत हो अलभ्य सुख प्राप्त करना भी इन कहानियों का उद्‌देश्य नहीं। सच पूछिये तो यह कहानियाँ हैं—मनुष्य समाज की जलती हुई चिता से कोयले चुन-चुनकर कंकाल हाथों से समय की दीवार पर लिखी गयी दुत्कार।

इन कहानियों के पीछे से एक रूखी, लाल आँखोंवाला कंकालमय जन-समूह खाऊँ-खाऊँ के चीत्कार से हम पर झपटता दिखायी देता है। बेनीपुरी अपने राजनैतिक क्षेत्र में जो कुछ हैं वह उनकी साहित्यिकता की मनोरम नीहार के कुहासे में छिप नहीं सका। वह अपनी कलम के चातुर्य से आपको गुदगुदाने की कोशिश ज़रूर करते हैं, परन्तु सामाजिक व्यवस्था के प्रति उसका असन्तोष उसके हाथों को रोक नहीं पाता और वह अभिमानी समाज के मुख पर एक चाँटा मार बैठता है। विद्रोह, दाँत पीसकर, मौज़ूदा व्यवस्था के प्रति विद्रोह—यह है बेनीपुरी की कहानियों का परिचय । उसे कमनीय रमणी के लावण्य के पीछे शोषण का दम्भ और भिखारिन की अशिष्टता की तह में क्षुधा हर समय दिखायी पड़ती है। बेनीपुरी समाज के उस अंग की ज़ुबान होकर बोल रहे हैं, जो केवल जनसंख्या के नाते ही मनुष्य हैं। यह सब होते हुए भी साहित्यिकता पुस्तक की एक-एक लाइन में अपनी प्रतिष्ठा को क़ायम रखे है।

पुस्तक की छपाई साफ़ और काग़ज भी बढ़िया है। मूल्य : बारह आना।

जीवट की कहानियाँ : लेखक श्याम नारायण कपूर, बी.एस-सी., प्रकाशक—**हिन्दी ग्रन्थ रत्नाकर कार्यालय, बम्बई।**

'कहानी' शब्द से साहित्य में साधारणत: जो अर्थ समझा जाता है वह अर्थ इन कहानियों के लिए लागू नहीं होता। कहानी में कल्पना का ही अंश प्रधान रहता है, परन्तु इस पुस्तक में दिये गये वृत्तान्तों में इतिहास की प्रामाणिकता है, उनमें कहानी की रोचकता भी है इस बात से अलबत्ता हम इनकार नहीं कर सकते।

इस पुस्तक को अनेक दृष्टिकोण से देखा जा सकता है। एक दृष्टिकोण इसका हो सकता है वैज्ञानिक। हिमालय की दुर्गम चोटियों, दक्षिण ध्रुव, ज्वालामुखी पर्वत के गर्भ और जनहीन दुर्गम जंगलों के वृत्तान्तों का वैज्ञानिक महत्त्व कितना है, यह हम लोग अपने साधारण जीवन में नहीं जान सकते। परन्तु हमारी सभ्यता की सड़क इस ज्ञान के बिना नहीं बन सकती। हमारा एक नागरिक का साधारण ज्ञान इन बातों

को जाने बिना अपूर्ण रहता है और दुर्भाग्यवश यह मानना पड़ेगा कि हमारे अधिकांश नागरिक इस ज्ञान से रहित हैं।

दूसरा पहलू पुस्तक का है—वीर पूजा। 'वीरता' शब्द में जहाँ साहस का समावेश है वहाँ साथ ही उसमें नरसंहार का भाव भी जुड़ा है। साधारणत: हम उन्हीं को वीर मानते आये हैं, जो दोनों हाथों में तलवार पकड़कर ख़ून की नदियों में तैर जाते हैं। परन्तु प्रकृति के साथ लड़ने में वीरता का कितना ऊँचा आदर्श, त्याग का कितना बड़ा उदाहरण, जनता के हित के लिए न्योछावर हो जाने की कामना पेश की जा सकती है, यह हमारे ध्यान में नहीं आता। प्रस्तुत पुस्तक इस प्रकार के उदाहरण जीवन की वास्तविकता से लाकर हमारे सामने रखती है। इन वृत्तान्तों का संकलन कर कपूर जी ने वास्तव में हिन्दी-साहित्य की एक बहुत बड़ी सेवा की है। इस पुस्तक का प्रत्येक नवयुवक की दृष्टि से गुज़रना आवश्यक है। हम निस्संकोच कह सकते हैं—गीता की अपेक्षा यह पुस्तक नवयुवकों और युवतियों के लिए कहीं अधिक उपयोगी है।

हुंकार (कविता) लेखक : 'दिनकर', प्रकाशक—**प्रगतिशील पुस्तकालय, बाँकीपुर, पटना।**

कविताओं के संग्रह का नाम 'हुंकार'! एक अति मनोरम और कोमल भावना लिए और दूसरा भयंकर भीषणता लिये; इन दोनों शब्दों का गठबन्धन किया है 'दिनकर' ने अपने कविता-संग्रह 'हुंकार' में। एक विरोधाभास (Parodax) सा जान पड़ता है, परन्तु पुस्तक की पहली कविता—'असमय आह्वान' पढ़ना शुरू कीजिये। गुनगुनाकर पढ़िये—"समय-असमय का तनिक़ न ध्यान, मोहिनी, यह कैसा आह्वान?" पहले छह छन्द पढ़ते-पढ़ते आपके हाथ की मुट्ठी बँध जायेगी, हृदय की गति बढ़ जायेगी और सचमुच आप गरजने लगेंगे, परन्तु यह इससे मारू बाजे की ध्वनि की तरह आप विवेकशून्य हो जूझ पड़ने के लिए अपनापन नहीं खो बैठेंगे। कवि आत्मविश्लेषण में उतर पड़ता है और यहाँ वास्तविकता के जगत् में उसका काव्य आपको आत्म-चिन्तन में तैरता छोड़ चुपके से खिसक जाता है।

'दिनकर' की कविता 'नयी दिल्ली' आज हमें ग्रामोफ़ोन के रिकार्डों पर सुनने को नहीं मिलती। यह इस बात का प्रमाण है कि अभी हिन्दी कविता की क़द्र पूर्ण रूप से नहीं हो पायी। हम दावे से कहते हैं—वह इतिहास की चीज़ है। उसकी चार लाइनें यहाँ उद्धृत करने के प्रलोभन को हम संवरण नहीं कर सकते—

वैभव की दीवानी दिल्ली!
कृषक-मेघ की रानी दिल्ली!
अनाचार, अपमान, व्यंग्य की!
चुभती हुई कहानी दिल्ली!

इस कविता की समालोचना क्या की जाये? इस पर न मुलम्मा चढ़ सकता है और न इसका विश्लेषण ही किया जा सकता है।

इन इक्कीस कविताओं में से किसका वर्णन किया जाये और किसे छोड़ा जाये।

अरुण ध्वजा धर तरुण सकल!
कॉमरेड! कॉमरेड! चल-चल-चल!

यह है 'दिनकर' की जय-यात्रा। इन पृष्ठों में 'दिनकर' की कविता की समालोचना करना उनकी उपेक्षा करना होगा। हम कविता के किसी पारखी से प्रार्थना करेंगे कि 'दिनकर' की एक-एक कविता को लेकर उनकी विशद टीका 'विप्लव' के पाठकों के लिए करें। —य.पा.

महाभारत तथा भगवद्गीता (उर्दू) काव्य : ले.श्री राम 'संभली' प्रकाशक- साहित्य निकेतन, कानपुर।

हमारा ख़याल था कि उर्दू में पुरानी शैली की कविता का जनाज़ा निकल चुका है, परन्तु अभी तक ऐसे कवि लोग मौज़ूद हैं, जो पुरानेपन से बुरी तरह चिपटे हुए हैं। इस पुरानेपन की झलक हमने उपर्युक्त में देखी। अगर एक पुराने खिलाड़ी अपनी पुरानी बोली बोलने से ही सन्तुष्ट होते हैं, तो रंज किस बात का?

लेखक ने महाभारत को उर्दू में काव्य का रूप दिया है, बोली ओर लिखने के ढंग का पुरानापन इस पुस्तक की विशेषता है। रानी के सौन्दर्य की प्रशंसा करते हुए आप कहते हैं-

हमराह इसके मादरी थी गैरत-कमर।
काकुम सिफ़त शिकम तो था लेकिन न थी कमर।।

इस शेर को पढ़कर हमें राम साहिब में किसी पुराने हमजुल्फ का शेर याद आ गया-

सनम सुनने हैं तेरी भी कमर है।
कहाँ है, किस तरफ़ को है, किधर है।।

आगे आप फ़रमाते हैं-

ख़ूबी में रश्क-माह नज़ाकत में यासमन।
मुश्क-ख़ुतन तो जुल्फ थी गुँहच सिफल दहन।।

'गुचां सिफत दहन'

गुलफ़ाम ओ गुल अज़ार ओ गुल अन्दाम ओ गुलबदन।
आब-बक़ा से था भरा गोया चहे ज़क़न।।
दन्दाँ थे या कि सिल्क-दुर-आबदार थी।
सुर्ख़ी लबों की ख़ुशनुमा याकूतदार थी।।

सौन्दर्य का नक़्शा खींचने का यह तरीक़ा बहुत पुराना है। मौज़ूदा ज़माने की शायरी में यह पुरानी बातें ऐसी मालूम होती हैं, जैसे बिजली के लैम्पों से प्रकाशित बाज़ार में एक पुरानी, मैल की खाई हुई, धुआँ उगलती हुई लालटेन।

इन शेरों को सुनकर शायद 'सौदा' और 'दर्द' महफ़िल में फड़क उठते और वाह-वाह के नारों से आसमान गूँज उठता, परन्तु बीसवीं सदी में सौन्दर्य चिन्तन के लिए वही तरीक़ा अच्छा है।

यह कौन उठा है शर्माता—

केवल शृंगार रस में ही नहीं, बल्कि युद्ध के बारे में कही गयी कबिता को पढ़ कर भी 'नज़ामी' और 'फ़िर्दौसी' की याद ताज़ा हो जाती है। युद्ध का ज़िक्र करते हुए आप लिखते हैं—

होकर बरहना वीर की तेग़े दो दम चली।
अर्जुन जरी के छूके अदब से क़दम चली।।
करती हुई ग़नीमों के सर को क़लम चली।
फ़ौज ग़नीम ज़ानिब मुल्क अदम चली।।
बेख़ौफ़ चल रही थी पैंरुकती कहीं न थी।
मैदाँ में थी बरहना मगर शर्ममीं न थी।।

पाँच हज़ार साल से अधिक पुराने क़िस्से को यदि कोई कवि इस तरह फिर ज़िन्दा करना चाहें तो हमें उनके विरुद्ध बहुत-कुछ कहने की गुस्ताख़ी न करनी चाहिए यह जुदा बात है कि उनके लिखने के ढंग से हम सौ फ़ीसदी सहमत न हों।

आपका पक्ष ही पुराने ढंग का हो सो बात नहीं, बल्कि आपके गद्य में भी पुरानापन वैसे ही ठाठें मार रहा है। गद्य के नाते आपकी किताब में केवल एक ही नमूना काफ़ी है "जाना द्रुपद के फ़र्ज़न्द का बग़रज़ दर्याफ़्त करने हालात पाण्डुओं के" इसे पढ़कर हमें "रफ़्तने राँझा बसूये हीर" राँझा का हीर के घर जाना—वाली बात याद आ गयी।

हम अपने पाठकों से अनुरोध करेंगे कि यदि १९३९ में वह पुरानी गुलक़न्द का स्वाद चखना चाहें, तो इस किताब को ज़रूर पढ़ें।

◈

विनिमय

विप्लव कार्यालय में प्राप्त पत्र और उनके उत्तर

सम्पादक विप्लव, मण्डी, आदमपुर

१४-१२-३९

मैं हिसार, हाँसी, भीवानी और सिरसा आदि स्थानों में गया। ...ऐसा भयंकर दुर्भिक्ष मैने कभी आँख से नहीं देखा। कहीं-कहीं तो ४-६ साल से पानी नहीं बरसा। सड़कों पर लोग ठण्ड के मारे मर रहे हैं। देहात में सैकड़ों अन्न बिना मर गये हैं और मर रहे हैं। यहाँ के कांग्रेस प्रेसीडेण्ड आदि से मिला हूँ। पार साल तो इन लोगों ने पचास-साठ हज़ार रूपये माँगकर जनता की सेवा की थी। इनकी सेवा के कारण पंजाब गवर्नमेण्ट ने भी पिछले साल डेढ़ करोड़ रुपये यहाँ ख़र्च किया था परन्तु इस साल कांग्रेस के लोग जानवरों के लिए या मनुष्यों के लिए जो कुछ कर रहे हैं, वह नहीं के बराबर है। अछूतोद्धार और हिन्दू-मुस्लिम एकता या वालण्टियरों की भरती यहाँ बिल्कुल नहीं होती। मुझे तो इस प्रान्त की हालत देख कर ऐसा मालूम होता है कि देश के लिए इस समय लेनिन जैसे नेता की ज़रूरत है और आप जैसे महान पुरुषों से ही लेनिन की पदवी ग्रहण कर सकते हैं।

आप जो उचित समझें सो करें, मैं तो तारीख २०-१२-३९ से जिला कांग्रेस कमेटी हिसार सूबा कांग्रेस कमेटी पंजाब, महात्मा गाँधी और ऑल इण्डिया के बड़े-बडे नेताओं की कृपा दृष्टि के लिए अनशन करूँगा। यदि इनकी कृपा हुई तो आप लोगों से फिर मिल सकूँगा या इन ग़रीब किसानों के बीच जो भूखों मर रहे हैं अपना जीवन समाप्त कर दूँगा। वहाँ के कुछ नौजवानों ने काम करने का विश्वास तो दिलाया है। कुछ काम शुरू भी कर दिया है, परन्तु अभी हमें सन्तोष नहीं। जब चीन के लिए और पोलैण्ड के लिए बड़े-बड़े लीडर सहायता के लिये अपीले करते हैं व वक्तव्य देते हैं तो क्या वजह है कि देश के करोड़ों मनुष्य भूख और शीत से मर रहे हो और यहाँ कुछ भी न किया जाय। यहाँ आज भी बड़े आदमी हज़ारों रुपये शादी-ब्याह में फ़िज़ूल ख़र्च करते हैं और झूठी पत्तले ग़रीबों को देकर अपने को दानवीर समझते है...।

× × ×

ऊपर का पत्र एक कार्यकर्त्ता का है जो शहर के वाह-वाह और चुनाव के झगड़ों से दुर्भिक्ष-पीड़ित किसानों की अवस्था से अधीर होकर लिखा गया है।

उनका काम सराहनीय और अनुकरण के लायक़ है। इस समय देश की सरकार तो जितना भी रुपया उसके बस में है यूरोप में प्रजातन्त्र की रक्षा के लिए ख़र्च कर रही है। इस देश के भूखे मरते किसानों की अपेक्षा उसके लिये प्रजातंत्र के नाम पर अपने साम्राज्य की रक्षा करना अधिक ज़रूरी है। देश के नेताओं का इस समय प्रस्ताव पास करने और लीग-कांग्रेस के दाँव-पेच और कान्स्टीटयूएण्ट असेम्बली की परिभाषाओं से फुर्सत नहीं। उस संकटमय परिस्थिति का सामना करना उन्हीं नौजवानों का काम है जो कि उसे देख रहे हैं और इसके लिए उपाय भी वही ठीक है जिसे कि उन्होंने चुना है। अनशन कर देश का ध्यान उधर खींचने से विशेष लाभ न होगा। यदि वे अनशन करेंगे भी तो कांग्रेस के बड़े-बड़े नेता उसे पसन्द नहीं करेंगे। एक नहीं अनेक मौक़ों पर जब महात्मा जी के अतिरिक्त दूसरे आदमियों ने अनशन का तरीक़ा अख़्तियार किया तो इस अनुशासन तोड़ना, असन्तोष फैलाना, परिस्थिति बिगाड़ना और हिंसा का नाम देकर बदनाम किया गया। अनशन का शस्त्र केवल महात्मा जी के लिए रिज़र्व है दूसरों को इसे छूना नहीं चाहिए। स्त्र

उनके लिए तो वही उपाय है जिसे उन्होंने शुरू किया है अर्थात् अपने उदाहरण से युवकों को दुर्भिक्ष पीड़ितों की सहायता के लिए उत्साहित करना। कुछ महीने पहले वाइसराय साहब ने दुर्भिक्ष पीड़ित इलाके का दौरा दुर्भिक्ष पीड़ितों की सहायता के लिये किया था। इससे उस ओर देश का ध्यान ज़रूर खिंचा था। वाइसराय साहब के दौरे से उन ग़रीबों की जितनी सहायता हुई उससे अधिक सहायता उनकी हो जाती यदि वाइसराय साहब के दौरे पर ख़र्च होनेवाले रुपये की क़ीमत का अन्न इन लोगों में बाँट दिया जाता।

× × ×

शहादत के लिए बेताव एक साथी का पत्र

"...पहले मेरा परिचय! बी.ए. प्रथम वर्ष के बाद पेट की ज्वाला को शान्त करने के लिए एक वर्ष पूर्व अपनी आत्मा को ४० रुपये मासिक पर बेच देनेवाला एक जघन्य ग़ुलाम। पेट की ज्वाला तो कम है किन्तु हृदय की ज्वाला जलाये डाल रही है—कुछ करने के लिए। मेरे श्रद्धेय कॉमरेड—तुम मेरे उपास्य हो और हो मेरे आदर्श मुझसे प्रचार नहीं हो सकेगा—मैं अपनी कमज़ोरी से विवश हूँ—पथ प्रदर्शन करो, मेरे नेता—मैं हँसते-हँसते मर सकता हूँ—उचित-अनुचित के तर्क से मेरी आग नहीं ठण्डी होगी। क्या सामीप्य लक्ष्य नहीं? काश! ऐसा सम्भव हो पाता? यदि हुक्म हो तो अपनी स्थिति का त्याग करके जिस किसी समय आ सकता हूँ...।"

"कहना पड़ेगा कि आपने अपने सामने आदर्श बहुत ऊँचा नहीं रखा। व्यक्ति को आदर्श बनाना मानसिक ग़ुलामी का चिन्ह है। आदर्श तो होना चाहिए— सिद्धान्तों की पूर्ति। परिस्थितियों के बदलने पर यदि आप साधनों को नहीं बदल सकते तो इसका मतलब है कि आप मार्ग पहचानकर उस पर चलने की बजाय सामने मौज़ूद गड्ढे में ही गिरना चाहते हैं।"

'उचित-अनुचित का विचार आप करना नहीं चाहते' प्रचार आपसे हो नहीं सकता। आप चाहते हैं केवल बलिदान हो जाना। बलिदान हो जाने का अरमान प्रशंसा के योग्य है परन्तु बलिदान का फल क्या होगा यह बलिदान हमें किस उद्देश्य को पूरा करने के लिए और किस राह से करते हैं इस बात पर बहुत हद तक निर्भर करता है। बलिदान केवल बलिदान की उमंग को पूरा करने के लिए ही यदि किया जाय तो उसे निष्प्रयोजन मानना होगा और वह आत्महत्या के अतिरिक्त और कुछ न होगा।

इसमें सन्देह नहीं कि आवेश में आकर प्राण निछावर करने की अपेक्षा, क्षण-क्षण शक्तिशालियों का तिरस्कार और साथियों की अपेक्षा सहकर, सामने परिश्रम का कुछ फल निकलता भी न देखकर काम करते चले जाना कहीं कठिन है परन्तु हमारा उद्देश्य तो इसी से पूरा होगा। एकदम से रुई और बत्ती फूँककर अँधेरा कर लेने की अपेक्षा दीपक की टिमटिमाती लौ को क़ायम रखना कहीं अच्छा है।"

सिंहावलोकन

आपबीती

लाहौर (मुहल्ला क़िल गुजरसिंह) की बम-फैक्टरी में जो बम हम तैयार करने की कोशिश कर रहे थे, उनमें से एक बम मि. स्काट के नाम रिज़र्व था। मि. स्काट के प्रति हमारे विशेष अनुराग का कारण यह था कि उनके हुक्म से ही मि. साण्डर्स ने लाला लाजपत राय पर लाठी से आक्रमण किया था। मि. स्काट पर आक्रमण करने का विचार गोल बाग़ में था, जो कि लाहौर में बिल्कुल केन्द्रीय स्थान पर है और जिसके बीचोंबीच से होकर मि. स्काट रोज़ अपने दफ़्तर आते-जाते थे। पर इसी बीच में स्काट साहब लाहौर से चले गये। एक रोज़ तीसरे पहर बम-फैक्टरी की खिड़की से झाँककर गली में देखने पर एक आदमी से आँखें चार

हुईं। सुखदेव से उसका ज़िक्र मैंने किया, परन्तु उसने समझा कि मेरा ख़याल ग़लत है। पुलिस के उस मकान पर शक हो जाने की कोई वजह नहीं हो सकती थी लेकिन मेरा विश्वास था और वह विश्वास प्रमाणित भी हो गया कि वह आदमी पुलिस का ही था। पंजाब पुलिस के आदमी अपने आपको बहुत चतुर समझते हैं, परन्तु जब वह खुफिया तौर पर आपका पीछा करें, तो उन्हें पहचानने में भूल की गुंजाइश बहुत कम रहती है। पहली मोटी पहचान तो है उनकी जूती। दूसरी ज़रा बारीक़ पहचान है उनके चेहरे की उद्दण्डता और रूखापन। इस आदमी में यह दोनों ही पहचाने मौज़ूद थीं।

१५ अप्रैल की रात को साढ़े ग्यारह या बारह बजे सुखदेव मुझे भगवती भाई के मकान पर मिला। वह बम फ़ैक्टरी को लौट रहा था। उसके साथ ही मैं भी आना चाहता था, परन्तु उसने मुझे मना कर कहा—"नहीं आज तुम वहाँ मत चलो। वहाँ कुछ आदमी बाहर से आये हुए हैं; तुम्हारा उनसे मिलना ठीक नहीं? उसका कहा मानकर मैं लौट आया और घर आकर सोया।"

सुबह उठकर मैंने बहिन प्रेमवती (यह हमारे पार्टी के काम में सहयोग देती थीं) से कहा कि रात मैंने स्वप्न देखा है कि सुखदेव जेल के सींखचों के भीतर बन्द है और मैं बाहर खड़ा हूँ। सुखदेव मुझे तुरन्त भाग जाने के लिए कह रहा है। यह सुनकर मुझे आश्चर्य हुआ कि बहिन ने भी ऐसा ही एक स्वप्न देखा है और यह आश्चर्य तब और भी बढ़ गया, जब माता जी ने भी अपने स्वप्न में मुझे घर के बाहर खड़े होकर यह कहते सुना कि मैं अब जाता हूँ, घर में लौटना मेरे लिए सम्भव नहीं।

घर से बाइसिकिल पर तंग गलियों को पार करता हुआ मैं ग्वाल-मण्डी में भगवती भाई के घर पहुँचा। वहाँ देखा कि दुर्गा भाभी और सुशीला दीदी तथा उनकी छोटी बहिन बाहर के कमरे में बैठी हैं और पुलिस के दो-चार सिपाही वहाँ मौज़ूद हैं। शेष कमरों में ताले लगे हैं। बच्चा बीमार था उसे दवाई देनी थी। लेकिन ताले लगाकर बैठ जानेवाले सब-इन्स्पेक्टर साहब ताला खोलकर किसी को भीतर जाने नहीं देते थे। भगवती भाई के यहाँ तलाशी तो इससे पहले अनेक बेर हो चुकी थी, यह कोई नयी बात न थी। सब-इन्स्पेक्टर साहब से जब बच्चे की सेहत के नाम पर दरवाज़ा खोलने को कहा गया तो उन्होंने बताया कि ख़ाँ बहादुर अब्दुल अज़ीज़ साहब किसी दूसरी जगह तलाशी लेने गये हैं। जब वह आयेंगे तभी दरवाज़ा खुलेगा। भाभी और दीदी से पूछने पर पता लगा कि मकान में आपत्तिजनक वस्तु विशेष कुछ नहीं है, एक पिस्तौल का फलालेन का खोल मात्र ही है।

शायद पिछले किसी अंक में भी मैं इस बात का ज़िक्र कर चुका हूँ कि वहाँ से सीधा मैं बम-फ़ैक्टरी पहुँचा। बम-फ़ैक्टरी मुख्य सड़क से एक छोटी सड़क पर उतरकर अन्दर गली में थी। मुख्य सड़क से इस छोटी सड़क पर आने के बाद गली में बाइसिकिल घुमाने को ही था कि एक बड़ी संख्या पुलिस की दिखायी दी। आँखें नीची कर सीधा निकल चला पर मन में शंका हुई—शायद पीछे कोई आ रहा है। इसलिए अनेक सूनी गलियाँ पार कर फिर भगवती भाई के मकान पर पहुँचा और उन लोगों को बम-फ़ैक्टरी पर पुलिस के पहुँच जाने की ख़बर दी। भाभी और दीदी ने मुझे तुरन्त ही भागकर अपने-आपको बचाने की सलाह दी। यह जान लेना कुछ कठिन न था कि भगवती भाई के मकान की तलाशी क्यों ली जा रही है। वजह यह थी कि बम-फ़ैक्टरी और यह मकान दोनों ही भगवती भाई के नाम थे। इस विषय में भगवतीचरण अंक (मई १९३९) में लिखा जा चुका है, इसलिए उसका दोहराना ठीक नहीं।

लौटकर घर आया और माँ और बहिन को यह समझाया कि मैं दरअसल ही घर छोड़कर जा रहा हूँ और यही मेरे लिये बचाव का उपाय है। माँ और बहिन ने एक सौ रुपये मुझे दिया और मैं घर से चल निकला। जन्म-स्थान पहाड़ में होने के कारण पहले उधर ही गया। नातजबेकार आदमियों का आम तौर पर यह ख़्याल होना है कि दुर्गम पहाड़ों में फ़रारों को छिपने के लिए सुविधा होती है, परन्तु पहाड़ पहुँचते ही मेरा यह भ्रम दूर हो गया। पहाड़ों में आबादी कम होती है। मीलों तक गाँवों में सभी आदमी एक-दूसरे को पहचानते हैं और किसी भी नये आदमी का पता मीलों दूर तक मिनटों में लगाया जा सकता है। शहर की भीड़ में दो मिनट पहले गुज़रे आदमी की बाबत भी आप किसी दुकानदार से पूछकर कुछ नहीं जान सकते, परन्तु पहाड़ों पर चार दिन पहले किसी राह से गये मुसाफ़िर का पता भी पूछा जा सकता है।

अपने पहाड़ से मैं लौट आया परन्तु परिचय उस समय अधिक नहीं था और अनुभव भी कुछ नहीं इसलिए जम्मू चला गया। जम्मू में एक सज्जन के यहाँ रहने का प्रबन्ध कर लिया। शुरू में दिन के समय कहीं न निकलता, केवल रात के अँधेरे में ही बाहर निकलकर दूसरे नाम से लोगों से परिचय प्राप्त करने की कोशिश आरम्भ की। सप्ताह भर के भीतर तीन-चार साथी बनाये और उनसे देश की ग़ुलामी का चर्चा किया। उन्हें तुरन्त ही देश के काम के लिए तैयार हो जाते देख उत्साह बढ़ा और मन-ही-मन कल्पना में आयोजना बनानी आरम्भ की। देश का काम करनेवालों की कमी मुझे कहीं भी दिखायी नहीं दी। कमी दिखायी दी, केवल राजनैतिक चेतना की और इस प्रकार का काम आरम्भ करनेवालों की।

लाहौर की बम-फ़ैक्टरी में बम बनाने का जो कुछ रूप मैंने देखा था उससे मुझे बड़ी निराशा हुई थी। इसलिए मैंने अपने ढंग से नयी खोज कर एक बम बनाने की तदबीर निकाली। इस तदबीर में सबसे बड़ी बात ध्यान में यह रखी कि लोहे के गोले ढलवाने के लिए किसी का आसरा न लेना पड़े और न बाजार से तेजाब और दूसरे विस्फोक पदार्थ ही खरीदने पड़ें। उस तदबीर को मैं यहाँ लिखे देता हूँ, इसलिए नहीं कि लोग उससे लाभ उठाकर आतंकवाद को फिर से आरम्भ कर सकें, बल्कि इसलिए कि इस प्रकार की स्कीमों की व्यर्थता जनता के सामने स्पष्ट हो जायँ। बम का नाम इतना भयंकर है, परन्तु उसमें है क्या? साइन्स की दृष्टि से उसकी व्याख्या यह है कि भड़क उठनेवाले पदार्थों को लोहे के एक खोल में बन्द कर दिया जाये। बीच के भड़कनेवाले पदार्थों के आग पाकर जल उठने से गैस इतने भयंकर परिमाण में पैदा होती है कि लोहे का खील-टुकड़े होकर बड़े ज़ोर से चारों ओर दूर-दूर जा गिरता है और जिस किसी को वह टुकड़े लगते हैं उसे घायल कर देते हैं। इसी सिद्धान्त को लेकर मैंने यह तदबीर की कि एक-एक मील चीज़ लोहे या किसी भी सख़्त चीज़ की तैयार की जाये, जिसमें शरीफ़े की तरह कारतूस जड़ दिये जायँ। इस चीज़ को फेंकने से बीच में आग पैदा होने पर सब कारतूस सभी दिशाओं में एक साथ चलें और बम का काम पूरा हो जाये। यह चीज़ मैंने दूसरे लाहौर-केस के अभियुक्त भागराम के साथ मिलकर तैयार की थी। इसे तैयार करने में सबसे अधिक ख़याल इस बात का रखा गया था कि कोई भी ऐसी चीज़ बाज़ार से न ख़रीदी जाये, जिससे किसी क़िस्म का शक़ हो। यहाँ तक कि कारतूस भी ख़ुद ही तैयार किये गये। इन कारतूसों को देखकर कोई भी भला आदमी हँस-हँसकर पागल हो जाता।

पीतल की एक आधा इंच व्यास की नली के एक-एक इंच के टुकड़े काट-कर महीन सुराख़ छोड़ उन्हें एक ओर से बन्द कर दिया गया। इस सुराख़ में पलीता दे दिया गया और बीच में बारूद भरकर मुँह पर सीसे की गोली सटा दी गयी। चारों ओर लगे कारतूसों के पलीते बम के गर्भ में इकट्ठे रखे गये जहाँ आग पहुँचाने के लिए 'फल्मीनेट आफ़ मर्करी' लगा दिया गया। बड़े यत्न से इस चीज़ को तैयार कर एक पहाड़ी पर हम लोग गये और इसे जाँचा। कारतूस चले तो ज़रूर, पर कोई आगे कोई पीछे और उनकी चोट दो-ढाई गज़ से अधिक न थी। समझ लिया कि यह झंझट बेकार है। इस कोशिश में नाकामयाबी रहने के बावज़ूद भी ध्यान बम की ओर ही था। इधर एक तो हाथ में रुपया नहीं रह गया और कोशिश करने पर भी कोई पिस्तौल या रिवाल्वर वहाँ न मिल सका। मैं उस समय, तक बिल्कुल बेहथियार था।

सोच-सोचकर वह निश्चय किया कि दल के पुराने सहायकों का पता लगाकर उनके ज़रिये कुछ हथियार इकट्ठे किये जायें। परन्तु इन लोगों का पता कहाँ से लगे? बहुत-से आदमी तो पकड़े जा चुके थे। भगवती भाई फ़रार हो गये थे। न मुझे उनका पता मालूम था और न उन्हें मेरा। उस समय तक स्वर्गीय चन्द्रशेखर से भी मैं कभी मिल न सका था। पता लगाने के लिए लाहौर आने का निश्चय किया। लाहौर आने में ख़तरा था, परन्तु ख़तरा तो दल में शामिल होने में ही था और जब उस काम को शुरू किया तब ख़तरा क्या?

लाहौर आया। इधर-उधर पूछ-ताछ की कुछ पता न लगा। उन दिनों सुखदेव जेल में भूख-हड़ताल किये हुए था और उसे समझाने के लिए उसके सम्बन्धी उससे मिलने जाया करते थे। एक दिन मैं भले आदमियों का-सा सूट पहन और नकटाई लगाकर जेल के दरवाज़े पर ही जा पहुँचा और सुखदेव के सम्बन्धी और वकील की हैसियत से उससे मिलने के लिए दरख़्वास्त दे दी। जेल-अफ़सर से यह भी कहा कि सुखदेव का भूख हड़ताल करना नादानी है। ज़रूरत तो मुक़द्दमा लड़ने की है न कि भूख हड़ताल करने की। मैं उसे इस बारे में समझाना चाहता हूँ। मेरी इस नेक-नीयती का असर जेलर साहब पर अच्छा हुआ और मुझे उन्होंने सुखदेव को समझाने-बुझाने का मौक़ा दे दिया। सुखदेव जेल में मुझे अपने सामने देखकर हैरान रह गया। उसने मुझे तुरन्त लाहौर से उड़ जाने की सलाह दी। मैंने उससे कुछ सहायकों का पता बताने के लिए कहा। कुछ देर बातचीत कर मैं जेल से लौट आया।

जिन सहायकों के पते सुखदेव ने बताये थे उनमें से एक तो दूसरे ही दिन गिरफ़्तार हो गये और दूसरे ने समझदारी का उपदेश दिया। उस समय समझदारी की उन बातों पर हँसी आयी और आज भी ये बातें बे मतलब मालूम होती हैं। आयु और अनुभव बढ़ने के साथ दृष्टिकोण भी बदलता है। इन साहब ने जो बातें समझायीं वे गहरी और गम्भीर होने के बावज़ूद भी हमारे देश की आधुनिक राजनीति के अनुकूल नहीं थीं। उसमें क्रान्ति की बुनियाद डालने का ज़िक्र था सही परन्तु वह दृष्टिकोण भी जनता की शक्ति और आर्थिक समस्याओं पर आश्रित न था। संक्षेप में उसे १९१४ के बंगाली कार्यक्रम का रूप कह सकते हैं। मैं वहाँ यह स्वीकार करना चाहता हूँ कि इस समय मेरी या हमारे साथियों की प्रवृत्ति जन-शक्ति की ओर न होकर बम-पिस्तौल की ओर ही थी। इनका उत्तरदायित्व एक हद तक था हमारी परिस्थितियों पर। इसे जनता की शक्ति के सम्पर्क में आने का अवसर ही न मिला था और न उस समय तक देश की राजनीति में स्पष्ट रूप से ऐसे प्रश्न ही आये थे, जिनसे जनता अपने जीवन-मरण का सम्बन्ध समझे बिना न रह

सकती। इसके साथ ही यह भी इनकार नहीं किया जा सकता कि मनुष्य के जीवन में एक ऐसी भी अवस्था होती है जब विवेक और उत्साह के तराजू में उत्साह का पलड़ा ही भारी रहता है। आज हमारे युवक उत्साह में उतावले न हो रहे हों, सो बात नहीं। क्रान्तिकारी की छाप लगाकर जेल से छूटे हुए हम चन्द युवक कोई सुरख़ाब का पर लगाकर पैदा नहीं हुए थे। आज भी हम जेसे सैकड़ों नवयुवक हैं, जो कुछ कर सकने की अदम्य इच्छा से अपना जीवन हथेली पर लिये फिरते हैं। उनसे यदि हमें कुछ कहने का अधिकार है, तो यही कहूँगा कि हमारा जीवन हमारे समाज की सम्पत्ति है और इसका मूल्य नहीं बहुत अधिक है। इसे कुर्बान करने की उमंगें मनुष्य की समाज को ऊँचा उठानेवाली शक्ति है, परन्तु बीज रेतीली और प्रथरीली भूमि में न डालकर उपजाऊ भूमि में ही डालना चाहिए और वह भूमि है जन-शक्ति का संगठन हमें लेनिन के शब्द—'आतंकवाद से क्रान्तियाँ सफल नहीं होतीं, लेनिन के अनुभव का ख़्याल कर अपनी आँखों के सामने सदा रहने चाहिए।

परन्तु उस समय तो वही 'एक राह दिखायी देती थी इसलिए इस फिराक़ में लाहौर से कलकत्ता पहुँचा। वहाँ आते ही भगवती भाई से मुलाक़ात हो गयी। वे मिले पर यदि मुझे मालूम न होता कि वे ही विक्टोरिया मेमोरियल में एक निश्चित स्थान पर मेरी प्रतीक्षा कर रहे हैं, तो मैं उन्हें कभी न पहचान सकता। उनका वेश या बिलकुल मिर्जापुरी ठाकुरों जैसा, जो कलकत्ते या बम्बई में दरबानगिरी किया करते हैं। हाँ, एक चीज़—ऐनक अलबत्ता थी, जिससे वे दरबान न मालूम होकर किसी भट्ठे के मुन्शी जान पड़ते थे। फ़रार होने और उसके बाद जम्मू में किये अपने बम-सम्बन्धी अनुभव की सब कहानी मैंने उन्हें सुनायी। दोनों ने साइन्स के दृष्टिकोण से उस पर विचार किया और उसकी भूलें समझीं। भगवती भाई की जेब में उस समय क़रीब पाँच सौ रुपये थे इसलिए वे एकदम काम शुरू कर देना चाहते थे और इसके लिए कलकत्ते में ही मकान ढूँढ़ा जाने लगा। वे इतने उत्साह में थे कि जैसा-तैसा मकान ही वह पसन्द कर लेते थे। वे मकान ढूँढ़ने में लगे थे और मैं साहबी पोशाक पहन-बड़ी-बड़ी दुकानों से रासायनिक पदार्थ जुटा रहा था। उन्हीं दिनों हमने कलकत्ते के बंगाली क्रान्तिकारियों से भी सम्बन्ध प्राप्त करने की कोशिश की। दो-तीन दफ़े अँधेरे में उन लोगों से मुलाक़ात भी हुई। वे लोग जितनी सतर्कता और दाँव-पेंच इस मेल-मुलाकात में बरतते थे कि वह हमें बहुत-कुछ अस्वाभाविक-सी जान पड़ती थी। हो सकता है इसका कारण हम लोगों पर विश्वास की कमी हो। इन बंगाली क्रान्तिकारियों से जब हमने कुछ करने के बारे में बात-चीत की, तो उन्होंने हमें समझाया कि अभी समय उपयुक्त नहीं है, अभी तैयारी करनी चाहिए और तैयारी भी ऐसी कि जो अस्त्र-शस्त्र के एक बड़े भारी

भण्डार के रूप में हो। भगवती भाई ने मज़ाक़ में कहा—यह लोग पहले तेज़ाब के कारख़ाने और पिस्तौल की फैक्टरियाँ खोलेंगे, और तब क्रान्ति का काम शुरू करेंगे। हमने स्वतन्त्र रूप से अपना काम शुरू करने का ही निश्चय किया।

यहाँ एक सज्जन का ज़िक्र न करना उनके साथ ही नहीं उनके मित्रों के प्रति भी अन्याय करना होगा। आपका नाम है किरण दास और आप हैं शहीद यतीन्द्र दास के भाई। जेल से छूटने के बाद इनके बारे में लोगों ने अनेक बेढ़ंग प्रश्न पूछे हैं और जेल जाने से पूर्व भी हमारे सहायक लोग इनके बारे में प्रश्न पूछते रहते थे। इनके बारे में कुछ न कहना अन्याय होगा।

जनवरी

१९४०

चाय की चुस्कियाँ

दुर्मुख

कुछ लोग चाय यों पीते हैं, मानो डॉक्टर का बताया नुस्ख़ा पी रहे हैं। प्याली भरी और गले से उतार ली। दुर्मुख ऐसे लोगों का चाय का निमन्त्रण कभी स्वीकार नहीं करता। बचने के लिए सैकड़ों बहाने हैं और न हो कह दीजिये, ज़रूरी ऐपॉइण्टमेण्ट है।

एक लोग ऐसे हैं, जो चाय पीते समय भी अपने कारोबार और दफ़्तर की ही बात करेंगे। ऐसे भले आदमियों की सोहबत से बचने के लिए दुर्मुख फ़ी प्याला दुअन्नी जुर्माना भरकर भी ग़ैरहाज़िर होना बेहतर समझता है।

कुछ ऐसे भी नेकबख़्त हैं, जिन्हें चाय का पहला घूँट गले से उतरते ही कोई-न-कोई ज़िक्र याद आ जाता है। ऐसे भगवान् के प्यारों के साथ बैठकर अगर चाय की जगह चिरायता भी पीना पड़े तो दुर्मुख को मंज़ूर है।

ऐसे ही एक साहब बोले—"गाब्रील दनन्ज़ियो इटली का सबसे बड़ा आधुनिक लेखक था। अभी बेचारा कुछ दिन हुए मर गया। उसने अपनी पुस्तक 'इल पियासेरे' (आनन्द) में लिखा है—जब मैं किसी बड़े भारी आलीशान गिरजे, मन्दिर या मसजिद के पास से होकर गुज़रता हूँ, तो ख़याल आता है सैकड़ों-हज़ारों मनुष्यों की बरसों की गयी मेहनत यहाँ जड़ होकर पड़ी है, अफ़सोस से दिल को चोट लगती है। परन्तु जब मैं कहीं कूड़े और गोबर के ढेर के पास से गुज़रता हूँ, तो दिल को सन्तोष होता है कि यह किसी दिन ज़मीन में समाकर मनुष्य का पेट भरेगा।"

कहावत मशहूर है कि 'अन्धे को अँधेरे में दूर की सूझी, और जब लगी भूख तो तन्दूर की सूझी।' आजकल के ज़माने में इसमें एक तरमीम हो जानी चाहिए और वह यह कि—'कम्युनिस्ट को उठी ख़ाज, तो मज़दूर की सूझी।' दनन्ज़ियो की बात का ज़िक्र सुनकर एक साहब जो अपनी प्याली झटपट ख़तम कर चुके थे, झट से बोल उठे—"हम आपका मतलब समझ गये, आपने बड़े-बड़े लीडरों और मज़दूर-किसानों का मुक़ाबला किया है।"

बात कहनेवाले भले आदमी ने हैरानी से उनकी ओर देखकर पूछा—"आप शायद कम्युनिस्ट हैं?" और मुस्कराकर रह गये।

× × ×

जब कम्युनिस्ट, सोशलिस्ट का ज़िक्र चल पड़ा है, तो हम एक बात कहेंगे और शर्त बदने को तैयार हैं कि यू.पी. प्रान्तीय कांग्रेस कमेटी की ओर से कान्स्टीट्यूएण्ट असेम्बली की माँग के बारे में जो बयान निकला है, वह बीस-बीसे किसी सोशलिस्ट का लिखा हुआ है।

आप सुबूत चाहते हैं, तो इस बयान को पढ़ जाइये। शुरू से लेकर आख़िर तक उसमें, भगवान् की इच्छा, सत्य की विजय, अहिंसा, विनय, प्रेम, प्रार्थना, खद्दर और चर्ख़ा, यह शब्द कहीं नहीं आये हैं। ठीक इसके उलट उसमें ऐसी-ऐसी बातें भरी हुई हैं—जनता की राय, पैदावार के साधनों पर समाज का अधिकार, वैयक्तिक मुनाफ़ा, सरकार द्वारा शिक्षा और नौकरी, मज़दूर का बीमा, सम्पत्ति और भूमि का राष्ट्रीयकरण, ज़मींदारी को दूर करना, आदि आदि।

आशा है श्रीयुत् बजाज शीघ्र ही बापू जी का ध्यान इस ओर दिलायेंगे, ताकि हिंसा के कीटाणुओं पर शीघ्र ही अहिंसा का फ़िनाइल डालकर उन्हें समाप्त कर दिया जाये।

× × ×

कुछ आदमियों का ख़याल है कि कांग्रेस के नये प्रतिज्ञापत्र से कांग्रेस बिलकुल 'गाँधी सेवासंघ' बन जायेगी, लेकिन इसी में तो अक़्लमन्दी है। जब शत्रु राजधानी पर हमला करे, तो राजधानी बदल देना ही ठीक होता है। देखिये, जिन्ना लगातार कांग्रेस पर चोट करते चले जा रहे हैं, इसलिए बेहतर यही है कि शक्ति कांग्रेस के हाथ से छीनकर 'गाँधी सेवासंघ' के हाथ में सौंप दी जाये।

× × ×

फ़ज़लुलहक़ और जिन्ना साहब कांग्रेस को बेरहम, ज़ालिम, जफ़ाकेश और तास्सुबी बताते हैं और सुबूत में कोई ज़ुल्म पेश नहीं कर सकते। आख़िर इसकी वजह क्या?

इसकी वजह यह है कि फ़ज़लुलहक़ और जिन्ना साहब ख्वान्दा, शरीफ़ और बालियाक़त आदमी हैं। बदज़बानी और बदक़लामी उनकी ज़ुबान से हो नहीं सकती, कुँजड़ों और इक्केवालों की गालियाँ वह दे नहीं सकते और करारी बात कहकर ज़ायका मुँह का बदलना भी ज़रूरी है। इसलिए बेरहम, बेईमान, ज़ालिम, जफ़ाकेश

और तास्सुबी कहकर ही सब्र कर लेते हैं। हमें एक ताँगेवाले से वास्ता पड़ा, जिसने बदज़बानी न करने की क़सम खा ली है, लेकिन सर्दी के वक़्त घोड़े को तेज़ करने के लिए कुछ कहना भी ज़रूरी होता है इसलिए आप घोड़े से यों मुख़ातिब होते हैं—"चल बे चल जोरू के पोस्टकार्ड, तेरी माँ के गुसलख़ाने में लोटे मारूँ।"

आपको इस ज़ुबानदानी की दाद देनी होगी कि एक भी क़ाबिले-एतराज़ लफ़्ज़ नहीं। यहाँ तक कि इसे बिलकुल अहिंसात्मक यानी खद्दर की गाली कहा जा सकता है।

× × ×

जब ज़ुबानी का ही ज़िक्र चल पड़ा है तो एक बात और भी कह दें। एक मुस्लिम लीगी और हिन्दू सभाई में बहस इस बात पर हो रही थी कि हिन्दुस्तानी में संस्कृत के शब्द ज़्यादा होने चाहिए या फ़ारसी के लफ़्ज़। और इन दोनों में से किन्हें समझना आसान है। इसका फ़ैसला अनुभव के आधार पर करना तय हुआ और दोनों साहब हर एक दवाई की दुकान पर जा-जाकर मक़यासुल हरारत और तापमापक यन्त्र माँगने लगे और आख़िर में उन्हें ताज़्जुब हुआ कि थर्मामीटर उन्हें कहीं न मिल सका।

× × ×

स्त्रियाँ परदा क्यों करती हैं? इसका जवाब यह हो सकता है कि स्त्रियों को मर्दों पर विश्वास नहीं होता। लेकिन जब मर्द अपनी स्त्रियों से पर्दा करने को कहते हैं तब इसका मतलब होता है कि मर्दों को अपनी औरतों पर एतबार नहीं। फ़र्क़ इतना है कि औरतों को ग़ैर मर्दों पर एतबार नहीं और मर्दों को अपनी औरतों पर एतबार नहीं।

मर्द यह कह सकते हैं कि अविश्वास का कारण उनका अपना अनुभव है। अपनी चीज़ जिससे रोज़ निबाह पड़ता है उसकी बाबत भरोसे से राय दी जा सकती है परन्तु औरतें किस आधार पर ग़ैर मर्दों को बदनीयत और बदचलन समझ लेती हैं, यह हम नहीं समझ सके।

× × ×

एक साहब जो स्त्रियों के बारे में विशेषज्ञ हैं, कहते हैं स्त्रियों को ग़ैर मर्दों से कोई नफ़रत नहीं होती। क्योंकि वे ख़ुद पर्दे में रहकर भी उन्हें देखती ही रहती हैं। वे खुद पर्दा इसलिए करती है कि उनकी लज्जा और भीरुता की तारीफ़ की जाये। मर्द कहें कि ओफ़ फ़लानी औरत इतनी शर्मीली है कि ज़मीन में गड़ी जाती है। इन साहब की नज़र एक रोज़ पड़ोस की एक लाज से ज़मीन में गड़ जानेवाली औरत पर पड़ गयी।

देवी जी उस समय ठीक तौर से ओढ़-ढँककर तैयार नहीं थीं बल्कि इन्हीं साहब की छोटी बहन से मज़ाक कर रही थीं। देवी जी को यह भी मालूम हो गया कि पड़ोसी की नज़र उनके शरीर को छू रही है परन्तु कुछ सहूलियत में थीं, परवाह न की। फिर ख़याल आया शरमाने का और एकदम सिकुड़कर भाग गयीं। अब ज़रूरत हुई यह जानने की कि उनके सिकुड़ने और शरमाने का कुछ असर हुआ या नहीं? इसलिए उन्होंने दूसरे दिन लड़की से पूछा—"तुम्हारे भैया कुछ कहते तो नहीं थे, मुझे मालूम न हुआ और मैं यों ही खड़ी रही, पर मैं शरम से मर गयी।"

समालोचना

('विप्लव' में समालोचनार्थ भेजी जानेवाली पुस्तकों की नियमानुसार दो प्रतियाँ आनी चाहिए। एक प्रति आने से केवल प्राप्ति-स्वीकार ही की जायेगी। समाचोलना के सम्बन्ध में किसी प्रकार की प्रत्यालोचना या विवाद न हो सकेगा—सम्पादक)

In Defence of Maxtist Russia 'मार्क्सिस्ट रूस की सफ़ाई में' लेखक : कॉमरेड राजवंश कृष्ण, प्रकाशक : कॉमरेड राजवंश कृष्ण, ५, मजंग रोड, लाहौर। मूल्य आठ आना

स्टालिन के मार्क्सवाद का भण्डा फोड़ने के लिए प्रो. बृजनारायण जैसे अर्थशास्त्रज्ञ, जो ख़ुद समाजवादी होने का दम भरते हैं, आगे बढ़ें और जनता उनकी बात पर विश्वास न करे, यह प्रो. साहब के लिए आश्चर्य का विषय होगा। प्रो. साहब ने १९२८ में लाहौर के अंग्रेज़ी दैनिक 'ट्रिब्यून' में 'स्टालिन का मार्क्सवाद' और रूस में समाजवाद की मृत्यु पर कई लेख लिखे थे और इस विषय में व्याख्यान भी दिये थे। का. राजवंश कृष्ण ने समाचार-पत्रों द्वारा और मौखिक रूप से प्रो. साहब के विचारों पर अनेक आपत्तियाँ उठायीं और स्टालिन तथा रूस की समाजवादी सरकार पर लगाये आक्षेपों का उत्तर देना चाहा। प्रो. साहब के कई सवाल वास्तव में ही ध्यान देने योग्य है, **उदाहरणतः रूस में आज भी सब लोगों को मज़दूरी एक समान क्यों नहीं मिलती, आज भी वहाँ मज़दूरी में? और १५ का अन्तर क्यों है? क्यों वहाँ कुछ लोगों को अपने विचार प्रकट करने की स्वतन्त्रता नहीं? क्यों वहाँ आज भी निजी सम्पत्ति है और रुपये-पैसे से ही ख़रीद फ़रोख़्त होती है।** का. राजवंश ने इन सवालों का उत्तर दिया है और वास्तविकता और वैज्ञानिकता के दृष्टिकोण से दिया है। प्रो. साहब ने राजवंश की बात पर ध्यान देने की ज़रूरत नहीं समझी क्योंकि

राजवंश की आयु केवल १७ बरस की है और वह अभी तक यूनिवर्सिटी का विद्यार्थी है जिसके प्रो. साहब गुरु हैं।

प्रो. साहब अपने प्रश्नों का उत्तर न सुनना चाहें परन्तु जनता इन प्रश्नों का उत्तर सुनना चाहती है और उन्हें इस पुस्तक में इन प्रश्नों के उत्तर मिलेंगे। इसके अलावा और भी कई प्रश्न ऐसे हैं जिनका विचारपूर्ण उत्तर यह पुस्तक देती है। अर्थशास्त्र और समाजवाद में रुचि रखनेवाले सज्जनों के लिए यह पुस्तक विशेष उपयोगी सिद्ध होगी। प्रो. साहब ने बहस अंग्रेज़ी में शुरू की थी इसलिए यह पुस्तक भी अंग्रेज़ी में ही लिखी गयी। अच्छा हो यदि शीघ्र ही इस पुस्तक का हिन्दी और उर्दू में अनुवाद हो सके। का. राजवंश ने इस पुस्तक में १२६ पुस्तकों से सहायता ली है। यह इस पुस्तक की उपयोगिता की एक अच्छी कसौटी है। पृष्ठ सं. १३४ होने पर भी मूल्य केवल आठ आना रखा गया है। पुस्तक—सोशियो-पॉलिटिकल बुक्स ऐण्ड न्यूज़ पेपर्स सप्लाई एजेन्सी, अस्पताल रोड, लाहौर और 'विप्लव' कार्यालय, लखनऊ से मिल सकती है।

सेण्ट्रल बैंक आफ़ इण्डिया

सेण्ट्रल बैंक के हेड आफ़िस बम्बई से तार द्वारा सूचना मिली है कि बैंक को पिछले साल (१ जनवरी, १९३९ से ३१ दिसम्बर १९३९ तक) रु. ३९,९,१४९१-०-० लाभ हुआ है।

३० जून '३९ तक आधे वर्ष के हिसाब में बैंक रु. ५,०४,३९६-०-० हिस्सेदारों को ६ फ़ी सैकड़ा लाभ का भाग दे चुका है। अब रु. ६२,५२३-०-० और लाभ निकालने पर यह दर ६ फ़ी सैकड़ा पड़ता है। यह सब इन्कम टैक्स आदि निकाल चुकने के बाद नक़द हिसाब है।

सिंहावलोकन

आपबीती

'विप्लव' के पिछले अंक में शहीद यतीन्द्रनाथदास के भाई किरणदास का ज़िक्र इस अंक में करने की बात कही थी। यह ज़िक्र एक अप्रिय चर्चा है; परन्तु केवल प्रिय चर्चा कहने से ही तो गुज़ारा चल नहीं सकता। स्वर्गीय यतीन्द्रनाथदास

ने अपने शरीर का तिल-तिल बलिदान कर जिस प्रकार क्रान्तिकारियों के बलिदान का ऊँचा आदर्श देश के सामने रखा किरण ने उसके ठीक-विपरीत आचरण कर जनता की दृष्टि में क्रान्तिकारियों को अपमानित करने में कसर न छोड़ी। हमें किरण के आचरण में कोई मतलब न होता और न हम उसका ज़िक्र ही यहाँ करते, यदि जनता धोखे से उसे भी एक क्रान्तिकारी न समझ बैठती। कोई भी व्यक्ति पुश्तैनी तौर पर क्रान्तिकारी नहीं हो सकता। यतीन का भाई होने के कारण जिन लोगों ने किरण को क्रान्तिकारी समझ लिया और फिर उसके आचरण से खिन्न होकर क्रान्तिकारियों के ख़िलाफ़ शिकायतें शुरू कर दी, उनसे ही हम क्या कहें? असल में तो भूल उन्हीं की है। स्वयम् उन्होंने किरण के प्रति श्रद्धा कर उसका खूब सम्मान किया, उसे रुपया दे उत्पात करने का अवसर दिया और बाद में क्रान्तिकारियों को आचरणहीन और अविश्वास योग्य समझना शुरू कर दिया।

जब हम लोग कलकत्ते में थे, हमें भी किरण का थोड़ा-बहुत अनुभव हुआ। इधर-उधर विशेष परिचय न होने से मेरे कलकत्ते पहुँचने से पहले ही भगवती भाई ने किरण से परिचय कर लिया था। हम लोगों को विश्वास था कि किरण का सम्बन्ध बंगाल के अनुभवी और प्रभावशाली क्रान्तिकारियों से है और वह विश्वास भी किरण ने स्वयं हमें दिला दिया था कि उसकी सहायता से पिस्तौल, रिवाल्वर आदि आसानी से ख़रीदे जा सकते हैं। उसने हमें भरोसा दिलाया कि जिस मात्रा में हम चाहें वह, यह चीज़ें हमारे लिये ख़रीद दे सकता है। भगवती भाई आसानी से फरेब में नहीं आते थे; परन्तु पिस्तौल बड़ी मात्रा में इतनी आसानी से पा सकने का लोभ वह भी नहीं दबा सके। उस समय उनके पास तीन सौ रुपये थे। वह तुरन्त उन्होंने उसके हवाले कर दिया एक सप्ताह में चीजें मिलने की बात थी, हम लोग गये; परन्तु कोई असम्मानित बात बीच में हो गयी थी, इसलिए तीन-चार दिन बाद आने को कहा गया। इसके बाद कई तीन-चार दिन बीत गये। हम लोग जाते और लौट आते। एक दिन गप्पबाजी में किरण ने भगतसिंह की कुछ बातें सुनानी शुरू की कि किस प्रकार भगत के साथ उसने वह किया और वह किया और भगतसिंह ने भी कहा और उसने यों जवाब दिया। उसे यह नहीं मालूम था; भगतसिंह और हम लोग एक-दूसरे के परिचित स्कूल के साथी हैं और उसके स्वभाव के विषय में उसकी अपेक्षा कहीं अधिक जानकारी रखते हैं। भाई आजाद के बारे में भी उसने कितनी ही बातें बतायीं और एक साथ रहने और काम करने का ज़िक्र किया। आज़ाद से मिलने पर मालूम हुआ कि वह सौ फ़ीसदी झूठ था। अब हमें किरण से अपना रुपया निकालने की फ़िक्र हुई। किसी किसम का ज़ोर-जब था अदालती कार्रवाई का चारा नहीं था और उसने रंगबाजी शुरू की; परन्तु भगवती भाई ने उससे

रुपये निकलवा ही लिये, १५–२० रह ही गये हों, तो ताज़्ज़ुब नहीं। किरण का ज़िक्र मुझे इसलिए करना पड़ा कि दिल्ली और विशेषकर पंजाब में उसकी करतूतों का बखानकर अनेक शिकायतें लोग करते हैं। इन शिकायतों की ज़िम्मेदारी क्रान्तिकारी दल के किसी भी सदस्य पर नहीं हो सकती, किरण हम लोगों के दल का सदस्य कभी न था। भाई के नाम का प्रयोग उसने अनुचित तौर पर किया, इसके लिए उत्तरदायी कौन हो सकता है?

अभी हाल में ही लाहौर षड्यन्त्र केस के अभियुक्त श्री डॉक्टर गयाप्रसाद बहुत सख़्त बीमार थे। अस्पताल में उनका ऑपरेशन हुआ और उनकी रिहाई के लिए जनता ने पुकार भी लगायी थी। एक सज्जन यू.पी. के कुछ शहरों में डॉक्टर गयाप्रसाद की तसवीरें रसीदों पर छपवाकर चन्दा इकट्ठा करते फिर रहे थे। जब डॉक्टर को यह बात मालूम हुई, तो उन्हें बहुत ही घृणा हुई, पर जेल में बैठे लाचार वह कर क्या सकते हैं। मज़े की बात यह है कि अभी इसी सप्ताह में कानपुर गया, तो उन सज्जन को कुछ आदमी घेरकर कोतवाली लिये जा रहे थे। राह में मुझे आते देख उन्होंने दुहाई दी—'हमारे झगड़े का फ़ैसला पब्लिक करेगी' और मुझे पंच मानने को तैयार हुए! मालूम हुआ कि आपने कमला नेहरू मेमोरियल की रसीदें छपवा ली हैं और आजकल उस फण्ड के लिए चन्दा इकट्ठा कर रहे हैं।

उनके ऐसा करने से स्वर्गीय कमला नेहरू या पण्डित जवाहरलाल पर क्या ज़िम्मेदारी आ सकती है? इसी तरह क्रान्तिकारियों के नाम पर जनता को ठगनेवालों के लिए क्रान्तिकारी ज़िम्मेवार नहीं हो सकते।

कलकत्ता छोड़कर हम लोगों ने उत्तर भारत में डेरा डालने की तदबीर शुरू की। भाई भगवती दिल्ली आये और उन्होंने मुझे तार देकर दिल्ली बुलाया। यहाँ आकर हम लोगों ने नया बाज़ार के पीछेवाली गली में एक मकान का आधा हिस्सा या कमरा किराये पर ले लिया। मकान का हिस्सा किराये पर लेना हमारे लिये सदा ही कठिन काम रहा। कोई भी गृहस्थी यह पसन्द नहीं करता कि वे घर–बार के जवान पड़ोसी बनकर रहें। पत्नी के रूप में जिसके पास औरत न हो उसे शरीफ़ नहीं समझा जाता और यह सनद हमारे पास नहीं थी। अविवाहित लोगों से शायद यह लोग इसलिए डरते हैं कि उन्हें अपनी स्त्रियों पर काफ़ी विश्वास नहीं होता। हमने भी स्त्रीरहित एक डेरे में स्थान ढूँढ़ लिया। वहाँ जो लोग रहते थे उनमें से एक स्कूल मास्टर थे और दूसरे दो सेक्रेटेरियट में क्लर्क। यह लोग खद्दर नहीं पहनते थे परन्तु दिल से किसी भी खद्दरधारी से कम देशभक्त नहीं थे। पेट के लिए सरकारी नौकरी करते हुए ज़ाहिरा देश–भक्ति का दम नहीं भर सकते थे। हम लोग भी खद्दर नहीं पहनते थे और परिचय पूछने पर हमें लोगों ने बताया कि

हमारे पिता भाई हैं, भगवती के अलीगढ़ के एक वकील बताये गये और मेरे पिता के लिए बताया गया कि वे पुलिस में डिप्टी सुपरिण्टेण्डेण्ट हैं। भगवती भाई ने अपना पेशा बताया कि वे बीमा कम्पनी के आर्गनाइज़र हैं और मेरी बाबत कहा कि मैं बी.ए. में फेल हो गया हूँ, किसी काम में मन नहीं लगता। दिल्ली इसलिए आया हूँ कि पिता के रसूख से कुछ बड़े-बड़े अफ़सरों की सिफ़ारिश या किसी तरह बिलायत के फ़ौजी कॉलेज (Sandhurast Military College) में भरती हो अच्छी नौकरी पा चैन की बन्शी बजाऊँ। यदि इससे भी असफल रहूँ तो कम-से-कम पुलिस की नौकरी तो मुझे मिल ही जाये।

मेरे बूट-सूट पहनने और खेल तमाशे, सिनेमा का ज़िक्र करते रहने से इन्हें मेरे शौक़ीन मिज़ाज और फ़िज़ूलख़र्च होने का पूरा यक़ीन हो गया। निहायत सदभावना से वह लोग देश की अवस्था का ख़याल कर मुझे सादगी से रहने और पुलिस की नौकरी की इच्छा छोड़ देने का उपदेश दिया करते थे परन्तु मेरी लापरवाही के कारण उन्हें मेरे सुधार की आशा बहुत कम थी। मुझे उन लोगों की सरलता पर उस समय भी आश्चर्य होता था और आज भी होता है कि किस तरह उन्हें मेरी फ़िज़ूलख़र्ची और ऐयाशी की कहानियों पर विश्वास हो जाता था जब कि उन्होंने हमारे कमरे में कभी एक चारपाई और बिस्तर तक नहीं देखा। हमारी बाबत सशब धारणा उन्होंने हमारे बाहर जाने के कपड़ों को देखकर ही बना ली थी।

ख़ैर दिल्ली पहुँचकर फिर वही बम बनाने की धुन सवार हुई। ख़ुद साइन्स का कुछ ज्ञान होने से अपने उन विश्वासपात्र मित्रों से सलाह लेना ज़रूरी समझा जिन्होंने साइन्स की शिक्षा ऊँचे दर्जे तक पायी थी। मैं इनसे मिलने लाहौर पहुँचा लाहौर आकर मालूम हुआ कि वे कश्मीर गये हैं। भगवती भाई ने सलाह दी कि मैं उनके पीछे कश्मीर जाऊँ; क्योंकि यदि किसी बात को प्रैक्टिकल-क्रियात्मक—रूप से समझना होगा तो उसके लिए कश्मीर के सुनसान और निर्जन स्थान अधिक सुविधाजनक होंगे। कश्मीर जाना कुछ कठिन काम था क्योंकि उधर काफ़ी जाँच-पड़ताल और देख-रेख होती है। जगह-जगह हुलिया लिखा जाता है और मैं फ़रार घोषित हो ही चुका था। पर जाना ज़रूरी था इसलिए चला।

कश्मीर जाते समय उस ओर जानेवाले शौक़ीन तबीयत लोगों के मन के उत्साह से अपने हृदय की आशंका की तुलना करने में बड़ी विचित्र-सी अनुभूति होती थी। जिस बस में मैं सफ़र कर रहा था, उसमें अक्सर पंजाबी नौजवान भरे थे, जो चारों ओर फैले हुए प्रकृति के उपभोग में मुझे भी शामिल कर सफ़र के समय हँसी-खुशी और परिचय बढ़ाने में बिताना चाहते थे। उनकी इस सहृदयता का विशेष

स्वागत न कर मैं अपने-आपको महाराष्ट्र बताकर कुछ तटस्थ-सा बना रहा। मैं कश्मीर जम्मू के रास्ते गया था। पड़ाव-पड़ाव पर सी.आई.डी. के सर्वव्यापक चरों के दर्शन होते थे। तिस पर भी पहाड़ों की वह व्यापक शान्ति मुझ पर अपना प्रभाव डाले बिना न रह सकी। ख़ासकर पर्वतों के वक्ष पर अपनी विशाल बाँहें पसारे निस्तब्ध देवदारों को खड़ा देखकर मैं मुग्ध रह जाता। जिस जोख़िम के काम के लिए मैं जा रहा था उसकी सतर्कता के बोझ से मुक्त होकर मन-कल्पना की उड़ान में उड़ चलता।

उस बात को आज ग्यारह बरस हो गये परन्तु पीर-पंजाल के नीचे डाक बँगले के बरामदे में बैठकर चाय पीते समय जो दृश्य देखा वह टिकट पर लगी डाकखाने की ताज़ा मोहर की तरह आज भी स्पष्ट है। सामने पश्चिम की ओर एकदम सीधा खड़ा घास से भरा पहाड़, जिस पर प्रात: सूर्य की किरणें पड़कर उसे सुनहरी आभा में रँग रही थीं। पिछले दिन, दिनभर मोटर का सफ़र कर लगभग सौ मील पहाड़ों पर चढ़ हम कितनी ऊँचाई पर आ गये थे; उस ऊँचाई पर खड़ा हो, अपनी ऊँचाई से वह कल की हमारी चढ़ाई का उपहास कर रहा था। फिर उस गुलाबी हरे-सुनहरे इन्द्र-धनुष के समान रंगीन पहाड़ की चोटी पर पूर्णमासी या कृष्णपक्ष की प्रथमा का विशाल चन्द्रमा, प्रात: सूर्य के प्रकाश में क्लान्ति और निष्प्रभ, पीछे की ओर गिर पड़ने के लिए तैयार...। उस निर्मल आकाश में वह चन्द्रमा कितना स्पष्ट और कितना विशाल दिखायी पड़ रहा था; मानों हम चन्द्र-लोक की राह पर सफ़र कर उसके बहुत समीप आ पहुँचे हैं। पीछे का पहाड़ जहाँ अभी सूर्य की किरणों का स्पर्श नहीं हो पाया था, देवदार के घने जंगलों और प्रभात के नीले कुहासे में आवृत्त सोया पड़ा था।

दायीं ओर, जिस ओर हमें जाना था—एक बिल्कुल रूखा नंगा पहाड़, जो और सभी पहाड़ों से ऊँचा था—इतना ऊँचा खड़ा था कि उसकी चोटी तक नज़र पहुँचाने पर सर से टोपी गिरे बिना न रहती, इसी पहाड़ की चोटी को लांच कर ही हमें कश्मीर की उपत्यका में प्रवेश करना था। यह पीरपंजाल पहाड़ शायद ८००० से भी अधिक ऊँचा है। नीचे चारों ओर असम नयी जुती हुई ज़मीन और धान के खेत; जिनके किनारे बालकों की तरह खिलखिलाती जल की नालियाँ बही चली जा रही थीं। सब ओर आर्द्रता थी, जो मन की कल्पना-जगत् की गोद में पहुँचाये बिना न मानती थी।

उस समय पीरपंजाल की गोद में बने उस बँगले को छोड़कर जाने में मन माँ की गोद से छीने जानेवाले बच्चे की तरह अधीर होने लगा। शंका होती थी इससे सुन्दर भावमय स्थान भी क्या पृथ्वी पर और होगा! बस पीरपंजाल पर चढ़ने लगे।

बहुत सख़्त चढ़ाई थी, चोटी के क़रीब-क़रीब पहुँचकर नीचे चलने-फिरनेवाले जानवर बड़े-बड़े खिलौने जैसे जान पड़ने लगे।

ठीक चोटी से कुछ ही नीचे एक सुरंग है। इस सुरंग के समीप पहुँचकर बस के ड्राइवर ने कहा 'जो देखना हो देख लीजिये, अब हम पहाड़ की दूसरी ओर जा रहे हैं।''

पहाड़ की चढ़ाई में ही दुपहर हो गया था। सूर्य घाटी के ठीक ऊपर चमक रहा था। निर्मल आकाश और निर्मल वातावरण में सूर्य का प्रचण्ड प्रकाश सारी घाटी पर छा रहा था। इस रूखे पहाड़ पर खेती और बस्ती के चिह्न नहीं हैं, परन्तु तलहटी और दूसरे पहाड़ों के वृक्ष पर धूप सेंकती हुई मकानों की छतें और कमर झुकाकर भूमि पर परिश्रम करते हुए मनुष्य और सिर झुकाकर भूमि से घास के तिनके तोड़ते हुए पशु सब अपनी प्राण-रक्षा में व्यस्त थे। मनुष्य और पशु सभी पृथ्वी को रौंद-रौंदकर, उसमें छीन-छीनकर अपना पेट भर रहे थे और हम लोग़ उनसे बहुत ऊँचे पर खड़े होकर कैमरे हाथ में ले उनके उस जान तोड़ परिश्रम को खिलवाड़ समझ अपने मनोविनोद का साधन बना उनका फ़ोटो ले रहे थे।

हम चोटी के बहुत क़रीब पहुँच चुके थे इसलिए सुरंग की गहराई बहुत कम थी। सुरंग से दूसरी तरफ निकले ही... मानो सिनेमा के पर्दे पर दृश्य बदल गया हो, सब-कुछ भिन्न मानों हम एकदम स्वप्नलोक में आ गये हैं। वह रूखा पहाड़, जिसके धूसर रूखेपन से हृदय पर एक आतंक-सा छा रहा था एकदम हरा और फूलों से लदा हुआ! यही कश्मीर था। यहाँ की हवा ही और थी, यहाँ की धूप में एक अजीब सुनहलापन; एक अद्‌भुत कोमलता, जो आस्तिकों के भगवान् की तरह केवल अनुभव की वस्तु है, व्यापक थी। दुपहर को धूप में भी सर्दी की एक सिहरन थी। मोटर लगातार ब्रेक लगाकर उतर रही थी। सड़क के ऊपर-नीचे सब नाशपाती के वृक्ष थे, जिन पर फूल प्राय: समाप्त हो चुके थे, परन्तु अभी कहीं-कहीं बाक़ी थे। इसके अलावा और कितने ही क़िस्म के फूल, जिनका परिचय नहीं दिया जा सकता अपनी चादरें बिछाये थे। एक तो मोटर का तेज़ी से उतरना और फिर चारों ओर का दृश्य, एक अद्‌भुत संवेदन से शरीर एक अजीब-सी हालत में चैतन्य और मूढ़ता के बीचोबीच-सा होकर रह गया।

पहाड़ की तराई में पहुँचकर पता लगा, इस बैरीनाग के सुन्दर और प्रसिद्ध प्रदेश से गुज़र रहे हैं। सड़क के दोनों ओर सफ़ेदे के वृक्षों की घनी कतारें लगी हैं। ऐसी घनी मानो सड़क के दोनों ओर दीवारें बनी हों। सफ़ेदे का वृक्ष भी अजीब चीज़ है। ज़मीन से दस-बारह फुट ऊँचाई तक उसका तना बिलकुल सफ़ेद, अलबत्ता नीली बड़िया की तरह और ऊपर सरू वृक्ष की तरह एकदम घना, हरा,

गाओदुम। मानो हरियावल के स्तूप खड़े हों। यह वृक्ष सड़क के दोनों ओर एक-दूसरे को स्पर्श करते हुए प्राय: चालीस मील (अगर ठीक याद है) श्रीनगर तक चले गये हैं। उसे याद कर मनुष्य-समाज के पीढ़ी-दर-पीढ़ी किये गये उस श्रम का ध्यान आता है, जिसने उन भयावह और संकटापन्न स्थानों को गुलज़ार-चमन बना दिया है, परन्तु ग़रीब किसान मज़दूर वहाँ भी शरीर पर फटा-सा एक लबादा पहरे भयत्रस्त-से दिखायी पड़ते थे।

फरवरी

१९४०

राजसत्ता और प्रजातन्त्र

तानाशाही को उत्तर

"शासन या सरकार का प्रयोजन निर्बलों के अधिकार की रक्षा नहीं बल्कि शोषक श्रेणियों के अधिकार की रक्षा है।"—सं.

तर्क के दो मार्ग हैं। एक मार्ग है परिस्थितियों को लेकर छानबीन की जाये और परिणाम पर पहुँचा जाये। दूसरा मार्ग है कि पहले एक परिणाम सामने रख लिया जाये और परिस्थितियों को रंग देकर वह परिणाम निकालने के लायक़ उन्हें बना दिया जाये। बहुत हद तक श्री गुरुदत्त जी दूसरे ही तरीक़े के क़ायल हैं और मज़ा यह है कि आप फटकार बता रहे है खन्ना जी को। वे व्यंग्य चित्रों के ढंग पर लिखे गये पौराणिक रूपकों का अर्थ नहीं समझे, उन्होंने साहित्य पढ़ा है तो केवल उसके शब्दमात्र पढ़े हैं, भाव नहीं समझा। गुरुदत्त जी को अपने उत्तर में लिखा खन्ना जी का लेख पढ़कर यह भी शंका होने लगी कि बचपन की प्रतिभा शायद आयु बढ़ने के साथ लोप हो जाती है। गुरुदत्त जी स्वयं शायद अभी तक 'बचपन की प्रतिभा' का ही दावा करते हैं, उन्हें वह मुबारिक़। परन्तु गुरुदत्त जी द्वारा अपने उत्तर का प्रत्युत्तर पढ़कर खन्ना जी को यह बात माननी ही पड़ेगी कि आयु बढ़ने के साथ शायद बचपन की प्रतिभा लोप हो ही जाती है क्योंकि गुरुदत्त जी एकतन्त्र शासन द्वारा मनुष्य समाज को होनेवाली हानियों से इनकार कर भी इस बात से न इनकार कर सकेंगे कि आयु उनकी भी बढ़ी ही है क्योंकि एम. एस-सी. पास कर वैद्यभास्कर बनने तक में आयु बढ़े बिना नहीं रह सकती।

गुरुदत्त जी के इस लेख का उत्तर हम क्रमशः देने का यत्न करेंगे। आरम्भ उन्होंने किया है इस बात से कि उनकी बात न माननेवाले पौराणिक गाथा के कार्टूनों को समझ नहीं सके। हो सकता है कि बात ऐसी ही हो परन्तु कठिनाई यह है कि वह सारा इतिहास जिसके आधार पर गुरुदत्त जी राम और कृष्ण के एकतन्त्र शासन को आदर्श मानने के लिए तैयार हैं, कार्टूनों के ही रूप में लिखा गया है और उसमें शायद उतनी ही सचाई है, जितनी कि लाल चटाई बिछाकर यह साबित करने की

कोशिश में है कि रूस अपना आतंक संसार में फैलाने का यत्न कर रहा है और इस पर विश्वास कर लेने के लिए निस्सन्देह बचपन की प्रतिभा की ज़रूरत है जिसकी कमी समझदार जनता में देख गुरुदत्त जी को निराशा होती है।

हमें यह देखकर ज़रा भी ताज़्ज़ुब नहीं होता कि गुरुदत्त जी आज भी यही विश्वास करते हैं कि यूरोप के विद्वान् सृष्टि को केवल पाँच हज़ार वर्ष पुरानी समझते हैं। ऐसी बातें हम अलबत्ता उस समय पढ़ा करते थे जब हमें बचपन की प्रतिभा का घमण्ड था। आज हम जानते हैं कि यूरोप के वैज्ञानिकों की राय में सृष्टि को बने करोड़ों ही वर्ष बीत चुके हैं और वे कई जानवरों उदाहरणत: 'डायनासोर' आदि के नाम और वर्णन हमें बताते हैं जो इस पृथ्वी पर लाखों बरस पहले थे और आज नहीं। यूरोप के विद्वान् भारतवासियों के बुज़ुर्गों को जंगली समझते हैं— ऐसी-ऐसी बातें कहकर भड़कना और भड़काना युक्तिसंगत नहीं जान पड़ता। राम के राज्य में चैन बरसता था परन्तु शूद्र को ब्राह्मण की ही तरह तपस्या करने के कारण क़त्ल कर दिया जाता था, इन गपोड़बाज़ियों के इतिहास का आसरा लेकर आप आज दिन राजनीति चलाना चाहते हैं और आपकी बात को बच्चों की तरह न मान लेने पर लोग बेवकूफ़ हैं इस दलील की तरीफ़ कहाँ तक की जाये?

(१) 'बालिग़ मताधिकार' हर एक जवान आदमी को वोट का अधिकार (Adult Suffrage) प्रजातन्त्र की बुनियाद है। गुरुदत्त जी को यह स्वीकार नहीं इसलिए इसे दाढ़ी-मूँछ उग आने का अधिकार बता आप इसका मज़ाक उड़ाना चाहते हैं। आपका कहना है कि कोई बुद्धिमान् व्यक्ति यदि शासन करे तो राजनीति न जाननेवाले सर्वसाधारण को उसकी नुक़ताचीनी का अधिकार न देकर दस-बीस समझदार आदमियों को उस पर नियन्त्रण का अधिकार देना ही बुद्धिमानी है। बात तो ठीक है परन्तु यह दस-बीस आदमी कौन होंगे? वे किसकी इच्छा हैं किसकी आज्ञा से शासन करनेवाले पर नियन्त्रण करेंगे? गुरुदत्त जी की राय में मुख्य शासक राजा की राय से दस-बीस आदमियों को ऐसा अधिकार दिया जाना चाहिए और इन दस-बीस...है कि गुरुदत्त जी भी शासन को केवल समाज की बुराई ही समझते हैं। सिद्धान्त और तर्क की जो बातें पिछले लेख में लिखी थीं, उनकी ओर ध्यान न दे वे चाहते हैं कि देखा यह जाये कि समाजवादी और प्रजातन्त्रवादी करते क्या हैं?

गुरुदत्त जी का कहना है—"प्रजातन्त्रवादी और समाजवादी डींगें तो बड़ी-बड़ी हाँकते हैं परन्तु समय आने पर परिस्थितियों की ओट ले मनमाना करते हैं।" यूरोप और अमेरिका के जिन शासनों को गुरुदत्त जी प्रजातन्त्र समझते हैं, वे वास्तव में प्रजातन्त्र नहीं हैं। वह श्रेणीतन्त्र शासन हैं—यह बात मैं अपने पिछले उत्तर में भी लिख चुका हूँ और इस बात को और अच्छी तरह समझने के लिए बेहतर होगा

कि आप 'विप्लव' के जनवरी अंक में कॉमरेड पैटस्लोन का लेख 'इंग्लैण्ड में प्रजातन्त्र का मज़ाक' पढ़ लें। इसलिए इन नामों के प्रजातन्त्रों के बारे में कुछ न कहकर हम रूस के समाजवादी शासन के विषय में जो गुरुदत्त जी ने लिखा है उसी पर विचार करेंगे। वास्तव में यह लेख गुरुदत्त जी ने मेरे विचार में लिखा ही इसलिए है कि समाजवाद के शासन-सम्बन्धी सिद्धान्तों की निस्सारता दिखलाकर और स्टालिन के तानाशाही शासन की सफलता दिखलाकर समाजवाद के सिद्धान्तों और कार्य-शैली में विरोध दिखाया जाये।

गुरुदत्त जी का विश्वास है—"प्रजातन्त्र कहलानेवाले देशों में तो कम-से-कम पार्लमेण्ट में विरोधी दल बनाकर जो चाहे कहा-सुना जा सकता है परन्तु रूस में तो ज़बान हिलाने की भी स्वतन्त्रता नहीं, वहाँ तो विरोध का अर्थ बग़ावत समझा जाता है और गोली मारकर उड़ा देना इसका इलाज है। न कोई विरोधी विचार का लेखक है, न पत्र; व्यक्तिगत स्वतन्त्रता की बात समाजतन्त्र में कहीं नहीं।" हमें एक बार फिर ताज़्जुब होता है कि गुरुदत्त जी की तरह मूर्खता से खीज़ जानेवाले लेखक रूस में वैयक्तिक स्वतन्त्रता न होने की बात दावे से कहे और इस बात का हवाला न दें कि उसने यह विचार किस आधार पर क़ायम किये हैं।

सबसे पहले हम रूस में विरोधी दल, पत्र या लेखक न होने की ही बात को लेते हैं और यह भी स्वीकार करते हैं कि रूस में ऐसा नहीं है। यहाँ हम एक बात और भी पूछ लेना चाहते हैं कि विरोधी दल का होना ही क्या वैयक्तिक स्वतन्त्रता का प्रमाण है? आख़िर विरोधी दल का अर्थ क्या? विरोधी दल का होना इस बात का प्रमाण है कि देश में मौज़ूद शासन की नीति से जनता का एक बड़ा अंग असन्तुष्ट है और वह शासन करनेवाले जनमत का विरोध करता है। इस सिद्धान्त को सामने रखकर हमें विचार करना है रूस की अवस्था पर। रूस के बारे में जो कुछ यहाँ कहा जायेगा, वह प्रसिद्ध लेखक सिडनी तथा बियट्रिस वेब, पैटस्लोन, गाइड और मर्सकी के रूस में स्वयं जाकर प्राप्त किये अनुभवों के आधार पर है। रूस में आज जनमत से क़ायम सरकार का मतलब है मज़दूरों और किसानों के बहुमत से क़ायम सरकार! रूस में आज पूँजीपति श्रेणी नहीं है इसलिए इस किसान-मज़ूदर श्रेणी के हितों का विरोध करनेवाली श्रेणी वहाँ है ही नहीं। ऐसी अवस्था में विरोधी दल के होने की गुंजाइश किसानों और मज़दूरों के हित की रक्षा की दृष्टि से किस प्रकार हो सकती है? और यदि कहीं इस प्रकार के लोग हैं भी जो कि मौज़ूदा सरकार की नीति से सन्तुष्ट नहीं तो उनका दमन भी ज़रूर होता है। इसे यदि गुरुदत्त जी वैयक्तिक स्वतन्त्रता का दमन कहें तो हम मानेंगे कि यह वैयक्तिक स्वतन्त्रता का दमन अवश्य है परन्तु यह कुछ ऐसे आदमियों की वैयक्तिक स्वतन्त्रता का दमन

है जो लाखों-करोड़ों व्यक्तियों की स्वतन्त्रता का विरोध करना चाहते हैं। रूस में क्रान्ति से पहले जो श्रेणियाँ ९९ फ़ीसदी जनता का दमन कर अधिकार का मज़ा लूटा करती थीं, उनके कुछ बचे हुए वंशज आज भी विदेशी पूँजीपतियों की सहायता से मज़दूर सरकार का विरोध करना चाहते हैं और उनका दमन भी होता है और वह दमन इसलिए होता है कि देश की सम्पूर्ण जनता (शायद हज़ारों में से एकाध को छोड़कर) उनके विचारों और प्रयत्नों को अपने हितों का विरोधी समझती हैं। क्या कोई भी सज्जन यह पसन्द करेगा कि सरे-बाज़ार अनाचार के काम किये जायें? ऐसी अवस्था में ऐसा करने का यत्न करनेवाला यदि वैयक्तिक स्वतन्त्रता की दुहाई दे तो आप क्या फ़ैसला दीजियेगा?

इतना कह चुकने के बाद गुरुदत्त जी अवश्य यह शंका उठायेंगे कि लाखों-करोड़ों मज़दूर क्या एक ही राय रखते हैं? स्वयं मज़दूरों को भी तो अपनी व्यवस्था और शासन के सम्बन्ध में तर्क और विचार करने का हक़ है और उसके लिए भी दो विचारों के दल एक देश में हो सकते हैं। इन आदमियों के अधिकार से राजा को शासन चलाना चाहिए। हम नहीं समझ सकते कि ऐसी अवस्था में किस पर क्या रोक होगी और किसके हित के लिए वह शासन होगा। यदि इन दस-बीस सलाहकारों को चुनने का अधिकार दिया जाता है प्रजा को, तो गुरुदत्त जी दुहाई देंगे कि बेवकूफ़ और अयोग्य व्यक्तियों को अक़्लमन्द और चालाक व्यक्तियों पर हुकूमत करने का अधिकार दे दिया गया। आशा है गुरुदत्त जी हमें क्षमा करेंगे। यदि हम इतिहास के पौराणिक कार्टूनों का उदाहरण न लेकर अपने रोज़मर्रा के जीवन से उदाहरण लें।

आज दिन हमारी रियासतों का शासन गुरुदत्त जी के बताये आदर्श के अनुसार ही चल रहा है अर्थात् एक-एक चतुर मनुष्य अपनी सलाह के लिए कुछ चतुर मनुष्यों को नियत कर लेता है। प्रजा को यह कहने का अधिकार नहीं कि यह शासन ठीक ढंग पर नहीं हो रहा क्योंकि प्रजा राजनीति नहीं समझती। इस देश की प्रजा को यह कहने का अधिकार नहीं कि विदेशी शासन हमारे हितों के विरुद्ध है क्योंकि वह राजनीति नहीं समझती। औरंगज़ेब, जिसके नाम से शायद गुरुदत्त जी चिढ़ जायें, इसी सिद्धान्त पर शासन करता था। उदयसिंह और बलवीर जिन्होंने राजपूताने को मुग़ल शासन का शिकार बनने दिया इसी सिद्धान्त पर राज्य करते थे। यहाँ एक बात गुरुदत्त जी सिद्धान्त रूप से कहते हैं और वह यह कि "जो व्यक्ति जिस काम के योग्य नहीं, उसे उस काम को करने देने का अधिकार न देना अन्याय नहीं।" ठीक है इसके साथ यह भी कह देना शायद अच्छा होता कि योग्य बनने देने का अधिकार न देना भी अन्याय नहीं। जो लोग या जो श्रेणियाँ हुकूमत हाथ में सँभाले

रहती हैं, शायद कभी भी सर्वसाधारण को अपने हित और अहित समझने के योग्य नहीं समझतीं और न उन्हें इस प्रकार की योग्यता प्राप्त करने का अधिकार न देना ही अन्याय समझती हैं।

(३) राजाओं की विलासप्रियता की बात को केवल आप भ्रम फैलाने की चेष्टा समझते हैं। अगर ऐसी ही बात है तो संसार की सब जातियों का इतिहास हमें नये सिरे से लिखना पड़ेगा और अपनी रियासतों के बारे में भी दूसरी राय क़ायम करनी होगी। विलास और आनन्द को आप शरीर की आवश्यकता बताते हैं और कहते हैं कि, "आज रूस के मज़दूर भी कम आनन्द और विलास नहीं मानते।" रूस में मज़दूर आनन्द विलास मनाते हैं यह तारीफ़ की बात है, कम-से-कम दुनिया में एक जगह तो मज़दूर भी आनन्द विलास करते है। गुरुदत्त जी को हैरानी है कि मज़दूरों के आनन्द विलास मनाने पर हमको एतराज़ नहीं परन्तु राजाओं के आनन्द विलास मनाने पर एतराज़ है। हमें मज़दूरों के विलास मनाने पर ख़ुशी इसलिए है कि वे आनन्द विलास मनाते हैं अपनी मेहनत की कमाई से और अमीर-उमरा के ऐश की नाव चलती है दूसरों के मेहनत के पसीने की नदी में।

प्रजातन्त्र की अपेक्षा आप प्रजा के हित को अधिक महत्त्व देते हैं और ताज़्जुब यह है कि उसे प्राप्त करने का साधन बताते हैं एकतन्त्र शासन को। प्रजातन्त्र शासन का अर्थ शायद गुरुदत्त जी की राय में यह है कि प्रजा सरकारी रजिस्टरों को भरने बैठेगी। हम धृष्टता कर गुरुदत्त जी को प्रजातन्त्र का अर्थ समझाने के लिए मजबूर हैं। आशा है वे बुरा न मानेंगे यदि हम उसके लिए कार्टून पेश न कर सीधी-सीधी बात कह दें। प्रजातन्त्र का अर्थ है, प्रजा के हित के उद्देश्य मानकर प्रजा को यह अधिकार देना कि अपने हित को निश्चित कर ले और फिर जिन व्यक्तियों पर प्रजा को विश्वास हो, उन्हें अपने हित को पूरा करने का कार्यक्रम बनाने का काम सौंप दें।

इसके बाद गुरुदत्त जी ने अपने लेख के उत्तर में लिखे मेरे लेख का उत्तर दिया है और सबसे विचित्र आपत्ति उस लेख पर यह है कि, "उस लेख का तीन-चौथाई भाग राजसत्ता के इतिहास पर है, जिसे ठीक मान लेने पर भी कुछ सिद्ध नहीं होता।" ताज़्जुब है इस परिणाम पर! अगर वह ठीक है तो उससे सिद्ध यह होता है कि राजसत्ता या शासन सदा शासन करनेवाली श्रेणी के हितों की रक्षा के लिए होता आया है और प्रजा हित के लिए प्रजा द्वारा शासन होना लाज़मी है। पिछले लेख में मैने यह लिखा था कि समाजवादी समाज में शासन का होना समाज की एक कमज़ोरी समझते हैं और समाज में शासन जितना कम हो उतना ही वे बेहतर समझते हैं। इसके साथ ही गुरुदत्त जी के पिछले लेख से मैं इस परिणाम पर पहुँचा था कि वे कठोर शासन के पक्षपाती है—हो सकता है कुछ और पाठकों ने भी ऐसा ही समझा हो, परन्तु ख़ुशी की बात

यह शंका के उत्तर में हम यही बताने की चेष्टा करेंगे कि रूस में इस प्रकार का विचार या मतभेद क्यों ख़ूब प्रकट नहीं हो रहा।

रूस के शासन को समझने के लिए हमें यह याद रखना चाहिए कि वहाँ तीन संस्थाएँ विशेष महत्त्वपूर्ण हैं। एक सरकार, दूसरी कम्युनिस्ट पार्टी और तीसरी चीज़ है ट्रेड यूनियन (उद्योग संघ)। रूस की स्थिति पर विचार करने के बाद हम इस परिणाम पर पहुँचे हैं कि सरकार की अपेक्षा वहाँ कम्युनिस्ट पार्टी और कम्युनिस्ट पार्टी की ही तरह ट्रेड यूनियन बलवान हैं। ट्रेड यूनियन के छोटे-छोटे अंग होते हैं कारख़ाना कमेटियाँ या कृषक कमेटियाँ। इन कारख़ाना कमेटियों को न केवल अपने मज़दूरों के कारख़ाने के इन्तज़ाम में दख़ल देने का, उसके काम का कार्यक्रम मुक़र्रर करने का हक़ रहता है बल्कि इस बात का भी हक़ रहता है कि उनके यहाँ शासन किस प्रकार हो, इस बात पर राय दें। इन कारख़ाना कमेटियों में मुख्य कार्यकर्त्ता लोग प्राय: सभी कम्युनिस्ट पार्टी के मेम्बर है परन्तु ट्रेड यूनियन में इनका अधिकार तभी हो सकता है जब मज़दूर लोग इन्हें अपनी इच्छा से अपना प्रतिनिधि चुनें। इन कारख़ाना कमेटियों की राय ही ट्रेड यूनियनों की राय है और ट्रेड यूनियन की राय और कम्युनिस्ट पार्टी की राय में फ़र्क़ होने की कोई गुंजाइश नहीं। रूस में शायद ही कोई ऐसा व्यक्ति होगा जो कृषक कमेटी या कारख़ाना कमेटी का मेम्बर न हो। यह कमेटियाँ ट्रेड यूनियन के रूप में अपने कारोबार तथा देश के लिए एक नीति तैयार करती है और जब चुनाव होता है तो उन्हीं आदमियों को चुनकर आगे भेजती हैं जो उनकी निश्चित राय के अनुसार नीति निश्चित करें। यह सिलसिला नीचे से ऊपर तक चलता है। अब अगर मतभेद कहीं हो सकता है तो कारख़ाना कमेटियों या कृषक कमेटियों में ही। यहाँ जो बात निश्चित होगी वही बात ऊपर यानी सरकार की नीति तक अमल में आयगी। कारख़ाना कमेटियों में बहस होती है, मतभेद भी होता है और ख़ासकर हर एक बड़े कारख़ाने या मिल में इस पर पर्चेबाज़ी भी होती है। यह बात पैट स्लोन ने अपनी रूस पर लिखी पुस्तक में स्वीकार की है।[1] ऐसी हालत में जब एक उद्देश्य से समान हित के लिए प्रयत्न करनेवाली एक नीति को बहुमत से निश्चित कर उसे अमल में लाने के लिए अपने प्रतिनिधि चुन लेते है तो फिर उनमें मतभेद क्यों नहीं होता, क्यों वे अपनी सरकार को गालियाँ नहीं निकालते, इससे गुरुदत्त जी को वैयक्तिक स्वतन्त्रता का अभाव दिखायी देता है।

---

१. (पैट स्लोन रूस में पाँच वर्ष रहकर लौटे हैं और एक मज़दूर की हैसियत से काम करने का अनुभव भी प्राप्त किया है।

रूस में भिन्न विरोधी विचारों के पत्र क्यों नहीं दिखायी देते, इसका भी कारण यही है कि पत्र और प्रेस वहाँ पूँजीपतियों की सम्पत्ति नहीं। वहाँ यह चीज़ें सम्पत्ति हैं मज़दूरों की। यदि मज़दूरों के हित के सम्बन्ध में एक नीति निश्चित कर ली गयी है तो क्या विचार स्वतन्त्रता का नाटक रचने के लिए ही उसका विरोध करना ज़रूरी है? और फिर रूस के समाजवादी प्रजातन्त्र में पन्नों में भिन्न-भिन्न दृष्टिकोण भी मिल सकते हैं। रूस सरकार के मुख्य पत्र का नाम है 'इज़वेस्तिया', कम्युनिस्ट पार्टी के पत्र का नाम है, 'प्रवदा' और ट्रेड यूनियन के पत्र का नाम है 'त्रुड'। यह तीनों पत्र समस्याओं पर अपने-अपने दृष्टिकोण से लिखते हैं परन्तु भेद उनमें नहीं रहता क्योंकि उनकी विचारधारा एक है और उद्‌देश्य एक है। इस अवस्था में भी यदि आप रूस में तानाशाही शासन समझते हैं तो हम क्या उत्तर आपको दे सकते हैं?

रूस इस समय समाजवाद का उदाहरण है इसलिए समाजवाद के विरोधियों की दृष्टि और समर्थकों की दृष्टि भी उसी ओर जाती है। रूस में राजनैतिक कारणों से कुछ आदमियों को प्राणदण्ड दिया गया, इस बात को लेकर इतना बावेला मचाया गया मानो ऐसी बात संसार में पहले कभी हुई ही नहीं। ख़ासकर इन अभियुक्तों के भी पुराने क्रान्तिकारी और समाजवादी होने की बात को लेकर।

यह बात ठीक है कि रूस में राजनैतिक कारणों से जिन लोगों को प्राणदण्ड वग़ैरह दिया गया वे पुराने क्रान्तिकारी थे और समाजवादी भी थे। हम यह मानने के लिए भी तैयार है कि रूस की मौज़ूदा व्यवस्था और शासन का वे जो विरोध कर रहे थे वह उनकी निहायत ईमानदारी से राय थी। अपनी इस राय को उन्होंने कई दफ़े जनता के सामने रखा। जनता ने उस राय को और सरकार चलानेवाली पार्टी की राय को परखा और विरोधी दल की राय को अस्वीकार कर दिया। ऐसी अवस्था में बहुसंख्या की राय का सम्मान कर उन्हें उनकी राय मान लेना चाहिए था या चुप हो जाना चाहिए था। परन्तु वैसा न कर उन्होंने सरकार या बहुसंख्या की राय के विरुद्ध षड्यन्त्र रचने आरम्भ किये। उन्होंने अपनी-अपनी व्यक्तिगत स्वतन्त्रता पर जनता की स्वतन्त्रता का बलिदान कर देना चाहा और सबसे बुरी बात जो उन लोगों ने की वह थी पूँजीवादी सरकारों की सहायता से रूस में बग़ावत की चेष्टा। व्यक्तिगत स्वतन्त्रता के पक्षपातियों से हम पूछेंगे कि एक व्यक्ति की स्वतन्त्रता का महत्त्व अधिक है या लाखों-करोड़ों व्यक्तियों की स्वतन्त्रता का? गुरुदत्त जी का ख़याल है कि रूस में मज़हब को गाली देने और तलाक़ देने की स्वतन्त्रता के सिवा और कोई स्वतन्त्रता नहीं। मज़हब को गाली देने की ख़ास ज़रूरत वहाँ आज नहीं पड़ रही और शायद गुरुदत्त जी को यह मालूम नहीं कि रूस के बाकू और काले समुद्र के किनारे के देशों में अब भी धर्मात्मा भिक्षुक साधु

लोग रहते हैं जिन पर सरकार की ओर से कोई बन्धन नहीं। केवल उनकी पुरानी जागीरें उनसे लेकर किसानों को सौंप दी गयी हैं। तलाक़ की जितनी स्वतन्त्रता आप समझते हैं, उतनी वहाँ नहीं और धर्मप्राण भारतवर्ष की तरह पेशेवर वेश्या तो वहाँ आपको एक भी न मिलेगी। स्त्रियों को पशु की तरह साँकल में बाँधकर जो सतीत्व आप रखाते हैं उससे वह सतीत्व कहीं पवित्र है जो रूस की औरतें बिना किसी भय और डर के स्वाभाविक तौर पर रखती हैं।

गुरुदत्त जी को एक प्रश्न बहुत व्याकुल किये हुए है कि धन की समानता समाजवाद में हो जाने पर भी कुछ अक़्लमन्द और कुछ मूर्ख रहेंगे ही; क्या बुद्धि की समानता धन की समानता से आ सकती है? हम भी पूछते हैं और वह यह, क्या कमअक़्लों को सदा लुटते और दबते रहना चाहिए? पिछले लेख में मैंने पूछा था—आख़िर बुद्धिमान् और अक़्लमन्द क्या भगवान् की कृपा से होते हैं? इसका उत्तर आप देते हैं, यह कर्म से होता है। बहुत ठीक है, परन्तु ग़रीबों और मूर्ख समझे जानेवालों को कर्म करने की स्वतन्त्रता है कहाँ? आप उन्हें कर्म करने की समान स्वतन्त्रता दीजिये, उन्हें लिखने-पढ़ने और अवस्था सुधारने की स्वतन्त्रता दीजिये तो उनमें बुद्धि आने लगेगी और वह स्वतन्त्रता निश्चय ही आयेगी धन अर्थात् जीवन बिताने की समान सुविधाएँ होने से। आप पूछते हैं—"रूस में बाईस वर्ष से समाजवाद है, क्या वहाँ सब समान बुद्धिमान् हो गये हैं?" हज़ारों ही वर्ष तक जिन जीवों को असमान अवस्थाओं में रखकर असमान बनाया गया है, केवल बाईस वर्ष में वे बिलकुल समान हो जायेंगे, यह बात केवल बचपन की प्रतिभा के प्रताप से ही स्वीकार की जा सकती है। फिर भी हम रूस की वास्तविक स्थिति के आधार पर यह बात कह सकते हैं कि वहाँ अब तक की दलित श्रेणियों की योग्यता का दर्जा बहुत ऊँचा उठ गया है और मनुष्य में दिखायी देनेवाली असमानता बहुत कम हो रही है।

पिछले लेख में मैंने पूछा था—"आर्थिक असमानता दूर होने पर भी यदि योग्यता और क्षमता में कुछ भेद बना रहेगा तो आर्थिक बन्धन और शोषण की गुंजाइश न रहने से कोई अत्याचार क्योंकर कर सकेगा और कोई सहेगा क्यों?" आप पूछते हैं—"क्या मेरा विश्वास है कि एकतन्त्र शासन और सरकार केवल अत्याचार और शोषण के लिए ही होता है?" मैं कहूँगा 'जी हाँ' और आप यदि इस बात को और अधिक अच्छी तरह समझना चाहते हैं तो 'विप्लव' के जनवरी अंक में कॉमरेड इन्द्रपाल का लेख 'सम्पत्ति और हिंसा' पढ़ डालिये। आजकल सरकारें शिक्षा, स्वास्थ्य आदि का प्रबन्ध भी करती हैं परन्तु यह उनका मुख्य प्रयोजन नहीं। ऐसा वे करती है प्रजा के दबाव से। इन प्रयोजनों

से ही सरकार का जन्म नहीं हुआ; क्योंकि सरकार इनके बिना भी रह सकती है और रहती आयी है।

पिछले लेख में मैंने यह कहा था कि, "सरकार का प्रयोजन है अपने शोषण के अधिकार या डाका डालने के अधिकार को क़ायम रखने देना और दूसरों को यह अधिकार उपयोग में न लाने देना।" यह सिद्ध न कर कि यह सिद्धान्त ग़लत है, गुरुदत्त जी कहते हैं कि "मैंने यह सिद्धान्त यूरोप के लेखकों से चुराया है।" मैं किसी सिद्धान्त के आविष्कार का दम नहीं भर सकता। शायद गुरुदत्त जी ऐसा कर सकते हों। सिद्धान्त चुराया हुआ है या सीखा हुआ है, मतलब इस बात से है कि वह ठीक है या नहीं? वह इतिहास की कसौटी पर पूरा उतरता है या नहीं? पिछले लेख में मैंने और इन्द्रपाल ने इस पर काफ़ी प्रकाश डाला है। गुरुदत्त जी कहे जाते हैं शासन लूट के लिए नहीं सुव्यवस्था के लिए होता है। 'बाबा वाक्यम प्रमाणम्' के आधार पर इस बात को हमें मान लेना होता तो उनसे बहुत पहले से बहुत-से आदमी यह बात कह गये हैं—हालाँकि यह बात उन्होंने चुरायी नहीं। यदि प्रमाण और उदाहरण सहित कोई बात कही जाये तो या तो उसका उत्तर दिया जा सकता है या उसे स्वीकार कर लिया जा सकता है परन्तु गुरुदत्त जी उसमें विश्वास न कर, यह यूरोप की चोरी है, का ही त्रुप चलते जाते हैं।

यदि हमारे समाज में राक्षस और देवता स्वभाव के लोग हैं तो हमें उसका कारण ढूँढ़कर उसका उपाय करने की ज़रूरत है न कि उनकी लूट, शोषण और दमन के आगे सिर झुका देने की।

एक प्रश्न आप और उठाते हैं कि 'यदि धन सबके पास समान हो जायेगा तो आवश्यकता की वस्तुओं और सेवा (Service) आदि का मूल्य किस प्रकार नापा जायेगा और किस प्रकार अदा किया जायेगा?' सबके पास समान सुविधा होने से तो उपयोगी वस्तुओं और सेवा के नाप में कठिनाई आने का कोई कारण नहीं होगा। वर्गवादी सोसाइटी में नाप के लिए रुपया या कोई ऐसा ही साधन आप रख सकते हैं परन्तु समाजवादी समाज या कम्युनिस्ट सोसाइटी में जब प्रत्येक मनुष्य शक्ति-भर काम कर आवश्यकता भर पायेगा, इस प्रकार के किसी नाप की ज़रूरत रह ही न जायेगी। आप अपने परिवार में स्त्री से सेवा कराते हैं, पिता की सेवा करते हैं, यदि आपका परिवार खेती करता है या कोई और दूसरा कारोबार, तो आपको हर एक को मज़दूरी नापकर भोजन-वस्त्र नहीं देना पड़ता। परस्पर विश्वास और साझे में सब काम होता है। प्रत्येक व्यक्ति शक्ति-भर काम करता है, सुविधा के अनुसार वस्तुओं का उपयोग करता है। घर में

सरकार भी क़ायम नहीं करनी पड़ती। परस्पर एक हित होने से सब काम शान्ति से चलता है। इसी से आप उस समाज की कल्पना कर सकते हैं, जिसमें कम्युनिज़्म के आधार पर व्यवस्था होगी।

चाय की चुस्कियाँ

दुर्मुख

ख़बर सुनी है कि फ़िनलैण्डवाले हवाई जहाज़ से रूस के नास्तिकों पर बाइबिलें फेंका करते हैं। इसे लड़ाई जीतने का अहिंसात्मक उपाय समझा जाये या नहीं?

एक साहब की राय है कि फ़िनलैण्डवाले बाइबिल की ज़रूरत अब अपने यहाँ नहीं समझते इसलिए उसे दुश्मनों के घर फेंक रहे हैं।

दूसरे साहब इसके आगे पहुँचे हैं, कहते हैं—''फ़िनलैण्डवालों ने बाइबिलों का असर ख़ूब अच्छी तरह देख लिया है इसलिए बीमारी के कीड़ों और ज़हरीली गैस के तौर पर इसे दुश्मनों को बरबाद करने के लिए उन पर फेंक रहे हैं।''

लेकिन रूसवाले तो मुद्दत से इस ज़हरीली गैस का नक़ाब हाथ में लिये फिर रहे हैं। वहाँ दरो-दीवार पर लिखा है—''मजहब अफ़ीम का नशा है, जो जनता को गुमराह करता है।''

× × ×

सुना है रामगढ़ कांग्रेस बिलकुल कांग्रेस के नये रचनात्मक चर्ख़ा प्रोग्राम के अनुसार होगी और इसीलिए कांग्रेस हवाई जहाज़ किराये पर लेने और उनके लिए मैदान तैयार करने की फ़िक्र में है।

× × ×

गाँधी जी को प्रेम-शक्ति में विश्वास है और वह समझते हैं—चाहे कोई कितना ही रूठा करे, वे उसे पुचकार ही लेंगे। गाँधी जी का यह हौसला यहाँ तक बढ़ा कि जिन्ना साहब को पुचकारकर कहने लगे—''शाबाश, तुम जितने भी अल्पसंख्यक या कांग्रेसविरोधी हो सबको मिलाकर एक ग्रह बना लो और कांग्रेस

के मुक़ाबले में तुम भी क़ौमी लीडर बन जाओगे। कांग्रेसविरोधी हुए तो क्या? क़ौमियत तो आ जायेगी।''

जिन्ना साहब इतने भोले नहीं जो फँस जाते। समझ गये—क़ौमी लीडरी का दाना डालकर क़ौमियत की टोकरी लगायी गयी है। बाद में रस्सी खींच ली जायेगी और वे क़ौमियत में फँस जायेंगे।

× × ×

जिन्ना साहब कहते हैं न हिन्दुस्तानी कोई कौम है और न हिन्दुस्तान कोई मुल्क! तो साहब मुस्लिम लीग मुकम्मिल आज़ादी किसके लिए चाहती है? बग़ैर क़ौम और बग़ैर मुल्क की यह आज़ादी जिन्ना साहब का नया आविष्कार है?

× × ×

जिन्ना साहब को डर है—गाँधी जी फिर समझौता कर लेंगे और उन्होंने अपने सर की क़सम खा ली है कि ऐसी मनमानी नहीं चलने देंगे। भौंकेंगे, पंजे मारेंगे, काटेंगे और जो कुछ हो सकेगा, करेंगे। नाँद में बैठे रहेंगे कि हमें ख़ुद तो मन्त्री-पद की भूसी खानी नहीं, इस कांग्रेस के बैल को भी नहीं खाने देंगे।

× × ×

गाँधी जी कहते हैं उन्हें ब्रिटेन में विश्वास नहीं रहा सो बात नहीं और लड़ाई के बिना ही मामला तय हो सकता है।

जवाहरलाल कहते हैं—''लड़ाई के बिना चारा नहीं, लड़ाई होगी, ज़रूर होगी और कमर ढीली न करना।''

बाबू पुरुषोत्तमदास जी टण्डन कहते—''हमें ब्रिटेन पर जरा भी विश्वास नहीं, पर करना वही जो गाँधी जी कहें।''

गोया कि गाँधी जी की राय से आपकी राय मिले या न मिले, उनकी बात समझ में आये या न आये, कीजिये वही जो गाँधी जी कहें।

× × ×

आपको स्वराज्य लेना है या बात समझनी है? और जो गाँधी जी कहें वही स्वराज्य है?

पुराने स्वर्णसमय में जब रामराज्य था, विद्या पढ़ने से नहीं बल्कि गुरु-भक्ति और गुरु-कृपा से आती थी। यदि आप फिर से स्वर्णसमय और रामराज्य लाना चाहते हैं, तो स्वराज्य लड़कर नहीं, बल्कि गाँधी जी की भक्ति और कृपा से ही प्राप्त कर सकते हैं। इसलिए नये तरीक़े की लड़ाई के लिए 'वन्दे मातरम्' और

'झण्डा ऊँचा रहे हमारा' की जगह नया राष्ट्रीय गीत ज़रूरी है। यह गीत यहाँ दिया जाता है। गीत 'यमन' राग के सुर में है इसलिए ज़रा सँभलकर गाना चाहिए। राग का समय प्रात: काल का भक्ति का समय है।

"गाँधी बिन सुराज न आवे।
गाँधी न माने, तो मुल्क न जागे
कांग्रेसियन में वो गुनी कहलावे
गाँधी बिन सुराज न आवे।
जो गाँधी की जय बुलावे
सत्याग्रह का जंग चले जब
चर्ख़ा घुमावे तब
गाँधी बिन सुराज न आवे।
मजूर-किसान का नाम न आवे।
जंग का कर लो अब तुम प्रन सब
गाँधी भक्त कहावो
गाँधी बिन सुराज न आवे।
यही लड़ाई है हमारी
मानो सब अब हुकुम सरकारी
सत्याग्रह चलावो।
गाँधी बिन सुराज न आवे।

× × ×

एक साहब जो सिर्फ़ हिन्दी के साप्ताहिक अख़बार पढ़ते हैं, जनवरी के दूसरे हफ़्ते में ही सीमा प्रान्त पर अफ़्रीदियों के चार हमलों और उनमें ब्रिटिश प्रजा के उठा लिये जाने का हाल पढ़कर घबरा उठे। दूसरी जगह जब उन्होंने पढ़ा कि हिन्दुस्तान से सेनाएँ बाहर भेजी जा रही हैं, तो उनकी बदहवासी और भी बढ़ गयी।

बोले—"सरकार पोलैण्ड की स्वतन्त्रता और प्रजातन्त्र की रक्षा के लिए इस देश की सेना को विलायत भेज रही है और यहाँ हिन्दुस्तानियों के जानोमाल की ख़बर लेनेवाला कोई नहीं।"

उन्हें जवाब मिला—"ब्रिटिश सरकार प्रजातन्त्र और स्वतन्त्रता की रक्षा करती है, जानोमाल जैसी मामूली चीज़ों के लिए पागल हुई नहीं फिरती।"

× × ×

एक साहब यूरोप का नक़्शा देखकर विस्मय से बोले—"पोलैण्ड तो जर्मनी के पूर्व में है और इंग्लैण्ड और फ्रान्स पोलैण्ड की सहायता के लिए जर्मनी के पश्चिम में हमला कर रहे हैं। यह क्या बात है?"

उत्तर मिला—"जर्मनी पोलैण्ड को निगले जा रहा है, उसे रोकने के लिए इंग्लैण्ड और फ्रान्स उसकी दुम मरोड़ रहे है।"

पूछा गया, "जर्मनी तो पोलैण्ड को निगल चुका। अब दुम मरोड़ने से क्या लाभ?"

उत्तर मिला, "अब उसका पेट दबाकर पोलैण्ड को उगलवा देने की कोशिश की जा रही है।"

× × ×

ब्रिटिश साम्राज्य संसार में स्वतन्त्रता और आत्मनिर्णय के अधिकार के लिए जंग में उतरा है, यह देखकर हिन्दुस्तानियों में ब्रिटिश साम्राज्य से ही स्वतन्त्रता और आत्मनिर्णय के अधिकार माँगने शुरू कर दिये।

हिन्दुस्तानी अंग्रेज़ों से अपनी आज़ादी माँग रहे थे कि हिन्दुस्तान की औरतों ने हिन्दुस्तान के मर्दों से अपनी आज़ादी माँगनी शुरू कर दी।

सवाल यह है कि हिन्दुस्तान की औरतों से भी कोई आज़ादी माँगनेवाला है या नहीं? इस देश के कुछ मर्दों का तकाज़ा है कि उन्हें इस देश की स्त्रियों को पालने की ग़ुलामी से आज़ादी मिलनी चाहिए।

× × ×

हमारी आज़ादी की लड़ाई के बहुत-से ज़बरदस्त सिपाही हमारी औरतों की आज़ादी के भी ज़बरदस्त हामी हैं, परन्तु जब उनकी औरत उन्हें किसी बात की सलाह देने लगती हैं, तो वे जामे से बाहर हो जाते हैं और कहते हैं—"देखो हम ख़ुद तुम्हें औपनिवेशिक स्वराज्य देने को तैयार हैं फिर तुम कान्स्टीट्यूएण्ट असेम्बली की बेमतलब माँग क्यों खड़ी करती हो? आज़ादी तो हम तुम्हें दे ही रहे हैं, लेकिन जैसी आज़ादी हम मुनासिब समझते हैं वैसी ही आज़ादी लो। तुम्हें इस बात की समझ नहीं कि तुम्हारा भला कैसी आज़ादी से होगा। तुम्हारी भलाई की ज़िम्मेदारी से हम छुट्टी कैसे ले सकते हैं?"

× × ×

स्त्रियों की आज़ादी और हक़ माँगने का आन्दोलन अब एक हद से आगे बढ़ रहा है और अब उससे बच्चों की तुतलाहट की तरह मनोविनोद नहीं होता, बल्कि

फ़िक्र होने लगी है। स्त्रियों के आन्दोलन को दबाने का अहिंसात्मक उपाय 'पुरुष-अधिकार रक्षणी समिति' ने यह मंजूर किया है कि जो स्त्रियाँ स्वतन्त्र होने का दावा करें, उनकी चूड़ियाँ, बिछुए, करनफूल, गले का हार, माथे की बिंदिया, पाउडर का डिब्बा और ख़ासकर हाथ का बटुआ ज़ब्त कर लिया जाये। शीघ्र ही शान्ति फैल जायेगी।

× × ×

नवाब भूपाल ने इस देश के राजाओं और नवाबों की तरफ़ से क़सम खा ली है कि स्वतन्त्रता और आज़ादी की रक्षा के लिए इंग्लैण्ड द्वारा आरम्भ किये इस युद्ध में विजय प्राप्त करने के लिए वे अपने ख़ून की आख़िरी बूँद तक कुर्बान कर देंगे। इस युद्ध को हिटलर क्या हिटलर के बाबा भी नहीं जीत सकेंगे।

यह क़सम सुनकर कुछ आदमी दाँतों तले उँगली दबाने लगे। आख़िर हिटलर के प्रति हमारे राजाओं और नवाबों की नाराज़गी की वजह?

वजह बहुत साफ़ है। हिटलर की आज यह हिम्मत हो रही है कि वह दमन करने में दुनिया में अपना सानी किसी को नहीं समझता। यह अपमान भला हमारे राजा और नवाब कैसे सह सकते हैं?

विनिमय

—स्वतन्त्रता-दिवस की प्रतिज्ञा के सम्बन्ध में जो कुछ आगरे में हुआ, वैसा अन्य स्थानों में भी हुआ है। लाहौर, कानपुर इत्यादि के उदाहरणों से यह स्पष्ट है। इसमें भी सन्देह नहीं कि रिपोर्ट सभी स्थानों से कांग्रेस के नये प्रतिज्ञा-पत्र को स्वीकार करने की आयेगी। इसका कारण है रिपोर्ट देनेवाली मशीनरी की, जो इस समय मुख्यत: गाँधी दल के हाथ में है, अपना प्रभाव दिखाने की चेष्टा।

गाँधी जी स्वतन्त्रता की लड़ाई को आध्यात्मिक रूप देकर वैयक्तिक प्रश्न बना देना चाहते हैं, परन्तु वह राष्ट्रीय प्रश्न है और उसकी पूर्ति में राष्ट्रीय शक्ति सम्मिलित रूप से प्रकट हुए बिना काम नहीं चल सकता।

× × ×

—आपको 'विप्लव' के जारी रहने पर ताज़्ज़ुब होता है। हम समझ नहीं सकते कि इसमें ताज़्ज़ुब की बात क्या है? शायद आपने इस बात पर ध्यान नहीं दिया कि

'विप्लव' का काम जनता में उत्तेजना फैलाना नहीं, बल्कि राजनैतिक, आर्थिक और सामाजिक चेतना और विवेक-बुद्धि पैदा करना है। हम नहीं समझते कि 'विप्लव' के जारी रहने में शंका का कारण क्या है? हम व्यर्थ विस्फोट कर शहीद कहलाने की अपेक्षा कठिन परिस्थितियों में भी जहाँ तक सम्भव है,जहाँ तक परिस्थितियों अवसर देती हैं, क्रान्ति की बुनियादी विचारधारा का स्त्रोत जारी रखने की चेष्टा करेंगे। जब तक सरकार क़ानूनन विचार-स्वतन्त्रता का अधिकार जनता से नहीं छीन लेती, 'विप्लव' जारी रहेगा। यदि हम आसान परिस्थितियों में 'विप्लव' चला सकते थे, तो हम उसे कठिन परिस्थितियों में चलाकर दिखा देना चाहते हैं। हमारी सफलता निश्चय ही आपके सहयोग पर निर्भर करती है। यदि आपको अपना वार्षिक चन्दा भेजकर उसके ग़ायब हो जाने का डर है, तो न भेजिये, परन्तु 'विप्लव' को पढ़ना न छोड़िये।